Laacher Messbuch 2025

Lesejahr C

Die offiziellen Messtexte
für Sonn- und Festtage sowie alle Herrenfeste

nach der authentischen Ausgabe
für die Bistümer des deutschen Sprachgebietes.

Mit spirituellen Impulsen zu den Schriftlesungen
und Anregungen für die liturgische Gestaltung

Herausgegeben von der
Benediktinerabtei Maria Laach
und dem
Verlag Katholisches Bibelwerk

Klosterverlag Maria Laach
Verlag Katholisches Bibelwerk Stuttgart

Mitarbeiterinnen und Mitarbeiter an dieser Ausgabe

Albert J. Urban (Schriftleitung)

Jessica Bohn · Angela Boog · Gaby Faber-Jodocy · Pfr. Wolfgang Fey · Guido Groß · Dr. Michael Hartmann · Sascha Jung · Pfr. Friedhelm Meudt · P. Petrus Nowack OSB · Pfr. Bernd Schikofsky · P. Albert Sieger OSB · Axel Simon · Dr. Wolfgang Steffel · Diakon Bernd Strohmaier

Anschrift für Anregungen und Fragen

Klosterbetriebe Maria Laach GmbH & Co. KG
Abteilung Klosterverlag, Redaktion Laacher Messbuch
Benediktienerabtei
D-56653 Maria Laach
E-Mail: redaktion@maria-laach.de

Umschlaggestaltung: Finken & Bumiller, Stuttgart
Umschlagmotiv kartonierte Ausgabe + Gebetsbild gebundene Ausgabe:
Maria Hafner (1923-2018), Simon von Cyrene
© Hans Egli, Mattli Antoniushaus, CH-Morschach
Satz: Grafikbüro Olschewski Medien GmbH, Bad Ditzenbach
Druck und Bindung: Druckerei C. H. Beck, Bergerstraße 3,
D-86720 Nördlingen

Kartonierte Ausgabe

ISBN 978-3-460-**20258**-0 (Verlag Katholisches Bibelwerk)
ISBN 978-3-86534-**393**-2 (Klosterverlag Maria Laach)

Gebundene Ausgabe

ISBN 978-3-460-**20259**-7 (Verlag Katholisches Bibelwerk)
ISBN 978-3-86534-**394**-9 (Klosterverlag Maria Laach)

Inhalt

Fastenzeit

Heilige Woche – Karwoche

Osterzeit

Jahreskreis

Anhang

Abkürzungen

P: Priester
D: Diakon
K: Kantor(in)
L: Lektor(in)
V: Vorbeter(in)
G: Gemeinde
A: Alle
GL: Gotteslob
KG: Kath. Gesangbuch der deutschsprachigen Schweiz

(g) nicht gebotener Gedenktag
(G) gebotener Gedenktag
(F) Fest
(H) Hochfest
MB: Messbuch
Kf: Kurzfassung
❑ Deutsche Eigenlesungen

Hinweis zur Rechtschreibung

Die neue Rechtschreibung der Texte aus den Lektionaren entspricht der von der Deutschen Bischofskonferenz genehmigten Weise. Für die aus dem Messbuch entnommenen Texte lag bis zur Drucklegung keine Fassung in neuer Rechtschreibung vor.

Liebe Leserinnen, liebe Leser!

Mit diesem Buch möchten wir Ihnen wieder eine neue Ausgabe des Laacher Messbuches überreichen. Es enthält die biblischen Texte des Lesejahres C (2024/2025) zusammen mit neuen Impulsen und die vorgesehenen liturgischen Gebetstexte für die jeweiligen Sonntage des Jahres.
Schon in einer langen Tradition arbeiten der Verlag Katholisches Bibelwerk und die Abtei Maria Laach als Herausgeber zusammen. Sie möchten die Feier der sonntäglichen Gottesdienste erschließen und die entsprechenden Texte in diesem Band zugänglich machen. Die Ausgabe möchte die Voraussetzungen bieten, um sich persönlich zu Hause auf den Gottesdienst vorbereiten zu können. Die Texte können Ausgangspunkt sein für eine meditative Erschließung der Lesungen und Gebete. Es war ein Anliegen der liturgischen Bewegung, dass das persönliche Gebet vom liturgischen Gebet Anregungen erhält. Dieses Angebot des Messbuches gilt vor allen jenen, die als Lektorin oder als Lektor in der Eucharistiefeier oder in der Wort-Gottes-Feier mitwirken. Das Laacher Messbuch fasst die jährlichen Sonntagsfeiern und die Hochfeste des Jahres zusammen. Dabei hilft dieses Buch für unsere Zeit die Bedeutung des Sonntages als dem wöchentlichen Osterfest seine Bedeutung zu geben.
Die Pastorale Einführung in das Lektionar schreibt: »In der Tat sind die Heiligen Schriften, vor allem wenn sie im Gottesdienst verkündet werden, eine Quelle des Lebens und der Kraft. … Darum ist die Liebe zur Heiligen Schrift die Kraft, aus der das ganze Volk Gottes lebt und sich erneuert. … Wenn die Kirche das Wort Gottes verkündet und für die Lebenspraxis auslegt, durchdringt es die Gläubigen mit dem Licht des Heiligen Geistes und treibt sie an, das ganze Mysterium des Herrn in die Tat umzusetzen« (Nr. 47). Diesem Anliegen möchte dieses Laacher Messbuch dienen, indem es einen Schwerpunkt auf die geistlichen Impulse zu den Lesungen legt. Damit ist ein Anfang gesetzt, die biblischen Texte besser zu verstehen, um aus ihnen Anregungen für das geistliche Leben zu empfangen und das österliche Heilsereignis, den Tod und die Auferstehung Jesu Christi, tiefer zu erfassen.

Möge dieses Buch in der heutigen Zeit den Christinnen und Christen dazu verhelfen, sich als betende Kirche zu verstehen. Durch die Taufe haben wir alle Anteil an den Verheißungen Gottes an Israel. Wie den Jüngern von Emmaus erschließt auch uns der Auferstandene das Verständnis der Schrift.

Maria Laach/Stuttgart
in der Osterzeit 2024

Pater Petrus Nowack OSB

Hans-Peter Schraa
Klosterverlag Maria Laach

und Verlag Katholisches Bibelwerk

Nehme täglich sein Kreuz auf sich …

Meditation zum Titelbild von Maria Elisabeth Hafner[1]

Einen Mann, der gerade vom Feld kam, Simon von Kyréne, den Vater des Alexander und des Rufus, zwangen sie, sein Kreuz zu tragen.. (Mk 15,21; vgl. Mt 27,32 und Lk 23,26)

Die linke Figur im Bild zeigt vor allem eins: Kraft und Energie. Von der Malerin ganz in Grün gehalten ist es Simon von Kyrene (Cyrene), der von den Römern gezwungen wurde, für Jesus das Kreuz zu tragen. Darin stimmen die drei synpotischen Evangelien überein. Dass er gerade vom Feld kam, steht zwar nur beim Evangelisten Markus, ist aber durchaus wahrscheinlich. Es war der häufigste unter den Berufen, die eine starke körperliche Konstitution verlangten. Grün ist die Farbe der Natur, des Lebens, der Vitalität – hier im Kontrast zum rosa-braunen Hintergrund, einem weiteren Hinweis auf das Feld als den eigentlichen Arbeitsbereich des Simon. Was er hier verrichten muss, ist aber widersinnig: Er selbst reckt seine Arme wie kräftige Äste eines Baumes empor und trägt den Stamm, den Baum, der zuvor einmal eine grüne Krone getragen hat. Die schwere Last lässt die Schulter- und Nackenmuskeln anschwellen.

Welch ein Kontrast hingegen die Gestalt Jesu: Gebeugt, vom Blutverlust der Geißelung – hier mit ein paar roten Einsprengseln nur angedeutet – geschwächt, trägt er ebenfalls sein Kreuz. Der Evangelist Johannes schreibt lapidar: *Er trug sein Kreuz und ging ... (Joh 19,17)* Das Violett macht es deutlich: Es ist der Kreuzweg, die Farbe der Zeit vor Ostern, die Zeit der Buße. Der Apostel Petrus erklärt uns das Geschehen in seinem Brief: *Er hat unsere Sünden mit seinem Leib auf das Holz des Kreuzes getragen, damit wir tot seien für die Sünden und für die Gerechtigkeit leben. Durch seine Wunden seid ihr geheilt. (1 Petr 2,24)*

---

1 Maria Elisabeth Hafner (1923-2018), »Simon von Cyrene«, 1998, Acryl auf Leinwand, Höhe: 60 cm, Breite: 70 cm, Kunstsammlung Mattli Antoniushaus, CH-Morschach

Aber dieser andere Simon, genannt Petrus, der Fels, er fehlt hier. Er hat Jesus aus Angst um sein eigenes Leben verleugnet und sich aus dem Staub gemacht. Erst an Ostern wird er wieder in Erscheinung treten.

Dennoch, bei aller Schwere und Last: Um den hier vom Gewicht des Holzes niedergedrückten Jesus zeigt sich bereits eine lichte Aura, nicht stark, eher nur angedeutet, eine Erinnerung an die Verklärung, hier zur Hoffnung, dass der Kreuzweg nicht mit der Kreuzigung endet. Die ganze Bewegung des Bildes von links nach rechts geht in ein kräftiges Blau hinein. Es ist ein dunkleres Blau als der Himmel am hellen Tag, eher Ultramarin. In früheren Zeiten wurde es aus geriebenem Lapislazuli gewonnen und buchstäblich mit Gold aufgewogen. Die Maler haben es dennoch überraschend oft verwendet, ist es doch Symbol für *Leben* und *Himmel* zugleich, aber auch wegen des hohen Wertes das Blau von Königinnen und Königen. Die Darstellungen Mariens als Königin im blauen Mantel sind bekannt und der zum Herrscher der Welt (Pantokrator) erhöhte Christus trägt nicht den Purpurmantel, den man ihm zum Spott umgehängt hatte, sondern den blauen Königsmantel.
Als Teil des Kreuzweges wurde diese Station immer im Sinne der Aufforderung zur Nachfolge Jesu verstanden. Wir sollen uns in die Rolle des Simon hineinbegeben und das Kreuz für und mit Jesus tragen:
Wenn einer hinter mir hergehen will, verleugne er sich selbst, nehme täglich sein Kreuz auf sich und folge mir nach. (Lk 9,23)

P. L.

ERSTER ADVENTSSONNTAG
1. Dezember 2024

Zu dir, Herr, erhebe ich meine Seele.
Mein Gott, dir vertraue ich.
Lass mich nicht scheitern,
lass meine Feinde nicht triumphieren!
Denn niemand, der auf dich hofft, wird zuschanden.
Ps 25 (24),1–3

Viele von uns erleben den Advent als Doppeldeutig. Einerseits soll er die Vorbereitung auf das Geburtsfest Christi sein, andererseits werden wir mitgerissen in den Strom dessen, was man allgemein »den Advent« nennt. Wir gehen oft in dieser Doppelbödigkeit unter, denn es entwickelt sich eine Dynamik, an deren Ende eine gewisse Verwirrung steht und das Gefühl »Gott sei dank, ist das jetzt vorbei! Wir haben den Advent geschafft, jetzt müssen wir nur noch Weihnachten schaffen – und dann vielleicht ist Ruhe!«
Aber genau das soll Advent nicht sein. Advent soll eher eine Zeit der Wachsamkeit und der Achtsamkeit sein, eine Zeit der Spurensuche. Eine erste Spur, die wir aufnehmen sollten, ist diese Doppeldeutigkeit: zu erkennen, wo jetzt wirklich die Gegenwart Gottes ist, die die Menschen von Gott in dieser Zeit brauchen! Denn hinter alldem steht eine Sehnsucht, stehen Wege, Enttäuschungen und Hoffnungen. In dieser Achtsamkeit, oder nennen wir es christlich »Wachsamkeit«, sind wir in den Advent hinein genommen. Vielleicht sollten wir diesen Advent verstehen als ein gutes Hinsehen – in uns und auf die anderen.

Kyrie-Rufe

Wir bitten um den Geist der Wachsamkeit, der Achtsamkeit und den Geist der Öffnung.
Herr, erbarme dich.
Wir bitten um Stille in unserem Herz, um Hörbereitschaft und einen guten Blick für die Anderen.
Christus, erbarme dich.

Wir bitten um diese adventliche Haltung, des Hörens, des Sehens und des Weiterschenkens.
Herr, erbarme dich.

Tagesgebet

Herr, unser Gott, alles steht in deiner Macht; du schenkst das Wollen und das Vollbringen. Hilf uns, dass wir auf dem Weg der Gerechtigkeit Christus entgegengehen und uns durch Taten der Liebe auf seine Ankunft vorbereiten, damit wir den Platz zu seiner Rechten erhalten, wenn er wiederkommt in Herrlichkeit. Er, der in der Einheit des Heiligen Geistes mit dir lebt und herrscht in alle Ewigkeit.

Erste Lesung

Jer 33,14–16

Lesung aus dem Buch Jeremia.

Siehe, Tage kommen – Spruch des HERRN –, da erfülle ich das Heilswort, das ich über das Haus Israel und über das Haus Juda gesprochen habe. In jenen Tagen und zu jener Zeit werde ich für David einen gerechten Spross aufsprießen lassen.
Er wird Recht und Gerechtigkeit wirken im Land. In jenen Tagen wird Juda gerettet werden, Jerusalem kann in Sicherheit wohnen.
Man wird ihm den Namen geben: Der HERR ist unsere Gerechtigkeit.

Wort des lebendigen Gottes.

IMPULS Erstaunlich, wenn auch die Zeilen aus dem Propheten-Buch des Jeremia uralt sind und uns Jahrhunderte von Ihnen trennen – formulieren sie eine Sehnsucht, die sich nicht überholt hat, die nicht veraltet ist. Die Sehnsucht, dass bei all der Ungerechtigkeit, die es auch in unserer Zeit gibt, es auch eine Gerechtigkeit geben soll. Eine Sehnsucht nach Gerechtigkeit, die Gott garantiert, die aber auch einen Künder, einen König findet, einen, der sich für sie einsetzt. Diese Sehnsucht nach Gerechtigkeit, sie ist auch unsere Adventssehnsucht. Und wir sollten Ausschau halten nach mehr Gerechtigkeit, auch in dieser Zeit, unserer Sehnsucht auch Worte geben.

ANTWORTPSALM Ps 25 (24),4–5.8–9.10 u. 14 (Kv: 1)

Kv Zu dir, o HERR, erhebe ich meine Seele. – Kv

Zeige mir, HERR, deine Wege, *
lehre mich deine Pfade!
Führe mich in deiner Treue und lehre mich; /
denn du bist der Gott meines Heiles. *
Auf dich hoffe ich den ganzen Tag. – Kv

Der HERR ist gut und redlich, *
darum weist er Sünder auf den rechten Weg.
Die Armen leitet er nach seinem Recht, *
die Armen lehrt er seinen Weg. – Kv

Alle Pfade des HERRN sind Huld und Treue *
denen, die seinen Bund und seine Zeugnisse wahren.
Der Rat des HERRN steht denen offen, die ihn fürchten, *
und sein Bund, um ihnen Erkenntnis zu schenken. – Kv

ZWEITE LESUNG 1 Thess 3,12 – 4,2

Lesung aus dem ersten Brief des Apostels Paulus an die Gemeinde in Thessalónich.

Schwestern und Brüder! Der Herr lasse euch wachsen und reich werden in der Liebe zueinander und zu allen, wie auch wir euch lieben, damit eure Herzen gestärkt werden und ihr ohne Tadel seid, geheiligt vor Gott, unserem Vater, bei der Ankunft Jesu, unseres Herrn, mit allen seinen Heiligen. Amen.
Im Übrigen, Brüder und Schwestern, bitten und ermahnen wir euch im Namen Jesu, des Herrn: Ihr habt von uns gelernt, wie ihr leben müsst, um Gott zu gefallen, und ihr lebt auch so; werdet darin noch vollkommener! Ihr wisst ja, welche Ermahnungen wir euch im Auftrag Jesu, des Herrn, gegeben haben.

Wort des lebendigen Gottes.

IMPULS Formuliert man den Text des Thessalonicher Briefes anders, steht die Frage im Raum: Was habt ihr voneinander gelernt? Und die einzige gültige Antwort, jedenfalls die einzige des neuen Testamentes wäre, dass wir in Liebe miteinander leben sollen. So steht diese Frage im Advent: »Was haben wir voneinander gelernt?«
Könnten wir im Sinne der Lesung antworten?

Ruf vor dem Evangelium

Ps 85 (84),8

Halleluja. Halleluja.
Lass uns schauen, Herr, deine Huld
und schenke uns dein Heil!
Halleluja.

Evangelium

Lk 21,25–28.34–36

+ Aus dem heiligen Evangelium nach Lukas.

In jener Zeit sprach Jesus zu seinen Jüngern: Es werden Zeichen sichtbar werden an Sonne, Mond und Sternen und auf der Erde werden die Völker bestürzt und ratlos sein über das Toben und Donnern des Meeres. Die Menschen werden vor Angst vergehen in der Erwartung der Dinge, die über den Erdkreis kommen; denn die Kräfte des Himmels werden erschüttert werden. Dann wird man den Menschensohn in einer Wolke kommen sehen, mit großer Kraft und Herrlichkeit.
Wenn dies beginnt, dann richtet euch auf und erhebt eure Häupter; denn eure Erlösung ist nahe.
Nehmt euch in Acht, dass Rausch und Trunkenheit und die Sorgen des Alltags euer Herz nicht beschweren und dass jener Tag euch nicht plötzlich überrascht wie eine Falle; denn er wird über alle Bewohner der ganzen Erde hereinbrechen. Wacht und betet allezeit, damit ihr allem, was geschehen wird, entrinnen und vor den Menschensohn hintreten könnt!

Evangelium unseres Herrn Jesus Christus.

IMPULS Genau dann, wenn die Welt zu Grunde geht, dann kommt Gott? Das Horrorbild des Evangeliums lässt uns erschrecken und es ist wenig mutmachend, so scheint es. Aber es greift auf eine Wirklichkeit und Wahrheit zurück, die wir auch als Christen oft nicht sehen. Diese Welt ist endlich und mit dieser Endlichkeit müssen wir leben. Unser Leben ist endlich und mit dieser Endlichkeit müssen wir leben. Aber diese Endlichkeit kennt eine größere, eine andere, eine sich weitende Dimension, denn über sie hinaus gibt es die Wirklichkeit Gottes: zeitlos, geschenkt, himmlisch und unendlich. Darauf hin sollen wir uns ausrichten und aufrichten und die Zeichen der Zeit nicht falsch deuten. Bei allem Schrecklichen, bei aller Verwüstung und bei aller Angst offenbart sich dahinter ohne Ende immer Gott und davon erzählt zugleich die Zeit des Kommens. Advent ist auch immer der Blick auf die Unendlichkeit.

CREDO (siehe Seite 520ff.)

FÜRBITTEN

Der Advent ist eine Zeit der Wachsamkeit. Um diese Wachsamkeit wollen wir bitten:

– Für alle, die in unserer Kirche oder Gesellschaft Verantwortung tragen, dass sie wachsam werden für das, was die Menschen, die ihnen anvertraut sind, in dieser Zeit wirklich brauchen.

V: Christus, höre uns. A: Christus, erhöre uns.

– Für uns selbst, dass wir Ausschau halten in Wachsamkeit auf das hin, was die, die mit uns leben, von uns erwarten und dass wir es weiterschenken, dass wir in Liebe und Gerechtigkeit, in Frieden miteinander leben.

– Für all die, die sich nicht beachtet fühlen, die sich vom Leben vergessen und enttäuscht fühlen. Dass sie spüren, dass auch wir auf sie hin achtsam sind.

– In der Hoffnung, dass Christus in seiner Wachsamkeit uns über die Grenzen unseres Todes nicht vergisst, bitten wir auch für unsere Verstorbenen.

Darum bitten wir, durch Christus unseren Herrn.

Gabengebet

Allmächtiger Gott, alles, was wir haben, kommt von dir. Nimm die Gaben an, die wir darbringen. Mache sie für uns in diesem Leben zum Sakrament der Erlösung und rufe uns an deinen Tisch im kommenden Reich. Darum bitten wir durch Christus, unseren Herrn.

Präfation

Advent I

In Wahrheit ist es würdig und recht, dir, allmächtiger Vater, zu danken durch unseren Herrn Jesus Christus. Denn in seinem ersten Kommen hat er sich entäußert und ist Mensch geworden. So hat er die alte Verheißung erfüllt und den Weg des Heiles erschlossen. Wenn er wiederkommt im Glanz seiner Herrlichkeit werden wir sichtbar empfangen, was wir jetzt mit wachem Herzen gläubig erwarten. Darum preisen wir dich mit allen Engeln und Heiligen und singen vereint mit ihnen das Lob deiner Herrlichkeit.

Einladung zum Vaterunser

Gern gesungen werden die Zeilen im Advent: Wachet auf! Aber sind wir wirklich aufgewacht, aufgeweckt? Erkennen wir, wo das Dunkle und wo der Unfrieden ist? Erkennen wir, was wir vermeiden sollen und erkennen wir, was dagegen zu setzen ist? Wo sind wir in die Wachsamkeit gerufen und erneut aufgefordert, wenn wir miteinander beten: Vater unser im Himmel …

Einladung zum Friedensgebet

Schaut man in die Geschichte erkennt man, hätte es eine größere Wachsamkeit vor bestimmten Kriegszenarien, gewaltigen Umwälzungen, Revolutionen und vor all dem, was Menschen in Gefahr und in den Tod gebracht hat, gegeben, vieles wäre vermeidbar gewesen. Deswegen gehört zum Frieden immer die Wachsamkeit. Und in dieser Wachsamkeit wollen wir Ausschau halten und uns den Frieden wünschen: Herr Jesus Christus …

Kommunionvers

Ps 85 (84),13

Der Herr wird seinen Segen spenden, und unsere Erde bringt ihre Frucht hervor.

Schlussgebet

Herr, unser Gott, du hast uns an deinem Tisch mit neuer Kraft gestärkt. Zeige uns den rechten Weg durch diese vergängliche Welt und lenke unseren Blick auf das Unvergängliche, damit wir in allem dein Reich suchen. Darum bitten wir durch Christus, unseren Herrn.

Schlusssegen

Im Advent

Der barmherzige Gott hat uns den Glauben an das Kommen seines Sohnes geschenkt; er segne und heilige euch durch das Licht seiner Gnade.
Er mache euch standhaft im Glauben, froh in der Hoffnung und eifrig in Werken der Liebe.
Die erste Ankunft des Erlösers sei euch Unterpfand der ewigen Herrlichkeit, die er uns schenken wird, wenn er wiederkommt auf den Wolken des Himmels.
Das gewähre euch der dreieinige Gott, der Vater und der Sohn † und der Heilige Geist.

Ankunft kann sein
– wenn ich nicht in die »Falle« tappe
– das Stolpern vermeide
– hinsehen lerne

Ankunft kann sein
– wenn ich nicht in die »Falle« tappe
– die falschen Pläne mache
– verdrehte Ideen haben

Ankunft kann sein
– wenn ich mich aus den Lebensfallen befreie

Wolfgang Fey

ZWEITER ADVENTSSONNTAG
8. Dezember 2024

Der Herr wird kommen, um die Welt zu erlösen.
Volk Gottes, mach dich bereit.
Höre auf ihn, und dein Herz wird sich freuen.
Vgl. Jes 30,19.30

Von Straßen und Wegen ist in den Lesungstexten an diesem Adventssonntag die Rede. Von einer Natur, die sich sogar verändert, damit ein Königsweg entsteht. Schon immer haben die Menschen, in der Antike und auch jetzt, solche Bauwerke bewundert: Brücken, Tunnel, Ingenieurleistungen. Die Heilige Schrift meint dies im Bild aber nicht, sondern sie meint einen ganz anderen Königsweg, einen viel schwierigeren und leider im Leben oft unerreichten, nämlich den Weg, den wir selber in unserem Herzen bauen sollen: dass Gott zu uns kommen soll, dass wir begradigen, untertunneln und aufbauen, dass wir überbrücken sollen, was uns daran hindert, dass wir der Mensch sind, den Gott in diese Zeit und Welt gesetzt hat. Dieser Königsweg ist der Weg, den wir im Advent neu finden sollen. Keine Ingenieurleistungen, sondern ein ernsthafter sogar anstrengender Blick auf uns selbst. Ein Blick, an dessen Ende steht, dass Gott zu uns kommen kann. Und dafür lohnt es sich zu graben, zu bauen und zu ebnen.

Kyrie-Rufe

Vieles in unserem Leben erscheint uns verbaut, versperrt, verschüttet und so wollen wir in diesem Advent besonders darum bitten:
Gott unser Vater, öffne uns erneut für dein Wort und lass uns gerade Wege finden, dich zu verstehen.
Herr, erbarme dich.
Öffne uns, öffne auch die Tür unseres Herzens, damit du zu uns kommen kannst, eintreten in uns und in unser Leben.
Christus, erbarme dich.

Gott unser Vater, was krumm und schief ist, uneben und unerreichbar, das mache eben, damit wir dir frei begegnen können. *Herr, erbarme dich.*

Tagesgebet

Allmächtiger und barmherziger Gott, deine Weisheit allein zeigt uns den rechten Weg. Laß nicht zu, daß irdische Aufgaben und Sorgen uns hindern, deinem Sohn entgegenzugehen. Führe uns durch dein Wort und deine Gnade zur Gemeinschaft mit ihm, der in der Einheit des Heiligen Geistes mit dir lebt und herrscht in alle Ewigkeit.

Erste Lesung Bar 5,1–9

Lesung aus dem Buch Baruch.

Leg ab, Jerusalem, das Kleid deiner Trauer und deines Elends und bekleide dich mit dem Schmuck der Herrlichkeit, die Gott dir für immer verleiht! Leg den Mantel der göttlichen Gerechtigkeit an; setz dir die Krone der Herrlichkeit des Ewigen aufs Haupt! Denn Gott will deinen Glanz dem ganzen Erdkreis unter dem Himmel zeigen. Gott gibt dir für immer den Namen: Friede der Gerechtigkeit und Herrlichkeit der Gottesfurcht.
Steh auf, Jerusalem, und steig auf die Höhe! Schau nach Osten und sieh deine Kinder: Vom Untergang der Sonne bis zum Aufgang hat das Wort des Heiligen sie gesammelt. Sie freuen sich, dass Gott an sie gedacht hat. Denn zu Fuß zogen sie fort von dir, weggetrieben von Feinden; Gott aber bringt sie heim zu dir, ehrenvoll getragen wie in einer königlichen Sänfte. Denn Gott hat befohlen: Senken sollen sich alle hohen Berge und die ewigen Hügel und heben sollen sich die Täler zu ebenem Land, sodass Israel unter der Herrlichkeit Gottes sicher dahinziehen kann.
Wälder und duftende Bäume aller Art spenden Israel Schatten auf Gottes Geheiß. Denn Gott führt Israel heim in Freude, im Licht seiner Herrlichkeit; Erbarmen und Gerechtigkeit kommen von ihm.

Wort des lebendigen Gottes.

IMPULS Der Text aus dem Buch Baruch ist ein Text der Hoffnung. Ein Text, der Zuversicht zusprechen soll. Ein Text des Trostes und eine Vision. Bei allem Elend, bei aller Ausgesetztheit, trotz der Vertreibung und des Exils soll darauf vertraut werden, dass es den Weg zurück gibt, den königlichen Weg in das, was Heimat ist. Dieser Text des Baruch hat sich nicht überholt. Für Millionen von Menschen ist dieser Text ein Ausdruck der Sehnsucht. Millionen von Menschen sind vertrieben, ausgestoßen und ohne Heimat. Und so fordert uns, als Hörer dieses Textes, Baruch auf, auch in dieser Zeit Hoffnung zu spenden und nach diesem Königsweg Ausschau zu halten.

ANTWORTPSALM Ps 126 (125),1–2b.2c–3.4–5.6 (Kv: 3)

Kv Groß hat der HERR an uns gehandelt. – Kv

Da waren wir voll Freude.
Als der HERR das Geschick Zions wendete, *
da waren wir wie Träumende.
Da füllte sich unser Mund mit Lachen *
und unsere Zunge mit Jubel. – Kv

Da sagte man unter den Völkern: *
Groß hat der HERR an ihnen gehandelt!
Ja, groß hat der HERR an uns gehandelt. *
Da waren wir voll Freude. – Kv

Wende doch, HERR, unser Geschick *
wie die Bäche im Südland!
Die mit Tränen säen, *
werden mit Jubel ernten. – Kv

Sie gehen, ja gehen und weinen *
und tragen zur Aussaat den Samen.
Sie kommen, ja kommen mit Jubel *
und bringen ihre Garben. – Kv

Zweite Lesung

Phil 1,4–6.8–11

Lesung aus dem Brief des Apostel Paulus an die Gemeinde in Philippi.

Schwestern und Brüder! Immer, wenn ich für euch alle bete, bete ich mit Freude.
Ich danke für eure Gemeinschaft im Dienst am Evangelium vom ersten Tag an bis jetzt. Ich vertraue darauf, dass er, der bei euch das gute Werk begonnen hat, es auch vollenden wird bis zum Tag Christi Jesu. Denn Gott ist mein Zeuge, wie ich mich nach euch allen sehne im Erbarmen Christi Jesu.
Und ich bete darum, dass eure Liebe immer noch reicher an Einsicht und jedem Verständnis wird, damit ihr beurteilen könnt, worauf es ankommt. Dann werdet ihr rein und ohne Tadel sein für den Tag Christi, erfüllt mit der Frucht der Gerechtigkeit, die durch Jesus Christus kommt, zur Ehre und zum Lob Gottes.

Wort des lebendigen Gottes.

IMPULS Die Bemerkung des Apostel Paulus sollten wir uns zu Herzen nehmen. Dass wenn wir aneinander denken, in unseren Kirchen und in unseren Gemeinden dies in Freude tun und in Freude für einander beten. Davon sind wir oft weit entfernt. Wir denken in Gruppen, Parteien, in rechts und links, in gut und schlecht und wie wenig Freude es in Gemeinden und Gottesdienst gibt. Also nehmen wir die Mahnung an: Immer, wenn ich für euch alle bete, bete ich mit Freude, besonders jetzt in diesem Advent, in Vorfreude auf das Kommen des Herrn.

Ruf vor dem Evangelium

Lk 3,4.6

Halleluja. Halleluja.
Bereitet den Weg des Herrn!
Macht gerade seine Straßen!
Und alle Menschen werden das Heil Gottes schauen.
Halleluja.

EVANGELIUM Lk 3,1–6

+ Aus dem heiligen Evangelium nach Lukas.

Es war im fünfzehnten Jahr der Regierung des Kaisers Tibérius; Pontius Pilatus war Statthalter von Judäa, Herodes Tetrárch von Galiläa, sein Bruder Philíppus Tetrárch von Ituräa und der Trachonítis, Lysánias Tetrárch von Abiléne; Hohepriester waren Hannas und Kájaphas. Da erging in der Wüste das Wort Gottes an Johannes, den Sohn des Zacharías.
Und er zog in die Gegend am Jordan und verkündete dort überall die Taufe der Umkehr zur Vergebung der Sünden, wie im Buch der Reden des Propheten Jesája geschrieben steht:
Stimme eines Rufers in der Wüste: Bereitet den Weg des Herrn! Macht gerade seine Straßen! Jede Schlucht soll aufgefüllt und jeder Berg und Hügel abgetragen werden. Was krumm ist, soll gerade, was uneben ist, soll zum ebenen Weg werden. Und alle Menschen werden das Heil Gottes schauen.

Evangelium unseres Herrn Jesus Christus.

IMPULS Im dritten Kapitel erzählt Lukas in den Worten des Propheten und Künders Johannes, dass in der Wüste ein neuer Weg entsteht: ein Weg, der Krummes gerade macht, ein Weg, der Berg und Hügel abträgt, der Schluchten füllt. Damit ist gemeint, dass Gott sich einen Weg zu uns sucht. In den Worten des Täufers heißt dies, dass alle Hindernisse beseitigt werden, die Gott & Mensch und Mensch & Gott trennen. So ist die Spitze seiner Prophetie der Satz: »… und alle Menschen werden das Heil Gottes schauen!« – weil Gott eben alles beiseite räumt, was uns trennt, und wir ihm alle entgegen gehen können.

CREDO (siehe Seite 520ff.)

Fürbitten

Den Worten des Apostel Paulus in seinem Brief an die Philipper folgend, wollen wir an diesem Adventstag besonders für Alle beten:

- Wir wollen beten für alle, die Verantwortung in Politik und Gesellschaft tragen.
- Wir wollen bitten für alle, die unsere Kirche leiten.
- Wir wollen bitten und beten für alle, die mit uns das Leben teilen.
- Wir wollen bitten und beten für alle, die uns in besonderer Weise anvertraut sind, für unsere Lebenspartner und Kinder, Verwandte und Freunde.
- Wir wollen beten für die Flüchtlinge und Opfer von Krieg und Gewalt.
- Wir wollen beten für die, die ihre Hoffnung im Leben verloren haben.
- Wir wollen beten für die, die verstorben sind.

In Hoffnung, dass sich unser Bitten zum Gebet der Freude und der Zuversicht verwandelt, danken wir und bitten wir durch Christus unseren Herrn.

Gabengebet

Barmherziger Gott, wir bekennen, daß wir immer wieder versagen und uns nicht auf unsere Verdienste berufen können. Komm uns zu Hilfe, ersetze, was uns fehlt, und nimm unsere Gebete und Gaben gnädig an. Darum bitten wir durch Christus, unseren Herrn.

Präfation

Advent III

Wir danken dir, Vater im Himmel, und rühmen dich durch unseren Herrn Jesus Christus. Ihn hast du der verlorenen Menschheit als Erlöser verheißen. Seine Wahrheit leuchtet den Suchenden, seine Kraft stärkt die Schwachen, seine Heiligkeit bringt den Sündern Vergebung. Denn er ist der Heiland der Welt, den du gesandt hast, weil du getreu bist. Darum preisen wir dich mit den Kerubim und Serafim und singen mit allen Chören der Engel das Lob deiner Herrlichkeit.

Einladung zum Vaterunser

In der wirklichen Freude, dass sich Himmel und Erde immer wieder neu verbinden, in der Freude, dass wir damit hinein genommen sind in das große Geheimnis des Himmels und in die Wandlung der Erde, wollen wir miteinander beten: Vater unser im Himmel …

Einladung zum Friedensgebet

Nicht das Austaktieren und verkniffene Verhandeln, dass vielleicht juristische Regeln schafft Frieden, sondern Offenheit und die Freude daran, sich zu begegnen. Die Freude der Überwindung, die Freude des Entdeckens daran, dass auf der anderen Seite ebenfalls ein Mensch steht. Und in dieser Freude, in dieser Offenheit, wollen wir uns jetzt den Frieden wünschen: Herr Jesus Christus …

Kommunionvers

Bar 5,5; 4,36

Jerusalem, erhebe dich, steig auf den Berg und schau die Freude, die von deinem Gott zu dir kommt.

Schlussgebet

Herr, unser Gott, im heiligen Mahl hast du uns mit deinem Geist erfüllt. Lehre uns durch die Teilnahme an diesem Geheimnis, die Welt im Licht deiner Weisheit zu sehen und das Unvergängliche mehr zu lieben als das Vergängliche. Darum bitten wir durch Christus, unseren Herrn.

SCHLUSSSEGEN — Im Advent

Der barmherzige Gott hat uns den Glauben an das Kommen seines Sohnes geschenkt; er segne und heilige euch durch das Licht seiner Gnade.
Er mache euch standhaft im Glauben, froh in der Hoffnung und eifrig in Werken der Liebe.
Die erste Ankunft des Erlösers sei euch Unterpfand der ewigen Herrlichkeit, die er uns schenken wird, wenn er wiederkommt auf den Wolken des Himmels.
Das gewähre euch der dreieinige Gott, der Vater und der Sohn ✝ und der Heilige Geist.

Ankunft kann sein / im Bild gesprochen
– wenn ich Umwege vermeide
– Sackgassen erkenne
– Baustellen umgehe
– das Ziel im Auge behalte
– Eben – den geraden Weg gehen

Wolfgang Fey

HOCHFEST DER OHNE ERBSÜNDE EMPFANGENEN JUNGFRAU UND GOTTESMUTTER MARIA

9. Dezember 2024

Von Herzen will ich mich freuen über den Herrn.
Meine Seele soll jubeln über meinen Gott.
Denn er kleidet mich in Gewänder des Heils,
er hüllt mich in den Mantel der Rettung
und schmückt mich köstlich wie eine Braut.

Jes 61,10

Vielleicht hilft der Blick auf alte Bilder, um verstehbarer zu machen, was wir an diesem Tag miteinander begehen. In den mittelalterlichen Bildern und Tafeln von der so genannten Krönung Mariens sehen wir Maria immer in der Mitte des Vaters, des Sohnes und des Heiligen Geistes. Sie ist hineingenommen in das absolut zeitlose Geschehen der Dreifaltigkeit, das sich zugleich in seinen Gestalten auch als das absolut in die Zeit gesetzte Wort Gottes versteht. Hineingenommen in dieses große Bild ist Maria Abbild dessen, dass wir Menschen immer schon im Heilswillen Gottes zeitlos aufgenommen und im Heilswillen Gottes in die Zeit und Wirklichkeit Gottes gerufen sind. Zugleich ist es Ausdruck der Wertschätzung Gottes von uns Menschen, ein Bild der Wertschätzung dieser Frau, aber auch ein Bild der Geborgenheit, der Intimität, ein Bild der Barmherzigkeit und der Annahme.
In diesem Fest feiern wir eigentlich die Annahme Gottes von uns Menschen von Anbeginn und die Aufhebung all dessen, was uns in der Begegnung zu Gott hindern könnte.

Kyrie-Rufe

Das Bild von der Jungfrau Maria trägt in sich die Zuversicht, dass auch wir Träger des Wortes Gottes sein können.
Herr, erbarme dich.

So lass uns im Bild der Jungfrau Maria erkennen, dass unser Ja zum Glauben auch Wirklichkeit werden kann in der Begegnung mit Christus im Heute.
Christus, erbarme dich.
Das Bild der Jungfrau Maria ist ein Bild der Zuversicht und Himmelsanwärterschaft für uns alle. So lass uns darauf vertrauen, dass auch wir einst eingenommen sind in das große Geheimnis der Gegenwart der Dreifaltigkeit.
Herr, erbarme dich.

GLORIA (siehe Seite 516f.)

TAGESGEBET

Großer und heiliger Gott, im Hinblick auf den Erlösertod Christi hast du die selige Jungfrau Maria schon im ersten Augenblick ihres Daseins vor jeder Sünde bewahrt, um deinem Sohn eine würdige Wohnung zu bereiten. Höre auf ihre Fürsprache: Mache uns frei von Sünden und erhalte uns in deiner Gnade, damit wir mit reinem Herzen zu dir gelangen. Darum bitten wir durch Jesus Christus.

ERSTE LESUNG Gen 3,9–15.20

Lesung aus dem Buch Génesis.

Nachdem Adam vom Baum gegessen hatte, rief Gott, der HERR, ihm zu und sprach: Wo bist du? Er antwortete: Ich habe deine Schritte gehört im Garten; da geriet ich in Furcht, weil ich nackt bin, und versteckte mich.
Darauf fragte er: Wer hat dir gesagt, dass du nackt bist? Hast du von dem Baum gegessen, von dem ich dir geboten habe, davon nicht zu essen? Adam antwortete: Die Frau, die du mir beigesellt hast, sie hat mir von dem Baum gegeben. So habe ich gegessen.
Gott, der HERR, sprach zu der Frau: Was hast du getan? Die Frau antwortete: Die Schlange hat mich verführt. So habe ich gegessen.

Da sprach Gott, der HERR, zur Schlange: Weil du das getan hast, bist du verflucht unter allem Vieh und allen Tieren des Feldes. Auf dem Bauch wirst du kriechen und Staub fressen alle Tage deines Lebens. Und Feindschaft setze ich zwischen dir und der Frau, zwischen deinem Nachkommen und ihrem Nachkommen. Er trifft dich am Kopf und du triffst ihn an der Ferse.
Adam gab seiner Frau den Namen Eva, Leben, denn sie wurde die Mutter aller Lebendigen.

Wort des lebendigen Gottes.

IMPULS So wie *Eva* nach dem vermeintlichen Sündenfall trotzdem *Leben* bedeutet, die Mutter alles Lebendigen, so wird Maria die Mutter eines anderen Lebens, eines befreiten, eines ewigen Lebens, eines himmlischen Lebens. Was Eva uns auferlegt, das nimmt Maria uns wieder – was Eva ins Leben trägt, das wird in Maria befreit.

ANTWORTPSALM Ps 98 (97),1.2–3b.3c–4 (Kv: 1ab)

Kv Singet dem HERRN ein neues Lied,
denn er hat wunderbare Taten vollbracht! – Kv

Singet dem HERRN ein neues Lied, *
denn er hat wunderbare Taten vollbracht!
Geholfen hat ihm seine Rechte *
und sein heiliger Arm. – (Kv)

Der HERR hat sein Heil bekannt gemacht *
und sein gerechtes Wirken enthüllt vor den Augen der Völker.
Er gedachte seiner Huld *
und seiner Treue zum Hause Israel. – (Kv)

Alle Enden der Erde *
sahen das Heil unsres Gottes.
Jauchzet dem HERRN, alle Lande, *
freut euch, jubelt und singt! – Kv

ZWEITE LESUNG Eph 1,3–6.11–12

Lesung aus dem Brief des Apostels Paulus an die Gemeinde in Ephesus.

Gepriesen sei Gott, der Gott und Vater unseres Herrn Jesus Christus. Er hat uns mit allem Segen seines Geistes gesegnet durch unsere Gemeinschaft mit Christus im Himmel.
Denn in ihm hat er uns erwählt vor der Grundlegung der Welt, damit wir heilig und untadelig leben vor ihm. Er hat uns aus Liebe im Voraus dazu bestimmt, seine Söhne zu werden durch Jesus Christus und zu ihm zu gelangen nach seinem gnädigen Willen, zum Lob seiner herrlichen Gnade. Er hat sie uns geschenkt in seinem geliebten Sohn.
In ihm sind wir auch als Erben vorherbestimmt nach dem Plan dessen, der alles so bewirkt, wie er es in seinem Willen beschließt; wir sind zum Lob seiner Herrlichkeit bestimmt, die wir schon früher in Christus gehofft haben.

Wort des lebendigen Gottes.

IMPULS Der Epheserbrief variiert den Gedanken der Vorherbestimmung, indem er uns zu Erben ernennt, aber zugleich auch, dass wir dies in der Vorausbestimmung sind, dass wir jetzt schon in ein Geheimnis hinein genommen sind, wenn wir, wie er es schreibt, heilig und untadelig leben – also ein Stück das abbilden, was Gott uns schenken kann, geschenkt hat und schenken will.

RUF VOR DEM EVANGELIUM Vgl. Lk 1,28.42

Halleluja. Halleluja.
Gegrüßet seist du, Maria, voll der Gnade,
der Herr ist mit dir,
du bist gebenedeit unter den Frauen.
Halleluja.

EVANGELIUM Lk 1,26–38

+ Aus dem heiligen Evangelium nach Lukas.

In jener Zeit wurde der Engel Gábriel von Gott in eine Stadt in Galiläa namens Nazaret zu einer Jungfrau gesandt. Sie war mit einem Mann namens Josef verlobt, der aus dem Haus David stammte. Der Name der Jungfrau war Maria.
Der Engel trat bei ihr ein und sagte: Sei gegrüßt, du Begnadete, der Herr ist mit dir. Sie erschrak über die Anrede und überlegte, was dieser Gruß zu bedeuten habe.
Da sagte der Engel zu ihr: Fürchte dich nicht, Maria; denn du hast bei Gott Gnade gefunden. Siehe, du wirst schwanger werden und einen Sohn wirst du gebären; dem sollst du den Namen Jesus geben. Er wird groß sein und Sohn des Höchsten genannt werden. Gott, der Herr, wird ihm den Thron seines Vaters David geben. Er wird über das Haus Jakob in Ewigkeit herrschen und seine Herrschaft wird kein Ende haben.
Maria sagte zu dem Engel: Wie soll das geschehen, da ich keinen Mann erkenne?
Der Engel antwortete ihr: Heiliger Geist wird über dich kommen und Kraft des Höchsten wird dich überschatten. Deshalb wird auch das Kind heilig und Sohn Gottes genannt werden.
Siehe, auch Elisabet, deine Verwandte, hat noch in ihrem Alter einen Sohn empfangen; obwohl sie als unfruchtbar gilt, ist sie schon im sechsten Monat. Denn für Gott ist nichts unmöglich.
Da sagte Maria: Siehe, ich bin die Magd des Herrn; mir geschehe, wie du es gesagt hast.
Danach verließ sie der Engel.

Evangelium unseres Herrn Jesus Christus.

IMPULS Im Wort des Engels an Maria wird vorweg genommen und zugesprochen, was sich dann durch Maria und ihr Ja vollzieht. Maria erfüllt Gottes Zukunft, sie ist die Zukunft Gottes in der Lebendigkeit und Wirklichkeit. In dieser Perspektive, in dieser Blickveränderung öffnet Maria dem Heil und dem Himmel die Tür, ist sie wieder Eingang, der Einlass Gottes in das Menschliche. Zugleich ist sie Bild des großen Geheimnisses des Umgangs Gottes mit uns. Sein Wort, das uns als Lebensplanung mitgegeben ist, kann sich auch in uns erfüllen, wenn es uns gelingt wie bei Maria daraus ein Lebens-Ja werden zu lassen.

CREDO (siehe Seite 520ff.)

FÜRBITTEN

Aus dem Zuspruch des Engels und aus dem Ja der Maria entsteht das Heil, entsteht die Geburt des Christus, des Erlösers der Welt. So wollen wir mitten im Advent nun selber bitten:

– Dass es uns gelingt, das Wort, das an uns gerichtet ist, das Wort des Glaubens auch zu einem Ja des Lebens werden zu lassen.

V: Christus, höre uns. A: Christus, erhöre uns.

– Wir wollen bitten, dass wir wie Maria in Mut und Zuversicht Christus in uns tragen, ihn Wirklichkeit werden lassen und dass wir im Fest seiner Geburt erkennen, dass sich diese Welt immer wieder neu nach ihm ausrichten und wandeln lässt.

– Wir wollen unser Leben nicht nur als Zumutung verstehen, sondern als ein Geschenk und Ja sagen zu diesem Geschenk des Lebens, das uns immer wieder dazu ruft, dieses Leben zu formen, sich in diesem Leben froh zu machen und es auch als Zeichen der Hoffnung und Ewigkeit zu verstehen.

– Für alle, die ihren Lebensmut verloren haben, keine Perspektiven erkennen, keine Zukunft sehen, dass sie wieder lernen das Ja! zu sagen zu sich und zu dem, was ihr Leben in sich tragen kann. Dass sie wieder finden zum Leben, zu Fantasie, zu Liebe und Gemeinschaft.

– Für alle, die ihr Leben zu Ende gelebt haben und die versucht haben ihr Lebens-Ja das letzte Mal zu sprechen. Dass ihr Wort jetzt angenommen ist als das Ja, das der Auferstandene dann zu uns spricht.

So bitten wir Christus um seine Ankunft und sein Wort an uns.

Gabengebet

Herr, unser Gott, in deiner Gnade hast du die selige Jungfrau Maria auserwählt und vor jeder Sünde bewahrt. An ihrem Fest feiern wir das Opfer, das alle Schuld der Menschen tilgt. Befreie uns auf ihre Fürsprache aus der Verstrickung in das Böse, damit auch wir heilig und makellos vor dir stehen. Darum bitten wir durch Christus, unseren Herrn.

Präfation

Vom Tag

In Wahrheit ist es würdig und recht, dir, Vater im Himmel, zu danken und das Werk deiner Liebe zu rühmen. Denn du hast Maria vor der Erbschuld bewahrt, du hast sie mit der Fülle der Gnade beschenkt, da sie erwählt war, die Mutter deines Sohnes zu werden. In unversehrter Jungfräulichkeit hat sie Christus geboren, der als schuldloses Lamm die Sünde der Welt hinwegnimmt. Sie ist Urbild und Anfang der Kirche, der makellosen Braut deines Sohnes. Vor allen Heiligen ist sie ein Vorbild der Heiligkeit, ihre Fürsprache erfleht uns deine Gnade durch unseren Herrn Jesus Christus. Durch ihn preisen dich Himmel und Erde, Engel und Menschen und singen wie aus einem Munde das Lob deiner Herrlichkeit.

Einladung zum Vaterunser

Die Welt erscheint uns oft als Zumutung und zu Vielem würden wir lieber Nein sagen. Aber Jesus lädt uns dazu ein, ein Ja zu sagen zu der Zeit in dieser Welt. Und aus diesem Ja lässt sich Verwandlung, lässt sich Veränderung erzielen, Himmel und Erde verbinden. Und so wollen wir Ja sagen zu den Ansprüchen und Herausforderungen und dazu Ja zur Verwandlung und beten: Vater unser im Himmel …

Einladung zum Friedensgebet

Bei allem Krieg, bei aller Schrecklichkeit, bei allem Dunklen, bei allem Hass und Auseinandersetzung, die uns oft die Luft zum Atmen nehmen, sind wir aufgefordert, ein deutliches Ja zu sprechen zu den Menschen in dieser Zeit und daraus den Frieden zu schaffen. Nur aus dem Ja zu uns selbst, aus dem, was der Glaube uns schenken kann, kann dieser Friede entstehen – nicht durch Wegsehen, sondern durch Hinsehen, durch auf das schauen, was notwendig ist. Und diesen Frieden wollen wir uns jetzt schenken: Herr Jesus Christus …

Kommunionvers

Großes hat man von dir gesagt, Maria, denn aus dir ging hervor die Sonne der Gerechtigkeit, Christus, unser Gott.

Schlussgebet

Herr und Gott, das Sakrament, das wir empfangen haben, heile in uns die Wunden jener Schuld, vor der du die allerseligste Jungfrau Maria vom ersten Augenblick ihres Daseins an auf einzigartige Weise bewahrt hast. Darum bitten wir durch Christus, unseren Herrn.

Schlusssegen

Von der seligen Jungfrau Maria

Gott, der allmächtige Vater, segne euch durch den Erlöser der Welt, unseren Herrn Jesus Christus, den Sohn der jungfräulichen Mutter Maria.

Sie hat den Urheber des Lebens geboren; ihre mütterliche Fürsprache erwirke euch Gottes Hilfe.

Euch und allen, die heute das Fest der ohne Erbsünde empfangenen Jungfrau Maria begehen, schenke Gott die wahre Freude und den ewigen Lohn.

Das gewähre euch der dreieinige Gott, der Vater und der Sohn ✝ und der Heilige Geist. Amen.

Goethes Faust verzweifelt an der Übersetzung des Wortes »Anfang«. Er findet kein anderes, besseres Wort. In den Bildern der Frömmigkeit wäre er fündig geworden, doch die vermeidet er. »Anfang« – das ist Maria – im Bild des heutigen Festes. Sie bildet in der Gestalt der Empfangenen und zugleich Empfangenden den Willen Gottes zum absoluten Anfang für uns Menschen ab, als absolute Rettung. Goethe hat sein langes Leben am Faust gearbeitet, erst spät ahnt er, dass es eine Erlösung geben kann, die zumindest einen Teil seiner Figurenwelt befreit, wie er es in der Schlussszene Faust 2.Teil skizziert. Unser Fest ist mehr als eine Ahnung, es ist das Berühren des Anfangs Gottes mit uns Menschen.

Wolfang Fey

DRITTER ADVENTSSONNTAG

15. Dezember 2024

Freut euch im Herrn zu jeder Zeit!
Noch einmal sage ich: Freut euch!
Denn der Herr ist nahe.
Phil 4,4.5

Das Evangelium stellt uns heute den Täufer vor: Johannes, wie er vor den Toren Jerusalems predigt und wie die Menschen zu ihm kommen, zu dem Propheten, dem Ratgeber, dem Hinweiser. Aber wer aufmerksam in seine Antworten hinein hört, der wird merken, dass es keine großartige Prophetie ist, die er spricht. Es gibt nur einen Hinweis, dass nach ihm noch ein Prophet zu kommen scheint. Dagegen mahnt er an, das zu tun und das zu sein, was sie eigentlich sind – im normalen menschlichen Maß. Das Leben und das Leben mit den anderen nicht überziehen, nicht ungerecht zu sein – sozusagen ein Mittelmaß im Leben zu finden. Das ist keine große Jenseits-Erwartung, sondern ein Appell an Liebe, Anstand und alltägliche Gerechtigkeit. Offenbart sich so das Kommen des Messias? Was ist mit der Enttäuschung, die vielleicht mit solchen Worten verbunden war? Hat der Evangelist uns die Enttäuschung des Volkes Jerusalem verschwiegen und damit ein Stück weit auch die unsrige? Erwarten wir nicht auch spektakuläre Hinweise und vergessen dabei das Alltägliche?

Kyrie-Rufe

Mitten im Advent hören wir auf den Täufer. Wir schauen auf uns, auf unser Lebensmaß, unsere Lebensgewichtung und unsere Ausrichtung. Und wir wollen vermeiden, weiter auszugreifen, nach Spektakulärem Ausschau zu halten, vielmehr zunächst das ordnen, was wir sind und unser Alltag ist.

– Stille –

In der Hoffnung, dass wir so neu ausgerichtet dem Erlöser der Welt begegnen können, rufen wir:

Herr, erbarme dich.
Christus, erbarme dich.
Herr, erbarme dich.

Tagesgebet

Allmächtiger Gott, sieh gütig auf dein Volk, das mit gläubigem Verlangen das Fest der Geburt Christi erwartet. Mache unser Herz bereit für das Geschenk der Erlösung, damit Weihnachten für uns alle ein Tag der Freude und der Zuversicht werde. Darum bitten wir durch Jesus Christus.

Erste Lesung

Zef 3,14–17 (14–18a)

Lesung aus dem Buch Zefanja.

Juble, Tochter Zion! Jauchze, Israel! Freu dich und frohlocke von ganzem Herzen, Tochter Jerusalem!
Der Herr hat das Urteil gegen dich aufgehoben und deine Feinde zur Umkehr gezwungen. Der König Israels, der Herr, ist in deiner Mitte; du hast kein Unheil mehr zu fürchten.
An jenem Tag wird man zu Jerusalem sagen: Fürchte dich nicht, Zion! Lass die Hände nicht sinken!
Der Herr, dein Gott, ist in deiner Mitte, ein Held, der Rettung bringt. Er freut sich und jubelt über dich, er schweigt in seiner Liebe, er jubelt über dich und frohlockt, wie man frohlockt an einem Festtag.

Wort des lebendigen Gottes.

IMPULS Der Text des Zefania beruft sich auf die alte Gottesbezeichnung, das alte Wort über Gott. Es ist der Gott mit uns, der Gott in unserer Mitte, der Gott unserer Mitte, unser Mitte-Gott und dass dieser Gott mitten unter uns ist, ist für Zefania eine Wiederentdeckung, die uns das Weihnachtsfest schenken will. Dann sehen wir tatsächlich im Kind den Gott mit uns, der mit uns geht und mit uns wächst. Ein Fest der Freude, wenn wir entdecken, dass Gott mit uns ist.

ANTWORTPSALM

Jes 12,2.3 u. 4bcd.5–6 (Kv: vgl. 6)

Kv Freut euch und jubelt;
in eurer Mitte ist der Herr. – Kv

Siehe, Gott ist mein Heil; *
ich vertraue und erschrecke nicht.
Denn meine Stärke und mein Lied ist Gott, der HERR. *
Er wurde mir zum Heil. – Kv

Ihr werdet Wasser freudig schöpfen *
aus den Quellen des Heiles.
Dankt dem HERRN! Ruft seinen Namen an! /
Macht unter den Völkern seine Taten bekannt, *
verkündet: Sein Name ist erhaben! – Kv

Singet dem HERRN,
denn Überragendes hat er vollbracht; *
bekannt gemacht sei dies auf der ganzen Erde.
Jauchzt und jubelt, ihr Bewohner Zions; *
denn groß ist in eurer Mitte der Heilige Israels. – Kv

ZWEITE LESUNG

Phil 4,4–7

Lesung aus dem Brief des Apostels Paulus an die Gemeinde in Philippi.

Schwestern und Brüder! Freut euch im Herrn zu jeder Zeit!
Noch einmal sage ich: Freut euch!
Eure Güte werde allen Menschen bekannt. Der Herr ist nahe.
Sorgt euch um nichts, sondern bringt in jeder Lage betend und flehend eure Bitten mit Dank vor Gott!
Und der Friede Gottes, der alles Verstehen übersteigt, wird eure Herzen und eure Gedanken in Christus Jesus bewahren.

Wort des lebendigen Gottes.

IMPULS Vom heiligen Franziskus und seinen Gefährten und manch anderen Heiligen wird von einer Sorglosigkeit berichtet, die manche Zeitgenossen zur Verzweiflung gebracht hat. Spiegel allerdings ist diese Sorglosigkeit für das, was die Lesung meint, nämlich dass wir im Gottvertrauen eine ganz andere Form der Lebensfülle und Lebensführung suchen sollen, da Gott uns letztlich alles geben kann, Gott eine Lebensfülle ist, die alles Sorgen nicht erreichen kann. Bei dieser Form der Sorglosigkeit sind wir aufgefordert, wirklich darauf zu schauen, wer und was Gott für unser Leben ist und ein Stück den Spiegel des heiligen Franziskus und anderer sorglose Haltungen und Heiligen uns anzuschauen.

RUF VOR DEM EVANGELIUM

Vgl. Jes 61,1ab (Lk 4,18)

Halleluja. Halleluja.
Der Geist des Herrn ruht auf mir.
Der Herr hat mich gesandt,
den Armen die Frohe Botschaft zu bringen.
Halleluja.

EVANGELIUM

Lk 3,10–18

+ Aus dem heiligen Evangelium nach Lukas.

In jener Zeit fragten die Leute Johannes den Täufer: Was sollen wir also tun?

Er antwortete ihnen: Wer zwei Gewänder hat, der gebe eines davon dem, der keines hat, und wer zu essen hat, der handle ebenso!

Es kamen auch Zöllner, um sich taufen zu lassen, und fragten ihn: Meister, was sollen wir tun?

Er sagte zu ihnen: Verlangt nicht mehr, als festgesetzt ist!

Auch Soldaten fragten ihn: Was sollen denn wir tun? Und er sagte zu ihnen: Misshandelt niemanden, erpresst niemanden, begnügt euch mit eurem Sold!

Das Volk war voll Erwartung und alle überlegten im Herzen, ob Johannes nicht vielleicht selbst der Christus sei.

Doch Johannes gab ihnen allen zur Antwort: Ich taufe euch mit Wasser. Es kommt aber einer, der stärker ist als ich, und ich bin es nicht wert, ihm die Riemen der Sandalen zu lösen. Er wird euch mit dem Heiligen Geist und mit Feuer taufen.
Schon hält er die Schaufel in der Hand, um seine Tenne zu reinigen und den Weizen in seine Scheune zu sammeln; die Spreu aber wird er in nie erlöschendem Feuer verbrennen.
Mit diesen und vielen anderen Worten ermahnte er das Volk und verkündete die frohe Botschaft.

Evangelium unseres Herrn Jesus Christus.

IMPULS Es brodelt in Jerusalem und das Volk scheint zu ahnen, dass etwas Ungeheuerliches, etwas Neues kommt. Sie suchen es beim Täufer. Doch der bleibt in der Zeit, bleibt im Machbaren, weist aber darauf hin, dass nach ihm einer kommt, der sozusagen die Zeit zersprengt: Dass nach ihm einer kommt, der etwas Endzeitliches, etwas Gerichtliches in sich trägt. Die Menschen haben ihn nicht verstanden, denn der, der kommt, Jesus von Nazareth, er wird sie enttäuschen, weil sein Gericht, sein Feuer ein ganz anderes ist, als sie erwarten. Sie erwarten ein König, sie erwarten das Abschütteln der Herrschaft der Römer. Sie erwarten Vieles, aber sie erwarten sicherlich nicht den König, der die Herzen verwandelt und uns zu einer Entscheidung auffordert, die in ganz anderer Weise die Zeit und unser Leben verändert.
Wir müssen uns entscheiden, auf den Text des Lukas hin: Wen erwarten eigentlich wir? Erwarten wir einen spektakulären Weltveränderer oder erwarten wir den, der uns verändern kann – uns persönlich, direkt, jetzt?

CREDO (siehe Seite 520ff.)

Fürbitten

Mitten im Advent wollen wir um das Kommen, um das neue Kommen Jesu bitten und rufen:

V/A: Komm, Herr Jesus!

– Komm, Herr Jesus, komm in unsere Angst und in unsere Hoffnungslosigkeit.

– Komm, Herr Jesus, in unser Suchen und in unser Fragen.

– Komm, Herr Jesus, in all unseren Streit und unsere Aussichtslosigkeit.

– Komm, Herr Jesus, zu uns und zu allen, mit denen wir leben!

– Komm, Herr Jesus, in den Unfrieden, die Verfolgung und Verletzungen dieser Zeit.

– Komm, Herr Jesus, in den Hunger und in die Krankheit.

– Komm, Herr Jesus, zum dem was stirbt und Tod ist.

Gabengebet

Herr, unser Gott, in dieser Feier erfüllen wir den Auftrag deines Sohnes. Nimm unsere Gaben an und gib deiner Kirche die Gnade, immer und überall sein Opfer zu feiern. Schenke uns durch dieses Geheimnis dein Heil, das du der Welt bereitet hast. Darum bitten wir durch Christus, unseren Herrn.

Präfation

Advent II

In Wahrheit ist es würdig und recht, dir, Herr, heiliger Vater, allmächtiger, ewiger Gott, immer und überall zu danken durch unseren Herrn Jesus Christus. Von ihm redet die Botschaft aller Propheten, die jungfräuliche Mutter trug ihn voll Liebe in ihrem Schoß, seine Ankunft verkündete Johannes der Täufer und zeigte auf ihn, der unerkannt mitten unter den Menschen war. Er schenkt uns in diesen Tagen die Freude, uns für das Fest seiner Geburt zu bereiten, damit wir ihn wachend und betend erwarten und bei seinem Kommen mit Liedern des Lobes empfangen. Darum singen wir mit den Engeln und Erzengeln, den Thronen und Mächten und mit all den Scharen des himmlischen Heeres den Hochgesang von deiner göttlichen Herrlichkeit.

Einladung zum Vaterunser

Im Hoffen auf das erneute Kommen Jesu bitten wir, dass Himmel und Erde sich miteinander verbinden. Dann wird aus dem Kommen nicht nur Zukunft, sondern Gegenwart. Dann wird das Kommen zum Heil: Vater unser im Himmel …

Einladung zum Friedensgebet

Oft hoffen und erwarten wir, – wenn wir in Streit geraten und wenn Unfrieden um uns herrscht – dass da endlich Einer kommt, der etwas verändern kann, der aussöhnt, der Händereichen möglich macht. Wir erkennen aber nicht, dass wir eigentlich Teil dieses Kommens sein sollen. Denn das, was wir hoffen, muss sich ein Stück auch durch uns verwirklichen. Und so wollen wir versuchen, im kommenden Christus ein Stück mitzugehen und selber Friede zu sein: Herr Jesus Christus …

Kommunionvers Jes 35,4

Sagt den Verzagten: Habt Mut, fürchtet euch nicht! Seht, hier ist euer Gott! Er selbst wird kommen und euch erretten.

Schlussgebet

Barmherziger Gott, komm durch dieses heilige Mahl uns schwachen Menschen zu Hilfe. Reinige uns von Schuld und mache uns bereit für das kommende Fest. Darum bitten wir durch Christus, unseren Herrn.

Schlusssegen

Im Advent

Der barmherzige Gott hat uns den Glauben an das Kommen seines Sohnes geschenkt; er segne und heilige euch durch das Licht seiner Gnade.
Er mache euch standhaft im Glauben, froh in der Hoffnung und eifrig in Werken der Liebe.
Die erste Ankunft des Erlösers sei euch Unterpfand der ewigen Herrlichkeit, die er uns schenken wird, wenn er wiederkommt auf den Wolken des Himmels.
Das gewähre euch der dreieinige Gott, der Vater und der Sohn ✝ und der Heilige Geist.

Ankunft kann sein
– wenn ich noch etwas erwarte
– wenn ich nicht festsitze
– nicht nur zurückschaue

Ankunft kann sein
– wenn ich die Hoffnung nicht aufgebe
– wenn ich den Mut nicht verliere
– nicht ein »Ewig Gestriger« bin

Wolfgang Fey

VIERTER ADVENTSSONNTAG
22. Dezember 2024

Tauet, ihr Himmel, von oben!
Ihr Wolken, regnet herab den Gerechten!
Tu dich auf, o Erde, und sprosse den Heiland hervor!
Vgl. Jes 45,8

Der Ausdruck »Guter Hoffnung sein« – er ist nicht mehr gebräuchlich. Gemeint war damit *schwanger sein, ein Kind erwarten.* Und in dieser guten Hoffnung, so erzählt es uns das heutige Evangelium, begegnen sich zwei Frauen, Maria und Elisabeth. Sie sind guter Hoffnung und sie sehen in ihren Kindern nicht irgendeine Herausforderung, sondern tatsächlich die gute Hoffnung, dass durch die beiden, die dann geboren werden, etwas Neues, etwas Hoffnungsvolles, etwas Großes entstehen kann.
Wir leben aus der Zuversicht und Hoffnung unserer Mütter. Die Begegnung von Maria und Elisabeth ist etwas zutiefst Menschliches und berührt uns, wenn wir uns darauf einlassen, tatsächlich auch in unserem Alltag. Können wir erkennen, dass da jemand guter Hoffnung ist? Dass mit jedem, der dann neu geboren wird, tatsächlich eine neue Lebenswirklichkeit, eine neue Lebenshoffnung entsteht? Dass das, was wir Weihnachten feiern werden, nämlich die Zusage, dass Gott Mensch wird, eigentlich in jedem Menschen hinein gedacht ist? Und erkennen wir, dass darin immer die Hoffnung Gottes und der Menschen sein kann? Also schauen wir, wo gute Hoffnung sein kann. Und vielleicht gebrauchen wir dieses Wort auch wieder mehr, denn gute Hoffnung können wir alle gut gebrauchen und ein Kind erfreut doch jede Seele und jedes Herz!

Kyrie-Rufe

Hoffnung machen, Hoffnung schenken, in Hoffnung sein, dazu fordert uns die Geschichte von Maria und Elisabeth deutlich auf, aber sind wir wirklich Hoffnungsträger, sind wir wirklich hoffnungsfroh? Und so wollen wir bitten:

Herr Jesus Christus, du selber bist als Kind geboren und du bist die Hoffnung, auf die wir alle warten, damit Friede und Gerechtigkeit entsteht.
Herr, erbarme dich.
Herr Jesus Christus, du selber bist als Kind geboren, du bist die Hoffnung, dass wir uns wandeln, dass das Dunkle vergeht und wir in das Licht der Auferstehung kommen.
Christus, erbarme dich.
Herr Jesus Christus, du bist die Hoffnung, dass unser Leben mehr ist als Tod, Unfrieden und Versagen und dass wir hinein genommen sind in das große Geheimnis der Erlösung als Kinder Gottes.
Herr, erbarme dich.

Tagesgebet

Allmächtiger Gott, gieße deine Gnade in unsere Herzen ein. Durch die Botschaft des Engels haben wir die Menschwerdung Christi, deines Sohnes, erkannt. Führe uns durch sein Leiden und Kreuz zur Herrlichkeit der Auferstehung. Darum bitten wir durch ihn, Jesus Christus.

Erste Lesung — Mi 5,1–4a

Lesung aus dem Buch Micha.

So spricht der Herr: Du, Betlehem-Efrata, bist zwar klein unter den Sippen Judas, aus dir wird mir einer hervorgehen, der über Israel herrschen soll. Seine Ursprünge liegen in ferner Vorzeit, in längst vergangenen Tagen.
Darum gibt der Herr sie preis, bis zu der Zeit, da die Gebärende geboren hat. Dann wird der Rest seiner Brüder zurückkehren zu den Söhnen Israels.
Er wird auftreten und ihr Hirt sein in der Kraft des Herrn, in der Hoheit des Namens des Herrn, seines Gottes. Sie werden in Sicherheit wohnen; denn nun wird er groß sein bis an die Grenzen der Erde.
Und er wird der Friede sein.

Wort des lebendigen Gottes.

IMPULS Wir leben, sagen viele inzwischen, in unsicheren Zeiten. Und unsichere Zeiten machen unfroh und unglücklich.
Wir halten Ausschau nach Sicherheit. Das Buch Micha spricht davon, dass aus Kleinem Großes werden kann und dass daraus eine Sicherheit entsteht. Wir hören als Christen, dass das Kleine das Kind von Bethlehem sein wird, und wir hören, dass das Große daraus die Auferstehung und der allmächtige Friede des Auferstandenen sein wird. Hineingenommen in diese Verheißung des Micha und hineingenommen in das, was uns zugesprochen ist, durch Taufe und das Licht des Osterfestes, schauen wir auf Weihnachten. Wir hoffen erneut, dass das groß wird, was so klein ist, dass aus unserer Hoffnungslosigkeit tatsächlich Sicherheit und Frieden entstehen können.

ANTWORTPSALM Ps 80 (79),2ac u. 3bc.15–16.18–19 (Kv: vgl. 4)

Kv Stelle uns wieder her, o Gott!
Lass dein Angesicht leuchten und wir sind gerettet. – Kv

Du Hirte Israels, höre! *
Der du auf den Kerubim thronst, erscheine! *
Wecke deine gewaltige Kraft *
und komm zu unserer Rettung! – Kv

Gott der Heerscharen, kehre doch zurück, /
blicke vom Himmel herab und sieh, *
sorge für diesen Weinstock!
Beschütze, was deine Rechte gepflanzt hat, *
und den Sohn, den du dir stark gemacht! – Kv

Deine Hand sei über dem Mann zu deiner Rechten, *
über dem Menschensohn, den du dir stark gemacht.
Wir werden nicht von dir weichen. *
Belebe uns und wir rufen deinen Namen an. – Kv

Zweite Lesung Hebr 10,5–10

Lesung aus dem Hebräerbrief.

Schwestern und Brüder! Bei seinem Eintritt in die Welt spricht Christus: Schlacht- und Speiseopfer hast du nicht gefordert, doch einen Leib hast du mir bereitet; an Brand- und Sündopfern hast du kein Gefallen.
Da sagte ich: Siehe, ich komme – so steht es über mich in der Schriftrolle –, um deinen Willen, Gott, zu tun.
Zunächst sagt er: Schlacht- und Speiseopfer, Brand- und Sündopfer forderst du nicht, du hast daran kein Gefallen, obgleich sie doch nach dem Gesetz dargebracht werden; dann aber hat er gesagt: Siehe, ich komme, um deinen Willen zu tun.
Er hebt das Erste auf, um das Zweite in Kraft zu setzen.
Aufgrund dieses Willens sind wir durch die Hingabe des Leibes Jesu Christi geheiligt – ein für alle Mal.

Wort des lebendigen Gottes.

IMPULS Die Aussagen des Hebräerbriefes scheinen schwer verständlich. Gemeint ist, dass ein für alle Mal Christus uns als unendliches Geschenk den Himmel öffnet und dass wir in ihm geheiligt sind – und dies bedingungslos. Es braucht keine Opfer, es braucht keinen Tempel, es braucht keine opfernden Taten, sondern es braucht das Vertrauen, dass in Christus eine Kraft entsteht, die uns tatsächlich ein für alle Mal in den Himmel ruft. Dies ist ein Geschenk, das größte Geschenk, was Gott uns Menschen machen kann. Das Geschenk in Christus ist die Erlösung, die uns alle in den Himmel rufen will.

Ruf vor dem Evangelium Vgl. Lk 1,38

Halleluja. Halleluja.
Maria sagte:
Siehe, ich bin die Magd des Herrn;
mir geschehe nach deinem Wort.
Halleluja.

Evangelium

Lk 1,39–45

+ Aus dem heiligen Evangelium nach Lukas.

In jenen Tagen machte sich Maria auf den Weg und eilte in eine Stadt im Bergland von Judäa.
Sie ging in das Haus des Zacharias und begrüßte Elisabet.
Und es geschah: Als Elisabet den Gruß Marias hörte, hüpfte das Kind in ihrem Leib. Da wurde Elisabet vom Heiligen Geist erfüllt und rief mit lauter Stimme: Gesegnet bist du unter den Frauen und gesegnet ist die Frucht deines Leibes.
Wer bin ich, dass die Mutter meines Herrn zu mir kommt?
Denn siehe, in dem Augenblick, als ich deinen Gruß hörte, hüpfte das Kind vor Freude in meinem Leib.
Und selig, die geglaubt hat, dass sich erfüllt, was der Herr ihr sagen ließ.

Evangelium unseres Herrn Jesus Christus.

IMPULS In der Alpenregion gibt es den alten Brauch des so genannten »Frauentragens«. Da wird von Adventstag zu Adventstag ein Marienbild oder eine Marienfigur von Haus zu Haus, von Hof zu Hof getragen. Sie wird dort empfangen, dort wird gebetet und am nächsten Tag wandert die Figur weiter. Damit wird nacherzählt, was das Evangelium berichtet und die Menschen, die dieser Brauch einschließt, werden zu Hoffnungsträgern. Ein Zeichen, dass das Tragen der Hoffnung uns ein Stück näher bringt, was das weihnachtliche Geheimnis in sich trägt.

Credo (siehe Seite 520ff.)

Fürbitten

Werden wir selbst zu Hoffnungsträgern und bitten:

– Für alle, die ihre Lebenshoffnung aufgegeben haben, die keine Zukunft für sich sehen, deren Leben dunkel erscheint.

– Für alle, die in Krieg und Verfolgung leben müssen, dass sie ihre Hoffnung auf Frieden und Ausgleich nicht aufgeben.

– Für all die, die Wandel und Veränderung in der Kirche erwarten, dass sie nicht hoffnungslos und mutlos sind.

– Für uns selbst, dass wir immer wieder hoffnungsfrohe Menschen sind, die anderen ein Stück Hoffnung und Leben weiter schenken können.

– Für alle, die in der Hoffnung gestorben sind, dass ihr Leben kein Ende hat, sondern in die Auferstehung genommen wird.

Dies erbitten wir als Hoffnungsträger in Christus, unserem Herrn!

Gabengebet

Herr, unser Gott, wir legen die Gaben auf den Altar. Heilige sie durch deinen Geist, der mit seiner Kraft die Jungfrau Maria überschattet hat. Darum bitten wir durch Christus, unseren Herrn.

Präfation

Advent V

In Wahrheit ist es würdig und recht, dir, Vater im Himmel, zu danken und dein Erbarmen zu preisen. Denn schon leuchtet auf der Tag der Erlösung, und nahe ist die Zeit unsres Heiles, da der Retter kommt, unser Herr Jesus Christus. Durch ihn rühmen wir das Werk deiner Liebe und vereinen uns mit den Chören der Engel zum Hochgesang von deiner göttlichen Herrlichkeit.

Einladung zum Vaterunser

Das Gebet, das Jesus uns schenkt, ist ein Gebet voller Hoffnung. Voller Hoffnung, dass diese Welt sich ein Stück in den Himmel und der Himmel sich ein Stück in diese Welt verwandeln kann. In dieser Hoffnung wollen wir beten: Vater unser im Himmel …

Einladung zum Friedensgebet

Im Advent richten wir uns auf die Hoffnung aus, die die Engel den Hirten verkünden: Dass tatsächlich Friede auf Erden wird. Es sind dann die Hirten, die aufbrechen und es weitererzählen. Wollen auch wir bald aufbrechen – als Hoffnungsträger, Künder und Erzähler des Friedens. Und so hoffen wir auf den Weg des Friedens: Herr Jesus Christus …

Kommunionvers

Jes 7,14

Seht, die Jungfrau wird empfangen und einen Sohn gebären. Sein Name ist Immanuel, Gott mit uns.

Schlussgebet

Allmächtiger Gott, du hast uns in diesem Mahl das Heil zugesagt und uns schon jetzt Anteil daran gegeben. Lass uns das Kommen deines Sohnes in Freude erwarten und mache uns um so eifriger in deinem Dienst, je näher das Fest seiner Geburt heranrückt. Darum bitten wir durch Christus, unseren Herrn.

Schlusssegen

Im Advent

Der barmherzige Gott hat uns den Glauben an das Kommen seines Sohnes geschenkt; er segne und heilige euch durch das Licht seiner Gnade.
Er mache euch standhaft im Glauben, froh in der Hoffnung und eifrig in Werken der Liebe.
Die erste Ankunft des Erlösers sei euch Unterpfand der ewigen Herrlichkeit, die er uns schenken wird, wenn er wiederkommt auf den Wolken des Himmels.
Das gewähre euch der dreieinige Gott, der Vater und der Sohn ✝ und der Heilige Geist.

Ankunft kann sein
– wenn ich noch mal »eine Hürde« nehme
– wenn ich das »Bergauf« nicht sehe

Ankunft kann sein
– das »Auf und Ab« im Leben ertragen
– das »Aufeinander zu gehen« neu übe

Ankunft kann sein
– sich nicht im Tal einzurichten
– sich neue Wege suchen

Wolfgang Fey

HOCHFEST DER GEBURT DES HERRN

Weihnachten – Am Heiligen Abend

25. Dezember 2024

Heute sollt ihr es erfahren:
Der Herr kommt, um uns zu erlösen,
und morgen werdet ihr seine Herrlichkeit schauen.
Vgl. Ex 16,6–7

Lesen Sie noch einmal den oben abgedruckten Eröffnungsvers der Messe. – Beim Zitat aus dem Buch Exodus werden Erwartungen geweckt – und am Ende gibt's (anders als an Weihnachten unterm Christbaum) doch kein »Geschenk«: Seine Herrlichkeit haben wir trotz aller Beteuerungen und Vorhersagen von Kirche(n) und Sekten über zwei Jahrtausende noch nicht schauen und erfahren dürfen. Nach dem Motto »Nur gucken, nicht anfassen«. – Aber ist nicht ein großer (der größte?) Teil der Herrlichkeit Gottes und seines Wirkens in seiner wunderbaren Schöpfung heute schon sichtbar und spürbar? Brauchen wir vielleicht einfach nur eine »Erlösung« unserer Sinne und unserer Intuition, um das wahrzunehmen und zu erfahren? Wenn wir diesen Sinnes-Wandel erst einmal hinbekommen, ist vielleicht dann schon das angekündigte »Morgen« angebrochen?

KYRIE-RUFE

Herr Jesus, angekündigt durch die Propheten.
Herr, erbarme dich.
Du wirkst in deiner Schöpfung.
Christus, erbarme dich.
Du kannst uns Menschen erlösen.
Herr, erbarme dich.

GLORIA (siehe Seite 516f.)

TAGESGEBET

Gütiger Gott, Jahr für Jahr erwarten wir voll Freude das Fest unserer Erlösung. Gib, daß wir deinen Sohn von ganzem Herzen als unseren Retter und Heiland aufnehmen, damit wir ihm voll Zuversicht entgegengehen können, wenn er am Ende der Zeiten als Richter wiederkommt. Er, der in der Einheit des Heiligen Geistes mit dir lebt und herrscht in alle Ewigkeit.

ERSTE LESUNG Jes 62,1–5

Lesung aus dem Buch Jesája.

Um Zions willen werde ich nicht schweigen, um Jerusalems willen nicht still sein, bis hervorbricht wie ein helles Licht seine Gerechtigkeit und sein Heil wie eine brennende Fackel.
Dann sehen die Nationen deine Gerechtigkeit und alle Könige deine Herrlichkeit. Man ruft dich mit einem neuen Namen, den der Mund des HERRN für dich bestimmt. Du wirst zu einer prächtigen Krone in der Hand des HERRN, zu einem königlichen Kopfschmuck in der Hand deines Gottes.
Nicht länger nennt man dich »Verlassene« und dein Land nicht mehr »Verwüstung«, sondern du wirst heißen: »Ich habe Gefallen an dir« und dein Land wird »Vermählte« genannt.
Denn der HERR hat an dir Gefallen und dein Land wird vermählt.
Wie der junge Mann sich mit der Jungfrau vermählt, so vermählt sich mit dir dein Erbauer. Wie der Bräutigam sich freut über die Braut, so freut sich dein Gott über dich.

Wort des lebendigen Gottes.

IMPULS Schatz, Engel, Schnucki, Süße, Süßer, Maus, Liebling – die Aufzählung ist noch lange nicht am Ende, wenn man bloß die bekanntesten Kosenamen nennen möchte. Haben Sie schon mal Ihren Arbeitskollegen oder Ihre Mitsängerin im Chor oder Ihre Nachbarin Chéri, Hasi oder Bärchen genannt? – Bereits im 7. Jahrhundert vor Christus notiert der Prophet Jesaja Gottes Kosenamen an uns Menschen: »Ich habe Gefallen an dir« und »Vermählte«. Und in einem Weihnachtslied heißt es: »Welche Liebe muss der haben, der sich euch so ganz geweiht!« (GL 245,3) Ja, welche Liebe muss ein Gott haben, der dem aufmüpfigen »Erdenkloß« (denken wir an das Naschen vom Baum der Erkenntnis, an himmelsstürmende Türme, an das Kreuzigen seines Sohnes, usw. usf.) Kosenamen ins Ohr säuselt. Ein Gott, der wegen seiner Kreatur, die die Kreatur quält und Gottes geniale Schöpfung zerstört, Schmetterlinge im Bauch hat (»Wie der Bräutigam sich freut über die Braut, so freut sich dein Gott über dich.«)! Haben Sie auch schon mal solch ein Feuerwerk der Gefühle erlebt, wenn Sie an Gott gedacht haben? – Ihren Bekannten sollten Sie wohl besser keinen Kosenamen zuflöten, das könnte für Irritation sorgen. Aber welchen Kosenamen würden Sie dem Kind, das Sie morgen in der Krippe finden, ins Ohr raunen?

ANTWORTPSALM — Ps 89 (88),20a u. 4–5.16–17.27 u. 29 (Kv: 2a)

Kv Von der Huld des HERRN
will ich ewig singen. – Kv

Einst hast du in einer Vision zu deinen Frommen gesprochen: /
»Ich habe einen Bund geschlossen mit meinem Erwählten *
und David, meinem Knecht, geschworen:
Auf ewig gebe ich deinem Haus festen Bestand *
und von Geschlecht zu Geschlecht gründe ich deinen Thron. – (Kv)

Selig das Volk, das den Jubelruf kennt, *
HERR, sie gehen im Licht deines Angesichts.
Sie freuen sich allezeit über deinen Namen *
und sie jubeln über deine Gerechtigkeit. – (Kv)

Er wird zu mir rufen: Mein Vater bist du, *
mein Gott, der Fels meiner Rettung.
Auf ewig werde ich ihm meine Huld bewahren, *
mein Bund mit ihm ist verlässlich.« – Kv

Zweite Lesung Apg 13,16–17.22–25

Lesung aus der Apostelgeschichte.

In der Synagoge von Antióchia in Pisídien stand Paulus auf, gab mit der Hand ein Zeichen und sagte:
Ihr Israeliten und ihr Gottesfürchtigen, hört! Der Gott dieses Volkes Israel hat unsere Väter erwählt und das Volk in der Fremde erhöht, im Land Ägypten; er hat sie mit hoch erhobenem Arm von dort herausgeführt. Dann erhob er David zu ihrem König, von dem er bezeugte: Ich habe David, den Sohn des Ísai, als einen Mann nach meinem Herzen gefunden, der alles, was ich will, vollbringen wird.
Aus seinem Geschlecht hat Gott dem Volk Israel, der Verheißung gemäß, Jesus als Retter geschickt. Vor dessen Auf treten hat Johannes dem ganzen Volk Israel eine Taufe der Umkehr verkündet.
Als Johannes aber seinen Lauf vollendet hatte, sagte er: Ich bin nicht der, für den ihr mich haltet; aber siehe, nach mir kommt einer, dem die Sandalen von den Füßen zu lösen ich nicht wert bin.

Wort des lebendigen Gottes.

IMPULS Paulus wird von den Synagogenvorstehern der Synagoge in Antiochia aufgefordert, ein Wort des Zuspruchs für das Volk zu sprechen. Er zögert nicht lange und gibt mit der Hand ein Zeichen. (Was könnte das für eine Geste gewesen sein? Hat er oberlehrerhaft den Zeigefinger gehoben? Hat er den Finger auf die Lippen gelegt als Aufforderung zur Stille? Deutete er auf die Tora?) Und dann sehen wir Paulus mal wieder als zutiefst gläubigen Menschen und als erfahrenen Rhetoriker: Er holt die Zuhörenden dort ab, wo sie stehen, indem er ihnen die Befreiung des Volkes Israel aus der Knechtschaft vor Augen führt. Die Geschichte kennen sie. Von dort führt er seine Zuhörenden auf direktem Wege von David über Johannes den Täufer zu Jesus. Der Text, der in der Apostelgeschichte dann folgt, ist gespickt mit weiteren Zitaten aus der Tora, die Paulus bewusst auf Jesus bezieht. Er hinterlässt damit bei den Zuhörern keinen Zweifel: Die Zeit hat sich erfüllt – der Messias ist erschienen! Und der Erfolg bleibt nicht aus: »Am folgenden Sabbat versammelte sich fast die ganze Stadt, um das Wort des Herrn zu hören.« (Apg 13,44)

Ruf vor dem Evangelium

Halleluja. Halleluja.
Morgen wird die Sünde der Erde getilgt
und über uns herrscht der Retter der Welt.
Halleluja.

Evangelium Mt 1,1–25

+ Aus dem heiligen Evangelium nach Matthäus.

Buch des Ursprungs Jesu Christi, des Sohnes Davids, des Sohnes Abrahams: Abraham zeugte den Ísaak, Ísaak zeugte den Jakob, Jakob zeugte den Juda und seine Brüder. Juda zeugte den Perez und den Serach mit der Tamar. Perez zeugte den Hezron, Hezron zeugte den Aram, Aram zeugte den Amminádab, Amminádab zeugte den Nachschon, Nachschon zeugte den Salmon. Salmon zeugte den Boas mit der Rahab. Boas zeugte den Obed mit der Rut. Obed zeugte den Ísai, Ísai zeugte David, den König.

David zeugte den Sálomo mit der Frau des Uríja. Sálomo zeugte den Rehábeam, Rehábeam zeugte den Abíja, Abíja zeugte den Asa, Asa zeugte den Jóschafat, Jóschafat zeugte den Joram, Joram zeugte den Usíja. Usíja zeugte den Jotam, Jotam zeugte den Ahas, Ahas zeugte den Hiskíja, Hiskíja zeugte den Manásse, Manásse zeugte den Amos, Amos zeugte den Joschíja. Joschíja zeugte den Jójachin und seine Brüder; das war zur Zeit der Babylonischen Gefangenschaft.

Nach der Babylonischen Gefangenschaft zeugte Jójachin den Scheáltiël, Scheáltiël zeugte den Serubbábel, Serubbábel zeugte den Ábihud, Ábihud zeugte den Éljakim, Éljakim zeugte den Azor. Azor zeugte den Zadok, Zadok zeugte den Achim, Achim

zeugte den Éliud, Éliud zeugte den Eleásar, Eleásar zeugte den Mattan, Mattan zeugte den Jakob.
Jakob zeugte den Josef, den Mann Marias; von ihr wurde Jesus geboren, der der Christus genannt wird.
Im Ganzen sind es also von Abraham bis David vierzehn Generationen, von David bis zur Babylonischen Gefangenschaft vierzehn Generationen und von der Babylonischen Gefangenschaft bis zu Christus vierzehn Generationen.
Mit der Geburt Jesu Christi war es so: Maria, seine Mutter, war mit Josef verlobt; noch bevor sie zusammengekommen waren, zeigte sich, dass sie ein Kind erwartete – durch das Wirken des Heiligen Geistes. Josef, ihr Mann, der gerecht war und sie nicht bloßstellen wollte, beschloss, sich in aller Stille von ihr zu trennen.
Während er noch darüber nachdachte, siehe, da erschien ihm ein Engel des Herrn im Traum und sagte: Josef, Sohn Davids, fürchte dich nicht, Maria als deine Frau zu dir zu nehmen; denn das Kind, das sie erwartet, ist vom Heiligen Geist. Sie wird einen Sohn gebären; ihm sollst du den Namen Jesus geben; denn er wird sein Volk von seinen Sünden erlösen.
Dies alles ist geschehen, damit sich erfüllte, was der Herr durch den Propheten gesagt hat:
Siehe: Die Jungfrau wird empfangen und einen Sohn gebären und sie werden ihm den Namen Immánuel geben, das heißt übersetzt: Gott mit uns.
Als Josef erwachte, tat er, was der Engel des Herrn ihm befohlen hatte, und nahm seine Frau zu sich. Er erkannte sie aber nicht, bis sie ihren Sohn gebar. Und er gab ihm den Namen Jesus.

Evangelium unseres Herrn Jesus Christus.

Oder: Kurzfassung Mt 1,18–25

+ Aus dem heiligen Evangelium nach Matthäus.

Mit der Geburt Jesu Christi war es so: Maria, seine Mutter, war mit Josef verlobt; noch bevor sie zusammengekommen waren,

zeigte sich, dass sie ein Kind erwartete – durch das Wirken des Heiligen Geistes.
Josef, ihr Mann, der gerecht war und sie nicht bloßstellen wollte, beschloss, sich in aller Stille von ihr zu trennen.
Während er noch darüber nachdachte, siehe, da erschien ihm ein Engel des Herrn im Traum und sagte: Josef, Sohn Davids, fürchte dich nicht, Maria als deine Frau zu dir zu nehmen; denn das Kind, das sie erwartet, ist vom Heiligen Geist. Sie wird einen Sohn gebären; ihm sollst du den Namen Jesus geben; denn er wird sein Volk von seinen Sünden erlösen.
Dies alles ist geschehen, damit sich erfüllte, was der Herr durch den Propheten gesagt hat:
Siehe: Die Jungfrau wird empfangen und einen Sohn gebären und sie werden ihm den Namen Immánuel geben, das heißt übersetzt: Gott mit uns.
Als Josef erwachte, tat er, was der Engel des Herrn ihm befohlen hatte, und nahm seine Frau zu sich. Er erkannte sie aber nicht, bis sie ihren Sohn gebar. Und er gab ihm den Namen Jesus.

Evangelium unseres Herrn Jesus Christus.

IMPULS Viele Burgen und Schlösser sehen heute anders aus als zu ihrer Erbauungszeit: Ein Teil stammt noch aus dieser Zeit, aber dann gibt es hier einen späteren Anbau und dort Fragmente älterer Bauten, die den einen malerisch erscheinen, anderen aber zu wenig stilrein sind. Dieser Stilpluralismus hat oft die folgende Intention: Der Bauherr wollte zeigen, dass sein Familiengeschlecht eine jahrhundertealte Tradition vorweisen kann. Durch das Zurschaustellen dieser Kontinuität wollte und konnte (kann) man sich gegenüber der Gesellschaft legitimieren. – Matthäus beschreibt uns hier die Fundamente und den Bau unseres Glaubens: Durch Abraham stehen wir Christen auf einem gemeinsamen Fundament. Die einen haben in die eine Richtung weitergebaut, die anderen in eine andere. Jeder hat seine Spuren am Bau hinterlassen. Wir wissen um die gemeinsamen Wurzeln und jeder hat das Recht, an seinem Bau weiterzubauen.

CREDO (siehe Seite 520ff.)

FÜRBITTEN

Jesus, um unserer Mitmenschen willen wollen wir nicht schweigen und nicht still sein, bis hervorbricht wie ein helles Licht deine Gerechtigkeit und dein Heil wie eine brennende Fackel. Darum höre unsere Bitten:

– Für alle werdenden Mütter, die in den nächsten Tagen ein Kind gebären werden.

V: Christus, höre uns. A: Christus, erhöre uns.

– Für alle, die keinen guten Stand in unserer Gesellschaft haben.

– Für alle, die viel besitzen.

– Für alle, denen es am Nötigsten fehlt.

– Für alle, die sich auf das kommende Weihnachtsfest nicht freuen können.

Jesus, Immanuel, du »Gott mit uns«, auf deine bleibende Gegenwart in unserer Welt vertrauen wir. Für dieses Geschenk des Vertrauens danken wir dir. Amen.

GABENGEBET

Herr, unser Gott, mit der Menschwerdung deines Sohnes hat unsere Rettung begonnen. Nimm diese Gaben an und mache uns durch diese Opferfeier bereit für das Geheimnis der Heiligen Nacht, in der wir den Ursprung unserer Erlösung festlich begehen. Darum bitten wir durch Christus, unseren Herrn.

PRÄFATION

Weihnachten III

In Wahrheit ist es würdig und recht, dir, allmächtiger Vater, zu danken und dein Erbarmen zu rühmen durch unseren Herrn Jesus Christus. Durch ihn schaffst du den Menschen neu und schenkst ihm ewige Ehre. Denn einen wunderbaren Tausch hast du vollzogen: Dein göttliches Wort wurde ein sterblicher

Mensch, und wir sterbliche Menschen empfangen in Christus dein göttliches Leben. Darum preisen wir dich mit allen Chören der Engel und singen vereint mit ihnen das Lob deiner Herrlichkeit.

Einladung zum Vaterunser

Gott, du bist der Vater aller Glaubenden. In diesem Glauben beten wir zu dir: Vater unser im Himmel …

Einladung zum Friedensgebet

»Nicht länger nennt man dich ›Verlassene‹ und dein Land nicht mehr ›Verwüstung‹«, spricht Gott zu uns, seiner wahren Liebe. Damit das auch unter uns Wirklichkeit werden kann, beten wir: Herr Jesus Christus …

Kommunionvers

Vgl. Jes 40,5

Die Herrlichkeit des Herrn wird offenbar, und alle Menschen erfahren Gottes Heil.

Schlussgebet

Allmächtiger Gott, gib uns Anteil am göttlichen Leben durch die Menschwerdung deines Sohnes, dessen Fleisch und Blut wir im Sakrament empfangen haben. Darum bitten wir durch ihn, Christus, unseren Herrn.

Schlusssegen

An Weihnachten

Der barmherzige Gott hat durch die Geburt seines Sohnes die Finsternis vertrieben und diese Nacht erleuchtet mit dem Glanz seines Lichtes; er mache eure Herzen hell mit dem Licht seiner Gnade.

Den Hirten ließ er durch den Engel die große Freude verkünden; mit dieser Freude erfülle er euer ganzes Leben.

In Christus hat Gott Himmel und Erde verbunden; durch ihn schenke er allen Menschen guten Willens seinen Frieden, durch ihn vereine er euch mit der Kirche des Himmels.

Das gewähre euch der dreieinige Gott, der Vater und der Sohn † und der Heilige Geist.

Tomorrow shall be my dancing day; / I would my true love did so chance / To see the legend of my play, / To call my true love to my dance; / Sing, oh! my love, oh! my love, my love, my love, / This have I done for my true love.

Then was I born of a virgin pure, / Of her I took fleshly substance / Thus was I knit to man's nature / To call my true love to my dance. / Sing, oh! my love, …

In a manger laid, and wrapped I was / So very poor, this was my chance / Betwixt an ox and a silly poor ass / To call my true love to my dance. / Sing, oh! my love, …

Then afterwards baptized I was; / The Holy Ghost on me did glance, / My Father's voice heard I from above, / To call my true love to my dance. / Sing, oh! my love, …
(T: England, 16. Jahrhunder?)

Freie Übertragung:
Morgen wird mein Tag des Tanzes sein; / ich wünschte, meine wahre Liebe würde sich auf mich einlassen, / damit sie die Geschichte meines Lebens sehen kann, / und ich meine wahre Liebe zum Tanz auffordern kann. / Sing, oh! meine Liebe, oh! meine Liebe, meine Liebe, meine Liebe. / Das habe ich getan für meine wahre Liebe.

Von einer reinen Jungfrau wurde ich geboren, / durch sie wurde ich Fleisch. / So nahm ich Menschennatur an, / damit ich meine wahre Liebe zum Tanz auffordern kann. / Sing, oh! meine Liebe, …

Ich wurde in eine Krippe gelegt / – zwischen einem Ochsen und einem dummen armen Esel – / und ärmlich gewickelt: / Das war meine Chance, / meine wahre Liebe zum Tanz auffordern zu können. / Sing, oh! meine Liebe, …

Danach ließ ich mich taufen; / der Heilige Geist blickte auf mich, / von oben hörte ich die Stimme meines Vaters, / um meine wahre Liebe zum Tanz zu bitten. / Sing, oh! meine Liebe, …

Axel Simon

HOCHFEST DER GEBURT DES HERRN

Weihnachten – In der Heiligen Nacht

25. Dezember 2024

Der Herr sprach zu mir:
Mein Sohn bist du, heute habe ich dich gezeugt.
Ps 2,7

Oder:

Freut euch im Herrn,
heute ist uns der Heiland geboren.
Heute ist der wahre Friede vom Himmel herabgestiegen.

Hat Jesus wirklich gelebt? – Diese Frage erhebt sich seit fast 2000 Jahren immer wieder. Sie ist nicht nebensächlich, die Antwort auf diese Frage. Sie ist aber nicht für alle Menschen gleich wichtig. Auch westeuropäische Nichtglaubende und Atheisten leben in der sogenannten »christlich geprägten Gesellschaft« und erkennen die moralischen Errungenschaften der letzten 2000 Jahre an, die auf dieser Prägung beruhen, und schätzen sie: Gewaltlosigkeit, Gerechtigkeit, Barmherzigkeit, Toleranz … Die Antwort auf die Frage »Hat Jesus wirklich gelebt?« könnte aber für immer mehr Menschen wichtig werden in Zeiten von Fake News und Künstlicher Intelligenz. Wir Christen können nicht dafür garantieren, dass Jesus gelebt hat, denn niemand von uns war damals dabei. Wir können aber mit unserm Leben und Wirken Zeugnis dafür geben, dass wir fest daran glauben, dass Jesus geboren wurde, Licht in diese Welt gebracht hat und nach seinem Tod auferstanden ist. Vielleicht können wir dadurch Menschen und uns gegenseitig von der Wahrhaftigkeit dessen, woran wir glauben, überzeugen.

Kyrie-Rufe

Jesus – wahrhaftig in unsere Welt geboren!
Herr, erbarme dich.
Jesus – wahrhaftig unter uns gelebt!
Christus, erbarme dich.
Jesus – wahrhaftig vom Tode auferstanden!
Herr, erbarme dich.

Gloria (siehe Seite 516f.)

Tagesgebet

Herr, unser Gott, in dieser hochheiligen Nacht ist uns das wahre Licht aufgestrahlt. Laß uns dieses Geheimnis im Glauben erfassen und bewahren, bis wir im Himmel den unverhüllten Glanz deiner Herrlichkeit schauen. Darum bitten wir durch Jesus Christus.

Erste Lesung Jes 9,1–6

Lesung aus dem Buch Jesája.

Das Volk, das in der Finsternis ging, sah ein helles Licht; über denen, die im Land des Todesschattens wohnten, strahlte ein Licht auf. Du mehrtest die Nation, schenktest ihr große Freude. Man freute sich vor deinem Angesicht, wie man sich freut bei der Ernte, wie man jubelt, wenn Beute verteilt wird. Denn sein drückendes Joch und den Stab auf seiner Schulter, den Stock seines Antreibers zerbrachst du wie am Tag von Mídian. Jeder Stiefel, der dröhnend daherstampft, jeder Mantel, im Blut gewälzt, wird verbrannt, wird ein Fraß des Feuers.
Denn ein Kind wurde uns geboren, ein Sohn wurde uns geschenkt. Die Herrschaft wurde auf seine Schulter gelegt. Man rief seinen Namen aus: Wunderbarer Ratgeber, Starker Gott, Vater in Ewigkeit, Fürst des Friedens. Die große Herrschaft und der Frieden sind ohne Ende auf dem Thron Davids und in seinem Königreich, um es zu festigen und zu stützen durch Recht

und Gerechtigkeit, von jetzt an bis in Ewigkeit. Der Eifer des HERRN der Heerscharen wird das vollbringen.

Wort des lebendigen Gottes.

IMPULS »Puer natus est nobis, et filius datus est nobis« (»ein Kind wurde uns geboren, ein Sohn wurde uns geschenkt«, Jes 9,5), haben wir in der Lesung gehört und werden wir morgen als Introitus der Messe am Weihnachtstag hören. – Gregorianischer Choral ist gesungene Theologie: Seine Melodien sind ganz vom Wort her inspiriert und interpretieren und verstärken dessen Aussage. Die »Komponisten« dieser Melodien lassen keinen Zweifel daran, dass der Hauptakzent auf den beiden »nobis« (»uns«) liegen muss – also weder auf »Kind« (zur etwaigen Bestätigung, dass kein Erwachsener geboren wurde), noch auf »wurde« (zur etwaigen Bestätigung, dass das ja eh längst alles Vergangenheit ist), noch auf »geboren« (was theologisch für uns Christen ja nicht ganz unwichtig wäre, denn schließlich ist Gott ja als Mensch geboren). Das sagen uns die charakteristischen Melodieformeln vor bzw. bei den beiden »nobis«, die in ähnlichem Zusammenhang immer wieder im Gregorianischen Repertoire auftauchen. Christus ist nicht sich selbst geboren, auch nicht seiner Mutter und seinem (Pflege-) Vater – UNS ist ein Kind geboren. Er ist UNS Wunderbarer Ratgeber, Starker Gott, Vater in Ewigkeit, Fürst des Friedens. Ist das UNS nicht wunderbar?
(Für den Fall, dass in Ihrer Kirche dieser Introitus im Gregorianischen Choral morgen im Gottesdienst nicht zu hören ist, finden Sie zu Beginn des folgenden Messformulars Weihnachten – Am Tag einen Link zum Anhören.)

ANTWORTPSALM Ps 96 (95),1–2.3 u. 11.12–13a (Kv: vgl. Lk 2,11)

Kv Heute ist uns der Heiland geboren:
Christus, der Herr. – Kv

Singet dem HERRN ein neues Lied, *
singt dem HERRN, alle Lande,

singt dem HERRN, preist seinen Namen! *
Verkündet sein Heil von Tag zu Tag! – (Kv)

Erzählt bei den Nationen von seiner Herrlichkeit, *
bei allen Völkern von seinen Wundern!
Der Himmel freue sich, die Erde frohlocke, *
es brause das Meer und seine Fülle. – (Kv)

Es jauchze die Flur und was auf ihr wächst. *
Jubeln sollen alle Bäume des Waldes
vor dem HERRN, denn er kommt, *
denn er kommt, um die Erde zu richten. – Kv

ZWEITE LESUNG Tit 2,11–14

Lesung aus dem Brief des Apostels Paulus an Titus.

Die Gnade Gottes ist erschienen, um alle Menschen zu retten. Sie erzieht uns dazu, uns von der Gottlosigkeit und den irdischen Begierden loszusagen und besonnen, gerecht und fromm in dieser Welt zu leben, während wir auf die selige Erfüllung unserer Hoffnung warten: auf das Erscheinen der Herrlichkeit unseres großen Gottes und Retters Christus Jesus.
Er hat sich für uns hingegeben, damit er uns von aller Ungerechtigkeit erlöse und für sich ein auserlesenes Volk schaffe, das voll Eifer danach strebt, das Gute zu tun.

Wort des lebendigen Gottes.

IMPULS Der Begriff *Eifer* hat in unserer Sprache einen bitteren Beigeschmack (vgl. auch den Schlusssatz der heutigen Ersten Lesung): Eine eifernde Person möchte sich durch Über-Engagement einen Vorteil gegenüber anderen verschaffen. Das althochdeutsche Wort *eibar* oder *eivar* bedeutet tatsächlich bitter oder widerwärtig. Martin Luther gebraucht das Wort *Eifer* in seiner Bibelübersetzung, um »zornige Erregung aus Sorge und liebevoller Anteilnahme« auszudrücken. Das nimmt ihm bereits etwas von seiner Bitterkeit. Und schließlich genießt das Adjektiv und Adverb

»eifrig« eine positive Konnotation, denn wer eifrig ist, der ist fleißig und macht seine Sache gewissenhaft. Lassen Sie uns versuchen, nicht mit bitterem und ichbezogenem »Eifer«, sondern mit unserer weltzugewandten »Eifrigkeit« die Welt zu verbessern …

Ruf vor dem Evangelium

Vgl. Lk 2,10–11

Halleluja. Halleluja.
Ich verkünde euch eine große Freude:
Heute ist uns der Retter geboren;
er ist der Christus, der Herr.
Halleluja.

Evangelium

Lk 2,1–14

+ Aus dem heiligen Evangelium nach Lukas.

Es geschah aber in jenen Tagen, dass Kaiser Augústus den Befehl erließ, den ganzen Erdkreis in Steuerlisten einzutragen. Diese Aufzeichnung war die erste; damals war Quirínius Statthalter von Syrien. Da ging jeder in seine Stadt, um sich ein tragen zu lassen.
So zog auch Josef von der Stadt Nazaret in Galiläa hinauf nach Judäa in die Stadt Davids, die Betlehem heißt; denn er war aus dem Haus und Geschlecht Davids. Er wollte sich eintragen lassen mit Maria, seiner Verlobten, die ein Kind erwartete.
Es geschah, als sie dort waren, da erfüllten sich die Tage, dass sie gebären sollte, und sie gebar ihren Sohn, den Erstgeborenen. Sie wickelte ihn in Windeln und legte ihn in eine Krippe, weil in der Herberge kein Platz für sie war.
In dieser Gegend lagerten Hirten auf freiem Feld und hielten Nachtwache bei ihrer Herde.
Da trat ein Engel des Herrn zu ihnen und die Herrlichkeit des Herrn umstrahlte sie und sie fürchteten sich sehr. Der Engel sagte zu ihnen: Fürchtet euch nicht, denn siehe, ich verkünde euch eine große Freude, die dem ganzen Volk zuteilwerden soll: Heute ist euch in der Stadt Davids der Retter geboren; er ist der Christus, der Herr.

Und das soll euch als Zeichen dienen: Ihr werdet ein Kind finden, das, in Windeln gewickelt, in einer Krippe liegt.
Und plötzlich war bei dem Engel ein großes himmlisches Heer, das Gott lobte und sprach: Ehre sei Gott in der Höhe und Friede auf Erden den Menschen seines Wohlgefallens.

Evangelium unseres Herrn Jesus Christus.

IMPULS »Ich verkünde euch eine große FREUDE, die dem GANZEN Volk zuteilwerden soll!« Gibt es das heute noch? Gab es das überhaupt jemals in der Menschheitsgeschichte? Eine Sache, bei der alle einer Meinung sind, die bei allen positiv ankommt, bei der sich alle freuen? – Ist es nicht erstaunlich: Da wird vor 2000 Jahren in einer unbedeutenden Stadt von unbekannten Leuten aus einem unscheinbaren Haus ein Kind geboren – in dieser Konstellation bis heute milliardenfach seit Bestehen der Menschheit so geschehen. Aber ab diesem konkreten Zeitpunkt scheint es, als ob von diesem konkreten Kind in der Krippe – Jesus Christus – ein neuer Klang ausgeht, der die ganze Welt in Re-Sonanz versetzt: den Weihnachtsengel auf den Fluren Betlehems – den Chor der Engel – die Hirten – die Menschen, die die Botschaft der Hirten hören – die Sterndeuter (selbst die Sterne ändern ihren Lauf – die »Sphärenharmonie« ändert ihren Klang!) – Johannes den Täufer – die Menschen, zu denen Jesus spricht und die er heilt – die Apostel, die dann die Frohe Botschaft in die Welt tragen – die Menschen in aller Welt, die diese Botschaft aufnehmen – die großen Denkerinnen und Denker der Menschheit – uns Heutige (auch die Nichtchristen!) – unsere Nachkommen – unsere Stimmen beim Singen der Weihnachtslieder – ja selbst die Weihnachtsglocken, auch sie geraten in Schwingung! Das ist wirklich eine Freude, von der das GANZE Volk angesteckt ist.

CREDO (siehe Seite 520ff.)

Fürbitten

Jesus, deine Geburt macht uns sensibel und resonanzfähig für unsere Mitmenschen. Daher bitten wir dich:

– Für die Christen auf der ganzen Welt, die heute das Fest der Geburt ihrer Furchtlosigkeit feiern.

Ruf: GL 159 (Glanz der Herrlichkeit, Melodie evtl. GL 158)

– Für die Nichtchristen auf der ganzen Welt, die unser Weihnachtsfest auch als Fest des Friedens und der Gemeinschaft feiern.

– Für die Nichtgläubigen auf der ganzen Welt, die von uns Christen täglich Zeugnis unserer Lebensfreude und Zuversicht erwarten.

– Für unsere Verstorbenen, von denen wir glauben, dass sie bereits in deinem großen himmlischen Heer dich loben und uns zusingen: Ehre sei Gott in der Höhe und Friede auf Erden den Menschen seines Wohlgefallens.

Du, Jesus, bist uns als Kind in der Krippe geschenkt – du unser Wunderbarer Ratgeber, unser Starker Gott, unser Fürst des Friedens, unser Vater in Ewigkeit. Amen.

Gabengebet

Allmächtiger Gott, in dieser heiligen Nacht bringen wir dir unsere Gaben dar. Nimm sie an und gib, daß wir durch den wunderbaren Tausch deinem Sohn gleichgestaltet werden, in dem unsere menschliche Natur mit deinem göttlichen Wesen vereint ist. Darum bitten wir durch ihn, Christus, unseren Herrn.

Präfation

Weihnachten II

In Wahrheit ist es würdig und recht, dir, Vater im Himmel, zu danken durch unseren Herrn Jesus Christus. Denn groß ist das Geheimnis seiner Geburt. Er, der unsichtbare Gott, ist heute sichtbar als Mensch erschienen. Vor aller Zeit aus dir geboren, hat er sich den Gesetzen der Zeit unterworfen. In ihm ist alles neu geschaffen. Er heilt die Wunden der ganzen Schöpfung, richtet auf, was darniederliegt, und ruft den verlorenen Menschen ins Reich deines Friedens. Darum rühmen dich Himmel und Erde, Engel und Menschen und singen das Lob deiner Herrlichkeit.

Einladung zum Vaterunser

Jesaja schreibt: »Man freute sich vor deinem Angesicht, wie man sich freut bei der Ernte, wie man jubelt, wenn Beute verteilt wird.« Das tägliche Brot gehört zu unserm Menschsein dazu – ohne Nahrung können wir nicht loben. Daher beten wir: Vater unser im Himmel …

Einladung zum Friedensgebet

Lukas berichtet: »Und plötzlich war bei dem Engel ein großes himmlisches Heer, das Gott lobte und sprach: Ehre sei Gott in der Höhe und Friede auf Erden den Menschen seines Wohlgefallens.« Der Friede ist also bereits in der Welt! Wir wollen beten, dass wir ihn lebendig werden lassen können: Herr Jesus Christus …

Kommunionvers Joh 1,14

Das Wort ist Fleisch geworden, und wir haben seine Herrlichkeit geschaut.

Schlussgebet

Herr, unser Gott, in der Freude über die Geburt unseres Erlösers bitten wir dich: Gib uns die Gnade, ihm unser ganzes Leben zu weihen, damit wir einst Anteil erhalten an der ewigen Herrlichkeit deines Sohnes, der mit dir lebt und herrscht in alle Ewigkeit.

SCHLUSSSEGEN An Weihnachten

Der barmherzige Gott hat durch die Geburt seines Sohnes die Finsternis vertrieben und diese Nacht erleuchtet mit dem Glanz seines Lichtes; er mache eure Herzen hell mit dem Licht seiner Gnade.
Den Hirten ließ er durch den Engel die große Freude verkünden; mit dieser Freude erfülle er euer ganzes Leben.
In Christus hat Gott Himmel und Erde verbunden; durch ihn schenke er allen Menschen guten Willens seinen Frieden, durch ihn vereine er euch mit der Kirche des Himmels.
Das gewähre euch der dreieinige Gott, der Vater und der Sohn ✝ und der Heilige Geist.

Ankündigung des Weihnachtsfestes nach dem Martyrologium Romanum:
Im Anfang schuf Gott die Welt. –
Milliarden Jahre waren vergangen, seit unsere Sonne und die Erde entstanden;
Millionen Jahre, seit Gott den Menschen formte nach seinem Ebenbild;
viele tausende von Jahren, seit er Stämme, Völker und Kulturen ins Dasein rief;
Jahrtausende seit dem Ende der großen Flut, da Gott einen Bogen setzte in die Wolken als Zeichen des Bundes;
2000 Jahre seit der Berufung Abrahams;
1200 Jahre, seit Mose das Volk Israel aus Ägypten geführt hatte;
1030 Jahre seit der Salbung des David zum König;
in der 65. Jahrwoche nach Daniels Weissagung;
in der 194. Olympiade;
752 Jahre nach der Gründung Roms;
im 42. Jahr der Regierung des Kaisers Octavianus Augustus, da Friede war in der ganzen Welt:

Da sandte Gott, der ewige Vater, seinen Sohn in die Welt, um sie durch seine rettende Ankunft zu heiligen.
Er war empfangen durch den Heiligen Geist, und nach neun Monaten wurde er zu Betlehem im Lande Juda von Maria, der Jungfrau, als Mensch geboren.
Heute feiern wir die Geburt unseres Herrn Jesus Christus in unserm armen Fleisch.
Heute feiern wir das hochheilige Weihnachtsfest.
Heute singen wir mit allen, die glauben: Christus ist uns geboren; kommt, wir beten ihn an.

Kommt, lasset uns anbeten, … (GL 241)

Deutsches Liturgisches Institut, Trier

HOCHFEST DER GEBURT DES HERRN

Weihnachten – Am Morgen

25. Dezember 2024

Ein Licht strahlt heute über uns auf,
denn geboren ist uns der Herr.
Und man nennt ihn: Starker Gott, Friedensfürst,
Vater der kommenden Welt.
Seine Herrschaft wird kein Ende haben.
Vgl. Jes 9,1.5; Lk 1,33

»Morgenstund hat Gold im Mund«: Von alters her wird die Messe am Weihnachtsmorgen »Hirtenamt« oder »Missa in aurora«, also »Messe in der Morgenröte« genannt. In dem Wort aurora, wie die Römer ihre Göttin der Morgenröte nannten, steckt das lateinische Wort *aurum,* Gold. Die Bezeichnungen dieser Messe nehmen Bezug auf den heutigen Evangelienabschnitt, in dem die Hirten nach der nächtlichen Botschaft der Engel in der Frühe des Weihnachtsmorgens Maria, Josef und das Kind finden – und von dieser Begegnung erzählen! Später werden dann die Sterndeuter aus dem Osten an der Krippe eintreffen; auch sie führen neben weiteren Kostbarkeiten Gold mit sich. Das eigentliche Gold, an dem auch wir Nachgeborenen uns heute noch erfreuen können, ist aber das »Gold«, das die einfachen Hirten durch ihr Erzählen im Munde führten – und damit die Welt bis heute in Gold hüllen.

Kyrie-Rufe

Herr Jesus, du offenbarst dich den Kleinen und Geringen.
Kyrie, eleison.
Du bist das Gold, das in unserer Welt glänzt.
Christe, eleison.
Du machst uns gerecht durch deine Gnade.
Kyrie, eleison.
(Melodie: GL 163)

Gloria (siehe Seite 516f.)

Tagesgebet

Allmächtiger Gott, dein ewiges Wort ist Fleisch geworden, um uns mit dem Glanz deines Lichtes zu erfüllen. Gib, daß in unseren Werken widerstrahlt, was durch den Glauben in unserem Herzen leuchtet. Darum bitten wir durch Jesus Christus.

Erste Lesung

Jes 62,11–12

Lesung aus dem Buch Jesája.

Siehe, der Herr hat es bekannt gemacht bis ans Ende der Erde. Sagt der Tochter Zion: Siehe, deine Rettung kommt. Siehe, sein Lohn ist mit ihm und sein Ertrag geht vor ihm her! Dann wird man sie nennen »Heiliges Volk«, »Erlöste des Herrn«. Und du wirst genannt werden: »Begehrte, nicht mehr verlassene Stadt«.

Wort des lebendigen Gottes.

IMPULS Im Jahr 1999 wurde »Die Gemeinsame Erklärung zur Rechtfertigungslehre« von Repräsentanten des Lutherischen Weltbunds und der Römisch-katholischen Kirche unterzeichnet. Damit wurde feierlich bekundet, dass die gegenseitigen Lehrverurteilungen von Lutheranern und Katholiken aus dem 16. Jahrhundert zurückgenommen werden und heute nicht mehr gelten. Sie ist ein Meilenstein im ökumenischen Dialog. Mit Blick auf die gerade gehörte Lesung (und vor allem auf die gleich zu hörende von Paulus) fragt man sich: Wie konnte es überhaupt erst zu diesen Missdeutungen kommen? Jesaja verkündet doch bereits im 8. Jahrhundert vor Christus: »Siehe, sein Lohn ist MIT ihm und sein Ertrag geht VOR ihm her!« Da steht nichts von »Tu dies, tu das, um anschließend die Gnade des Herrn zu verdienen!« Es ist doch gerade diese Liebe, die frei von Bedingungen ist – eine echte Liebe eben. Gottes Lohn und Ertrag müssen wir uns nicht erst verdienen, ALLES haben wir bereits erhalten. Das ist der Schlüssel für unser Heilwerden: Wir sind Gottes »begehrte, nicht mehr verlassene Stadt«! Versteh es doch endlich, Mensch – werde wesentlich!

ANTWORTPSALM Ps 97 (96),1 u. 6.11–12 (Kv: vgl. Jes 9,1; Lk 2,11)

Kv Ein Licht strahlt heute über uns auf:
Geboren ist Christus, der Herr. – Kv

Der HERR ist König. Es juble die Erde! *
Freuen sollen sich die vielen Inseln.
Seine Gerechtigkeit verkünden die Himmel, *
seine Herrlichkeit schauen alle Völker. – (Kv)

Licht wird ausgesät für den Gerechten, *
Freude für die, die geraden Herzens sind.
Freut euch am HERRN, ihr Gerechten, *
dankt seinem heiligen Namen! – Kv

ZWEITE LESUNG Tit 3,4–7

Lesung aus dem Brief des Apostels Paulus an Titus.

Als die Güte und Menschenfreundlichkeit Gottes, unseres Retters, erschien, hat er uns gerettet – nicht aufgrund von Werken der Gerechtigkeit, die wir vollbracht haben, sondern nach seinem Erbarmen – durch das Bad der Wiedergeburt und die Erneuerung im Heiligen Geist.
Ihn hat er in reichem Maß über uns ausgegossen durch Jesus Christus, unseren Retter, damit wir durch seine Gnade gerecht gemacht werden und das ewige Leben erben, das wir erhoffen.

Wort des lebendigen Gottes.

IMPULS Hatte Paulus die Worte Jesajas, die wir eben in der Ersten Lesung gehört haben, beim Schreiben an Titus im Ohr? Im Titusbrief nimmt die Warnung vor Irrlehrern einen breiten Raum ein. Dezidiert stellt Paulus hier das Erbarmen und die Gnade Gottes in den Zusammenhang mit dem Bad der Wiedergeburt, der Taufe. Sie war, ist und bleibt das untrügliche Zeichen für das Christsein. Aber mal ehrlich: Gibt es in Ihrem Umfeld nicht auch Menschen, die sich nicht zur Taufe und zu einer christlichen Kirche bekennen und trotzdem »christliche Tugenden« leben? Für mich sind die Hirten auf dem Feld aus dem heutigen Tagesevangelium die eigentlichen ersten Christinnen und Christen, denn sie geben ein Zeugnis, das so manchen »amtlichen« Christenmenschen beschämen kann: Sie VERTRAUEN vorbehaltlos der Zusage des Engels auf dem Feld: »Fürchtet euch nicht!« Sie nehmen die Aussage ERNST, dass ihr persönlicher Retter als kleines Kind auf die Welt gekommen ist und in einer Futterkrippe liegt. Sie SEHEN und HÖREN den Engelchor, der den Frieden verheißt, und tun ihn nicht als Wahnvorstellung oder Utopie ab. Sie machen sich wirklich auf den WEG (haben die Hirten ihren Besitz, die Schafe, etwa sorglos hinter sich gelassen?). Sie SPÜREN die Anwesenheit Gottes in dem Kind. Sie ERZÄHLEN allen davon. Und sie RÜHMEN GOTT. Können Sie als Christin oder Christ auch, was die Hirten konnten?

RUF VOR DEM EVANGELIUM Lk 2,14

Halleluja. Halleluja.
Ehre sei Gott in der Höhe
und Friede auf Erden den Menschen seines Wohlgefallens.
Halleluja.

EVANGELIUM Lk 2,15–20

+ Aus dem heiligen Evangelium nach Lukas.

Als die Engel von den Hirten in den Himmel zurückgekehrt waren, sagten die Hirten zueinander: Lasst uns nach Betlehem gehen, um das Ereignis zu sehen, das uns der Herr kundgetan hat!
So eilten sie hin und fanden Maria und Josef und das Kind, das in der Krippe lag. Als sie es sahen, erzählten sie von dem Wort, das ihnen über dieses Kind gesagt worden war. Und alle, die es hörten, staunten über das, was ihnen von den Hirten erzählt wurde.
Maria aber bewahrte alle diese Worte und erwog sie in ihrem Herzen.
Die Hirten kehrten zurück, rühmten Gott und priesen ihn für alles, was sie gehört und gesehen hatten, so wie es ihnen gesagt worden war.

Evangelium unseres Herrn Jesus Christus.

IMPULS Die Zeit – geschwätzig und laut – übertönt Gottes Säuseln. »Maria aber bewahrte alle diese Worte und erwog sie in ihrem Herzen.« Die ganze Weihnachtsgeschichte nochmals lesen – im Herzen erwägen – lauschen.

CREDO (siehe Seite 520ff.)

FÜRBITTEN

Jesus, wahrer Gott und wahrer Mensch, in den kleinen und leisen Menschen und Dingen offenbarst du dich uns. Wir bitten dich:

– Um offene Ohren für alle, die sich im Lärm unserer Zeit nach deiner Stimme sehnen.

Ruf: GL 159 (Licht, das uns erschien, Melodie evtl. GL 158)

– Um Gold im Mund für alle, die dich in ihrem Leben spüren.

– Um offene Hände für alle, die genug besitzen.

– Um ein hörendes Herz und einen wachen Verstand für alle, die für den Frieden in der Welt Verantwortung tragen.

– Um eine unbeschwerte Seele für alle, die dich bald von Angesicht zu Angesicht sehen werden.

Jesus Christus, unser Retter, durch deine Gnade machst du uns gerecht. Dich und deine Worte tragen wir im Herzen. Dafür danken wir dir durch unser Leben. Amen.

GABENGEBET

Himmlischer Vater, erfülle die Gaben dieser Erde mit deinem Segen, damit sie das Geheimnis dieses Tages darstellen: Wie Christus als neugeborener Mensch und als wahrer Gott vor uns aufleuchtet, so laß uns durch diese irdische Speise das göttliche Leben empfangen. Darum bitten wir durch ihn, Christus, unseren Herrn.

Präfation

Weihnachten I

In Wahrheit ist es würdig und recht, dir, Herr, heiliger Vater, allmächtiger, ewiger Gott, immer und überall zu danken. Denn Fleisch geworden ist das Wort, und in diesem Geheimnis erstrahlt dem Auge unseres Geistes das neue Licht deiner Herrlichkeit. In der sichtbaren Gestalt des Erlösers läßt du uns den unsichtbaren Gott erkennen, um in uns die Liebe zu entflammen zu dem, was kein Auge geschaut hat. Darum singen wir mit den Engeln und Erzengeln, den Thronen und Mächten und mit all den Scharen des himmlischen Heeres den Hochgesang von deiner göttlichen Herrlichkeit.

Einladung zum Vaterunser

Gott, Vater, deine Gnade allein verspricht ein gelingendes Leben. Ohne deine Gnade wächst kein Grashalm auf Erden. So beten wir, voll von deiner Gnade: Vater unser im Himmel …

Einladung zum Friedensgebet

Starker Gott, Friedensfürst, Vater der kommenden Welt, Jesus. Deine Herrschaft wird kein Ende haben. So bitten wir vertrauensvoll: Herr Jesus Christus …

Kommunionvers

Vgl. Sach 9,9

Juble laut, Tochter Zion, jauchze, Tochter Jerusalem, siehe, dein König kommt zu dir, der Heilige, der Heiland der Welt.

Schlussgebet

Herr, unser Gott, die Menschwerdung deines Sohnes erfülle uns mit Freude und Dank. Laß uns dieses unergründliche Geheimnis im Glauben erfassen und in tätiger Liebe bekennen. Darum bitten wir durch Christus, unseren Herrn.

SCHLUSSSEGEN

An Weihnachten

Der barmherzige Gott hat durch die Geburt seines Sohnes die Finsternis vertrieben und diesen Tag erleuchtet mit dem Glanz seines Lichtes; er mache eure Herzen hell mit dem Licht seiner Gnade.
Den Hirten ließ er durch den Engel die große Freude verkünden; mit dieser Freude erfülle er euer ganzes Leben.
In Christus hat Gott Himmel und Erde verbunden; durch ihn schenke er allen Menschen guten Willens seinen Frieden, durch ihn vereine er euch mit der Kirche des Himmels.
Das gewähre euch der dreieinige Gott, der Vater und der Sohn † und der Heilige Geist.

Mensch, werde wesentlich:
Denn, wenn die Welt vergeht,
So fällt der Zufall weg,
Das Wesen, das besteht.

Angelus Silesius, 1624–1677, Der cherubinische Wandersmann

HOCHFEST DER GEBURT DES HERRN

Weihnachten – Am Tag

25. Dezember 2024

Ein Kind ist uns geboren, ein Sohn ist uns geschenkt.
Auf seinen Schultern ruht die Herrschaft.
Vgl. Jes 9,5

Link zum Anhören des Introitus im Gregorianischen Choral (vgl. Impuls zur ersten Lesung im Messformular In der Heiligen Nacht): https://www.youtube.com/watch?v=iUjo01vIBEs
So, nun sind sie ausgepackt, die Geschenke. Jetzt ist klar, was zurückgegeben werden muss, weil es nicht gefällt. Die Gutscheine stehen bedrohlich unter dem Christbaum, denn schließlich wollen sie bald eingelöst werden, damit man dem Schenkenden zeigen kann, was man sich von seiner Wohltat gekauft hat. Zynisch, nicht wahr? – »Ein Kind wurde uns geboren, ein SOHN wurde uns GESCHENKT. Man rief seinen Namen aus: Wunderbarer Ratgeber, Starker Gott, Vater in Ewigkeit, Fürst des Friedens. Die große Herrschaft und der Frieden sind ohne Ende auf dem Thron Davids und in seinem Königreich, um es zu festigen und zu stützen durch Recht und Gerechtigkeit, von jetzt an bis in Ewigkeit.« (Jes 9,5–6) Was für eine KRAFT! Diese Verheißung bläst mit einem einzigen Atemzug Lametta, Geschenkpapier, Kunstschnee, Plastikchristbaum, Blinklicht und Zynismus weg – »von jetzt an bis in Ewigkeit«!

Kyrie-Rufe

Jesus, du, der am Herzen des Vaters ruht, hast dich zu uns herabgebeugt.
Kyrie, eleison.
Du schenkst dich uns an jedem neuen Tag unseres Lebens.
Christe, eleison.
Du bist unsichtbar und doch ist dein Wort so mächtig in unserer Welt.
Kyrie, eleison.

GLORIA (siehe Seite 516f.)

TAGESGEBET

Allmächtiger Gott, du hast den Menschen in seiner Würde wunderbar erschaffen und noch wunderbarer wiederhergestellt. Laß uns teilhaben an der Gottheit deines Sohnes, der unsere Menschennatur angenommen hat. Er, der in der Einheit des Heiligen Geistes mit dir lebt und herrscht in alle Ewigkeit.

ERSTE LESUNG Jes 52,7–10

Lesung aus dem Buch Jesája.

Wie willkommen sind auf den Bergen die Schritte des Freudenboten, der Frieden ankündigt, der eine frohe Botschaft bringt und Heil verheißt, der zu Zion sagt: Dein Gott ist König.
Horch, deine Wächter erheben die Stimme, sie beginnen alle zu jubeln. Denn sie sehen mit eigenen Augen, wie der HERR nach Zion zurückkehrt.
Brecht in Jubel aus, jauchzt zusammen, ihr Trümmer Jerusalems! Denn der HERR hat sein Volk getröstet, er hat Jerusalem erlöst. Der HERR hat seinen heiligen Arm vor den Augen aller Nationen entblößt und alle Enden der Erde werden das Heil unseres Gottes sehen.

Wort des lebendigen Gottes.

IMPULS Ja, wie wurden sie in den letzten Tagen erwartet, die Freudenboten von Amazon, Otto, Zalando und wie sie alle heißen. Trotz aller Kundenfreundlichkeit konnten sie doch keine wirkliche Freude und noch weniger Frieden bringen. Wie könnten sie auch, diese armen, ausgebeuteten Boten mit den zerrupften Flügeln! Während die Reklamesprüche spätestens nach dem Weihnachtsgeschäft abgenutzt sind wie alte Kleider, dauert die Freude in der Lesung aus dem Buch Jesaja bereits seit 2800 Jahren unvermindert an. Es ist diese überbordende, üppige, verschwenderische Sprache, mit denen Jesaja uns schon seit den Lesungen der Adventszeit in Gottes Bannkreis zieht. Wenn ich nur ansatzweise so sprühen und strotzen kann vor Freude, dann mache ich meinem Umfeld das größte Weihnachtsgeschenk, das es geben kann.

ANTWORTPSALM Ps 98 (97),1.2–3b.3c–4.5–6 (Kv: vgl. 3cd)

Kv Alle Enden der Erde
sehen das Heil unsres Gottes. – Kv

Singet dem HERRN ein neues Lied, *
denn er hat wunderbare Taten vollbracht!
Geholfen hat ihm seine Rechte *
und sein heiliger Arm. – (Kv)

Der HERR hat sein Heil bekannt gemacht *
und sein gerechtes Wirken enthüllt vor den Augen der Völker.
Er gedachte seiner Huld *
und seiner Treue zum Hause Israel. – (Kv)

Alle Enden der Erde *
sahen das Heil unsres Gottes.
Jauchzet dem HERRN, alle Lande, *
freut euch, jubelt und singt! – (Kv)

Spielt dem HERRN auf der Leier, *
auf der Leier zu lautem Gesang!
Mit Trompeten und lautem Widderhorn *
jauchzt vor dem HERRN, dem König! – Kv

ZWEITE LESUNG Hebr 1,1–6

Lesung aus dem Hebräerbrief.

Vielfältig und auf vielerlei Weise hat Gott einst zu den Vätern gesprochen durch die Propheten; am Ende dieser Tage hat er zu uns gesprochen durch den Sohn, den er zum Erben von allem eingesetzt, durch den er auch die Welt erschaffen hat; er ist der Abglanz seiner Herrlichkeit und das Abbild seines Wesens; er trägt das All durch sein machtvolles Wort, hat die Rei-

nigung von den Sünden bewirkt und sich dann zur Rechten der Majestät in der Höhe gesetzt; er ist umso viel erhabener geworden als die Engel, wie der Name, den er geerbt hat, ihren Namen überragt.
Denn zu welchem Engel hat er jemals gesagt: Mein Sohn bist du, ich habe dich heute gezeugt, und weiter: Ich will für ihn Vater sein und er wird für mich Sohn sein?
Wenn er aber den Erstgeborenen wieder in die Welt einführt, sagt er: Alle Engel Gottes sollen sich vor ihm niederwerfen.

Wort des lebendigen Gottes.

IMPULS Der Hebräerbrief versteht sich als eine Art Mahnrede zu neuem geistlichen Aufbruch. Er richtet sich an eine Gemeinde, in der der »Zauber des Anfangs« schon etwas verflogen ist und deren Glaube sich im Alltag bewähren muss. Es wird vermutet, dass der Brief zwischen 60 und 62 n. Chr. geschrieben wurde – also nur 30 Jahre nach dem Tod und der Auferstehung (!) Jesu. Da lebten noch Menschen, die Jesus leibhaftig sehen und berühren durften! Wie können in so kurzer Zeit Erinnerung und Hoffnung vergehen – fragen wir uns, die 2000 Jahre danach scheinbar dem Ende des christlichen Europa ins Auge blicken. – Wenn ich sehe, wie faschistisches Denken und antisemitische Haltung in diesem christlich geprägten Europa wieder zunehmen, nur 80 Jahre nach dem Ende des 2. Weltkriegs und der Schoa, wundert mich da gar nichts! ABER: Trotz der »Lauheit« der Adressaten des Hebräerbriefs bin ich 2000 Jahre danach christlich getauft worden, zur Erstkommunion gegangen, gefirmt worden, habe katholisch geheiratet und kann meine Kinder ohne Furcht im christlichen Glauben erziehen. Die Sache Jesu hat also doch über 2000 Jahre irgendwie durchgehalten. Da vertraue ich darauf, dass sich auch kommende Generationen mit dem Christentum identifizieren. Und ich vertraue darauf, dass sich Menschen immer an die Grausamkeiten des Nationalsozialismus erinnern und dieser furchtbaren Fratze die Stirn bieten.

Ruf vor dem Evangelium

Halleluja. Halleluja.
Aufgeleuchtet ist uns aufs Neue der Tag der Erlösung:
Ein großes Licht ist heute auf Erden erschienen.
Kommt, ihr Völker, und betet an den Herrn, unseren Gott!
Halleluja.

Evangelium

Joh 1,1-18

+ Aus dem heiligen Evangelium nach Johannes.

Im Anfang war das Wort und das Wort war bei Gott und das Wort war Gott. Dieses war im Anfang bei Gott. Alles ist durch das Wort geworden und ohne es wurde nichts, was geworden ist. In ihm war Leben und das Leben war das Licht der Menschen. Und das Licht leuchtet in der Finsternis und die Finsternis hat es nicht erfasst.

Ein Mensch trat auf, von Gott gesandt; sein Name war Johannes. Er kam als Zeuge, um Zeugnis abzulegen für das Licht, damit alle durch ihn zum Glauben kommen. Er war nicht selbst das Licht, er sollte nur Zeugnis ablegen für das Licht.

Das wahre Licht, das jeden Menschen erleuchtet, kam in die Welt. Er war in der Welt und die Welt ist durch ihn geworden, aber die Welt erkannte ihn nicht. Er kam in sein Eigentum, aber die Seinen nahmen ihn nicht auf.

Allen aber, die ihn aufnahmen, gab er Macht, Kinder Gottes zu werden, allen, die an seinen Namen glauben, die nicht aus dem Blut, nicht aus dem Willen des Fleisches, nicht aus dem Willen des Mannes, sondern aus Gott geboren sind.

Und das Wort ist Fleisch geworden und hat unter uns gewohnt und wir haben seine Herrlichkeit geschaut, die Herrlichkeit des einzigen Sohnes vom Vater, voll Gnade und Wahrheit.

Johannes legt Zeugnis für ihn ab und ruft: Dieser war es, über den ich gesagt habe: Er, der nach mir kommt, ist mir voraus, weil er vor mir war. Aus seiner Fülle haben wir alle empfangen, Gnade über Gnade.

Denn das Gesetz wurde durch Mose gegeben, die Gnade und die Wahrheit kamen durch Jesus Christus. Niemand hat Gott je gesehen. Der Einzige, der Gott ist und am Herzen des Vaters ruht, er hat Kunde gebracht.

Evangelium unseres Herrn Jesus Christus.

Oder: Kurzfassung Joh 1,1–5.9–14

+ Aus dem heiligen Evangelium nach Johannes.

Im Anfang war das Wort und das Wort war bei Gott und das Wort war Gott. Dieses war im Anfang bei Gott. Alles ist durch das Wort geworden und ohne es wurde nichts, was geworden ist. In ihm war Leben und das Leben war das Licht der Menschen. Und das Licht leuchtet in der Finsternis und die Finsternis hat es nicht erfasst.
Das wahre Licht, das jeden Menschen erleuchtet, kam in die Welt. Er war in der Welt und die Welt ist durch ihn geworden, aber die Welt erkannte ihn nicht. Er kam in sein Eigentum, aber die Seinen nahmen ihn nicht auf.
Allen aber, die ihn aufnahmen, gab er Macht, Kinder Gottes zu werden, allen, die an seinen Namen glauben, die nicht aus dem Blut, nicht aus dem Willen des Fleisches, nicht aus dem Willen des Mannes, sondern aus Gott geboren sind.
Und das Wort ist Fleisch geworden und hat unter uns gewohnt und wir haben seine Herrlichkeit geschaut, die Herrlichkeit des einzigen Sohnes vom Vater, voll Gnade und Wahrheit.

Evangelium unseres Herrn Jesus Christus.

IMPULS »AM Anfang schuf Gott Himmel und Erde« oder »IM Anfang schuf Gott Himmel und Erde«? »AM Anfang war das Wort« oder »IM Anfang war das Wort«? – Anders gefragt: »AM Haus« oder »IM Haus«? »AN der Luft« oder »IN der Luft«? »AM Wasser« oder »IM Wasser«? »AM Kopf« oder »IM Kopf«? »AM Herzen« oder »IM Herzen«? »AM Himmel« oder »IM Himmel«? – »AM Anfang war das Wort« oder »Im Anfang war das Wort«?

Credo (siehe Seite 520ff.)

Fürbitten

»Als tiefes Schweigen das All umfing und die Nacht in ihrem Lauf bis zur Mitte gelangt war, da sprang dein allmächtiges Wort vom Himmel, vom königlichen Thron herab als harter Krieger mitten in das Land des Verderbens.« (Weish 18,14–15) Christus, du dynamisches Wort Gottes, wir bitten dich:

– Um Mut, uns auf deine Unbestimmtheit einzulassen.

V: Friede, der zur Erde kam. A: Wort, das unser Fleisch annahm: Christus, Herr, erbarme dich (GL 160)

– Um Mut, loszulassen, um dich greifen zu können.

– Um Mut, stehenzubleiben, um uns wieder bewegen zu können.

– Um Mut zur Stille, um dich zu hören.

– Um Mut, die Augen zu schließen, um zu sehen.

Jesus, Wort des Vaters, wir danken dir für unsern Glauben an dein Wirken in unserer Welt – heute und bis zu den Stufen deines Thrones in der Ewigkeit. Amen.

Gabengebet

Gott, unser Vater, in diesen Gaben willst du uns Versöhnung schenken und uns wieder mit dir verbinden. Nimm sie an und gib durch sie unserem heiligen Dienst die höchste Vollendung. Darum bitten wir durch Christus, unseren Herrn.

Präfation

Weihnachten III

In Wahrheit ist es würdig und recht, dir, allmächtiger Vater, zu danken und dein Erbarmen zu rühmen durch unseren Herrn Jesus Christus. Durch ihn schaffst du den Menschen neu und schenkst ihm ewige Ehre. Denn einen wunderbaren Tausch hast du vollzogen: dein göttliches Wort wurde ein sterblicher

Mensch, und wir sterbliche Menschen empfangen in Christus dein göttliches Leben. Darum preisen wir dich mit allen Chören der Engel und singen vereint mit ihnen das Lob deiner Herrlichkeit.

Einladung zum Vaterunser

Gott, du hast uns durch deinen Sohn dein Wort gelehrt. Mit diesem Wort beten wir zu dir: Vater unser im Himmel …

Einladung zum Friedensgebet

»Das Licht leuchtet in der Finsternis und die Finsternis hat es nicht erfasst.« – Wir wollen beten, dass wir in unserm Leben diesem Licht täglich Raum geben können: Herr Jesus Christus …

Kommunionvers

Vgl. Ps 98 (97),3

Alle Enden der Erde sahen die rettende Tat unseres Gottes.

Schlussgebet

Barmherziger Gott, in dieser heiligen Feier hast du uns deinen Sohn geschenkt, der heute als Heiland der Welt geboren wurde. Durch ihn sind wir wiedergeboren zum göttlichen Leben, führe uns auch zur ewigen Herrlichkeit durch ihn, der mit dir lebt und herrscht in alle Ewigkeit.

Schlusssegen

An Weihnachten

Der barmherzige Gott hat durch die Geburt seines Sohnes die Finsternis vertrieben und diesen Tag erleuchtet mit dem Glanz seines Lichtes; er mache eure Herzen hell mit dem Licht seiner Gnade.
Den Hirten ließ er durch den Engel die große Freude verkünden; mit dieser Freude erfülle er euer ganzes Leben.
In Christus hat Gott Himmel und Erde verbunden; durch ihn schenke er allen Menschen guten Willens seinen Frieden, durch ihn vereine er euch mit der Kirche des Himmels.

Das gewähre euch der dreieinige Gott, der Vater und der Sohn † und der Heilige Geist.

Studierzimmer:
Wir sehnen uns nach Offenbarung,
Die nirgends würd'ger und schöner brennt
Als in dem Neuen Testament.
Mich drängt's, den Grundtext aufzuschlagen,
Mit redlichem Gefühl einmal
Das heilige Original
In mein geliebtes Deutsch zu übertragen.
(Er schlägt ein Volum auf und schickt sich an.)
Geschrieben steht: »Im Anfang war das Wort!«
Hier stock' ich schon! Wer hilft mir weiter fort?
Ich kann das Wort so hoch unmöglich schätzen,
Ich muss es anders übersetzen,
Wenn ich vom Geiste recht erleuchtet bin.
Geschrieben steht: Im Anfang war der Sinn.
Bedenke wohl die erste Zeile,
Dass deine Feder sich nicht übereile!
Ist es der Sinn, der alles wirkt und schafft?
Es sollte stehn: Im Anfang war die Kraft!
Doch, auch indem ich dieses niederschreibe,
Schon warnt mich was, dass ich dabei nicht bleibe.
Mir hilft der Geist! Auf einmal seh' ich Rat
Und schreibe getrost: Im Anfang war die Tat!

Johann Wolfgang von Goethe: Faust – eine Tragödie

HL. STEPHANUS, ERSTER MÄRTYRER

Fest

26. Dezember 2024

Das Tor des Himmels öffnete sich für Stephanus.
Er zog als erster der Blutzeugen ein
und empfing die Krone der Herrlichkeit.

Für mich als Pfarr-Kind einer alten Stephanus-Pfarrei an der Mosel haben der Stephanustag und Steine eine ganz besondere Bedeutung. Einerseits war der 26. Dezember der 2. Weihnachtstag und zugleich unsere »Kirmes«, also Patronatsfest; der Tag war dadurch für mich als Kind irgendwie immer doppelt festlich. – Und die Steine? Deren Bedeutung lag weniger darin, was die Apostelgeschichte am heutigen Tag über sie berichtet: Dort waren sie Hilfsmittel zur Sichtbarmachung grausamster menschlicher Abgründe nach dem Motto »Wer trifft das Ziel am präzisesten?«. Für uns Kinder waren sie Objekt eines anderen Wettbewerbs: Wer konnte den Stein so werfen, dass er möglichst häufig an der Wasseroberfläche (der Mosel) abprallte und dadurch den längsten Weg zurücklegte? – Welcher Wettbewerb trägt mehr Heiligen (Sports-) Geist in sich?

Kyrie-Rufe

Jesus, du hast den Himmel auf die Erde gebracht.
Herr, erbarme dich.
Du bist bei allen, die fest auf dich vertrauen.
Christus, erbarme dich.
Du offenbarst dich denen, die ihren Blick auf dich richten.
Herr, erbarme dich.

Gloria (siehe Seite 516f.)

Tagesgebet

Allmächtiger Gott, wir ehren am heutigen Fest den ersten Märtyrer deiner Kirche. Gib, daß auch wir unsere Feinde lieben und so das Beispiel des heiligen Stephanus nachahmen, der sterbend für seine Verfolger gebetet hat. Darum bitten wir durch Jesus Christus.

Erste Lesung

Apg 6,8–10; 7,54–60◦

Lesung aus der Apostelgeschichte.

In jenen Tagen tat Stéphanus aber, voll Gnade und Kraft, Wunder und große Zeichen unter dem Volk. Doch einige von der sogenannten Synagoge der Libertíner und Kyrenäer und Alexandríner und Leute aus Kilíkien und der Provinz Asien erhoben sich, um mit Stéphanus zu streiten; aber sie konnten der Weisheit und dem Geist, mit dem er sprach, nicht widerstehen.
Als sie seine Rede hörten, waren sie in ihren Herzen aufs Äußerste über ihn empört und knirschten mit den Zähnen gegen ihn.
Er aber, erfüllt vom Heiligen Geist, blickte zum Himmel empor, sah die Herrlichkeit Gottes und Jesus zur Rechten Gottes stehen und rief: Siehe, ich sehe den Himmel offen und den Menschensohn zur Rechten Gottes stehen.
Da erhoben sie ein lautes Geschrei, hielten sich die Ohren zu, stürmten einmütig auf ihn los, trieben ihn zur Stadt hinaus und steinigten ihn. Die Zeugen legten ihre Kleider zu Füßen eines jungen Mannes nieder, der Saulus hieß. So steinigten sie Stéphanus; er aber betete und rief: Herr Jesus, nimm meinen Geist auf! Dann sank er in die Knie und schrie laut: Herr, rechne ihnen diese Sünde nicht an!
Nach diesen Worten starb er.

Wort des lebendigen Gottes.

IMPULS Wie die Dinge sich doch wiederholen. So ähnlich wie Stephanus geht es bereits Jesus: Beide haben eine Botschaft, die nicht dem Mainstream entspricht. Man zerrt beide vor eine passend erscheinende Autorität und lässt »kommode« Leute reden bzw. zwingt sie zu Falschaussagen, um auf dieser Grundlage ein Todesurteil zu fällen. – Den längsten Teil des Stephanus-Kapitels in der Apostelgeschichte bekommen wir am heutigen Tag gar nicht zu hören. Es ist »Die Rede des Stephanus« (7,1–53). In dieser legt er vom Auszug Abrahams bis zu Salomos Tempel die Heilsgeschichte dar – genau wie es sein Peiniger Saulus später in seinen Paulus-Briefen tun wird. Welche Ironie der Geschichte, diese Wiederholung – man könnte lachen, wenn es nicht so traurig wäre … – Aber ist die Situation im Tiefsten wirklich so traurig? Unmittelbar vor seiner Steinigung blickt er zum Himmel empor, sieht – erfüllt vom Heiligen Geist – die Herrlichkeit Gottes und Jesus zur Rechten Gottes stehen. Das teilt er seinen Peinigern sogar noch mit: »SIEHE, ich sehe den Himmel offen und den Menschensohn zur Rechten Gottes stehen.« EINmalig! Statt hinzusehen, ergreift sie die im wahrsten Sinn blinde Wut, sie schreien, halten sich die Ohren zu und stürmen einmütig auf ihn los (wie sich dieses Verhalten bis heute immer und immer wiederholt …). Wie hätte die Situation geendet, wenn alle mal kurz zum geöffneten Himmel geschielt hätten? Wäre auch dieses Ende eine Wiederholung in der Spirale geworden? Wie würden unsere kleineren und größeren Auseinandersetzungen enden, wenn wir kurz mal den Blick nach oben richten würden? Kämen wir dann aus dem ewigen Teufelskreis heraus?

ANTWORTPSALM

Ps 31 (30),3b–4 u. 6.8.16–17 (Kv: vgl. 6a)

Kv HERR, in deine Hand lege ich meinen Geist. – Kv

Sei mir ein schützender Fels, *
ein festes Haus, mich zu retten!
Denn du bist mein Fels und meine Festung; *
um deines Namens willen wirst du mich führen
und leiten. – (Kv)

In deine Hand lege ich voll Vertrauen meinen Geist; *
du hast mich erlöst, HERR, du Gott der Treue.
Ich will jubeln und deiner Huld mich freuen; /
denn du hast mein Elend angesehn, *
du kanntest die Ängste meiner Seele. – (Kv)

In deiner Hand steht meine Zeit; *
entreiß mich der Hand meiner Feinde und Verfolger!
Lass dein Angesicht leuchten über deinem Knecht, *
hilf mir in deiner Huld! – Kv

RUF VOR DEM EVANGELIUM

Ps 118 (117),26a.27a

Halleluja. Halleluja.
Gesegnet sei, der kommt im Namen des Herrn.
Gott, der Herr, erleuchte uns.
Halleluja.

EVANGELIUM

Mt 10,17–22

Aus dem heiligen Evangelium nach Matthäus.

In jener Zeit sprach Jesus zu seinen Jüngern: Nehmt euch vor den Menschen in Acht! Denn sie werden euch an die Gerichte ausliefern und in ihren Synagogen auspeitschen. Ihr werdet um meinetwillen vor Statthalter und Könige geführt werden, ihnen und den Heiden zum Zeugnis. Wenn sie euch aber ausliefern, macht euch keine Sorgen, wie und was ihr reden sollt; denn es wird euch in jener Stunde eingegeben, was ihr sagen sollt. Nicht ihr werdet dann reden, sondern der Geist eures Vaters wird durch euch reden.
Der Bruder wird den Bruder dem Tod ausliefern und der Vater das Kind und Kinder werden sich gegen die Eltern auflehnen und sie in den Tod schicken.
Und ihr werdet um meines Namens willen von allen gehasst werden; wer aber bis zum Ende standhaft bleibt, der wird gerettet.

Evangelium unseres Herrn Jesus Christus.

IMPULS Die lateinische Sentenz »Homo homini lupus« stammt aus der Komödie Asinaria (Eseleien) des römischen Komödiendichters Titus Maccius Plautus (254–184 v. Chr.). Im Originaltext heißt es: »Lupus est homo homini, non homo, quom qualis sit non novit.« (»Der Mensch ist dem Menschen ein Wolf, kein Mensch. Das gilt zum mindesten solange wie man sich nicht kennt.«) Wahrscheinlich entstehen die meisten Konflikte aus diesem Grund: Man weiß nichts oder will von und über das Gegenüber nichts wissen – in Familien, zwischen Staaten, zwischen Religionen, zwischen Ethnien, zwischen Christen. Gleichzeitig meint der »Homo faber« (»der schaffende Mensch«), er könne alles selber regeln und machen – und steht damit anderen, aber vor allem sich selbst im Weg. Gott bietet an, uns diese Hürde aus dem Weg zu räumen: »Vertrau darauf, dass ich in den entscheidenden Augenblicken deines Lebens dein ›Deus faber‹ (dein ›Deus ex machina‹ …?) bin! Vertrau mir!« Wie wunderbar und tröstlich: Das bedeutet doch wohl, dass Gott sowohl mich sehr gut kennen muss (schließlich sollen meine Worte ja authentisch wirken), als auch mein »böses« Gegenüber. Liebt Gott dann etwa auch meine Widersacher?

FÜRBITTEN

Jesus, dein Wirken auf der Erde hat uns hinter dem Vorhang die Herrlichkeit des Himmels erspähen lassen. Dorthin richten wir unsere Bitten:

– Für alle Menschen, die den Blick nicht mehr erheben können.

V: Glanz der Herrlichkeit. A: König aller Zeit: Herr, erbarme dich. (GL 159)

– Für alle Menschen und für deine wunderbare Schöpfung, die täglich von uns gesteinigt werden.

– Für uns, die wir oft nicht wissen, vor wem oder was wir uns in Acht nehmen müssen.

– Für uns, die wir oft nach den richtigen Worten suchen.

– Für unsere Verstorbenen, die sich bereits auf der anderen Seite des Vorhangs an deiner Herrlichkeit erfreuen.

Jesus, auf deine Gegenwart nicht nur hinterm Vorhang, sondern unter uns vertrauen wir. Dafür danken wir dir heute und alle Tage. Amen.

Gabengebet

Herr, unser Gott, schau gütig auf dein Volk, das mit Freude und Hingabe den Festtag des heiligen Stephanus feiert, und nimm unsere Gaben an. Darum bitten wir durch Christus, unseren Herrn.

Präfation

Weihnachten III

In Wahrheit ist es würdig und recht, dir, allmächtiger Vater, zu danken und dein Erbarmen zu rühmen durch unseren Herrn Jesus Christus. Durch ihn schaffst du den Menschen neu und schenkst ihm ewige Ehre. Denn einen wunderbaren Tausch hast du vollzogen: dein göttliches Wort wurde ein sterblicher Mensch, und wir sterbliche Menschen empfangen in Christus dein göttliches Leben. Darum preisen wir dich mit allen Chören der Engel und singen vereint mit ihnen das Lob deiner Herrlichkeit.

Einladung zum Vaterunser

Gott, du wirbst unentwegt um unser kindliches Vertrauen. Indem wir das Vaterunser beten, wollen wir dir eine Antwort darauf geben: Vater unser im Himmel …

Einladung zum Friedensgebet

Stephanus fordert uns auf: »SIEHE! Ich sehe den Himmel offen und den Menschensohn zur Rechten Gottes stehen.« Mit Stephanus zum Himmel schauend beten wir: Herr Jesus Christus …

Kommunionvers

Apg 7,59

Die Menge steinigte den Stephanus. Er aber betete und rief: Herr Jesus, nimm meinen Geist auf!

Schlussgebet

Herr, unser Gott, wir danken dir für die Gnade dieser festlichen Tage. In der Geburt deines Sohnes schenkst du uns das Heil; im Sterben des heiligen Stephanus zeigst du uns das Beispiel eines unerschrockenen Glaubenszeugen. Wir bitten dich: Stärke unsere Bereitschaft, deinen Sohn, unseren Herrn Jesus Christus, standhaft zu bekennen, der mit dir lebt und herrscht in alle Ewigkeit.

Schlusssegen

Von allen Heiligen

Der gütige Gott, der die Heiligen zur Vollendung geführt hat, segne euch und bewahre euch vor allem Unheil.
Das Vorbild des heiligen Stephanus lehre euch, und seine Fürsprache helfe euch, Gott und den Menschen zu dienen.
Das gewähre euch der dreieinige Gott, der Vater und der Sohn ☩ und der Heilige Geist.

Zu Betlehem geboren / im Stall ein Kindelein, / gibt sich für uns verloren: / Gelobet muss es sein.
Und wer dies Kind mit Freuden / umfangen, küssen will, / muss vorher mit ihm leiden / groß Pein und Marter viel,
danach mit ihm auch sterben / und geistlich auferstehn, / das ewig Leben erben, / wie an ihm ist geschehn.

Es kommt ein Schiff, geladen, Str. 4–6, T: Straßburg um 1450/Daniel Sudermann um 1626, M: Köln 1608, GL Nr. 236

HL. JOHANNES, APOSTEL, EVANGELIST

Fest

27. Dezember 2024

Johannes ruhte beim Abendmahl an der Brust des Herrn.
Ihm wurden die Geheimnisse des Himmels enthüllt.
Die Worte des Lebens hat er dem ganzen Erdkreis verkündet.

Oder:

Inmitten der Gemeinde öffnete der Herr ihm den Mund
und erfüllte ihn mit dem Geist der Weisheit und der Einsicht.
Das Kleid der Herrlichkeit zog er ihm an.

Vgl. Sir 15,5

»Der Jünger, den Jesus liebte…«, so wird Johannes vom Verfasser des Evangeliums charakterisiert und ihm wird die besondere Liebe Christi zugeschrieben. Als Apostel und Augenzeuge und wahrscheinlich als tatsächliche historische Person vermischen sich in ihm historisch belegte Bezüge mit dem Idealbild der liebenden Christusnachfolge. Dieser »Jünger, den Jesus liebte« ist zweifellos der Freund Jesu – die beiden verbindet eine tiefe Vertrautheit und Herzensbindung. In der Beschreibung der Abendmahlsszene in Joh 13,23ff ist sein Kopf nahe am Kopf Jesu und wenig später »lehnte sich dieser zurück an die Brust Jesu« (V.25). Eine körperliche Nähe, welche die von tiefem Vertrauen getragene Geistes- und Seelenverwandtschaft zum Ausdruck bringt.
Das Bild des Johannes, der sich vertrauensvoll an Jesus anlehnen kann, lädt uns ein, ebenfalls Seine Nähe zu suchen und dem Herrn unser Denken, Handeln und Fühlen ans Herz zu legen.

Kyrie-Rufe

Herr Jesus Christus, Messias und Menschensohn.
Herr, erbarme dich.
Du rufst uns in deine Nähe.
Christus, erbarme dich.

Du willst, dass alle Leben in Fülle haben.
Herr, erbarme dich.

GLORIA (siehe Seite 516f.)

TAGESGEBET

Allmächtiger Gott, du hast uns durch den Evangelisten Johannes einen Zugang eröffnet zum Geheimnis deines ewigen Wortes. Laß uns mit erleuchtetem Verstand und liebendem Herzen erfassen, was er in gewaltiger Sprache verkündet hat. Darum bitten wir durch Jesus Christus.

ERSTE LESUNG 1 Joh 1,1–4

Lesung aus dem ersten Johannesbrief.

Schwestern und Brüder! Was von Anfang an war, was wir gehört, was wir mit unseren Augen gesehen, was wir geschaut und was unsere Hände angefasst haben vom Wort des Lebens – das Leben ist erschienen und wir haben gesehen und bezeugen und verkünden euch das ewige Leben, das beim Vater war und uns erschienen ist –, was wir gesehen und gehört haben, das verkünden wir auch euch, damit auch ihr Gemeinschaft mit uns habt.
Wir aber haben Gemeinschaft mit dem Vater und mit seinem Sohn Jesus Christus.
Dies schreiben wir, damit unsere Freude vollkommen ist.

Wort des lebendigen Gottes.

IMPULS Wie im Evangelium konzentriert sich auch die Theologie der Johannesbriefe auf Christus als Sohn des Vaters: Er ist Gottes Mensch gewordenes Wort, auf Christus läuft aller Glaube zu. In der Kraft und Gemeinschaft des Heiligen Geistes erhält die Gemeinde, jede und jeder einzelne Anteil an dieser einzigartigen Bindung und Beziehung: Gott, das ewige Schöpferwort, bringt Leben und wird in Christus für uns erfahrbar. Wir haben Anteil an Gott.

Der Verfasser des Briefes bezeugt: Mit allen Sinnen hat er Christus erlebt und erfahren, hat gehört, gesehen, angefasst, bedacht und gefühlt, dass Er es ist, der Messias, Sohn Gottes. Das ist ein buchstäblich ganzheitlicher Glaube: Geist, Seele und Körper im Einklang mit dem Geheimnis Gottes. Dieser Glaube will alle in die Gemeinschaft führen und verbinden zur Gemeinschaft aller Glaubenden. Damit unsere Gemeinschaft zum Abbild des vitalen Beziehungsgeschehens wird, das der dreieinige Gott ist und für uns bereithält.
Diese Glaubensüberzeugung des Verfassers »Johannes« als Lehre für die jungen Christengemeinden strahlt solche Sicherheit und Harmonie aus, dass man seine Worte für eine Endzeitutopie halten könnte. Hier scheinen Glaubenskriege, Machtkämpfe und Konflikte weit entfernt zu sein.

ANTWORTPSALM Ps 97 (96),1–2.5–6.11–12 (Kv: 12a)

Kv Freut euch am HERRN, ihr Gerechten! – Kv

Der HERR ist König. Es juble die Erde! *
Freuen sollen sich die vielen Inseln.
Rings um ihn her sind Wolken und Dunkel, *
Gerechtigkeit und Recht sind die Stützen seines Thrones. – (Kv)

Berge schmelzen wie Wachs vor dem HERRN, *
vor dem Angesicht des HERRN der ganzen Erde.
Seine Gerechtigkeit verkünden die Himmel, *
seine Herrlichkeit schauen alle Völker. – (Kv)

Licht wird ausgesät für den Gerechten, *
Freude für die, die geraden Herzens sind.
Freut euch am HERRN, ihr Gerechten, *
dankt seinem heiligen Namen! – Kv

Ruf vor dem Evangelium

Halleluja. Halleluja.
Dich, Gott, loben wir, dich, Herr, preisen wir.
Dich preist der glorreiche Chor der Apostel.
Halleluja.

Evangelium

Joh 20,2–8

+ Aus dem heiligen Evangelium nach Johannes.

Am ersten Tag der Woche lief Maria von Mágdala schnell zu Simon Petrus und dem anderen Jünger, den Jesus liebte, und sagte zu ihnen: Sie haben den Herrn aus dem Grab weggenommen und wir wissen nicht, wohin sie ihn gelegt haben.

Da gingen Petrus und der andere Jünger hinaus und kamen zum Grab; sie liefen beide zusammen, aber weil der andere Jünger schneller war als Petrus, kam er als Erster ans Grab. Er beugte sich vor und sah die Leinenbinden liegen, ging jedoch nicht hinein.

Da kam auch Simon Petrus, der ihm gefolgt war, und ging in das Grab hinein. Er sah die Leinenbinden liegen und das Schweißtuch, das auf dem Haupt Jesu gelegen hatte; es lag aber nicht bei den Leinenbinden, sondern zusammengebunden daneben an einer besonderen Stelle.

Da ging auch der andere Jünger, der als Erster an das Grab gekommen war, hinein; er sah und glaubte.

Evangelium unseres Herrn Jesus Christus

IMPULS Am Ostermorgen erreicht sie die Botschaft von Maria von Mágdala: Petrus und der »andere Jünger« sind ihre ersten Adressaten für die überwältigende Botschaft vom leeren Grab. Zunächst fügen Marias Worte dem Schock des Karfreitags und der Leere und dem Schweigen des Karsamstags einen weiteren Schrecken hinzu: Das Grab ist leer, der Leichnam Jesu ist verschwunden. Eine Art Wettlauf zwischen Petrus und Johannes beginnt. Letzterer ist dann zwar als erster am Grab, bleibt aber draußen stehen, während Petrus

sofort die Grabhöhle betritt und sich davon überzeugt, dass der tote Jesus tatsächlich nicht mehr dort ist. Er sieht lediglich die Leinenbinden und das Schweißtuch – Zeugnisse von erlittenem Schmerz und Tod. Als Johannes nach Petrus an diese Stelle tritt, sieht er jedoch nicht Tod und Verlust, sondern »er sah und glaubte« (V.8).
Seine tiefe Herzensbindung an Christus vermochte den Abgrund des Todes und Zweifels zu überbrücken und ein Weg des Glaubens wurde sichtbar.
Es ist ein schöner Gedanke, heute das Kind in der Krippe um eine solche liebevolle und vertraute Beziehung zu bitten. So wie das kleine Kind im Stall von Betlehem heranwächst, möge auch unsere Liebe zu Ihm wachsen.

Fürbitten

Auf die Fürsprache des hl. Apostels Johannes legen wir dem Herrn unsere Bitten ans Herz und beten:

V: Christus, unser Leben. A: Öffne unsere Herzen für deine Liebe.

– Wir denken an alle Regierenden und Mächtigen auf der Welt, die für den Frieden und die Sicherheit der Menschen Verantwortung tragen und beten.

– Wir denken an alle, die in Gemeinden, Kirchen und geistlichen Gemeinschaften Zeugnis für den Glauben ablegen und beten.

– Wir denken an alle, die durch Gewalterfahrungen, Missbrauch und Übergriffe Schaden genommen haben an Leib und Seele und beten.

– Wir denken an alle, die an Leid, Trauer und Tod schwer zu tragen haben und beten.

Herr Jesus Christus, du hast uns das Leben in Fülle versprochen. Auf dein Wort vertrauen wir, heute und in Ewigkeit. Amen.

Gabengebet

Allmächtiger Gott, heilige die Gaben, die wir darbringen, und laß uns im heiligen Mahl das Geheimnis deines ewigen Wortes erfassen, das du dem Evangelisten Johannes in dieser Feier erschlossen hast. Darum bitten wir durch Christus, unseren Herrn.

Präfation

Weihnachten I

In Wahrheit ist es würdig und recht, dir, Herr, heiliger Vater, allmächtiger, ewiger Gott, immer und überall zu danken. Denn Fleisch geworden ist das Wort, und in diesem Geheimnis erstrahlt dem Auge unseres Geistes das neue Licht deiner Herrlichkeit. In der sichtbaren Gestalt des Erlösers läßt du uns den unsichtbaren Gott erkennen, um in uns die Liebe zu entflammen zu dem, was kein Auge geschaut hat. Darum singen wir mit den Engeln und Erzengeln, den Thronen und Mächten und mit all den Scharen des himmlischen Heeres den Hochgesang von deiner göttlichen Herrlichkeit.

Einladung zum Vaterunser

Jesus lädt uns und alle Menschen ein in die Gemeinschaft der Kinder Gottes. Auf sein Wort hin beten wir gemeinsam: Vater unser im Himmel …

Einladung zum Friedensgebet

Frieden kann nur entstehen, wo Vertrauen und Respekt das Denken und Handeln leiten. Um diesen Frieden bitten wir: Herr Jesus Christus …

Kommunionvers

Joh 1,14.16

Das Wort ist Fleisch geworden und hat unter uns gewohnt. Aus seiner Fülle haben wir alle empfangen.

Schlussgebet

Allmächtiger Gott, der heilige Apostel Johannes hat deinen Sohn verkündet als das Wort, das Fleisch geworden ist. Gib, daß

Christus durch diese Feier immer unter uns wohne, damit wir die Fülle deiner Gnade empfangen. Darum bitten wir durch Christus, unseren Herrn.

SCHLUSSSEGEN — Von den Aposteln

Der allmächtige Gott segne euch durch unseren Herrn Jesus Christus, der seine Kirche auf das Fundament der Apostel gegründet hat.
Der heilige Apostel Johannes hat mit Freimut das Evangelium Christi verkündet; Gott stärke euch durch seine Botschaft zum Zeugnis für die Wahrheit.
Das Beispiel der Apostel festige euch im Glauben, ihre Fürsprache geleite euch zur ewigen Heimat.
Das gewähre euch der dreieinige Gott, der Vater und der Sohn † und der Heilige Geist.

Ich will
deinen Herzschlag spüren
dein Wort hören
deine Hände sehen die
teilen
heilen
offen sind und mich
einladen

nach dir zu fragen
dich zu suchen
zu berühren
und sei es nur der Saum deines Gewandes

Angela Boog

UNSCHULDIGE KINDER

Fest

28. Dezember 2024

Die Unschuldigen Kinder erlitten für Christus den Tod.
Nun folgen sie dem Lamm und singen sein Lob.

In der Tat: Kinder sind unschuldig. Sie können Ausmaß und Tragweite ihres Handelns nicht ermessen und sind auf Schutz und Fürsorge angewiesen. In Gottes Reich ist deshalb Kindsein der Inbegriff Seiner Beziehung zu uns: Wir sind Kinder Gottes und Seine Liebe ist unser Schutzraum.
Am Tag der »Unschuldigen Kinder« denken wir besonders an die vielen Kinder überall auf der Welt, deren Schutzraum aktuell bedroht ist. Denen wie damals in Betlehem auf vielfache Weise Gewalt angetan wird.

Kyrie-Rufe

Herr Jesus Christus, du unschuldiges Kind im Stall von Betlehem.
Herr, erbarme dich.
Du bist an der Seite der Schwachen.
Christus, erbarme dich.
Du suchst das Verlorene.
Herr, erbarme dich.

Gloria (siehe Seite 516f.)

Tagesgebet

Vater im Himmel, nicht mit Worten haben die Unschuldigen Kinder dich gepriesen, sie haben dich verherrlicht durch ihr Sterben. Gib uns die Gnade, daß wir in Worten und Taten unseren Glauben an dich bekennen. Darum bitten wir durch Jesus Christus.

ERSTE LESUNG 1 Joh 1,5 - 2,2

Lesung aus dem ersten Johannesbrief.

Schwestern und Brüder! Das ist die Botschaft, die wir von Jesus Christus gehört haben und euch verkünden: Gott ist Licht und keine Finsternis ist in ihm. Wenn wir sagen, dass wir Gemeinschaft mit ihm haben und doch in der Finsternis wandeln, lügen wir und tun nicht die Wahrheit. Wenn wir im Licht wandeln, wie er im Licht ist, haben wir Gemeinschaft miteinander und das Blut seines Sohnes Jesus reinigt uns von aller Sünde.
Wenn wir sagen, dass wir keine Sünde haben, führen wir uns selbst in die Irre und die Wahrheit ist nicht in uns. Wenn wir unsere Sünden bekennen, ist er treu und gerecht; er vergibt uns die Sünden und reinigt uns von allem Unrecht. Wenn wir sagen, dass wir nicht gesündigt haben, machen wir ihn zum Lügner und sein Wort ist nicht in uns.
Meine Kinder, ich schreibe euch dies, damit ihr nicht sündigt. Wenn aber einer sündigt, haben wir einen Beistand beim Vater: Jesus Christus, den Gerechten. Er ist die Sühne für unsere Sünden, aber nicht nur für unsere Sünden, sondern auch für die der ganzen Welt.

Wort des lebendigen Gottes.

IMPULS Licht der Nähe Gottes und Finsternis der Gottferne, mit diesen Gegensätzen wirbt der Verfasser darum, sich nicht in der Frage zu entzweien, ob der Glaube an Christus und die Taufe auch vor zukünftigen Sünden bewahren. Seine Leserschaft war seinerzeit in diesen Fragen tief gespalten und der Verfasser versucht, durch den Sühnetod Jesu sowie das Handeln nach Seinem Beispiel eine Brücke zu bauen zu Gemeinschaft und Einigkeit im Glauben. Sündigen ist weniger als isolierte Tat zum eigenen oder fremden Schaden zu verstehen, sondern als Ausdruck der Abkehr von der Gemeinde, als Trennung und Herausfallen aus der Gemeinschaft mit Gott. Dabei ist dem Verfasser klar, dass die Option, nicht zu sündigen, viel zu banal und nicht tragfähig ist: Dann »führen wir uns selbst in die Irre (…) und sein Wort ist nicht in uns«. Vielmehr sollen wir dazu stehen, dass Sünde Teil unseres Menschseins ist und unsere Sünde bekennen, also beim Namen nennen, was ist! Das ist schwerer als tausend Ausreden und Umwege, hält uns aber in der Gemeinschaft mit Christus. Sünde meint Trennung und Herausfallen aus dieser Gemeinschaft – ein Teufelskreis, den nur Er selber durchbrechen konnte. Sein Vorbild, Seine Solidarität mit uns im Mensch-Werden ist die Brücke über den Abgrund der Sünde.

Antwortpsalm

Ps 124 (123),2–3.4–5.7–8 (Kv: 7a)

Kv Unsre Seele ist wie ein Vogel dem Netz des Jägers entkommen. – Kv

Wäre es nicht der Herr gewesen, der da war für uns, *
als sich gegen uns Menschen erhoben,
dann hätten sie uns lebendig verschlungen, *
als gegen uns ihr Zorn entbrannte. – (Kv)

Dann hätten die Wasser uns weggespült, *
hätte sich über uns ein Wildbach ergossen,
dann hätten sich über uns ergossen *
die wilden und wogenden Wasser. – (Kv)

Unsre Seele ist wie ein Vogel dem Netz des Jägers entkommen; *
das Netz ist zerrissen und wir sind frei.
Unsere Hilfe ist im Namen des Herrn, *
der Himmel und Erde erschaffen hat. – Kv

Ruf vor dem Evangelium

Halleluja. Halleluja.
Dich, Gott, loben wir, dich, Herr, preisen wir.
Dich preist der Märtyrer leuchtendes Heer.
Halleluja.

EVANGELIUM Mt 2,13–18

+ Aus dem heiligen Evangelium nach Matthäus.

Als die Sterndeuter wieder gegangen waren, siehe, da erschien dem Josef im Traum ein Engel des Herrn und sagte: Steh auf, nimm das Kind und seine Mutter und flieh nach Ägypten; dort bleibe, bis ich dir etwas anderes auftrage; denn Herodes wird das Kind suchen, um es zu töten.
Da stand Josef auf und floh in der Nacht mit dem Kind und dessen Mutter nach Ägypten. Dort blieb er bis zum Tod des Herodes. Denn es sollte sich erfüllen, was der Herr durch den Propheten gesagt hat: Aus Ägypten habe ich meinen Sohn gerufen.
Als Herodes merkte, dass ihn die Sterndeuter getäuscht hatten, wurde er sehr zornig und er sandte aus und ließ in Betlehem und der ganzen Umgebung alle Knaben bis zum Alter von zwei Jahren töten, genau der Zeit entsprechend, die er von den Sterndeutern erfahren hatte.
Damals erfüllte sich, was durch den Propheten Jeremía gesagt worden ist:
Ein Geschrei war in Rama zu hören, lautes Weinen und Klagen: Rahel weinte um ihre Kinder und wollte sich nicht trösten lassen, denn sie waren nicht mehr.

Evangelium unseres Herrn Jesus Christus.

IMPULS Die Kinder in Betlehem wissen und verstehen nichts von dem, was mit ihnen geschieht. Ihr Leben wird ausgelöscht, völlig sinnlos und aus reiner Willkür und zum eigenen Machterhalt. Ein grausamer Versuch von Herodes, die eigene Macht zu erhalten um jeden Preis. In diesem unmenschlichen Plan gibt es letztlich nur Opfer, nur Leid. Und es ist leider auch ein aktuelles Abbild der grausamen und brutalen Wirklichkeit unserer Tage – und in diese Lebenswirklichkeit hinein wird Gott Mensch! Auch heute sind Kinder unschuldig, wissen und verstehen nichts von dem, was geschieht und sind doch die ersten Opfer aller Kriege, Krisen und Auseinandersetzungen. Kinder sind per se »unschuldige Kinder«!

Das Leid, das auf diese Weise unschuldigen Kindern angetan wurde und wird ist Sünde – Abkehr und Trennung von Gottes Schöpfungsplan und vom Wort Jesu: »Wenn ihr nicht werdet wie die Kinder, werdet ihr nicht in das Himmelreich kommen.« Damals waren es vor allem die Sterndeuter und Josef, die den Gottessohn vor Herodes beschützten und er blieb verschont – vorerst. Heute muss es die vordringliche Aufgabe aller sein, Kinder zu schützen, immer und überall auf der Welt.

Fürbitten

Herr Jesus Christus, du liebst die Kinder. Wir bitten dich:

V: Christus, Freund der Kinder. A: Wir bitten dich, erhöre uns.

– Für alle Kinder in armen Ländern, die an Hunger und Mangel leiden.

– Für alle Kinder, die durch Gewalt, Krieg und Flucht traumatisiert sind und auf Schutz und Hilfe angewiesen sind.

– Für alle Kinder in unserem Land, die in Armut aufwachsen und nicht genug Zuwendung, Sicherheit und Liebe erfahren.

– Für alle Kinder, die lebensbedrohlich erkrankt sind, und für ihre Familien.

– Für alle Eltern, die ein Kind verloren haben.

Herr Jesus Christus, du bist Mensch geworden als unschuldiges, hilfloses Kind. Dir vertrauen wir die Kinder dieser Welt an. Heute und in Ewigkeit. Amen.

Gabengebet

Herr, unser Gott, nimm diese Gaben an und heilige uns durch die Erlösungstat deines Sohnes, der auch die Unschuldigen Kinder gerechtfertigt und zu seinen Zeugen erwählt hat, der mit dir lebt und herrscht in alle Ewigkeit.

PRÄFATION — Weihnachten II

In Wahrheit ist es würdig und recht, dir, Vater im Himmel, zu danken durch unseren Herrn Jesus Christus. Denn groß ist das Geheimnis seiner Geburt. Er, der unsichtbare Gott, ist heute sichtbar als Mensch erschienen. Vor aller Zeit aus dir geboren, hat er sich den Gesetzen der Zeit unterworfen. In ihm ist alles neu geschaffen. Er heilt die Wunden der ganzen Schöpfung, richtet auf, was darniederliegt, und ruft den verlorenen Menschen ins Reich deines Friedens. Darum rühmen dich Himmel und Erde, Engel und Menschen und singen das Lob deiner Herrlichkeit.

EINLADUNG ZUM VATERUNSER

Gott ist uns Vater und Mutter. Wir vertrauen uns mit Christus seiner große Liebe an und beten: Vater unser im Himmel …

EINLADUNG ZUM FRIEDENSGEBET

Wenn wir in Christus miteinander verbunden sind in Glaube, Hoffnung und Liebe, kann Frieden wachsen. Um diesen Frieden beten wir: Herr Jesus Christus …

KOMMUNIONVERS — Offb 14,4

Sie sind es, die aus den Menschen losgekauft wurden als Weihegabe für Gott und das Lamm.
Sie folgen dem Lamm, wohin immer es geht.

SCHLUSSGEBET

Herr, unser Gott, du hast den Unschuldigen Kindern die Krone der Märtyrer geschenkt, obwohl sie noch nicht fähig waren, deinen Sohn mit dem Munde zu bekennen. Christus, für den sie gestorben sind, schenke auch uns im Sakrament die Fülle des Heiles. Er, der mit dir lebt und herrscht in alle Ewigkeit.

Schlusssegen

An Weihnachten

Der barmherzige Gott hat durch die Geburt seines Sohnes die Finsternis vertrieben und diese Tage erleuchtet mit dem Glanz seines Lichtes; er mache eure Herzen hell mit dem Licht seiner Gnade.

Den Hirten ließ er durch den Engel die große Freude verkünden; mit dieser Freude erfülle er euer ganzes Leben.

In Christus hat Gott Himmel und Erde verbunden; durch ihn schenke er allen Menschen guten Willens seinen Frieden, durch ihn vereine er euch mit der Kirche des Himmels.

Das gewähre euch der dreieinige Gott, der Vater und der Sohn ☩ und der Heilige Geist.

Kinder leben
immer jetzt
kein gestern kein morgen

Nicht: was wird sein?
sondern: Warum?

Warum bin ich da?
Warum wird es hell, dunkel, warm, kalt?

Warum bist du da?

Weil du geliebt wirst
immer
jetzt

Angela Boog

FEST DER HEILIGEN FAMILIE
29. Dezember 2024

Die Hirten eilten hin und fanden Maria und Josef und das Kind, das in einer Krippe lag.
Lk 2,16

Ein eigener Festtag innerhalb der Weihnachtsfeiertage stellt die Familie in den Mittelpunkt. Familie als Bindungs- und Beziehungsgeflecht, in das jeder Mensch hineingeboren wird, ohne Garantie auf harmonische und konfliktfreie Bindungen, aber von Gott her gedacht als Sinn- und Abbild vorbehaltloser Liebe und Zugewandtheit. In den Lesungstexten werden so auch verschiedene Dimensionen familiärer Bindung beleuchtet mit dem Fokus auf dem »Immanuel«, Gott mit uns, der als Mensch in eine Familie hinein geboren wird. Nicht losgelöst, sondern eingebunden in dieses zerbrechliche Gefüge aus Liebe, Respekt, Verantwortung, Gemeinschaft und Individualität. Jesus begegnet uns als Familienmensch und lässt uns damit auch unsere familiären Bindungen in den Blick nehmen.

Kyrie-Rufe

Herr Jesus Christus, menschgewordener Gott mit uns.
Kyrie eleison.
Menschenkind und Gottessohn.
Christe eleison
Damit durch dich alle Menschen Gotteskinder werden.
Kyrie eleison

Gloria (siehe Seite 516f.)

Tagesgebet

Herr, unser Gott, in der Heiligen Familie hast du uns ein leuchtendes Vorbild geschenkt. Gib unseren Familien die Gnade, daß auch sie in Frömmigkeit und Eintracht leben und einander in der Liebe verbunden bleiben. Führe uns alle zur ewigen Gemeinschaft in deinem Vaterhaus. Darum bitten wir durch Jesus Christus.

Es können auch die Lesungen (mit Antwortpsalm und Ruf vor dem Evangelium) vom Lesejahr A genommen werden.

Erste Lesung 1 Sam 1,20–22.24–28

Lesung aus dem ersten Buch Samuel.

Hanna, die Frau Elkanas, wurde um die Jahreswende schwanger. Sie gebar einen Sohn und nannte ihn Samuel, denn sie sagte: Ich habe ihn vom Herrn erbeten.
Als dann Elkana mit seiner ganzen Familie wieder hinaufzog, um dem Herrn das jährliche Opfer und die Gaben, die er gelobt hatte, darzubringen, zog Hanna nicht mit, sondern sagte zu ihrem Mann: Ich werde den Knaben erst, wenn er entwöhnt ist, hinaufbringen; dann soll er vor dem Angesicht des Herrn erscheinen und für immer dort bleiben.
Als sie ihn entwöhnt hatte, nahm sie ihn mit hinauf, dazu einen dreijährigen Stier, ein Efa Mehl und einen Schlauch Wein. So brachte sie ihn zum Haus des Herrn in Schilo; der Knabe aber war damals noch sehr jung.
Als sie den Stier geschlachtet hatten, brachten sie den Knaben zu Eli und Hanna sagte: Bitte, mein Herr, so wahr du lebst, mein Herr, ich bin die Frau, die damals neben dir stand, um zum Herrn zu beten.
Ich habe um diesen Knaben gebetet und der Herr hat mir die Bitte erfüllt, die ich an ihn gerichtet habe.
Darum lasse ich ihn auch vom Herrn zurückfordern. Er soll für sein ganzes Leben ein vom Herrn Zurückgeforderter sein.
Und sie beteten dort den Herrn an.

Wort des lebendigen Gottes.

IMPULS Hanna handelt. Sie ist nicht ohnmächtig. Ihrer Schwangerschaft ist eine schwere Zeit vorausgegangen. Zwar innig geliebt von Elkana, wurde sie doch von dessen Zweitfrau Pennina

schmerzlich gedemütigt, weil Hanna keine Kinder bekam. Auch wenn Elkana alles tat, um die Konkurrenz zwischen den Frauen und Hannas Kummer durch umso größere Liebe und Zuwendung auszugleichen, setzten Hanna die Kränkungen so zu, dass sie nicht mehr aß und buchstäblich immer weniger wurde.
Aber Hanna verharrt nicht im Kummer, sie handelt: Sie bleibt JHWH treu, vertraut ihm im Gebet im Tempel ihr Leid an und gelobt, JHWH dieses Kind zu weihen, sollte sie doch noch schwanger werden. Der Priester Eli wird ihr »Verbündeter« und gibt ihr den Segen. Sie wird tatsächlich schwanger und mit Sicherheit liebt Hanna ihren Sohn Samuel, »vom HERRN erbeten«, aus tiefstem Herzen. Was mag es sie gekostet haben, ihr Gelübde zu erfüllen und den kleinen Jungen dem Tempelpriester zu überlassen? Samuel, vom HERRN erbeten, ist zugleich ein von JHWH »zurückgeforderter«. Ist ER deshalb ein unbarmherziger Gott, der Unmenschliches fordert? Nicht für Hanna – für sie ist ER wohl eher ein Verbündeter, dem sie ihr Liebstes anvertraut. Sie lässt die Trennung von ihrem Kind zu, weil für sie der »vom HERRN zurückgeforderte« zugleich von Ihm gesegnet und geschützt ist. Dieses Vertrauen macht sie stark und handlungsfähig.

ANTWORTPSALM

Ps 84 (83),2–3.5–6.9–10 (Vgl: vgl. 5)

Kv Selig, die in deinem Hause wohnen,
Herr, die dich loben allezeit. – Kv

Wie liebenswert ist deine Wohnung,
du HERR der Heerscharen! /
Meine Seele verzehrt sich in Sehnsucht *
nach den Höfen des HERRN.
Mein Herz und mein Fleisch, *
sie jubeln dem lebendigen Gott entgegen. – Kv

Selig, die wohnen in deinem Haus, *
die dich allezeit loben.
Selig die Menschen, die Kraft finden in dir, *
die Pilgerwege im Herzen haben. – Kv

HERR, Gott der Heerscharen, höre mein Bittgebet, *
vernimm es, Gott Jakobs!
Gott, sieh her auf unsern Schild, *
schau auf das Angesicht deines Gesalbten! – Kv

ZWEITE LESUNG 1 Joh 3,1–2.21–24

Lesung aus dem ersten Johannesbrief.

Schwestern und Brüder! Seht, welche Liebe uns der Vater geschenkt hat: Wir heißen Kinder Gottes und wir sind es.
Deshalb erkennt die Welt uns nicht, weil sie ihn nicht erkannt hat.
Geliebte, jetzt sind wir Kinder Gottes. Doch ist noch nicht offenbar geworden, was wir sein werden. Wir wissen, dass wir ihm ähnlich sein werden, wenn er offenbar wird; denn wir werden ihn sehen, wie er ist.
Geliebte, wenn das Herz uns aber nicht verurteilt, haben wir gegenüber Gott Zuversicht; und alles, was wir erbitten, empfangen wir von ihm, weil wir seine Gebote halten und tun, was ihm gefällt.
Und das ist sein Gebot: Wir sollen an den Namen seines Sohnes Jesus Christus glauben und einander lieben gemäß dem Gebot, das er uns gegeben hat.
Wer seine Gebote hält, bleibt in Gott und Gott in ihm. Und daran erkennen wir, dass er in uns bleibt: an dem Geist, den er uns gegeben hat.

Wort des lebendigen Gottes.

IMPULS Was sagen diese Worte über Familienleben aus, die engste Form des Zusammenlebens? In der Taufe, so der Verfasser, wurden wir neu geschaffen als Kinder Gottes und damit auf der Beziehungsebene Christus gleichgestellt. Diese einzigartige Bindung soll sich widerspiegeln in unserem Handeln, in unserem Füreinander Einstehen, in unseren konkreten Beziehungen. Wir werden Ihm ähnlich werden, Ihn sehen, wie Er ist (vgl. V. 2), das ist die Verheißung!

Als »Kinder Gottes« sind wir Familie. Ist das zu leichtfertig dahergesagt? Wenn wir unsere realen Familien mit all den damit verbundenen Konflikten, Themen und Leerstellen vergleichen sowie die vielfach strengen moralischen Fragen, wer und wie Familie sein kann und darf, anschauen, wird die Herausforderung deutlich: »Einander (zu) lieben« (V. 23). Unsere Beziehungen sind daraufhin zu prüfen, ob sie dem Leben dienen. Ob sie Liebe und Vertrauen groß werden lassen. Ob wir Angst, Misstrauen, Entzweiung (Sünde) voneinander fernzuhalten versuchen.
Trauen wir Gott zu, als »Seine Kinder«, als Seine Familie großzügiger, furchtloser, liebevoller zu werden – IHM ähnlich? Das wäre ein Anfang!

Ruf vor dem Evangelium — Vgl. Apg 16,14b

Halleluja. Halleluja.
Herr, öffne uns das Herz,
dass wir auf die Worte deines Sohnes hören.
Halleluja.

Evangelium — Lk 2,41–52

+ Aus dem heiligen Evangelium nach Lukas.

Die Eltern Jesu gingen jedes Jahr zum Paschafest nach Jerusalem.
Als er zwölf Jahre alt geworden war, zogen sie wieder hinauf, wie es dem Festbrauch entsprach.
Nachdem die Festtage zu Ende waren, machten sie sich auf den Heimweg. Der Knabe Jesus aber blieb in Jerusalem, ohne dass seine Eltern es merkten.
Sie meinten, er sei in der Pilgergruppe, und reisten eine Tagesstrecke weit; dann suchten sie ihn bei den Verwandten und Bekannten.
Als sie ihn nicht fanden, kehrten sie nach Jerusalem zurück und suchten nach ihm.
Da geschah es, nach drei Tagen fanden sie ihn im Tempel; er saß mitten unter den Lehrern, hörte ihnen zu und stellte Fragen.

Alle, die ihn hörten, waren erstaunt über sein Verständnis und über seine Antworten.
Als seine Eltern ihn sahen, waren sie voll Staunen und seine Mutter sagte zu ihm: Kind, warum hast du uns das angetan? Siehe, dein Vater und ich haben dich mit Schmerzen gesucht.
Da sagte er zu ihnen: Warum habt ihr mich gesucht? Wusstet ihr nicht, dass ich in dem sein muss, was meinem Vater gehört?
Doch sie verstanden das Wort nicht, das er zu ihnen gesagt hatte.
Dann kehrte er mit ihnen nach Nazaret zurück und war ihnen gehorsam. Seine Mutter bewahrte all die Worte in ihrem Herzen.
Jesus aber wuchs heran und seine Weisheit nahm zu und er fand Gefallen bei Gott und den Menschen.

Evangelium unseres Herrn Jesus Christus.

IMPULS Wenn Gott in Jesus Christus wahrhaft Mensch wurde, gehört das wohl dazu: Jesus als pubertierender Jugendlicher in der Findungsphase, der seinen Eltern in puncto (vermeintlicher) Selbständigkeit einiges zumutet. Einen ganzen Tag hatte es gedauert, bis Maria und Josef klargeworden war, dass Jesus sich eben nicht irgendwo innerhalb der Großfamilie (Pilgergruppe) befand. Zwei weitere Tage vergingen, bis die beiden wieder zurück in Jerusalem waren und den Sohn endlich fanden. Wer Kinder hat, wird sich ausgesprochen lebhaft vorstellen können, dass die Eltern diese Aktion des zwölfjährigen Jesus kein bisschen witzig fanden: »Schmerzen« (V. 48) hat er ihnen bereitet und Maria fragt: »Warum hast du uns das angetan?« Tatsächlich werden sie außer sich gewesen sein vor Sorge und wahrscheinlich auch wirklich wütend.
Aber ihre anschließende Reaktion ist bemerkenswert: Weitere Vorwürfe halten sich in Grenzen, vielmehr fragen sie nach dem Warum: Was hat dich bewegt? Wer bist du? Sie versuchen ihren Sohn zu verstehen und Jesus antwortet auf der gleichen Beziehungsebene: Wisst ihr denn nicht…? Ihr seid doch meine Eltern, wir stehen uns doch so nahe, dass euch klar sein muss, warum ich

so gehandelt habe. Gegenseitige Liebe und Vertrauen werden nicht in Frage gestellt – Beides vereinigt Jesus hier zu Seiner Familie: die Geborgenheit und Sicherheit, die ihm seine irdischen Eltern schenken und Seine göttliche Verbundenheit, Seine Heimat in JHWH im »Haus meines Vaters«: So findet er beides, Wurzeln und Flügel.

CREDO (siehe Seite 520ff.) [am Sonntag]

FÜRBITTEN

Herr Jesus Christus, du bist in der Geborgenheit einer Familie aufgewachsen.

Wir bitten dich:

- Für alle Eltern, die mit der Erziehung ihrer Kinder überfordert sind und sich Sorgen um ihr Wohlergehen machen.

Christus, höre uns.

- Für alle Familien, in denen Krankheit, Konflikte und Schicksalsschläge das Zusammenleben belasten.

- Für alle Kinder, die nicht in Liebe und Geborgenheit aufwachsen und denen es am Nötigsten fehlt.

- Für alle Familien, die durch Krieg, Flucht und Vertreibung voneinander getrennt wurden.

- Für alle, die auf ein Wiedersehen mit ihren Lieben in deinem Reich hoffen.

Du hörst unsere Bitten und bleibst an unserer Seite. Dafür danken wir dir. Wir sind mit dir verbunden durch die Liebe des Vaters im Heiligen Geist. Heute und in Ewigkeit. Amen.

GABENGEBET

Herr, unser Gott, am Fest der Heiligen Familie bringen wir das Opfer der Versöhnung dar. Höre auf die Fürsprache der jungfräulichen Gottesmutter und des heiligen Josef. Erhalte unsere

Familien in deiner Gnade und in deinem Frieden. Darum bitten wir durch Christus, unseren Herrn.

Präfation — Weihnachten II

In Wahrheit ist es würdig und recht, dir, Vater im Himmel, zu danken durch unseren Herrn Jesus Christus. Denn groß ist das Geheimnis seiner Geburt. Er, der unsichtbare Gott, ist heute sichtbar als Mensch erschienen. Vor aller Zeit aus dir geboren, hat er sich den Gesetzen der Zeit unterworfen. In ihm ist alles neu geschaffen. Er heilt die Wunden der ganzen Schöpfung, richtet auf, was darniederliegt, und ruft den verlorenen Menschen ins Reich deines Friedens. Darum rühmen dich Himmel und Erde, Engel und Menschen und singen das Lob deiner Herrlichkeit.

Einladung zum Vaterunser

Wir heißen Kinder Gottes und wir sind es. Deshalb beten wir mit Jesus zum Vater: Vater unser im Himmel …

Einladung zum Friedensgebet

Frieden kann nur dort wachsen, wo Vertrauen und Respekt zu Hause sind. Um diesen Frieden im Namen Jesu bitten wir: Herr Jesus Christus …

Kommunionvers — Bar 3,38

Unser Gott ist auf der Erde erschienen als Mensch unter den Menschen.

Schlussgebet

Gott, unser Vater, du hast uns mit dem Brot des Himmels gestärkt. Bleibe bei uns mit deiner Gnade, damit wir das Vorbild der Heiligen Familie nachahmen und nach der Mühsal dieses Lebens in ihrer Gemeinschaft das Erbe erlangen, das du deinen Kindern bereitet hast. Darum bitten wir durch Christus, unseren Herrn.

Schlusssegen
An Weihnachten

Der barmherzige Gott hat durch die Geburt seines Sohnes die Finsternis vertrieben und diesen Tag erleuchtet mit dem Glanz seines Lichtes; er mache eure Herzen hell mit dem Licht seiner Gnade.
Den Hirten ließ er durch den Engel die große Freude verkünden; mit dieser Freude erfülle er euer ganzes Leben.
In Christus hat Gott Himmel und Erde verbunden; durch ihn schenke er allen Menschen guten Willens seinen Frieden, durch ihn vereine er euch mit der Kirche des Himmels.
Das gewähre euch der dreieinige Gott, der Vater und der Sohn ✝ und der Heilige Geist.

Nach Hause kommen

An dieser Tür bin ich
nicht Bittsteller
nicht Gast

was mir fehlt
was ich suche
brauche und vermisst habe
ist da

weil DU da bist

Angela Boog

OKTAVTAG VON WEIHNACHTEN – NEUJAHR
HOCHFEST DER GOTTESMUTTER MARIA
1. Januar 2025

Gruß dir, heilige Mutter, du hast den König geboren,
der in Ewigkeit herrscht über Himmel und Erde.
Sedulius

Oder:

Ein Licht strahlt heute über uns auf,
denn geboren ist uns der Herr.
Und man nennt ihn: Starker Gott, Friedensfürst,
Vater der kommenden Welt.
Seine Herrschaft wird kein Ende haben.

Vgl. Jes 9,1.5; Lk 1,33

Der erste Tag eines neuen Jahres lässt uns aufs Neue in einen Spiegel schauen: Wie gehe ich heute los, unabhängig von Müdigkeit nach einer durchfeierten Silvesternacht oder wie auch immer wir den Jahreswechsel erlebt haben, mit welcher Haltung und Erwartung beginne ich? Hoffnungsfroh oder mit Sorgen belastet? Voller Vorfreude oder mit Angst – Was ist das Grundgefühl? Was erwarten wir, was erwartet uns in diesem Jahr? Gesundheit und Frieden sind wahrscheinlich die am häufigsten ausgesprochenen Neujahrswünsche; beides liegt aber nur bedingt in unserer Macht, macht uns bewusst, wie zerbrechlich und gefährdet – und wie kostbar – dieses Leben ist. Gesundheit und Frieden – beides können wir nicht einfach »machen«. Seit 1968 begeht die Kirche den heutigen ersten Tag des Jahres als Weltfriedenstag und stellt diesen Tag zugleich unter den besonderen Schutz der Gottesmutter Maria. Geduld, Vertrauen und die Frage: Wo werde ich gebraucht? – Das zeichnet Maria aus, unter diesen Vorzeichen konnte sie in ihre Aufgabe hineinwachsen: Mutter Gottes zu werden. Es sind gute Vorzeichen, in ihrem Sinne dieses neue Jahr zu beginnen und der Mutter Gottes als erstes unsere Sorgen um Frieden und Sicherheit aller Menschen auf dieser Erde anzuvertrauen.

Kyrie-Rufe

Jesus Christus, geboren von der Jungfrau Maria.
Kyrie, eleison.
Du bist der Messias, der Gesalbte Gottes.
Christe, eleison.
Dein Name ist Imanuel.
Gott mit uns.
Christe, eleison.

Gloria (siehe Seite 516f.)

Tagesgebet

Barmherziger Gott, durch die Geburt deines Sohnes aus der Jungfrau Maria hast du der Menschheit das ewige Heil geschenkt. Laß uns auch im neuen Jahr immer und überall die Fürbitte der gnadenvollen Mutter erfahren, die uns den Urheber des Lebens geboren hat, Jesus Christus, deinen Sohn, unseren Herrn und Gott, der in der Einheit des Heiligen Geistes mit dir lebt und herrscht in alle Ewigkeit.

Erste Lesung — Num 6,22–27

Lesung aus dem Buch Númeri.

Der Herr sprach zu Mose: Sag zu Aaron und seinen Söhnen: So sollt ihr die Israeliten segnen; sprecht zu ihnen:
Der Herr segne dich und behüte dich. Der Herr lasse sein Angesicht über dich leuchten und sei dir gnädig. Der Herr wende sein Angesicht dir zu und schenke dir Frieden.
So sollen sie meinen Namen auf die Israeliten legen und ich werde sie segnen.

Wort des lebendigen Gottes.

IMPULS Segen – bene dicere: Gutes zusprechen. Das Gute, alles Gute, so Gottes Weisung an Mose und Aaron, schenkt ER selber. Zwei kleine Rollen aus Silberblech aus dem 5. oder 6. Jahrhundert v. Chr. mit eingestanzten Worten aus dem aaronitischen Segen, die man 1986 westlich von Jerusalem fand, sind Beleg dafür, dass diese Segensworte durch die Jahrhunderte liturgisch verwendet wurden. Bis heute haben diese Worte ihren festen Platz in der Liturgie, vor allem in den protestantischen Gemeinden. In der Tradition Martin Luthers werden die Menschen am Schluss jedes Gottesdienstes mit diesen Worten in den Alltag entlassen, weil Gott mitgeht und Seinen Platz mitten unter den Menschen gewählt hat. Dieser Segen soll mit ausgebreiteten Händen gesprochen werden: Alle Welt findet Platz im Angesicht Gottes, Seine Zuwendung, Seine Nähe und Sein Handeln soll wirkmächtig, sichtbar und erfahrbar sein. Ohne eine geforderte Gegenleistung und ohne unser Zutun schenkt Gott durch Seine Gegenwart Schutz und Lebenskraft: Schutz vor Gefahren und Bedrohungen des Lebens in der Kraft, das von Ihm geschenkte Leben verantwortlich zu pflegen und zu schützen – das ist Gottes Schöpfungsauftrag an die Menschen von Anbeginn an. Seinen Zuspruch dazu erneuert Er immer wieder im Versprechen Seiner Gegenwart. Darin können wir die Kraft zum Handeln und zur Veränderung finden – damit unsere Welt ein friedlicher Ort werden kann. Lassen wir uns auch heute, am ersten Tag des Jahres, die heilende und heilsame Gegenwart Gottes zusprechen.

ANTWORTPSALM Ps 67 (66),2–3.5–6.7–8 (Kv: 2a)

Kv Gott sei uns gnädig und segne uns. – Kv

Gott sei uns gnädig und segne uns. *
Er lasse sein Angesicht über uns leuchten,
damit man auf Erden deinen Weg erkenne, *
deine Rettung unter allen Völkern. – (Kv)

Die Nationen sollen sich freuen und jubeln, /
denn du richtest die Völker nach Recht *

und leitest die Nationen auf Erden.
Die Völker sollen dir danken, o Gott, *
danken sollen dir die Völker alle. – (Kv)

Die Erde gab ihren Ertrag. *
Gott, unser Gott, er segne uns!
Es segne uns Gott! *
Fürchten sollen ihn alle Enden der Erde. – Kv

Zweite Lesung Gal 4,4–7

Lesung aus dem Brief des Apostels Paulus an die Gemeinden in Galátien.

Schwestern und Brüder! Als die Zeit erfüllt war, sandte Gott seinen Sohn, geboren von einer Frau und dem Gesetz unterstellt, damit er die freikaufe, die unter dem Gesetz stehen, und damit wir die Sohnschaft erlangen.
Weil ihr aber Söhne seid, sandte Gott den Geist seines Sohnes in unsere Herzen, den Geist, der ruft: Abba, Vater.
Daher bist du nicht mehr Sklave, sondern Sohn; bist du aber Sohn, dann auch Erbe, Erbe durch Gott.

Wort des lebendigen Gottes.

IMPULS Paulus kann unserer Gegenwart, die sich zunehmend mit religiös motivierten Konflikten und Kriegen konfrontiert sieht, einen wichtigen Impuls geben. Statt Gemeinschaft im Glauben nur entlang enger religiöser Grenzziehungen und innerhalb strenger Regeln zu denken, will der »Völkerapostel« den Blick und das Herz weiten für die Freiheit, die Inbegriff der Liebe Gottes ist und die in Jesus Christus Mensch wurde. In Christus begegnet uns Gott und macht uns, die wir doch bereits Geschöpfe Gottes sind, neu: Zu neuen Menschen, weil wir durch Christus – Ihm gleichgestellt – zu Kindern Gottes werden. Wir bleiben fehlbar, unvollkommen, sündig – aber wir gehen nicht verloren. Wir fallen, aber wir werden gehalten. Jede und jeder, jedes Menschenleben ist bedeutsam, weil es von Gott geliebt ist. Das ist die Grundannahme und darin

liegt die große Freiheit der Kinder Gottes. Wir müss(t)en uns nicht selbst mit Macht ausrüsten und unser verwundbares Selbst schützen auf Kosten anderer. Wir müss(t)en keine Angst haben. In dieser Freiheit liegt zugleich die Verpflichtung, diese Würde für jeden Menschen zu achten und zu schützen.
Die Realität unserer Tage sieht vielfach anders aus und Not, Kriege und das gewaltsame Ringen um Macht sprechen eine traurige und bedrohliche Sprache. Aber wir bleiben was wir sind: Kinder Gottes und von Ihm gehalten und geliebt. Auch wenn unser Glaube versagt, wird Gott Sein Versprechen in Christus doch halten. Er bleibt der Imanuel: Gott mit uns.

Ruf vor dem Evangelium — Vgl. Hebr 1,1–2

Halleluja. Halleluja.
Einst hat Gott zu den Vätern gesprochen durch die Propheten;
heute aber hat er zu uns gesprochen durch den Sohn.
Halleluja.

Evangelium — Lk 2,16–21

+ Aus dem heiligen Evangelium nach Lukas.

In jener Zeit eilten die Hirten nach Betlehem und fanden Maria und Josef und das Kind, das in der Krippe lag. Als sie es sahen, erzählten sie von dem Wort, das ihnen über dieses Kind gesagt worden war. Und alle, die es hörten, staunten über das, was ihnen von den Hirten erzählt wurde.
Maria aber bewahrte alle diese Worte und erwog sie in ihrem Herzen.
Die Hirten kehrten zurück, rühmten Gott und priesen ihn für alles, was sie gehört und gesehen hatten, so wie es ihnen gesagt worden war.
Als acht Tage vorüber waren und das Kind beschnitten werden sollte, gab man ihm den Namen Jesus, den der Engel genannt hatte, bevor das Kind im Mutterleib empfangen war.

Evangelium unseres Herrn Jesus Christus.

IMPULS Aus der traditionellen Marienfrömmigkeit kennen viele das barocke Gemälde der »Maria Knotenlöserin«, um 1700 von Johann Georg Melchior Schmidtner gemalt. Unabhängig von individuellem Kunstgeschmack und Frömmigkeitsformen kann ich der Vorstellung einer »Knotenlöserin« viel abgewinnen und stelle mir Maria gerne als eine solche Frau vor, die mit Geduld und Gelassenheit Lebensfäden entwirrt, Knoten löst und aufdröselt und aufgeraute Fäden glättet und sortiert. Eltern und alle, die kleine Kinder betreuen, denken jetzt vielleicht an unzählige verknotete Schuhriemen, die nur mit Geduld und Ruhe zu lösen waren. Auch im übertragenen Sinn kennen wir alle im Alltag solche Knoten, unser privates Leben und das Weltgeschehen sind voll davon. Für Marias Leben passt das Bild ebenfalls: Beginnend mit der Botschaft des Engels war Maria zeitlebens mit einem gewaltigen Wirrwarr an Ereignissen, schmerzhaften und ihr die Lebensluft abschnürenden Erfahrungen konfrontiert. Mutter Gottes sein – darauf kommt kein Mensch aus eigenem Antrieb und aus eigener Kraft. Im Evangelium wird erzählt, wie die Hirten von all dem berichten, »was ihnen über dieses Kind gesagt worden war«. Maria mag da einmal mehr bewusst geworden sein, dass sie tatsächlich »Begnadete« ist. Das ist vielleicht die einzige Sicherheit, die sie hat. Und vielleicht denkt sie in diesem Moment zurück an die Begegnung mit dem Engel. Als »Begnadete« hatte der Bote Gottes sie angesprochen (Lk1,28). Beschenkt mit Gottes besonderer Zuwendung nimmt sie seinen Auftrag an und vertraut darauf, dass Gott für sie sorgen wird. Denn für das Leben, dass ER Maria anvertraut, braucht sie Geduld, Gelassenheit und Vertrauen: Damit alle verknoteten Lebens- und Beziehungsfäden nicht gewaltsam durchtrennt, sondern von ihr liebevoll entwirrt werden.

CREDO (siehe Seite 520ff.)

FÜRBITTEN

Lebendiger Gott,

du hast das Leben deines Sohnes in Menschenhände gelegt und Maria zur Gottesmutter erwählt. Auf ihre Fürsprache beten wir:

V: Lebendiger Gott. A: Lass dein Licht leuchten.

– Beschütze alle Kinder, die in diesem Jahr geboren werden.

– Schenke allen Eltern Gelassenheit und Geduld bei der Erziehung ihrer Kinder.

– Stärke alle Kinder und Jugendlichen in der Zuversicht, dass sie geliebt und willkommen sind.

– Sei allen nahe, die sich in unheilvolle Beziehungen und Konflikte verstrickt haben.

– Bleibe mit deiner Liebe allen nahe, mit denen wir über den Tod hinaus verbunden sind.

Lebendiger Gott, du begleitest uns auf allen Wegen und gehst jeden Schritt in diesem neuen Jahr mit uns. Dafür danken wir dir und preisen dich durch Jesus Christus, deinen Sohn in Zeit und Ewigkeit. Amen.

GABENGEBET

Barmherziger Gott, von dir kommt alles Gute, und du führst es zum Ziel. Wir danken dir für den Anfang des Heiles, das du uns in der Geburt deines Sohnes aus der Jungfrau Maria eröffnet hast. Höre auf ihre Fürsprache und führe uns in diesem Jahr näher zu dir. Darum bitten wir durch Christus, unseren Herrn.

PRÄFATION

Von der seligen Jungfrau Maria I

In Wahrheit ist es würdig und recht, dir, Herr, heiliger Vater, immer und überall zu danken, weil du Großes getan hast an der seligen Jungfrau Maria. Vom Heiligen Geist überschattet, hat sie deinen eingeborenen Sohn empfangen und im Glanz unversehrter Jungfräulichkeit der Welt das ewige Licht geboren, unseren Herrn Jesus Christus. Durch ihn loben die Engel deine Herrlichkeit, beten dich an die Mächte, erbeben die Gewalten. Die Himmel und die himmlischen Kräfte und die seligen Serafim feiern dich jubelnd im Chore. Mit ihrem Lobgesang laß auch unsere Stimmen sich vereinen und voll Ehrfurcht rufen.

Einladung zum Vaterunser

Maria war inmitten der Apostel, als sie auf die Sendung des Heiligen Geistes warteten. In diesem Geist dürfen wir gemeinsam beten: Vater unser im Himmel …

Einladung zum Friedensgebet

Frieden kann nur wachsen, wo wir einander vertrauen und zur Versöhnung bereit sind. Im Vertrauen auf die Fürsprache der Gottesmutter bitten wir um diesen Frieden: Herr Jesus Christus …

Kommunionvers Hebr 13,8

Jesus Christus ist derselbe gestern und heute und in Ewigkeit.

Schlussgebet

Herr, unser Gott, am Fest der seligen Jungfrau Maria, die wir als Mutter deines Sohnes und Mutter der Kirche bekennen, haben wir voll Freude das heilige Sakrament empfangen. Laß es uns eine Hilfe sein, die uns zum ewigen Leben führt. Darum bitten wir durch Christus, unseren Herrn.

Schlusssegen An Neujahr

Gott, unser Vater, der Quell und Ursprung alles Guten, gewähre euch seinen Segen und erhalte euch im neuen Jahr unversehrt an Leib und Seele.
Er bewahre euch im rechten Glauben, in unerschütterlicher Hoffnung und in der Geduld unbeirrbarer Liebe.

Eure Tage ordne er in seinem Frieden, eure Bitten erhöre er heute und immerdar; am Ende eurer Jahre schenke er euch das ewige Leben.
Das gewähre euch der dreieinige Gott, der Vater und der Sohn † und der Heilige Geist.

Du Begnadete

so nennt dich sein Bote
so findet Gott
Wohnung in dir

vertraut sich dir an
sein Selbst
sein DU

und weiß um die Last
und um die Kraft
die wächst
in dir

weil du
Sein DU
in dir trägst

Du Begnadete

Angela Boog

ZWEITER SONNTAG NACH WEIHNACHTEN

5. Januar 2025

Als tiefes Schweigen das All umfing
und die Nacht bis zur Mitte gelangt war,
da stieg dein allmächtiges Wort, o Herr,
vom Himmel herab, vom königlichen Thron.
Weish 18,14-15

Am 2. Sonntag nach Weihnachten bekommt die Weihnachtsfreude durch die Lesungstexte eine zusätzliche Dimension. Vom Erzählen der Geschehnisse rund um die Heilige Nacht wird ein großer Bogen geschlagen zum machtvollen Wort Gottes, das die Welt einst ins Sein rief. Der menschgewordene Gott als Kind in der Krippe führt uns in ein staunendes, betendes Schweigen angesichts dieser unaussprechlichen Kraft und Schöpfungsmacht Gottes, auf dessen Wort hin alles wurde, der selber Mensch wurde, um auch unsere Ohnmacht und Sprachlosigkeit zu teilen.

Kyrie-Rufe

Herr Jesus Christus, Gottes menschgewordenes Wort.
Kyrie, eleison.
Du Wort der Versöhnung und des Friedens.
Christe, eleison.
Du Wort ewigen Lebens.
Kyrie, eleison.

Gloria (siehe Seite 516f.)

Tagesgebet

Allmächtiger, ewiger Gott, du erleuchtest alle, die an dich glauben. Offenbare dich den Völkern der Erde, damit alle Menschen das Licht deiner Herrlichkeit schauen. Darum bitten wir durch Jesus Christus.

ERSTE LESUNG Sir 24,1–2.8–12 (1–4.12–16)

Lesung aus dem Buch Jesus Sirach.

Die Weisheit lobt sich selbst und inmitten ihres Volkes rühmt sie sich. In der Versammlung des Höchsten öffnet sie ihren Mund und in Gegenwart seiner Macht rühmt sie sich:
Der Schöpfer des Alls gebot mir, der mich schuf, ließ mein Zelt einen Ruheplatz finden. Er sagte: In Jakob schlag dein Zelt auf und in Israel sei dein Erbteil!
Vor der Ewigkeit, von Anfang an, hat er mich erschaffen und bis in Ewigkeit vergehe ich nicht. Im heiligen Zelt diente ich vor ihm, so wurde ich auf dem Zion fest eingesetzt.
In der Stadt, die er ebenso geliebt hat, ließ er mich Ruhe finden, in Jerusalem ist mein Machtbereich, ich schlug Wurzeln in einem ruhmreichen Volk, im Anteil des Herrn, seines Erbteils.

Wort des lebendigen Gottes.

IMPULS Das Buch Jesus Sirach gilt als umfangreichstes Werk an Weisheitsliteratur seiner Zeit im Alten Orient und entstand im 2. Jahrhundert vor Christus.
In der Ich-Form geschrieben, verkörpert die Weisheit Gott selbst. Die Selbstaussagen Gottes werden dabei eng mit Worten und Themen der Tora verknüpft: Gott wohnt in der Mitte seines Volkes, ist dessen Macht- und Kultzentrum und zugleich findet Er, in Person der Weisheit, im Offenbarungszelt, in den Worten der Tora seinen »Ruheplatz«. Hier kann sich das Volk Israel Seiner Gegenwart vergewissern und erfahren, wie Gott Wort hält. Als der Gott, der Seiner Verheißung treu bleibt und mitgeht, DA ist und Wurzeln schlägt inmitten der Menschen, mit denen Er sich verbunden hat. Diese Zusage ist eingebettet in das Machtwort JHWHs: Ausgehend vom Urbeginn der Schöpfung bis zur Vollendung der Zeiten auf dem Zion ist Er der einzige und treue Gott Seines Volkes Israel. Der Kreis schließt sich, als Gottes Sohn, der Messias, aus dem weltlichen Machtzentrum des Volkes kommt, aus dem Haus und Geschlecht Davids. Verheißung und Erwartung, Tradition und

Zukunft verbinden sich dann in dieser Zusage Seines Neuen Bundes.

ANTWORTPSALM Ps 147,12–13.14–15.19–20 (Kv: Joh 1,14)

Kv Das Wort ist Fleisch geworden und hat unter uns gewohnt. – Kv

(Oder: Halleluja.)

Jerusalem, rühme den HERRN! *
Zion, lobe deinen Gott!
Denn er hat die Riegel deiner Tore festgemacht, *
die Kinder in deiner Mitte gesegnet. – (Kv)

Er verschafft deinen Grenzen Frieden, *
er sättigt dich mit bestem Weizen.
Er sendet seinen Spruch zur Erde, *
in Eile läuft sein Wort dahin. – (Kv)

Er verkündet Jakob sein Wort, *
Israel seine Gesetze und seine Entscheide.
An keinem anderen Volk hat er so gehandelt, *
sie kennen sein Recht nicht. – Kv

ZWEITE LESUNG Eph 1,3–6.15–18

Lesung aus dem Brief des Apostels Paulus an die Gemeinde in Éphesus.

Gepriesen sei Gott, der Gott und Vater unseres Herrn Jesus Christus. Er hat uns mit allem Segen seines Geistes gesegnet durch unsere Gemeinschaft mit Christus im Himmel. Denn in ihm hat er uns erwählt vor der Grundlegung der Welt, damit wir heilig und untadelig leben vor ihm. Er hat uns aus Liebe im Voraus dazu bestimmt, seine Söhne zu werden durch Jesus Christus und zu ihm zu gelangen nach seinem gnädigen Willen, zum Lob seiner herrlichen Gnade. Er hat sie uns geschenkt in seinem geliebten Sohn.

Darum höre ich nicht auf, für euch zu danken, wenn ich in meinen Gebeten an euch denke; denn ich habe von eurem Glauben an Jesus, den Herrn, und von eurer Liebe zu allen Heiligen gehört. Der Gott Jesu Christi, unseres Herrn, der Vater der Herrlichkeit, gebe euch den Geist der Weisheit und Offenbarung, damit ihr ihn erkennt. Er erleuchte die Augen eures Herzens, damit ihr versteht, zu welcher Hoffnung ihr durch ihn berufen seid, welchen Reichtum die Herrlichkeit seines Erbes den Heiligen schenkt.

Wort des lebendigen Gottes.

IMPULS Von Anbeginn an hat Gott sein Volk erwählt. Es ist die Identität Israels, das von JHWH auserwählte Volk zu sein. Diese einzigartige personale Beziehung Gottes zu den Menschen bekommt in Jesus Christus eine ganz neue Dimension, sozusagen mit Gesicht, Hand und Fuß. Gott will unbedingt und ganz und gar diese untrennbare Beziehung und Bindung an Sein Volk – aus Liebe. Er will unser Ein und Alles sein – denn in Christus erweitert Er ja dieses Beziehungsangebot auf alle Menschen, die Ihm in Christus verbunden sind.
So hat sich im Lauf der Geschichte das Gottesbild und die Vorstellung, wie Er zu den Menschen steht, gewandelt: Von dem in Rauch und Nebelwolken gehüllten, unnahbaren, hin zu dem, der uns als Vater und Mutter in Liebe Seine Töchter und Söhne nennt! Und damit verbunden ist Sein Wunsch nach Einheit und Gemeinschaft untereinander, in gegenseitiger aufrichtiger Zuwendung. Aus dieser Herzensbindung erwächst die Aufforderung, so »eines Sinnes und Geistes« zu sein, dass unser Miteinander die Gemeinschaft in Christus abbildet.
Heute gilt diese Aufforderung mehr denn je, wird doch die Kirche als »Leib Christi« und Gemeinschaft der Glaubenden nur dann noch wahr- und ernstgenommen, wenn aus unserem Miteinander und unserem Handeln erkennbar wird, dass wir tatsächlich für die Botschaft stehen, die wir verkünden. Um das zu begreifen, braucht es weniger Macht und vor allem weniger Angst vor Machtverlust,

sondern vielmehr Herzenssehnsucht nach dem lebendigen Gott. Damit wir immer wieder neu verstehen, zu welcher Hoffnung wir berufen sind und welchen Reichtum Gott uns geschenkt hat: Seine menschgewordene Liebe kann und will unsere Welt verändern.

Ruf vor dem Evangelium

Vers: vgl. 1 Tim 3,16

Halleluja. Halleluja.
Christus, offenbart im Fleisch, verkündet unter den Völkern,
Christus, geglaubt in der Welt: Ehre sei dir!
Halleluja.

Evangelium

Joh 1,1–18

+ Aus dem heiligen Evangelium nach Johannes.

Im Anfang war das Wort und das Wort war bei Gott und das Wort war Gott. Dieses war im Anfang bei Gott. Alles ist durch das Wort geworden und ohne es wurde nichts, was geworden ist. In ihm war Leben und das Leben war das Licht der Menschen. Und das Licht leuchtet in der Finsternis und die Finsternis hat es nicht erfasst.
Ein Mensch trat auf, von Gott gesandt; sein Name war Johannes. Er kam als Zeuge, um Zeugnis abzulegen für das Licht, damit alle durch ihn zum Glauben kommen. Er war nicht selbst das Licht, er sollte nur Zeugnis ablegen für das Licht.
Das wahre Licht, das jeden Menschen erleuchtet, kam in die Welt. Er war in der Welt und die Welt ist durch ihn geworden, aber die Welt erkannte ihn nicht. Er kam in sein Eigentum, aber die Seinen nahmen ihn nicht auf.
Allen aber, die ihn aufnahmen, gab er Macht, Kinder Gottes zu werden, allen, die an seinen Namen glauben, die nicht aus dem Blut, nicht aus dem Willen des Fleisches, nicht aus dem Willen des Mannes, sondern aus Gott geboren sind.
Und das Wort ist Fleisch geworden und hat unter uns gewohnt und wir haben seine Herrlichkeit geschaut, die Herrlichkeit des einzigen Sohnes vom Vater, voll Gnade und Wahrheit.

Johannes legt Zeugnis für ihn ab und ruft: Dieser war es, über den ich gesagt habe: Er, der nach mir kommt, ist mir voraus, weil er vor mir war. Aus seiner Fülle haben wir alle empfangen, Gnade über Gnade.
Denn das Gesetz wurde durch Mose gegeben, die Gnade und die Wahrheit kamen durch Jesus Christus. Niemand hat Gott je gesehen. Der Einzige, der Gott ist und am Herzen des Vaters ruht, er hat Kunde gebracht.

Evangelium unseres Herrn Jesus Christus.

Oder: Kurzfassung Joh 1,1–5.9–14

+ Aus dem heiligen Evangelium nach Johannes.

Im Anfang war das Wort und das Wort war bei Gott und das Wort war Gott. Dieses war im Anfang bei Gott. Alles ist durch das Wort geworden und ohne es wurde nichts, was geworden ist. In ihm war Leben und das Leben war das Licht der Menschen. Und das Licht leuchtet in der Finsternis und die Finsternis hat es nicht erfasst.
Das wahre Licht, das jeden Menschen erleuchtet, kam in die Welt. Er war in der Welt und die Welt ist durch ihn geworden, aber die Welt erkannte ihn nicht. Er kam in sein Eigentum, aber die Seinen nahmen ihn nicht auf.
Allen aber, die ihn aufnahmen, gab er Macht, Kinder Gottes zu werden, allen, die an seinen Namen glauben, die nicht aus dem Blut, nicht aus dem Willen des Fleisches, nicht aus dem Willen des Mannes, sondern aus Gott geboren sind.
Und das Wort ist Fleisch geworden und hat unter uns gewohnt und wir haben seine Herrlichkeit geschaut, die Herrlichkeit des einzigen Sohnes vom Vater, voll Gnade und Wahrheit.

Evangelium unseres Herrn Jesus Christus.

IMPULS Am Anfang war das Wort. Dieses Wort ist zugleich der Beginn der Schöpfung. Durch Gottes »Wort« wurde alles geschaffen: Gott sprach … und es wurde (vgl. Gen 1,3ff.)!
Aber das WORT beinhaltet noch viel mehr: Das Wort war Gott (Joh 1,1). Gott ist in Seiner Schöpfung erfahrbar als Wirklichkeit, die wir erleben, erfahren, sehen, hören, schmecken und fühlen können. »Und das Wort ist Fleisch geworden und hat unter uns gewohnt.« In Jesus Christus setzt Gott Sein Schöpfungswort fort, kommt selber und lebt in Seiner Schöpfung. Geschöpf und Schöpfer wird eins. So unfassbar und nah zugleich. Das »Wort« wird zur Tat, zu liebendem, heilendem, bewahrendem und bewegendem Handeln.
Zu jeder Zeit und an jedem Ort ist dieses Leben, wie Gott es erdacht hat, in Jesus Christus erfahrbar und dieses Geschenk ist stärker als alle Finsternis in Leid, Sünde und Tod. Und das gilt nicht nur für Christus. Auf sein Wort hin haben alle Anteil daran: »Es werde Licht« als machtvolles Schöpfungswort Gottes findet seine Fortsetzung in der Einladung, dass wir alle wie Christus »Kinder Gottes« werden. So wird aus dem Schöpfungswort Gottes Sein machtvollstes Beziehungswort: DU

CREDO (siehe Seite 520ff.)

FÜRBITTEN

Großer Gott, auf dein Wort hin wurde alles ins Leben gerufen. Wir bitten auch heute um dein machtvolles Wort und beten:

V/A: Sende dein Wort und deine Wahrheit.

– Für alle, die keine Stimme haben, weil sie als politische Opposition in totalitären Staaten bedroht und weggesperrt werden.

– Für alle, die keine Stimme haben in unserer Gesellschaft, die missachtet, benachteiligt, ausgegrenzt und stigmatisiert werden.

– Für alle, die keine Stimme haben, weil ihr Wort als Frau in männerdominierten Gesellschaftssystemen nicht zählt.

– Für alle, die keine Stimme haben, weil sie krank, einsam und mutlos sind.

– Für alle, die keine Stimme haben, weil sie im Verborgenen leben und von anderen keine Wertschätzung erfahren.

Du, Gott, sprichst dein Wort des Friedens in unserer friedlosen Welt. Bleibe bei uns in Christus Jesus, deinem Sohn und unserem Bruder in Zeit und Ewigkeit. Amen.

Gabengebet

Herr, unser Gott, heilige unsere Gaben durch die Menschwerdung deines Sohnes. Durch seine Geburt hast du allen Menschen den Weg der Wahrheit gewiesen und ihnen dein Reich verheißen. Laß uns in dieser Feier verkosten, was du denen bereitet hast, die dich lieben. Darum bitten wir durch Christus, unseren Herrn.

Präfation

Weihnachten I

In Wahrheit ist es würdig und recht, dir, Herr, heiliger Vater, allmächtiger, ewiger Gott, immer und überall zu danken. Denn Fleisch geworden ist das Wort, und in diesem Geheimnis erstrahlt dem Auge unseres Geistes das neue Licht deiner Herrlichkeit. In der sichtbaren Gestalt des Erlösers läßt du uns den unsichtbaren Gott erkennen, um in uns die Liebe zu entflammen zu dem, was kein Auge geschaut hat. Darum singen wir mit den Engeln und Erzengeln, den Thronen und Mächten und mit all den Scharen des himmlischen Heeres den Hochgesang von deiner göttlichen Herrlichkeit.

Einladung zum Vaterunser

Unser Gott ist Liebe, Versöhnung und Beziehung. Er ist unser DU, zu dem wir gemeinsam beten mit den Worten Jesu: Vater unser im Himmel …

Einladung zum Friedensgebet

In unserer friedlosen und gefährdeten Welt beten wir um Worte des Friedens und der Versöhnung. Wir rufen deinen Namen an und bitten dich: Herr Jesus Christus …

Kommunionvers

Joh 1,12

Allen, die ihn aufnahmen, gab er Macht, Kinder Gottes zu werden.

Schlussgebet

Herr, unser Gott, befreie uns durch die Wirkung dieses Sakramentes von unseren Fehlern und Sünden. Erfülle unser Verlangen und schenke uns alles, was wir zum Heil nötig haben. Darum bitten wir durch Christus, unseren Herrn.

Schlusssegen

An Weihnachten

Der barmherzige Gott hat durch die Geburt seines Sohnes die Finsternis vertrieben und diesen Tag erleuchtet mit dem Glanz seines Lichtes; er mache eure Herzen hell mit dem Licht seiner Gnade.
Den Hirten ließ er durch den Engel die große Freude verkünden; mit dieser Freude erfülle er euer ganzes Leben.
In Christus hat Gott Himmel und Erde verbunden; durch ihn schenke er allen Menschen guten Willens seinen Frieden, durch ihn vereine er euch mit der Kirche des Himmels.
Das gewähre euch der dreieinige Gott, der Vater und der Sohn ✝ und der Heilige Geist.

Ohne Worte
ist Leere

sprachlos
trostlos
lieblos

Ein Wort
ändert alles
versetzt Berge
öffnet Türen
schafft neuen Anfang

es werde

heute
jetzt
Leben wird
geschenkt durch
Dein Wort:
DU

Angela Boog

ERSCHEINUNG DES HERRN

Hochfest

6. Januar 2025

Seht, gekommen ist der Herrscher, der Herr.
In seiner Hand ist die Macht und das Reich.
Vgl. Mal 3,1; 1 Chr 19,12

Wenn wir heute das Fest Epiphanie feiern, feiern wir die Erscheinung Gottes in Jesus Christus – wie ein zweites Weihnachtsfest. Die Botschaft des Engels, das Licht der Heiligen Nacht erreicht die Augen, Ohren und Herzen von immer mehr Menschen, die sich nach und nach um das Kind in der Krippe versammeln. Aus Hoffnungen, rätselhaften Ereignissen und dem Hörensagen wächst langsam eine Gewissheit: Dieses Heil hat einen Namen, Jesus – Gott rettet!
Mit den Sterndeutern treten wir heute erneut an die Krippe. Was bringen wir für Geschenke mit? Denn dieses Kind braucht keinen schön verpackten Luxus, sondern das, was wir ganz unverstellt mitbringen und anbieten können: unser Leben, unsere Hoffnung, unsere Liebe.

Kyrie-Rufe

Herr Jesus Christus, du Kind in der Krippe: unschuldig und wunderbar.
Kyrie, eleison.
Du Kind in der Krippe: gefährdet und bedroht.
Christe, eleison.
Du Kind in der Krippe: bestaunt und geliebt.
Kyrie, eleison.

Gloria (siehe Seite 516f.)

Tagesgebet

Allherrschender Gott, durch den Stern, dem die Weisen gefolgt sind, hast du am heutigen Tag den Heidenvölkern deinen Sohn geoffenbart. Auch wir haben dich schon im Glauben erkannt. Führe uns vom Glauben zur unverhüllten Anschauung deiner Herrlichkeit. Darum bitten wir durch Jesus Christus.

Erste Lesung

Jes 60,1–6

Lesung aus dem Buch Jesája.

Steh auf, werde licht, Jerusalem, denn es kommt dein Licht und die Herrlichkeit des HERRN geht strahlend auf über dir.
Denn siehe, Finsternis bedeckt die Erde und Dunkel die Völker, doch über dir geht strahlend der HERR auf, seine Herrlichkeit erscheint über dir. Nationen wandern zu deinem Licht und Könige zu deinem strahlenden Glanz.
Erhebe deine Augen ringsum und sieh: Sie alle versammeln sich, kommen zu dir. Deine Söhne kommen von fern, deine Töchter werden auf der Hüfte sicher getragen. Da wirst du schauen und strahlen, dein Herz wird erbeben und sich weiten. Denn die Fülle des Meeres wendet sich dir zu, der Reichtum der Nationen kommt zu dir. Eine Menge von Kamelen bedeckt dich, Hengste aus Mídian und Efa. Aus Saba kommen sie alle, Gold und Weihrauch bringen sie und verkünden die Ruhmestaten des HERRN.

Wort des lebendigen Gottes.

IMPULS Jesaja beschreibt seine Vision der Völkerwallfahrt: Alle Menschen machen sich auf den Weg zum Zion, in Eintracht und Frieden. Das Licht wird zum Symbol für die Zusage JHWHs, der solchen Frieden, Sicherheit und Versöhnung für alle Völker an diesem Ort versprochen hat. Was ist das heute – ein schöner Traum voller leerer Versprechungen? Die geopolitische Wirklichkeit unserer Tage mag eine andere sein, aber es wäre ein Fehler, die Prophetenworte nicht mehr zu hören, nicht mehr zu glauben und darauf zu hoffen, dass sie wahr werden können. Dann verlassen wir uns nur noch auf uns selber und geben damit die Vision verloren, dass Frieden möglich ist. Wir rechnen dann nicht mehr mit der Möglichkeit des scheinbar Unmöglichen: Dass wir im blinden Vertrauen auf den EINEN Menschen Veränderungen bewirken können, die jenseits einer von Macht und Kontrolle bestimmten Weltordnung liegen. Wir brauchen die Hoffnung, dass kraft der Verheißung Gottes neues Licht in unser Dunkel fällt: Denn da geht ein Licht auf, hell, strahlend und neu, nicht von Menschen erdacht und gemacht, und dieses Licht lässt uns staunen – Staunen wäre doch ein guter Anfang.

ANTWORTPSALM Ps 72 (71),1–2.7–8.10–11.12–13 (Kv: 11)

Kv Alle Könige werfen sich vor ihm nieder,
es dienen ihm alle Völker. – Kv

Verleih dein Richteramt, o Gott, dem König, *
dem Königssohn gib dein gerechtes Walten.
Er regiere dein Volk in Gerechtigkeit *
und deine Elenden durch rechtes Urteil. – (Kv)

In seinen Tagen sprosse der Gerechte *
und Fülle des Friedens, bis der Mond nicht mehr da ist.
Er herrsche von Meer zu Meer, *
vom Strom bis an die Enden der Erde. – (Kv)

Die Könige von Tarschisch und von den Inseln bringen Gaben, *
mit Tribut nahen die Könige von Scheba und Saba.
Alle Könige werfen sich vor ihm nieder, *
es dienen ihm alle Völker. – (Kv)

Ja, er befreie den Armen, der um Hilfe schreit, *
den Elenden und den, der keinen Helfer hat.
Er habe Mitleid mit dem Geringen und Armen, *
er rette das Leben der Armen. – Kv

ZWEITE LESUNG Eph 3,2–3a.5–6

Lesung aus dem Brief des Apostels Paulus an die Gemeinde in Éphesus.

Schwestern und Brüder! Ihr habt gehört, welches Amt die Gnade Gottes mir für euch verliehen hat. Durch eine Offenbarung wurde mir das Geheimnis kundgetan. Den Menschen früherer Generationen wurde es nicht kundgetan, jetzt aber ist es seinen heiligen Aposteln und Propheten durch den Geist offenbart worden: dass nämlich die Heiden Miterben sind, zu demselben Leib gehören und mit teilhaben an der Verheißung in Christus Jesus durch das Evangelium.

Wort des lebendigen Gottes.

IMPULS Nicht Recht, Gesetz, Ordnung, sondern vielmehr Offenbarung, Verheißung und Gnade verspricht dieser Brief den Menschen in Ephesus – ganz im Sinn der paulinischen Überzeugung: Die Heilzusage Christi gilt allen Menschen, die zum Glauben kommen, ohne Einschränkung! Darum erinnert der Verfasser an das Bekehrungserlebnis in Damaskus. Für ihn besteht kein Zweifel, dass es Christus selbst war, der in dieser Begegnung den Paulus zum Apostel und Glaubensverkünder berufen hat. Nicht die Frage der Herkunft und Tradition, in die Menschen hineingeboren werden, ist entscheidend, sondern dass die Freiheit, sich für den Glauben zu entscheiden, für alle gilt. Denn Glaube ist Geschenk und bedeutet Teilhabe an Gottes Schöpfung und Heilszusage: Kein Mensch soll allein und ohne Hoffnung sein. Nicht Amtsträger und Machthaber sollen darüber entscheiden, wer in die Gemeinschaft mit Christus und die Gemeinde der Gläubigen aufgenommen wird. Vielmehr gilt die Freiheit und das Recht jeder und jedes Einzelnen, sich für Christus zu entscheiden.

Ruf vor dem Evangelium

Vgl. Mt 2,2

Halleluja. Halleluja.
Wir haben seinen Stern gesehen
und sind gekommen, dem Herrn zu huldigen.
Halleluja.

Evangelium

Mt 2,1–12

+ Aus dem heiligen Evangelium nach Matthäus.

Als Jesus zur Zeit des Königs Herodes in Betlehem in Judäa geboren worden war, siehe, da kamen Sterndeuter aus dem Osten nach Jerusalem und fragten: Wo ist der neugeborene König der Juden? Wir haben seinen Stern aufgehen sehen und sind gekommen, um ihm zu huldigen.
Als König Herodes das hörte, erschrak er und mit ihm ganz Jerusalem. Er ließ alle Hohepriester und Schriftgelehrten des Volkes zusammenkommen und erkundigte sich bei ihnen, wo der Christus geboren werden solle.
Sie antworteten ihm: in Betlehem in Judäa; denn so steht es geschrieben bei dem Propheten: Du, Betlehem im Gebiet von Juda, bist keineswegs die unbedeutendste unter den führenden Städten von Juda; denn aus dir wird ein Fürst hervorgehen, der Hirt meines Volkes Israel.
Danach rief Herodes die Sterndeuter heimlich zu sich und ließ sich von ihnen genau sagen, wann der Stern erschienen war. Dann schickte er sie nach Betlehem und sagte: Geht und forscht sorgfältig nach dem Kind; und wenn ihr es gefunden habt, berichtet mir, damit auch ich hingehe und ihm huldige!
Nach diesen Worten des Königs machten sie sich auf den Weg. Und siehe, der Stern, den sie hatten aufgehen sehen, zog vor ihnen her bis zu dem Ort, wo das Kind war; dort blieb er stehen. Als sie den Stern sahen, wurden sie von sehr großer Freude erfüllt. Sie gingen in das Haus und sahen das Kind und Maria, seine Mutter; da fielen sie nieder und huldigten ihm.
Dann holten sie ihre Schätze hervor und brachten ihm Gold, Weihrauch und Myrrhe als Gaben dar.

Weil ihnen aber im Traum geboten wurde, nicht zu Herodes zurückzukehren, zogen sie auf einem anderen Weg heim in ihr Land.

Evangelium unseres Herrn Jesus Christus.

IMPULS Die Sterndeuter kommen »aus dem Osten«, es sind kluge Männer und Astrologen aus der nicht-jüdischen Welt. Sie kommen von weit her, weil die Entdeckung dieser Himmelserscheinung ihr Forscherinteresse geweckt hat. Dieser Beobachtung wollen sie auf den Grund gehen. Neugier und Wissensdurst sind Voraussetzung für jede Form von Fortschritt. Die Sterndeuter interessieren sich für das Himmelsphänomen mehr als die (machtpolitische) Tragweite der Weissagung vom neugeborenen König, welche die Schriftgelehrten und Hohepriester auf die Frage von König Herodes hin aus der Schrift zitieren. Dennoch waren sie es, die sich von weit her auf den Weg gemacht hatten, nicht die Hohepriester im Tempel – dabei wäre es für sie buchstäblich naheliegend und angemessen gewesen, sich aufgrund ihres religiösen Wissens auf den Weg zu machen! Aber sie hüten lediglich das alte Wissen, bewahren die Traditionen – und sind ängstlich darauf bedacht, nichts zu verändern und erwarten gleichzeitig nichts. Für sie scheinen die Worte der Propheten ihre Bedeutung als Hoffnungs- und Sehnsuchtsworte verloren zu haben, im Gegenteil: Was ihre Sicherheit, Macht und Deutungshoheit in Frage stellen könnte, muss bekämpft werden. Die fremden Magier dagegen sind auf der Suche, erfüllt von Wissensdurst und Entdeckerfreude – und offen für das große Geheimnis dieses neugeborenen Königs in völlig unerwarteter und ganz und gar nicht majestätischer Umgebung.
Wie geht es uns, wenn wir heute auf die Krippe, das Kind, den neugeborenen König schauen? Was sehen wir? Figuren als Sinnbilder einer liebgewonnenen, vertrauten Tradition, die erhalten bleiben soll als Ankerpunkt in einer Zeit, die aber ansonsten gut ohne Gott auskommt? Oder trauen wir diesem Kind auch heute noch zu, dass es uns und die Welt in Bewegung bringen und verändern kann?

Credo (siehe Seite 520ff.)

Fürbitten

Die Sterndeuter kamen voll Staunen zum Kind in der Krippe und brachten Geschenke. Auch wir vertrauen diesem Kind wertvolle Gaben an und bitten um Schutz und Segen:

V: Jesus, du Kind in der Krippe. A: Sende dein Licht in diese Welt.

– Für alle Mächtigen und Herrschenden, denen ihr eigener Machterhalt wichtiger ist als das Wohlergehen der Menschen, die ihnen anvertraut sind.

– Für alle Kinder und Jugendlichen, die sich in diesen Tagen als Sternsinger auf den Weg machen und für alle, die diese Hilfsaktion unterstützen und organisieren.

– Für alle Familien, die vor Krieg und Gewalt fliehen müssen und große Not leiden.

– Für alle Frauen und Männer, die zum Wohle der Menschen in Forschung und Wissenschaft arbeiten.

Du Kind in der Krippe, bleibe allen nahe, die in deinem Namen ihr Leben gestalten und Wege des Friedens gehen wollen. Dir sei Lob und Dank, heute und in Ewigkeit. Amen.

Gabengebet

Allmächtiger Gott, nimm die Gaben deiner Kirche an. Sie bringt nicht mehr Gold, Weihrauch und Myrrhe dar, sondern er, den diese Gaben bezeichnen, wird für uns geopfert und uns zur Speise gegeben, unser Herr Jesus Christus, der mit dir lebt und herrscht in alle Ewigkeit.

Präfation

Vom Tag

In Wahrheit ist es würdig und recht, dir, Herr, heiliger Vater, allmächtiger, ewiger Gott, immer und überall zu danken. Denn heute enthüllst du das Geheimnis unseres Heiles, heute offenbarst du das Licht der Völker, deinen Sohn Jesus Christus. Er ist als sterblicher Mensch auf Erden erschienen und hat uns neu geschaffen im Glanz seines göttlichen Lebens. Darum singen wir mit den Engeln und Erzengeln, den Thronen und Mächten und mit all den Scharen des himmlischen Heeres den Hochgesang von deiner göttlichen Herrlichkeit.

Einladung zum Vaterunser

Gemeinsam mit allen, die dem Licht aus Betlehem gefolgt sind, beten wir mit den Worten, die uns das Kind in der Krippe gelehrt hat: Vater unser im Himmel …

Einladung zum Friedensgebet

So wie damals die Engel Frieden verkündet haben, braucht auch unsere Zeit Menschen, die im Geist Jesu nicht müde werden, nach Wegen des Friedens zu suchen. Deshalb beten wir gemeinsam: Herr Jesus Christus …

Kommunionvers — Vgl. Mt 2,2

Wir haben seinen Stern aufgehen sehen und sind gekommen, dem Herrn mit Geschenken zu huldigen.

Schlussgebet

Wir danken dir, allmächtiger Gott, für die heiligen Gaben und bitten dich: Erhelle unsere Wege mit dem Licht deiner Gnade, damit wir in Glauben und Liebe erfassen, was du uns im Geheimnis der Eucharistie geschenkt hast. Darum bitten wir durch Christus, unseren Herrn.

Schlusssegen — Vom Tag

Gott, unser Vater, hat uns aus der Finsternis in sein wunderbares Licht gerufen; er segne euch und stärke euch im Glauben, in der Hoffnung und in der Liebe.

Und Christus, der heute der Welt erschienen ist als Licht in der Finsternis, leuchte auf in euren Herzen und mache euer Leben zum Licht für eure Brüder.
Die Weisen sind dem Stern gefolgt und haben Christus gefunden; Gott führe auch euch auf dem Weg der irdischen Pilgerschaft zur Anschauung seiner Herrlichkeit.
Das gewähre euch der dreieinige Gott, der Vater und der Sohn ✝ und der Heilige Geist.

Du kleines Kind
brauchst kein Gold
musst nicht wissen wie Weihrauch riecht
wozu man Myrrhe braucht
du sollst spüren
wie wertvoll du bist

Du brauchst
den ruhigen Herzschlag deiner Eltern
Hände die dich halten
Augen die sehen
wie schön du bist
wunderbar geschaffen
staunend und ehrfürchtig

und die das Kostbarste bereithalten
für dich

Liebe
und Zuversicht: alles wird gut

Angela Boog

TAUFE DES HERRN

Fest

12. Januar 2025

Als Jesus getauft war, öffnete sich der Himmel,
und er sah den Geist Gottes wie eine Taube
auf sich herabkommen.
Und die Stimme des Vaters aus dem Himmel sprach:
Das ist mein geliebter Sohn, an dem ich Gefallen habe.
Vgl. Mt 3,16-17

Als Leserinnen und Leser des Evangeliums werden wir Zeugen eines sehr intimen Momentes zwischen Gott und Jesus. In einem sakramentalen Akt wirken Geist-Kraft und Gottes-Stimme zusammen und lassen uns Jesus als den »geliebten Sohn Gottes« erkennen. Sprachlich scheint hierbei Psalm 2,7 durch, der auch beim Inthronisationsritual des israelitischen Königs verwendet worden ist. Jesus, der Messias ist jedoch nicht ein König auf und in der Zeit, sondern Gottes Sohn in Ewigkeit.

KYRIE-RUFE

Herr Jesus Christus, du bist der, auf den alle gewartet haben.
Herr, erbarme dich.
Herr Jesus Christus, du taufst mit Heiligem Geist und mit Feuer.
Christus, erbarme dich.
Herr Jesus Christus, du bist Gottes geliebter Sohn.
Herr, erbarme dich.

GLORIA (siehe Seite 516f.)

TAGESGEBET

Allmächtiger, ewiger Gott, bei der Taufe im Jordan kam der Heilige Geist auf unseren Herrn Jesus Christus herab, und du hast ihn als deinen geliebten Sohn geoffenbart. Gib, daß auch wir, die aus dem Wasser und dem Heiligen Geist wiedergeboren sind, in deinem Wohlgefallen stehen und als deine Kinder aus der Fülle dieses Geistes leben. Darum bitten wir durch Jesus Christus.

Oder:

Allmächtiger Gott, dein einziger Sohn, vor aller Zeit aus dir geboren, ist in unserem Fleisch sichtbar erschienen. Wie er uns gleichgeworden ist in der menschlichen Gestalt, so werde unser Inneres neu geschaffen nach seinem Bild. Darum bitten wir durch ihn, der in der Einheit des Heiligen Geistes mit dir lebt und herrscht in alle Ewigkeit.

Es können auch die Lesungen (mit Antwortpsalm und Ruf vor dem Evangelium) vom Lesejahr A genommen werden.

Erste Lesung

Jes 40,1–5.9–11

Lesung aus dem Buch Jesaja.

Tröstet, tröstet mein Volk, spricht euer Gott. Redet Jerusalem zu Herzen und ruft ihr zu, dass sie vollendet hat ihren Frondienst, dass gesühnt ist ihre Schuld, dass sie empfangen hat aus der Hand des HERRN Doppeltes für all ihre Sünden!
Eine Stimme ruft: In der Wüste bahnt den Weg des HERRN, ebnet in der Steppe eine Straße für unseren Gott!
Jedes Tal soll sich heben, jeder Berg und Hügel sich senken.
Was krumm ist, soll gerade werden, und was hüglig ist, werde eben.
Dann offenbart sich die Herrlichkeit des HERRN, alles Fleisch wird sie sehen. Ja, der Mund des HERRN hat gesprochen.
Steig auf einen hohen Berg, Zion, du Botin der Freude! Erheb deine Stimme mit Macht, Jerusalem, du Botin der Freude!
Erheb deine Stimme, fürchte dich nicht! Sag den Städten in Juda: Siehe, da ist euer Gott.
Siehe, GOTT, der Herr, kommt mit Macht, er herrscht mit starkem Arm. Siehe, sein Lohn ist mit ihm und sein Ertrag geht vor ihm her.

Wie ein Hirt weidet er seine Herde, auf seinem Arm sammelt er die Lämmer, an seiner Brust trägt er sie, die Mutterschafe führt er behutsam.

Wort des lebendigen Gottes.

IMPULS Jesaja lässt keinen Zweifel aufkommen: Gott ist Herr der Geschichte. Als solcher hält er alle Fäden in der Hand. Machtvoll und souverän setzt er einen neuen Anfang für sein Volk. Dessen Schuld ist durch das babylonische Exil gesühnt. Die Zeit der Trauer geht zu Ende. Gott kommt mit Macht. Dem kann sich auch die Natur nicht verweigern. Das einst verwaiste Zion wird zum Freudenboten Gottes. Dieser ist nicht nur der Mächtige, sondern er zeigt auch seine Güte und Zärtlichkeit. Die ganzen Verwerfungen zwischen dem Volk und Gott haben schließlich zu einer neuen Form der Begegnung und der Innerlichkeit geführt. Das sind die besten Voraussetzungen für eine gemeinsame Zukunft.

ANTWORTPSALM Ps 104 (103),1–2.3–4.24–25.27–28.29–30 (Kv: 1ab)

Kv Preise den HERRN, meine Seele! – Kv

HERR, mein Gott, überaus groß bist du!
Preise den HERRN, meine Seele! /
HERR, mein Gott, überaus groß bist du! *
Du bist mit Hoheit und Pracht bekleidet.
Du hüllst dich in Licht wie in einen Mantel, *
du spannst den Himmel aus gleich einem Zelt. – Kv

Du verankerst die Balken deiner Wohnung im Wasser. /
Du nimmst dir die Wolken zum Wagen, *
du fährst einher auf den Flügeln des Windes.
Du machst die Winde zu deinen Boten, *
zu deinen Dienern Feuer und Flamme. – Kv

Wie zahlreich sind deine Werke, HERR, /
sie alle hast du mit Weisheit gemacht, *
die Erde ist voll von deinen Geschöpfen.

Da ist das Meer, so groß und weit, *
darin ein Gewimmel, nicht zu zählen:
kleine und große Tiere. – Kv

Auf dich warten sie alle, *
dass du ihnen ihre Speise gibst zur rechten Zeit.
Gibst du ihnen, dann sammeln sie ein, *
öffnest du deine Hand, werden sie gesättigt mit Gutem. – Kv

Verbirgst du dein Angesicht, sind sie verstört, /
nimmst du ihnen den Atem, so schwinden sie hin *
und kehren zurück zum Staub.
Du sendest deinen Geist aus: Sie werden erschaffen *
und du erneuerst das Angesicht der Erde. – Kv

Zweite Lesung Tit 2,11–14; 3,4–7

Lesung aus dem Brief des Apostels Paulus an Titus.

Die Gnade Gottes ist erschienen, um alle Menschen zu retten. Sie erzieht uns dazu, uns von der Gottlosigkeit und den irdischen Begierden loszusagen und besonnen, gerecht und fromm in dieser Welt zu leben, während wir auf die selige Erfüllung unserer Hoffnung warten: auf das Erscheinen der Herrlichkeit unseres großen Gottes und Retters Christus Jesus.
Er hat sich für uns hingegeben, damit er uns von aller Ungerechtigkeit erlöse und für sich ein auserlesenes Volk schaffe, das voll Eifer danach strebt, das Gute zu tun.
Als die Güte und Menschenfreundlichkeit Gottes, unseres Retters, erschien, hat er uns gerettet – nicht aufgrund von Werken der Gerechtigkeit, die wir vollbracht haben, sondern nach seinem Erbarmen – durch das Bad der Wiedergeburt und die Erneuerung im Heiligen Geist.
Ihn hat er in reichem Maß über uns ausgegossen durch Jesus Christus, unseren Retter, damit wir durch seine Gnade gerecht gemacht werden und das ewige Leben erben, das wir erhoffen.

Wort des lebendigen Gottes.

IMPULS Gegen Ende des 1. Jahrhunderts n. Chr. ist das Christentum zu einer etablierten Größe in der bunten Religionslandschaft des römischen Reiches geworden. Die Hoffnung auf eine baldige Wiederkunft Jesu Christi ist merklich zurückgegangen. Man sieht sich zunehmend vor dem Problem, die eigene christliche Identität in heidnischer Umwelt zu bewahren und in eine ungewisse Zukunft hineinzutragen. Was könnte da passender sein, als die Gnadentat Gottes in Christus Jesus als identitätsbewahrendes Zentrum herauszustellen. Diese Tat ist kein Gegenstand »musealer Erinnerungen«, sondern beständig sprudelnde Quelle christlichen Lebens in der Gegenwart. Wer das verinnerlicht hat, der kann voller Hoffnung in die Zukunft gehen.

Ruf vor dem Evangelium Vgl. Lk 3,16

Halleluja. Halleluja.
Johannes sagte:
Es kommt einer, der stärker ist als ich.
Mit dem Heiligen Geist und mit Feuer wird er euch taufen.
Halleluja.

Evangelium Lk 3,15–16.21–22

+ Aus dem heiligen Evangelium nach Lukas.

In jener Zeit war das Volk voll Erwartung und alle überlegten im Herzen, ob Johannes nicht vielleicht selbst der Christus sei. Doch Johannes gab ihnen allen zur Antwort: Ich taufe euch mit Wasser. Es kommt aber einer, der stärker ist als ich, und ich bin es nicht wert, ihm die Riemen der Sandalen zu lösen. Er wird euch mit dem Heiligen Geist und mit Feuer taufen.
Es geschah aber, dass sich zusammen mit dem ganzen Volk auch Jesus taufen ließ. Und während er betete, öffnete sich der Himmel und der Heilige Geist kam sichtbar in Gestalt einer Taube auf ihn herab und eine Stimme aus dem Himmel sprach: Du bist mein geliebter Sohn, an dir habe ich Wohlgefallen gefunden.

Evangelium unseres Herrn Jesus Christus.

IMPULS Für den Evangelisten Lukas steht es fest: Jesus von Nazaret ist das Heil Gottes, das zu den Menschen kommt. Um dessen öffentliches Wirken vorzubereiten, erzählt Lukas zuerst von Johannes dem Täufer. Dieser endzeitliche Prophet rechnete mit dem unmittelbaren Kommen von Gottes Gericht in der Form eines »Feuergerichtes«. Folgerichtig taufte er umkehrwillige Menschen mit »Wasser«, um sie symbolisch vor dem Feuergericht zu versiegeln. Jesus, der ursprünglich mit der Johannesgruppe verbunden war, trennte sich später vom Propheten. Der Grund dürfte im Gottesbild zu suchen sein. Kam Gott bei Johannes dem Täufer zum strafenden Gericht, so bei Jesus zur Gnade des »Reiches Gottes«. Nach dem Tod des Täufers schlossen sich von dessen Anhängern viele der Gruppe um Jesus an.
Die frühchristliche Theologie betrachtete Johannes als den Vorläufer Jesu. In nachösterlicher Perspektive erschien Jesus als der »Sohn Gottes«. Dies findet Eingang in das lukanische Evangelium in der Erzählung von der Taufe Jesu.

CREDO (siehe Seite 520ff.)

FÜRBITTEN

Guter Gott, Jesus ist dein geliebter Sohn, wir alle sind seine Schwestern und Brüder. Wir kommen mit unseren Bitten zu dir, seinem und unserem Vater.

– Wir bitten dich für die, die dieses Jahr getauft werden, dass sie wachsen im Vertrauen auf dich.

– Wir bitten dich für die, die Kinder und Jugendliche im Leben und Glauben begleiten: für Eltern, Lehrerinnen und Lehrer, Mitarbeiterinnen und Mitarbeiter in der Taufvorbereitung, der Erstkommunion- und Firmvorbereitung, dass sie deine Botschaft leben und in Wort und Tat vermitteln.

– Wir bitten dich für Opfer von Gewalt und Missbrauch. Lass sie Gerechtigkeit erfahren.

– Wir bitten dich: Wehre allen, die in deiner Kirche oder in der Welt in deinem Namen Macht über andere ausüben.

– Wir bitten dich: Lass die Verstorbenen bei dir Frieden und Heil finden.

Guter Gott, erhöre unsere Bitten, die ausgesprochenen und die, welche wir im Herzen haben, durch Jesus Christus im Heiligen Geist. Amen.

Gabengebet

Gott, unser Vater, wir feiern den Tag, an dem du Jesus als deinen geliebten Sohn geoffenbart hast. Nimm unsere Gaben an und mache sie zum Opfer Christi, der die Sünden der ganzen Welt abgewaschen hat. Er, der mit dir lebt und herrscht in alle Ewigkeit.

Präfation

Vom Tag

In Wahrheit ist es würdig und recht, dir, allmächtiger Vater, zu danken und deine Größe zu preisen. Denn bei der Taufe im Jordan offenbarst du das Geheimnis deines Sohnes durch wunderbare Zeichen: Die Stimme vom Himmel verkündet ihn als deinen geliebten Sohn, der auf Erden erschienen ist, als dein ewiges Wort, das unter uns Menschen wohnt. Der Geist schwebt über ihm in Gestalt einer Taube und bezeugt ihn als deinen Knecht, den du gesalbt hast, den Armen die Botschaft der Freude zu bringen. Darum singen wir mit den Engeln und Erzengeln, den Thronen und Mächten und mit all den Scharen des himmlischen Heeres den Hochgesang von deiner göttlichen Herrlichkeit.

Einladung zum Vaterunser

In seiner großen Güte hat uns Jesus das »Abba-Vater«-Gebet gelehrt. Dieses wollen wir nun miteinander sprechen: Vater unser im Himmel …

Einladung zum Friedensgebet

Was die Welt sicher macht, sind nicht mehr Waffen, sondern allein der Friede. Dieser Friede soll bei uns beginnen. Wenn wir gut und aufrichtig mit uns selbst umgehen, dann gehen wir auch aufrichtig und gut mit anderen um. Erbitten wir jetzt den Frieden und schenken wir ihn dann weiter an alle, denen wir heute begegnen: Herr Jesus Christus ...

Kommunionvers

Joh 1,30.34

Dieser ist es, über den Johannes gesagt hat: Ich habe es gesehen und lege Zeugnis ab: Dieser ist der Sohn Gottes.

Schlussgebet

Gütiger Gott, du hast uns mit deinem Wort und dem Brot des Lebens genährt. Gib, daß wir gläubig auf deinen Sohn hören, damit wir deine Kinder heißen und es in Wahrheit sind. Darum bitten wir durch Christus, unseren Herrn.

Schlusssegen

Im Jahreskreis III

Der allmächtige Gott gewähre euch Segen und Heil; er offenbare euch die Wege seiner Weisheit.
Er stärke euren Glauben durch sein Wort und schenke euch die Gnade, nach seinen Geboten zu leben, damit in allem sein Wille geschehe.
Er lenke eure Schritte auf den Weg des Friedens; er mache euch beharrlich im Guten und vollende euch in der Liebe.
Das gewähre euch der allmächtige Gott, der Vater und der Sohn † und der Heilige Geist.

Ohne Liebe sind wir uns selbst zur Last,
Durch die Liebe tragen wir einander.

Augustinus (354–430)

2. SONNTAG IM JAHRESKREIS
19. Januar 2025

Alle Welt bete dich an, o Gott, und singe dein Lob,
sie lobsinge deinem Namen, du Allerhöchster.
Ps 66 (65),4

Das Dunkel der Nacht geht und ich erwache von erquickendem Schlaf. Im Licht des neuen Tages recke und strecke ich meinen Körper. Derweil verkünden die Vögel lautstark den neuen Tag. Die Erde freut sich und lobt ihren Schöpfer. Und ich spüre und weiß es: Jeder Tag meines Lebens ist ein Geschenk Gottes! Ich staune ob seiner großen Güte und Barmherzigkeit und ich stimme ein in das große Hallel des Kosmos: »Ja, alle Welt bete dich an, o Gott, und singe dein Lob, sie lobsinge deinem Namen, du Allerhöchster! Amen.«

Kyrie-Rufe

Herr Jesus Christus, du hast göttliche Vollmacht.
Herr, erbarme dich.
Herr Jesus Christus, bei dir wird Wasser zu Wein.
Christus, erbarme dich
Herr Jesus Christus, du willst, dass Menschen ihr Leben genießen dürfen.
Herr, erbarme dich.

Gloria (siehe Seite 516f.)

Tagesgebet

Allmächtiger Gott, du gebietest über Himmel und Erde, du hast Macht über die Herzen der Menschen. Darum kommen wir voll Vertrauen zu dir; stärke alle, die sich um die Gerechtigkeit mühen, und schenke unserer Zeit deinen Frieden. Darum bitten wir durch Jesus Christus.

ERSTE LESUNG Jes 62,1–5

Lesung aus dem Buch Jesája.

Um Zions willen werde ich nicht schweigen, um Jerusalems willen nicht still sein, bis hervorbricht wie ein helles Licht seine Gerechtigkeit und sein Heil wie eine brennende Fackel.
Dann sehen die Nationen deine Gerechtigkeit und alle Könige deine Herrlichkeit. Man ruft dich mit einem neuen Namen, den der Mund des HERRN für dich bestimmt.
Du wirst zu einer prächtigen Krone in der Hand des HERRN, zu einem königlichen Kopfschmuck in der Hand deines Gottes.
Nicht länger nennt man dich »Verlassene« und dein Land nicht mehr »Verwüstung«, sondern du wirst heißen: »Ich habe Gefallen an dir« und dein Land wird »Vermählte« genannt. Denn der HERR hat an dir Gefallen und dein Land wird vermählt.
Wie der junge Mann die Jungfrau in Besitz nimmt, so nehmen deine Söhne dich in Besitz. Wie der Bräutigam sich freut über die Braut, so freut sich dein Gott über dich.

Wort des lebendigen Gottes.

IMPULS Gottes angekündigtes heilvolles Kommen zum Zion hat für die Stadt Jerusalem tiefgreifende existenzielle Auswirkungen. Von Gott her drückt sich das in einer herzlichen, freudigen, geradezu intimen Aussage aus: »Ich habe Gefallen an dir«. Aber dieses auf den ersten Blick sehr private Bekenntnis wirkt sich auf den ganzen Kosmos aus. Das Symbol des Lichts verdeutlicht, dass Gottes Kommen etwas fundamental Neues bringt: ein neues Leben in einer gewandelten Ordnung der Welt.

ANTWORTPSALM Ps 96 (95),1–2.3–4.6–7.10 (Kv: vgl. 3)

Kv Kündet den Völkern die Herrlichkeit des Herrn! – Kv

Singt dem HERRN ein neues Lied, *
singt dem HERRN, alle Lande,
singt dem HERRN, preist seinen Namen! *
Verkündet sein Heil von Tag zu Tag! / – Kv

Erzählt bei den Nationen von seiner Herrlichkeit, *
bei allen Völkern von seinen Wundern!
Denn groß ist der HERR und hoch zu loben, *
mehr zu fürchten als alle Götter. – Kv

Hoheit und Pracht sind vor seinem Angesicht, *
Macht und Glanz in seinem Heiligtum.
Bringt dar dem HERRN, ihr Stämme der Völker, *
bringt dar dem HERRN Ehre und Macht! * – Kv

Verkündet bei den Nationen: *
Der HERR ist König!
Fest ist der Erdkreis gegründet, er wird nicht wanken. *
Er richtet die Völker so, wie es recht ist. – Kv

Zweite Lesung 1 Kor 12,4–11

Lesung aus dem ersten Brief des Apostels Paulus an die Gemeinde in Korinth.

Schwestern und Brüder! Es gibt verschiedene Gnadengaben, aber nur den einen Geist.
Es gibt verschiedene Dienste, aber nur den einen Herrn.
Es gibt verschiedene Kräfte, die wirken, aber nur den einen Gott: Er bewirkt alles in allen.
Jedem aber wird die Offenbarung des Geistes geschenkt, damit sie anderen nützt.
Dem einen wird vom Geist die Gabe geschenkt, Weisheit mitzuteilen, dem anderen durch denselben Geist die Gabe, Erkenntnis zu vermitteln, einem anderen in demselben Geist Glaubenskraft, einem anderen – immer in dem einen Geist – die Gabe, Krankheiten zu heilen, einem anderen Kräfte, Machttaten zu wirken, einem anderen prophetisches Reden, einem anderen die Fähigkeit, die Geister zu unterscheiden, wieder einem anderen verschiedene Arten von Zungenrede, einem anderen schließlich die Gabe, sie zu übersetzen.

Das alles bewirkt ein und derselbe Geist; einem jeden teilt er seine besondere Gabe zu, wie er will.

Wort des lebendigen Gottes.

IMPULS Zu den Wundern Gottes gehört es, dass er jeden Menschen mit verschiedenen Talenten ausgestattet hat. Diese blühen oftmals ungesehen von der Allgemeinheit ganz im Stillen. Ist die Zeit reif, dann können sie zum Segen der anderen Menschen eingesetzt werden.
Der Apostel Paulus sieht die vielfältigen Talente in der Christengemeinde zu Korinth. Doch im gemeinschaftlichen Leben der Christinnen und Christen kann diese Vielfalt oft nicht zum Tragen kommen. Manche Gaben, wie zum Beispiel die Zungenrede, wirken allzu befremdlich. Anstatt sie jedoch an den Rand zu verbannen, versucht Paulus sie einzubinden. Wenn man den Reichtum der Gaben erst einmal erfasst hat, so die Überzeugung des Apostels, dann kann man ihn strukturieren und Verbindungen herstellen. So wird am Ende jeder wertgeschätzt. Und wer wertgeschätzt wird, der fühlt sich mit den anderen innerlich verbunden. Das kann dem Wachstum und dem Leben der Gemeinde nur förderlich sein. So einfach ist das!

Ruf vor dem Evangelium — Vgl. 2 Thess 2,14

Halleluja. Halleluja.
Durch das Evangelium hat Gott uns berufen
zur Herrlichkeit Jesu Christi, unseres Herrn.
Halleluja.

Evangelium — Joh 2,1–11

\+ Aus dem heiligen Evangelium nach Johannes.

In jener Zeit fand in Kana in Galiläa eine Hochzeit statt und die Mutter Jesu war dabei.
Auch Jesus und seine Jünger waren zur Hochzeit eingeladen.
Als der Wein ausging, sagte die Mutter Jesu zu ihm: Sie haben keinen Wein mehr.

Jesus erwiderte ihr: Was willst du von mir, Frau? Meine Stunde ist noch nicht gekommen.
Seine Mutter sagte zu den Dienern: Was er euch sagt, das tut!
Es standen dort sechs steinerne Wasserkrüge, wie es der Reinigungssitte der Juden entsprach; jeder fasste ungefähr hundert Liter.
Jesus sagte zu den Dienern: Füllt die Krüge mit Wasser! Und sie füllten sie bis zum Rand.
Er sagte zu ihnen: Schöpft jetzt und bringt es dem, der für das Festmahl verantwortlich ist! Sie brachten es ihm.
Dieser kostete das Wasser, das zu Wein geworden war. Er wusste nicht, woher der Wein kam; die Diener aber, die das Wasser geschöpft hatten, wussten es. Da ließ er den Bräutigam rufen und sagte zu ihm: Jeder setzt zuerst den guten Wein vor und erst, wenn die Gäste zu viel getrunken haben, den weniger guten. Du jedoch hast den guten Wein bis jetzt aufbewahrt.
So tat Jesus sein erstes Zeichen, in Kana in Galiläa, und offenbarte seine Herrlichkeit und seine Jünger glaubten an ihn.

Evangelium unseres Herrn Jesus Christus.

IMPULS Eine Hochzeit kostet, das ist allen klar. Weil es »das schönste Fest im Leben« von Braut, Bräutigam und den beteiligten Familien werden soll, darf an nichts gespart werden. Besonders das gemeinsame Mahl muss großzügig ausgelegt sein. Schließlich hat man seinen guten Ruf zu wahren. Einer Hochzeit in Kana droht genau in dieser Richtung Gefahr. Durch einen Fehler in der Logistik wird der Gesellschaft bald der Wein ausgehen. Das wäre ein Fiasko. Maria, die Mutter Jesu, erfasst die Situation und informiert ihren Sohn. Der sieht zunächst keinen Handlungsbedarf. Aber Mütter kennen ihre Kinder. Der Rest ist Geschichte und unter der Bezeichnung: »Das Weinwunder zu Kana« in die Annalen eingegangen.
Worin liegt nun das eigentlich Wichtige dieser Geschichte? Ist es das Mirakelhafte? Nein! Denn ein Wunder schafft (noch) keinen Glauben. Das Entscheidende an dieser Geschichte ist, dass sie den

Blick auf Jesus öffnet. Man ahnt, dass in ihm die Fülle Gottes unter den Menschen weilt. Folgt man den weiteren Zeichen im Johannesevangelium, dann wird dieser Eindruck zur Gewissheit werden.

CREDO (siehe Seite 520ff.)

FÜRBITTEN

Barmherziger Gott, durch Jesus ist Wasser zu Wein geworden. Er will Freude und Lebensgenuss für die Menschen.

– Wir bitten dich für alle Menschen, die sich selbst nichts gönnen und sich und anderen das Leben schwermachen.

– Wir bitten dich für alle Menschen, denen das Lebensnotwendige fehlt.

– Wir bitten dich für alle Menschen, die ein Fest feiern.

– Wir bitten dich für diejenigen, die nicht feiern können.

– Wir bitten dich für diejenigen, die krank oder an Leib oder Seele verwundet sind.

– Wir bitten dich für diejenigen, die unter den Auswirkungen der menschengemachten Klimakrise leiden.

– Wir bitten dich für die Verstorbenen und die, die um sie trauern.

– Wir bitten dich in unseren ganz persönlichen Anliegen.

Barmherziger Gott, danke, dass wir immer mit all unseren Sorgen und Nöten zu dir kommen können. Amen.

GABENGEBET

Herr, gib, daß wir das Geheimnis des Altares ehrfürchtig feiern; denn sooft wir die Gedächtnisfeier dieses Opfers begehen, vollzieht sich an uns das Werk der Erlösung. Durch Christus, unseren Herrn.

PRÄFATION

Sonntage II

In Wahrheit ist es würdig und recht, dir, allmächtiger Vater, zu danken und das Werk deiner Gnade zu rühmen durch unseren Herrn Jesus Christus. Denn aus Erbarmen mit uns sündigen Menschen ist er Mensch geworden aus Maria, der Jungfrau. Durch sein Leiden am Kreuz hat er uns vom ewigen Tod befreit und durch seine Auferstehung uns das unvergängliche Leben erworben. Darum preisen dich deine Erlösten und singen mit den Chören der Engel das Lob deiner Herrlichkeit.

EINLADUNG ZUM VATERUNSER

Jesus, du bist unser Bruder geworden. Gemeinsam mit dir beten wir nun zum Vater: Vater unser im Himmel …

EINLADUNG ZUM FRIEDENSGEBET

In der Bergpredigt heißt es: »Selig sind, die Frieden stiften, denn sie werden Gottes Kinder heißen« (Mt 5,9). Im Vertrauen auf Jesus bitten wir nun: Herr Jesus Christus …

KOMMUNIONVERS

Ps 23,5

Herr, du deckst mir den Tisch vor den Augen meiner Feinde. Du füllst mir reichlich den Becher.

Oder: 1 Joh 4,16

Wir haben die Liebe erkannt und an die Liebe geglaubt, die Gott zu uns hat.

SCHLUSSGEBET

Barmherziger Gott, du hast uns alle mit dem einen Brot des Himmels gestärkt. Erfülle uns mit dem Geist deiner Liebe, damit wir ein Herz und eine Seele werden. Darum bitten wir durch Christus, unseren Herrn.

Schlusssegen — Im Jahreskreis II

Der Friede Gottes, der alles Begreifen übersteigt, bewahre eure Herzen und eure Gedanken in der Gemeinschaft mit Christus Jesus.
Das gewähre euch der dreieinige Gott, der Vater und der Sohn † und der Heilige Geist.

»Der Gott der Hoffnung erfülle euch
mit aller Freude und
mit allem Frieden im Glauben,
damit ihr reich werdet an Hoffnung
in der Kraft des Heiligen Geistes.«

Röm 15,13

3. SONNTAG IM JAHRESKREIS
26. Januar 2025

Singet dem Herrn ein neues Lied,
singt dem Herrn, alle Lande!
Hoheit und Pracht sind vor seinem Angesicht,
Macht und Glanz in seinem Heiligtum!
Ps 96 (95),1.6

Was für eine großartige Geste verbirgt sich in den ersten Zeilen des Lukas-Evangeliums! Der Verfasser hat, um einen Bekannten oder Freund tatsächlich in das Hören des Gottes-Wortes zu verlocken, Erkundigungen eingezogen und ein eigenes Evangelium verfasst. Haben wir solch eine Mühe schon mal auf uns genommen, um den Glauben, das Wort Gottes, weiterzusagen? Haben wir Erkundigungen und andere Zeugnisse eingeholt, um sie dann weiterzuschenken? So könnte dieser Sonntag doch ein Anfang sein, ein »Glaubens-Weiter-Schenk-Sonntag«, ein Berichts-Sonntag, ein Erzähl-Sonntag, von dem Wunder, das Gott uns im Leben schenken kann.

KYRIE-RUFE

Unserem Glauben ein Wort zu geben, unserem Glauben die Kraft des Weitersagens zu schenken, das fällt uns oft schwer.
Herr, erbarme dich.
So gib uns, Gott, unser Vater, das Vertrauen darauf, dass auch wir dein Wort finden, dass wir es sammeln und dass wir es aussprechen dürfen.
Christus, erbarme dich.
Und lass uns aus dem Wort, das du in unser Herz und unser Sprechen legen kannst, tatsächlich andere in Liebe für den Glauben und dich gewinnen.
Herr, erbarme dich.

GLORIA (siehe Seite 516f.)

Tagesgebet

Allmächtiger, ewiger Gott, lenke unser Tun nach deinem Willen und gib, daß wir im Namen deines geliebten Sohnes reich werden an guten Werken. Darum bitten wir durch Jesus Christus.

Erste Lesung

Neh 8,2–4a.5–6.8–10

Lesung aus dem Buch Nehemia.

In jenen Tage brachte der Priester Esra die Weisung vor die Versammlung, Männer und Frauen und überhaupt alle, die schon mit Verstand zuhören konnten.
Vom frühen Morgen bis zum Mittag las Esra auf dem Platz vor dem Wassertor den Männern und Frauen und denen, die es verstehen konnten, daraus vor. Das ganze Volk lauschte auf das Buch der Weisung.
Der Schriftgelehrte Esra stand auf einer Kanzel aus Holz, die man eigens dafür errichtet hatte.
Esra öffnete das Buch vor aller Augen; denn er stand höher als das versammelte Volk. Als er das Buch aufschlug, erhoben sich alle.
Dann pries Esra den HERRN, den großen Gott; darauf antworteten alle mit erhobenen Händen: Amen, amen! Sie verneigten sich, warfen sich vor dem HERRN nieder, mit dem Gesicht zur Erde.
Man las aus dem Buch, der Weisung Gottes, in Abschnitten vor und gab dazu Erklärungen, sodass die Leute das Vorgelesene verstehen konnten.
Nehemia, das ist Hattirschata, der Priester und Schriftgelehrte Esra und die Leviten, die das Volk unterwiesen, sagten dann zum ganzen Volk: Heute ist ein heiliger Tag zu Ehren des HERRN, eures Gottes. Seid nicht traurig und weint nicht! Alle Leute weinten nämlich, als sie die Worte der Weisung hörten.
Dann sagte er zu ihnen: Nun geht, haltet ein festliches Mahl und trinkt süßen Wein! Schickt auch denen etwas, die selbst nichts haben; denn heute ist ein heiliger Tag zur Ehre unseres

Herrn. Macht euch keine Sorgen; denn die Freude am HERRN ist eure Stärke.

Wort des lebendigen Gottes.

IMPULS Die Lesung aus dem Buch Nehemia zeigt, wie aus Überlieferung und scheinbar Vergangenem durch gemeinsames Hören lebendiges Wort Gottes entsteht. Ein Wort, das ins Heute spricht und uns verändert. Was wäre das auch heute für ein Glaubensfest, wenn wir das Wort Gottes so verstünden, wie es uns das Buch Nehemia erzählt.

ANTWORTPSALM Ps 19 (18),8.9.10.12 u. 15 (Kv: vgl. Joh 6,63b)

Kv Deine Worte, Herr, sind Geist und Leben. – Kv

Die Weisung des HERRN ist vollkommen und gut, *
sie erquickt den Menschen.
Das Zeugnis des HERRN ist verlässlich, *
den Unwissenden macht es weise. – Kv

Die Befehle des HERRN sind gerade, *
sie erfüllen das Herz mit Freude.
Das Gebot des HERRN ist rein, *
es erleuchtet die Augen. – Kv

Die Furcht des HERRN ist lauter, *
sie besteht für immer.
Die Urteile des HERRN sind wahrhaftig, *
gerecht sind sie alle. – Kv

Auch dein Knecht lässt sich von ihnen warnen; *
reichen Lohn hat, wer sie beachtet.
Die Worte meines Munds mögen dir gefallen; /
was ich im Herzen erwäge, stehe dir vor Augen, *
HERR, mein Fels und mein Erlöser. – Kv

ZWEITE LESUNG 1 Kor 12,12–31a (Kf: 12,12–14.27)

Lesung aus dem ersten Brief des Apostels Paulus an die Gemeinde in Korinth.

Schwestern und Brüder! Wie der Leib einer ist, doch viele Glieder hat, alle Glieder des Leibes aber, obgleich es viele sind, einen einzigen Leib bilden: So ist es auch mit Christus.
Durch den einen Geist wurden wir in der Taufe alle in einen einzigen Leib aufgenommen, Juden und Griechen, Sklaven und Freie; und alle wurden wir mit dem einen Geist getränkt.
Auch der Leib besteht nicht nur aus e i n e m Glied, sondern aus vielen Gliedern. ←
Wenn der Fuß sagt: Ich bin keine Hand, ich gehöre nicht zum Leib!, so gehört er doch zum Leib.
Und wenn das Ohr sagt: Ich bin kein Auge, ich gehöre nicht zum Leib!, so gehört es doch zum Leib.
Wenn der ganze Leib nur Auge wäre, wo bliebe dann das Gehör? Wenn er nur Gehör wäre, wo bliebe dann der Geruchssinn?
Nun aber hat Gott jedes einzelne Glied so in den Leib eingefügt, wie es seiner Absicht entsprach.
Wären alle zusammen nur e i n Glied, wo bliebe dann der Leib?
So aber gibt es viele Glieder und doch nur e i n e n Leib.
Das Auge kann nicht zur Hand sagen: Ich brauche dich nicht.
Der Kopf wiederum kann nicht zu den Füßen sagen: Ich brauche euch nicht.
Im Gegenteil, gerade die schwächer scheinenden Glieder des Leibes sind unentbehrlich.
Denen, die wir für weniger edel ansehen, erweisen wir umso mehr Ehre und unseren weniger anständigen Gliedern begegnen wir mit umso mehr Anstand, während die anständigen das nicht nötig haben. Gott aber hat den Leib so zusammengefügt, dass er dem benachteiligten Glied umso mehr Ehre zukommen ließ, damit im Leib kein Zwiespalt entstehe, sondern alle Glieder einträchtig füreinander sorgen.

Wenn darum e i n Glied leidet, leiden alle Glieder mit; wenn e i n Glied geehrt wird, freuen sich alle Glieder mit. ➡ Ihr aber seid der Leib Christi und jeder Einzelne ist ein Glied an ihm. ⬅
So hat Gott in der Kirche die einen erstens als Apostel eingesetzt, zweitens als Propheten, drittens als Lehrer; ferner verlieh er die Kraft, Machttaten zu wirken, sodann die Gaben, Krankheiten zu heilen, zu helfen, zu leiten, endlich die verschiedenen Arten von Zungenrede.
Sind etwa alle Apostel, alle Propheten, alle Lehrer? Haben alle die Kraft, Machttaten zu wirken?
Besitzen alle die Gabe, Krankheiten zu heilen? Reden alle in Zungen? Können alle übersetzen?
Strebt aber nach den höheren Gnadengaben!

Wort des lebendigen Gottes.

IMPULS Das uns vertraute Bild vom Leib und von den vielen Gliedern hören wir gerne nur ausschnitthaft. Es sind nicht nur die »vornehmen« Teile unseres Körpers gemeint, sondern wirklich der ganze Körper und damit bringt Paulus zum Ausdruck, dass die »ganze Menschheit« gemeint ist ! Aus allen Menschen, egal wo und wie sie leben, formt sich das Reich Gottes in der Zeit, im Jetzt entsteht Kirche und keiner darf dabei vergessen werden und keiner ist dabei unnötig. Würden wir das berücksichtigen, wäre unsere Kirche bunt, lebendig, vielfältig und wirklich ein Leib der sich bewegt – ein Leib der lebt Ausgrenzen, abhacken und übersehen sind nicht die Worte, die uns Paulus ins Herz legt.

Ruf vor dem Evangelium

Vgl. Jes 61,1 (Lk 4,18)

Halleluja. Halleluja.
Der Herr hat mich gesandt,
den Armen die Frohe Botschaft zu bringen
und den Gefangenen die Freiheit zu verkünden.
Halleluja.

EVANGELIUM Lk 1,1–4; 4,14–21

+ Aus dem heiligen Evangelium nach Lukas.

Schon viele haben es unternommen, eine Erzählung über die Ereignisse abzufassen, die sich unter uns erfüllt haben.
Dabei hielten sie sich an die Überlieferung derer, die von Anfang an Augenzeugen und Diener des Wortes waren.
Nun habe auch ich mich entschlossen, nachdem ich allem von Beginn an sorgfältig nachgegangen bin, es für dich, hochverehrter Theophilus, der Reihe nach aufzuschreiben.
So kannst du dich von der Zuverlässigkeit der Lehre überzeugen, in der du unterwiesen wurdest.
In jener Zeit kehrte Jesus, erfüllt von der Kraft des Geistes, nach Galiläa zurück. Und die Kunde von ihm verbreitete sich in der ganzen Gegend.
Er lehrte in den Synagogen und wurde von allen gepriesen.
So kam er auch nach Nazaret, wo er aufgewachsen war, und ging, wie gewohnt, am Sabbat in die Synagoge. Als er aufstand, um vorzulesen, reichte man ihm die Buchrolle des Propheten Jesaja. Er öffnete sie und fand die Stelle, wo geschrieben steht:
Der Geist des Herrn ruht auf mir; denn er hat mich gesalbt.
Er hat mich gesandt, damit ich den Armen eine frohe Botschaft bringe; damit ich den Gefangenen die Entlassung verkünde und den Blinden das Augenlicht; damit ich die Zerschlagenen in Freiheit setze und ein Gnadenjahr des Herrn ausrufe.
Dann schloss er die Buchrolle, gab sie dem Synagogendiener und setzte sich. Die Augen aller in der Synagoge waren auf ihn gerichtet.
Da begann er, ihnen darzulegen: Heute hat sich das Schriftwort, das ihr eben gehört habt, erfüllt.

Evangelium unseres Herrn Jesus Christus.

IMPULS Die ersten Zeilen des Lukas-Evangeliums – sie sind eine großartige Einladung, hineinzugehen in ein Erlebnis, ein Abenteuer, das uns von Gott und den Menschen erzählt. Hinein genommen in diese Landschaft, diese Wanderung und diesen Weg, wird aus dem Hörer und wird aus dem Leser tatsächlich ein Mittäter, ein Mitgeher, ein Miterleber. Das schien Lukas wichtig zu sein und deshalb hat er den Weg und die Wegstrecke, den Schritt und das, was er berichtet, uns angepasst. Angepasst, was sein Hörer verstehen kann, wo er mitgehen kann, und er führt ihn Schritt für Schritt langsam in das Geheimnis ein und in die Schrittfolge, in der er Jesus folgen kann.

CREDO (siehe Seite 520ff.)

FÜRBITTEN

Das Evangelium lädt uns zum Hören und zur Nachfolge ein. So wollen wir bitten:

– Dass wir zu wirklich aufmerksamen Hörern des Wortes werden.

V/A: Christus, höre uns!

– Dass wir lernen, dem Wort Gottes zu folgen.

– Dass wir in der Schrittfolge Christus immer ähnlicher werden.

– Dass wir uns als die verstehen, die in der Nachfolge als Volk Gottes in der Zeit unterwegs sind.

– Dass unser Weg nicht zu Ende geht, wenn wir unsere irdischen Schritte vollenden, sondern dass wir als Hörer des Wortes hinein genommen sind in das ewige Amen.

Darum bitten wir durch Christus, unseren Herrn!

GABENGEBET

Herr, nimm unsere Gaben an und heilige sie, damit sie zum Sakrament der Erlösung werden, das uns Heil und Segen bringt. Darum bitten wir durch Christus, unseren Herrn.

Präfation
Sonntage III

In Wahrheit ist es würdig und recht, dir, Herr, heiliger Vater, allmächtiger, ewiger Gott, immer und überall zu danken. Denn wir erkennen deine Herrlichkeit in dem, was du an uns getan hast: Du bist uns mit der Macht deiner Gottheit zu Hilfe gekommen und hast uns durch deinen menschgewordenen Sohn Rettung und Heil gebracht aus unserer menschlichen Sterblichkeit. So kam uns aus unserer Vergänglichkeit das unvergängliche Leben durch unseren Herrn Jesus Christus. Durch ihn preisen wir jetzt und in Ewigkeit dein Erbarmen und singen mit den Chören der Engel das Lob deiner Herrlichkeit.

Einladung zum Vaterunser

So wie das tägliche Brot, so brauchen wir auch das tägliche Wort. So wie das tägliche Brot brauchen wir den täglichen Versuch, das Wort zu hören und es in der Gemeinschaft des Glaubens Wirklichkeit werden zu lassen. So wollen wir bitten: Vater unser im Himmel …

Einladung zum Friedensgebet

Wenn wir im Jetzt ein wirkliches Glaubenswort hören und aussprechen und wenn wir es weiterschenken, dann ist dies immer auch ein Wort des Friedens und der Weltveränderung. Aus dem Glauben ins Wort genommen, wollen wir das Wort des Friedens weiter sagen. Herr Jesus Christus …

Kommunionvers
Ps 34 (33),6

Blickt auf zum Herrn, so wird euer Gesicht leuchten, und ihr braucht nicht zu erröten.

Oder: Joh 8,12

Ich bin das Licht der Welt – so spricht der Herr. Wer mir nachfolgt, wird nicht in der Finsternis gehen. Er wird das Licht des Lebens haben.

Schlussgebet

Allmächtiger Gott, in deinem Mahl schenkst du uns göttliches Leben. Gib, daß wir dieses Sakrament immer neu als dein großes Geschenk empfangen und aus seiner Kraft leben. Darum bitten wir durch Christus, unseren Herrn.

Schlusssegen

Im Jahreskreis III

Der allmächtige Gott gewähre euch Segen und Heil; er offenbare euch die Wege seiner Weisheit.
Er stärke euren Glauben durch sein Wort und schenke euch die Gnade, nach seinen Geboten zu leben, damit in allem sein Wille geschehe.
Er lenke eure Schritte auf den Weg des Friedens; er mache euch beharrlich im Guten und vollende euch in der Liebe.
Das gewähre euch der allmächtige Gott, der Vater und der Sohn ✝ und der Heilige Geist.

Wann beginne ich zu glauben?
Heute – Morgen – Übermorgen?
Wann, wenn nicht Heute?

Wolfgang Fey

DARSTELLUNG DES HERRN

Fest

2. Februar 2025

Am Festtag der »Darstellung des Herrn« ist es gute Tradition, die Kerzen zu weihen, die über das Jahr in unseren Kirchen brennen. Diese Kerzen lassen uns an verschiedenen Orten, Anlässen und Wegmarken des Lebens das Licht der Liebe Gottes spüren: Der Gott des Alten Bundes, der DA ist und mitgeht mit den Menschen, der sie begleitet auf allen Ab- und Umwegen, sie immer wieder in Seine Nähe ruft und sie Seine Gegenwart spüren lässt. Und der Gott des Neuen Bundes, der uns in Jesus Christus begegnet, uns Brüder und Schwestern im Glauben sein lässt mit Ihm versammelt um einen Tisch. Seine Gegenwart will unseren Alltag erhellen und Licht schenken auch in der Dunkelheit, wie die Kerzen, die wir in Seinem Namen entzünden.
Wenn wir in Lichterprozessionen mit brennenden Kerzen durch die Kirche gehen, folgen wir Seinem Licht und stellen uns mit unserem Lebenslicht unter Seinen Schutz und Segen. Wir gehören nicht uns selbst. Unser Leben ist Geschenk und Auftrag: Licht zu empfangen und Licht für andere zu werden.

KERZENWEIHE

SEGNUNG DER KERZEN

Gott, du Quell und Ursprung allen Lichtes, du hast am heutigen Tag dem greisen Simeon Christus geoffenbart als das Licht zur Erleuchtung der Heiden. Segne † die Kerzen, die wir in unseren Händen tragen und zu deinem Lob entzünden. Führe uns auf dem Weg des Glaubens und der Liebe zu jenem Licht, das nie erlöschen wird. Darum bitten wir durch Christus, unseren Herrn.

Oder:

Gott, du bist das wahre Licht, das die Welt mit seinem Glanz hell macht. Erleuchte auch unsere Herzen, damit alle, die heute mit brennenden Kerzen in deinem heiligen Haus vor dich hintreten, einst das ewige Licht deiner Herrlichkeit schauen. Darum bitten wir durch Christus, unseren Herrn.

MESSFEIER

Wir haben dein Heil empfangen, o Gott,
inmitten deines Tempels.
Wie dein Name, Gott, so reicht dein Ruhm
bis an die Enden der Erde;
deine rechte Hand ist voll von Gerechtigkeit.
Vgl. Ps 48 (47),10–11

KYRIE-RUFE

Herr Jesus Christus, Licht des Lebens.
Herr, erbarme dich.
Du gehst an unserer Seite.
Christus, erbarme dich.
Du machst unsere Dunkelheit hell.
Herr, erbarme dich.

GLORIA (siehe Seite 516f.)

TAGESGEBET

Allmächtiger, ewiger Gott, dein eingeborener Sohn hat unsere menschliche Natur angenommen und wurde am heutigen Tag im Tempel dargestellt. Läutere unser Leben und Denken, damit wir mit reinem Herzen vor dein Antlitz treten. Darum bitten wir durch Jesus Christus.

ERSTE LESUNG — Mal 3,1–4

Lesung aus dem Buch Maleáchi.

So spricht Gott, der HERR: Seht, ich sende meinen Boten; er soll den Weg für mich bahnen. Dann kommt plötzlich zu seinem Tempel der Herr, den ihr sucht, und der Bote des Bundes, den

ihr herbeiwünscht. Seht, er kommt!, spricht der HERR der Heerscharen.
Doch wer erträgt den Tag, an dem er kommt? Wer kann bestehen, wenn er erscheint? Denn er ist wie das Feuer des Schmelzers und wie die Lauge der Walker. Er setzt sich, um das Silber zu schmelzen und zu reinigen: Er reinigt die Söhne Levis, er läutert sie wie Gold und Silber. Dann werden sie dem HERRN die richtigen Opfer darbringen. Und dem HERRN wird das Opfer Judas und Jerusalems angenehm sein wie in den Tagen der Vorzeit, wie in längst vergangenen Jahren.

Wort des lebendigen Gottes.

IMPULS Gott steht zu Seinem Wort. Der erste Satz des Buches Maleáchi beinhaltet die ganze Botschaft: »Ich liebe euch, spricht der HERR« (Mal 1,2). JHWH ist und bleibt Seinem Volk verbunden und wird nicht müde, dieses Versprechen zu erneuern. Auf die drängenden Fragen und Forderungen nach der Verlässlichkeit Seiner Verheißungen antwortet Gott durch die Stimme des »Boten« (Maleáchi): Gott ist da und wird da sein, »seht, er kommt«! Im heutigen Sprachgebrauch könnte man diese Verheißung vielleicht so lesen: »Achte auf deine Wünsche, sie könnten wahr werden.« Denn Maleáchi mahnt aus gutem Grund, die Gegenwart Gottes nicht leichtfertig herbeizureden. Die Zusage Seiner Wiederkunft und Gegenwart gibt es nicht mal eben im Vorbeigehen, nicht beiläufig, sondern nur ganz und gar. Die Begegnung mit JHWH kostet nicht weniger als den ganzen Menschen; die aus vollem Herzen getroffene Entscheidung, sein ganzes Leben Ihm anzuvertrauen und in Sein Licht zu stellen. Dieses Licht mag zuweilen nur eine kleine Flamme in der nächtlichen Dunkelheit unserer Seele sein, aber eben auch das gleißende Licht, das sogar Steine zum Schmelzen bringt. Die Frage des Maleáchi nach den »richtigen Opfern« fragt damals wie heute nach unserer Bereitschaft, Seiner Zusage und Seiner Liebe auch in Krisenzeiten zu vertrauen. ER jedenfalls ist bereit!

ANTWORTPSALM Ps 24 (23),7–8.9–10 (Kv: vgl. 10b)

Kv Der HERR der Heere,
er ist der König der Herrlichkeit. – Kv

Ihr Tore, hebt eure Häupter, /
hebt euch, ihr uralten Pforten, *
denn es kommt der König der Herrlichkeit!
Wer ist dieser König der Herrlichkeit? *
Der HERR, stark und gewaltig,
der HERR, im Kampf gewaltig. – (Kv)

Ihr Tore, hebt eure Häupter, /
hebt euch, ihr uralten Pforten, *
denn es kommt der König der Herrlichkeit!
Wer ist er, dieser König der Herrlichkeit? *
Der HERR der Heerscharen:
Er ist der König der Herrlichkeit. – Kv

ZWEITE LESUNG Hebr 2,11–12.13c–18°

Lesung aus dem Hebräerbrief.

Er, der heiligt, und sie, die geheiligt werden, stammen alle aus Einem; darum schämt er sich nicht, sie Brüder zu nennen und zu sagen: Ich will deinen Namen meinen Brüdern verkünden, inmitten der Gemeinde dich preisen; und ferner: Siehe, ich und die Kinder, die Gott mir geschenkt hat.
Da nun die Kinder von Fleisch und Blut sind, hat auch er in gleicher Weise daran Anteil genommen, um durch den Tod den zu entmachten, der die Gewalt über den Tod hat, nämlich den Teufel, und um die zu befreien, die durch die Furcht vor dem Tod ihr Leben lang der Knechtschaft verfallen waren.
Denn er nimmt sich keineswegs der Engel an, sondern der Nachkommen Abrahams nimmt er sich an.
Darum musste er in allem seinen Brüdern gleich sein, um ein barmherziger und treuer Hohepriester vor Gott zu sein und die Sünden des Volkes zu sühnen. Denn da er gelitten hat und

selbst in Versuchung geführt wurde, kann er denen helfen, die in Versuchung geführt werden.

Wort des lebendigen Gottes.

IMPULS Der Verfasser des Hebräerbriefes bringt es hier auf den Punkt: Wenn Furcht das Leben bestimmt, kann der Mensch nicht frei sein.

Beziehungen, die von Furcht dominiert werden, können nicht wachsen und Menschen können sich einander nicht unbeschwert und vorbehaltlos zuwenden.

Leben wird dann eine Art »Schattendasein«, ohne Zuversicht und Vertrauen und damit letztlich auch ohne Zukunft. Ende und Aus, der Tod jeder Beziehung. Eine wahrhaft teuflische Perspektive!

Dagegen steht Gottes Wille und Schöpfungswerk, in dem Er als Erstes das Licht von der Dunkelheit getrennt hat. Licht im Leben der Menschen bedeutet miteinander in Beziehung zu sein »in der Freiheit der Kinder Gottes« (Röm 8,21). Das ist Gottes Wille und diesen Weg ist Er gegangen in unser Leben hinein: Christus hat sich der Gottferne, Furcht und Einsamkeit ausgesetzt bis in die letzte Konsequenz des Todes. Und durch die tiefste Dunkelheit hindurch in das »Dahinter« – hinter der Grenze unseres Daseins ist nicht Nichts. Da ist eben nicht das Ende, nicht die Trennung von Gott, kein Beziehungsabbruch, keine leeren Versprechungen. Als Christi Schwestern und Brüder sind wir mit Ihm Kinder Gottes. So schlicht die Worte auch klingen mögen, so unsagbar groß ist doch ihre Botschaft: Wir sind Kinder Gottes, ohne Vorbehalte angenommen und geliebt und deshalb innerlich frei, und Er lässt keines Seiner Geschöpfe verloren gehen.

Der »Teufel« personifiziert eine Macht, die uns aus dieser Verbindung herausreißen will. Die nicht auf Vertrauen setzt, sondern Zweifel und Angst schürt vor der eigenen Ohnmacht angesichts drohender Bedeutungslosigkeit und Leere. In dieser Furcht gefangen, droht ein wahrhaft diabolischer Kreislauf aus Misstrauen und Sinnlosigkeit.

Jesus setzt sein ganzes Dasein, seine Person, Worte, Taten und sein ganzes Herz dagegen: Gottes Wille ist Heil und Heilung. Nicht hilflos und zerrissen dem Bösen ausgesetzt, sondern gestärkt und miteinander verbunden in Gemeinschaft, Vertrauen und Liebe. Leben über den Tod hinaus.

Ruf vor dem Evangelium — Vgl. Lk 2,32

Halleluja. Halleluja.
Ein Licht, das die Heiden erleuchtet,
und Herrlichkeit für das Volk Israel.
Halleluja.

Evangelium — Lk 2,22–40

+ Aus dem heiligen Evangelium nach Lukas.

Als sich für die Eltern Jesu die Tage der vom Gesetz des Mose vorgeschriebenen Reinigung erfüllt hatten, brachten sie das Kind nach Jerusalem hinauf, um es dem Herrn darzustellen, wie im Gesetz des Herrn geschrieben ist: Jede männliche Erstgeburt soll dem Herrn heilig genannt werden. Auch wollten sie ihr Opfer darbringen, wie es das Gesetz des Herrn vorschreibt: ein Paar Turteltauben oder zwei junge Tauben.

Und siehe, in Jerusalem lebte ein Mann namens Símeon.

Dieser Mann war gerecht und fromm und wartete auf den Trost Israels und der Heilige Geist ruhte auf ihm. Vom Heiligen Geist war ihm offenbart worden, er werde den Tod nicht schauen, ehe er den Christus des Herrn gesehen habe.

Er wurde vom Geist in den Tempel geführt; und als die Eltern das Kind Jesus hereinbrachten, um mit ihm zu tun, was nach dem Gesetz üblich war, nahm Símeon das Kind in seine Arme und pries Gott mit den Worten:

Nun lässt du, Herr, deinen Knecht, wie du gesagt hast, in Frieden scheiden. Denn meine Augen haben das Heil gesehen, das du vor allen Völkern bereitet hast, ein Licht, das die Heiden erleuchtet, und Herrlichkeit für dein Volk Israel.

Sein Vater und seine Mutter staunten über die Worte, die über Jesus gesagt wurden. Und Símeon segnete sie und sagte zu Maria, der Mutter Jesu: Siehe, dieser ist dazu bestimmt, dass in Israel viele zu Fall kommen und aufgerichtet werden, und er wird ein Zeichen sein, dem widersprochen wird, – und deine Seele wird ein Schwert durchdringen. So sollen die Ge danken vieler Herzen offenbar werden.
Damals lebte auch Hanna, eine Prophetin, eine Tochter Pénuëls, aus dem Stamm Ascher. Sie war schon hochbetagt.
Als junges Mädchen hatte sie geheiratet und sieben Jahre mit ihrem Mann gelebt; nun war sie eine Witwe von vierundachtzig Jahren. Sie hielt sich ständig im Tempel auf und diente Gott Tag und Nacht mit Fasten und Beten.
Zu derselben Stunde trat sie hinzu, pries Gott und sprach über das Kind zu allen, die auf die Erlösung Jerusalems warteten.
Als seine Eltern alles getan hatten, was das Gesetz des Herrn vorschreibt, kehrten sie nach Galiläa in ihre Stadt Nazaret zurück. Das Kind wuchs heran und wurde stark, erfüllt mit Weisheit, und Gottes Gnade ruhte auf ihm.

Evangelium unseres Herrn Jesus Christus.

Oder: Kurzfassung Lk 2,22–32

+ Aus dem heiligen Evangelium nach Lukas.

Als sich für die Eltern Jesu die Tage der vom Gesetz des Mose vorgeschriebenen Reinigung erfüllt hatten, brachten sie das Kind nach Jerusalem hinauf, um es dem Herrn darzustellen, wie im Gesetz des Herrn geschrieben ist: Jede männliche Erstgeburt soll dem Herrn heilig genannt werden. Auch wollten sie ihr Opfer darbringen, wie es das Gesetz des Herrn vorschreibt: ein Paar Turteltauben oder zwei junge Tauben.
Und siehe, in Jerusalem lebte ein Mann namens Símeon.
Dieser Mann war gerecht und fromm und wartete auf den Trost Israels und der Heilige Geist ruhte auf ihm. Vom Heiligen Geist

war ihm offenbart worden, er werde den Tod nicht schauen, ehe er den Christus des Herrn gesehen habe.
Er wurde vom Geist in den Tempel geführt; und als die Eltern das Kind Jesus hereinbrachten, um mit ihm zu tun, was nach dem Gesetz üblich war, nahm Símeon das Kind in seine Arme und pries Gott mit den Worten:
Nun lässt du, Herr, deinen Knecht, wie du gesagt hast, in Frieden scheiden. Denn meine Augen haben das Heil gesehen, das du vor allen Völkern bereitet hast, ein Licht, das die Heiden erleuchtet, und Herrlichkeit für dein Volk Israel.

Evangelium unseres Herrn Jesus Christus.

IMPULS Heute dürfen wir noch einmal staunen über das Wunder der Menschwerdung Gottes, als Maria und Josef das Jesuskind in den Tempel tragen. Sie bringen das rituelle Reinigungsopfer dar, so wie es das mosaische Gesetz vorschreibt, denn sie stehen fest auf dem Boden ihres jüdischen Glaubens, ihr Gott ist JHWH. Sie vertrauen Seinem Versprechen, dass Er DA ist und mitgeht mit Seinem Volk. Dieses Vertrauen bestätigen sie, indem sie das Kind im Tempel »darstellen«, wie es im Evangelium heißt. Mit diesem Kind verbindet sich ihr Glaube, ihre gemeinsame Geschichte, ihr ganzes Leben. All das stellen sie unter Seinen Segen und machen deutlich: Wir gehören nicht uns selbst, dieses Kind gehört nicht uns – wir verdanken uns, unser Leben und dieses Kind Gott. Es ist Gottes Geschenk und zugleich Sein Auftrag: Seid füreinander da und sorgt füreinander.
Was mag Maria gedacht und gefühlt haben angesichts der Reaktionen von Simeon und Hanna? Vielleicht hat auch sie einmal mehr gestaunt über Gottes Plan. Und vielleicht wurde ihr Vertrauen gestärkt durch die Worte der beiden Alten. Beide wurden beim Anblick des Kindes vom Heiligen Geist erfüllt und spürten: Das ist ER, der Christus. Ihr Lebenskreis schließt sich an dieser Stelle in Freude, Dankbarkeit und dem stillen Einverständnis, jetzt alles zurück in Gottes Hände legen zu dürfen.

Die Worte des Simeon, »Nun lässt du, Herr, deinen Knecht in Frieden scheiden. Denn meine Augen haben das Heil gesehen...« sind zum festen Ritual im Abendgebet der Kirche geworden: Frieden und Heil für alle Menschen durch Christus. Mögen auch wir uns staunend unter diese Segensworte stellen und unser Leben und alle Menschen IHM darstellen und anvertrauen, der DA ist und mitgeht.

CREDO (siehe Seite 520ff.) [Am Sonntag]

FÜRBITTEN

Herr Jesus Christus, du bist mit deinem ganzen Leben Gott entgegengegangen und rufst uns auf, dir zu folgen. Wir bitten dich:

V/A: Lass dein Licht leuchten.

– Wir beten für alle Menschen, deren Leben bedroht ist, die unter Gewalt, Hunger und Armut leiden, und bitten dich:

– Wir beten für alle Regierenden, die bei ihren Entscheidungen große Verantwortung tragen, und bitten dich:

– Wir beten für alle Eltern, die in Sorge sind um das Wohlergehen ihrer Kinder, und bitten dich:

– Wir beten für alle Familien, in denen Konflikte, Krankheit, Sorgen und fehlende Fürsorge das Zusammenleben belasten, und bitten dich:

– Wir beten für unserer verstorbenen Angehörigen und für alle Menschen, die wissen, dass sie bald sterben werden, und bitten dich:

Herr Jesus Christus, in deinem Licht suchen wir Orientierung und Sicherheit für unser Leben. Wir vertrauen dir unsere Sorgen an, denn dein Licht leuchtet in Zeit und Ewigkeit. Amen

Gabengebet

Allmächtiger Gott, nach deinem Ratschluß hat dein eigener Sohn sich als makelloses Lamm für das Leben der Welt geopfert. Nimm die Gabe an, die deine Kirche in festlicher Freude darbringt. Darum bitten wir durch Christus, unseren Herrn.

Präfation

Vom Tag

In Wahrheit ist es würdig und recht, dir, Herr, heiliger Vater, allmächtiger, ewiger Gott, immer und überall zu danken. Denn heute hat die jungfräuliche Mutter deinen ewigen Sohn zum Tempel getragen; Simeon, vom Geist erleuchtet, preist ihn als Ruhm deines Volkes Israel, als Licht zur Erleuchtung der Heiden. Darum gehen auch wir dem Erlöser freudig entgegen und singen mit den Engeln und Heiligen das Lob deiner Herrlichkeit.

Einladung zum Vaterunser

Denn meine Augen haben das Heil gesehen, das du allen Völkern bereitet hast: Wir sind versammelt in seinem Namen mit Christus in unserer Mitte. Lasst uns gemeinsam beten mit seinen Worten: Vater unser im Himmel …

Einladung zum Friedensgebet

Christus hat den Menschen die Augen geöffnet und Wege zum Frieden vorgelebt. So bitten wir: Herr Jesus Christus …

Kommunionvers

Lk 2,30–31

Meine Augen haben das Heil gesehen, das du vor allen Völkern bereitet hast.

Schlussgebet

Barmherziger Gott, stärke unsere Hoffnung durch das Sakrament, das wir empfangen haben, und vollende in uns das Werk deiner Gnade. Du hast die Erwartung Simeons erfüllt und ihn

Christus schauen lassen. Erfülle auch unser Verlangen: Laß uns Christus entgegengehen und in ihm das ewige Leben finden, der mit dir lebt und herrscht in alle Ewigkeit.

Schlusssegen

Im Jahreskreis I

Der Herr segne euch und behüte euch; der Herr lasse sein Angesicht über euch leuchten und sei euch gnädig; er wende euch sein Antlitz zu und schenke euch seinen Frieden.
Das gewähre euch der dreieinige Gott, der Vater und der Sohn ✝ und der Heilige Geist. Amen.

In aller Zerrissenheit
im Nebel
von Ohnmacht und Erinnerung
im Kreislauf
von Verletzung und Anklage

Licht sehen
Bruchstücke finden

Und staunen
über die Scherben
neu sehen was ist

unvollkommen und schön

Angela Boog

5. SONNTAG IM JAHRESKREIS
9. Februar 2025

Kommt, lasst uns niederfallen,
uns verneigen vor dem Herrn, unserem Schöpfer!
Denn er ist unser Gott.
Ps 95 (94),6–7

In den Texten des heutigen Sonntags begegnen uns verschiedene Berufungsgeschichten. Es fällt auf, dass die Berufenen, Jesaja, Paulus und die Jünger Simon, Jakobus und Johannes, immer auch als diejenigen erkennbar werden, die nicht perfekt sind: Sie bekennen ihre Sünden und ihre Zweifel. Dennoch münden all diese Berufungsgeschichten in ein mutiges Bekenntnis und Lebenszeugnis. Zwischen den eigenen Zweifeln und dem Bekenntnis der Berufenen steht dabei immer das Handeln Gottes, welches zeigt, dass Gott den Menschen Vergebung, Kraft und Gnade schenkt. Im Wissen um diese gute, vergebene Macht Gottes kann Jesaja sagen: »Hier bin ich, sende mich!« (Jes 6,8)
Im Psalm der heutigen Liturgie heißt es: »Du weckst Kraft in meiner Seele« (Ps 138,3). Gott weckt Kraft in unserer Seele. Jeden einzelnen von uns trägt er in seiner Berufungsgeschichte und mit seinen Zweifeln. Wenn wir auf sein Handeln vertrauen, werden auch wir immer wieder mutig sagen können »Hier bin ich, sende mich!« (Jes 6,8)

Kyrie-Rufe

Herr Jesus Christus, du hast uns berufen dir nachzufolgen.
Herr, erbarme dich.
Du schenkst uns Vergebung und nimmst uns die Angst vor Schuld und Fehlern.
Christus, erbarme dich.
Bei dir finden wir Kraft in Zweifel und Unsicherheit.
Herr, erbarme dich.

Gloria (siehe Seite 516f.)

Tagesgebet

Gott, unser Vater, wir sind dein Eigentum und setzen unsere Hoffnung allein auf deine Gnade. Bleibe uns nahe in jeder Not und Gefahr und schütze uns. Darum bitten wir durch Jesus Christus.

Erste Lesung Jes 6,1–2a.3–8

Lesung aus dem Buch Jesaja.

Im Todesjahr des Königs Usija, da sah ich den Herrn auf einem hohen und erhabenen Thron sitzen und die Säume seines Gewandes füllten den Tempel aus.
Serafim standen über ihm.
Und einer rief dem anderen zu und sagte: Heilig, heilig, heilig ist der HERR der Heerscharen. Erfüllt ist die ganze Erde von seiner Herrlichkeit.
Und es erbebten die Türzapfen in den Schwellen vor der Stimme des Rufenden und das Haus füllte sich mit Rauch.
Da sagte ich: Weh mir, denn ich bin verloren. Denn ein Mann unreiner Lippen bin ich und mitten in einem Volk unreiner Lippen wohne ich, denn den König, den HERRN der Heerscharen, haben meine Augen gesehen.
Da flog einer der Serafim zu mir und in seiner Hand war eine glühende Kohle, die er mit einer Zange vom Altar genommen hatte.
Er berührte damit meinen Mund und sagte: Siehe, dies hat deine Lippen berührt, so ist deine Schuld gewichen und deine Sünde gesühnt.
Da hörte ich die Stimme des Herrn, der sagte: Wen soll ich senden? Wer wird für uns gehen? Ich sagte: Hier bin ich, sende mich!

Wort des lebendigen Gottes.

IMPULS Angesichts der Herrlichkeit und Macht Gottes ist Jesaja von Zweifeln und Schuldgefühlen geplagt. Als »Mann unreiner

Lippen« aus einem »Volk unreiner Lippen« bezeichnet er sich selbst. Jesaja fühlt sich unwürdig und verloren. Durch die beschriebene Handlung des Serafims an ihm, welche die Vergebung durch Gott zum Ausdruck bringt, kommt Jesaja jedoch zu einem Bekenntnis, welches in seiner Klarheit und Eindeutigkeit Mut und Stärke zum Ausdruck bringt: »Hier bin ich, sende mich!« In diesem Bekenntnis steckt vieles: ›Hier bin ich‹ heißt: Hier bin ich mit allen Stärken und Schwächen; hier bin ich mit aller Sicherheit und allen Zweifeln; hier bin ich mit aller Angst und aller Freude. ›Sende mich‹ heißt: Sende mich an den Platz, den du für mich vorgesehen hast; sende mich und ich vertraue darauf, dass du mit mir gehst; sende mich, damit ich dein Wort verkünde, so gut ich es kann. Jesajas Weg von seinen Zweifeln hin zu seinem mutigen »Hier bin ich, sende mich« zeigt auch uns, dass wir unseren Berufungsweg vertrauend gehen müssen. Wenn wir auf Gottes vergebende und tragende Liebe vertrauen, wird auch in uns jene mutige Klarheit wachsen, welche uns jeden Weg unserer Sendung gehen lässt.

ANTWORTPSALM Ps 138 137),1–2b.2c–3.4–5.7c–8 (Kv: vgl. 1b)

Kv Vor den Engeln will ich dir singen und spielen, o Herr. – Kv

Ich will dir danken mit meinem ganzen Herzen, *
dir vor den Engeln singen und spielen.
Ich will mich niederwerfen zu deinem heiligen Tempel hin, *
will deinem Namen danken für deine Huld und für deine Treue.
– Kv

Denn du hast dein Wort größer gemacht *
als deinen ganzen Namen.
Am Tag, da ich rief, gabst du mir Antwort, *
du weckst Kraft in meiner Seele. – Kv

Dir, HERR, sollen alle Könige der Erde danken, *
wenn sie die Worte deines Munds hören.
Sie sollen singen auf den Wegen des HERRN. *
Die Herrlichkeit des HERRN ist gewaltig. – Kv

Du streckst deine Hand aus, *
deine Rechte hilft mir.
Der HERR wird es für mich vollenden. /
HERR, deine Huld währt ewig. *
Lass nicht ab von den Werken deiner Hände! – Kv

ZWEITE LESUNG 1 Kor 15,1–11 (15,3–8.11)

Lesung aus dem ersten Brief des Apostels Paulus an die Gemeinde in Korinth.

Ich erinnere euch, Brüder und Schwestern, an das Evangelium, das ich euch verkündet habe. Ihr habt es angenommen; es ist der Grund, auf dem ihr steht.
Durch dieses Evangelium werdet ihr gerettet werden, wenn ihr festhaltet an dem Wort, das ich euch verkündet habe, es sei denn, ihr hättet den Glauben unüberlegt angenommen.
➡ Denn vor allem habe ich euch überliefert, was auch ich empfangen habe: Christus ist für unsere Sünden gestorben, gemäß der Schrift, und ist begraben worden. Er ist am dritten Tag auferweckt worden, gemäß der Schrift, und erschien dem Kephas, dann den Zwölf.
Danach erschien er mehr als fünfhundert Brüdern zugleich; die meisten von ihnen sind noch am Leben, einige sind entschlafen. Danach erschien er dem Jakobus, dann allen Aposteln. Zuletzt erschien er auch mir, gleichsam der Missgeburt. ⬅
Denn ich bin der Geringste von den Aposteln; ich bin nicht wert, Apostel genannt zu werden, weil ich die Kirche Gottes verfolgt habe.
Doch durch Gottes Gnade bin ich, was ich bin, und sein gnädiges Handeln an mir ist nicht ohne Wirkung geblieben. Mehr als sie alle habe ich mich abgemüht – nicht ich, sondern die Gnade Gottes zusammen mit mir.
➡ Ob nun ich verkünde oder die anderen: Das ist unsere Botschaft und das ist der Glaube, den ihr angenommen habt. ⬅

Wort des lebendigen Gottes.

IMPULS Paulus bekennt in diesen Versen an die Gemeinde in Korinth seine Vergangenheit als Sünder und Verfolger der Kirche Gottes. Zwischen dieser Vergangenheit als Saulus und seinem apostolischen Wirken als Paulus steht, so verdeutlicht Paulus, die Gnade Gottes und Gottes gnädiges Handeln an ihm. Dieses gnädige Handeln an ihm ließ ihn die Wahrheit des Evangeliums erkennen und schenkte ihm Kraft und Mut für einen Neuanfang. Doch das gnädige Handeln Gottes an ihm war nicht nur ein punktuelles Ereignis. Gottes Gnade, davon ist Paulus überzeugt, ist immer an seiner Seite und ermächtigt ihn zu seinem Wirken: »Mehr als sie alle habe ich mich abgemüht – nicht ich, sondern die Gnade Gottes zusammen mit mir.« (1 Kor 15,10). Zusammen mit Gott an seiner Seite, gestärkt und ermächtigt durch Gottes tragende Gnade und Liebe vermag es Paulus, sich »abzumühen« und das Evangelium zu verkünden.

Ruf vor dem Evangelium Mt 4,19

Halleluja. Halleluja.
(So spricht der Herr:)
Kommt her, mir nach!
Ich werde euch zu Menschenfischern machen.
Halleluja.

Evangelium Lk 5,1–11

+ Aus dem heiligen Evangelium nach Lukas.

In jener Zeit, als die Volksmenge Jesus bedrängte und das Wort Gottes hören wollte, da stand er am See Gennesaret und sah zwei Boote am See liegen. Die Fischer waren aus ihnen ausgestiegen und wuschen ihre Netze.

Jesus stieg in eines der Boote, das dem Simon gehörte, und bat ihn, ein Stück weit vom Land wegzufahren. Dann setzte er sich und lehrte das Volk vom Boot aus.

Als er seine Rede beendet hatte, sagte er zu Simon: Fahr hinaus, wo es tief ist, und werft eure Netze zum Fang aus!

Simon antwortete ihm: Meister, wir haben die ganze Nachtgearbeitet und nichts gefangen. Doch auf dein Wort hin werde ich die Netze auswerfen.
Das taten sie und sie fingen eine große Menge Fische; ihre Netze aber drohten zu reißen.
Und sie gaben ihren Gefährten im anderen Boot ein Zeichen, sie sollten kommen und ihnen helfen. Sie kamen und füllten beide Boote, sodass sie fast versanken.
Als Simon Petrus das sah, fiel er Jesus zu Füßen und sagte: Geh weg von mir; denn ich bin ein sündiger Mensch, Herr!
Denn Schrecken hatte ihn und alle seine Begleiter ergriffen über den Fang der Fische, den sie gemacht hatten; ebenso auch Jakobus und Johannes, die Söhne des Zebedäus, die mit Simon zusammenarbeiteten. Da sagte Jesus zu Simon: Fürchte dich nicht! Von jetzt an wirst du Menschen fangen.
Und sie zogen die Boote an Land, verließen alles und folgten ihm nach.

Evangelium unseres Herrn Jesus Christus.

IMPULS Bei der Berufung des Petrus und der Söhne des Zebedäus fallen besonders drei Aspekte ins Auge: die Tatsache, dass Petrus und die anderen auf das Wort Jesu hin die Netze auswerfen; das Bekenntnis des Petrus, ein sündiger Mensch zu sein; und die Entscheidung des Petrus und der anderen Jünger zur Nachfolge.
Jedem dieser Schlüsselmomente geht eine besondere Handlung der Berufenen voraus und besonders Petrus können wir hier in den Blick nehmen: Nach einer durcharbeiteten Nacht erkennt Petrus, dass es sich lohnt, auf das Wort Jesu hin noch einmal, trotz aller Müdigkeit und Enttäuschung, die Netze auszuwerfen. Petrus trifft diese Entscheidung im Vertrauen auf das Wort und die Kraft Jesu. Das Sündenbekenntnis nach dem unvorstellbaren und erschreckend großen Fischfang kann Petrus aufgrund einer tiefen Erkenntnis sprechen. Petrus hat erkannt, wer Jesus ist und wie groß die Gnade ist, welche von ihm ausgeht. Diesem Erkennen folgt die Zusage durch Jesus: »Von jetzt an wirst du Menschen fangen.« (Lk

5,10) Diese Zusage erwidern Petrus und auch die anderen beiden Jünger mit Hingabe. Sie lassen alles zurück und folgen Jesus nach. Vertrauen, Erkenntnis und Hingabe – diese Schritte musste Petrus in seiner Berufungsgeschichte gehen. Jeder einzelne dieser Schritte kostete Kraft und Mut. Auf seinem Weg hin zur vollen Hingabe und Nachfolge war Petrus getragen von der Gnade und Liebe Gottes. Diese Berufungsgeschichte des Petrus verdeutlicht, wie auch die anderen Berufungsgeschichten die wir am heutigen Sonntag hören, dass Berufungsgeschichten von unvorstellbarem Mut und unendlich großer Kraft zeugen – wenn Gott ruft wird eben alles möglich!

CREDO (siehe Seite 520ff.)

FÜRBITTEN

Herr Jesus Christus, du rufst uns in deine Nachfolge. Als deine Jüngerinnen und Jünger wollen auch wir im Gebet jene Menschen bedenken, die Hilfe und Beistand benötigen. So kommen wir mit unseren Anliegen zu dir.

V: Jesus, du schenkst Kraft, Vergebung und Heil. A: Wir bitten dich, erhöre uns.

– Für alle Kinder die in Not und Angst aufwachsen: Um Menschen, die sie begleiten, die ihnen helfen und so etwas von der bedrückenden Last für sie mittragen.

– Für alle Menschen, die schwere Schuld auf sich geladen haben und keinen Weg sehen, wie sie mit dieser Schuld leben können: Um Vertrauen und Mut für einen Neuanfang.

– Für alle Menschen, die keinen Zugang zu deiner Botschaft haben oder finden können: Dass sie Menschen begegnen, die in guter und beeindruckender Weise von dir Zeugnis geben.

– Für deine Kirche: Um Wachsamkeit für das Wirken des Heiligen Geistes.

– Für alle kranken und sterbenden Menschen und für all jene, die sich Tag für Tag um sie kümmern: Um Kraft und tragende Freude für diese schwere Aufgabe.

Jesus, in deiner Nachfolge wollen wir so leben, dass wir andere für deine Botschaft begeistern können. Begleite und trage uns alle auf dem Weg mit dir, damit wir als Gemeinschaft ein gutes und kraftvolles Zeugnis für dich und deine frohe Botschaft geben können. Wir preisen dich und danken dir, heute und alle Tage unseres Lebens. Amen.

Gabengebet

Herr, unser Gott, du hast Brot und Wein geschaffen, um uns Menschen in diesem vergänglichen Leben Nahrung und Freude zu schenken. Mache diese Gaben zum Sakrament, das uns ewiges Leben bringt. Darum bitten wir durch Christus, unseren Herrn.

Präfation

Sonntage V

In Wahrheit ist es würdig und recht, dir, allmächtiger Vater, zu danken und dich mit der ganzen Schöpfung zu loben. Denn du hast die Welt mit all ihren Kräften ins Dasein gerufen und sie dem Wechsel der Zeit unterworfen. Den Menschen aber hast du auf dein Bild hin geschaffen und ihm das Werk deiner Allmacht übergeben. Du hast ihn bestimmt, über die Erde zu herrschen, dir, seinem Herrn und Schöpfer zu dienen und das Lob deiner großen Taten zu verkünden durch unseren Herrn Jesus Christus. Darum singen wir mit den Engeln und Erzengeln, den Thronen und Mächten und mit all den Scharen des himmlischen Heeres den Hochgesang von deiner göttlichen Herrlichkeit.

Einladung zum Vaterunser

Wir alle sind dazu berufen, als Kinder Gottes in dieser Welt das Evangelium zu verkünden. Mit den Worten Jesu beten wir zum Vater: Vater unser im Himmel …

Einladung zum Friedensgebet

In der Nachfolge Jesu sind wir Boten des Friedens und der Versöhnung. Deshalb bitten wir: Herr Jesus Christus …

Kommunionvers

Ps 107 (106),8–9

Wir wollen dem Herrn danken für seine Huld, für sein wunderbares Tun an den Menschen, weil er die hungernde Seele mit seinen Gaben erfüllt hat.

Oder: Mt 5,4.6

Selig, die trauern; denn sie werden getröstet werden. Selig, die hungern und dürsten nach der Gerechtigkeit; denn sie werden satt werden.

Schlussgebet

Barmherziger Gott, du hast uns teilhaben lassen an dem einen Brot und dem einen Kelch. Laß uns eins werden in Christus und Diener der Freude sein für die Welt. Darum bitten wir durch Christus, unseren Herrn.

Schlusssegen

Im Jahreskreis V

Gott, der allmächtige Vater, segne euch; er bewahre euch vor Unheil und Schaden.

Er öffne eure Herzen für sein göttliches Wort und bereite sie für die unvergänglichen Freuden.

Er lasse euch erkennen, was zum Heile dient, und führe euch auf dem Weg seiner Gebote zur Gemeinschaft der Heiligen.

Das gewähre euch der dreieinige Gott, der Vater und der Sohn † und der Heilige Geist.

»Hier bin ich«
dürfen wir sagen und vertrauen,
dass Gott uns trägt
in aller Leichtigkeit und aller Schwere unseres Lebens;
durch alle Zweifel hindurch
hin zu der Einsicht, die immer schon da war:
Du schenkst mir die Kraft zu allem Guten
und den Mut zu jeder Tat der Liebe.

Jessica Bohn

6. SONNTAG IM JAHRESKREIS
16. Februar 2025

Sei mir ein schützender Fels,
eine feste Burg, die mich rettet.
Denn du bist mein Fels und meine Burg;
um deines Namens willen wirst du mich führen und leiten.
Ps 31 (30),3–4

Wir Menschen des 21. Jahrhunderts, im Herzen Europas lebend, verfügen über so viele Möglichkeiten, ein gutes und sinnvolles Leben zu führen. Doch ein Gefühl von Dankbarkeit, Zufriedenheit oder Freude auf die Zukunft will sich nicht einstellen. Wir müssen erfahren, dass Gewalt und Krieg wieder zu Mitteln der Politik geworden sind. Das vermeintliche Recht des Stärkeren wird rücksichtslos durchgesetzt. Populisten schüren Ängste und bieten für alles einfache Lösungen an. Selbst die Privatsphäre als letzter Hort der Sicherheit ist im Schwinden begriffen. Wer digital unterwegs ist, kann jederzeit ausgespäht und manipuliert werden. Ist George Orwells negative Utopie eines Staates, in dem der »Große Bruder« alles sieht, bereits Wirklichkeit geworden, ohne dass wir es merken? Es liegt an uns, ob wir menschliche Totalitarismen zulassen. Die »Sicherheit«, die jene uns versprechen, macht uns in Wahrheit zu modernen Sklaven. Sicherheit, die ihren Namen verdient, kann nur Gott gewähren. Wer ihm vertraut, wird vor den Stürmen des Lebens zwar nicht bewahrt, aber er darf sicher sein, dass Gott ihn schützt und letztlich zu einem Leben in Fülle und Freude führen wird.

Kyrie-Rufe

Herr Jesus Christus, du willst, dass wir das Leben haben und es in Fülle haben.
Herr, erbarme dich.
Du sprichst uns dauerhafte Glückseligkeit zu.
Christus, erbarme dich.
Herr Jesus Christus, du bist der tiefste Grund unserer Freude.
Herr, erbarme dich.

GLORIA (siehe Seite 516f.)

TAGESGEBET

Gott, du liebst deine Geschöpfe, und es ist deine Freude, bei den Menschen zu wohnen. Gib uns ein neues und reines Herz, das bereit ist, dich aufzunehmen. Darum bitten wir durch Jesus Christus, deinen Sohn, unseren Herrn und Gott, der in der Einheit des Heiligen Geistes mit dir lebt und herrscht in alle Ewigkeit.

ERSTE LESUNG Jer 17,5–8

Lesung aus dem Buch Jeremia.

So spricht der HERR: Verflucht der Mensch, der auf Menschen vertraut, auf schwaches Fleisch sich stützt und dessen Herz sich abwendet vom HERRN.
Er ist wie ein Strauch in der Steppe, der nie Regen kommen sieht; er wohnt auf heißem Wüstenboden, im Salzland, das unbewohnbar ist.
Gesegnet der Mensch, der auf den HERRN vertraut und dessen Hoffnung der HERR ist.
Er ist wie ein Baum, der am Wasser gepflanzt ist und zum Bach seine Wurzeln ausstreckt: Er hat nichts zu fürchten, wenn Hitze kommt; seine Blätter bleiben grün; auch in einem trockenen Jahr ist er ohne Sorge, er hört nicht auf, Frucht zu tragen.

Wort des lebendigen Gottes.

IMPULS Wer oder was gibt meinen Leben Richtung und Sinn? Auf diese zentrale menschliche Frage antwortet der Prophet Jeremia mit einem Gotteswort. Das lässt mich zwischen zwei Möglichkeiten wählen. Entweder lege ich mein Vertrauen ganz in Menschen, die nach der biblischen Schöpfungserzählung immerhin nach dem Bild Gottes gemacht sind (Gen 1,27) oder ich lege es ganz in Gott. Im ersten Fall begebe ich mich in eine Sackgasse, im zweiten Fall in eine blühende Weite. So weit so gut! Die menschliche Erfahrung kennt indessen aber Beispiele, die der positiven Gottesrede zuwiderlaufen, und zwar dann, wenn fromme Menschen ein schweres Leben führen müssen, gottlosen Menschen hingegen das Leben leicht und gut gelingt. Muss ich als gläubiger Mensch an dieser gefühlten Ungerechtigkeit verzweifeln? Nein! Ich möchte vielmehr der Zusage Gottes trauen, dass er letztlich das Gute für alle wirkt!

Antwortpsalm

Ps 1,1–2.3.4 u. 6 (Kv: vgl. Jer 17,7)

Kv Gesegnet, wer auf den Herrn sich verlässt. – Kv

Selig der Mann, der nicht nach dem Rat der Frevler geht, /
nicht auf dem Weg der Sünder steht, *
nicht im Kreis der Spötter sitzt,
sondern sein Gefallen hat an der Weisung des Herrn, *
bei Tag und bei Nacht über seine Weisung nachsinnt. – Kv

Er ist wie ein Baum,
gepflanzt an Bächen voll Wasser, /
der zur rechten Zeit seine Frucht bringt *
und dessen Blätter nicht welken.
Alles, was er tut, *
es wird ihm gelingen. – Kv

Nicht so die Frevler: *
Sie sind wie Spreu, die der Wind verweht.
Denn der Herr kennt den Weg der Gerechten, *
der Weg der Frevler aber verliert sich. – Kv

Zweite Lesung

1 Kor 15,12.16–20

Lesung aus dem ersten Brief des Apostels Paulus an die Gemeinde in Korinth.

Schwestern und Brüder! Wenn aber verkündet wird, dass Christus von den Toten auferweckt worden ist, wie können dann einige von euch sagen: Eine Auferstehung der Toten gibt es nicht? Denn wenn Tote nicht auferweckt werden, ist auch Christus nicht auferweckt worden.

Wenn aber Christus nicht auferweckt worden ist, dann ist euer Glaube nutzlos und ihr seid immer noch in euren Sünden; und auch die in Christus Entschlafenen sind dann verloren.
Wenn wir allein für dieses Leben unsere Hoffnung auf Christus gesetzt haben, sind wir erbärmlicher daran als alle anderen Menschen.
Nun aber i s t Christus von den Toten auferweckt worden als der Erste der Entschlafenen.

Wort des lebendigen Gottes.

IMPULS Beim Eintreten des Christentums in den hellenistisch-römischen Kulturkreis tauchten anfänglich immer wieder Probleme auf. Teils wähnten sich die neuen heidenchristlichen Gemeindemitglieder mit der Taufe im Besitz der wahren Erkenntnis (Gnosis) und sahen auf die anderen herab. Teils konnten sie nichts mit der leiblichen Auferstehung anfangen, da sie aufgrund ihrer kulturellen Vorprägung von der Unsterblichkeit der Seele ausgingen. Mit den davon ausgehenden Problemen hat es der Apostel Paulus in der Gemeinde von Korinth zu tun.
Mit der ihm eigenen Art baut er jedoch nicht auf seine apostolische Autorität, um den Konflikt zu lösen, sondern setzt auf die Kraft der Argumentation. Das dauert in der Regel zwar länger, ist aber auch nachhaltig. Im vorliegenden Fall hält Paulus fest: Gott, der Schöpfer, ist der Herr über Tod und Leben. Er will, dass die Menschen im Glauben zum Leben gelangen. Als Zeichen dafür, dass er der Liebhaber des Lebens ist, hat Gott seinen Sohn zum Leben erweckt. Durch ihn und mit ihm hat er den Weg der Auferweckung für alle Menschen geöffnet. Dies führt in den Kern des Glaubens und sollte von allen, die glauben, beherzigt werden.

Ruf vor dem Evangelium Lk 6,23ab

Halleluja. Halleluja.
(So spricht der Herr:)
Freut euch und jubelt!
Euer Lohn im Himmel wird groß sein.
Halleluja.

Evangelium Lk 6,17–18a.20–26

Aus dem heiligen Evangelium nach Lukas.

In jener Zeit stieg Jesus mit den Zwölf den Berg hinab. In der Ebene blieb er mit einer großen Schar seiner Jünger stehen und viele Menschen aus ganz Judäa und Jerusalem und dem Küstengebiet von Tyrus und Sidon waren gekommen.
Jesus richtete seine Augen auf seine Jünger und sagte: Selig, ihr Armen, denn euch gehört das Reich Gottes.
Selig, die ihr jetzt hungert, denn ihr werdet gesättigt werden.
Selig, die ihr jetzt weint, denn ihr werdet lachen.
Selig seid ihr, wenn euch die Menschen hassen und wenn sie euch ausstoßen und schmähen und euren Namen in Verruf bringen um des Menschensohnes willen.
Freut euch und jauchzt an jenem Tag; denn siehe, euer Lohn im Himmel wird groß sein. Denn ebenso haben es ihre Väter mit den Propheten gemacht.
Doch weh euch, ihr Reichen; denn ihr habt euren Trost schon empfangen.
Weh euch, die ihr jetzt satt seid; denn ihr werdet hungern.
Weh, die ihr jetzt lacht; denn ihr werdet klagen und weinen.
Weh, wenn euch alle Menschen loben. Denn ebenso haben es ihre Väter mit den falschen Propheten gemacht.

Evangelium unseres Herrn Jesus Christus.

IMPULS Was beim Evangelisten Matthäus als Bergpredigt (Mt 5,1–7,29) erscheint, ist beim Evangelisten Lukas die Feldrede (Lk 6,17–49). Hier wie dort geht es wesentlich um das Reich Gottes, als dessen Verkünder und Verwirklicher Jesus agiert. Bei Matthäus richtet er sich an die vielen Menschen (Mt 5,1), die ihm folgen. Bei Lukas sind bezeichnenderweise die Jünger im Fokus (Lk 6,20). Sie stehen für die christliche Kirche gegen Ende des 1. Jahrhunderts. An sie gerichtet eröffnet Jesu seine Rede mit großen Zusagen. Er will seinen Adressaten nämlich deutlich machen, welch grundlegende Gnadengabe das Reich Gottes ist. Deshalb ist es wichtig, sich immer wieder an dieses Gottesreich zu erinnern, gerade in Zeiten, da der christliche Glaube an Spannkraft und Frische verliert.

CREDO (siehe Seite 520ff.)

FÜRBITTEN

Guter Gott, wir bitten dich:

- Für alle, die hungern und nicht wissen, wie sie und ihre Lieben sich satt essen können.
- Für alle, die jetzt weinen, weil ihnen Unrecht geschieht oder weil sie von einem lieben Menschen Abschied nehmen müssen.
- Für alle, die jetzt unter dem Hass anderer Menschen leiden, und für alle, die sich an den Rand gedrängt fühlen.
- Für die Reichen und für alle, die im Überfluss leben.
- Für die Satten, denen nichts abgeht.
- Für alle, die in einer Genuss- und Spaßkultur ihre Erfüllung suchen.
- Für alle, die wegen ihrer Erfolge umjubelt werden.

Guter Gott, sieh auf alle Menschen und höre und erhöre unsere Bitten, die ausgesprochenen und die, welche wir auf dem Herzen haben. Darum bitten wir durch Jesus Christus im Heiligen Geist. Amen.

Gabengebet

Barmherziger Gott, das heilige Opfer reinige uns von Sünden und mache uns zu neuen Menschen. Es helfe uns, nach deinem Willen zu leben, damit wir den verheißenen Lohn erlangen. Darum bitten wir durch Christus, unseren Herrn.

Präfation

Sonntage VI

In Wahrheit ist es würdig und recht, dir, Vater im Himmel, zu danken und dich mit der ganzen Schöpfung zu loben. Denn in dir leben wir, in dir bewegen wir uns und sind wir. Jeden Tag erfahren wir aufs neue das Wirken deiner Güte. Schon in diesem Leben besitzen wir den Heiligen Geist, das Unterpfand ewiger Herrlichkeit. Durch ihn hast du Jesus auferweckt von den Toten und uns die sichere Hoffnung gegeben, daß sich an uns das österliche Geheimnis vollendet. Darum preisen wir dich mit allen Chören der Engel und singen vereint mit ihnen das Lob deiner Herrlichkeit.

Einladung zum Vaterunser

Jesus Christus bringt uns seinen geliebten Vater nahe. Beten wir nun, wie Christus Jesus uns zu beten gelehrt hat: Vater unser im Himmel …

Einladung zum Friedensgebet

»Seid demütig, friedfertig und geduldig, ertragt einander in Liebe und bemüht euch, die Einheit des Geistes zu wahren durch den Frieden, der euch zusammenhält.« So schreibt der Apostel Paulus an die Gemeinde zu Ephesus (Eph 4,2). Bitten wir nun Gott um seinen Frieden, der uns trägt und zusammenhält: Herr Jesus Christus …

Kommunionvers

Vgl. Ps 78 (77),29–30

Alle aßen und wurden satt; er gab ihnen, was sie begehrten. Ihr Verlangen wurde erfüllt.

Oder: Joh 3,16

Gott hat die Welt so geliebt, daß er seinen einzigen Sohn hingab, damit jeder, der an ihn glaubt, nicht zugrunde geht, sondern das ewige Leben hat.

Schlussgebet

Gott, du Spender alles Guten, du hast uns das Brot des Himmels geschenkt. Erhalte in uns das Verlangen nach dieser Speise, die unser wahres Leben ist. Darum bitten wir durch Christus, unseren Herrn.

Schlusssegen

Im Jahreskreis VI

Gott, unser Vater, segne euch mit allem Segen des Himmels, damit ihr rein und heilig lebt vor seinem Angesicht.
Er lehre euch durch das Wort der Wahrheit; er bilde euer Herz nach dem Evangelium Christi und gebe euch Anteil an seiner Herrlichkeit.
Er schenke euch jene brüderliche Liebe, an der die Welt die Jünger Christi erkennen soll.
Das gewähre euch der dreieinige Gott, der Vater und der Sohn ✝ und der Heilige Geist.

Ohne Liebe sind wir uns selbst zur Last,
Durch die Liebe tragen wir einander.

Augustinus (354 – 430)

7. SONNTAG IM JAHRESKREIS

23. Februar 2025

Herr, ich baue auf deine Huld,
mein Herz soll über deine Hilfe frohlocken.
Singen will ich dem Herrn,
weil er mir Gutes getan hat.
Ps 13 (12),6

Das Tischtuch ist zerschnitten. Zwei Menschen, sich einstmals nah, wollen nichts mehr miteinander zu tun haben. Sie schweigen sich an. Das geht durch Mark und Bein und direkt ins Herz, das vor Schmerzen brennt. Wer so etwas einmal erlebt hat, der kann nachvollziehen, wie sich der Beter zu Beginn von Psalm 13 fühlt. Dieser Psalm muss als Ganzes gelesen werden. Nur so kann man ihn recht verstehen. Da spricht ein Mensch zu seinem Gott. Und der will ihm einfach nicht antworten. Sein Schweigen schmerzt und macht die Seele schwer. »Mein Gott, siehst Du nicht meine Not? Lass mich bitte nicht allein!« Auch wenn sich der Beter allein gelassen fühlt, so hält er doch in seinem Gebet den Kontakt mit seinem Gott. Seine Worte, sein Flehen sind wie eine Leiter aus dem Dunkel hin zu Gott. Er braucht ihn dringend. Darum baut er auf Gottes Huld. Von Gott kann doch letztlich nur Gutes kommen, nicht wahr?!

Kyrie-Rufe

Herr Jesus Christus, du willst, dass wir unsere Feinde lieben.
Herr, erbarme dich.
Herr Jesus Christus, du willst, dass wir denen Gutes tun, die uns hassen.
Christus, erbarme dich.
Herr Jesus Christus, du willst, dass wir für die beten, die uns beschimpfen.
Herr, erbarme dich.

Gloria (siehe Seite 516f.)

Tagesgebet

Barmherziger Gott, du hast durch deinen Sohn zu uns gesprochen. Laß uns immer wieder über dein Wort nachsinnen, damit wir reden und tun, was dir gefällt. Darum bitten wir durch Jesus Christus.

Erste Lesung

1 Sam 26,2.7–9.12–13.22–23

Lesung aus dem ersten Buch Samuel.

In jenen Tagen machte Saul sich mit dreitausend Mann, ausgesuchten Kriegern aus Israel, auf den Weg und zog in die Wüste von Sif hinab, um dort nach David zu suchen.
David und Abischai kamen in der Nacht zu den Leuten und siehe, Saul lag mitten im Lager und schlief; sein Speer steckte neben seinem Kopf in der Erde und rings um ihn schliefen Abner und seine Leute.
Da sagte Abischai zu David: Heute hat Gott deinen Feind in deine Hand ausgeliefert. Jetzt werde ich ihn mit einem einzigen Speerstoß auf den Boden spießen, einen zweiten brauche ich nicht dafür.
David aber erwiderte Abischai: Bring ihn nicht um! Denn wer hat je seine Hand gegen den Gesalbten des HERRN erhoben und ist ungestraft geblieben?
David nahm den Speer und den Wasserkrug, die neben Sauls Kopf waren, und sie gingen weg. Niemand sah und niemand bemerkte etwas und keiner wachte auf; alle schliefen, denn der HERR hatte sie in einen tiefen Schlaf fallen lassen.
David ging auf die andere Seite hinüber und stellte sich in größerer Entfernung auf den Gipfel des Berges, sodass ein weiter Zwischenraum zwischen ihnen war.
David sagte: Seht her, hier ist der Speer des Königs. Einer von den jungen Männern soll herüberkommen und ihn holen.
Der HERR wird jedem seine Gerechtigkeit und Treue vergelten. Obwohl dich der HERR heute in meine Hand gegeben hatte, wollte ich meine Hand nicht an den Gesalbten des HERRN legen.

Wort des lebendigen Gottes.

IMPULS Das Verhältnis von Saul und David kann man als schwierig bezeichnen. Das mag unter anderem daher kommen, dass sie sich in manchem sehr ähnlich sind. Beide sind von ansprechender Gestalt (1 Sam 9,2 Saul und 1 Sam 16,12 David) und sie sind Führungspersönlichkeiten. Das bringt auf Dauer Spannungen. Erschwerend kommt eine psychische Erkrankung Sauls hinzu (1 Sam 16,15). Sie führt dazu, dass er David immer offener attackiert (1 Sam 23,9), um ihn zu töten (1 Sam 23,15). Der Zufall will es nun, dass David die einmalige Gelegenheit bekommt, sich seines Feindes Saul zu entledigen. Davids ungestümer Gefolgsmann Abischai will die Chance ergreifen. Doch David hindert ihn daran. Das kann daran liegen, dass er sich aus numinoser Scheu nicht gegen Gott vergehen will, der immerhin Sauls Salbung zum König zugelassen hat (1 Sam 9f.). Mag sein, dass er das Ganze auch als Prüfung Gottes betrachtet. Vielleicht ist es aber auch ganz anders: David erinnert sich an die Zeiten, da seine Beziehung zu Saul noch lebendig und freudig war und die Krankheit sie noch nicht entzweit hatte. Dann wäre Davids Weigerung, Saul zu töten, ein letzter Freundschafts-, ja Liebesdienst.

ANTWORTPSALM Ps 103 (102),1–2.3–4.8 u. 10.12–13 (Kv: vgl. 8)

Kv Gnädig und barmherzig ist der HERR,
voll Langmut und reich an Huld. – Kv

Preise den HERRN, meine Seele, *
und alles in mir seinen heiligen Namen!
Preise den HERRN, meine Seele, *
und vergiss nicht, was er dir Gutes getan hat! – Kv

Der dir all deine Schuld vergibt *
und all deine Gebrechen heilt,
der dein Leben vor dem Untergang rettet *
und dich mit Huld und Erbarmen krönt. – Kv

Der HERR ist barmherzig und gnädig, *
langmütig und reich an Huld.

Er handelt an uns nicht nach unsern Sünden *
und vergilt uns nicht nach unsrer Schuld. – Kv

So weit der Aufgang entfernt ist vom Untergang, *
so weit entfernt er von uns unsere Frevel.
Wie ein Vater sich seiner Kinder erbarmt, *
so erbarmt sich der HERR über alle, die ihn fürchten. – Kv

ZWEITE LESUNG 1 Kor 15,45–49

Lesung aus dem ersten Brief des Apostel Paulus an die Gemeinde in Korinth.

Schwestern und Brüder! So steht es in der Schrift: Adam, der erste Mensch, wurde ein irdisches Lebewesen. Der letzte Adam wurde lebendig machender Geist.
Aber zuerst kommt nicht das Überirdische; zuerst kommt das Irdische, dann das Überirdische.
Der erste Mensch stammt von der Erde und ist Erde; der zweite Mensch stammt vom Himmel.
Wie der von der Erde irdisch war, so sind es auch seine Nachfahren. Und wie der vom Himmel himmlisch ist, so sind es auch seine Nachfahren.
Wie wir nach dem Bild des Irdischen gestaltet wurden, so werden wir auch nach dem Bild des Himmlischen gestaltet werden.

Wort des lebendigen Gottes.

IMPULS Die Auferweckung Jesu Christi ist ein Geschehen mit kosmischer und existentieller Bedeutung.
Das will der Apostel Paulus der Gemeinde zu Korinth deutlich machen. Wie immer bei Paulus entzünden sich seine hohen theologischen Gedanken an ganz konkreten Problemen. Im vorliegenden Fall leugnen einige Gemeindemitglieder die Auferweckung. Die Basis seiner Argumentation ist für Paulus die Heilige Schrift, in der er schon alles angelegt sieht. So kann er vom irdischen Adam ausgehend an den himmlischen Adam, Christus Jesus, anknüpfen. Dieser wird zu lebendig machendem Geist. Das Bedeutsame für

die Glaubenden ist nun, dass sie in die von Gott bewirkte Dynamik hineingenommen werden. Damit entsteht für jeden Glaubenden eine existenzielle Perspektive: der Weg geht vom Irdischen zum Himmlischen. Die Angst vor dem Tod kann dadurch überwunden werden.

Ruf vor dem Evangelium — Joh 13,34ac

Halleluja. Halleluja.
(So spricht der Herr:)
Ein neues Gebot gebe ich euch:
Wie ich euch geliebt habe, so sollt auch ihr einander lieben.
Halleluja.

Evangelium — Lk 6,27–38

Aus dem heiligen Evangelium nach Lukas.

In jener Zeit sprach Jesus zu seinen Jüngern: Euch, die ihr zuhört, sage ich: Liebt eure Feinde; tut denen Gutes, die euch hassen!
Segnet die, die euch verfluchen; betet für die, die euch beschimpfen!
Dem, der dich auf die eine Wange schlägt, halt auch die andere hin und dem, der dir den Mantel wegnimmt, lass auch das Hemd!
Gib jedem, der dich bittet; und wenn dir jemand das Deine wegnimmt, verlang es nicht zurück!
Und wie ihr wollt, dass euch die Menschen tun sollen, das tut auch ihr ihnen!
Wenn ihr die liebt, die euch lieben, welchen Dank erwartet ihr dafür? Denn auch die Sünder lieben die, von denen sie geliebt werden.
Und wenn ihr denen Gutes tut, die euch Gutes tun, welchen Dank erwartet ihr dafür? Das tun auch die Sünder.
Und wenn ihr denen Geld leiht, von denen ihr es zurückzubekommen hofft, welchen Dank erwartet ihr dafür? Auch die Sünder leihen Sündern, um das Gleiche zurückzubekommen.

Doch ihr sollt eure Feinde lieben und Gutes tun und leihen, wo ihr nichts zurückerhoffen könnt. Dann wird euer Lohn groß sein und ihr werdet Söhne des Höchsten sein; denn auch er ist gütig gegen die Undankbaren und Bösen.
Seid barmherzig, wie auch euer Vater barmherzig ist!
Richtet nicht, dann werdet auch ihr nicht gerichtet werden!
Verurteilt nicht, dann werdet auch ihr nicht verurteilt werden!
Erlasst einander die Schuld, dann wird auch euch die Schuld erlassen werden!
Gebt, dann wird auch euch gegeben werden! Ein gutes, volles, gehäuftes, überfließendes Maß wird man euch in den Schoß legen; denn nach dem Maß, mit dem ihr messt, wird auch euch zugemessen werden.

Evangelium unseres Herrn Jesus Christus.

IMPULS Dieser Text aus der jesuanischen Feldrede ist eine einzige Zumutung. Zumindest für denjenigen, der nicht schon Erfahrungen mit dem »Reich Gottes« gemacht hat. Selbst für die Jünger Jesu, die tagtäglich sehen, wie Jesus das Gottesreich in Wort und Tat lebendig macht, ist der Text eine Herausforderung, denn er bricht mit allen kulturellen Gepflogenheiten. Der Alltag zum Beispiel basiert wesentlich auf dem Prinzip der »Reziprozität«, das heißt: Wer etwas bekommt, muss auch etwas zurückgeben und andersherum. Im Gottesreich hingegen dominiert die göttliche Logik des Gebens ohne Erwartungen. Das kulminiert in Jesu provozierendem Satz: »Seid barmherzig, wie auch euer Vater barmherzig ist!« Man fragt sich unwillkürlich: »Kann ich das überhaupt?« Jesus jedenfalls ist überzeugt, dass man das kann. Es braucht nur etwas Übung und schon betritt man einen Raum der göttlichen Freiheit, der beseligender nicht sein kann.

CREDO (siehe Seite 520ff.)

Fürbitten

Herr unser Gott, du bist barmherzig und willst Gutes. So bitten wir dich:

- Für alle, die Hass und Feindschaft erleiden müssen.
- Für alle, die Gewalt erdulden müssen.
- Für alle, denen etwas weggenommen wird.
- Für alle, die beschimpft werden.
- Für alle, die anderen Gutes tun.

Hilf uns, dass wir Böses mit Gutem vergelten können. Darum und noch um viel mehr bitten wir durch Jesus Christus im Heiligen Geist. Amen.

Gabengebet

Allmächtiger Gott, in der Feier der göttlichen Geheimnisse erfüllen wir den Dienst, der uns aufgetragen ist. Gib, daß wir deine Größe würdig loben und preisen und aus diesem Opfer Heil empfangen. Darum bitten wir durch Christus, unseren Herrn.

Präfation

Sonntage VII

In Wahrheit ist es würdig und recht, dir, Vater im Himmel, zu danken und deine Gnade zu rühmen. So sehr hast du die Welt geliebt, daß du deinen Sohn als Erlöser gesandt hast. Er ist uns Menschen gleichgeworden in allem, außer der Sünde, damit du in uns lieben kannst, was du in deinem eigenen Sohne geliebt hast. Durch den Ungehorsam der Sünde haben wir deinen Bund gebrochen, durch den Gehorsam deines Sohnes hast du ihn erneuert. Darum preisen wir das Werk deiner Liebe und vereinen uns mit den Chören der Engel zum Hochgesang von deiner göttlichen Herrlichkeit.

Einladung zum Vaterunser

Gott, du bist barmherzig und gut. Dir vertrauen wir und beten nun mit den Worten deines Sohnes: Vater unser im Himmel …

Einladung zum Friedensgebet

Die Welt braucht dringend Frieden – im Großen und im Kleinen. Menschen können sich einsetzen für den Frieden. Doch letztlich ist er eine Gabe. Und so bitten wir denn: Herr Jesus Christus …

Kommunionvers Ps 9,2–3

Herr, verkünden will ich all deine Wunder. Ich will jauchzen und an dir mich freuen, für dich, du Höchster, will ich singen und spielen.

Oder: Joh 11,27

Ja, Herr, ich glaube, daß du der Messias bist, der Sohn Gottes, der in die Welt kommen soll.

Schlussgebet

Getreuer Gott, du hast uns das heilige Sakrament als Unterpfand der kommenden Herrlichkeit gegeben. Schenke uns einst das Heil in seiner ganzen Fülle. Darum bitten wir durch Christus, unseren Herrn.

Schlusssegen Im Jahreskreis I

Der Herr segne euch und behüte euch; der Herr lasse sein Angesicht über euch leuchten und sei euch gnädig; er wende euch sein Antlitz zu und schenke euch seinen Frieden.
Das gewähre euch der dreieinige Gott, der Vater und der Sohn † und der Heilige Geist.

Das Gebet verändert nicht Gott,
sondern es verändert den Betenden.

Søren Kierkegaard (1813–1855)

8. SONNTAG IM JAHRESKREIS
2. März 2025

Der Herr wurde mein Halt.
Er führte mich hinaus ins Weite,
er befreite mich, denn er hat an mir Gefallen.
Ps 18 (17),19–20

Kurz vor seinem Tod dankt David Gott für dessen lebenslangen Beistand. Mehr als einmal hat Gott ihn aus schwierigen Situationen gerettet und ihm zum Sieg über die Feinde verholfen. So erzählt es 2 Sam 22 und spielt dazu das große Danklied Davids, Psalm 18, ein.
Um Gott als treuen Lebensbegleiter und Freund zu entdecken, braucht es Zeit. Wir Menschen tendieren nämlich dazu, uns auf uns selbst und unsere Fähigkeiten zu verlassen. Oft genug manövrieren wir uns dabei in Sackgassen hinein. Wenn wir dann unvermutet doch einen Ausweg finden, dann ist das meist nicht unser Verdienst, sondern der tatkräftigen Hilfe Gottes geschuldet. Ja, Gott befreit, er führt ins Weite und freut sich an den Menschen. Sie sind schließlich seine Kinder. Wie schön wäre es doch, wenn wir das alle begreifen würden!

Kyrie-Rufe

Herr, deine Taten sollen uns Vorbild sein.
Herr, erbarme dich.
Christus, du machst uns heil und ganz.
Christus, erbarme dich.
Herr, du kennst uns und unsere Herzen.
Herr, erbarme dich.

Gloria (siehe Seite 516f.)

TAGESGEBET

Allmächtiger Gott, deine Vorsehung bestimmt den Lauf der Dinge und das Schicksal der Menschen. Lenke die Welt in den Bahnen deiner Ordnung, damit die Kirche in Frieden deinen Auftrag erfüllen kann. Darum bitten wir durch Jesus Christus, deinen Sohn, unseren Herrn und Gott, der in der Einheit des Heiligen Geistes mit dir lebt und herrscht in alle Ewigkeit.

ERSTE LESUNG

Sir 27,4–7 (5–8)

Lesung aus dem Buch Jesus Sirach.

Im Sieb bleibt, wenn man es schüttelt, der Abfall zurück; so entdeckt man den Unrat eines Menschen in seinem Denken. Der Brennofen prüft Töpferware und die Erprobung des Menschen geschieht in der Auseinandersetzung mit ihm.
Den guten Boden eines Baumes bringt seine Frucht zum Vorschein; so das Wort die Gedanken des Herzens.
Lobe keinen Menschen, ehe du nachgedacht hast; denn das ist die Prüfung für jeden!

Wort des lebendigen Gottes.

IMPULS Sein Leben lang suchte und erforschte Jesus Sirach die »Weisheit«. In den Kulturen des Alten Orients unternahmen das viele. Denn die Weisheit galt als ein lebendiges Erfahrungswissen. Man war überzeugt: Wer über Weisheit verfügt, dessen Leben würde gelingen. Weisheit war Labsal und Glück für den Einzelnen und für die Gesellschaft. Als Quelle dieser nie versiegenden Orientierung galt Gott. Um Weisheit zu »gewinnen«, musste man nur genau beobachten. Dabei führten alltägliche Situationen, Begegnungen unter Menschen auf ihre Spur. Mit der Zeit zeigte sich, was dem Leben wirklich diente und in den Augen Gottes bestand hatte. Gut 200 Jahre später sollte ein anderer Weisheitslehrer in der Öffentlichkeit erscheinen. Sein Name: Jesus von Nazareth. Sein Programm: das Reich Gottes.

ANTWORTPSALM Ps 92 (91),2–3.13–14.15–16 (Kv: 2a)

Kv Gut ist es, dem HERRN zu danken. – Kv

Gut ist es, dem HERRN zu danken, *
deinem Namen, du Höchster, zu singen und zu spielen,
am Morgen deine Huld zu verkünden *
und in den Nächten deine Treue. – Kv

Der Gerechte sprießt wie die Palme, *
er wächst wie die Zeder des Libanon.
Gepflanzt im Haus des HERRN, *
sprießen sie in den Höfen unseres Gottes. – Kv

Sie tragen Frucht noch im Alter *
und bleiben voll Saft und Frische;
sie verkünden: Der HERR ist redlich, *
mein Fels! An ihm ist kein Unrecht. – Kv

ZWEITE LESUNG 1 Kor 15,54–58

Lesung aus dem ersten Brief des Apostels Paulus an die Gemeinde in Korinth.

Schwestern und Brüder! Wenn sich dieses Verwesliche mit Unverweslichkeit bekleidet und dieses Sterbliche mit Unsterblichkeit, dann erfüllt sich das Wort der Schrift: Verschlungen ist der Tod vom Sieg.
Tod, wo ist dein Sieg? Tod, wo ist dein Stachel?
Der Stachel des Todes aber ist die Sünde, die Kraft der Sünde ist das Gesetz.
Gott aber sei Dank, der uns den Sieg geschenkt hat durch unseren Herrn Jesus Christus.
Daher, meine geliebten Brüder und Schwestern, seid standhaft und unerschütterlich, seid stets voll Eifer im Werk des Herrn und denkt daran, dass im Herrn eure Mühe nicht vergeblich ist!
Wort des lebendigen Gottes.

IMPULS Wenn man von Tod, Auferstehung und neuem Leben sprechen will, muss man zu Bildern greifen. Die begriffliche Sprache versagt, wenn man in diese Grenzbereiche des Sagbaren gerät. Das weiß Paulus genau und so hat er sich 1 Kor 15 bemüht, Sprach-Bilder für die eingangs genannten Themen zu finden. Nun, am Ende seiner Ausführungen hebt er das Wichtigste noch einmal hervor: Gott hat uns durch die Auferweckung Jesu Christi den Sieg über den Tod geschenkt und das Tor zu einem neuen Leben in ihm geöffnet. Diese Gnade entspringt der reinen Liebe Gottes. Wer das verstanden hat, der versucht von Stund' an, dieser Gnade entsprechend zu leben und Gott unablässig zu danken.

RUF VOR DEM EVANGELIUM

Vgl. Phil 2,15d.16a

Halleluja. Halleluja.
Haltet fest am Worte Christi;
dann leuchtet ihr als Lichter in der Welt.
Halleluja.

EVANGELIUM

Lk 6,39–45

Aus dem heiligen Evangelium nach Lukas.

In jener Zeit sprach Jesus in Gleichnissen zu seinen Jüngern: Kann etwa ein Blinder einen Blinden führen? Werden nicht beide in eine Grube fallen?
Ein Jünger steht nicht über dem Meister; jeder aber, der alles gelernt hat, wird wie sein Meister sein.
Warum siehst du den Splitter im Auge deines Bruders, aber den Balken in deinem eigenen Auge bemerkst du nicht?
Wie kannst du zu deinem Bruder sagen: Bruder, lass mich den Splitter aus deinem Auge herausziehen!, während du selbst den Balken in deinem Auge nicht siehst? Du Heuchler!
Zieh zuerst den Balken aus deinem Auge; dann kannst du zusehen, den Splitter aus dem Auge deines Bruders herauszuziehen.
Es gibt keinen guten Baum, der schlechte Früchte bringt, noch einen schlechten Baum, der gute Früchte bringt.

Denn jeden Baum erkennt man an seinen Früchten: Von den Disteln pflückt man keine Feigen und vom Dornstrauch erntet man keine Trauben.
Der gute Mensch bringt aus dem guten Schatz seines Herzens das Gute hervor und der böse Mensch bringt aus dem bösen das Böse hervor. Denn wovon das Herz überfließt, davon spricht sein Mund.

Evangelium unseres Herrn Jesus Christus.

IMPULS Im heutigen Evangelium erleben wir Jesus als Weisheitslehrer. Adressaten seiner Gleichnisse sind die Jünger. Sie sollen lernen, welche Haltung ein Mensch einnehmen soll, der gemäß der neuen Wirklichkeit des Reiches Gottes leben will. Vom jesuanischen »Lernprogramm« soll hier ein Aspekt näher betrachtet werden. Es geht um die alltägliche Versuchung, sich zum »Richter« über andere Menschen aufzuschwingen. Jesu Antwort auf diese Art der Versuchung ist eindeutig und auf dem Hintergrund seiner »Reich Gottes Botschaft« formuliert. Jesus will sagen: »Lasst das Richten grundsätzlich sein! Mit dem Kommen des »Reiches Gottes« hat das sowieso ein Ende. Das heißt nicht, dass ihr ab sofort alles kritiklos hinnehmen müsst. Aber wenn ihr beim anderen etwas zu kritisieren habt, dann realisiert erst mal den »Balken« in eurem Auge. Solange ihr nämlich das »Riesending« im Auge habt, seid ihr blind. Und wenn ihr blind seid, dann könnt ihr nichts wahrnehmen. Im Klartext heißt das: »Ziehe zuerst aus deinem eigenen Auge den Balken und dann wirst du deutlich sehen. Dann erst kannst du den Splitter aus dem Auge deines Bruders ziehen«.

CREDO (siehe Seite 520ff.)

FÜRBITTEN

Guter Gott, wir brauchen deine Hilfe und bitten dich:

- Trage mich – wenn ich mich selbst nicht tragen kann.
- Halte mich – wenn ich anderen kein Halt bin.

– Erkenne mich – wenn ich mich selbst nicht erkenne.

– Führe mich – wenn ich den Weg nicht weiß.

– Erspüre mich – wenn ich nicht weiß, wie es geht, Gutes zu tun.

– Sprich mich an – wenn ich vergesse, was Gottes Botschaft in der Welt ist.

– Heilige Geistkraft, atme in mir – wenn mir selbst die Luft wegbleibt.

– Spiegle mich – wenn ich mich selbst nicht reflektieren kann.

– Brenne in mir – damit ich Gutes tue und Gottes Liebe in die Welt trage.

Dies alles und noch mehr erbitten wir von dir Gott. Erhöre unsere Bitten. Amen.

Gabengebet

Gütiger Gott, du selber hast uns die Gaben geschenkt, die wir auf den Altar legen. Nimm sie an als Zeichen unserer Hingabe und gib uns die Kraft zu einem Leben nach deinem Willen, damit wir einst den ewigen Lohn empfangen. Darum bitten wir durch Christus, unseren Herrn.

Präfation

Sonntage VIII

In Wahrheit ist es würdig und recht, dir, allmächtiger Vater, zu danken und dein Erbarmen zu rühmen. Die Sünde hatte die Menschen von dir getrennt, du aber hast sie zu dir zurückgeführt durch das Blut deines Sohnes und die Kraft deines Geistes. Wie du eins bist mit dem Sohn und dem Heiligen Geist, so ist deine Kirche geeint nach dem Bild des dreieinigen Gottes. Sie ist dein heiliges Volk, der Leib Christi und der Tempel des Heiligen Geistes zum Lob deiner Weisheit und Liebe. Darum preisen wir dich in deiner Kirche und vereinen uns mit den Engeln und Heiligen zum Hochgesang von deiner göttlichen Herrlichkeit.

Einladung zum Vaterunser

Jesus Christus ist Gottes Sohn. Mit ihm zusammen dürfen wir jetzt zum Vater beten: Vater unser im Himmel …

Einladung zum Friedensgebet

Unsere Sehnsucht nach Frieden ist größer denn je. Aus der Tiefe unseres Herzens bitten wir: Herr Jesus Christus …

Kommunionvers

Ps 13 (12),6

Singen will ich dem Herrn, weil er mir Gutes getan hat, den Namen des Höchsten will ich preisen.

Oder: Mt 28,20

Ich bin bei euch alle Tage bis zum Ende der Welt – so spricht der Herr.

Schlussgebet

Barmherziger Gott, du hast uns in diesem Mahl die Gabe des Heiles geschenkt. Dein Sakrament gebe uns Kraft in dieser Zeit und in der kommenden Welt das ewige Leben. Darum bitten wir durch Christus, unseren Herrn.

Schlusssegen

Im Jahreskreis II

Der Friede Gottes, der alles Begreifen übersteigt, bewahre eure Herzen und eure Gedanken in der Gemeinschaft mit Christus Jesus.
Das gewähre euch der dreieinige Gott, der Vater und der Sohn † und der Heilige Geist.

Es kommt darauf an, meine Bestimmung zu verstehen,
zu sehen, was Gott eigentlich will, dass ich tun soll.
Es gilt eine Wahrheit zu finden, die Wahrheit ist für mich,
die Idee zu finden, für die ich leben und sterben will.

Søren Kierkegaard (1813–1855)

ASCHERMITTWOCH
5. März 2025

Du erbarmst dich aller, o Herr,
und hast Nachsicht mit den Sünden der Menschen,
damit sie sich bekehren;
denn du bist der Herr, unser Gott.
Weish 11,24–25.27

Die Geschichte unseres Aschermittwochs beginnt im Jahr 1091 mit der Synode von Benevent. Damals wurde die Fastenzeit, die bis dahin erst nach dem 6. Sonntag vor Ostern begann, um 6 Tage vorverlegt. Man war der Meinung, dass das sonntägliche Fasten sich nicht mit dem wöchentlichen Gedächtnis an den Ostertag verträgt. Auf derselben Kirchenversammlung wurde auch das Bestreuen der Gläubigen mit Asche beschlossen. Sie griff damit ein Brauchtum auf, das davor mit der öffentlichen Buße für schwere Sünde verbunden war. Es war also nur eine »Brandmarkung« für Einzelne, und war deshalb und aus anderen Gründen zuletzt immer seltener angewandt worden. Jetzt also sollten alle Getauften in gleicher Weise mit der Asche ihr Sündersein und ihre Bekehrungsbedürftigkeit dokumentieren. Das gemeinsame Ritual sollte deutlich machen, was die 40 Tage immer schon waren: eine Zeit der Erneuerung der christlichen Lebensführung und eine Hinführung zur bewussteren Mitfeier des Osterfestes.
Das Symbol der Asche, das man nun für alle vorsah und das dem Tag den Namen gegeben hat, ist dabei ein zeitlos verständliches Synonym für Verfall und Nichtigkeit. Es wird ähnlich gebraucht wie der Staub der Erde. Sich Staub oder Asche aufs Haupt streuen, sich mit Asche oder Staub beschmutzen, sich in Staub und Asche setzen oder sich gar darin herumwälzen, sind in der Bibel, aber auch in außerbiblischen Dokumenten Verhaltensweisen von Menschen, die mit Tod und mit Scheitern umgehen müssen. Sie zeigen auf extreme Weise an, dass sich jemand in einem nicht normalen Zustand befindet.

Das Aschermittwoch-Brauchtum greift auf dieses große Sinnspektrum zurück. Zugleich weist es von Ostern her schon aus dem Tod und Scheitern heraus und macht sich fest am »Sieger« von Golgotha. Es wird die Asche der verbrannten Palmen vom Palmsonntag des Vorjahres verwendet. In das »Bedenke Mensch, dass du Staub bist …« in das »Kehr um …« mischt sich die Frohe Botschaft: »Doch ich, ich weiß: mein Erlöser lebt, als Letzter erhebt er sich über dem Staub.« (Ijob 19,25)

Kyrie-Rufe

Herr Jesus Christus, aus Liebe zur Welt hast du dich ihr ausgesetzt.
Herr, erbarme dich.
… dein Weg zu uns Menschen war treu und konsequent, auch wo er dornig war.
Christus, erbarme dich.
… du willst, dass wir deinen Weg genauer beachten und uns neu an dich binden.
Herr, erbarme dich.

Tagesgebet

Getreuer Gott, im Vertrauen auf dich beginnen wir die vierzig Tage der Umkehr und Buße. Gib uns die Kraft zu christlicher Zucht, damit wir dem Bösen absagen und mit Entschiedenheit das Gute tun. Darum bitten wir durch Jesus Christus.

Erste Lesung — Joël 2,12–18

Lesung aus dem Buch Joël.

Spruch des Herrn: Kehrt um zu mir von ganzem Herzen mit Fasten, Weinen und Klagen! Zerreißt eure Herzen, nicht eure Kleider, und kehrt um zum Herrn, eurem Gott! Denn er ist gnädig und barmherzig, langmütig und reich an Huld und es reut ihn das Unheil. Wer weiß, vielleicht kehrt er um und es reut ihn und er lässt Segen zurück, sodass ihr Speise- und Trankopfer darbringen könnt für den Herrn, euren Gott.

Auf dem Zion stoßt in das Horn, ordnet ein heiliges Fasten an, ruft einen Gottesdienst aus! Versammelt das Volk, heiligt die Gemeinde! Versammelt die Alten, holt die Kinder zusammen, auch die Säuglinge! Der Bräutigam verlasse seine Kammer und die Braut ihr Gemach.
Zwischen Vorhalle und Altar sollen die Priester klagen, die Diener des HERRN sollen sprechen: Hab Mitleid, HERR, mit deinem Volk und überlass dein Erbe nicht der Schande, damit die Völker nicht über uns spotten! Warum soll man bei den Völkern sagen: Wo ist denn ihr Gott?
Da erwachte im HERRN die Leidenschaft für sein Land und er hatte Erbarmen mit seinem Volk.

Wort des lebendigen Gottes.

IMPULS Neulich las ich von einer Aktion, bei der ein Mensch zuerst einen Kreis von Backsteinen um sich schichtete, danach eine zweite Schicht, dann die dritte und so immer mehr und höher, bis er am Ende ganz eingeschlossen war. Er wollte deutlich machen, was in seinen Augen Sünde ist: Sich absondern und sich entfremden von seiner Umgebung und auch dem, was einem Leben und Licht gibt, und also auch von Gott. Im Leben kann so etwas mehr oder weniger häufig und folgenreich geschehen. Mit dem Unterschied, dass man die Steine oft nicht sieht und sein eigenes Verhalten nicht als einen Mauerbau empfindet. Man merkt nur irgendwann, dass etwas schiefläuft und nicht mehr zusammenpasst. Dann jammert und schreit man möglicherweise, dann sucht man die Verantwortung, weniger bei sich, als vielmehr bei den bösen Anderen oder bei Gott. Wenn man aber doch einsichtiger ist, dann soll Gott einen doch bitte retten und die Steine fortschaffen.
Genau hier setzt die Gottesrede des Propheten Joel ein. Kehr um zu mir von ganzem Herzen. Das heißt für mich: Geh der Sache auf den Grund. Schau, wo es herkommt, dein Steinesammeln und Mauerbauen. Erkenne die unguten und einseitigen Mechanismen bestimmter Verhaltensweisen. Übernimm Verantwortung, glaub daran, dass es Auswege und neue Lebenschancen gibt jenseits die-

ser Erfahrungen – oder gerade auf Grund deiner schmerzlich Erkenntnis. Wenn du etwas verändern willst, dann schau genau hin, dass der gute Impuls nicht verpufft. Sei ehrlich. Glaub vor allem auch an das, was der hl. Augustinus so ausgedrückt hat: Gottes Ehre ist der lebendige Mensch.

ANTWORTPSALM Ps 51 (50),3–4.5–6b.12–13.14.17 (Kv: vgl. 3)

Kv Erbarme dich unser, o Herr,
denn wir haben gesündigt. – Kv

Gott, sei mir gnädig nach deiner Huld, *
tilge meine Frevel nach deinem reichen Erbarmen!
Wasch meine Schuld von mir ab *
und mach mich rein von meiner Sünde! – (Kv)

Denn ich erkenne meine bösen Taten, *
meine Sünde steht mir immer vor Augen.
Gegen dich allein habe ich gesündigt, *
ich habe getan, was böse ist in deinen Augen. – (Kv)

Erschaffe mir, Gott, ein reines Herz *
und einen festen Geist erneuere in meinem Innern!
Verwirf mich nicht vor deinem Angesicht, *
deinen heiligen Geist nimm nicht von mir! – (Kv)

Gib mir wieder die Freude deines Heiles, *
rüste mich aus mit dem Geist der Großmut!
Herr, öffne meine Lippen, *
damit mein Mund dein Lob verkünde! – Kv

ZWEITE LESUNG 2 Kor 5,20 – 6,2

Lesung aus dem zweiten Brief des Apostels Paulus an die Gemeinde in Korínth.

Schwestern und Brüder! Wir sind also Gesandte an Christi statt und Gott ist es, der durch uns mahnt. Wir bitten an Christi statt: Lasst euch mit Gott versöhnen! Er hat den, der keine Sünde

kannte, für uns zur Sünde gemacht, damit wir in ihm Gerechtigkeit Gottes würden.
Als Mitarbeiter Gottes ermahnen wir euch, dass ihr seine Gnade nicht vergebens empfangt. Denn es heißt: Zur Zeit der Gnade habe ich dich erhört, am Tag der Rettung habe ich dir geholfen.
Siehe, jetzt ist sie da, die Zeit der Gnade; siehe, jetzt ist er da, der Tag der Rettung.

Wort des lebendigen Gottes.

IMPULS »Ach würdet ihr doch heute auf seine Stimme hören! Verhärtet euer Herz nicht, wie in der Wüste am Tag von Massa. Dort haben eure Ahnen mich versucht. Sie haben mich auf die Probe gestellt und hatten doch mein Tun gesehen.« Dieses Mahnwort aus Psalm 95,8, das an Ex 17,7 anknüpft (und Hebr. 3 aufgegriffen wird), kannte Paulus, genauso wie das Schema Israel, das Mahnwort in Dtn 6,4–9. Täglich war es zu sprechen und an seine Weisung zu denken. Aufgeschrieben war es auf ein Stück Papier, das, eingeschlossen in eine lederne Kapsel, mit den Gebetsriemen an Stirn und Arm befestigt wurde und das, ebenso eingerollt in eine Kapsel, an den Hauseingängen und Stadttoren angebracht wurde. Sich innewerden, dass Gott immer da ist und immer Heil schenken will, darum geht es dem täglichen Ruf: »Höre Israel«, genau darum geht es auch an besonderen Tagen und Zeiten, darum geht es an besonderen Orten und durch besondere Handlungen. Ihn heute erfahren, sich heute neu als gläubiger Mensch zu erleben. Heute wird getan oder auch vertan, worauf es ankommt, wenn er kommt, heißt es in einem Lied. Heute ist der erste Tag vom Rest meines Lebens, sagt der Volksmund und: Was du heute kannst besorgen … Die Zeit der Gnade, der Tag der Rettung ist für Paulus selbst die Erkenntnis gewesen, was Gott in Jesus getan hat. Er war heilend da, er hat in Jesu Kreuzestod die Sünde bis aufs äußerste selbst erlitten, er hat vom Kreuz herab Worte der Vergebung gesprochen und allen Menschen Rechtfertigung und Versöhnung geschenkt in der Auferstehung Jesu. Um die Verkündigung dieses

Gottesgeschenkes ging es ihm. In-Christus-sein und den Reichtum eines mit Gott versöhnten Lebens kennen zu lernen, dazu will er anstiften.

Ruf vor dem Evangelium

Vers: vgl. Ps 95 (94),7d.8a

Herr Jesus, dir sei Ruhm und Ehre! – Kv

Wenn ihr heute seine Stimme hört,
verhärtet nicht euer Herz!
Herr Jesus, dir sei Ruhm und Ehre!

Evangelium

Mt 6,1–6.16–18

+ Aus dem heiligen Evangelium nach Matthäus.

In jener Zeit sprach Jesus zu seinen Jüngern: Hütet euch, eure Gerechtigkeit vor den Menschen zu tun, um von ihnen gesehen zu werden; sonst habt ihr keinen Lohn von eurem Vater im Himmel zu erwarten.
Wenn du Almosen gibst, posaune es nicht vor dir her, wie es die Heuchler in den Synagogen und auf den Gassen tun, um von den Leuten gelobt zu werden! Amen, ich sage euch: Sie haben ihren Lohn bereits erhalten. Wenn du Almosen gibst, soll deine linke Hand nicht wissen, was deine rechte tut, damit dein Almosen im Verborgenen bleibt; und dein Vater, der auch das Verborgene sieht, wird es dir vergelten.
Wenn ihr betet, macht es nicht wie die Heuchler! Sie stellen sich beim Gebet gern in die Synagogen und an die Straßenecken, damit sie von den Leuten gesehen werden. Amen, ich sage euch: Sie haben ihren Lohn bereits erhalten.
Du aber, wenn du betest, geh in deine Kammer, schließ die Tür zu; dann bete zu deinem Vater, der im Verborgenen ist!
Dein Vater, der auch das Verborgene sieht, wird es dir vergelten.
Wenn ihr fastet, macht kein finsteres Gesicht wie die Heuchler! Sie geben sich ein trübseliges Aussehen, damit die Leute mer-

ken, dass sie fasten. Amen, ich sage euch: Sie haben ihren Lohn bereits erhalten.
Du aber, wenn du fastest, salbe dein Haupt und wasche dein Gesicht, damit die Leute nicht merken, dass du fastest, sondern nur dein Vater, der im Verborgenen ist; und dein Vater, der das Verborgene sieht, wird es dir vergelten.

Evangelium unseres Herrn Jesus Christus.

IMPULS Dein Vater, der das Verborgene sieht, dieser Satz kommt gleich dreimal vor. Gott sieht die Spende, die einer ohne großes Tamtam gegeben hat. Er sieht das Gebet, das im sprichwörtlich gewordenen stillen Kämmerlein gesprochen wird. Er sieht das Fasten und den Verzicht, den jemand unbemerkt in seine Alltagsabläufe einbaut. Wir wissen, warum der Evangelist das so herausstreicht. Er hat so manche Praktiken der Pharisäer im Blick und die oft scharfe Kritik, die Jesus an etlichen allzu Selbstherrlichen unter ihnen geübt hat. Er hat vielleicht aber auch schon seine Gemeinde im Blick, denn fromme Übungen, alles, wozu man sich überwinden muss, kann auch dazu verführen, sich als moralisch höherwertig zu empfinden und sich auch so darzustellen. Das kann auch ganz subtile Formen annehmen und es ist gut, dass Matthäus uns diese Warnung ins Stammbuch geschrieben hat. Außerdem erinnert uns das Wort von Gottes Blick auf das Verborgene auch an die verborgene Herrlichkeit Jesu selbst, der sozusagen undercover unterwegs war und gerade so wirken wollte, der sein Leben und seine Konsequenz an Gott selbst festmachen wollte. Warum treffe ich welche Entscheidung? Was ist die stärkste Motivation in einer Sache, die mir auch etwas abverlangt? Wie unabhängig bin ich von der Meinung anderer? Solche Fragen stellen sich so wie ich selbst viele Menschen Tag für Tag. Es lohnt sich, den Vater, der das Verborgene sieht, als Unterstützer miteinzubeziehen, aber auch schon mal als wachsames Auge. Denn Angst vor dem Auge, das alles sieht, auch was in finstrer Nacht geschieht, war noch nie der rechte Sinn dieses Bibelwortes und sollte uns insofern nicht weiter beunruhigen.

Segnung und Austeilung der Asche

Barmherziger Gott, du bist den Demütigen nahe und lässt dich durch Buße versöhnen. Neige dein Ohr unseren Bitten und segne ✝ alle, die gekommen sind, um das Aschenkreuz zu empfangen. Hilf uns, die vierzig Tage der Buße in rechter Gesinnung zu begehen, damit wir das heilige Osterfest mit geläutertem Herzen feiern. Darum bitten wir durch Christus, unseren Herrn.

Oder:

Gott, du willst nicht den Tod des Sünders, du willst, dass er sich bekehrt und lebt. Erhöre gnädig unsere Bitten: Segne ✝ diese Asche, mit der wir uns bezeichnen lassen, weil wir wissen, dass wir Staub sind und zum Staub zurückkehren. Hilf uns, die vierzig Tage der Buße in rechter Gesinnung zu begehen.
Verzeih uns unsere Sünden, erneuere uns nach dem Bild deines Sohnes und schenke uns durch seine Auferstehung das unvergängliche Leben. Darum bitten wir durch ihn, Christus, unseren Herrn.

Bekehrt euch und glaubt an das Evangelium. Mk 1,15

Oder: Vgl. Gen 3,19

Bedenke, Mensch, dass du Staub bist und wieder zum Staub zurückkehren wirst.

Fürbitten

Zu Gott, dem wir unser Leben auf dieser Welt verdanken, das schön und fragwürdig zugleich ist, und der uns den Traum von Glück und ewigem Leben schenkt, bitten wir:

– Für alle, die Ruhe und Stille, Nachdenklichkeit und Neusortieren brauchen, für alle, die ihre Kräfte permanent überziehen, für alle, die uns mahnen können.

– Für alle, die regelmäßig spenden, für alle, die für die Verwendung von Kirchensteuern und das Fastenopfer zuständig sind und das kontrollieren, für alle, die ohne ihr Verdienst sehr vermögend sind und ihre soziale Verpflichtung ignorieren.

– Für alle, die ihre Familien zusammenhalten, für alle, die für gute Arbeitsbedingungen und Löhne eintreten, für alle, die für gute Gesetze und für mehr Frieden und Verständigung in der Welt arbeiten.

– Für alle, die etwas umsetzen von dem, was der Umwelt und einer gerechteren Weltwirtschaft hilft, für die Forscher, die Lösungen aus dem Dilemma Wohlstand und weniger Ressourcenverbrauch zu finden hoffen, für alle, die das Leid der Tiere mitbedenken und manches lange Zeit Selbstverständliche in Frage stellen.

– Für alle, die unter einer Schuld leiden, die sie nicht richtig bewältigt haben, für alle, die sich eine Versöhnung wünschen, für alle, die in Traumatatherapien, Frauenhäusern, Resozialisierungsmaßnahmen und auf andere Weise mit Opfern und Tätern zu tun haben.

– Für unsere Lieben alle, für unsere Gemeinde, für die Verstorbenen hier bei uns und weltweit, und alle, die um sie trauern.

Guter Gott, du bist treu und schenkst uns in Jesus einen Weg zum Leben. Lass uns ihn weiter gehen und in Höhen und Tiefen dir vertrauen und deine Nähe erbitten. Dir sei Lob und Preis in alle Ewigkeit.

Gabengebet

Herr, unser Gott, zu Beginn der heiligen vierzig Tage bringen wir dieses Opfer dar und bitten dich: Hilf uns, umzukehren und Taten der Buße und der Liebe zu vollbringen, damit wir unseren bösen Neigungen nicht nachgeben. Reinige uns von Sünden und mache uns fähig, das Gedächtnis des Leidens unseres Herrn Jesus Christus mit ganzer Hingabe zu begehen, der mit dir lebt und herrscht in alle Ewigkeit.

Präfation

Fastenzeit III

In Wahrheit ist es würdig und recht, dir, allmächtiger Vater, zu danken und dich in dieser Zeit der Buße durch Entsagung zu ehren. Die Entsagung mindert in uns die Selbstsucht und öffnet unser Herz für die Armen. Denn deine Barmherzigkeit drängt uns, das Brot mit ihnen zu teilen in der Liebe deines Sohnes, unseres Herrn Jesus Christus. Durch ihn preisen wir deine Größe und singen mit den Chören der Engel das Lob deiner Herrlichkeit.

Oder: Fastenzeit IV

In Wahrheit ist es würdig und recht, dir, Herr, heiliger Vater, allmächtiger, ewiger Gott, immer und überall zu danken. Durch das Fasten des Leibes hältst du die Sünde nieder, erhebst du den Geist, gibst du uns die Kraft und den Sieg durch unseren Herrn Jesus Christus. Durch ihn preisen wir dein Erbarmen und singen mit den Chören der Engel das Lob deiner Herrlichkeit.

Einladung zum Vaterunser

Gemeinsames Beten lebt vom Vertrauen, das jede und jeder Einzelne zu Gott hat. So lasst uns die Erfahrungen unserer Herzenskammer teilen und beten, wie der Herr es uns gelehrt hat: Vater unser im Himmel …

Einladung zum Friedensgebet

Viele Anstrengungen zum Frieden finden im Verborgenen statt, der himmlische Vater sieht es. Wo wir neu bereit sein sollen zu Anstrengungen des Friedens bitten wir den, den der Vater uns gesandt hat: Herr Jesus Christus …

Kommunionvers

Ps 1,2–3

Wer über die Weisung des Herrn nachsinnt bei Tag und Nacht, bringt seine Frucht zur rechten Zeit.

Schlussgebet

Barmherziger Gott, stärke uns durch dieses heilige Mahl, damit wir fasten können, wie es dir gefällt, und durch die Feier dieser Tage Heilung finden. Darum bitten wir durch Christus, unseren Herrn.

Schlusssegen

Segensgebet über das Volk Nr. 14

Strecke aus deine Rechte, Herr, unser Gott, und hilf deinen Gläubigen, damit sie dich von ganzem Herzen suchen und von dir alles erlangen, was sie im Einklang mit deinem Willen erbitten. Darum bitten wir durch Christus, unseren Herrn.
Der Segen des allmächtigen Gottes, des Vaters und des Sohnes ✝ und des Heiligen Geistes, komme auf euch herab und bleibe bei euch allezeit. Amen.

Einem Menschen vergeben heißt nicht, das, was er getan hat, für ungeschehen erachten, nicht wahrhaben wollen oder schlicht vergessen. Vergeben kann unter Umständen bedeuten, gerade nicht zu vergessen. Vergeben heißt: die Vergangenheit eines anderen keinen Einwand dagegen sein zu lassen, dass ich ihn annehme. Vergebung heißt nicht das Ja zu einer vergangenen Schuld, wohl aber das Ja zu einem Menschen mit seiner vergangenen Schuld.

Otto Hermann Pesch

ERSTER FASTENSONNTAG

9. März 2025

Wenn er mich anruft, dann will ich ihn erhören.
Ich bin bei ihm in der Not,
befreie ihn und bringe ihn zu Ehren.
Ich sättige ihn mit langem Leben
und lasse ihn mein Heil schauen.
Ps 91 (90),15–16

Die Quadragesima, die Vierzig Tage-Zeit, die 7-Wochen-Anders-Zeit, die haben wir an Aschermittwoch betreten. Sie hat ihre festen liturgischen Formen, das ernste Violett, das »Gloria-Fasten«, der Verzicht aufs Halleluja und auf den ein oder anderen Schmuck in der Kirche. Der Alltag hängt mehr von uns selbst ab. Ob wir schon einen Fastenvorsatz haben? Das wäre vielleicht hilfreich. Oder ob wir am Beginn der Fastenzeit darüber nachdenken, wo wir zu viel am falschen Ende sparen, also schon länger fasten, aber nicht im Sinne Gottes. Zu wenig Zeit, zu wenig Aufmerksamkeit, zu wenig Gespräch mit Gott, zu wenig innere Gelassenheit, zu wenig Freigiebigkeit. Die vierzig Tage erinnern an Jesus, der vor dem Beginn seiner Verkündigung wissen will oder soll, was ihn in der Tiefe trägt. Sie erinnern auch an die 40 Jahre der Wanderung des Volkes Israel. Auch eine Schule des Lernens, dass auf Gott Verlass ist, aber anders, als man es sich ausrechnet.

Kyrie-Rufe

Herr Jesus, du stellst dich deinen Lebensfragen.
Herr, erbarme dich.
Du stellst dich deinen Wünschen und menschlichen Bedürfnissen.
Christus, erbarme dich.
Du stellst uns immer wieder auf die richtigen Füße.
Herr, erbarme dich.

Tagesgebet

Allmächtiger Gott, du schenkst uns die heiligen vierzig Tage als eine Zeit der Umkehr und der Buße. Gib uns durch ihre Feier die Gnade, daß wir in der Erkenntnis Jesu Christi voranschreiten und die Kraft seiner Erlösungstat durch ein Leben aus dem Glauben sichtbar machen. Darum bitten wir durch ihn, der in der Einheit des Heiligen Geistes mit dir lebt und herrscht in alle Ewigkeit.

Erste Lesung Dtn 26,4–10

Lesung aus dem Buch Deuteronomium.

In jenen Tagen sprach Mose zum Volk: Wenn du die ersten Erträge von den Früchten des Landes darbringst, dann soll der Priester den Korb aus deiner Hand entgegennehmen und ihn vor den Altar des HERRN, deines Gottes, stellen.
Du aber sollst vor dem HERRN, deinem Gott, folgendes Bekenntnis ablegen: Mein Vater war ein heimatloser Aramäer.
Er zog nach Ägypten, lebte dort als Fremder mit wenigen Leuten und wurde dort zu einem großen, mächtigen und zahlreichen Volk.
Die Ägypter behandelten uns schlecht, machten uns rechtlos und legten uns harte Fronarbeit auf.
Wir schrien zum HERRN, dem Gott unserer Väter, und der HERR hörte unser Schreien und sah unsere Rechtlosigkeit, unsere Arbeitslast und unsere Bedrängnis.
Der HERR führte uns mit starker Hand und hoch erhobenem Arm, unter großem Schrecken, unter Zeichen und Wundern aus Ägypten, er brachte uns an diese Stätte und gab uns dieses Land, ein Land, wo Milch und Honig fließen.
Und siehe, nun bringe ich hier die ersten Erträge von den Früchten des Landes, das du mir gegeben hast, HERR. Wenn du den Korb vor den HERRN, deinen Gott, gestellt hast, sollst du dich vor dem HERRN, deinem Gott, niederwerfen.

Wort des lebendigen Gottes.

IMPULS Alles, was wir haben, alle unsre Gaben, kommen Herr von dir. Wir danken dir dafür. Mit den Worten dieses schlichten Tischgebetes könnte man die gerade gehörte Lesung zusammenfassen. Und doch ist der Fokus auf ein ganz konkretes Ereignis gerichtet und das ist zugleich das zentrale Ereignis in der Geschichte Israels, nämlich das jüdische Osterfest. Gott hat das Volk befreit und einen Bund mit ihm geschlossen und hat es Heimat finden lassen. Wenn Christen am Beginn der Vorbereitung auf ihr Osterfest auch auf das jüdische Osterfest und seine Ursprünge schauen, dann wird ein weiter Bogen gespannt. Gleichzeitig wird ein wichtiges Element der Fastenzeit anhand dieses Textes hervorgehoben. In den kommenden vierzig Tagen soll man sich wieder an sein ganzes existentielles Geworfensein auf Gott erinnern. Er hat einem das Leben geschenkt und er führt es aus der Verlorenheit und Begrenztheit heraus. Man selbst erinnert sich bestimmt an persönliche Befreiungsgeschichten und Schlüsselmomente. Auch dass es manchmal kein ganz leichter Weg war, so wie man es auch in den Erzählungen des Buches Exodus nachlesen kann. Den mit Gottes Geschenken gefüllten Korb in Gedanken vor ihn hinstellen, ihm dabei von Herzen zu danken und auch für die Zukunft auf seine Hilfe zu hoffen, darum geht es.

ANTWORTPSALM Ps 91 (90),1–2.10–11.12–13.14–15 (Kv: vgl. 15b)

Kv Herr, sei bei mir in der Bedrängnis! – Kv

Wer im Schutz des Höchsten wohnt, *
der ruht im Schatten des Allmächtigen.
Ich sage zum HERRN: Du meine Zuflucht und meine Burg, *
mein Gott, auf den ich vertraue. – Kv

Dir begegnet kein Unheil, *
deinem Zelt naht keine Plage.
Denn er befiehlt seinen Engeln, *
dich zu behüten auf all deinen Wegen. – Kv

Sie tragen dich auf Händen, *
damit dein Fuß nicht an einen Stein stößt;
du schreitest über Löwen und Nattern, *
trittst auf junge Löwen und Drachen. – Kv

Weil er an mir hängt, will ich ihn retten. *
Ich will ihn schützen, denn er kennt meinen Namen.
Ruft er zu mir, gebe ich ihm Antwort. /
In der Bedrängnis bin ich bei ihm, *
ich reiße ihn heraus und bringe ihn zu Ehren. – Kv

Zweite Lesung Röm 10,8–13

Lesung aus dem Brief des Apostels Paulus an die Gemeinde in Rom.

Schwestern und Brüder! Was sagt die Schrift? Nahe ist dir das Wort in deinem Mund und in deinem Herzen. Das heißt: das Wort des Glaubens, das wir verkünden; denn wenn du mit deinem Mund bekennst: »Herr ist Jesus« – und in deinem Herzen glaubst: »Gott hat ihn von den Toten auferweckt«, so wirst du gerettet werden.
Denn mit dem Herzen glaubt man und das führt zur Gerechtigkeit, mit dem Mund bekennt man und das führt zur Rettung.
Denn die Schrift sagt: Jeder, der an ihn glaubt, wird nicht zugrunde gehen.
Denn darin gibt es keinen Unterschied zwischen Juden und Griechen. Denn alle haben denselben Herrn; aus seinem Reichtum beschenkt er alle, die ihn anrufen.
Denn jeder, der den Namen des Herrn anruft, wird gerettet werden.

Wort des lebendigen Gottes.

IMPULS Herr, unser Herr, wie bist du zugegen, konnte Huub Oosterhuis bewundernd empfinden und niederschreiben. Viele kennen das Lied im Gotteslob 414. Paulus schwelgt an dieser Stelle gleichfalls in der Bewunderung der Nähe Gottes: in deinem Herzen und auf deinen Lippen, das göttliche Wort, das Mensch geworden ist, und nimmt Bezug auf die wunderbare Stelle Dtn 30,11–14. Mehr braucht es für ihn nicht, als dass ein Mensch in Christus auflebt und von diesem Leben Zeugnis gibt. Die Zumutung Gottes ist, sich von ihm beschenken zu lassen, seine Zuwendung zur ganzen Welt in dem verkannten Jesus zu erkennen, darauf zu verzichten, sich Gottes Liebe und Gerechtigkeit zu verdienen. Die Rettung ist, in dem am Kreuz gescheiterten, aber von Gott ganz erfüllten und von ihm auferweckten Jesus, zu erkennen, wie bedingungslos Gott liebt. Und wer sich selbst bedingungslos geliebt weiß, der geht nicht zugrunde, der ist gerettet aus allem Zweifel, die einem an nicht wenigen Stellen im Leben überkommen können. Der baut eher Brücken, als dass er Gräben vertieft. Der setzt auf die Kraft, die Menschen zusammenbringt und aus der Welt eine bessere macht.

Ruf vor dem Evangelium — Vgl. Mt 4,4b

Christus, du ewiges Wort des Vaters, Ehre sei dir!
Nicht nur von Brot lebt der Mensch,
sondern von jedem Wort aus Gottes Mund.
Christus, du ewiges Wort des Vaters, Ehre sei dir!

Evangelium — Lk 4,1–13

+ Aus dem heiligen Evangelium nach Lukas.

In jener Zeit kehrte Jesus, erfüllt vom Heiligen Geist, vom Jordan zurück. Er wurde vom Geist in der Wüste umhergeführt, vierzig Tage lang, und er wurde vom Teufel versucht. In jenen Tagen aß er nichts; als sie aber vorüber waren, hungerte ihn.

Da sagte der Teufel zu ihm: Wenn du Gottes Sohn bist, so befiehl diesem Stein, zu Brot zu werden.

Jesus antwortete ihm: Es steht geschrieben: Der Mensch lebt nicht vom Brot allein.

Da führte ihn der Teufel hinauf und zeigte ihm in einem Augenblick alle Reiche des Erdkreises.

Und er sagte zu ihm: All die Macht und Herrlichkeit dieser Reiche will ich dir geben; denn sie sind mir überlassen und ich gebe sie, wem ich will.
Wenn du dich vor mir niederwirfst und mich anbetest, wird dir alles gehören.
Jesus antwortete ihm: Es steht geschrieben: Vor dem Herrn, deinem Gott, sollst du dich niederwerfen und ihm allein dienen.
Darauf führte ihn der Teufel nach Jerusalem, stellte ihn oben auf den Tempel und sagte zu ihm: Wenn du Gottes Sohn bist, so stürz dich von hier hinab; denn es steht geschrieben: Seinen Engeln befiehlt er deinetwegen, dich zu behüten; und: Sie werden dich auf ihren Händen tragen, damit dein Fuß nicht an einen Stein stößt.
Da antwortete ihm Jesus: Es ist gesagt: Du sollst den Herrn, deinen Gott, nicht auf die Probe stellen.
Nach diesen Versuchungen ließ der Teufel bis zur bestimmten Zeit von ihm ab.

Evangelium unseres Herrn Jesus Christus.

IMPULS Und führe uns nicht in Versuchung, so lautet eine Bitte, die wir regelmäßig aussprechen, wenn wir das Vaterunser beten. Was das sein soll, hat man sich dabei sicher öfter im Laufe des eigenen Lebens gefragt. Im Alltagsgebrauch taucht das Wort Versuchung vor allem im Zusammenhang mit der sexuellen Lust und der Lust auf Süßigkeiten auf. Aber das blendet andere wichtige Bereiche aus und kommentiert diese beiden übermäßig negativ. Und schließlich denkt man vielleicht auch noch an eine Debatte, die Papst Franziskus vor einiger Zeit angestoßen hat und die in einigen Sprachen zu einer Neufassung dieser Vaterunserbitte geführt hat. Es soll nicht so verstanden werden, dass Gott derjenige ist, der versucht. Hier jedenfalls ist eindeutig, dass nicht Gott versucht, sondern die Macht, die Lukas ebenso wie Matthäus an gleicher Stelle Diabolos nennt, Markus dagegen mit dem Wort Satanas bezeichnet. Wie Matthäus entfaltet Lukas das Versuchungsgeschehen auch in drei konkreten Formen, die wohl steigernd gedacht

sind. Es handelt sich um ganz existentielle Versuchungen. Dass sie individuell, aber dennoch verschieden gewichtig empfunden werden können, zeigt schon die Veränderung von Versuchung 2 und 3 bei Matthäus zu 3 und 2 bei Lukas. In der Karfreitagslesung aus dem Hebräerbrief in allen drei Lesejahren und in der Schilderung von Jesu Beten im Garten Gethsemani kehrt das Thema Versuchung von der eher imaginären Darstellung hier als konkrete und sehr bittere Realität wieder. Die Ansage an dieser Stelle lautet: Vom Wesen des Glaubens her wohnt ihm immer auch die Versuchung inne, ihn aufzugeben. Ja, gerade die Bereitschaft, sich Gott immer mehr anzuvertrauen, geht nicht selten einher mit Krisen und Nächten der Seele, wie die Biographien mancher als heilig angesehener Menschen zeigt: Wenn man ständig Mangel und Unrecht empfindet, wenn man sich nach mehr Macht und Freude sehnt, wenn man die Unerbittlichkeit und Kränkung des Todes spürt.
Denk an mich, sagt im Lukasevangelium der Schächer am Kreuz zu Jesus. Er hat in der letzten Versuchung Halt an dem, der die Versuchung kennt, obwohl er der Sohn war, der auch lernen musste, was Menschen empfinden, wenn sie glauben wollen und erhoffen.

CREDO (siehe Seite 520ff.)

FÜRBITTEN

Zu Jesus Christus, dem treuen Zeugen der Verlässlichkeit Gottes, unserem Vorbild und Mutmacher in dieser Vorbereitungszeit auf Ostern, beten wir.

– Traditionell erinnern die Bischöfe ihre Diözesen mit einem Hirtenbrief an die große Bedeutung einer guten Vorbereitungszeit auf Ostern. Schenke ihnen selbst in allen Herausforderungen ihres Amtes und in allem Erwartungsdruck Zeiten der Einkehr und des Abstandes, aber auch besondere Gespräche und Erkenntnisse, die ihnen Mut machen zu einer synodaleren und kritisch-engagierten Kirche an der Seite der Menschen.

– Das Hilfswerk Misereor macht wie immer durch besondere Aktionen und Informationen auf die globalen Versäumnisse und Erfordernisse aufmerksam und wirbt um unsere Fastengabe. Lass das Mühen ihrer Mitarbeiterinnen und Mitarbeiter nicht vergeblich sein und öffne die Herzen vieler Menschen für die Not jenseits unserer eigenen Nöte.

– Die Kirche befindet sich vielerorts in Veränderungen. Manche davon erinnern an das Symbol der Asche und des Staubes. Lass alle Gläubigen und uns selbst an das Zeichen des Aschenkreuzes denken, das eine harte Wahrheit enthält, aber zugleich auch einen Protest gegen Resignation und das dazu aufruft, umzukehren vom Leblosen zum Lebendigen.

– Menschliche Beziehungen sind kostbar und krisenanfällig, etliche zerbrechen im Laufe eines Lebens, auch wenn man es eigentlich nicht wollte. Hilf allen Menschen, die nicht fertig werden mit ihrem Anteil und dem der anderen an Scheidungen, Streit und Mobbing, an sexuellem Missbrauch, Demütigungen und offenem Gewaltausbruch. Sei bei denen, die als Polizei, als Therapeuten und Seelsorger schützend und heilend tätig sind. Mach unser Zeugnis und das der ganzen Kirche klarer und einladender, versöhnter zu leben.

– Die Zahl der Menschen weltweit wächst weiter an, die Zahl vieler Tiere und Arten nimmt ab, es gibt viele Kriege zwischen Menschen und um Ressourcen und Lebensräume für menschliches und nicht-menschliches Leben. Wir beten für alle, die weltweit die Erde bearbeiten und die Tiere zum Zweck der Ernährung halten und einfangen. Für alle, die auf internationaler Ebene fürs Überleben, für Frieden und gerechte Ausgleiche tätig sind. Lass die Waffen schweigen, die Menschen gegeneinander richten und schenke mehr Respekt vor allem, was lebt.

Herr Jesus Christus, dein Leben auf Erden ist für uns ein Anker über die Jahrhunderte hinweg. Hab Dank für das, was du zum Heil der Menschen gewirkt hast und weiter wirkst. Unsere Verstorbenen und alle unsere Lieben empfehlen wir abschließend nochmals deiner Sorge. Wir danken dir für deine Nähe in Zeit und Ewigkeit. Amen.

Gabengebet

Herr, unser Gott, wir bringen Brot und Wein für das heilige Opfer, das wir zum Beginn dieser Fastenzeit feiern. Nimm mit diesen Gaben uns selbst an und vereine unsere Hingabe mit dem Opfer deines Sohnes, der mit dir lebt und herrscht in alle Ewigkeit.

Präfation

Vom Tag

In Wahrheit ist es würdig und recht, dir, Herr, heiliger Vater, allmächtiger, ewiger Gott, immer und überall zu danken durch unseren Herrn Jesus Christus. Denn er hat in der Wüste vierzig Tage gefastet und durch sein Beispiel diese Zeit der Buße geheiligt. Er macht die teuflische List des Versuchers zunichte und läßt uns die Bosheit des Feindes durchschauen. Er gibt uns die Kraft, den alten Sauerteig zu entfernen, damit wir Ostern halten mit lauterem Herzen und zum ewigen Ostern gelangen. Darum preisen wir dich mit den Kerubim und Serafim und singen mit allen Chören der Engel das Lob deiner Herrlichkeit.

Einladung zum Vaterunser

Beten wir das Vaterunser und halten dabei innerlich besonders inne bei der Bitte, dass wir in der Versuchung bewahrt bleiben vor einem dauerhaften Verlust des Glaubens: Vater unser im Himmel …

Einladung zum Friedensgebet

In der Fastenzeit begleitet uns der Aufruf, versöhnter zu leben. In diesem Sinn ist auch das Gebet vor der Kommunion immer gedacht. So lasst uns beten: Herr Jesus Christus …

Kommunionvers

Mt 4,4

Nicht nur vom Brot lebt der Mensch, sondern von jedem Wort, das aus Gottes Mund kommt.

Oder: Ps 91 (90),4

Mit seinen Flügeln schirmt dich der Herr, unter seinen Schwingen findest du Zuflucht.

Schlussgebet

Gütiger Gott, du hast uns das Brot des Himmels gegeben, damit Glaube, Hoffnung und Liebe in uns wachsen. Erhalte in uns das Verlangen nach diesem wahren Brot, das der Welt das Leben gibt, und stärke uns mit jedem Wort, das aus deinem Mund hervorgeht. Darum bitten wir durch Christus, unseren Herrn.

Schlusssegen

Vom Leiden des Herrn

Der barmherzige Gott, der seinen Sohn für uns dahingegeben und uns in ihm ein Beispiel der Liebe geschenkt hat, segne euch und mache euch bereit, Gott und den Menschen zu dienen.
Und Christus, der Herr, der uns durch sein Sterben dem ewigen Tode entrissen hat, stärke euren Glauben und führe euch zur unvergänglichen Herrlichkeit.
Und allen, die ihm folgen auf dem Weg der Entäußerung, gebe er Anteil an seiner Auferstehung und an seiner Herrlichkeit.
Das gewähre euch der dreieinige Gott, der Vater und der Sohn ✝ und der Heilige Geist.

Die Wüste ist kein »Land«, wo man wohnen kann, sondern Leere, die man durchqueren muss, vorläufige Landschaft, Zwischenzeit, Probezeit … – Abgrund. In der Wüste hält sich derjenige auf, der keine einzige Zuflucht oder Vertröstung z. B. in einer anerkannten Ethik oder Religion, in einer Gottesvorstellung oder einem Menschenbild oder in anderen Sicherheiten findet. In der Wüste hält sich derjenige auf, der sich seiner nicht mehr sicher ist.

Huub Oosterhuis

ZWEITER FASTENSONNTAG
16. März 2025

Mein Herz denkt an dein Wort:
Sucht mein Angesicht!
Dein Angesicht, Herr, will ich suchen.
Verbirg nicht dein Gesicht vor mir.
Ps 27 (26),8–9

Oder:
Denk an dein Erbarmen, Herr, und an die Taten deiner Huld;
denn sie bestehen seit Ewigkeit.
Laß unsere Feinde nicht triumphieren!
Befreie uns, Gott Israels, aus all unseren Nöten.
Ps 25 (24),6.2.22

Sein Licht vertreibe das Dunkel der Herzen. Dieser schöne Satz wird nach dem Entzünden der großen Osterkerze gesagt. Und dann zieht man dem Licht des Auferstandenen nach und entzündet seine eigene kleine Kerze, die einen an die Taufe erinnert. Heute steht das Symbol des Lichtes ganz im Mittelpunkt. Die Fastenzeit will uns zur Erneuerung unserer Glaubenshoffnung führen. Wie viel Dunkel vertreibt Jesus Christus in mir und durch mich? Wie gehe ich um mit den vielen Unklarheiten und Unsicherheiten, die zum Leben in dieser Welt gehören? Wie sieht unser Lichtzeugnis als konkrete Gemeinde aus? Schauen wir in uns und aufeinander und denken: Das Licht ist bei uns. Jede und jeder von uns trägt es. Aber wie schwer oder leicht hat es die Flamme?

Kyrie-Rufe

Christus, du Licht.
Herr, erbarme dich.
Du verklärst unsere Schatten.
Christus, erbarme dich.
Du kannst verhindern, dass das Dunkel zu uns spricht.
Herr, erbarme dich.

Tagesgebet

Gott, du hast uns geboten, auf deinen geliebten Sohn zu hören. Nähre uns mit deinem Wort und reinige die Augen unseres Geistes, damit wir fähig werden, deine Herrlichkeit zu erkennen. Darum bitten wir durch Jesus Christus.

Erste Lesung

Gen 15,5–12.17–18

Lesung aus dem Buch Genesis.

In jenen Tagen führte der Herr Abram hinaus und sprach: Sieh doch zum Himmel hinauf und zähl die Sterne, wenn du sie zählen kannst! Und er sprach zu ihm: So zahlreich werden deine Nachkommen sein.
Und er glaubte dem Herrn und das rechnete er ihm als Gerechtigkeit an.
Er sprach zu ihm: Ich bin der Herr, der dich aus Ur in Chaldäa herausgeführt hat, um dir dieses Land zu eigen zu geben.
Da sagte Abram: Herr und Gott, woran soll ich erkennen, dass ich es zu eigen bekomme?
Der Herr antwortete ihm: Hol mir ein dreijähriges Rind, eine dreijährige Ziege, einen dreijährigen Widder, eine Turteltaube und eine junge Taube!
Abram brachte ihm alle diese Tiere, schnitt sie in der Mitte durch und legte je einen Teil dem andern gegenüber; die Vögel aber zerschnitt er nicht.
Da stießen Raubvögel auf die toten Tiere herab, doch Abram verscheuchte sie.
Bei Sonnenuntergang fiel auf Abram ein tiefer Schlaf. Und siehe, Angst und großes Dunkel fielen auf ihn.
Die Sonne war untergegangen und es war dunkel geworden.
Und siehe, ein rauchender Ofen und eine lodernde Fackel waren da; sie fuhren zwischen jenen Fleischstücken hindurch.
An diesem Tag schloss der Herr mit Abram folgenden Bund: Deinen Nachkommen gebe ich dieses Land vom Strom Ägyptens bis zum großen Strom, dem Eufrat-Strom.

Wort des lebendigen Gottes.

IMPULS Was für eine befremdliche Lesung für uns, die wir meilenweit weg sind von der Praxis des Opferns von geschlachteten Tieren und Feldfrüchten. Jahrhundertelang waren Menschen das gewohnt, egal ob in Israel oder in benachbarten Religionen und Kulturen. Die Opferhandlung wird genau erzählt und auch, dass man dabei schon mal auf Raubvögel aufpassen musste. Wenn einem dabei ein Schauer über den Rücken läuft, muss das nicht verwundern. Aber spätestens da sind wir wieder drin, bei Abram, der bisher getan hat, was er als Ruf Gottes verstanden hat, aber doch auch Fragen hat, die Zweifel beinhalten, wenn nicht sogar richtiges Dunkel: Angst und großes Dunkel sind wie eine Decke über seiner Schlafstatt. Aber es bleibt nicht dabei. Abram wird durch die Schau eines Ofens und einer daran entzündeten Fackel in seiner Angst getröstet und sieht Licht im Dunkeln. Und er sieht das Opfer durch Gott selbst vollendet. Von hieraus ergibt sich auch der Bezug zur Verklärungsszene: Jesus wird, wie hier Abram, in dem bestätigt, was er bereits alles auf sich genommen hat. Die Apostel werden, wie hier Abram, bestärkt in ihrer Jüngerschaft, die auch Zeiten des Zweifels mit sich bringt, wenn man auf ihn hört und doch meint, alles versinke im Dunkel.

ANTWORTPSALM

Ps 27 (26),1.7–8.9.13–14 (Kv: 1a)

Kv Der HERR ist mein Licht und mein Heil. – Kv

Der HERR ist mein Licht und mein Heil: *
Vor wem sollte ich mich fürchten?
Der HERR ist die Zuflucht meines Lebens: *
Vor wem sollte mir bangen? – Kv

Höre, HERR, meine Stimme, wenn ich rufe; *
sei mir gnädig und gib mir Antwort!
Mein Herz denkt an dich: Suchet mein Angesicht! *
Dein Angesicht, HERR, will ich suchen. – Kv

Verbirg nicht dein Angesicht vor mir; /
weise deinen Knecht im Zorn nicht ab! *

Du wurdest meine Hilfe.
Verstoß mich nicht, verlass mich nicht, *
du Gott meines Heiles! – Kv

Ich bin gewiss, zu schauen *
die Güte des HERRN im Land der Lebenden.
Hoffe auf den HERRN, /
sei stark und fest sei dein Herz! *
Und hoffe auf den HERRN! – Kv

ZWEITE LESUNG

Phil 3,17 – 4,1 (Kf: 3,20 – 4,1)

Lesung aus dem Brief des Apostels Paulus an die Gemeinde in Philippi.

Ahmt auch ihr mich nach, Brüder und Schwestern, und achtet auf jene, die nach dem Vorbild leben, das ihr an uns habt!
Denn viele – von denen ich oft zu euch gesprochen habe, doch jetzt unter Tränen spreche – leben als Feinde des Kreuzes Christi.
Ihr Ende ist Verderben, ihr Gott der Bauch und ihre Ehre besteht in ihrer Schande; Irdisches haben sie im Sinn.
Denn ⇒unsere Heimat ist im Himmel. Von dorther erwarten wir auch Jesus Christus, den Herrn, als Retter, der unseren armseligen Leib verwandeln wird in die Gestalt seines verherrlichten Leibes, in der Kraft, mit der er sich auch alles unterwerfen kann.
Darum, meine geliebten Brüder und Schwestern, nach denen ich mich sehne, meine Freude und mein Ehrenkranz, steht fest im Herrn, Geliebte!

Wort des lebendigen Gottes.

IMPULS Paulus schreibt an die erste Gemeinde in Europa. Das war seine Gründung in Philippi. Und sie wurde so etwas wie seine Lieblingsgemeinde. Nur von ihr nimmt er finanzielle Unterstützung an, die ihm überbracht wurde in das Gefängnis, aus dem er diesen Brief geschrieben hat. Paulus konnte sich ja auch sonst ereifern, aber dass er es hier tut, ist vor diesem Hintergrund umso eher nachvollziehbar. Der Apostel weiß, dass es Gründe und Versuchungen gibt, die Nachfolge Christi aufzugeben. Er kennt die antike Genusskultur und er kennt die Anfeindungen, die von jüdischer Seite herkommen, weil er das Ende der Gesetzesgerechtigkeit predigt. Für ihn steht die Tür zu Gott ja allen offen, die sich an Jesus festmachen. Das aber bedeutet eben auch, auszuhalten wie der Herr, dass der Lohn des Glaubens nicht von dieser Welt ist, auf ihn zu hören und aus der Gemeinschaft mit ihm im Himmel zu leben, der das Kreuz getragen hat und von Gott verherrlicht wurde.

Ruf vor dem Evangelium — Vgl. Mt 17,5

Christus, du ewiges Wort des Vaters, Ehre sei dir!
Aus der leuchtenden Wolke rief die Stimme des Vaters:
Das ist mein geliebter Sohn; auf ihn sollt ihr hören.
Christus, du ewiges Wort des Vaters, Ehre sei dir!

Evangelium — Lk 9,28b–36

+ Aus dem heiligen Evangelium nach Lukas.

In jener Zeit aber nahm Jesus Petrus, Johannes und Jakobus mit sich und stieg auf einen Berg, um zu beten.
Und während er betete, veränderte sich das Aussehen seines Gesichtes und sein Gewand wurde leuchtend weiß.
Und siehe, es redeten zwei Männer mit ihm. Es waren Mose und Elija; sie erschienen in Herrlichkeit und sprachen von seinem Endc, das er in Jerusalem erfüllen sollte.
Petrus und seine Begleiter aber waren eingeschlafen, wurden jedoch wach und sahen Jesus in strahlendem Licht und die zwei Männer, die bei ihm standen.
Und es geschah: Als diese sich von ihm trennen wollten, sagte Petrus zu Jesus: Meister, es ist gut, dass wir hier sind. Wir wollen drei Hütten bauen, eine für dich, eine für Mose und eine für Elija. Er wusste aber nicht, was er sagte.
Während er noch redete, kam eine Wolke und überschattete sie. Sie aber fürchteten sich, als sie in die Wolke hineingerieten.

Da erscholl eine Stimme aus der Wolke: Dieser ist mein auserwählter Sohn, auf ihn sollt ihr hören.
Während die Stimme erscholl, fanden sie Jesus allein. Und sie schwiegen und erzählten in jenen Tagen niemandem von dem, was sie gesehen hatten.

Evangelium unseres Herrn Jesus Christus.

IMPULS Die Verklärungsszene begegnet uns jedes Jahr am zweiten der sechs Sonntage in der Fastenzeit. Sie ist wie ein Stück vorausgefühltes Ostern. Lukas positioniert sie unmittelbar nach der ersten Leidensankündigung. Jesus wird immer klarer, dass sein Weg wie der vieler Propheten sein wird. Aber Lukas zeigt ihn in all dem auch als einen, der im Gebet Kraft und Hoffnung über das vor Augen Liegende hinaus erfährt. Und das müssen auch die Jünger gespürt haben. Gesicht und Haltung eines Menschen können manchmal etwas widerspiegeln, was eine besondere innere Erfahrung und Kraft zeigt. Manchmal empfindet man es selbst. Es sind ganz kostbare Momente. Und darum geht es hier. Und um den Wunsch, uns möge auf dem Weg der Nachfolge Jesu geschenkt werden, dass wir immer mal wieder erkennen: Das ist der Weg, der weiterführt, es hat sich gelohnt, in dieser Entscheidungssituation »sein Kreuz zu tragen«.
Wer schon einmal das Glück hatte, den Berg Tabor besuchen zu können, den die Tradition zum Ort der Verklärung gemacht hat, der versteht die Bildersprache, die Lukas hier gewählt hat: das Herausragende, das alles Überblickende, das Gefühl, dem Himmel näher zu sein. Das schlägt Achsen zum Sinai (Mose), zum Horeb (Elija), zum Berg Zion mit dem Ölberg und Golgotha-Hügel, den Ort des Leidens und der Kreuzigung, aber auch der Auferstehung. So sind im Leben Momente, wo einem klar wird, worauf es ankommt. Solche Momente braucht man zum Glauben, auch wenn sie flüchtig sind. Auch Jesus brauchte es.

CREDO (siehe Seite 520ff.)

Fürbitten

Zu Gott, der sich mit Jesus identifiziert und ihn im Gebet gestärkt hat, wollen wir uns vertrauensvoll mit unseren Fragen und Bitten wenden.

– Für alle, die sich darin üben, einen guten Vorsatz in die Tat umzusetzen. Schenke ihnen Momente, in denen sie darin bestärkt werden und ein gutes Gefühl haben, auch wenn es mit Einschränkungen und Unsicherheiten verbunden ist.

– Für alle, die sich in einer Krise befinden, die im Moment nicht wissen, wie ihr Leben weiter gehen kann, die Angst haben und auch mit dem Glauben ringen. Schenke ihnen Begegnungen und Erlebnisse, die sie zu neuem Mut und zu Schritten in eine gute Richtung bewegen.

– Für alle, die in Klöstern und Geistlichen Gemeinschaften leben, die oft an diesen besonderen Orten Gastfreundschaft und geistliche Einkehr anbieten. Schenke ihnen immer wieder den Geist, den sie dafür brauchen und hilf ihnen, die Zeit des Rückgangs und mancher Veränderungen gut zu bewältigen.

– Für alle Christen im Heiligen Land, die dort als eine sehr heterogene Minderheit unter Juden, Muslimen und Drusen leben. Schenke ihnen eine Haltung, die ihnen den Respekt von andersgläubigen Nachbarn und der Öffentlichkeit einbringt und führe sie auf dem Weg der Ökumene voran.

– Für alle, denen wir Licht sind, für alle, die wir nie vergessen, auch wenn sie gestorben sind. Sei bei ihnen im Alltag, an ihrem Platz irgendwo in unserer weiten Welt, in dem, was nach dem Tod ist. Schenke uns immer diese Leuchten.

Guter Gott, das Hören auf deinen Sohn lässt uns zu dir kommen. Wir vertrauen auf den Bund, der ohne Ende ist und voller Liebe. In diesem Vertrauen lass uns offen bleiben für heute und morgen, für die Zeit und die Ewigkeit.

Gabengebet

Herr, das Opfer, das wir feiern, nehme alle Schuld von uns. Es heilige uns an Leib und Seele, damit wir uns in rechter Weise auf das Osterfest vorbereiten. Darum bitten wir durch Christus, unseren Herrn.

Präfation Vom Tag

In Wahrheit ist es würdig und recht, dir, Vater im Himmel, zu danken durch unseren Herrn Jesus Christus. Denn er hat den Jüngern seinen Tod vorausgesagt und ihnen auf dem heiligen Berg seine Herrlichkeit kundgetan. In seiner Verklärung erkennen wir, was Gesetz und Propheten bezeugen: daß wir durch das Leiden mit Christus zur Auferstehung gelangen. Durch ihn rühmen wir deine Größe und singen mit den Chören der Engel das Lob deiner Herrlichkeit.

Einladung zum Vaterunser

Beten verändert, Jesus wurde im Gebet vom Licht Gottes erfüllt. So lasst uns miteinander beten: Vater unser im Himmel …

Einladung zum Friedensgebet

Wo immer Dunkel und Angst uns gefangen nehmen und vom Frieden abschneiden, den Gott anbietet, wollen wir beten: Herr Jesus Christus …

Kommunionvers Mt 17,5

Dies ist mein geliebter Sohn, an dem ich Gefallen gefunden habe: Auf ihn sollt ihr hören.

Schlussgebet

Herr, du hast uns im Sakrament an der Herrlichkeit deines Sohnes Anteil gegeben. Wir danken dir, daß du uns schon auf Erden teilnehmen läßt an dem, was droben ist. Durch Christus, unseren Herrn.

Schlusssegen

Vom Leiden des Herrn

Der barmherzige Gott, der seinen Sohn für uns dahingegeben und uns in ihm ein Beispiel der Liebe geschenkt hat, segne euch und mache euch bereit, Gott und den Menschen zu dienen.
Und Christus, der Herr, der uns durch sein Sterben dem ewigen Tode entrissen hat, stärke euren Glauben und führe euch zur unvergänglichen Herrlichkeit.
Und allen, die ihm folgen auf dem Weg der Entäußerung, gebe er Anteil an seiner Auferstehung und an seiner Herrlichkeit.
Das gewähre euch der dreieinige Gott, der Vater und der Sohn ✝ und der Heilige Geist.

Heilige
Ein Heiliger wohnt
in der Banalität des Alltags.
Dort wird sein Einsatz verlangt.
Wo findet eine Jungfrau
einen brauchbaren Gatten?
Oder wo findet man
den verlorenen Haustürschlüssel?
Oft trägt er in der Hand
ein banales Zeichen:
ein Salzfass zum Beispiel.
Ein Heiliger hat
viel Banales zu tun
Aber diese Banalität
grenzt an das Geheimnis.

Ein Heiliger wohnt
im Geheimnis des Daseins:
In einer undurchschaubaren Wolke
oder in einem leuchtenden Glanz.
Der Heilige, der unsere Alltäglichkeit

trägt und teilt,
er wohnt auch in der Fremdheit.

So wie die Hoffnung
in kleinlichem Alltag wurzelt,
aber sich ins Weite entfaltet,
in den Visionen aufblüht.
Ein Heiliger
wohnt in der Hoffnung.

Joop Roeland

HL. JOSEF, BRÄUTIGAM DER GOTTESMUTTER MARIA

Hochfest

19. März 2025

Seht, das ist der treue und kluge Hausvater,
dem der Herr seine Familie anvertraut,
damit er für sie sorge.
Vgl. Lk 12,42

Vor allem Krippendarstellungen und Weihnachtslieder sind Anlässe für uns, den hl. Josef wahrzunehmen. Die Kindheitsberichte im Matthäus- und im Lukas-Evangelium haben ihm diesen bedeutenden Platz für alle Zeiten zugesichert. Die Texte machen zugleich aber auch die Herausforderung deutlich, um die es bei diesem Heiligen immer geht: Obwohl er als Vater Jesu gilt, sollen wir in seinem Fall Gottes einzigartige Vaterschaft erkennen und diese, wie er selbst es tut, anerkennen. Josef ist nur »Nährvater« Jesu, nur »Bräutigam« der Gottesmutter. Dazu sagt er im Glauben ja. Aber er sorgt mit für die Bedingungen und das ist unendlich wichtig, dass Gottes Sohn einen Ort in dieser Welt hat, dass er heranwachsen kann und seine Bestimmung finden kann. Er gibt Maria und ihrem Kind einen religiös und gesellschaftlich geschützten Status. Als Mann aus dem Stamm Davids bindet er Jesus zurück an die alten Messiasverheißungen. Viel mehr erfahren wir nicht von ihm, kein einziges Wort aus seinem Mund ist überliefert, und im Unterschied zu Maria verschwindet er bald wieder lautlos in der Versenkung. Spätere Evangelien haben voll Phantasie versucht, Antworten auf die vielen Lücken und Fragen um den Hl. Josef zu geben, aber sie wurden bewusst nicht in den Kanon der Hl. Schrift aufgenommen. Und derselbe scheue Umgang mit ihm begegnet auch in den Jahrhunderten, die von christologischen Klärungsprozessen geprägt sind. Es braucht also gar nicht zu verwundern, dass eine eigenständige starke Verehrung des der hl. Josef in der Kirchengeschichte erst sehr langsam in die Gänge kam. In der koptischen Kirche freilich wurde dem heiligen Josef wegen der Flucht der Hl. Familie nach Ägypten immer schon eine besondere Verehrung zuteil. Ansonsten sind die östlichen Kirchen bis heute zurückhaltend geblieben, sie ehren den hl. Josef lediglich im Rahmen des Weihnachtsfestkreises. In der Frömmigkeitsgeschichte des Westens hingegen taucht allerdings bereits um das Jahr 850 der 19. März als eigenständiger Tag des hl. Josef auf. 1962, im Jahr des Konzilsbeginns, hat Papst Johannes XXIII. verfügt, dass der hl. Josef in den Römischen Messkanon aufgenommen werden soll.

Kyrie-Rufe

Herr Jesus Christus, du bist zugleich Gottes Sohn und Menschensohn.
Herr, erbarme dich.
Du bist das ewige Wort Gottes und hast mit den Worten Josefs sprechen gelernt.
Christus, erbarme dich.
Du bist ganz im Willen Gottes zu Hause und warst doch auch Maria und Josef gehorsam.
Herr, erbarme dich.

Gloria (siehe Seite 516f.)

Tagesgebet

Allmächtiger Gott, du hast Jesus, unseren Heiland, und seine Mutter Maria der treuen Sorge des heiligen Josef anvertraut. Höre auf seine Fürsprache und hilf deiner Kirche, die Geheimnisse der Erlösung treu zu verwalten, bis das Werk des Heiles vollendet ist. Darum bitten wir durch Jesus Christus.

Erste Lesung 2 Sam 7,4–5a.12–14a.16

Lesung aus dem zweiten Buch Sámuel.

Das Wort des Herrn erging an Natan: Geh zu meinem Knecht David und sag zu ihm: So spricht der Herr: Wenn deine Tage erfüllt sind und du dich zu deinen Vätern legst, werde ich dei-

nen leiblichen Sohn als deinen Nachfolger einsetzen und seinem Königtum Bestand verleihen. Er wird für meinen Namen ein Haus bauen und ich werde seinem Königsthron ewigen Bestand verleihen. Ich werde für ihn Vater sein und er wird für mich Sohn sein.
Dein Haus und dein Königtum werden vor dir auf ewig bestehen bleiben; dein Thron wird auf ewig Bestand haben.

Wort des lebendigen Gottes.

IMPULS Sie war mit einem Mann verlobt, der aus dem Haus David stammte. Der Name der Jungfrau war Maria. So heißt es bei Lukas über Josef. Und Matthäus, der sein Evangelium mit einem Stammbaum beginnt, nennt am Ende einer langen Reihe, in der Abraham und David eine herausgehobene Rolle spielen, Josef, den Mann Marias. Und schließt mit den Worten, dass von ihr Jesus geboren wurde, der der Messias genannt wird.
Jesus, Sohn Davids, nennen Menschen ihn später. Sie wollen ihn zum König machen. Sie jubeln ihm zu beim Einzug in Jerusalem, der Stadt, die David erobert hatte und zur Hauptstadt seines Reiches ausgebaut hatte. Nachkomme Davids nennt ihn der Apostel Paulus.
Eine breite Reihe von neutestamentlichen Schriften bezeugt die Verbindung, die die Apostel und die junge Kirche von Anfang an zwischen Jesus und König David gesehen haben. In Jesus ist die alte Verheißung an David erfüllt, sollte das heißen. Korrespondierte die Art und Weise, wie Jesus gelebt und gelitten hatte, korrespondierte sein Tod und die Erfahrung seiner Auferstehung nicht geradezu mit der Stelle, die unsere erste Lesung zum Josefsfest darstellt? Davids Vorstellungen von einem Tempelbau kommen nicht zum Zug. Er bekommt stattdessen das Versprechen, dass Gott ihm ein Haus baut, ein Haus bauen wird, in dem er weiterleben wird, in dem seine Wünsche nach einem Reich und einer dauerhaften Dynastie noch überboten werden. Von ewigem Bestand ist da die Rede. Es wird aber ein Akt des Glaubens von ihm verlangt: *Wenn du dich zu deinen Vätern legst,* also nach seinem

Tod, heißt es. Machst du das auch wirklich wahr, konnte David sich fragen. Und spätere Generationen mussten genauso fragen, als die Daviden kläglich untergingen und ihre Herrschaft verloren, als Jesus am Kreuz hing, als Jerusalem und der Tempel von den Römern zerstört wurden.
Jesus, Sohn Davids, Sohn Marias, Sohn Josefs, Sohn Gottes, du bist es, lautete die nachösterliche Erkenntnis und das Bekenntnis. Du bist der neue Tempel anstelle des zerstörten, du bist der neue David anstelle des untergegangenen Königshauses, du bist der damals verheißene ewige Messias. Du hast das Reich Gottes verkündet. Etwas Unzerstörbares hat mit dir begonnen, etwas, das nie mehr aufhört. Gott ist treu. Und das hat auch Josef geglaubt.

ANTWORTPSALM Ps 89 (88),2–3.4–5.27 u. 29 (Kv: Lk 1,32b)

Kv Gott, der Herr, wird ihm den Thron seines Vaters David geben. – Kv

Von der Huld des HERRN will ich ewig singen, *
von Geschlecht zu Geschlecht mit meinem Mund deine Treue verkünden.
Denn ich bekenne: Auf ewig ist Huld gegründet, *
im Himmel deine Treue gefestigt. – (Kv)

»Ich habe einen Bund geschlossen mit meinem Erwählten *
und David, meinem Knecht, geschworen:
Auf ewig gebe ich deinem Haus festen Bestand *
und von Geschlecht zu Geschlecht gründe ich deinen Thron. – (Kv)

Er wird zu mir rufen: Mein Vater bist du, *
mein Gott, der Fels meiner Rettung.
Auf ewig werde ich ihm meine Huld bewahren, *
mein Bund mit ihm ist verlässlich.« – Kv

ZWEITE LESUNG Röm 4,13.16–18.22

Lesung aus dem Brief des Apostels Paulus an die Gemeinde in Rom.

Schwestern und Brüder! Abraham und seine Nachkommen erhielten nicht aufgrund des Gesetzes die Verheißung, Erben der Welt zu sein, sondern aufgrund der Glaubensgerechtigkeit.
Deshalb gilt: »aus Glauben«, damit auch gilt: »aus Gnade«.
Nur so bleibt die Verheißung für die ganze Nachkommenschaft gültig, nicht nur für die, welche aus dem Gesetz, sondern auch für die, welche aus dem Glauben Abrahams leben.
Er ist unser aller Vater, wie geschrieben steht: Ich habe dich zum Vater vieler Völker bestimmt – im Angesicht des Gottes, dem er geglaubt hat, des Gottes, der die Toten lebendig macht und das, was nicht ist, ins Dasein ruft.
Gegen alle Hoffnung hat er voll Hoffnung geglaubt, dass er der Vater vieler Völker werde, nach dem Wort: So zahlreich werden deine Nachkommen sein.
Darum wurde es ihm auch als Gerechtigkeit angerechnet.

Wort des lebendigen Gottes.

IMPULS Jesus, der wie Paulus aus dem Volk Israel, dem Volk der mosaischen Bundesgesetze kam, war für ihn lange Zeit eine Provokation. Erst die Erkenntnis, dass die Kreuzigung Jesu, in Erfüllung des Gesetzes, eine göttliche Zuwendung für alle Übertreter des Gesetzes und ein Gnadengeschenk fur alle war, veränderte sein Gottesbild und den Blick auf seine Mitmenschen radikal. Die Tatsache, dass viele Juden Jesus weiter ablehnten und dass seine Verkündigung unter den Nicht-Juden zum Teil kritisch gesehen wurde, darunter litt er, damit beschäftigt er sich immer wieder, so auch hier. Abraham, der Vater der Glaubenden, ist für ihn dabei ein wichtiger Bezugspunkt. Ihm wurde Gerechtigkeit angerechnet schon vor der Zeit des Gesetzes und ohne, dass er beschnitten war. Gott ehrt ihn dafür, dass er an seine Liebe und Zuwendung glaubt, selbst wo alles nur Ungewissheit und Zumutung ist. So ist er ausgezogen aus der Heimat, so hat er geglaubt, dass er trotz seines Alters Nachkommen sehen wird, so war er bereit, Isaak in Gottes Hände zurückzugeben und doch auf Gottes Zusage zu vertrauen. Das alles sind Haltungen, wie sie auch zum Bild des heiligen Josef gehören, wie es durch die wenigen Stellen gezeichnet wird, an denen er in der Bibel vorkommt. Er ist eine Vaterfigur wie Abraham, mit ihm ist er doppelt verwandt, dem Blut und dem Geist nach. Seine Persönlichkeit hat Jesus geprägt.

Ruf vor dem Evangelium

Vers: vgl. Ps 84 (83),5

Dein ist die Ehre, dein ist die Macht, Christus, Herr und Erlöser. – Kv

Selig, die in deinem Hause wohnen, Herr,
die dich loben allezeit.
Dein ist die Ehre, dein ist die Macht, Christus, Herr und Erlöser.

Evangelium

Mt 1,16.18–21.24a

+ Aus dem heiligen Evangelium nach Matthäus.

Jakob zeugte den Josef, den Mann Marias; von ihr wurde Jesus geboren, der der Christus genannt wird.
Mit der Geburt Jesu Christi war es so: Maria, seine Mutter, war mit Josef verlobt; noch bevor sie zusammengekommen waren, zeigte sich, dass sie ein Kind erwartete – durch das Wirken des Heiligen Geistes. Josef, ihr Mann, der gerecht war und sie nicht bloßstellen wollte, beschloss, sich in aller Stille von ihr zu trennen.
Während er noch darüber nachdachte, siehe, da erschien ihm ein Engel des Herrn im Traum und sagte: Josef, Sohn Davids, fürchte dich nicht, Maria als deine Frau zu dir zu nehmen; denn das Kind, das sie erwartet, ist vom Heiligen Geist.
Sie wird einen Sohn gebären; ihm sollst du den Namen Jesus geben; denn er wird sein Volk von seinen Sünden erlösen.
Als Josef erwachte, tat er, was der Engel des Herrn ihm befohlen hatte.

Evangelium unseres Herrn Jesus Christus.

IMPULS Was hier in wenigen herausgenommenen Zeilen geschildert wird, ist ein dramatisches Ringen um die Annahme Jesu. Es hätte auch ganz anders kommen können. Es wäre nur zu verständlich gewesen, wenn dieses Kind gar nicht geboren worden wäre. Josef mag zwar gerecht sein, aber er hat hier eigentlich nicht nach dem Gesetz gehandelt. Er hätte Maria anzeigen können oder müssen. Dann wäre sie gesteinigt worden. Er tut es nicht. Er nimmt dieses Kind, nimmt Jesus an, trotz aller gedanklichen Herausforderungen, die mit ihm verbunden sind. Ja, mehr noch, er beginnt durch göttliche Hilfe, in ihm den Retter Israels zu sehen, der Israel von seinen Sünden erlösen wird. Was wir hier an Josef ablesen können, ist im Grunde nichts anderes, als was das Evangelium von uns allen verlangt: eine Antwort zu geben darauf, ob wir Jesus annehmen, trotz unsrer Fragen um seine Herkunft und trotz unserer Vorstellungen davon, ob Gott ist und wie er wirkt in unserer Welt und in unserem Leben.
Wann haben wir zuletzt beschlossen, uns in aller Stille von ihm zu trennen? Welcher Engel hat uns Mut gemacht, unsere Hoffnung auf ihn zu setzen, den Sohn Marias, den Josef zusammen mit Maria liebhatte? Wie anders, als durch solche geheimnisvollen »Lücken« ist ausdrückbar, was im Letzten nicht beschreibbar ist: das Eintreten Gottes in unser Leben?

Oder: Lk 2,41–51a

+ Aus dem heiligen Evangelium nach Lukas.

Die Eltern Jesu gingen jedes Jahr zum Paschafest nach Jerusalem. Als er zwölf Jahre alt geworden war, zogen sie wieder hinauf, wie es dem Festbrauch entsprach.
Nachdem die Festtage zu Ende waren, machten sie sich auf den Heimweg. Der Knabe Jesus aber blieb in Jerusalem, ohne dass seine Eltern es merkten. Sie meinten, er sei in der Pilgergruppe, und reisten eine Tagesstrecke weit; dann suchten sie ihn bei den Verwandten und Bekannten. Als sie ihn nicht fanden, kehrten sie nach Jerusalem zurück und suchten nach ihm.

Da geschah es, nach drei Tagen fanden sie ihn im Tempel; er saß mitten unter den Lehrern, hörte ihnen zu und stellte Fragen.
Alle, die ihn hörten, waren erstaunt über sein Verständnis und über seine Antworten.
Als seine Eltern ihn sahen, waren sie voll Staunen und seine Mutter sagte zu ihm: Kind, warum hast du uns das angetan? Siehe, dein Vater und ich haben dich mit Schmerzen gesucht.
Da sagte er zu ihnen: Warum habt ihr mich gesucht? Wusstet ihr nicht, dass ich in dem sein muss, was meinem Vater gehört?
Doch sie verstanden das Wort nicht, das er zu ihnen gesagt hatte.
Dann kehrte er mit ihnen nach Nazaret zurück und war ihnen gehorsam.

Evangelium unseres Herrn Jesus Christus.

IMPULS Ohne diese Stelle aus dem Lukasevangelium gäbe es keine biblische Beschreibung eines heranwachsenden Jesus. Die Stelle verbindet die Kindheitserzählung mit dem öffentlichen Auftreten des erwachsenen Jesus. Zur Zeit der Abfassung des Lukasevangeliums lag der Tempel jedoch schon in Schutt und Asche. Ein schrecklicher Krieg mit den Römern war mit der Eroberung und Zerstörung Jerusalems zu Ende gegangen. Geschichten von den jährlichen Wallfahrten, zumal zum Pesachfest, waren zwar in aller Erinnerung, aber sie gehörten einer vergangenen Zeit an. Wusstet ihr nicht, dass ich in dem sein muss, was meinem Vater gehört? Diese Frage ist vor dem Hintergrund des zerstörten Tempels und dem Hintergrund auch der Kreuzigung Jesu ganz bewusst formuliert. In Maria und Josef begegnen uns Menschen, die wie verloren wirken, die das Wichtigste vermissen und voller Sorgen sind. Sie sind aber gleichzeitig auch diejenigen, die am Ende doch das Gesuchte finden. An die Stelle des Tempel-Gebäudes ist Jesus selbst getreten, der beim Vater zu Hause ist. Das ist die Entdeckungsreise, zu der der Evangelist einlädt. Er nimmt uns mit in das Wachsen Jesu und die zunehmende Erkenntnis, wer er ist. Maria und

Josef sind vermeintlich die, die ihm Schutz und Zuhause geben, aber letztlich ist er es, der ihr Leben wie das aller, die ihm noch begegnen, verändern und ein Zuhause geben wird.

CREDO (siehe Seite 520ff.)

FÜRBITTEN

Gott, du hast den hl. Josef auserwählt, für den zu sorgen, in dem du selbst dich offenbart hast. Höre unsere Bitten an seinem Gedenktag:

– Für unsere Väter und Großväter und alle, die für uns wie Väter sind. Für alle, die als Väter keinen Kontakt zu ihren Kindern haben. Für alle Männer, die durch Flucht, Arbeit und Krieg von ihrer Familie getrennt sind.

– Für alle, die sorgfältig und behutsam mit Frau und Kindern umgehen. Für alle, die in einseitigen Männlichkeitsvorstellungen gefangen sind. Für alle, denen es in der Kirche zu patriarchalisch zugeht.

– Für alle Jungen und Mädchen, die Opfer sexueller Begierde und sexueller Gewalt von Männern, auch Männern der Kirche, geworden sind. Für alle Männer, die an Problemen leiden, über die man nicht spricht. Für alle, die sich als Männer ihres Glaubens nicht schämen.

– Für die Menschen in Israel und Palästina und für alle, die unter Krieg und Elend leiden. Für alle, die als Asylsuchende zu uns kommen und neue Heimat brauchen. Für alle, die hart arbeiten müssen.

– Für alle, die sich in ihrer derzeitigen Lebenssituation ziemlich verloren fühlen. Für alle, die alt und krank sind und öfter an den Tod denken. Für alle, für die wir heute persönlich besonders beten wollen.

In diesen und in all unseren Anliegen bitten wir dich, Gott. Im Leben heiliger Menschen erkennen wir die Möglichkeiten, die aus einem tiefen Vertrauen zu dir kommen. Stärke uns immer wieder im Blick auf den heiligen Josef und sein Vertrauen. Darum bitten wir dich jetzt und bis zu unserer Ewigkeit.

Gabengebet

Herr, unser Gott, der heilige Josef hat deinem ewigen Sohn, den die Jungfrau Maria geboren hat, in Treue gedient. Laß auch uns Christus dienen und dieses Opfer mit reinem Herzen feiern. Darum bitten wir durch Christus, unseren Herrn.

Präfation

Vom heiligen Josef

In Wahrheit ist es würdig und recht, dir, allmächtiger Vater, zu danken und am Fest des heiligen Josef die Wege deiner Weisheit zu rühmen. Denn ihm, dem Gerechten, hast du die jungfräuliche Gottesmutter anvertraut, ihn, deinen treuen und klugen Knecht, bestellt zum Haupt der Heiligen Familie. An Vaters Statt sollte er deinen eingeborenen Sohn beschützen, der durch die Überschattung des Heiligen Geistes empfangen war, unseren Herrn Jesus Christus. Durch ihn loben die Engel deine Herrlichkeit, beten dich an die Mächte, erbeben die Gewalten. Die Himmel und die himmlischen Kräfte und die seligen Serafim feiern dich jubelnd im Chore. Mit ihrem Lobgesang laß auch unsere Stimmen sich vereinen und voll Ehrfurcht rufen.

Einladung zum Vaterunser

Für Jesus war in dem Wort Vater viel von dem eingefangen, was er mit Gott verbunden hat. Er lädt uns ein, so vertrauensvoll wie er es getan hat, mit Gott zu sprechen: Vater unser im Himmel …

Einladung zum Friedensgebet

Shalom war und ist bis heute das Begrüßungs- und auch Abschiedswort in jüdischen Familien und im Kontakt mit anderen. Es bezeichnet einen Zustand, der keine Wünsche offen lässt.

Jesu Friedensgruß gilt über die Zeiten hinweg. Wir bitten darum, Shalom anzunehmen und daran mitzuwirken: Herr Jesus Christus …

Kommunionvers

Mt 25,21

Komm, du guter und getreuer Knecht; nimm teil am Festmahl deines Herrn.

Schlussgebet

Herr, unser Gott, du hast uns am Fest des heiligen Josef um deinen Altar versammelt und mit dem Brot des Lebens gestärkt. Schütze deine Familie und erhalte in ihr deine Gaben. Darum bitten wir durch Christus, unseren Herrn.

Schlusssegen

Von allen Heiligen

Der gütige Gott, der die Heiligen zur Vollendung geführt hat, segne euch und bewahre euch vor allem Unheil.
Das Vorbild des heiligen Josef lehre euch, und seine Fürsprache helfe euch, Gott und den Menschen zu dienen.
Das gewähre euch der dreieinige Gott, der Vater und der Sohn ✝ und der Heilige Geist.

Eselsweg nach Bethlehem

Eselswege sind demütige Wege.
Es sind Wege der Armen.
Eselswege sind Wege
der Langsamkeit und des Wartens.
Es sind friedliche Wege:
Kein Streitross galoppiert
über den Eselsweg in den Krieg.
Keine Marschmusik wird gehört,
keine Fanfare.
Der Eselsweg ist wie der Weg
des Liebenden zur Geliebten,
wie des Tröstenden zum Kranken.
Auf dem Eselsweg geht der Mensch
mit Blumen in der Hand.
Einen Ruheplatz findet er leicht
auf dem Eselsweg:
eine Quelle, einen Schatten.
Hier bricht der Mann das Brot für die Frau
und schöpft Wasser.
Ein Lied des Friedens
wird hier geboren.
Auf Eselswegen
wird es geprobt.

Joop Roeland

DRITTER FASTENSONNTAG

23. März 2025

Meine Augen schauen stets auf den Herrn;
denn er befreit meine Füße aus dem Netz.
Wende dich zu mir und sei mir gnädig;
denn ich bin einsam und gebeugt.
Ps 25 (24),15–16

Oder:

Wort Gottes, des Herrn:
Ich werde euch beweisen, daß ich heilig bin.
Ich sammle euch aus allen Ländern.
Ich gieße reines Wasser über euch, damit ihr rein werdet,
und gebe euch einen neuen Geist.
Ez 36,22–26

Noch ist nicht Halbzeit, aber es ist immerhin schon die dritte Sonntagsliturgie innerhalb der Vierzig Tage. Jeder Sonntag eine Wegmarke und Gelegenheit zu fragen: Gibt es etwas, das diese Zeit bis jetzt für mich persönlich geprägt hat? Ist meine Zwiesprache mit Jesus Christus lebendig und vielleicht intensiver geworden? Um die Gnade, ihn mehr erkennen zu können, haben wir gebetet am Beginn der Fastenzeit. Was an ihm zieht mich an? Was fällt mir schwer davon, was er uns lehrt und vorgelebt hat? An welchen Stellen ist mein Christsein ausgeschaltet und mangelhaft? Was blockiert mich?
Wir sind zum Herrn gekommen und glauben, dass er in unserer Mitte ist. Begrüßen wir ihn mit einem ehrlichen Herzen.

Kyrie-Rufe

Herr Jesus, du bist gekommen, zu suchen und zu retten, was verloren ist.
Herr, erbarme dich.
… , dein Licht begleitet uns in den Höhen und Tiefen des Lebens.

Christus, erbarme dich.
…, die Umkehr, zu der du rufst, ist ein Weg zu neuer Freiheit.
Herr, erbarme dich.

Tagesgebet

Gott, unser Vater, du bist der Quell des Erbarmens und der Güte, wir stehen als Sünder vor dir, und unser Gewissen klagt uns an. Sieh auf unsere Not und laß uns Vergebung finden durch Fasten, Gebet und Werke der Liebe. Darum bitten wir durch Jesus Christus, deinen Sohn, unseren Herrn und Gott, der in der Einheit des Heiligen Geistes mit dir lebt und herrscht in alle Ewigkeit.

Es können auch die Schrifttexte von Lesejahr A genommen werden!

Erste Lesung — Ex 3,1–8a.10.13–15

Lesung aus dem Buch Exodus.

In jenen Tagen weidete Mose die Schafe und Ziegen seines Schwiegervaters Jitro, des Priesters von Midian. Eines Tages trieb er das Vieh über die Steppe hinaus und kam zum Gottesberg Horeb.
Dort erschien ihm der Engel des Herrn in einer Feuerflamme mitten aus dem Dornbusch. Er schaute hin: Der Dornbusch brannte im Feuer, aber der Dornbusch wurde nicht verzehrt.
Mose sagte: Ich will dorthin gehen und mir die außergewöhnliche Erscheinung ansehen. Warum verbrennt denn der Dornbusch nicht?
Als der Herr sah, dass Mose näher kam, um sich das anzusehen, rief Gott ihm mitten aus dem Dornbusch zu: Mose, Mose! Er antwortete: Hier bin ich.
Er sagte: Komm nicht näher heran! Leg deine Schuhe ab; denn der Ort, wo du stehst, ist heiliger Boden.
Dann fuhr er fort: Ich bin der Gott deines Vaters, der Gott Abrahams, der Gott Isaaks und der Gott Jakobs. Da verhüllte Mose sein Gesicht; denn er fürchtete sich, Gott anzuschauen.

Der HERR sprach: Ich habe das Elend meines Volkes in Ägypten gesehen und ihre laute Klage über ihre Antreiber habe ich gehört. Ich kenne sein Leid.
Ich bin herabgestiegen, um es der Hand der Ägypter zu entreißen und aus jenem Land hinaufzuführen in ein schönes, weites Land, in ein Land, in dem Milch und Honig fließen.
Und jetzt geh! Ich sende dich zum Pharao. Führe mein Volk, die Israeliten, aus Ägypten heraus!
Da sagte Mose zu Gott: Gut, ich werde also zu den Israeliten kommen und ihnen sagen: Der Gott eurer Väter hat mich zu euch gesandt. Da werden sie mich fragen: Wie heißt er? Was soll ich ihnen sagen?
Da antwortete Gott dem Mose: Ich bin, der ich bin. Und er fuhr fort: So sollst du zu den Israeliten sagen: Der »Ich-bin« hat mich zu euch gesandt.
Weiter sprach Gott zu Mose: So sag zu den Israeliten: Der HERR, der Gott eurer Väter, der Gott Abrahams, der Gott Isaaks und der Gott Jakobs, hat mich zu euch gesandt. Das ist mein Name für immer und so wird man mich anrufen von Geschlecht zu Geschlecht.

Wort des lebendigen Gottes.

IMPULS Es ist ein Durchbruch, was hier erzählt wird und zugleich ein Aufbruch. Mose, der als Kind wie durch ein Wunder durch den Ungehorsam einer Pharaonentochter vor dem Tod gerettet worden war, war in die Wüste geflohen. Er hatte in einen Streit zwischen einem Israeliten und einem Ägypter eingegriffen und den Ägypter ermordet. Aber danach war der selbsternannte Helfer Israels unversehens zum Verfolgten geworden. Er verließ seine Angehörigen und seine vertraute Heimat und floh. Im Land Midian fand er Unterschlupf und eine Frau, Zipphora, die er heiratete und mit der er Kinder hatte. Und doch war es Exil und, wie sich zeigen sollte, nur ein Zwischenschritt im Plan Gottes. Die Erzählung vom brennenden Dornbusch lässt das zu Tage treten. Auf eine geheimnisvolle Weise fühlt Mose sich angesprochen von einer Macht, die sein Leben in Beschlag nehmen will für eine große Rettung. Sie ist größer als das, was er damals im Affekt getan hat. Vor allem aber ist sie nicht auf menschliche Gewalt aufgebaut, sondern auf die Kraft eines unsichtbaren Gottes und die Glaubenskraft seines Volkes. Er, Mose selbst, ist wie der Dornbusch, den das göttliche Feuer zum Glühen bringt und doch nicht verzehrt. In dieser Vision ist er zugleich der ehrfurchtsvoll Abstand Haltende und der ganz von Gottes Stimme Erfüllte und mit dem Gottes-Namen Beschenkte. *Ich bin der Ich-bin-da,* sagt Gott. Gott bleibt sich treu. Er war da für Abraham, Isaak und Jakob. Er war auch bisher schon für Mose da, auf dem verschlungenen Pfaden seines Lebens. *Ich-bin-da.* Das bedeutet, Gott ist mitnichten ein Gott, dessen Zeit vorbei ist bzw. jemals vorbei sein könnte. Auch heute ist er da. So wie damals bei Mose klopft er an und sucht Menschen, die aufbrechen und umkehren, die ihm trauen und nach seinem Willen fragen, die seinen Willen, zu retten, bekannt machen.

ANTWORTPSALM Ps 103 (102),1–2.3–4.6–7.8 u. 11 (Kv: vgl. 8)

Kv Gnädig und barmherzig ist der HERR,
voll Langmut und reich an Huld. – Kv

Preise den HERRN, meine Seele, *
und alles in mir seinen heiligen Namen!
Preise den HERRN, meine Seele, *
und vergiss nicht, was er dir Gutes getan hat! – Kv

Der dir all deine Schuld vergibt *
und all deine Gebrechen heilt,
der dein Leben vor dem Untergang rettet *
und dich mit Huld und Erbarmen krönt. – Kv

Der HERR vollbringt Taten des Heiles, *
Recht verschafft er allen Bedrängten.
Er hat Mose seine Wege kundgetan, *
den Kindern Israels seine Werke. – Kv

Der HERR ist barmherzig und gnädig, *
langmütig und reich an Huld.
Denn so hoch der Himmel über der Erde ist, *
so mächtig ist seine Huld über denen, die ihn fürchten. – Kv

ZWEITE LESUNG 1 Kor 10,1–6.10–12

Lesung aus dem ersten Brief des Apostels Paulus an die Gemeinde in Korinth.

Ihr sollt wissen, Brüder und Schwestern, dass unsere Väter alle unter der Wolke waren, alle durch das Meer zogen und alle auf Mose getauft wurden in der Wolke und im Meer.
Alle aßen auch die gleiche geistgeschenkte Speise und alle tranken den gleichen geistgeschenkten Trank; denn sie tranken aus dem geistgeschenkten Felsen, der mit ihnen zog. Und dieser Fels war Christus.
Gott aber hatte an den meisten von ihnen kein Gefallen; denn er ließ sie in der Wüste umkommen.
Das aber geschah als warnendes Beispiel für uns: damit wir uns nicht von der Gier nach dem Bösen beherrschen lassen, wie jene sich von der Gier beherrschen ließen.
Murrt auch nicht, wie einige von ihnen murrten; sie wurden vom Verderber umgebracht!
Das aber geschah an ihnen, damit es uns als Beispiel dient; uns zur Warnung wurde es aufgeschrieben, uns, die das Ende der Zeiten erreicht hat.
Wer also zu stehen meint, der gebe Acht, dass er nicht fällt.

Wort des lebendigen Gottes.

IMPULS Paulus hat Sorgen. Es geht um den Verzehr von Götzenopferfleisch. Es zu tun, schadet theoretisch nicht, weil die Götzenopfer für Christen bedeutungslos sind, es nicht zu tun, bringt aus demselben Grund keinen Nachteil. Dennoch bittet er die »Starken«, auf Menschen Rücksicht zu nehmen, die noch nicht so gefestigt sind in ihrer Abkehr von den bisherigen religiösen Vorstellungen und Riten. Diese »Schwachen« könnten es falsch verstehen, wenn ein Christ, der sich längst nichts mehr dabei denkt, an Opferhandlungen teilnimmt oder Götzenopferfleisch zu sich nimmt, und könnten dadurch nicht zu einer klaren inneren Abkehr von dieser Praxis hinfinden. Paulus sieht diese Gefahren für die Schwachen, er sieht aber auch, dass die Starken sich vielleicht zu viel auf ihre gegenwärtige Stärke einbilden. Deshalb warnt er sie mit Blick auf die Geschichte Israels. Auch sie haben keine Garantie auf einen allezeit lebendigen Glauben und Beispiele für Glaubensverluste gab es, gibt es und wird es geben. Getauft sein, zur Eucharistie gehen, den Heiligen Geist empfangen haben helfen absolut genauso wenig wie es den Israeliten geholfen hat, unter der Schutzwolke Gottes gewandert zu sein, durch das Rote Meer gezogen zu sein, Manna gegessen zu haben und das fürs Überleben notwendige Wasser aus Felsen bekommen zu haben. Sich als versuchbar und zur Sünde neigend betrachten, hilft gegen manchen Hochmut. Sich an Gottes Barmherzigkeit festmachen, anstatt nur auf die eigene Stärke zu vertrauen, hilft aus dem Dilemma von Stärke und Schwäche.

Ruf vor dem Evangelium — Mt 4,17

Christus, du ewiges Wort des Vaters, Ehre sei dir!
(So spricht der Herr:) Kehrt um!
Denn das Himmelreich ist nahe.
Christus, du ewiges Wort des Vaters, Ehre sei dir!

Evangelium — Lk 13,1–9

Aus dem heiligen Evangelium nach Lukas.

Zu jener Zeit kamen einige Leute und berichteten Jesus von den Galiläern, deren Blut Pilatus mit dem ihrer Opfertiere vermischt hatte.
Und er antwortete ihnen: Meint ihr, dass diese Galiläer größere Sünder waren als alle anderen Galiläer, weil das mit ihnen geschehen ist?

Nein, sage ich euch, vielmehr werdet ihr alle genauso umkommen, wenn ihr nicht umkehrt.
Oder jene achtzehn Menschen, die beim Einsturz des Turms am Schiloach erschlagen wurden – meint ihr, dass sie größere Schuld auf sich geladen hatten als alle anderen Einwohner von Jerusalem?
Nein, sage ich euch, vielmehr werdet ihr alle ebenso umkommen, wenn ihr nicht umkehrt.
Und er erzählte ihnen dieses Gleichnis: Ein Mann hatte in seinem Weinberg einen Feigenbaum gepflanzt; und als er kam und nachsah, ob er Früchte trug, fand er keine.
Da sagte er zu seinem Winzer: Siehe, jetzt komme ich schon drei Jahre und sehe nach, ob dieser Feigenbaum Früchte trägt, und finde nichts. Hau ihn um! Was soll er weiter dem Boden seine Kraft nehmen?
Der Winzer erwiderte: Herr, lass ihn dieses Jahr noch stehen; ich will den Boden um ihn herum aufgraben und düngen.
Vielleicht trägt er in Zukunft Früchte; wenn nicht, dann lass ihn umhauen!

Evangelium unseres Herrn Jesus Christus.

IMPULS Unsere Physikstunde hat sicher keiner von uns Mitschülern bis heute vergessen. Da gab es dieses angstvolle Schweigen, wenn der Lehrer in sein Buch schaute, seine Namensliste durchging, bis er dann seine Entscheidung verkündete: XY, komm du mal nach vorn. Bis auf einen erleichtertes Durchatmen bei allen anderen. Gott sei Dank, ich nicht. So spielt das Leben oft Roulette. Der eine wird krank, der andere erlebt eine Katastrophe mit, der nächste begeht einen folgenschweren Fehler usw. Allein, was dadurch einem Menschen passiert, ist schon eine Strafe. Aber wofür? Und warum ihm und nicht mir? Was, wenn ich auch unter den Opfern oder Tätern gewesen wäre? Was wenn mir irgendwann etwas Ähnliches passiert? Bin ich ein besserer Mensch als der oder die? Was hat mir das Glück verschafft, nicht drangenommen worden

zu sein in dieser Stunde? War Schadenfreude ein Teil meiner Erleichterung?
Das Evangelium zeigt uns, dass Menschen sich zu allen Zeiten einen Reim darauf gemacht haben, wenn jemand anderem ein Unglück passierte. In den Augen Jesu aber einen zu verkürzten Reim. Er führt heraus aus einem mangelnden Mitgefühl und der Blindheit, die nicht auch die eigenen Fehler und Versäumnisse erkennen will. Grenz- und Endlichkeitserfahrungen sind eigentlich immer Teil unseres Alltags. Sie nicht auszublenden und nicht nur »wenn was passiert« in unser Denken einzubeziehen, ist seine dringende Mahnung. Und sein Rezept zu Vorbeugung und zur Heilung: Umkehren, öfter mal Revision machen, sich an Gott und seinem Heilswillen festmachen.
Es ist schön, dass unser damaliger Physiklehrer in mir nicht nur die Erinnerung an die wöchentlichen Schrecksekunden hinterlassen hat, sondern auch an einen, der, wie der Winzer im letzten Abschnitt des Sonntagsevangeliums, immer nochmals eine Chance gegeben hat, Geduld hatte und Früchte für möglich gehalten hat.

CREDO (siehe Seite 520ff.)

FÜRBITTEN

Wir glauben an den Gott, den Israel als Retter erlebt hat, der das Elend sieht, die Klage hört und sich offenbart als der *Ich-bin-da.* Zu ihm beten auch wir:

– Für die Kirche. Sie will Sakrament sein und ist es auch. Sie ist aber auch schuldig geworden, an Haupt und Gliedern. Vergib den Amtsträgern, wo sie versagen und sich schwer tun, Reue zu zeigen. Vergib allen, was in Auseinandersetzungen an Vorurteilen, ungezügelter Aggression und Machtspielen zu Tage getreten ist und in Sackgassen hineingeführt hat.

– Für schuldig Gesprochene. Sie sind auf die schiefe Bahn geraten. Sie haben unterschiedlich schwere Taten begangen. Sie sollen büßen und wenn möglich mit besseren Absichten in die

Gesellschaft zurückfinden. Sei allen nahe, die in den Gefängnissen und im Strafvollzug miteinander zu tun haben, die menschlich aufeinander angewiesen sind und Sinn in ihrem Tun sehen wollen. Sei nahe allen, die unter Verhältnissen leiden müssen, die Amnesty International regelmäßig als unmenschlich brandmarkt.

– Für mit sich Ringende. Nicht wenige schleppen ein Trauma mit sich herum. Ein Mensch, dem sie vertraut haben, den sie geliebt haben, hat sie enttäuscht. Die äußere und die innere Trennung hat viel Kraft gekostet. Zeige Ihnen Wege zu einem Leben, das mehr Trost kennt und annimmt. Lass alle, die an solchen Konflikten beteiligt sind, spüren, welche Auswege am verheißungsvollsten sind.

– Für uns selbst. Wir haben jetzt zweieinhalb Wochen der Fastenzeit hinter uns. Lass uns hier und im Alltag Momente finden, in denen wir dankbar sind für unseren persönlichen Lebensweg, und schenke uns auch neue Impulse, wo unser Selbstwertgefühl und unser Gottvertrauen schwach geworden sind.

– Für die Menschen, die unter schweren sozialen Bedingungen leben. So viele leiden unter Krieg und Kriegsfolgen, unter Fanatismus und Ausbeutung. So viele sind auf der Flucht. Lass die Welt nicht wegschauen. Lass uns nicht wegschauen. Lass die Großen der Welt ihre Möglichkeiten nutzen. Schenke denen, die kein Gewissen zu haben scheinen, die Gnade der Umkehr.

– Für unsere Verstorbenen und alle Opfer von Katastrophen, Krieg und Gewalt. Lass sie auferstehen zu den Menschen, als die du sie gedacht hast, lass sie teilhaben an der Welt des unzerstörbaren Friedens.

Guter Gott, in deinem Sohn Jesus Christus erkennen wir, wie sehr du da bist für uns Menschen. Durch ihn preisen wir dich heute und alle Tage unseres Lebens bis zu unserer Ewigkeit.

Gabengebet

Barmherziger Gott, befreie uns durch dieses Opfer von unseren Sünden und schenke uns die Kraft, auch den Brüdern zu vergeben, wenn sie an uns schuldig geworden sind. Darum bitten wir durch Christus, unseren Herrn.

Präfation

Fastenzeit I

In Wahrheit ist es würdig und recht, dir, Vater im Himmel, zu danken und dein Erbarmen zu preisen. Denn jedes Jahr schenkst du deinen Gläubigen die Gnade, das Osterfest in der Freude des Heiligen Geistes zu erwarten. Du mahnst uns in dieser Zeit der Buße zum Gebet und zu Werken der Liebe, du rufst uns zur Feier der Geheimnisse, die in uns die Gnade der Kindschaft erneuern. So führst du uns mit geläutertem Herzen zur österlichen Freude und zur Fülle des Lebens durch unseren Herrn Jesus Christus. Durch ihn rühmen wir deine Größe und vereinen uns mit den Chören der Engel zum Hochgesang von deiner göttlichen Herrlichkeit.

Einladung zum Vaterunser

Beten wir mit vereinter Stimme zu unserem gemeinsamen himmlischen Vater: Vater unser im Himmel …

Einladung zum Friedensgebet

Jesus ist in unserer Mitte. Er versammelt uns zu dieser bunten Gemeinschaft. Wo wir geneigt sind, in falsche Richtungen zu schauen, hofft er, dass wir uns zu ihm und zueinander wenden und dass wir ihn, die geistgeschenkte Speise, in der rechten Gesinnung empfangen. Deshalb beten wir: Herr Jesus Christus …

Kommunionvers

Ps 84 (83),4–5

Der Sperling findet ein Haus und die Schwalbe ein Nest für die Jungen – deine Altäre, Herr der Heerscharen, mein Gott und mein König! Selig, die wohnen in deinem Haus, die dich allezeit loben!

Schlussgebet

Herr und Gott, du hast uns mit dem Brot des Himmels gesättigt und uns in dieser Speise ein Unterpfand dessen gegeben, was unseren Augen noch verborgen ist. Laß in unserem Leben sichtbar werden, was wir im Sakrament empfangen haben. Darum bitten wir durch Christus, unseren Herrn.

Schlusssegen

Vom Leiden des Herrn

Der barmherzige Gott, der seinen Sohn für uns dahingegeben und uns in ihm ein Beispiel der Liebe geschenkt hat, segne euch und mache euch bereit, Gott und den Menschen zu dienen.
Und Christus, der Herr, der uns durch sein Sterben dem ewigen Tode entrissen hat, stärke euren Glauben und führe euch zur unvergänglichen Herrlichkeit.
Und allen, die ihm folgen auf dem Weg der Entäußerung, gebe er Anteil an seiner Auferstehung und an seiner Herrlichkeit.
Das gewähre euch der dreieinige Gott, der Vater und der Sohn † und der Heilige Geist. Amen.

vertrauen

im schnee
an die
kraft
der krokusse
glauben

unter alter
haut
den neuen
menschen wachsen
sehen

im dämon
der nacht
den engel
spüren

im fallen
auf seine
großen hände
hoffen

Wilhelm Bruners

VERKÜNDIGUNG DES HERRN

Hochfest

25. März 2025

Als Christus in diese Welt eintrat,
sprach er zu seinem Vater:
Siehe, ich komme, um deinen Willen zu erfüllen.
Vgl. Hebr 10,5.7

Eine schwangere Frau ist guter Hoffnung. Das ist eine wunderschöne Formulierung. Sie bringt zum Ausdruck, dass mit der Geburt eines Kindes immer auch Hoffnungen verbunden sind. Neugeborene sind ein Versprechen auf die Zukunft. Ein solches Versprechen war auch die Geburt Jesu. Seine Jüngerinnen und Jünger sahen in seiner Geburt aber noch mehr: Nämlich die Erfüllung der Zusage, dass Gott selbst einen Retter schicken würde. Dies erkannten sie aber erst im Rückblick auf das Leben, Sterben und die Auferstehung Jesu. Wenn Jesus der seit Jahrhunderten angekündigte Retter war, musste schon die Ankündigung seiner Geburt etwas Besonderes sein.

Der Evangelist Lukas beschreibt die Ankündigung der Geburt Jesu in der Begegnung des Engels Gabriel mit Maria. Neun Monate vor Weihnachten feiert die Kirche diese Ankündigung mit dem Fest »Verkündigung des Herrn«. Guter Hoffnung sein ist ein passender Leitgedanke für dieses Fest. Gerade in Zeiten von Kriegen und Krisen gewöhnt man sich an vieles, was eigentlich nicht normal sein sollte. Gott aber will keine Welt, in der Gewalt und Terror herrschen. Damit aber sein Wille wahr wird, damit das Heil geschieht, braucht es Menschen, die zu Gottes Willen Ja sagen. So wie Maria es gegenüber dem Engel getan hat: »Mir geschehe, wie du es gesagt hast.«

Kyrie-Rufe

Herr Jesus Christus, du warst ein Mensch wie wir und hast unser Leben geteilt.
Herr, erbarme dich.
Herr Jesus Christus, du hast den Willen deines Vaters erfüllt und uns seine Liebe gezeigt.
Christus, erbarme dich.
Herr Jesus Christus, lass uns erkennen, was der Wille Gottes für unser Leben ist.
Herr, erbarme dich.

Gloria (siehe Seite 516f.) [Osterzeit]

Tagesgebet

Gott, du bist groß und unbegreiflich. Nach deinem Willen ist dein ewiges Wort im Schoß der Jungfrau Maria Mensch geworden. Gläubig bekennen wir, daß unser Erlöser wahrer Gott und wahrer Mensch ist. Mache uns würdig, Anteil zu erhalten an seinem göttlichen Leben. Darum bitten wir durch ihn, Jesus Christus.

Erste Lesung — Jes 7,10–14

Lesung aus dem Buch Jesája.

In jenen Tagen sprach der Herr zu Ahas – dem König von Juda – und sagte: Erbitte dir ein Zeichen vom Herrn, deinem Gott, tief zur Unterwelt oder hoch nach oben hin!
Ahas antwortete: Ich werde um nichts bitten und den Herrn nicht versuchen.
Da sagte Jesája: Hört doch, Haus Davids! Genügt es euch nicht, Menschen zu ermüden, dass ihr auch noch meinen Gott ermüdet? Darum wird der Herr selbst euch ein Zeichen geben:
Siehe, die Jungfrau hat empfangen, sie gebiert einen Sohn und wird ihm den Namen Immánuel – Gott mit uns – geben.

Wort des lebendigen Gottes.

IMPULS König Ahas will seine eigene Haut retten. Deshalb hat er einen Pakt mit dem Mächtigsten der Mächtigen im 8. Jahrhundert geschlossen, dem König von Assyrien. Doch das hat seinen Preis: die Unterwerfung unter einen gewissenlosen und grausamen Tyrannen. Für den Propheten Jesaja ist spätestens jetzt jedes Vertrauen in das Königtums Judas verloren gegangen. Mit dem Anbiedern an eine brutale Großmacht ist Ahas nicht mehr in der Lage, nach dem zu fragen, was der Gott Israels will. Für Jesaja ist klar: Eine gute Zukunft muss von anderswo herkommen. Nur Gott allein kann noch einen Retter senden! Dieser Retter wird Immanuel genannt. Anders als Ahas will dieser Retter nicht seine eigene Haut retten, sondern er zeigt sich solidarisch mit den Schwachen und Armen.

ANTWORTPSALM Ps 40 (39),7–8.9–10.11 (Kv: vgl. 8a.9a)

Kv Mein Gott, ich komme;
deinen Willen zu tun, ist mein Gefallen. – Kv

An Schlacht- und Speiseopfern hattest du kein Gefallen, /
doch Ohren hast du mir gegraben, *
Brand- und Sündopfer hast du nicht gefordert.
Da habe ich gesagt: Siehe, ich komme. *
In der Buchrolle steht es über mich geschrieben. – (Kv)

Deinen Willen zu tun, mein Gott, war mein Gefallen *
und deine Weisung ist in meinem Innern.
Gerechtigkeit habe ich in großer Versammlung verkündet, *
meine Lippen verschließe ich nicht; HERR, du weißt es. – (Kv)

Deine Gerechtigkeit habe ich nicht in meinem Herzen verborgen.*
Ich habe gesprochen von deinem Heil und deiner Treue,
nicht verschwiegen deine Huld *
und deine Treue vor großer Versammlung. – Kv

ZWEITE LESUNG Hebr 10,4–10

Lesung aus dem Hebräerbrief.

Schwestern und Brüder! Das Blut von Stieren und Böcken kann unmöglich Sünden wegnehmen. Darum spricht Christus bei seinem Eintritt in die Welt:
Schlacht- und Speiseopfer hast du nicht gefordert, doch einen Leib hast du mir bereitet; an Brand- und Sündopfern hast du kein Gefallen. Da sagte ich: Siehe, ich komme – so steht es über mich in der Schriftrolle –, um deinen Willen, Gott, zu tun.
Zunächst sagt er: Schlacht- und Speiseopfer, Brand- und Sündopfer forderst du nicht, du hast daran kein Gefallen, obgleich sie doch nach dem Gesetz dargebracht werden; dann aber hat er gesagt: Siehe, ich komme, um deinen Willen zu tun.
Er hebt das Erste auf, um das Zweite in Kraft zu setzen.
Aufgrund dieses Willens sind wir durch die Hingabe des Leibes Jesu Christi geheiligt – ein für alle Mal.

Wort des lebendigen Gottes.

IMPULS Diese Zeilen aus dem Hebräerbrief lassen gleich mehrfach den Psalm 40 anklingen. Dass Gott kein Gefallen an Schlacht- und Speiseopfern hat, ist ein Zitat aus diesem Psalm (Vers 7). Auch dass Jesus gekommen ist, den Willen Gottes zu tun, greift auf eine Formulierung aus diesem Psalm zurück (Vers 8–9). Überhaupt passt der ganze Psalm 40 sehr gut auf Jesus. Er spricht von Gottes Gerechtigkeit und Barmherzigkeit und vom festen Hoffen und Vertrauen auf diesen Gott. All das spiegelt das Leben Jesu eindrucksvoll wieder. Der Psalm spricht vom Herausgezogenwerden aus der Grube des Grauens und dem Preisen Gottes für seine Werke und Wunder. Dies kann man als Anspielung auf Jesu Tod und Auferstehung verstehen. Aber vor allem ein Satz aus dem Psalm 40 ist es, der nach Meinung des Hebräerbriefes Jesu Leben auf den Punkt bringt: Jesus ist gekommen, um den Willen Gottes zu tun.

Ruf vor dem Evangelium Vers: vgl. Joh 1,14ab [Fastenzeit]

Christus, du ewiges Wort des Vaters, Ehre sei dir! – Kv

Das Wort ist Fleisch geworden und hat unter uns gewohnt
und wir haben seine Herrlichkeit geschaut.
Christus, du ewiges Wort des Vaters, Ehre sei dir!

Evangelium Lk 1,26–38

+ Aus dem heiligen Evangelium nach Lukas.

In jener Zeit wurde der Engel Gábriel von Gott in eine Stadt in Galiläa namens Nazaret zu einer Jungfrau gesandt. Sie war mit einem Mann namens Josef verlobt, der aus dem Haus David stammte. Der Name der Jungfrau war Maria.
Der Engel trat bei ihr ein und sagte: Sei gegrüßt, du Begnadete, der Herr ist mit dir. Sie erschrak über die Anrede und überlegte, was dieser Gruß zu bedeuten habe.
Da sagte der Engel zu ihr: Fürchte dich nicht, Maria; denn du hast bei Gott Gnade gefunden. Siehe, du wirst schwanger werden und einen Sohn wirst du gebären; dem sollst du den Namen Jesus geben. Er wird groß sein und Sohn des Höchsten genannt werden. Gott, der Herr, wird ihm den Thron seines Vaters David geben. Er wird über das Haus Jakob in Ewigkeit herrschen und seine Herrschaft wird kein Ende haben.
Maria sagte zu dem Engel: Wie soll das geschehen, da ich keinen Mann erkenne?
Der Engel antwortete ihr: Heiliger Geist wird über dich kommen und Kraft des Höchsten wird dich überschatten. Deshalb wird auch das Kind heilig und Sohn Gottes genannt werden.
Siehe, auch Elisabet, deine Verwandte, hat noch in ihrem Alter einen Sohn empfangen; obwohl sie als unfruchtbar gilt, ist sie schon im sechsten Monat. Denn für Gott ist nichts unmöglich.
Da sagte Maria: Siehe, ich bin die Magd des Herrn; mir geschehe, wie du es gesagt hast.
Danach verließ sie der Engel.

Evangelium unseres Herrn Jesus Christus.

IMPULS Diese Perikope ist sicher einer der schönsten Texte des Neuen Testamentes. Sie ist voller Anspielungen auf das Alte Testament. Im Mittelpunkt steht Maria, die sich selbst als »Magd des Herrn« bezeichnet. Im Deutschen hat die Übersetzung »Magd« leider dazu beigetragen, in Maria vor allem eine demütige und unterwürfige Frau zu sehen. Aber diese Charakterisierung trifft nicht das, was der Text meint. Wenn man das griechische Wort korrekt übersetzt, müsste man es eigentlich mit »Sklavin« übersetzen. Propheten werden als Knechte Gottes bezeichnet (Jeremia 7,25), auch Paulus nennt sich selbst so (Titus 1,1). Diese Bezeichnung ist alles andere als eine Herabwürdigung, eher ein Ehrentitel. Wer sich in der Bibel als »Sklave Gottes« bezeichnet, lässt sich von irdischer Macht nicht beeindrucken oder von den Meinungen anderer nicht verunsichern. Denn solche Menschen hören auf Gott, sie gehören Gott, sie sind »Gott hörig«. Ein solcher Mensch ist auch Maria. Selbst gegenüber dem Engel nimmt sie nicht alles gedankenlos hin, sie ist keine blinde Jasagerin. Sie denkt nach und scheut sich nicht, kritisch nachzufragen: Wie soll all das geschehen? Dann aber stellt sie sich vorbehaltlos in den Dienst der Befreiung, der ihr vom Gott Israels aufgetragen wird.

CREDO (siehe Seite 520ff.)

FÜRBITTEN

Guter Gott, in Jesus hast du uns einen Retter gesandt. In seinem Leben können wir erkennen, wie gut du es mit uns meinst. Wir tragen dir voll Vertrauen unsere Anliegen vor:

V: Gott unser Vater. A: Wir bitten dich, erhöre uns.

– Wir denken an Menschen, die sich schwer damit tun, den Willen Gottes in ihrem Leben zu erkennen und ihn zu tun.

– Wir denken an Menschen, die sich unter Einsatz ihres Lebens für eine friedlichere und gerechtere Welt einsetzen.

– Wir denken an Menschen, die unter einer Suchterkrankung leiden und die es nicht schaffen, ihre Abhängigkeit zu überwinden.

– Wir denken an Menschen, die zwar hart arbeiten, aber weder finanziell noch gesellschaftlich die verdiente Anerkennung finden.

Gott, unser Vater, es gibt so vieles, das uns bedrängt und beschäftigt. Lass uns immer wieder auf dich schauen, der du uns in allem nahe sein willst. Darum bitten wir durch Christus, unseren Herrn. Amen.

Gabengebet

Allmächtiger Gott, nimm die Gaben deiner Kirche gütig an. Sie erkennt in der Menschwerdung deines Sohnes ihren eigenen Ursprung; laß uns heute in der Feier dieses Geheimnisses seine Liebe erfahren. Darum bitten wir durch Christus, unseren Herrn.

Präfation

Vom Tag

In Wahrheit ist es würdig und recht, dir, Vater im Himmel, zu danken und das Werk deiner Liebe zu rühmen. Denn heute brachte der Engel Maria die Botschaft, und deine Magd nahm sie auf mit gläubigem Herzen. Durch die Kraft des Heiligen Geistes empfing die Jungfrau dein ewiges Wort, und das Wort wurde Mensch in ihrem Schoß, um unter uns Menschen zu wohnen. So hast du an Israel deine Verheißung erfüllt und den gesandt, den die Völker erwarten, deinen Sohn, unseren Herrn Jesus Christus. Durch ihn preisen wir dein Erbarmen und singen mit den Chören der Engel das Lob deiner Herrlichkeit.

Einladung zum Vaterunser

Maria hat Ja dazu gesagt, dass der Wille Gottes in ihrem Leben geschieht. Damit auch in unserem Leben Gottes Wille an erster Stelle stehen möge, beten wir mit den Worten, die Jesus uns gelehrt hat: Vater unser im Himmel …

Einladung zum Friedensgebet

Die Meldungen über Gewalt und Krieg in dieser Welt bedrücken uns und machen uns ratlos. Damit wir die Hoffnung auf Frieden nicht verlieren, bitten wir: Herr Jesus Christus …

Kommunionvers

Jes 7,14

Seht, die Jungfrau wird empfangen und einen Sohn gebären. Sein Name ist: Immanuel – Gott mit uns.

Schlussgebet

Ewiger Gott, bewahre, was du uns im Sakrament des Glaubens geschenkt hast. Laß uns festhalten am Bekenntnis, daß dein Sohn, den die Jungfrau empfangen hat, wahrer Gott und wahrer Mensch ist, und führe uns in der Kraft seiner Auferstehung zur ewigen Freude. Darum bitten wir durch ihn, Christus, unseren Herrn.

Schlusssegen

Von der seligen Jungfrau Maria

Gott, der allmächtige Vater, segne euch durch den Erlöser der Welt, unseren Herrn Jesus Christus, den Sohn der jungfräulichen Mutter Maria.

Sie hat den Urheber des Lebens geboren; ihre mütterliche Fürsprache erwirke euch Gottes Hilfe.

Euch und allen, die heute das Fest der Verkündigung unseres Herrn begehen, schenke Gott die wahre Freude und den ewigen Lohn.

Das gewähre euch der dreieinige Gott, der Vater und der Sohn † und der Heilige Geist. Amen.

Lied der Maria

Anfang, wüst und leer.
Schoß, der ohne Frucht.
Noch kennt mich kein Mann,
noch sagt kein Kind: du.

Zu dir steigt mein Herz.
Mache sehend mich,
aufrecht stehend mich,
dass mein Name klingt.

Dass ich höre. Ruf
aus der Fron mich fort.
Wecke Kraft in mir,
dass ich werde frei.

Engel, der mich fand,
meinen Namen sprach
wie ein Segenswort –
Stimme aus dem Licht,

wo Gerechtigkeit
wie in Flüssen strömt,
wo der Weinstock blüht
hoch an Klippen noch,

zeig mit nicht umsonst,
was mein Herz verlangt.
Gib Beharrlichkeit
meiner Zuversicht.

Huub Oosterhuis

VIERTER FASTENSONNTAG
30. März 2025

Freue dich, Stadt Jerusalem!
Seid fröhlich zusammen mit ihr,
alle, die ihr traurig wart.
Freut euch und trinkt euch satt
an der Quelle göttlicher Tröstung.
Vgl. Jes 66,10–11

Mütterliche Liebe ist unbedingt, väterliche Liebe ist an Bedingungen geknüpft. Diese Unterscheidung stammt vom US-amerikanischen Sozialpsychologen Erich Fromm. Kinder brauchen beides. Nur so erfahren sie, dass sie unbedingt gewollt sind, aber auch, dass nicht alle Verhaltensweisen in Ordnung sind. Gute Mütter und gute Väter können beides: ihre Kinder bedingungslos lieben, ihnen aber auch Grenzen aufzeigen.
Wir sind es gewohnt, solche Aussagen auch auf Gott zu übertragen. Im heutigen Evangelium erzählt Jesus von Gott als einem Vater, der wie eine bedingungslos liebende Mutter seinem verlorenen Sohn mit offenen Armen entgegen läuft. Schon das Alte Testament kennt diesen Gott, der sein Volk bedingungslos liebt: »Ich war für sie da wie Eltern, die den Säugling an ihre Wangen heben.« (Hosea 11,4). Ausdruck dieser Liebe ist die Befreiung aus Ägypten. Das Feiern des Pessachfestes soll daran immer wieder erinnern (erste Lesung). Auch in Jesus Christus zeigt sich die Menschenfreundlichkeit Gottes. In ihm hat Gott sich mit den Menschen versöhnt (zweite Lesung). Auch wenn Menschen zum wiederholten Male scheitern, kommt ihnen der Gott Israels, der Gott Jesu, immer wieder voll unbedingter Liebe entgegen (Evangelium).

Kyrie-Rufe

Herr Jesus Christus, du hast ein mitfühlendes Herz für die Menschen.
Herr, erbarme dich.
Herr Jesus Christus, du weißt, wie gleichgültig wir oft miteinander umgehen.
Christus, erbarme dich.
Herr Jesus Christus, hilf uns, dass wir einander mit Barmherzigkeit begegnen.
Herr, erbarme dich.

Tagesgebet

Herr, unser Gott, du hast in deinem Sohn die Menschheit auf wunderbare Weise mit dir versöhnt. Gib deinem Volk einen hochherzigen Glauben, damit es mit froher Hingabe dem Osterfest entgegeneilt. Darum bitten wir durch Jesus Christus, deinen Sohn, unseren Herrn und Gott, der in der Einheit des Heiligen Geistes mit dir lebt und herrscht in alle Ewigkeit.

Es können auch die Texte von Lesejahr A genommen werden!

Erste Lesung — Jos 5,9a.10–12

Lesung aus dem Buch Josua.

In jenen Tagen sagte der Herr zu Josua: Heute habe ich die ägyptische Schande von euch abgewälzt.
Als die Israeliten in Gilgal ihr Lager hatten, feierten sie am Abend des vierzehnten Tages jenes Monats in den Steppen von Jericho das Pessach.
Am Tag nach dem Pessach, genau an diesem Tag, aßen sie ungesäuerte Brote und geröstetes Getreide aus dem Ertrag des Landes.
Vom folgenden Tag an, nachdem sie von dem Ertrag des Landes gegessen hatten, blieb das Manna aus; von da an hatten die Israeliten kein Manna mehr, denn sie aßen in jenem Jahr von der Ernte des Landes Kanaan.

Wort des lebendigen Gottes.

IMPULS Nach vierzig Jahren in der Wüste feiert das Volk Israel erstmals das Fest Pessach. Die Zeit in der Wüste war nicht einfach, es gab viele Irrwege und Umwege. Nun steht der Einzug in das verheißene Land bevor. Das Manna der Wüste wird nicht mehr gebraucht. Die Israeliten können sich jetzt von den Früchten des Landes ernähren. Das gemeinsam gefeierte Pessach-Fest erinnert an die Befreiung aus Ägypten. Es ist so ähnlich wie bei Menschen, die mit viel Glück ein Unglück überlebt haben und nun jedes Jahr den Tag ihres Überlebens wie eine Neugeburt feiern. Das Fest Pessach ist Erinnerung an die Rettung aus Gefangenschaft. Es soll aber auch ermutigen, diese Befreiungstat Gottes in der Gegenwart lebendig zu halten durch ein Zusammenleben in Solidarität.

ANTWORTPSALM

Ps 34 (33),2–3.4–5.6–7 (Kv: 9a)

Kv Kostet und seht, wie gut der HERR ist! – Kv

Ich will den HERRN allezeit preisen; *
immer sei sein Lob in meinem Mund.
Meine Seele rühme sich des HERRN; *
die Armen sollen es hören und sich freuen. – Kv

Preist mit mir die Größe des HERRN, *
lasst uns gemeinsam seinen Namen erheben!
Ich suchte den HERRN und er gab mir Antwort, *
er hat mich all meinen Ängsten entrissen. – Kv

Die auf ihn blickten, werden strahlen, *
nie soll ihr Angesicht vor Scham erröten.
Da rief ein Armer und der HERR erhörte ihn *
und half ihm aus all seinen Nöten. – Kv

ZWEITE LESUNG

2 Kor 5,17–21

Lesung aus dem zweiten Brief des Apostels Paulus an die Gemeinde in Korinth.

Schwestern und Brüder! Wenn also jemand in Christus ist, dann ist er eine neue Schöpfung: Das Alte ist vergangen, siehe, Neues ist geworden.

Aber das alles kommt von Gott, der uns durch Christus mit sich versöhnt und uns den Dienst der Versöhnung aufgetragen hat.
Ja, Gott war es, der in Christus die Welt mit sich versöhnt hat, indem er ihnen ihre Verfehlungen nicht anrechnete und unter uns das Wort von der Versöhnung aufgerichtet hat.
Wir sind also Gesandte an Christi statt und Gott ist es, der durch uns mahnt. Wir bitten an Christi statt: Lasst euch mit Gott versöhnen!
Er hat den, der keine Sünde kannte, für uns zur Sünde gemacht, damit wir in ihm Gerechtigkeit Gottes würden.

Wort des lebendigen Gottes.

IMPULS Das Wort von der Versöhnung hat in Korinth einen ganz besonderen Klang. Gerade diese Gemeinde ist wie keine andere gespalten in eine Gruppe von Reichen und Mächtigen und vielen Armen und Niedrigen. Paulus sieht sich immer wieder gezwungen, persönlich zu intervenieren, wenn es zu Streitigkeiten kommt. Er sieht sich als Gesandter einer Versöhnung, die nicht von Menschen ausgeht. Jesus hat die Macht der Sünde auf brutale Weise am eigenen Leib erlitten und ist daran gestorben. Paulus drückt es in drastischen Worten aus: Gott hat Jesus »zur Sünde gemacht«. Gott aber hat Jesus aus dem Tod errettet. Das ist die Versöhnung, die Paulus meint. Sie kann nicht folgenlos sein. Sie verlangt ein Verhalten, das gerade die Schwachen und Armen in den Blick nimmt, so wie es Jesus es getan hat. Auf diese Weise wird Versöhnung konkret.

RUF VOR DEM EVANGELIUM — Vgl. Lk 15,18

Christus, du ewiges Wort des Vaters, Ehre sei dir!
Ich will zu meinem Vater gehen
und ihm sagen:
Vater, ich habe mich versündigt gegen den Himmel und gegen dich.
Christus, du ewiges Wort des Vaters, Ehre sei dir!

EVANGELIUM Lk 15,1–3.11–32

+ Aus dem heiligen Evangelium nach Lukas.

In jener Zeit kamen alle Zöllner und Sünder zu Jesus, um ihn zu hören.
Die Pharisäer und die Schriftgelehrten empörten sich darüber und sagten: Dieser nimmt Sünder auf und isst mit ihnen.
Da erzählte er ihnen dieses Gleichnis und sagte: Ein Mann hatte zwei Söhne.
Der jüngere von ihnen sagte zu seinem Vater: Vater, gib mir das Erbteil, das mir zusteht! Da teilte der Vater das Vermögen unter sie auf.
Nach wenigen Tagen packte der jüngere Sohn alles zusammen und zog in ein fernes Land. Dort führte er ein zügelloses Leben und verschleuderte sein Vermögen.
Als er alles durchgebracht hatte, kam eine große Hungersnot über jenes Land und er begann Not zu leiden.
Da ging er zu einem Bürger des Landes und drängte sich ihm auf; der schickte ihn aufs Feld zum Schweinehüten.
Er hätte gern seinen Hunger mit den Futterschoten gestillt, die die Schweine fraßen; aber niemand gab ihm davon.
Da ging er in sich und sagte: Wie viele Tagelöhner meines Vaters haben Brot im Überfluss, ich aber komme hier vor Hunger um.
Ich will aufbrechen und zu meinem Vater gehen und zu ihm sagen: Vater, ich habe mich gegen den Himmel und gegen dich versündigt.
Ich bin nicht mehr wert, dein Sohn zu sein; mach mich zu einem deiner Tagelöhner!
Dann brach er auf und ging zu seinem Vater. Der Vater sah ihn schon von Weitem kommen und er hatte Mitleid mit ihm. Er lief dem Sohn entgegen, fiel ihm um den Hals und küsste ihn.
Da sagte der Sohn zu ihm: Vater, ich habe mich gegen den Himmel und gegen dich versündigt; ich bin nicht mehr wert, dein Sohn zu sein.

Der Vater aber sagte zu seinen Knechten: Holt schnell das beste Gewand und zieht es ihm an, steckt einen Ring an seine Hand und gebt ihm Sandalen an die Füße!
Bringt das Mastkalb her und schlachtet es; wir wollen essen und fröhlich sein.
Denn dieser, mein Sohn, war tot und lebt wieder; er war verloren und ist wiedergefunden worden. Und sie begannen, ein Fest zu feiern.
Sein älterer Sohn aber war auf dem Feld. Als er heimging und in die Nähe des Hauses kam, hörte er Musik und Tanz.
Da rief er einen der Knechte und fragte, was das bedeuten solle.
Der Knecht antwortete ihm: Dein Bruder ist gekommen und dein Vater hat das Mastkalb schlachten lassen, weil er ihn gesund wiederbekommen hat.
Da wurde er zornig und wollte nicht hineingehen. Sein Vater aber kam heraus und redete ihm gut zu.
Doch er erwiderte seinem Vater: Siehe, so viele Jahre schon diene ich dir und nie habe ich dein Gebot übertreten; mir aber hast du nie einen Ziegenbock geschenkt, damit ich mit meinen Freunden ein Fest feiern konnte.
Kaum aber ist der hier gekommen, dein Sohn, der dein Vermögen mit Dirnen durchgebracht hat, da hast du für ihn das Mastkalb geschlachtet.
Der Vater antwortete ihm: Mein Kind, du bist immer bei mir und alles, was mein ist, ist auch dein.
Aber man muss doch ein Fest feiern und sich freuen; denn dieser, dein Bruder, war tot und lebt wieder; er war verloren und ist wiedergefunden worden.

Evangelium unseres Herrn Jesus Christus.

IMPULS Die Pharisäer und Schriftgelehrten, die sich über Jesus empören, teilen die Menschen in zwei Gruppen ein: in Sünder und Gerechte. Sie sind davon überzeugt: Wenn alle die Weisungen der Tora einhalten, dann ist Befreiung möglich. Doch Jesus sieht, dass es unter den gegebenen Umständen gar nicht allen möglich ist, diesen Weg zu gehen. Vor allem den verarmten Massen steht diese Möglichkeit nicht offen. Stellvertretend für sie stehen Zöllner, die aus ihrer Not heraus mit den römischen Besatzern zusammen arbeiten müssen. Zu ihnen gehören auch Frauen, die zum Überleben ihren Körper verkaufen müssen. In einer solchen Situation, die insgesamt unter der Übermacht der Sünde steht, sind alle auf das Erbarmen Gottes angewiesen. Daher liegt in diesem Gleichnis der Akzent nicht auf der Reue und Umkehr. Es ist die nackte Existenznot, die den Sohn zu seinem Vater zurückkehren lässt. Im Mittelpunkt steht der Vater, der seinem Sohn freudestrahlend entgegen läuft, noch bevor dieser überhaupt den Mund aufgetan hat. Jesus geht es (anders als den Schriftgelehrten) nicht darum, dass Einzelne gerecht handeln. Alle – Gerechte und Sünder – sollen aus der Macht der Sünde gerettet werden.

CREDO (siehe Seite 520ff.)

FÜRBITTEN

Guter Gott, wenn wir an unsere Grenzen stoßen, bist du es, der uns voll Erbarmen entgegen kommt. Voll Vertrauen tragen wir dir unsere Anliegen vor:

V/A: Vater, hab Erbarmen mit uns.

– Für alle, die mit sich und anderen hart ins Gericht gehen. Dass sie die Kraft der Barmherzigkeit neu entdecken.

– Für Menschen, die durch eigene Schuld andere geschädigt haben. Dass sie es schaffen, zu ihrer Schuld zu stehen und um Verzeihung zu bitten.

– Für Menschen, die unter der ständigen Angst vor Drohnen und Raketen leben. Dass alles unternommen wird, um kriegerische Auseinandersetzungen zu beenden.

– Für Menschen, die unter einer chronischen Erkrankung leiden. Dass sie alle Hilfe erfahren, die menschlich und medizinisch möglich ist.

Gott, unser Vater, wir leiden oft unter der Gnadenlosigkeit dieser Welt. Sei du unsere Kraft, barmherzig miteinander umzugehen. Darum bitten wir durch Christus, unseren Herrn. Amen.

Gabengebet

Herr, unser Gott, in der Freude auf das Osterfest bringen wir unsere Gaben dar. Hilf uns, gläubig und ehrfürchtig das Opfer zu feiern, das der Welt Heilung schenkt und den Tod überwindet. Darum bitten wir durch Christus, unseren Herrn.

Präfation

Fastenzeit II

Wir danken dir, Vater im Himmel, und rühmen deinen heiligen Namen. Denn jetzt ist die Zeit der Gnade, jetzt sind die Tage des Heiles. Du hilfst uns, das Böse zu überwinden, du schenkst uns von neuem die Reinheit des Herzens. Du gibst deinen Kindern die Kraft, in dieser vergänglichen Welt das unvergängliche Heil zu wirken durch unseren Herrn Jesus Christus. Durch ihn preisen wir dich in deiner Kirche und vereinen uns mit den Engeln und Heiligen zum Hochgesang von deiner göttlichen Herrlichkeit.

Einladung zum Vaterunser

Jesus hat uns gezeigt, wie barmherzig Gott gegenüber uns Menschen ist. Wir rufen diesen Gott an mit den Worten, die Jesus uns gelehrt hat: Vater unser im Himmel …

Einladung zum Friedensgebet

Wo Menschen gnadenlos mit einander umgehen, kann kein Friede entstehen. Bitten wir Gott, der uns Menschen mit Erbarmen begegnet, um seinen Frieden: Herr Jesus Christus …

Kommunionvers

Vgl. Lk 15,32

Freue dich, mein Sohn, denn dein Bruder war tot und lebt wieder; er war verloren und wurde wieder gefunden.

Schlussgebet

Allmächtiger Gott, dein ewiges Wort ist das wahre Licht, das jeden Menschen erleuchtet. Heile die Blindheit unseres Herzens, damit wir erkennen, was vor dir recht ist, und dich aufrichtig lieben. Darum bitten wir durch Christus, unseren Herrn.

Schlusssegen

Vom Leiden des Herrn

Der barmherzige Gott, der seinen Sohn für uns dahingegeben und uns in ihm ein Beispiel der Liebe geschenkt hat, segne euch und mache euch bereit, Gott und den Menschen zu dienen.
Und Christus, der Herr, der uns durch sein Sterben dem ewigen Tode entrissen hat, stärke euren Glauben und führe euch zur unvergänglichen Herrlichkeit.
Und allen, die ihm folgen auf dem Weg der Entäußerung, gebe er Anteil an seiner Auferstehung und an seiner Herrlichkeit.
Das gewähre euch der dreieinige Gott, der Vater und der Sohn ✝ und der Heilige Geist.

Viele Namen Gottes
der wichtigste
Barmherzigkeit

An vielem zweifeln
nur nicht an
Gottes Barmherzigkeit

Sich umarmen lassen
von Gottes Barmherzigkeit
und selbst barmherzig sein
mit sich und mit anderen

Guido Groß

FÜNFTER FASTENSONNTAG
6. April 2025

Verschaff mir Recht, o Gott,
und führe meine Sache gegen ein treuloses Volk!
Rette mich vor bösen und tückischen Menschen,
denn du bist mein starker Gott.
Ps 43 (42),1–2

Menschen können neu anfangen, sie können ihr Leben ändern. Dafür gibt es viele gute Beispiele (wenn auch Gegenbeispiele). Es ist in der Tat ja auch nicht einfach. Die Kräfte der Vergangenheit sind stark. Eingefahrene Gleise müssen verlassen werden. Trägheit und Bequemlichkeit müssen überwunden werden. Aber es ist möglich! Am heutigen Sonntag sprechen alle Bibeltexte von der Möglichkeit, neu anzufangen. Sie laden dazu ein, Altes zurückzulassen und neue Wege zu gehen.
In der ersten Lesung ermutigt der Prophet sein Volk, sich nicht vom Negativen der Vergangenheit lähmen zu lassen, sondern Gott zuzutrauen, dass er Neues schaffen kann. In der neutestamentlichen Lesung bekennt Paulus, dass er Altes loslassen kann, seit Jesus das Ziel seines Lebens ist. Und im Evangelium macht Jesus der Ehebrecherin Mut, neu anzufangen, indem er sie nicht auf ihre Schuld reduziert. Gemeinsam ist allen Texten: Der biblische Gott ist der Gott einer guten Zukunft, ein Gott der Verheißung. Ein Gott, der demjenigen neue Räume eröffnet, der sich auf ihn einlässt. Wer auf ihn schaut, dem kann es gelingen, sich von den Verstrickungen der Vergangenheit zu lösen.

Kyrie-Rufe

Herr Jesus Christus, du schaust voll Mitgefühl und Wohlwollen auf unser Leben.
Herr, erbarme dich.
Herr Jesus Christus, du hast Menschen von dem befreit, was sie an einem guten Leben hindert.
Christus, erbarme dich.

Herr Jesus Christus, schenke uns die Kraft, im Blick auf dich einen neuen Anfang zu wagen.
Herr, erbarme dich.

Tagesgebet

Herr, unser Gott, dein Sohn hat sich aus Liebe zur Welt dem Tod überliefert. Laß uns in seiner Liebe bleiben und mit deiner Gnade aus ihr leben. Darum bitten wir durch Jesus Christus.

Es können auch die Schrifttexte vom Lesejahr A genommen werden.

Erste Lesung

Jes 43,16–21

Lesung aus dem Buch Jesaja.

So spricht der Herr, der einen Weg durchs Meer bahnt, einen Pfad durch gewaltige Wasser, der Wagen und Rosse ausziehen lässt, zusammen mit einem mächtigen Heer; doch sie liegen am Boden und stehen nicht mehr auf, sie sind erloschen und verglüht wie ein Docht.
Der Herr spricht: Denkt nicht mehr an das, was früher war; auf das, was vergangen ist, achtet nicht mehr!
Siehe, nun mache ich etwas Neues. Schon sprießt es, merkt ihr es nicht? Ja, ich lege einen Weg an durch die Wüste und Flüsse durchs Ödland.
Die wilden Tiere werden mich preisen, die Schakale und Strauße, denn ich lasse in der Wüste Wasser fließen und Flüsse im Ödland, um mein Volk, mein erwähltes, zu tränken.
Das Volk, das ich mir geformt habe, wird meinen Ruhm verkünden.

Wort des lebendigen Gottes.

IMPULS Propheten können wirklich hart kritisieren, dafür gibt es markante Zeugnisse. Sie können aber auch trösten und Mut machen. So wie dieser Prophet, dessen Namen man nicht kennt und den man daher Deuterojesaja (zweiter Jesaja) nennt. Er wendet sich an Menschen, die im Exil in Babylon sitzen. Der Verlust ihrer

Heimat hat ihr ganzes Lebenskonzept über den Haufen geworfen. Die Krise hat für die Menschen auch eine religiöse Dimension: Warum hat Gott seine Verheißungen nicht eingehalten? So fragen sich viele. Der Prophet lässt keinen Zweifel daran, dass der gleiche Gott, der Israel so großartig aus Ägypten befreit hat, auch in Zukunft Neues schaffen wird. Die Zeit der Katastrophe wird nicht ewig andauern. Die Menschen sollen sich nicht mehr auf die vergangenen Jahre fixieren, sie waren schlimm genug. Sie sollen nach vorne schauen: Gott hat größere Möglichkeiten, als Menschen sich vorstellen können.

ANTWORTPSALM

Ps 126 (125) (Kv: 3)

Kv Groß hat der HERR an uns gehandelt. – Kv

Da waren wir voll Freude.
Als der HERR das Geschick Zions wendete, *
da waren wir wie Träumende.
Da füllte sich unser Mund mit Lachen *
und unsere Zunge mit Jubel. – Kv

Da sagte man unter den Völkern: *
Groß hat der HERR an ihnen gehandelt!
Ja, groß hat der HERR an uns gehandelt. *
Da waren wir voll Freude. – Kv

Wende doch, HERR, unser Geschick *
wie die Bäche im Südland!
Die mit Tränen säen, *
werden mit Jubel ernten. – Kv

Sie gehen, ja gehen und weinen *
und tragen zur Aussaat den Samen.
Sie kommen, ja kommen mit Jubel *
und bringen ihre Garben. – Kv

ZWEITE LESUNG Phil 3,8–14

Lesung aus dem Brief des Apostels Paulus an die Gemeinde in Philippi.

Schwestern und Brüder! Ich halte dafür, dass alles Verlust ist, weil die Erkenntnis Christi Jesu, meines Herrn, alles überragt.
Seinetwegen habe ich alles aufgegeben und halte es für Unrat, um Christus zu gewinnen und in ihm erfunden zu werden.
Nicht meine Gerechtigkeit will ich haben, die aus dem Gesetz hervorgeht, sondern jene, die durch den Glauben an Christus kommt, die Gerechtigkeit, die Gott schenkt aufgrund des Glaubens.
Christus will ich erkennen und die Macht seiner Auferstehung und die Gemeinschaft mit seinen Leiden, indem ich seinem Tod gleich gestaltet werde.
So hoffe ich, auch zur Auferstehung von den Toten zu gelangen.
Nicht dass ich es schon erreicht hätte oder dass ich schon vollendet wäre. Aber ich strebe danach, es zu ergreifen, weil auch ich von Christus Jesus ergriffen worden bin.
Brüder und Schwestern, ich bilde mir nicht ein, dass ich es schon ergriffen hätte. Eines aber tue ich: Ich vergesse, was hinter mir liegt, und strecke mich nach dem aus, was vor mir ist.
Das Ziel vor Augen, jage ich nach dem Siegespreis: der himmlischen Berufung Gottes in Christus Jesus.

Wort des lebendigen Gottes.

IMPULS Wir wissen nicht, was Paulus vergessen und hinter sich lassen will. Es werden keine angenehmen Dinge sein. Vermutlich sind es Ereignisse, von denen er sich in der Rückschau distanziert, für die er sich sogar schämt. Es könnte zum Beispiel auch seine unbarmherzige Verfolgung der Anhänger des Messias Jesus sein. Was auch immer es ist: Paulus war selbstkritisch genug, um sich auch mit den dunklen Seiten seiner Vergangenheit auseinander zu setzen. Manches davon hat ihn sicher auch belastet. Die Begegnung mit dem

Auferstandenen aber hat sein Leben verändert. Das Vergangene, dazu gehört auch das eigene Versagen und die eigene Schuld, ist nicht einfach verschwunden. Aber Paulus betrachtet nun alles mit den Augen Jesu. Indem er alles in Jesu Hände legt, kann er gnädiger mit sich selbst umzugehen. Vor allem aber geht sein Blick wieder nach vorne. Er geht auf Jesus Christus zu, jeden Tag.

Ruf vor dem Evangelium

Vgl. Joël 2,12.13

Christus, du ewiges Wort des Vaters, Ehre sei dir!
Kehrt um zum Herrn von ganzem Herzen;
denn er ist gnädig und barmherzig,
langmütig und reich an Güte.
Christus, du ewiges Wort des Vaters, Ehre sei dir!

Evangelium

Joh 8,1–11

+ Aus dem heiligen Evangelium nach Johannes.

In jener Zeit ging Jesus zum Ölberg. Am frühen Morgen begab er sich wieder in den Tempel. Alles Volk kam zu ihm. Er setzte sich und lehrte es.
Da brachten die Schriftgelehrten und die Pharisäer eine Frau, die beim Ehebruch ertappt worden war. Sie stellten sie in die Mitte und sagten zu ihm: Meister, diese Frau wurde beim Ehebruch auf frischer Tat ertappt.
Mose hat uns im Gesetz vorgeschrieben, solche Frauen zu steinigen. Was sagst du?
Mit diesen Worten wollten sie ihn auf die Probe stellen, um einen Grund zu haben, ihn anzuklagen. Jesus aber bückte sich und schrieb mit dem Finger auf die Erde.
Als sie hartnäckig weiterfragten, richtete er sich auf und sagte zu ihnen: Wer von euch ohne Sünde ist, werfe als Erster einen Stein auf sie.
Und er bückte sich wieder und schrieb auf die Erde.
Als sie das gehört hatten, ging einer nach dem anderen fort, zuerst die Ältesten. Jesus blieb allein zurück mit der Frau, die noch in der Mitte stand.

Er richtete sich auf und sagte zu ihr: Frau, wo sind sie geblieben?
Hat dich keiner verurteilt?
Sie antwortete: Keiner, Herr. Da sagte Jesus zu ihr: Auch ich verurteile dich nicht. Geh und sündige von jetzt an nicht mehr!

Evangelium unseres Herrn Jesus Christus.

IMPULS Die Schriftgelehrten und Pharisäer haben kein wirkliches Interesse am Schicksal dieser Frau. Sie ist ihnen ziemlich egal. Sie wollen Jesus vorführen, und da kommt ihnen die Frau gerade recht. Sie wollen die Glaubwürdigkeit Jesu erschüttern, wie sie es auch schon beim Thema der Kaisersteuer versucht haben. Wenn Jesus nämlich der Steinigung der Frau zustimmt, dann stellt sich seine Menschenfreundlichkeit als leeres Gerede heraus. Stellt er sich aber an die Seite der Frau, gerät er in Widerspruch zum Gesetz des Moses. Jesus lässt sich auf dieses Spiel nicht ein, demonstrativ schreibt er mit dem Finger in den Sand. Er lässt sich nicht dazu missbrauchen, einen wehrlosen Menschen zu brandmarken und öffentlich zu verurteilen (was er gegenüber Mächtigen durchaus kann). Stattdessen tut er das, was er auch sonst tut: Er sieht den Menschen, der vor ihm steht, und er nimmt ihn ernst. Jesus sieht die Frau sowohl in ihrer Fehlbarkeit, aber auch in ihrer Fähigkeit, sich ändern zu können. Er traut der Frau zu, dass sie neu anfangen kann.

CREDO (siehe Seite 520ff.)

FÜRBITTEN

Guter Gott, in der Geschichte deines Volkes Israel und im Leben Jesu hast du gezeigt, dass du uns Menschen immer wieder neue Räume eröffnen willst. Voll Vertrauen tragen wir dir vor, wo das Leben von Menschen an die Grenzen gerät:

V/A: Guter Gott, befreie uns.

– Für Menschen, die nicht damit fertig werden, dass sie in den sozialen Medien beleidigt und beschimpft worden sind.

– Für Menschen, die sich schwer damit tun, für das, was sie getan haben, Verantwortung zu übernehmen.

– Für Menschen, die mit viel Kraft und Energie kranke und alte Menschen pflegen und sich dabei verausgaben.

– Für Menschen in Afrika, die infolge des Klimawandels von Dürren und Hunger betroffen sind.

Gott, unser Vater, in den Gefährdungen unseres Lebens vertrauen wir auf dich. Sei du unser Halt und unsere Hoffnung in allem, was geschieht. Darum bitten wir durch Christus, unseren Herrn. Amen.

Gabengebet

Erhöre uns, allmächtiger Gott. Du hast uns durch dein Wort zum Zeugnis eines christlichen Lebens berufen. Reinige uns durch dieses Opfer und stärke uns zum Kampf gegen das Böse. Darum bitten wir durch Christus, unseren Herrn.

Präfation

Fastenzeit I

In Wahrheit ist es würdig und recht, dir, Vater im Himmel, zu danken und dein Erbarmen zu preisen. Denn jedes Jahr schenkst du deinen Gläubigen die Gnade, das Osterfest in der Freude des Heiligen Geistes zu erwarten. Du mahnst uns in dieser Zeit der Buße zum Gebet und zu Werken der Liebe, du rufst uns zur Feier der Geheimnisse, die in uns die Gnade der Kindschaft erneuern. So führst du uns mit geläutertem Herzen zur österlichen Freude und zur Fülle des Lebens durch unseren Herrn Jesus Christus. Durch ihn rühmen wir deine Größe und vereinen uns mit den Chören der Engel zum Hochgesang von deiner göttlichen Herrlichkeit.

Einladung zum Vaterunser

Wenn Gott die Mitte unseres Lebens sein soll, dann müssen wir immer wieder Altes zurücklassen. Dazu hilft uns das Gebet, das Jesus uns gelehrt hat: Vater unser im Himmel …

Einladung zum Friedensgebet

Jesus Christus traut der Ehebrecherin zu, ihr Leben zu ändern. Den Mut zum Neuanfang braucht es auch, damit Frieden in unseren Häusern und in der Welt Wirklichkeit wird. Darum bitten wir: Herr Jesus Christus …

Kommunionvers Joh 8,10–11

Frau, hat dich keiner verurteilt? – Keiner, Herr! Auch ich verurteile dich nicht. Geh und sündige von jetzt an nicht mehr!

Schlussgebet

Allmächtiger Gott, du hast uns das Sakrament der Einheit geschenkt. Laß uns immer lebendige Glieder Christi bleiben, dessen Leib und Blut wir empfangen haben. Darum bitten wir durch ihn, Christus, unseren Herrn.

Schlusssegen Vom Leiden des Herrn

Der barmherzige Gott, der seinen Sohn für uns dahingegeben und uns in ihm ein Beispiel der Liebe geschenkt hat, segne euch und mache euch bereit, Gott und den Menschen zu dienen.
Und Christus, der Herr, der uns durch sein Sterben dem ewigen Tode entrissen hat, stärke euren Glauben und führe euch zur unvergänglichen Herrlichkeit.
Und allen, die ihm folgen auf dem Weg der Entäußerung, gebe er Anteil an seiner Auferstehung und an seiner Herrlichkeit.
Das gewähre euch der dreieinige Gott, der Vater und der Sohn ✝ und der Heilige Geist. Amen.

Zuhören
sich einlassen
erst nachdenken
verstehen wollen
in den Sand
geschrieben
für diejenigen
die sich empören
fest draufhauen
andere niedermachen

Guido Groß

PALMSONNTAG
13. April 2025

Höhenflug und Absturz, Bewunderung und Verachtung, Freude und Leid, Leben und Tod liegen manchmal erschreckend nahe beieinander. Der Wechsel vom einen zum anderen erfolgt mitunter so schnell und unerwartet, dass wir gar nicht mehr nachvollziehen können, warum genau der Umschwung geschah, und wo der Bruch zeitlich fest zu machen ist.
Mit dem heutigen Palmsonntag beginnen Christen in der ganzen Welt die Feier der Karwoche. Mit Jesus von Nazareth gehen wir den Weg vom Zuspruch über den der Anfechtung, des Scheiterns, der Todesangst bis hin zum Sterben. Mit seinen Jüngern gehen wir den Weg des Jubels, des Versagens, der Trauer und der Resignation. Aber wir vertrauen auch auf die Güte Gottes und erhoffen, dass am Ende seine Barmherzigkeit uns umfassendes, neues Leben schenken wird. Daran glauben wir, wie Jesus geglaubt hat, und wie seine engsten Freunde geglaubt haben. Dieser Weg ist mitunter lang und mühsam, aber unser Menschsein umfasst das Positive genauso wie das Schmerzende. Ostern ist ohne den Weg über Karfreitag nicht zu haben.

FEIER DES EINZUGS CHRISTI IN JERUSALEM

Hosanna dem Sohne Davids!
Gepriesen, der da kommt im Namen des Herrn,
der König von Israel. Hosanna in der Höhe!
Mt 21,9

Segensgebet über die Palmzweige

Allmächtiger, ewiger Gott, segne † diese (grünen) Zweige, die Zeichen des Lebens und des Sieges, mit denen wir Christus, unserem König, huldigen. Mit Lobgesängen begleiten wir ihn in seine heilige Stadt; gib, daß wir durch ihn zum himmlischen Jerusalem gelangen, der mit dir lebt und herrscht in alle Ewigkeit.

Oder:

Allmächtiger Gott, am heutigen Tag huldigen wir Christus in seinem Sieg und tragen ihm zu Ehren (grüne) Zweige in den Händen. Mehre unseren Glauben und unsere Hoffnung, erhöre gnädig unsere Bitten und laß uns in Christus die Frucht guter Werke bringen. Darum bitten wir durch ihn, Christus unseren Herrn.

EVANGELIUM — Lk 19,28–40

+ Aus dem heiligen Evangelium nach Lukas.

In jener Zeit ging Jesus nach Jerusalem hinauf.
Und es geschah: Er kam in die Nähe von Betfage und Betanien, an den Berg, der Ölberg heißt, da schickte er zwei seiner Jünger aus und sagte: Geht in das Dorf, das vor uns liegt!
Wenn ihr hineinkommt, werdet ihr dort ein Fohlen angebunden finden, auf dem noch nie ein Mensch gesessen hat. Bindet es los und bringt es her!
Und wenn euch jemand fragt: Warum bindet ihr es los?, dann antwortet: Der Herr braucht es.
Die Ausgesandten machten sich auf den Weg und fanden alles so, wie er es ihnen gesagt hatte.
Als sie das Fohlen losbanden, sagten die Leute, denen es gehörte: Warum bindet ihr das Fohlen los?
Sie antworteten: Weil der Herr es braucht.
Dann führten sie es zu Jesus, legten ihre Kleider auf das Fohlen und halfen Jesus hinauf.
Während er dahinritt, breiteten die Jünger ihre Kleider auf dem Weg aus.
Als er sich schon dem Abhang des Ölbergs näherte, begann die Schar der Jünger freudig und mit lauter Stimme Gott zu loben wegen all der Machttaten, die sie gesehen hatten.
Sie riefen: Gesegnet sei der König, der kommt im Namen des Herrn. Im Himmel Friede und Ehre in der Höhe!
Da riefen ihm einige Pharisäer aus der Menge zu: Meister, weise deine Jünger zurecht!

Er erwiderte: Ich sage euch: Wenn sie schweigen, werden die Steine schreien.

Evangelium unseres Herrn Jesus Christus.

IMPULS Wie mag Jerusalem mit seinem majestätischen Tempel wohl auf Jesus, der aus dem nördlichen Galiläa kam, gewirkt haben? War er, der tiefgläubige Jude, nur einmal in der Stadt, so wie es die Synoptiker vermuten lassen, oder doch mehrmals, so wie Johannes es darstellt? Aber an solchen biographischen Details waren die Evangelisten nicht interessiert. Ihnen ging es um die tiefere Deutung von Jesu Leben als Ganzem. Lukas baut in seine Erzählung zahlreiche alttestamentliche Textstellen ein. So heißt es in Psalm 118,26 *Gesegnet sei er, der kommt im Namen des Herrn,* im Buch Habakuk 2,11 lesen wir *Es schreit der Stein aus der Mauer,* und in Sacharja 9,9 *Siehe, dein König kommt zu dir. Gerecht ist er und Rettung wurde ihm zuteil, demütig ist er und reitet auf einem Esel.* Auch 1 Kön 1,33ff klingt an, wo berichtet wird, dass Salomon auf das Maultier seines Vaters Davids gesetzt wird, damit man ihn zur Königssalbung führen kann – alles Volk spielt und jubelt. Die Evangelien lassen keinen Zweifel daran, dass Jesus tief in der jüdischen Glaubenstradition verwurzelt ist. Aus ihr schöpft er seine Lebenskraft, aus ihr heraus gestaltet er seinen Weg. In ihm erfüllen sich die alten Verheißungen – wenn auch nicht mit derart gestalteter irdischer Macht, wie von manchen erwünscht oder erhofft.

EUCHARISTIEFEIER

Sechs Tage vor dem Osterfest
kam der Herr in die Stadt Jerusalem.
Da liefen ihm Kinder entgegen
mit Palmzweigen in den Händen und riefen:
Hosanna in der Höhe!
Sei gepriesen, der du kommst als Heiland der Welt.
Ihr Tore, hebt euch nach oben,
hebt euch, ihr uralten Pforten;

denn es kommt der König der Herrlichkeit.
Wer ist der König der Herrlichkeit?
Der Herr der Heerscharen,
er ist der König der Herrlichkeit.
Hosanna in der Höhe!
Sei gepriesen, der du kommst als Heiland der Welt.
Vgl. Ps 24 (23),9–10

KYRIE-RUFE

Herr Jesus Christus, dein Leben zeugt von deiner einzigartigen Beziehung zum Vater im Himmel.
Herr, erbarme dich.
Aus ihr hast du die Kraft und den Mut für deinen liebevollen Umgang mit den Menschen geschöpft.
Christus, erbarme dich.
Hilf uns in unserem Bemühen, dir auf diesem heiligen Weg zu folgen, Tag für Tag.
Herr, erbarme dich.

TAGESGEBET

Allmächtiger, ewiger Gott, deinem Willen gehorsam, hat unser Erlöser Fleisch angenommen, er hat sich selbst erniedrigt und sich unter die Schmach des Kreuzes gebeugt. Hilf uns, daß wir ihm auf dem Weg des Leidens nachfolgen und an seiner Auferstehung Anteil erlangen. Darum bitten wir durch ihn, Jesus Christus.

ERSTE LESUNG — Jes 50,4–7

Lesung aus dem Buch Jesaja.

GOTT, der Herr, gab mir die Zunge von Schülern, damit ich verstehe, die Müden zu stärken durch ein aufmunterndes Wort. Jeden Morgen weckt er mein Ohr, damit ich höre, wie Schüler hören.

GOTT, der Herr, hat mir das Ohr geöffnet. Ich aber wehrte mich nicht und wich nicht zurück.
Ich hielt meinen Rücken denen hin, die mich schlugen, und meine Wange denen, die mir den Bart ausrissen. Mein Gesicht verbarg ich nicht vor Schmähungen und Speichel.
Und GOTT, der Herr, wird mir helfen; darum werde ich nicht in Schande enden. Deshalb mache ich mein Gesicht hart wie einen Kiesel; ich weiß, dass ich nicht in Schande gerate.

Wort des lebendigen Gottes.

IMPULS Propheten im Alten Israel verstanden sich gleichermaßen als Rufende und Gerufene. Und es war sehr oft das Los der Propheten, von anderen missverstanden, missachtet, gequält, verraten und verfolgt zu werden. So ergeht es auch dem Schreiber des dritten Gottesknechtlieds im Buch Jesaja. Er hält trotz allem an Gott fest. Mit seinen Sinnen des Hörens und des Sprechens, des Empfangens und des Weitergebens, erfährt er sich als im Dienste Gottes Stehender. Er kann den über ihn hereinbrechenden Schwierigkeiten nicht entgehen und er weiß, dass er mit Gewalt nichts auszurichten vermag. Aber er weicht auch nicht! Jahrhunderte später beziehen und deuten die jungen Christengemeinden diesen Text auf Jesus hin. Auch er ist dem unschuldigen Leiden nicht entkommen, auch er hat sich nicht verbiegen lassen. Ihnen allen – und den vielen namenlosen Standhaften – ist etwas ganz Wesentliches gemeinsam: sie richten sich nicht in einer lähmenden Opferrolle ein, sondern hoffen trotz aller Widrigkeiten auf das Gelingen ihres Auftrages. Auch wenn sie selber am Ende ihrer menschlichen Möglichkeiten sind, dem Ewigen trauen sie zu, dass er als Gott des Lebens das letzte Wort sprechen wird. Diese Haltung kann weder erzwungen noch im Voraus als zielführend bewiesen werden. Ihre Tragfähigkeit erweist sich einzig in der gelebten Praxis.

ANTWORTPSALM Ps 22 (21),8–9.17–18.19–20.23–24 (Kv: 2a)

Kv Mein Gott, mein Gott,
warum hast du mich verlassen? – Kv

Alle, die mich sehen, verlachen mich, *
verziehen die Lippen, schütteln den Kopf:
»Wälze die Last auf den HERRN! /
Er soll ihn befreien, *
er reiße ihn heraus, wenn er an ihm Gefallen hat!« – Kv

Denn Hunde haben mich umlagert, /
eine Rotte von Bösen hat mich umkreist. *
Sie haben mir Hände und Füße durchbohrt.
Ich kann all meine Knochen zählen; *
sie gaffen und starren mich an. – Kv

Sie verteilen unter sich meine Kleider *
und werfen das Los um mein Gewand.
Du aber, HERR, halte dich nicht fern! *
Du, meine Stärke, eile mir zu Hilfe! – Kv

Ich will deinen Namen meinen Brüdern verkünden, *
inmitten der Versammlung dich loben.
Die ihr den HERRN fürchtet, lobt ihn; /
all ihr Nachkommen Jakobs, rühmt ihn; *
erschauert vor ihm, all ihr Nachkommen Israels! – Kv

ZWEITE LESUNG Phil 2,6–11

Lesung aus dem Brief des Apostels Paulus an die Gemeinde in Philippi.

Christus Jesus war Gott gleich, hielt aber nicht daran fest, Gott gleich zu sein, sondern er entäußerte sich und wurde wie ein Sklave und den Menschen gleich. Sein Leben war das eines Menschen; er erniedrigte sich und war gehorsam bis zum Tod, bis zum Tod am Kreuz.

Darum hat ihn Gott über alle erhöht und ihm den Namen verliehen, der größer ist als alle Namen, damit alle im Himmel, auf der Erde und unter der Erde ihr Knie beugen vor dem Namen Jesu und jeder Mund bekennt: »Jesus Christus ist der Herr« – zur Ehre Gottes, des Vaters.

Wort des lebendigen Gottes.

IMPULS Die jungen Christengemeinden fassten ihren Glauben an Jesus von Nazareth in kurzen, einprägsamen Bekenntnisformeln zusammen. Einem dieser sehr alten Hymnen begegnen wir hier im Brief an die Philipper. Besonders hervorgehoben wird die beispielhafte Haltung Jesu gegenüber Gott. Für Paulus ist diese Haltung der ganz konkrete Maßstab für das menschliche Zusammenleben in der Gemeinde. Dienen sollen die Gläubigen einander und nicht beherrschen. Andere Textstellen aus den Evangelien klingen hier an, wie z. B. *Wer bei euch groß sein will, der soll euer Diener sein, und wer bei euch der Erste sein will, soll der Sklave aller sein* (Mk 10,43f), oder *Er stürzt die Mächtigen vom Thron und erhöht die Niedrigen* (Lk 1,52). Macht, egal welcher Art, wird in unseren menschlichen Händen schwindelerregend schnell zu etwas äußerst Gefährlichem. Erst wenn wir uns dieser Gefahr richtig bewusst sind, erst wenn wir unser Denken und Handeln in diesem Sinn kontinuierlich hinterfragen, vermögen wir vielfältigem Missbrauch vorzubeugen bzw. ihn zu erkennen.

Ruf vor der Passion

Vers: vgl. Phil 2,8b–9

Christus Sieger, Christus König, Christus Herr in Ewigkeit! – Kv

Christus war für uns gehorsam bis zum Tod,
bis zum Tod am Kreuz.
Darum hat ihn Gott über alle erhöht
und ihm den Namen verliehen, der größer ist als alle Namen.
Christus Sieger, Christus König, Christus Herr in Ewigkeit!

PASSION

Lk 22,14 – 23,56 (Kf: 23,1–49)

E = Evangelist; † = Worte Jesu; S = Worte sonstiger Personen

Das Leiden unseres Herrn Jesus Christus nach Lukas.

Das Mahl

E Als die Stunde gekommen war, legte Jesus sich mit den Aposteln zu Tisch. Und er sagte zu ihnen: † Mit großer Sehnsucht habe ich danach verlangt, vor meinem Leiden dieses Paschamahl mit euch zu essen. Denn ich sage euch: Ich werde es nicht mehr essen, bis es seine Erfüllung findet im Reich Gottes. E Und er nahm einen Kelch, sprach das Dankgebet und sagte: † Nehmt diesen und teilt ihn untereinander! Denn ich sage euch: Von nun an werde ich nicht mehr von der Frucht des Weinstocks trinken, bis das Reich Gottes kommt. E Und er nahm Brot, sprach das Dankgebet, brach es und reichte es ihnen mit den Worten: † Das ist mein Leib, der für euch hingegeben wird. Tut dies zu meinem Gedächtnis! E Ebenso nahm er nach dem Mahl den Kelch und sagte: † Dieser Kelch ist der Neue Bund in meinem Blut, das für euch vergossen wird. Doch siehe, die Hand dessen, der mich ausliefert, ist mit mir am Tisch. Der Menschensohn muss zwar den Weg gehen, der ihm bestimmt ist. Aber weh dem Menschen, durch den er ausgeliefert wird! E Da fragte einer den andern, wer von ihnen das wohl sei, der dies tun werde.

Vom Dienen und Herrschen

E Es entstand unter ihnen ein Streit darüber, wer von ihnen wohl der Größte sei. Da sagte Jesus zu ihnen: † Die Könige herrschen über ihre Völker und die Vollmacht über sie haben, lassen sich Wohltäter nennen. Bei euch aber soll es nicht so sein, sondern der Größte unter euch soll werden wie der Jüngste und der Führende soll werden wie der Dienende. Denn wer ist größer: Der bei Tisch sitzt oder der bedient? Ist es nicht der, der bei Tisch sitzt? Ich aber bin unter euch wie der, der bedient. Ihr aber habt in meinen Prüfungen bei mir ausgeharrt. Darum vermache ich euch das Reich, wie es mein Vater mir vermacht hat: Ihr sollt in meinem Reich an meinem Tisch essen und trinken und ihr sollt auf Thronen sitzen und die zwölf Stämme Israels richten.

Die Ankündigung der Verleugnung

† Simon, Simon, siehe, der Satan hat verlangt, dass er euch wie Weizen sieben darf. Ich aber habe für dich gebetet, dass dein Glaube nicht erlischt. Und wenn du wieder umgekehrt bist, dann stärke deine Brüder! E Darauf sagte Petrus zu ihm: S Herr, ich bin bereit, mit dir sogar ins Gefängnis und in den Tod zu gehen. E Jesus aber sagte: † Ich sage dir, Petrus, ehe heute der Hahn kräht, wirst du dreimal leugnen, mich zu kennen.

Die Stunde der Not

E Dann sagte Jesus zu ihnen: † Als ich euch ohne Geldbeutel aussandte, ohne Vorratstasche und ohne Schuhe, habt ihr da etwa Not gelitten? E Sie antworteten: S Nein. E Da sagte er zu ihnen: † Jetzt aber soll der, der einen Geldbeutel hat, ihn mitnehmen und ebenso die Tasche. Wer dies nicht hat, soll seinen Mantel verkaufen und sich ein Schwert kaufen. Denn ich sage euch: An mir muss sich erfüllen, was geschrieben steht: Er wurde zu den Gesetzlosen gerechnet. Denn alles, was über mich gesagt ist, geht in Erfüllung. E Da sagten sie: S Herr, siehe, hier sind zwei Schwerter. E Er erwiderte: † Genug davon!

Das Gebet in Getsemani

E Dann verließ Jesus die Stadt und ging, wie er es gewohnt war, zum Ölberg; seine Jünger folgten ihm. Als er dort war, sagte er zu ihnen: † Betet, dass ihr nicht in Versuchung geratet! E Dann entfernte er sich von ihnen ungefähr einen Steinwurf weit, kniete nieder und betete: † Vater, wenn du willst, nimm diesen Kelch von mir! Aber nicht mein, sondern dein Wille soll geschehen. E Da erschien ihm ein Engel vom Himmel und stärkte ihn. Und er betete in seiner Angst noch inständiger und sein

Schweiß war wie Blut, das auf die Erde tropfte. Nach dem Gebet stand er auf, ging zu den Jüngern zurück und fand sie schlafend; denn sie waren vor Kummer erschöpft. Da sagte er zu ihnen: † Wie könnt ihr schlafen? Steht auf und betet, damit ihr nicht in Versuchung geratet!

Die Gefangennahme Jesu und die Verleugnung durch Petrus

E Noch während er redete, siehe, da kam eine Schar Männer; und der Judas hieß, einer der Zwölf, ging ihnen voran. Er näherte sich Jesus, um ihn zu küssen. Jesus aber sagte zu ihm: † Judas, mit einem Kuss lieferst du den Menschensohn aus? E Als seine Begleiter merkten, was bevorstand, fragten sie: S Herr, sollen wir mit dem Schwert dreinschlagen? E Und einer von ihnen schlug auf den Diener des Hohepriesters ein und hieb ihm das rechte Ohr ab. Da sagte Jesus: † Lasst es! Nicht weiter! E Und er berührte das Ohr und heilte den Mann. Zu den Hohepriestern aber, den Hauptleuten der Tempelwache und den Ältesten, die vor ihm standen, sagte Jesus: † Wie gegen einen Räuber seid ihr mit Schwertern und Knüppeln ausgezogen. Tag für Tag war ich bei euch im Tempel und ihr habt nicht Hand an mich gelegt. Aber das ist eure Stunde und die Macht der Finsternis. E Darauf nahmen sie ihn fest, führten ihn ab und brachten ihn in das Haus des Hohepriesters. Petrus folgte von Weitem. Mitten im Hof hatte man ein Feuer angezündet und Petrus setzte sich zu den Leuten, die dort beieinandersaßen. Eine Magd sah ihn am Feuer sitzen, schaute ihn genau an und sagte: S Der war auch mit ihm zusammen. E Petrus aber leugnete es und sagte: S Frau, ich kenne ihn nicht. E Kurz danach sah ihn ein anderer und bemerkte: S Du gehörst auch zu ihnen. E Petrus aber sagte: S Nein, Mensch, ich nicht! E Etwa eine Stunde später behauptete wieder einer: S Wahrhaftig, der war auch mit ihm zusammen; er ist doch auch ein Galiläer. E Petrus aber erwiderte: S Mensch, ich weiß nicht, wovon du sprichst. E Im gleichen Augenblick, noch während er redete, krähte ein Hahn. Da wandte sich der Herr um und blickte Petrus an. Und Petrus erinnerte sich an das Wort, das der Herr zu ihm gesagt hatte: Ehe heute der Hahn kräht, wirst du mich dreimal verleugnen. Und er ging hinaus und weinte bitterlich. Die Männer, die Jesus bewachten, trieben ihren Spott mit ihm. Sie schlugen ihn, verhüllten ihm das Gesicht und fragten ihn: S Du bist doch ein Prophet, sag uns: Wer hat dich geschlagen? E Und noch viele andere Lästerungen stießen sie gegen ihn aus.

Jesus vor dem Hohen Rat

E Als es Tag wurde, versammelte sich der Ältestenrat des Volkes, die Hohepriester und die Schriftgelehrten und sie ließen Jesus vor ihren Hohen Rat führen. Sie sagten zu ihm: S Wenn du der Christus bist, dann sag es uns! E Er antwortete ihnen: † Wenn ich es euch sage, glaubt ihr mir ja doch nicht; und wenn ich euch etwas frage, antwortet ihr nicht. Von nun an wird der Menschensohn zur Rechten der Macht Gottes sitzen. E Da sagten alle: S Du bist also der Sohn Gottes? E Er antwortete ihnen: † Ihr sagt es – ich bin es. E Da riefen sie: S Wozu brauchen wir noch eine Zeugenaussage? Wir haben es selbst aus seinem Mund gehört.

Jesus vor Pilatus und Herodes

➡ E Daraufhin erhob sich die ganze Versammlung und man führte Jesus zu Pilatus. Dort brachten sie ihre Anklage gegen ihn vor; sie sagten: S Wir haben festgestellt, dass dieser Mensch unser Volk verführt, es davon abhält, dem Kaiser Steuer zu zahlen, und behauptet, er sei der Christus und König. E Pilatus fragte ihn: S Bist du der König der Juden? E Er antwortete ihm: † Du sagst es. E Da sagte Pilatus zu den Hohepriestern und zur Volksmenge: S Ich finde keine Schuld an diesem Menschen. E Sie aber blieben hartnäckig und sagten: S Er wiegelt das Volk auf; er verbreitet seine Lehre im ganzen jüdischen Land, angefangen von Galiläa bis hierher. E Als Pilatus das hörte, fragte er, ob der Mann ein Galiläer sei. Und als er erfuhr, dass Jesus aus dem Herrschaftsgebiet des Herodes komme, ließ er ihn zu Herodes bringen, der in jenen Tagen ebenfalls in Jerusalem war. Herodes freute sich sehr, als er Jesus sah; schon lange hatte er sich gewünscht, ihn zu sehen, denn er hatte von ihm gehört. Nun hoffte er, ein von ihm gewirktes Zeichen zu sehen. Er stellte ihm viele Fragen, doch Jesus gab ihm keine Antwort. Die Hohepriester und die Schriftgelehrten, die dabeistanden, erhoben schwere Beschuldigungen gegen ihn. Herodes und seine Soldaten zeigten ihm offen ihre Verachtung. Er trieb seinen Spott mit Jesus, ließ ihm ein Prunkgewand umhängen und schickte ihn so zu Pilatus zurück. An diesem Tag wurden Herodes und Pilatus Freunde; vorher waren sie Feinde gewesen. Pilatus rief die Hohepriester und die anderen führenden Männer und das Volk zusammen und sagte zu ihnen: S Ihr habt mir diesen Menschen hergebracht und behauptet, er wiegle das Volk auf. Und siehe, ich selbst habe ihn in eurer Gegenwart verhört und habe an diesem Menschen die Schuld, wegen der ihr ihn anklagt, nicht gefunden, auch Herodes nicht, denn er hat ihn zu uns zurückgeschickt. Ihr seht also: Er hat nichts getan, worauf die Todesstrafe steht. Daher will ich ihn auspeitschen lassen und dann freilassen. E Er musste ihnen aber zum Fest einen Gefangenen freilassen. Da schrien sie alle miteinander: S Weg mit ihm; lass den Barabbas frei! E Dieser Mann war wegen eines Aufruhrs in der Stadt und wegen Mordes ins Gefängnis geworfen worden. Pilatus aber redete wieder auf sie ein, denn er wollte Jesus freilassen. Doch sie schrien: S Kreuzige ihn, kreuzige ihn! E Zum dritten Mal sagte er zu ihnen: S Was für ein Verbrechen hat er denn begangen? Ich habe nichts feststellen können, wofür er den Tod verdient. Daher will ich ihn auspeitschen lassen und dann werde ich ihn freilassen. E Sie aber schrien und forderten immer lauter, er solle Jesus kreuzigen lassen, und mit ihrem Geschrei setzten sie sich durch: Da entschied Pilatus, dass ihre Forderung erfüllt werden solle. Er ließ den Mann frei, der wegen Aufruhrs und Mordes im Gefängnis saß und den sie gefordert hatten. Jesus aber lieferte er ihrem Willen aus.

Kreuzweg und Kreuzigung

E Als sie Jesus hinausführten, ergriffen sie Simon, einen Mann aus Kyrene, der gerade vom Feld kam. Ihm luden sie das Kreuz auf, damit er es hinter Jesus hertrage. Es folgte ihm eine große Menge des Volkes, darunter auch Frauen, die um ihn klagten und weinten. Jesus wandte sich zu ihnen um und sagte: † Töchter Jerusalems, weint nicht über mich; weint vielmehr über euch und eure Kinder! Denn siehe, es kommen Tage, da wird man sagen: Selig die Frauen, die unfruchtbar sind, die nicht geboren und nicht gestillt haben. Dann wird man zu den Bergen sagen: Fallt auf uns! und zu den Hügeln: Deckt uns zu! Denn wenn das mit dem grünen Holz geschieht, was wird dann erst mit dem dürren werden? E Zusammen mit Jesus wurden auch zwei Verbrecher zur Hinrichtung geführt. Sie kamen an den Ort, der Schädelhöhe heißt; dort kreuzigten sie ihn und die Verbrecher, den einen rechts von ihm, den andern links. Jesus aber betete: † Vater, vergib ihnen, denn sie wissen nicht, was sie tun! E Um seine Kleider zu verteilen, warfen sie das Los. Das Volk stand dabei und schaute zu; auch die führenden Männer verlachten ihn und sagten: S Andere hat er gerettet, nun soll er sich selbst retten, wenn er der Christus Gottes ist, der Erwählte. E Auch die Soldaten verspotteten ihn; sie traten vor ihn hin, reichten ihm Essig und sagten: S Wenn du der König der Juden bist, dann rette dich selbst! E Über ihm war eine Aufschrift angebracht: Das ist der König der Juden. Einer der Verbrecher, die neben ihm hingen, verhöhnte ihn: S Bist du denn nicht der Christus? Dann rette dich selbst und auch uns! E Der andere aber wies ihn zurecht und sagte: S Nicht einmal du fürchtest Gott? Dich hat doch das gleiche Urteil getroffen. Uns geschieht recht, wir erhalten den Lohn für unsere Taten; dieser aber hat nichts Unrechtes getan. E Dann sagte er: S Jesus, denk an mich, wenn du in dein Reich kommst! E Jesus antwortete ihm: † Amen, ich sage dir: Heute noch wirst du mit mir im Paradies sein.

Hier stehen alle auf.

Der Tod Jesu

E Es war schon um die sechste Stunde, als eine Finsternis über das ganze Land hereinbrach – bis zur neunten Stunde. Die Sonne verdunkelte sich. Der Vorhang im Tempel riss mitten entzwei. Und Jesus rief mit lauter Stimme: † Vater, in deine Hände lege ich meinen Geist. E Mit diesen Worten hauchte er den Geist aus.

Hier knien alle zu einer kurzen Gebetsstille nieder.

E Als der Hauptmann sah, was geschehen war, pries er Gott und sagte: S Wirklich, dieser Mensch war ein Gerechter. E Und alle, die zu diesem Schauspiel herbeigeströmt waren und sahen, was sich ereignet hatte, schlugen sich an die Brust und gingen weg. Alle seine Bekannten aber standen in einiger Entfernung, auch die Frauen, die ihm von Galiläa aus nachgefolgt waren und die dies mit ansahen. ⬅

Das Begräbnis Jesu

E Und siehe, da war ein Mann mit Namen Josef, ein Mitglied des Hohen Rats und ein guter und gerechter Mensch. Dieser hatte ihrem Beschluss und Vorgehen nicht zugestimmt. Er war aus Arimathäa, einer jüdischen Stadt, und wartete auf das Reich Gottes. Er ging zu Pilatus und bat um den Leichnam Jesu. Und er nahm ihn vom Kreuz, hüllte ihn in ein Leinentuch und legte ihn in ein Felsengrab, in dem noch niemand bestattet worden war. Das war am Rüsttag, kurz bevor der Sabbat anbrach. Die Frauen in seiner Nachfolge, die mit Jesus aus Galiläa gekommen waren, sahen das Grab und wie der Leichnam bestattet wurde. Dann kehrten sie heim und bereiteten wohlriechende Salben und Öle zu. Am Sabbat aber hielten sie die vom Gebot vorgeschriebene Ruhe ein.

IMPULS Christen bekennen seit zweitausend Jahren ihren Glauben an den Gekreuzigten und Auferweckten. Sie verneigen sich vor dem, der eine der grausamsten Todesstrafen erlitten hat, die Menschen ersannen. Wie kann es dann sein, dass in der so genannten christlichen Welt die Todesstrafe während Jahrhunderten angewandt und kaum in Frage gestellt wurde? Etwa weil diese Strafe für einen schuldig Gesprochenen gerecht ist? Christen bekennen, dass der HERR jeden einzelnen Menschen gleichermaßen ansieht und liebt. Wie kann es dann sein, dass gerade von Christen eine solch große Verachtung und Verfolgung anderer ausging und teilweise noch immer ausgeht? Etwa weil manche die Menschheit prinzipiell in mehr oder weniger wertvolle Mitglieder einteilen? Sowie die Jünger in Getsemani übermannt uns aus Kummer über all diese Grausamkeiten oft der Schlaf. Der Weckruf Jesu: Steht auf und betet gilt auch uns. Die Welt braucht Menschen mit einem wachen Herzen und einem wachen Verstand, damit sie besser, gerechter wird. Die Welt braucht jeden einzelnen von uns.

CREDO (siehe Seite 520ff.)

FÜRBITTEN

Herr Jesus Christus, du warst deinen Jüngern und allen, die ihre Hoffnung in dich setzten, ein wahrer Freund und ein feinfühliger Helfer in der Not. Auch wir vertrauen auf deinen Beistand, deshalb wenden wir uns dir zu:

V: Herr, höre unsere Bitten. A: Christus, erhöre uns.

– Stärke unsere Herzen, damit wir in den Stürmen des Alltags nicht verzagen, sondern deinem Beispiel folgend immer wieder die Kraft aufbringen, uns unserer Verantwortung zu stellen und ohne Angst nach vorne zu schauen.

– Umarme uns mit deiner Güte, damit wir unser eigenes Straucheln genauso wie das der anderen annehmen können und immer wieder zusammen einen Neuanfang in deinem Geist des Friedens suchen.

– Lege uns, wenn wir hilfsbedürftigen Mitmenschen begegnen, die rechten Worte in den Mund und lass uns einfühlsame Gesten finden, damit wir ihnen echten Trost und wahre Unterstützung schenken.

– Behüte die jungen Menschen, die auf der Suche nach ihrem persönlichenWeg sind und denen die Zukunft mit all ihren Unwägbarkeiten Angst macht. Lass sie hoffnungsvollen Erwachsenen begegnen, die ihnen die Schönheit und den Wert unseres Daseins nahe bringen.

Herr Jesus, wir sind alle auf das Wohlwollen und auch auf die Anerkennung der anderen angewiesen. Nur so können wir zu frohen und zufriedenen Menschen heranreifen. Wir wissen aber auch, dass der weltliche Zuspruch allein unserem Leben keinen festen Grund bietet. Wir bitten dich, uns heute und alle Tage im Vertrauen auf dein Wort des Lebens zu stärken. Amen.

Gabengebet

Herr, unser Gott, schenke uns Verzeihung durch das Leiden deines Sohnes. Wir haben sie zwar durch unsere Taten nicht verdient, aber wir vertrauen auf dein Erbarmen. Darum versöhne uns mit dir durch das einzigartige Opfer unseres Herrn Jesus Christus, der mit dir lebt und herrscht in alle Ewigkeit.

Präfation — Vom Tag

In Wahrheit ist es würdig und recht, dir, allmächtiger Vater, zu danken und das Werk deiner Liebe zu rühmen durch unseren Herrn Jesus Christus. Er war ohne Sünde und hat für die Sünder gelitten. Er war ohne Schuld und hat sich ungerechtem Urteil unterworfen. Sein Tod hat unsere Vergehen getilgt, seine Auferstehung uns Gnade und Leben erworben. Darum preisen wir jetzt und in Ewigkeit dein Erbarmen und singen mit den Chören der Engel das Lob deiner Herrlichkeit.

Einladung zum Vaterunser

Guter Gott, in dich hat Jesus sein ganzes Vertrauen gesetzt, auf dich hat er gebaut, in den Tagen wo er Zuspruch erfuhr, genau so wie in denen wo ihm Feindseligkeit entgegenschlug. In dieses Vertrauen möchten auch wir uns einüben und mit ihm zu dir beten: Vater unser im Himmel …

Einladung zum Friedensgebet

Vater im Himmel, wir erleben nicht nur die Welt um uns herum als unfriedlich, wir tragen diesen Unfrieden auch in uns selber. Unsere Gedanken, unsere Gefühle und auch unser Handeln sind oft alles andere als Frieden stiftend. Auf dich und deinen heilenden Beistand hoffen wir und rufen zu dir: Herr Jesus Christus …

Kommunionvers Mt 26,42

Mein Vater, wenn dieser Kelch an mir nicht vorübergehen kann und ich ihn trinken muß, so geschehe dein Wille.

Schlussgebet

Herr, unser Gott, du hast uns im heiligen Mahl gestärkt. Durch das Sterben deines Sohnes gibst du uns die Kraft, das Leben zu erhoffen, das uns der Glaube verheißt. Gib uns durch seine Auferstehung die Gnade, das Ziel unserer Pilgerschaft zu erreichen. Darum bitten wir durch ihn, Christus, unseren Herrn.

Schlusssegen Vom Leiden des Herrn

Der barmherzige Gott, der seinen Sohn für uns dahingegeben und uns in ihm ein Beispiel der Liebe geschenkt hat, segne euch und mache euch bereit, Gott und den Menschen zu dienen.
Und Christus, der Herr, der uns durch sein Sterben dem ewigen Tode entrissen hat, stärke euren Glauben und führe euch zur unvergänglichen Herrlichkeit.
Und allen, die ihm folgen auf dem Weg der Entäußerung, gebe er Anteil an seiner Auferstehung und an seiner Herrlichkeit.

Das gewähre euch der dreieinige Gott, der Vater und der Sohn † und der Heilige Geist.

Heute loben sie mich in den Himmel
vielleicht morgen schon lassen sie mich fallen

Heute laufen sie vor mir her
und jubeln mir zu
vielleicht morgen schon verfolgen sie mich gnadenlos
und knüppeln mich nieder
mit Worten
mit Fäusten

Gerade will ich stehen
gerade vor dem HERRN
und gerade vor mir selbst
meinen ureigenen Weg will ich gehn
egal ob Jubel mich umfängt
oder Gegenwind mich umfegt

Vor Stolpern und Fallen
bin ich nicht gefeit
noch vor Missachtung und Verrat

Aber der HERR
wird mein Ohr öffnen
er wird mir zu Hilfe eilen
seine Treue
ist unverbrüchlich

So will ich glauben
und werde sehn .....

Gaby Faber-Jodocy

GRÜNDONNERSTAG
oder
HOHER DONNERSTAG
17. April 2025

Wir rühmen uns des Kreuzes unseres Herrn Jesus Christus.
In ihm ist uns Heil geworden und Auferstehung und Leben.
Durch ihn sind wir erlöst und befreit.
Vgl. Gal 6,14

Zusammen essen ist wesentlich mehr als bloße Nahrungsaufnahme, um unserem Körper die benötigte Energie zum Weiterleben zuzuführen. Beim gemeinsamen Essen pflegen wir unsere sozialen Kontakte. Wir feiern, trauern oder gedenken zusammen, wir hören einander zu, wir drücken unsere gegenseitige Achtung, Sorge und Liebe aus, wir verbringen wertvolle Zeit miteinander. Zusammen essen ist eine zutiefst sinnstiftende Handlung. Die Bibel berichtet uns von ungezählten größeren und kleineren Gelagen, vom kargen Essen des Armen bis hin zum üppigen Festmahl des Reichen – harsche Kritik am maßlosen oder ungerechten Verhalten in diesem Kontext mit einbegriffen. Jesus hat es geliebt, sich mit Menschen zum Essen zusammen zu setzen, ohne jeglichen Standesdünkel. Von seinen Gegnern hat ihm dieses Handeln wenig schmeichelhaft die Bezeichnung eines Fressers und Säufers eingebracht (Mt 11,19). Als gläubiger Jude hat er mit seinen Freunden das Pesachfest gefeiert. Für sie und für die jungen Christengemeinden bekam dieses letzte Mahl eine ganz besondere Bedeutung und sie nahmen es ganz selbstverständlich in ihre religiös-rituelle Tradition mit hinein. So verbinden sich die Fäden des jüdischen Pesachfestes und der christlichen Eucharistiefeier unlösbar in der Person Jesu. Auf ihn und seine befreiende Botschaft möchten wir hören, ganz besonders am heutigen Gründonnerstag.

Kyrie-Rufe

Herr Jesus Christus, auf dir lag der Geist des Ewigen, du zeigst uns den rechten Weg des miteinander Teilens.
Herr, erbarme dich.
Durch dich sind wir geheiligt, mit dir sind wir zu Söhnen und Töchtern des guten Vaters berufen.
Christus, erbarme dich.
In deinem Namen kommen wir hier zusammen, um den Ewigen zu loben und das Brot des Lebens zu teilen.
Herr, erbarme dich.

Gloria (siehe Seite 516f.)

Tagesgebet

Allmächtiger, ewiger Gott, am Abend vor seinem Leiden hat dein geliebter Sohn der Kirche das Opfer des Neuen und Ewigen Bundes anvertraut und das Gastmahl seiner Liebe gestiftet. Gib, daß wir aus diesem Geheimnis die Fülle des Lebens und der Liebe empfangen. Darum bitten wir durch ihn, Jesus Christus.

Erste Lesung — Ex 12,1-8.11-14

Lesung aus dem Buch Éxodus.

In jenen Tagen sprach der HERR zu Mose und Aaron im Land Ägypten: Dieser Monat soll die Reihe eurer Monate eröffnen, er soll euch als der Erste unter den Monaten des Jahres gelten. Sagt der ganzen Gemeinde Israel:
Am Zehnten dieses Monats soll jeder ein Lamm für seine Familie holen, ein Lamm für jedes Haus. Ist die Hausgemeinschaft für ein Lamm zu klein, so nehme er es zusammen mit dem Nachbarn, der seinem Haus am nächsten wohnt, nach der Anzahl der Personen. Bei der Aufteilung des Lammes müsst ihr berücksichtigen, wie viel der Einzelne essen kann. Nur ein fehlerfreies, männliches, einjähriges Lamm darf es sein, das Junge eines Schafes oder einer Ziege müsst ihr nehmen. Ihr sollt es bis zum vierzehnten Tag dieses Monats aufbewahren. In der

Abenddämmerung soll die ganze versammelte Gemeinde Israel es schlachten. Man nehme etwas von dem Blut und bestreiche damit die beiden Türpfosten und den Türsturz an den Häusern, in denen man es essen will. Noch in der gleichen Nacht soll man das Fleisch essen. Über dem Feuer gebraten und zusammen mit ungesäuertem Brot und Bitterkräutern soll man es essen.
So aber sollt ihr es essen: eure Hüften gegürtet, Schuhe an euren Füßen und euren Stab in eurer Hand. Esst es hastig! Es ist ein Pessach für den HERRN – das heißt: der Vorübergang des Herrn.
In dieser Nacht gehe ich durch das Land Ägypten und erschlage im Land Ägypten jede Erstgeburt bei Mensch und Vieh. Über alle Götter Ägyptens halte ich Gericht, ich, der HERR.
Das Blut an den Häusern, in denen ihr wohnt, soll für euch ein Zeichen sein. Wenn ich das Blut sehe, werde ich an euch vorübergehen und das vernichtende Unheil wird euch nicht treffen, wenn ich das Land Ägypten schlage.
Diesen Tag sollt ihr als Gedenktag begehen. Feiert ihn als Fest für den HERRN! Für eure kommenden Generationen wird es eine ewige Satzung sein, das Fest zu feiern!

Wort des lebendigen Gottes.

IMPULS Seit dem 7. Jh. v. Chr. feiern Juden Pessach. In diesem Fest verschmelzen zwei frühere Traditionen aus dem alten Israel: zum einen die des Frühlingsfestes der Hirten, die mit dem Opfern von Tieren den Segen Gottes für ihre Herden erbaten, zum anderen die des Festes der Ungesäuerten Brote, in dem die Bauern in Kanaan Gott mit dem aus frischen Körnern zubereiteten Brot für die neue Ernte dankten. Die Feier des Paschafestes ist somit ein schönes Beispiel dafür, wie der Glaube das ganz konkrete Leben der Gläubigen spiegelt und wie das Feiern dieses Glaubens sich im Laufe der Zeit weiter entwickelt. Das Volk Israel hat die Exoduserfahrung als das Werk JHWHs geglaubt. Von ihm, und nur von ihm, ist wahre Rettung in der Not zu erhoffen. In seiner Hand liegt das

Leben aller Menschen, ob Freund oder Feind. Dank und Bitte waren damals und sind bis heute zwei wesentliche Aspekte des menschlichen Gebetes. Aber nicht nur in Worten wenden wir uns an den Ewigen, auch im gemeinsamen Essen und im respektvollen Umgang mit unserer Nahrung loben wir den, der alles Leben ermöglicht und schenkt. Glaube, der den Namen verdient, ist umfassende Lebenshaltung, nicht einzelne Handlung.

Antwortpsalm

Ps 116 (115),12–13.15–16.17–18 (Kv: vgl. 1 Kor 10,16)

Kv Der Kelch des Segens gibt uns Anteil an Christi Blut. – Kv

Wie kann ich dem Herrn vergelten *
all das Gute, das er mir erwiesen?
Den Becher des Heils will ich erheben. *
Ausrufen will ich den Namen des Herrn. – (Kv)

Kostbar ist in den Augen des Herrn *
der Tod seiner Frommen.
Ach Herr, ich bin doch dein Knecht, /
dein Knecht bin ich, der Sohn deiner Magd! *
Gelöst hast du meine Fesseln. – (Kv)

Ich will dir ein Opfer des Dankes bringen, *
ausrufen will ich den Namen des Herrn.
Meine Gelübde will ich dem Herrn erfüllen *
in Gegenwart seines ganzen Volkes. – Kv

Zweite Lesung

1 Kor 11,23–26

Lesung aus dem ersten Brief des Apostels Paulus an die Gemeinde in Korínth.

Schwestern und Brüder! Ich habe vom Herrn empfangen, was ich euch dann überliefert habe:
Jesus, der Herr, nahm in der Nacht, in der er ausgeliefert wurde, Brot, sprach das Dankgebet, brach das Brot und sagte:
Das ist mein Leib für euch. Tut dies zu meinem Gedächtnis!

Ebenso nahm er nach dem Mahl den Kelch und sagte: Dieser Kelch ist der Neue Bund in meinem Blut. Tut dies, sooft ihr daraus trinkt, zu meinem Gedächtnis!
Denn sooft ihr von diesem Brot esst und aus dem Kelch trinkt, verkündet ihr den Tod des Herrn, bis er kommt.

Wort des lebendigen Gottes.

IMPULS Paulus ist Jesus nie persönlich begegnet. Er bekennt in seinen Briefen immer wieder, dass er den Glauben an Jesus überliefert bekam und dass er sich auf das verlässt, was andere vor ihm als wahr erlebt und erkannt haben. Paulus vertraute der Überlieferung und dieses Vertrauen wird ihn durch sein weiteres Leben tragen. So hat er schon lange vor der endgültigen schriftlichen Abfassung der Evangelien um das Jahr 55 n. Chr. in seinem Brief an die Korinther das ritualisierte Gedenken an Jesu Letztes Mahl mit seinen Freunden festgehalten. Die ersten Christengemeinden versammelten sich demnach nicht nur, um an ihren Herrn zu erinnern; diese Symbolhandlung war für sie vor allem auch das Bekennen des neuen, geschenkten Bundes mit Gott durch den Auferweckten. In diesem Glauben erwarteten sie auch die baldige Wiederkunft des Herrn. Wie in jedem religiösen Ritus verbinden die jungen Gemeinden in der Mahlfeier die Vergangenheit mit der Gegenwart und der Zukunft. Diese ganzheitliche Sicht menschlicher Existenz lässt das Wirken des Ewigen in Zeit und Raum durchscheinend werden, ohne es zu vereinnahmen. Dieses Wirken bleibt Geschenk.

Ruf vor dem Evangelium

Vers: Joh 13,34ac

Herr Jesus, dir sei Ruhm und Ehre!
(So spricht der Herr:)
Ein neues Gebot gebe ich euch:
Wie ich euch geliebt habe, so sollt auch ihr einander lieben.
Herr Jesus, dir sei Ruhm und Ehre!
Oder:
Dies ist mein Gebot:
Liebet einander, wie ich euch geliebt.

EVANGELIUM Joh 13,1–15

+ Aus dem heiligen Evangelium nach Johannes.

Es war vor dem Paschafest. Jesus wusste, dass seine Stunde gekommen war, um aus dieser Welt zum Vater hinüberzugehen. Da er die Seinen liebte, die in der Welt waren, liebte er sie bis zur Vollendung.
Es fand ein Mahl statt und der Teufel hatte Judas, dem Sohn des Simon Iskáriot, schon ins Herz gegeben, ihn auszuliefern. Jesus, der wusste, dass ihm der Vater alles in die Hand gegeben hatte und dass er von Gott gekommen war und zu Gott zurückkehrte, stand vom Mahl auf, legte sein Gewand ab und umgürtete sich mit einem Leinentuch. Dann goss er Wasser in eine Schüssel und begann, den Jüngern die Füße zu waschen und mit dem Leinentuch abzutrocknen, mit dem er umgürtet war. Als er zu Simon Petrus kam, sagte dieser zu ihm: Du, Herr, willst mir die Füße waschen?
Jesus sagte zu ihm: Was ich tue, verstehst du jetzt noch nicht; doch später wirst du es begreifen.
Petrus entgegnete ihm: Niemals sollst du mir die Füße waschen! Jesus erwiderte ihm: Wenn ich dich nicht wasche, hast du keinen Anteil an mir.
Da sagte Simon Petrus zu ihm: Herr, dann nicht nur meine Füße, sondern auch die Hände und das Haupt.
Jesus sagte zu ihm: Wer vom Bad kommt, ist ganz rein und braucht sich nur noch die Füße zu waschen. Auch ihr seid rein, aber nicht alle. Er wusste nämlich, wer ihn ausliefern würde; darum sagte er: Ihr seid nicht alle rein.
Als er ihnen die Füße gewaschen, sein Gewand wieder angelegt und Platz genommen hatte, sagte er zu ihnen: Begreift ihr, was ich an euch getan habe? Ihr sagt zu mir Meister und Herr und ihr nennt mich mit Recht so; denn ich bin es. Wenn nun ich, der Herr und Meister, euch die Füße gewaschen habe, dann müsst auch ihr einander die Füße waschen. Ich habe euch ein Beispiel gegeben, damit auch ihr so handelt, wie ich an euch gehandelt habe.

Evangelium unseres Herrn Jesus Christus.

IMPULS Im Gegensatz zu den Synoptikern und dem heute in der zweiten Lesung gehörten Text aus der paulinischen Tradition kennt das Evangelium des Johannes kein Letztes Mahl Jesu mit einem so genannten Einsetzungsbericht. Aber, die einzig von ihm überlieferte Fußwaschung spielt ebenfalls während eines gemeinsamen Essens mit seinen Jüngern, kurz vor seiner Verhaftung. Jesu Handeln ruft auch hier, wie so oft, Unverständnis und Abwehr hervor, und das nicht nur bei seinen Gegnern. Er verlangt ja auch einiges ab, wenn er bewusst althergebrachte Gesellschaftsregeln in Frage stellt, wenn er die angestammten Aufgaben, Rechte und Pflichten von Herr und Diener durcheinanderwirbelt. Diese Haltung, dieses Hinterfragen vermeintlicher Sicherheiten durchzieht Jesu ganzes Leben. In der Szene der Fußwaschung wird sie uns noch einmal in ganz besonderer Dichte vor Augen geführt. Jesus zeigt uns ganz konkret, nach welchen Regeln das Reich Gottes funktioniert. Die Trennung in Herrschende und Untergebene, Angesehene und Verachtete ist aufgehoben. Es gibt nur gleichwertig anzuerkennende Menschen und Dienste. Wir begegnen einem Jesus, der sich zu seinem Gegenüber hin neigt, denn genau von diesem Gottesbild war der Menschensohn beseelt: JHWH neigt sich wohlwollend seinen Geschöpfen zu – er schaut nicht auf sie herab! So wie Petrus tun wir uns oft schwer mit diesem gütigen Gott; aber mit Petrus sind wir auch eingeladen, uns auf dieses Wohlwollen einzulassen, es anzunehmen und es auch weiterzuschenken.

FUSSWASCHUNG (falls vorgesehen)

FÜRBITTEN

Guter Gott, du möchtest, dass alle Menschen ein Leben in Fülle haben, dass allen genügend leibliche und geistige Nahrung zuteil wird. Zu dir rufen wir:

V: Gott unser Heil. A: Wir bitten dich, erhöre uns.

– Gieße deinen Geist der Einsicht aus über alle Menschen, die in Kirche, Gesellschaft und Politik Verantwortung tragen, damit sie ihre Arbeit und ihr Engagement ohne persönlichen Machtanspruch in den Dienst der Allgemeinheit stellen.

– Leite uns in deinem Geist der Nächstenliebe, damit wir respektvoll mit den Gütern umgehen, die uns zur Verfügung stehen, und uns nach unseren persönlichen Möglichkeiten für deren gerechte Verteilung einsetzen.

– Führe in deinem Geist des Verzeihens alle, die sich um Menschen kümmern, deren Lebensweg in Schieflage geraten ist. Lass sie die richtigen Worte und Haltungen finden, damit geglücktes und befreites Leben wieder möglich wird.

– Umarme mit deinem Geist der Zuversicht alle Menschen, die unschuldig verurteilt oder gefangen sind, und alle, die unter unmenschlichen Gesetzen leiden. Lass sie Trost und Stärke durch dich erfahren, wenn sie nicht mehr auf Menschen zählen können.

– Stärke mit deinem Geist der Fürsorge unsere alten, kranken, behinderten und abhängigen Brüder und Schwestern. Lass sie in uns Menschen begegnen, die sich ihrer annehmen, weit über das hinaus, was Gesetze je zu leisten vermögen.

Barmherziger Gott, du hast uns in Jesus gezeigt, wie erfülltes Leben im Glauben an dich fundamental ein geteiltes Leben ist. Wir bitten dich um deinen Beistand in unseren Bemühungen, dir treu zu sein und deinem Willen gerecht zu werden. Amen.

Gabengebet

Herr, gib, daß wir das Geheimnis des Altares ehrfürchtig feiern; denn sooft wir die Gedächtnisfeier dieses Opfers begehen, vollzieht sich an uns das Werk der Erlösung. Durch Christus, unseren Herrn.

Präfation

Von der heiligen Eucharistie I

In Wahrheit ist es würdig und recht, dir, Herr, heiliger Vater, allmächtiger, ewiger Gott, immer und überall zu danken durch unseren Herrn Jesus Christus. Als der wahre und ewige Hohepriester hat er die Feier eines immerwährenden Opfers gestiftet. Er hat sich selbst als Opfergabe dargebracht für das Heil der Welt und uns geboten, daß auch wir diese Gabe darbringen zu seinem Gedächtnis. Er stärkt uns, wenn wir seinen Leib empfangen, den er für uns geopfert hat. Er heiligt uns, wenn wir sein Blut trinken, das er für uns vergossen hat. Darum singen wir mit den Engeln und Erzengeln, den Thronen und Mächten und mit all den Scharen des himmlischen Heeres den Hochgesang von deiner göttlichen Herrlichkeit.

Einladung zum Vaterunser

Im Gebet Jesu zu seinem guten Abba hat auch die Bitte um das tägliche Brot ihren Platz. Jesus wusste, was Menschen zum guten Leben brauchen: geistige und leibliche Nahrung gleichermaßen! Mit ihm und verbunden mit allen, die heute die Liturgie des Gründonnerstag feiern, beten wir voll Vertrauen: Vater unser im Himmel …

Einladung zum Friedensgebet

Jesus hat Frieden nicht wortreich kommentiert und keine langen Abhandlungen über Friedenssicherung verfasst. Er hat Frieden geleb und dafür sein Leben hingegeben. Barmherziger Gott, wir bitten dich: Herr Jesus Christus …

Kommunionvers

Kor 11,24.25

Das ist mein Leib, der für euch hingegeben wird. Dieser Kelch ist der Neue Bund in meinem Blut. Sooft ihr dieses Brot eßt und diesen Kelch trinkt, tut es zum Gedenken an mich – so spricht der Herr.

Schlussgebet

Allmächtiger Gott, du hast uns heute im Abendmahl deines Sohnes gestärkt. Sättige uns beim himmlischen Gastmahl mit dem ewigen Leben. Darum bitten wir durch ihn, Christus, unseren Herrn.

Übertragung des Allerheiligsten

Pange, lingua, gloriósi
córporis mystérium,
Pange, lingua, gloriósi
córporis mystérium,
sanguinísque pretiósi,
quem in mundi prétium
fructus ventris generósi
rex effúdit géntium.

Preiset, Lippen, das Geheimnis
dieses Leibs voll Herrlichkeit
und des unschätzbaren Blutes,
das, zum Heil der Welt geweiht,
Jesus Christus hat vergossen,
König aller Wesenheit.

Nobis datus, nobis natus
ex intácta Vírgine,
et in mundo conversátus,
sparso verbi sémine,
sui moras incolátus
miro clausit órdine.

Uns gegeben, uns geboren
von der Jungfrau keusch und rein,
ist auf Erden er gewandelt,
Saat der Wahrheit auszustreun;
und zum Ende seines Lebens
setzt' er dieses Wunder ein.

In suprémae nocte cenae
recúmbens cum frátribus,
observáta lege plene
cibis in legálibus,
cibum turbae duodénae
se dat suis mánibus.

In der Nacht beim Letzten Mahle, wo
er mit der Jünger Schar
nach der Vorschrift des Gesetzes
bei dem Osterlamme war,
gab mit eigner Hand den Seinen
er sich selbst zur Speise dar.

Verbum caro panem verum
verbo carnem éfficit
fitque sanguis Christi merum
et si sensus déficit,
ad firmándum cor sincérum
sola fides súfficit.

Durch das Wort wird Brot zum
Fleische und zum Blute wird der
Wein: Gott und Mensch und Leib
und Seele, sieht es auch der Sinn
nicht ein; einem reinen Sinn genüget
fester Glaube schon allein.

Tantum ergo sacraméntum
venerémur cérnui,
et antíquum documéntum
novo cedat rítui;

Darum lasst uns tief verehren
ein so großes Sakrament!
Dieser Bund wird ewig währen
und der alte hat ein End;

praestet fides suppleméntum
sénsuum deféctui.

Genitóri Genitóque
laus et jubilátio,
salus, honor, virtus quoque
sit et benedíctio;
procedénti ab utróque
compar sit laudátio.
Amen.

unser Glaube soll uns lehren,
was das Auge nicht erkennt.

Gott, dem Vater und dem Sohne,
sei Lob, Preis und Herrlichkeit,
mit dem Geist auf höchstem Throne
eine Macht und Wesenheit!
Singt in lautem Jubeltone
göttlicher Dreieinigkeit.
Amen.

Thomas von Aquin 1263/64, Übersetzung: Anselm Schott OSB;
GL 493f. bzw. KG 221f.; weitere Melodie: GL 495 bzw. KG 219f.

Brot zum Leben …
was bedeutet das für
Millionen Menschen, die
ohne sauberes Trinkwasser
mit einer knappen Handvoll Reis am Tag
in verpesteter Atemluft
ohne Gesundheitsversorgung
ohne Bildungszugang
ihr Dasein fristen
… ganz unten

Brot zum Leben …
was bedeutet das wenn
kostbares Wasser vergeudet
Böden ausgelaugt und vergiftet
Lebensmittelüberschuss entsorgt
Nahrungsmittel chemisch aufbereitet
Reichtum auf Kosten anderer angehäuft wird
… ganz oben

Brot …
nicht zum knappen Überleben der einen
nicht zur frevelhaften Verschwendung der anderen
sondern zum Leben in Fülle
für alle

das wäre ein Festmahl
wenn keiner mehr die mitleidigen Krumen braucht
und keiner an fetten Bissen fast erstickt
das wäre ein Festnahl
wenn einer sich zum anderen hin neigt
damit oben und unten
eins wird

Gaby Faber-Jodocy

KARFREITAG

Die Feier vom Leiden und Sterben Christi

18. April 2025

Wir wissen wohl, dass das Sterben unwiderruflich zum Leben dazugehört; aber wenn der Tod in unseren Alltag tritt, erschreckt und verunsichert er uns doch jedes Mal von Neuem. Die Grenze, die er uns setzt, schmerzt immer, wir können uns nicht einfach so mit ihm abfinden, schon gar nicht, wenn mit dem Sterben das Leiden einhergeht. Heftige und widersprüchliche Gefühle ergreifen von uns Besitz, wenn wir einen geliebten Menschen auf seiner letzten Lebensetappe begleiten oder von seinem plötzlichen Tod erfahren: Erleichterung über das erlösende Ende, empfundene Leere oder erschütternde innere Revolte, Angst, Schuldgefühle und Zweifel brechen über uns herein. Insbesondere mit dem als unschuldig empfundenen Leiden und dem gewaltvollen Sterben tun wir uns schwer. Auch die Menschen, die Jesus umgaben und ihm nahe standen, zeigen unterschiedliche Haltungen, wenn es todernst wird: die einen fliehen, die anderen bleiben, manche schlafen, andere möchten das vermeintliche Recht erzwingen oder schlagen drein, einer hilft die Last zu tragen und wenn alles vorbei ist, erweisen ein paar ihm die letzte Ehre.
Jesus selber waren menschliche Empfindungen wie Angst, Trauer und Mitgefühl keineswegs fremd – davon zeugen Texte wie der über sein Verweilen im Garten Getsemani oder auch der am Grab seines Freundes Lazarus. Genau darum nehmen wir ihm sein Gott vertrauen bis ins Sterben hinein ab. Es ist keine Fassade, sondern tiefe innere Haltung. Vor diesem Jesus können wir uns nur verneigen und in stummer Andacht verharren.

Gedenke, Herr, der großen Taten, die dein Erbarmen gewirkt hat. Schütze und heilige deine Diener, für die dein Sohn Jesus Christus sein Blut vergossen und das österliche Geheimnis eingesetzt hat, der mit dir lebt und herrscht in alle Ewigkeit.

Oder:

Allmächtiger, ewiger Gott, durch das Leiden deines Sohnes hast du den Tod vernichtet, der vom ersten Menschen auf alle Geschlechter übergegangen ist. Nach dem Gesetz der Natur tragen wir das Abbild des ersten Adam an uns; hilf uns durch deine Gnade, das Bild des neuen Adam in uns auszuprägen und Christus ähnlich zu werden, der mit dir lebt und herrscht in alle Ewigkeit.

WORTGOTTESDIENST

Erste Lesung Jes 52,13 - 53,12

Lesung aus dem Buch Jesája.

Siehe, mein Knecht wird Erfolg haben, er wird sich erheben und erhaben und sehr hoch sein. Wie sich viele über dich entsetzt haben – so entstellt sah er aus, nicht mehr wie ein Mensch, seine Gestalt war nicht mehr die eines Menschen –, so wird er viele Nationen entsühnen, Könige schließen vor ihm ihren Mund. Denn was man ihnen noch nie erzählt hat, das sehen sie nun; was sie niemals hörten, das erfahren sie jetzt.
Wer hat geglaubt, was wir gehört haben? Der Arm des Herrn – wem wurde er offenbar? Vor seinen Augen wuchs er auf wie ein junger Spross, wie ein Wurzeltrieb aus trockenem Boden. Er hatte keine schöne und edle Gestalt, sodass wir ihn anschauen mochten. Er sah nicht so aus, dass wir Gefallen fanden an ihm. Er wurde verachtet und von den Menschen gemieden, ein Mann voller Schmerzen, mit Krankheit vertraut. Wie einer, vor dem man das Gesicht verhüllt, war er verachtet; wir schätzten ihn nicht.
Aber er hat unsere Krankheit getragen und unsere Schmerzen auf sich geladen. Wir meinten, er sei von Gott geschlagen, von ihm getroffen und gebeugt. Doch er wurde durchbohrt wegen unserer Vergehen, wegen unserer Sünden zermalmt. Zu unserem Heil lag die Züchtigung auf ihm, durch seine Wunden sind wir geheilt.

Wir hatten uns alle verirrt wie Schafe, jeder ging für sich seinen Weg. Doch der HERR ließ auf ihn treffen die Schuld von uns allen. Er wurde bedrängt und misshandelt, aber er tat seinen Mund nicht auf. Wie ein Lamm, das man zum Schlachten führt, und wie ein Schaf vor seinen Scherern verstummt, so tat auch er seinen Mund nicht auf.
Durch Haft und Gericht wurde er dahingerafft, doch wen kümmerte sein Geschick? Er wurde vom Land der Lebenden abgeschnitten und wegen der Vergehen meines Volkes zu Tode getroffen. Bei den Frevlern gab man ihm sein Grab und bei den Reichen seine Ruhestätte, obwohl er kein Unrecht getan hat und kein trügerisches Wort in seinem Mund war.
Doch der HERR hat Gefallen an dem von Krankheit Zermalmten. Wenn du, Gott, sein Leben als Schuldopfer einsetzt, wird er Nachkommen sehen und lange leben. Was dem HERRN gefällt, wird durch seine Hand gelingen. Nachdem er vieles ertrug, erblickt er das Licht. Er sättigt sich an Erkenntnis.
Mein Knecht, der gerechte, macht die Vielen gerecht; er lädt ihre Schuld auf sich.
Deshalb gebe ich ihm Anteil unter den Großen und mit Mächtigen teilt er die Beute, weil er sein Leben dem Tod preisgab und sich unter die Abtrünnigen rechnen ließ. Er hob die Sünden der Vielen auf und trat für die Abtrünnigen ein.

Wort des lebendigen Gottes.

IMPULS Wir schreiben das 6. Jh. vor Chr. – große Teile das Volkes Israel sind von den Babyloniern deportiert worden. Sie sind ihrer Freiheit und Selbstbestimmung beraubt und fristen ihr Dasein in der Fremde. In dieser belastenden Lebenssituation dichtet ein uns namentlich unbekannter Autor das eben gehörte Lied. In der Figur des Gottesknechtes meditiert er zugleich den verachteten Schmerzensmann und den erhöhten Gerechten. Die jüdische Tradition liest in diesen Zeilen die kollektive Erniedrigung Israels im Babylonischen Exil, seine Errettung durch den HERRN und das Geschenk der lang ersehnten Rückkehr in die Heimat. Was lag näher für die Anhänger Jesu, als diesen Text auf ihren Meister, auf sein Leiden, sein Sterben und seine Auferweckung zu beziehen? Am Leid kann ein Mensch durchaus zerbrechen. Nicht jeder sieht am fernen Horizont ein Licht, wenn tiefste Finsternis ihn umgibt. Aber genau den Mut zu dieser Hoffnung wider alle Umstände möchte der Prophet in uns wecken. Hören wir seinen Ruf?

ANTWORTPSALM Ps 31 (30),2 u. 6.12–13.15–16.17 u. 25 (Kv: Lk 23,46)

Kv Vater, in deine Hände lege ich meinen Geist. – Kv

HERR, bei dir habe ich mich geborgen. /
Lass mich nicht zuschanden werden in Ewigkeit; *
rette mich in deiner Gerechtigkeit!
In deine Hand lege ich voll Vertrauen meinen Geist; *
du hast mich erlöst, HERR, du Gott der Treue. – (Kv)

Vor all meinen Bedrängern wurde ich zum Spott, /
zum Spott sogar für meine Nachbarn.
Meinen Freunden wurde ich zum Schrecken, *
wer mich auf der Straße sieht, der flieht vor mir.
Ich bin dem Gedächtnis entschwunden wie ein Toter, *
bin geworden wie ein zerbrochenes Gefäß. – (Kv)

Ich aber, HERR, ich habe dir vertraut, *
ich habe gesagt: Mein Gott bist du.
In deiner Hand steht meine Zeit; *
entreiß mich der Hand meiner Feinde und Verfolger! – (Kv)

Lass dein Angesicht leuchten über deinem Knecht, *
hilf mir in deiner Huld!
Euer Herz sei stark und unverzagt, *
ihr alle, die ihr den HERRN erwartet. – Kv

ZWEITE LESUNG Hebr 4,14–16; 5,7–9

Lesung aus dem Hebräerbrief.

Schwestern und Brüder! Da wir nun einen erhabenen Hohepriester haben, der die Himmel durchschritten hat, Jesus, den Sohn Gottes, lasst uns an dem Bekenntnis festhalten. Wir haben ja nicht einen Hohepriester, der nicht mitfühlen könnte mit unseren Schwächen, sondern einen, der in allem wie wir versucht worden ist, aber nicht gesündigt hat. Lasst uns also voll Zuversicht hinzutreten zum Thron der Gnade, damit wir Erbarmen und Gnade finden und so Hilfe erlangen zur rechten Zeit!
Christus hat in den Tagen seines irdischen Lebens mit lautem Schreien und unter Tränen Gebete und Bitten vor den gebracht, der ihn aus dem Tod retten konnte, und er ist erhört worden aufgrund seiner Gottesfurcht. Obwohl er der Sohn war, hat er durch das, was er gelitten hat, den Gehorsam gelernt; zur Vollendung gelangt, ist er für alle, die ihm gehorchen, der Urheber des ewigen Heils geworden.

Wort des lebendigen Gottes.

IMPULS Der Hebräerbrief, von einem namentlich unbekannten Autor gegen Ende des 1. Jh. verfasst, ist die einzige Schrift des Neuen Testamentes, die Christus den hohepriesterlichen Titel zuerkennt. Die bewusste Verbindung zwischen der jüdischen Kulttradition und dem christlichen Glaubensbekenntnis ist offensichtlich, der neue Blickwinkel allerdings auch unübersehbar. Das Menschsein des Auferstandenen wird hervorgehoben, seine Todesangst, sein Leiden und sein Ringen um den Gottesglauben. Gerade hierin ist er uns nah, von hier aus nimmt er uns in das erlöste Leben mit hinein. Die etwas sperrige Sprache des Briefes mag uns befremdlich erscheinen, seine Botschaft aber ist ganz klar: Jesus war ganz Mensch, einer von uns; seine profunde gottesfürchtige Haltung ist nicht nur beispielhaft, sondern vollendet gewesen. In diesem übertragenen Sinn wird er hier als Hohepriester par excellence verstanden.

Ruf vor der Passion

Vers: vgl. Phil 2,8b–9

Herr Jesus, dir sei Ruhm und Ehre! – Kv

Christus war für uns gehorsam bis zum Tod,
bis zum Tod am Kreuz.
Darum hat ihn Gott über alle erhöht
und ihm den Namen verliehen, der größer ist als alle Namen.
Herr Jesus, dir sei Ruhm und Ehre!

Passion

Joh 18,1 - 19,42

E = Evangelist; † = Worte Jesu; S = Worte sonstiger Personen

Das Leiden unseres Herrn Jesus Christus nach Johannes.

Die Verhaftung Jesu

E Jesus ging mit seinen Jüngern hinaus, auf die andere Seite des Baches Kidron. Dort war ein Garten; in den ging er mit seinen Jüngern hinein. Auch Judas, der ihn auslieferte, kannte den Ort, weil Jesus dort oft mit seinen Jüngern zusammengekommen war. Judas holte die Soldaten und die Gerichtsdiener der Hohepriester und der Pharisäer und kam dorthin mit Fackeln, Laternen und Waffen. Jesus, der alles wusste, was mit ihm geschehen sollte, ging hinaus und fragte sie: † Wen sucht ihr? E Sie antworteten ihm: S Jesus von Nazaret. E Er sagte zu ihnen: † Ich bin es. E Auch Judas, der ihn auslieferte, stand bei ihnen. Als er zu ihnen sagte: Ich bin es!, wichen sie zurück und stürzten zu Boden. Er fragte sie noch einmal: † Wen sucht ihr? E Sie sagten: S Jesus von Nazaret. E Jesus antwortete: † Ich habe euch gesagt, dass ich es bin. Wenn ihr also mich sucht, dann lasst diese gehen! E So sollte sich das Wort erfüllen, das er gesagt hatte: Ich habe keinen von denen verloren, die du mir gegeben hast. Simon Petrus, der ein Schwert bei sich hatte, zog es, traf damit den Diener des Hohepriesters und hieb ihm das rechte Ohr ab; der Diener aber hieß Malchus. Da sagte Jesus zu Petrus: † Steck das Schwert in die Scheide! Der Kelch, den mir der Vater gegeben hat – soll ich ihn nicht trinken?

Jesus vor Hannas

E Die Soldaten, der Hauptmann und die Gerichtsdiener der Juden nahmen Jesus fest, fesselten ihn und führten ihn zuerst zu Hannas; er war nämlich der Schwiegervater des Kájaphas, der in jenem Jahr Hohepriester war. Kájaphas aber war es, der den Juden den Rat gegeben hatte: S Es ist besser, dass ein einziger Mensch für das Volk stirbt.

E Simon Petrus und ein anderer Jünger folgten Jesus. Dieser Jünger war mit dem Hohepriester bekannt und ging mit Jesus in den Hof des Hohepriesters. Petrus aber blieb draußen am Tor stehen. Da kam der andere Jünger, der Bekannte des Hohepriesters, heraus; er sprach mit der Pförtnerin und führte Petrus hinein. Da sagte die Pförtnerin zu Petrus: S Bist nicht auch du einer von den Jüngern dieses Menschen? E Er sagte: S Ich bin es nicht. E Die Knechte und die Diener hatten sich ein Kohlenfeuer angezündet und standen dabei, um sich zu wärmen; denn es war kalt. Auch Petrus stand bei ihnen und wärmte sich.

Der Hohepriester befragte Jesus über seine Jünger und über seine Lehre. Jesus antwortete ihm: † Ich habe offen vor aller Welt gesprochen. Ich habe immer in der Synagoge und im Tempel gelehrt, wo alle Juden zusammenkommen. Nichts habe ich im Geheimen gesprochen. Warum fragst du mich? Frag doch die, die gehört haben, was ich zu ihnen gesagt habe; siehe, sie wissen, was ich geredet habe. E Als er dies sagte, schlug einer von den Dienern, der dabeistand, Jesus ins Gesicht und sagte: S Antwortest du so dem Hohepriester? E Jesus entgegnete ihm: † Wenn es nicht recht war, was ich gesagt habe, dann weise es nach; wenn es aber recht war, warum schlägst du mich? E Da schickte ihn Hannas gefesselt zum Hohepriester Kájaphas.

Simon Petrus aber stand da und wärmte sich. Da sagten sie zu ihm: S Bist nicht auch du einer von seinen Jüngern? E Er leugnete und sagte: S Ich bin es nicht. E Einer von den Knechten des Hohepriesters, ein Verwandter dessen, dem Petrus das Ohr abgehauen hatte, sagte: S Habe ich dich nicht im Garten bei ihm gesehen? E Wieder leugnete Petrus und gleich darauf krähte ein Hahn.

Jesus vor Pilatus

E Von Kájaphas brachten sie Jesus zum Prätórium; es war früh am Morgen. Sie selbst gingen nicht in das Gebäude hinein, um nicht unrein zu werden, sondern das Paschalamm essen zu können. Deshalb kam Pilatus zu ihnen heraus und fragte: S Welche Anklage erhebt ihr gegen diesen Menschen? E Sie antworteten ihm: S Wenn er kein Übeltäter wäre, hätten wir ihn dir nicht ausgeliefert. E Pilatus sagte zu ihnen: S Nehmt ihr ihn doch und richtet ihn nach eurem Gesetz! E Die Juden antworteten ihm: S Uns ist es nicht gestattet, jemanden hinzurichten. E So sollte sich das Wort Jesu erfüllen, mit dem er angedeutet hatte, welchen Tod er sterben werde.

Da ging Pilatus wieder in das Prätórium hinein, ließ Jesus rufen und fragte ihn: S Bist du der König der Juden? E Jesus antwortete: † Sagst du das von dir aus oder haben es dir andere über mich gesagt? E Pilatus entgegnete: S Bin ich denn ein Jude? Dein Volk und die Hohepriester haben dich an mich ausgeliefert. Was hast du getan? E Jesus antwortete: † Mein Königtum ist nicht von dieser Welt. Wenn mein Königtum von dieser Welt wäre, würden meine Leute kämpfen, damit ich den Juden nicht ausgeliefert würde. Nun aber ist mein Königtum nicht von hier. E Da sagte Pilatus zu ihm: S Also bist du doch ein König? E Jesus antwortete: † Du sagst es, ich bin ein König. Ich bin dazu geboren und dazu in die Welt gekommen, dass ich für die Wahrheit Zeugnis ablege. Jeder, der aus der Wahrheit ist, hört auf meine Stimme. E Pilatus sagte zu ihm: S Was ist Wahrheit? E Nachdem er das gesagt hatte, ging er wieder zu den Juden hinaus und sagte zu ihnen: S Ich finde keine Schuld an ihm. Ihr seid aber gewohnt, dass ich euch zum Paschafest einen freilasse. Wollt ihr also, dass ich euch den König der Juden freilasse? E Da schrien sie wieder: S Nicht diesen, sondern Bárabbas! E Bárabbas aber war ein Räuber.

Darauf nahm Pilatus Jesus und ließ ihn geißeln. Die Soldaten flochten einen Kranz aus Dornen; den setzten sie ihm auf das Haupt und legten ihm einen purpurroten Mantel um. Sie traten an ihn heran und sagten: S Sei gegrüßt, König der Juden! E Und sie schlugen ihm ins Gesicht.

Pilatus ging wieder hinaus und sagte zu ihnen: S Seht, ich bringe ihn zu euch heraus; ihr sollt wissen, dass ich keine Schuld an ihm finde. E Jesus kam heraus; er trug die Dornenkrone und den purpurroten Mantel. Pilatus sagte zu ihnen: S Seht, der Mensch! E Als die Hohepriester und die Diener ihn sahen, schrien sie: S Kreuzige ihn, kreuzige ihn! E Pilatus sagte zu ihnen: S Nehmt ihr ihn und kreuzigt ihn! Denn ich finde keine Schuld an ihm. E Die Juden entgegneten ihm: S Wir haben ein Gesetz und nach dem Gesetz muss er sterben, weil er sich zum Sohn Gottes gemacht hat.

E Als Pilatus das hörte, fürchtete er sich noch mehr. Er ging wieder in das Prätórium hinein und fragte Jesus: S Woher bist du? E Jesus aber gab ihm keine Antwort. Da sagte Pilatus zu ihm: S Du sprichst nicht mit mir? Weißt du nicht, dass ich Macht habe, dich freizulassen, und Macht, dich zu kreuzigen? E Jesus antwortete ihm: † Du hättest keine Macht über mich, wenn es dir nicht von oben gegeben wäre; darum hat auch der eine größere Sünde, der mich dir ausgeliefert hat. E Daraufhin wollte Pilatus ihn freilassen, aber die Juden schrien: S Wenn du diesen freilässt, bist du kein Freund des Kaisers; jeder, der sich zum König macht, lehnt sich gegen den Kaiser auf.

E Auf diese Worte hin ließ Pilatus Jesus herausführen und er setzte sich auf den Richterstuhl an dem Platz, der Lithóstrotos, auf Hebräisch Gábbata, heißt. Es war Rüsttag des Paschafestes, ungefähr die sechste Stunde. Pilatus sagte zu den Juden: S Seht, euer König! E Sie aber schrien: S Hinweg, hinweg, kreuzige ihn! E Pilatus sagte zu ihnen: S Euren König soll ich kreuzigen? E Die Hohepriester antworteten: S Wir haben keinen König außer dem Kaiser. E Da lieferte er ihnen Jesus aus, damit er gekreuzigt würde.

Kreuzigung, Tod und Begräbnis Jesu

E Sie übernahmen Jesus. Und er selbst trug das Kreuz und ging hinaus zur sogenannten Schädelstätte, die auf Hebräisch Gólgota heißt. Dort kreuzigten sie ihn und mit ihm zwei andere, auf jeder Seite einen, in der Mitte aber Jesus.

Pilatus ließ auch eine Tafel anfertigen und oben am Kreuz befestigen; die Inschrift lautete: Jesus von Nazaret, der König der Juden. Diese Tafel lasen viele Juden, weil der Platz, wo Jesus gekreuzigt wurde, nahe bei der Stadt lag. Die Inschrift war hebräisch, lateinisch und griechisch abgefasst. Da sagten die Hohepriester der Juden zu Pilatus: S Schreib nicht: Der König der Juden, sondern dass er gesagt hat: Ich bin der König der Juden. E Pilatus antwortete: S Was ich geschrieben habe, habe ich geschrieben.

E Nachdem die Soldaten Jesus gekreuzigt hatten, nahmen sie seine Kleider und machten vier Teile daraus, für jeden Soldaten einen Teil, und dazu das Untergewand. Das Untergewand war aber ohne Naht von oben ganz durchgewoben. Da sagten sie zueinander: S Wir wollen es nicht zerteilen, sondern darum losen, wem es gehören soll. E So sollte sich das Schriftwort erfüllen: Sie verteilten meine Kleider unter sich und warfen das Los um mein Gewand. Dies taten die Soldaten.

Bei dem Kreuz Jesu standen seine Mutter und die Schwester seiner Mutter, Maria, die Frau des Klopas, und Maria von Mágdala. Als Jesus die Mutter sah und bei ihr den Jünger, den er liebte, sagte er zur Mutter: † Frau, siehe, dein Sohn! E Dann sagte er zu dem Jünger: † Siehe, deine Mutter! E Und von jener Stunde an nahm sie der Jünger zu sich.

Hier stehen alle auf.

E Danach, da Jesus wusste, dass nun alles vollbracht war, sagte er, damit sich die Schrift erfüllte: † Mich dürstet. E Ein Gefäß voll Essig stand da. Sie steckten einen Schwamm voll Essig auf einen Ysopzweig und hielten ihn an seinen Mund. Als Jesus

von dem Essig genommen hatte, sprach er: † Es ist vollbracht!
E Und er neigte das Haupt und übergab den Geist.

Hier knien alle zu einer kurzen Gebetsstille nieder.

E Weil Rüsttag war und die Körper während des Sabbats nicht am Kreuz bleiben sollten – dieser Sabbat war nämlich ein großer Feiertag –, baten die Juden Pilatus, man möge ihnen die Beine zerschlagen und sie dann abnehmen. Also kamen die Soldaten und zerschlugen dem ersten die Beine, dann dem andern, der mit ihm gekreuzigt worden war. Als sie aber zu Jesus kamen und sahen, dass er schon tot war, zerschlugen sie ihm die Beine nicht, sondern einer der Soldaten stieß mit der Lanze in seine Seite und sogleich floss Blut und Wasser heraus.
Und der es gesehen hat, hat es bezeugt und sein Zeugnis ist wahr. Und er weiß, dass er Wahres sagt, damit auch ihr glaubt. Denn das ist geschehen, damit sich das Schriftwort erfüllte: Man soll an ihm kein Gebein zerbrechen. Und ein anderes Schriftwort sagt: Sie werden auf den blicken, den sie durchbohrt haben.
Josef aus Arimathäa war ein Jünger Jesu, aber aus Furcht vor den Juden nur im Verborgenen. Er bat Pilatus, den Leichnam Jesu abnehmen zu dürfen, und Pilatus erlaubte es. Also kam er und nahm den Leichnam ab.
Es kam auch Nikodémus, der früher einmal Jesus bei Nacht aufgesucht hatte. Er brachte eine Mischung aus Myrrhe und Aloë, etwa hundert Pfund. Sie nahmen den Leichnam Jesu und umwickelten ihn mit Leinenbinden, zusammen mit den wohlriechenden Salben, wie es beim jüdischen Begräbnis Sitte ist.
An dem Ort, wo man ihn gekreuzigt hatte, war ein Garten und in dem Garten war ein neues Grab, in dem noch niemand bestattet worden war. Wegen des Rüsttages der Juden und weil das Grab in der Nähe lag, setzten sie Jesus dort bei.

IMPULS Unschuldig im Gefängnis festgehalten, unschuldig zu Tode verurteilt werden – wie oft mussten und müssen Menschen dies erleiden? Wie hält jemand das aus, ohne buchstäblich verrückt zu werden? Zu wissen, dass man nichts Unrechtes getan hat und trotzdem der Willkür und den zerstörenden Mächten schutzlos ausgeliefert ist, was macht das mit einem Menschen? Kann der Glaube an das Gute, an die Gerechtigkeit, gar an einen barmherzigen Gott unter derartigen Bedingungen überhaupt Bestand haben? Diese Fragen treiben selbstverständlich auch die betroffenen Familien, Freunde und Bekannten des Beschuldigten um. Genau so wird es in Jerusalem gewesen sein, als Jesus in die Mühlen der Justiz geriet, den Mächtigen und deren Taktieren ausgeliefert. Wir wissen zwar, dass die Geschichte Jesu nicht mit Karfreitag endete, aber diesen und die vielen anderen Karfreitage dieser Welt dürfen wir nicht vorschnell übergehen oder beiseite schieben. Karfreitag ist nicht einfach nur ein Ärgernis oder ein menschliches Fehlurteil. Karfreitag ist der Aufruf an uns schlechthin, uns für eine bessere, eine gerechtere und friedvollere Welt einzusetzen.

GROSSE FÜRBITTEN

1. Für die heilige Kirche

Laßt uns beten, Brüder und Schwestern, für die heilige Kirche Gottes, daß unser Gott und Herr ihr Frieden schenke auf der ganzen Erde, sie eine und behüte und uns ein Leben gewähre in Ruhe und Sicherheit zum Lob seines Namens.

(Beuget die Knie. – Stille – Erhebet euch.)

Allmächtiger, ewiger Gott, du hast in Christus allen Völkern deine Herrlichkeit geoffenbart. Behüte, was du in deinem Erbarmen geschaffen hast, damit deine Kirche auf der ganzen Erde in festem Glauben verharre. Darum bitten wir durch Christus, unseren Herrn.

2. Für den Papst
Laßt uns auch beten für unsern Papst N.: Der allmächtige Gott, der ihn zum Bischofsamt erwählt hat, erhalte ihn seiner Kirche und gebe ihm Kraft, das heilige Volk Gottes zu leiten.

(Beuget die Knie. – Stille – Erhebet euch.)

Allmächtiger, ewiger Gott, du Hirte deines Volkes, in deiner Weisheit ist alles begründet. Höre auf unser Gebet und bewahre in deiner Güte unseren Papst N. Leite durch ihn deine Kirche und gib, daß sie wachse im Glauben und in der Liebe. Darum bitten wir durch Christus, unseren Herrn.

3. Für alle Stände der Kirche
Laßt uns beten für unsern Bischof N., für alle Bischöfe, Priester, Diakone, für alle, die zum Dienst in der Kirche bestellt sind, und für das ganze Volk Gottes.

(Beuget die Knie. – Stille – Erhebet euch.)

Allmächtiger, ewiger Gott, dein Geist heiligt den ganzen Leib der Kirche und leitet ihn. Erhöre unser Gebet für alle Stände deines Volkes und gib ihnen die Gnade, dir in Treue zu dienen. Darum bitten wir durch Christus, unseren Herrn.

4. Für die Katechumenen
Laßt uns auch beten für die (unsere) Katechumenen: Unser Herr und Gott öffne ihre Herzen für sein Wort, er schenke ihnen in der Taufe die Vergebung aller Sünden und nehme sie auf in sein Vaterhaus, damit sie das Leben finden in unserem Herrn Jesus Christus.

(Beuget die Knie. – Stille – Erhebet euch.)

Allmächtiger, ewiger Gott, du gibst deiner Kirche immer neue Fruchtbarkeit. Schenke allen, die sich auf die Taufe vorbereiten,

Wachstum im Glauben und in der Erkenntnis. Führe sie zur Wiedergeburt aus dem Quell der Taufe und nimm sie an als deine Kinder. Darum bitten wir durch Christus, unseren Herrn.

5. Für die Einheit der Christen
Laßt uns beten für alle Brüder und Schwestern, die an Christus glauben, daß unser Herr und Gott sie leite auf dem Weg der Wahrheit und sie zusammenführe in der Einheit der heiligen Kirche.

(Beuget die Knie. - Stille - Erhebet euch.)

Allmächtiger Gott, du allein kannst die Spaltung überwinden und die Einheit bewahren. Erbarme dich deiner Christenheit, die geheiligt ist durch die eine Taufe. Einige sie im wahren Glauben und schließe sie zusammen durch das Band der Liebe. Darum bitten wir durch Christus, unseren Herrn.

6. Für die Juden
Laßt uns auch beten für die Juden, zu denen Gott, unser Herr, zuerst gesprochen hat: Er bewahre sie in der Treue zu seinem Bund und in der Liebe zu seinem Namen, damit sie das Ziel erreichen, zu dem sein Ratschluß sie führen will.

(Beuget die Knie. - Stille - Erhebet euch.)

Allmächtiger, ewiger Gott, du hast Abraham und seinen Kindern deine Verheißung gegeben. Erhöre das Gebet deiner Kirche für das Volk, das du als erstes zu deinem Eigentum erwählt hast: Gib, daß es zur Fülle der Erlösung gelangt. Darum bitten wir durch Christus, unseren Herrn.

7. Für alle, die nicht an Christus glauben
Laßt uns beten für alle, die nicht an Christus glauben, daß der Heilige Geist sie erleuchte und sie auf den Weg des Heiles führe.

(Beuget die Knie. – Stille – Erhebet euch.)

Allmächtiger, ewiger Gott, steh allen bei, die sich nicht zu Christus bekennen, damit sie mit redlichem Herzen vor dir leben und die Wahrheit finden. Uns aber gib, daß wir das Geheimnis deines Lebens immer tiefer erfassen und in der brüderlichen Liebe wachsen, damit wir immer mehr zu glaubhaften Zeugen deiner Güte werden. Darum bitten wir durch Christus, unseren Herrn.

8. Für alle, die nicht an Gott glauben
Laßt uns auch beten für alle, die Gott nicht erkennen, daß sie mit seiner Hilfe ihrem Gewissen folgen und so zum Gott und Vater aller Menschen gelangen.

(Beuget die Knie. – Stille – Erhebet euch.)

Allmächtiger, ewiger Gott, du hast den Menschen geschaffen, daß er dich suche und in dir Ruhe finde. Gib dich zu erkennen in den Beweisen deines Erbarmens und in den Taten deiner Gläubigen, damit die Menschen trotz aller Hindernisse dich finden und als den wahren Gott und Vater bekennen. Darum bitten wir durch Christus, unseren Herrn.

9. Für die Regierenden
Laßt uns beten für die Regierenden: Unser Herr und Gott lenke ihren Geist und ihr Herz nach seinem Willen, damit sie den wahren Frieden und die Freiheit suchen zum Heil aller Völker.
(Beuget die Knie. – Stille – Erhebet euch.)

Allmächtiger, ewiger Gott, in deiner Hand sind die Herzen der Menschen und das Recht der Völker. Schau gnädig auf jene, die uns regieren, damit auf der ganzen Welt Sicherheit und Frieden herrschen, Wohlfahrt der Völker und Freiheit des Glaubens. Darum bitten wir durch Christus, unseren Herrn.

10. Für alle notleidenden Menschen
Laßt uns Gott, den allmächtigen Vater, bitten für alle, die der Hilfe bedürfen: Er reinige die Welt von allem Irrtum, nehme die Krankheiten hinweg, vertreibe den Hunger, löse ungerechte Fesseln, gebe den Heimatlosen Sicherheit, den Pilgernden und Reisenden eine glückliche Heimkehr, den Kranken die Gesundheit und den Sterbenden das ewige Leben.

(Beuget die Knie. - Stille - Erhebet euch.)

Allmächtiger, ewiger Gott, du Trost der Betrübten, du Kraft der Leidenden, höre auf alle, die in ihrer Bedrängnis zu dir rufen, und laß sie in jeder Not deine Barmherzigkeit erfahren. Darum bitten wir durch Christus, unseren Herrn.

KREUZVEREHRUNG

Ruf zur Kreuzerhebung

V: Ecce lignum Crucis,
in quo salus mundi
pepéndit.
A: Veníte, adorémus.

V: Seht das Kreuz,
an dem der Herr gehangen,
das Heil der Welt.
A: Kommt, lasset uns anbeten.

Improperien

A: Mein Volk, was habe ich dir getan, womit nur habe ich dich betrübt? Antworte mir.

V: Aus der Knechtschaft Ägyptens habe ich dich herausgeführt. Du aber bereitest das Kreuz deinem Erlöser.

A: Mein Volk, was habe ich dir getan, womit nur habe ich dich betrübt? Antworte mir.

Hágios, ho Theós.
Sanctus Deus.
Heiliger Gott.

Hágios Ischyrós.
Sanctus Fortis.
Heiliger, starker Gott.

Hágios Athánatos, eléison hemás.
Sanctus Immortális, miserére nobis.
Heiliger, unsterblicher Gott, erbarme dich unser.

V: Vierzig Jahre habe ich dich geleitet durch die Wüste. Ich habe dich mit Manna gespeist und dich hineingeführt in das Land der Verheißung. Du aber bereitest das Kreuz deinem Erlöser.

Hágios, ho Theós.
Sanctus Deus.
Heiliger Gott.

Hágios Ischyrós.
Sanctus Fortis.
Heiliger, starker Gott.

Hágios Athánatos, eléison hemás.
Sanctus Immortális, miserére nobis.
Heiliger, unsterblicher Gott, erbarme dich unser.

V: Was hätte ich dir mehr tun sollen und tat es nicht? Als meinen erlesenen Weinberg pflanzte ich dich, du aber brachtest mir bittere Trauben, du hast mich in meinem Durst mit Essig getränkt und mit der Lanze deinem Erlöser die Seite durchstoßen.

Hágios, ho Theós.
Sanctus Deus.
Heiliger Gott.

Hágios Ischyrós.
Sanctus Fortis.
Heiliger, starker Gott.

Hágios Athánatos, eléison hemás.
Sanctus Immortális, miserére nobis.
Heiliger, unsterblicher Gott, erbarme dich unser.

V: Deinetwegen habe ich Ägypten geschlagen und seine Erstgeburt, du aber hast mich geschlagen und dem Tod überliefert.

A: Mein Volk, was habe ich dir getan, womit nur habe ich dich betrübt? Antworte mir.

V: Ich habe dich aus Ägypten herausgeführt und den Pharao versinken lassen im Roten Meer, du aber hast mich den Hohepriestern überliefert.

A: Mein Volk …

V: Ich habe vor dir einen Weg durch das Meer gebahnt, du aber hast mit der Lanze meine Seite geöffnet.

A: Mein Volk …

V: In einer Wolkensäule bin ich dir vorangezogen, du aber hast mich vor den Richterstuhl des Pilatus geführt.

A: Mein Volk …

V: Ich habe dich in der Wüste mit Manna gespeist, du aber hast mich ins Gesicht geschlagen und mich gegeißelt.

A: Mein Volk …

V: Ich habe dir Wasser aus dem Felsen zu trinken gegeben und dich gerettet, du aber hast mich getränkt mit Galle und Essig.

A: Mein Volk …

V: Deinetwegen habe ich die Könige Kanaans geschlagen, du aber schlugst mir mit einem Rohr auf mein Haupt.

A: Mein Volk …

V: Ich habe dir ein Königszepter in die Hand gegeben, du aber hast mich gekrönt mit einer Krone von Dornen.

A: Mein Volk …

V: Ich habe dich erhöht und ausgestattet mit großer Kraft, du aber erhöhtest mich am Holz des Kreuzes.

A: Mein Volk …

KOMMUNION

Vaterunser

Kommunionspendung

Schlussgebet

Allmächtiger, ewiger Gott, durch den Tod und die Auferstehung deines Sohnes hast du uns das neue Leben geschenkt. Bewahre in uns, was deine Barmherzigkeit gewirkt hat, und gib uns durch den Empfang dieses Sakramentes die Kraft, dir treu zu dienen. Darum bitten wir durch Christus, unseren Herrn.

Segensgebet über das Volk

Karfreitag

Herr, unser Gott, reicher Segen komme herab auf dein Volk, das den Tod deines Sohnes gefeiert hat und die Auferstehung erwartet. Schenke ihm Verzeihung und Trost, Wachstum im Glauben und die ewige Erlösung. Darum bitten wir durch Christus, unseren Herrn.

Manchmal
wird der Tag zur Nacht
wenn alles Licht weicht
Finsternis
umklammert das Leben

Manchmal
irrt die Liebe
auf Pfaden des Verrats
an Grenzen stoßen
schmerzt entsetzlich

Manchmal
zerrinnt der Glaube
zu erstickendem Staub
nagende Zweifel
schlagen Wunden

Manchmal
welkt das Blatt Hoffnung
am Baum des Lebens
des Todes Hauch
weht unerbittlich

Aber
manchmal
überlebt ein Trotzdem
nicht Zerbrechen sondern Wachsen
Wandel statt Vernichtung

Das Ende birgt
den Sehnsuchtsfunken
Anfang

Manchmal …

Gaby Faber-Jodocy.

HOCHFEST DER AUFERSTEHUNG DES HERRN OSTERSONNTAG

Die Feier der Osternacht

20. April 2025

Am Urelement Feuer entzünden wir heute Nacht unser Osterlicht. Feuer wärmt, reinigt und macht hell. Der Umgang mit ihm erfordert allerdings Vorsicht und Fingerspitzengefühl, denn seine entfesselte Kraft überschreitet unsere menschlichen Möglichkeiten bei weitem. Die Bibel spricht oft im Symbol des Feuers von Gott: Im brennenden Dornbusch offenbart er sich Mose, in der Feuersäule ist er den ausziehenden Israeliten nahe, in Feuerzungen erfüllt sein Geist die Jünger am Pfingsttag. Die kleine, zarte Flamme der Osterkerze steht für unseren Glauben an das Leben. Wir tragen sie in der Dunkelheit und erhellen mit ihr die Nacht. Sie ist ein feines, beharrliches und zugleich zerbrechliches Zeichen gegen Resignation und Tod.

Ausharren, Hoffen und Erwarten sind wesentliche Komponenten des vertrauenden Glaubens. Die zahlreichen Lesungen aus der alt- und neutestamentlichen Literatur werden uns in diesem Gottesdienst mitnehmen auf die Jahrtausende alte Glaubenssuche von Juden und Christen. Sie laden ein, uns auf eigene Spurensuche zu begeben und dieser Sehnsucht nach dem Gott des Lebens unsere ganz persönliche Antwort zu geben.

LICHTFEIER

Segen über das Feuer

Allmächtiger, ewiger Gott, du hast durch Christus allen, die an dich glauben, das Licht deiner Herrlichkeit geschenkt. Segne ✝ dieses neue Feuer, das die Nacht erhellt, und entflamme in uns die Sehnsucht nach dir, dem unvergänglichen Licht, damit wir mit reinem Herzen zum ewigen Osterfest gelangen. Darum bitten wir durch Christus, unseren Herrn.

Bereitung der Osterkerze

Wo es Brauch ist, ritzt der Zelebrant ein Kreuz in die Kerze, darüber zeichnet er den ersten Buchstaben des griechischen Alphabets – Alpha –, darunter den letzten – Omega. Zwischen die Kreuzesarme schreibt er die Jahreszahl. Dabei spricht er:

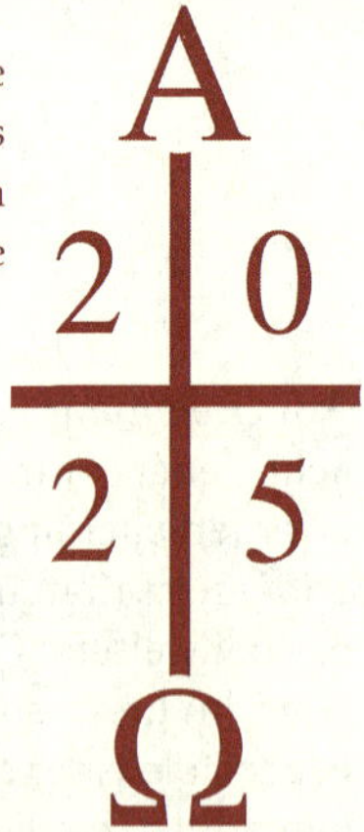

Christus, gestern und heute, –
Anfang und Ende, –
Alpha –
und Omega. –
Sein ist die Zeit –
und die Ewigkeit. –
Sein ist die Macht und die Herrlichkeit –
in alle Ewigkeit. Amen.

Anschließend kann der Priester an den Enden der Kreuzbalken und in deren Schnittpunkt fünf Weihrauchkörner einfügen. Dabei spricht er:

Durch seine heiligen Wunden –
die leuchten in Herrlichkeit –
behüte uns –
und bewahre uns –
Christus, der Herr. Amen.

Anzünden der Osterkerze am Feuer

Christus ist glorreich auferstanden vom Tod.
Sein Licht vertreibe das Dunkel der Herzen.

Prozession

Der Priester oder ein Diakon nimmt die Osterkerze, hebt sie empor und singt:

P/D: Lumen Christi. P/D: Christus, das Licht.

A: Deo gratias. A: Dank sei Gott.

Exsultet – Das Osterlob

(Kf s. Markierung)

Frohlocket, ihr Chöre der Engel, frohlocket, ihr himmlischen Scharen, lasset die Posaune erschallen, preiset den Sieger, den erhabenen König!

Lobsinge, du Erde, überstrahlt vom Glanz aus der Höhe! Licht des großen Königs umleuchtet dich. Siehe, geschwunden ist allerorten das Dunkel.

Auch du freue dich, Mutter Kirche, umkleidet von Licht und herrlichem Glanze! Töne wider, heilige Halle, töne von des Volkes mächtigem Jubel.⬅

(Darum bitte ich euch, geliebte Brüder, ihr Zeugen des Lichtes, das diese Kerze verbreitet: Ruft mit mir zum allmächtigen Vater um sein Erbarmen und seine Hilfe, daß er, der mich ohne mein Verdienst, aus reiner Gnade, in die Schar der Leviten berufen hat, mich erleuchte mit dem Glanz seines Lichtes, damit ich würdig das Lob dieser Kerze verkünde.)

➡ (V: Der Herr sei mit euch.

A: Und mit deinem Geiste.)

V: Erhebet die Herzen.

A: Wir haben sie beim Herrn.

V: Lasset uns danken dem Herrn, unserm Gott.

A: Das ist würdig und recht.

In Wahrheit ist es würdig und recht, den verborgenen Gott, den allmächtigen Vater, mit aller Glut des Herzens zu rühmen und seinen eingeborenen Sohn, unsern Herrn Jesus Christus, mit jubelnder Stimme zu preisen.

Er hat für uns beim ewigen Vater Adams Schuld bezahlt und den Schuldbrief ausgelöscht mit seinem Blut, das er aus Liebe vergossen hat.

Gekommen ist das heilige Osterfest, an dem das wahre Lamm geschlachtet ward, dessen Blut die Türen der Gläubigen heiligt und das Volk bewahrt vor Tod und Verderben.

Dies ist die Nacht, die unsere Väter, die Söhne Israels, aus Ägypten befreit und auf trockenem Pfad durch die Fluten des Roten Meeres geführt hat.

Dies ist die Nacht, in der die leuchtende Säule das Dunkel der Sünde vertrieben hat.
Dies ist die Nacht, die auf der ganzen Erde alle, die an Christus glauben, scheidet von den Lastern der Welt, dem Elend der Sünde entreißt, ins Reich der Gnade heimführt und einfügt in die heilige Kirche.
Dies ist die selige Nacht, in der Christus die Ketten des Todes zerbrach und aus der Tiefe als Sieger emporstieg. ⬅
Wahrhaftig, umsonst wären wir geboren, hätte uns nicht der Erlöser gerettet.
➡ O unfaßbare Liebe des Vaters: Um den Knecht zu erlösen, gabst du den Sohn dahin!
O wahrhaft heilbringende Sünde des Adam, du wurdest uns zum Segen, da Christi Tod dich vernichtet hat.
O glückliche Schuld, welch großen Erlöser hast du gefunden. ⬅
O wahrhaft selige Nacht, dir allein war es vergönnt, die Stunde zu kennen, in der Christus erstand von den Toten. Dies ist die Nacht, von der geschrieben steht: »Die Nacht wird hell wie der Tag, wie strahlendes Licht wird die Nacht mich umgeben.«
➡ Der Glanz dieser heiligen Nacht nimmt den Frevel hinweg, reinigt von Schuld, gibt den Sündern die Unschuld, den Trauernden Freude. ⬅ Weit vertreibt sie den Haß, sie einigt die Herzen und beugt die Gewalten.
In dieser gesegneten Nacht, heiliger Vater, nimm an das Abendopfer unseres Lobes, nimm diese Kerze entgegen als unsere festliche Gabe! Aus dem köstlichen Wachs der Bienen bereitet, wird sie dir dargebracht von deiner heiligen Kirche durch die Hand ihrer Diener.
So ist nun das Lob dieser kostbaren Kerze erklungen, die entzündet wurde am lodernden Feuer zum Ruhme des Höchsten. Wenn auch ihr Licht sich in der Runde verteilt hat, so verlor es doch nichts von der Kraft seines Glanzes. Denn die Flamme wird genährt vom schmelzenden Wachs, das der Fleiß der Bienen für diese Kerze bereitet hat.

➡ O wahrhaft selige Nacht, die Himmel und Erde versöhnt, die Gott und Menschen verbindet!

Einschub – Nur Kf:

In dieser gesegneten Nacht, heiliger Vater, nimm an das Abendopfer unseres Lobes, nimm diese Kerze entgegen als unsere festliche Gabe! Aus dem köstlichen Wachs der Bienen bereitet, wird sie dir dargebracht von deiner heiligen Kirche durch die Hand ihrer Diener. ⬅

Darum [➡ So] bitten wir dich, o Herr: Geweiht zum Ruhm deines Namens, leuchte die Kerze fort, um in dieser Nacht das Dunkel zu vertreiben.

Nimm sie an als lieblich duftendes Opfer, vermähle ihr Licht mit den Lichtern am Himmel.

Sie leuchte, bis der Morgenstern erscheint, jener wahre Morgenstern, der in Ewigkeit nicht untergeht: dein Sohn, unser Herr Jesus Christus, der von den Toten erstand, der den Menschen erstrahlt im österlichen Licht, der lebt und herrscht in Ewigkeit! Amen. ⬅

WORTGOTTESDIENST

ERSTE LESUNG — Gen 1,1 – 2,2 (Kf: 1,1.26–31a)

Lesung aus dem Buch Genesis.

Im Anfang erschuf Gott Himmel und Erde. ⬅

Die Erde war wüst und wirr und Finsternis lag über der Urflut und Gottes Geist schwebte über dem Wasser.

Gott sprach: Es werde Licht. Und es wurde Licht.

Gott sah, dass das Licht gut war. Und Gott schied das Licht von der Finsternis.

Und Gott nannte das Licht Tag und die Finsternis nannte er Nacht. Es wurde Abend und es wurde Morgen: erster Tag.

Dann sprach Gott: Es werde ein Gewölbe mitten im Wasser und scheide Wasser von Wasser.

Gott machte das Gewölbe und schied das Wasser unterhalb des Gewölbes vom Wasser oberhalb des Gewölbes. Und so geschah es.
Und Gott nannte das Gewölbe Himmel. Es wurde Abend und es wurde Morgen: zweiter Tag.
Dann sprach Gott: Es sammle sich das Wasser unterhalb des Himmels an einem Ort und das Trockene werde sichtbar. Und so geschah es.
Und Gott nannte das Trockene Land und die Ansammlung des Wassers nannte er Meer. Gott sah, dass es gut war.
Dann sprach Gott: Die Erde lasse junges Grün sprießen, Gewächs, das Samen bildet, Fruchtbäume, die nach ihrer Art Früchte tragen mit Samen darin auf der Erde. Und so geschah es.
Die Erde brachte junges Grün hervor, Gewächs, das Samen nach seiner Art bildet, und Bäume, die Früchte tragen mit Samen darin nach ihrer Art. Gott sah, dass es gut war.
Es wurde Abend und es wurde Morgen: dritter Tag.
Dann sprach Gott: Lichter sollen am Himmelsgewölbe sein, um Tag und Nacht zu scheiden. Sie sollen als Zeichen für Festzeiten, für Tage und Jahre dienen.
Sie sollen Lichter am Himmelsgewölbe sein, um über die Erde hin zu leuchten. Und so geschah es.
Gott machte die beiden großen Lichter, das große zur Herrschaft über den Tag, das kleine zur Herrschaft über die Nacht, und die Sterne.
Gott setzte sie an das Himmelsgewölbe, damit sie über die Erde leuchten, über Tag und Nacht herrschen und das Licht von der Finsternis scheiden. Gott sah, dass es gut war.
Es wurde Abend und es wurde Morgen: vierter Tag.
Dann sprach Gott: Das Wasser wimmle von Schwärmen lebendiger Wesen und Vögel sollen über der Erde am Himmelsgewölbe fliegen.
Und Gott erschuf die großen Wassertiere und alle Lebewesen, die sich fortbewegen nach ihrer Art, von denen das Wasser

wimmelt, und alle gefiederten Vögel nach ihrer Art. Gott sah, dass es gut war.
Gott segnete sie und sprach: Seid fruchtbar und mehrt euch! Füllt das Wasser im Meer und die Vögel sollen sich auf Erden vermehren.
Es wurde Abend und es wurde Morgen: fünfter Tag.
➡Dann sprach Gott: Die Erde bringe Lebewesen aller Art hervor, von Vieh, von Kriechtieren und von Wildtieren der Erde nach ihrer Art. Und so geschah es.
Gott machte die Wildtiere der Erde nach ihrer Art, das Vieh nach seiner Art und alle Kriechtiere auf dem Erdboden nach ihrer Art. Gott sah, dass es gut war.
Dann sprach Gott: Lasst uns Menschen machen als unser Bild, uns ähnlich! Sie sollen walten über die Fische des Meeres, über die Vögel des Himmels, über das Vieh, über die ganze Erde und über alle Kriechtiere, die auf der Erde kriechen.
Gott erschuf den Menschen als sein Bild, als Bild Gottes erschuf er ihn. Männlich und weiblich erschuf er sie.
Gott segnete sie und Gott sprach zu ihnen: Seid fruchtbar und mehrt euch, füllt die Erde und unterwerft sie und waltet über die Fische des Meeres, über die Vögel des Himmels und über alle Tiere, die auf der Erde kriechen!
Dann sprach Gott: Siehe, ich gebe euch alles Gewächs, das Samen bildet auf der ganzen Erde, und alle Bäume, die Früchte tragen mit Samen darin. Euch sollen sie zur Nahrung dienen.
Allen Tieren der Erde, allen Vögeln des Himmels und allem, was auf der Erde kriecht, das Lebensatem in sich hat, gebe ich alles grüne Gewächs zur Nahrung. Und so geschah es.
Gott sah alles an, was er gemacht hatte: Und siehe, es war sehr gut. ⬅ Es wurde Abend und es wurde Morgen: der sechste Tag.
So wurden Himmel und Erde und ihr ganzes Heer vollendet.
Am siebten Tag vollendete Gott das Werk, das er gemacht hatte, und er ruhte am siebten Tag, nachdem er sein ganzes Werk gemacht hatte.

Wort des lebendigen Gottes.

IMPULS *Gott sah, dass es gut war.* Der Autor des vorliegenden Textes aus der so genannten Priesterschrift wiederholt dies unermüdlich. Er wird wohl in seinem Leben, genau wie wir auch, oft genug die Erfahrung gemacht haben, dass vieles nicht ganz so gut war. Warum dann diese Beharrlichkeit?
Die erste Seite der Bibel wirbt für ein durch und durch positives Lebensverständnis: Die Erde, und alles was auf ihr und um sie herum existiert, ist kein Zufall, sondern von Gott gewollt. So hat alles einen Sinn und ist deshalb fundamental gut! Es erinnert an die Haltung der Mutter, die ihr weinendes Kind in die Arme schließt, es allein schon durch ihre Präsenz beruhigt und ihm immer wieder die Worte »Alles ist gut« zuflüstert. Sie weiß sehr wohl, dass objektiv gesehen diese Aussage so nicht ganz stimmt; dabei ist sie aber weder naiv, noch eine Lügnerin. Sie schafft bewusst ein Klima des Ur-Vertrauens, damit ihr Kind die Angst, die Trauer oder den Schmerz überwinden kann, damit es wieder Zutrauen fassen kann und sein Leben in die eigene Hand nimmt. Genau dieses Urvertrauen in das Leben, in den Gott des Lebens, bezeugt der Verfasser von Genesis 1. Für dieses Urvertrauen wirbt er, weil er aus Erfahrung weiß, dass es trägt.

ANTWORTPSALM Ps 104,1–2.5–6.10.12–14b.24.1ab (Kv: vgl. 30)

Kv Sende aus deinen Geist
und das Antlitz der Erde wird neu. – Kv

Preise den HERRN, meine Seele! /
HERR, mein Gott, überaus groß bist du! *
Du bist mit Hoheit und Pracht bekleidet.
Du hüllst dich in Licht wie in einen Mantel, *
du spannst den Himmel aus gleich einem Zelt. – (Kv)

Du hast die Erde auf Pfeiler gegründet, *
in alle Ewigkeit wird sie nicht wanken.
Einst hat die Urflut sie bedeckt wie ein Kleid, *
die Wasser standen über den Bergen. – (Kv)

Du lässt Quellen sprudeln in Bäche, *
sie eilen zwischen den Bergen dahin.
Darüber wohnen die Vögel des Himmels, *
aus den Zweigen erklingt ihr Gesang. – (Kv)

Du tränkst die Berge aus deinen Kammern, *
von der Frucht deiner Werke wird die Erde satt.
Du lässt Gras wachsen für das Vieh *
und Pflanzen für den Ackerbau des Menschen. – (Kv)

Wie zahlreich sind deine Werke, HERR, /
sie alle hast du mit Weisheit gemacht, *
die Erde ist voll von deinen Geschöpfen.
Preise den HERRN, meine Seele!
HERR, mein Gott, überaus groß bist du! – Kv

Oder:

ANTWORTPSALM Ps 33,4–7.12–13.20.22 (Kv: vgl. 5b)

Kv Von deiner Huld, o HERR, ist die Erde erfüllt. – Kv

Das Wort des HERRN ist redlich, *
all sein Tun ist verlässlich.
Er liebt Gerechtigkeit und Recht, *
erfüllt von der Huld des HERRN ist die Erde. – (Kv)

Durch das Wort des HERRN wurden die Himmel geschaffen, *
ihr ganzes Heer durch den Hauch seines Mundes.
Er sammelt das Wasser des Meeres und dämmt es ein, *
legt die Fluten in Kammern. – (Kv)

Selig die Nation, deren Gott der HERR ist, *
das Volk, das er sich zum Erbteil erwählt hat.
Der HERR blickt herab vom Himmel, *
er sieht alle Menschen. – (Kv)

Unsre Seele hofft auf den HERRN; *
er ist unsere Hilfe und unser Schild.

Lass deine Huld über uns walten, o HERR, *
wie wir auf dich hofften! – Kv

Allmächtiger Gott, du bist wunderbar in allem, was du tust. Laß deine Erlösten erkennen, daß deine Schöpfung groß ist, doch größer noch das Werk der Erlösung, die du uns in der Fülle der Zeit geschenkt hast durch den Tod des Osterlammes, unseres Herrn Jesus Christus, der mit dir lebt und herrscht in alle Ewigkeit.

Oder:

Allmächtiger Gott, du hast den Menschen wunderbar erschaffen und noch wunderbarer erlöst. Hilf uns, den Verlockungen der Sünde durch die Kraft des Geistes zu widerstehen, damit wir zu den ewigen Freuden gelangen. Darum bitten wir durch Christus, unseren Herrn.

ZWEITE LESUNG

Gen 22,1–18 (Kf: 22,1–2.9a.10–13.15–18)

Lesung aus dem Buch Genesis.

In jenen Tagen stellte Gott Abraham auf die Probe. Er sprach zu ihm: Abraham! Er sagte: Hier bin ich.
Er sprach: Nimm deinen Sohn, deinen einzigen, den du liebst, Isaak, geh in das Land Moríja und bring ihn dort auf einem der Berge, den ich dir nenne, als Brandopfer dar! ⬅
Frühmorgens stand Abraham auf, sattelte seinen Esel, nahm zwei seiner Jungknechte mit sich und seinen Sohn Isaak, spaltete Holz zum Brandopfer und machte sich auf den Weg zu dem Ort, den ihm Gott genannt hatte.
Als Abraham am dritten Tag seine Augen erhob, sah er den Ort von Weitem.
Da sagte Abraham zu seinen Jungknechten: Bleibt mit dem Esel hier! Ich aber und der Knabe, wir wollen dorthin gehen und uns niederwerfen; dann wollen wir zu euch zurückkehren.
Abraham nahm das Holz für das Brandopfer und lud es seinem Sohn Isaak auf. Er selbst nahm das Feuer und das Messer in die Hand. So gingen beide miteinander.

Da sprach Isaak zu seinem Vater Abraham. Er sagte: Mein Vater! Er antwortete: Hier bin ich, mein Sohn! Dann sagte Isaak: Hier ist Feuer und Holz. Wo aber ist das Lamm für das Brandopfer? Abraham sagte: Gott wird sich das Lamm für das Brandopfer ausersehen, mein Sohn. Und beide gingen miteinander weiter.

➡ Als sie an den Ort kamen, den ihm Gott genannt hatte, baute Abraham dort den Altar, schichtete das Holz auf, ⬅ band seinen Sohn Isaak und legte ihn auf den Altar, oben auf das Holz.

➡ Abraham streckte seine Hand aus und nahm das Messer, um seinen Sohn zu schlachten.

Da rief ihm der Engel des HERRN vom Himmel her zu und sagte: Abraham, Abraham! Er antwortete: Hier bin ich.

Er sprach: Streck deine Hand nicht gegen den Knaben aus und tu ihm nichts zuleide! Denn jetzt weiß ich, dass du Gott fürchtest; du hast mir deinen Sohn, deinen einzigen, nicht vorenthalten.

Abraham erhob seine Augen, sah hin und siehe, ein Widder hatte sich hinter ihm mit seinen Hörnern im Gestrüpp verfangen.

Abraham ging hin, nahm den Widder und brachte ihn statt seines Sohnes als Brandopfer dar. ⬅

Abraham gab jenem Ort den Namen: »Der HERR sieht«, wie man noch heute sagt: Auf dem Berg lässt sich der HERR sehen.

➡ Der Engel des HERRN rief Abraham zum zweiten Mal vom Himmel her zu und sprach: Ich habe bei mir geschworen – Spruch des HERRN: Weil du das getan hast und deinen Sohn, deinen einzigen, mir nicht vorenthalten hast, will ich dir Segen schenken in Fülle und deine Nachkommen überaus zahlreich machen wie die Sterne am Himmel und den Sand am Meeresstrand. Deine Nachkommen werden das Tor ihrer Feinde einnehmen.

Segnen werden sich mit deinen Nachkommen alle Völker der Erde, weil du auf meine Stimme gehört hast. ⬅

Wort des lebendigen Gottes.

IMPULS Wir brauchen gar nicht drum herum zu reden: Die Geschichte lässt uns erschauern. Gott verlangt von einem Vater, dass er ihm seinen Sohn, sein Liebstes, sein Erbe, auf den er so lange hat warten müssen, jetzt opfert. Grausamer, willkürlicher geht es nicht mehr. Auf der anderen Seite tun wir uns aber genauso schwer mit diesem Abraham, der sich ohne mit der Wimper zu zucken auf den Weg macht, diesem furchtbaren Gott seinen Wunsch zu erfüllen. Soviel unterwürfiger Gehorsam ist uns suspekt und kaum nachvollziehbar. In allerletzter Minute dann die Wendung: Der Engel des HERRN reißt das Ruder herum und das Leben siegt über den Tod – auf jeden Fall für den betroffenen Menschen, nicht so für das stellvertretende Tier. Der Text ist ein Zeugnis aus längst vergangenen Tagen, in denen Lebendopfer als Beweis für menschlichen Gehorsam und Treue der Gottheit gegenüber verstanden wurden. Glaube und Religion sind wie alles Irdische dem Wandel unterworfen; in der christlichen Tradition wurde die Gottesliebe nicht mehr in dieser rituellen Weise artikuliert. Allerdings ist in unserer zweitausendjährigen Geschichte so manches menschliche Leben – wenn auch nicht auf einem Altar – ausgelöscht worden im Namen unserer Religion. Die Schilderung aus dem Buch Genesis ist vielleicht doch näher an unserer Wirklichkeit dran, als es im ersten Augenblick den Anschein hat.

ANTWORTPSALM

Ps 16,5.8–10.2.11 (Kv: vgl. 1)

Kv Behüte mich, Gott, denn ich vertraue auf dich. – Kv

Der HERR ist mein Erbanteil, er reicht mir den Becher, *
du bist es, der mein Los hält.
Ich habe mir den HERRN beständig vor Augen gestellt, *
weil er zu meiner Rechten ist, wanke ich nicht. – (Kv)

Darum freut sich mein Herz und jubelt meine Ehre, *
auch mein Fleisch wird wohnen in Sicherheit.
Denn du überlässt mein Leben nicht der Totenwelt; *
du lässt deinen Frommen die Grube nicht schauen. – (Kv)

Ich sagte zum HERRN: Mein Herr bist du, *
mein ganzes Glück bist du allein.
Du lässt mich den Weg des Lebens erkennen. /
Freude in Fülle vor deinem Angesicht, *
Wonnen in deiner Rechten für alle Zeit. – Kv

Gott, du Vater aller Gläubigen, durch deine Gnade mehrst du auf dem ganzen Erdenrund die Kinder deiner Verheißung. Durch das österliche Sakrament der Taufe erfüllst du den Eid, den du Abraham geschworen hast, und machst ihn zum Vater aller Völker. Gib allen, die du zu deinem Volke berufen hast, die Gnade, diesem Ruf zu folgen. Darum bitten wir durch Christus, unseren Herrn.

DRITTE LESUNG Ex 14,15 – 15,1

Lesung aus dem Buch Exodus.

In jenen Tagen, als die Israeliten sahen, dass die Ägypter ihnen nachrückten, erschraken sie sehr und schrien zum Herrn. Da sprach der HERR zu Mose: Was schreist du zu mir? Sag den Israeliten, sie sollen aufbrechen.
Und du heb deinen Stab hoch, streck deine Hand über das Meer und spalte es, damit die Israeliten auf trockenem Boden in das Meer hineinziehen können!
Ich aber will das Herz der Ägypter verhärten, damit sie hinter ihnen hineinziehen. So will ich am Pharao und an seiner ganzen Streitmacht, an seinen Streitwagen und Reitern meine Herrlichkeit erweisen.
Die Ägypter sollen erkennen, dass ich der HERR bin, wenn ich am Pharao, an seinen Streitwagen und Reitern meine Herrlichkeit erweise.
Der Engel Gottes, der den Zug der Israeliten anführte, brach auf und ging nach hinten und die Wolkensäule brach auf und stellte sich hinter sie.

Sie kam zwischen das Lager der Ägypter und das Lager der Israeliten. Die Wolke war da und Finsternis und Blitze erhellten die Nacht. So kamen sie die ganze Nacht einander nicht näher.
Mose streckte seine Hand über das Meer aus und der HERR trieb die ganze Nacht das Meer durch einen starken Ostwind fort. Er ließ das Meer austrocknen und das Wasser spaltete sich.
Die Israeliten zogen auf trockenem Boden ins Meer hinein, während rechts und links von ihnen das Wasser wie eine Mauer stand.
Die Ägypter setzten ihnen nach; alle Pferde des Pharao, seine Streitwagen und Reiter zogen hinter ihnen ins Meer hinein.
Um die Zeit der Morgenwache blickte der HERR aus der Feuer- und Wolkensäule auf das Lager der Ägypter und brachte es in Verwirrung.
Er hemmte die Räder an ihren Wagen und ließ sie nur schwer vorankommen. Da sagte der Ägypter: Ich muss vor Israel fliehen; denn der HERR kämpft auf ihrer Seite gegen Ägypten.
Darauf sprach der HERR zu Mose: Streck deine Hand über das Meer, damit das Wasser zurückflutet und den Ägypter, seine Wagen und Reiter zudeckt!
Mose streckte seine Hand über das Meer und gegen Morgen flutete das Meer an seinen alten Platz zurück, während die Ägypter auf der Flucht ihm entgegenliefen. So trieb der HERR die Ägypter mitten ins Meer.
Das Wasser kehrte zurück und bedeckte Wagen und Reiter, die ganze Streitmacht des Pharao, die den Israeliten ins Meer nachgezogen war. Nicht ein Einziger von ihnen blieb übrig.
Die Israeliten aber waren auf trockenem Boden mitten durch das Meer gezogen, während rechts und links von ihnen das Wasser wie eine Mauer stand.
So rettete der HERR an jenem Tag Israel aus der Hand der Ägypter. Israel sah die Ägypter tot am Strand liegen.
Als Israel sah, dass der HERR mit mächtiger Hand an den Ägyptern gehandelt hatte, fürchtete das Volk den HERRN. Sie glaubten an den HERRN und an Mose, seinen Knecht.

Damals sang Mose mit den Israeliten dem HERRN dieses Lied; sie sagten: Ich singe dem HERRN ein Lied, denn er ist hoch und erhaben. Ross und Reiter warf er ins Meer.

Wort des lebendigen Gottes.

IMPULS *Gewalt kann nie eine Lösung sein* heißt es oder auch *Gewalt erzeugt Gegengewalt.* Die Richtigkeit dieser Aussagen bezweifelt wohl kaum jemand, die Beweislage hierzu ist erdrückend. Aber es stehen Fragen im Raum wie z. B.: Gibt es Ausnahmesituationen, welche das Prinzip der Friedfertigkeit außer Kraft setzen? Gibt es ein Recht auf Verteidigung bei einem Angriff? Wie darf diese aussehen? Wer darf eingreifen? Wann und in welchem Maße? Die Antwortsuche ist erfahrungsgemäß äußerst schwierig. Vielleicht wissen wir auch aus eigenem Erleben, wie das Gefühl von Ohnmacht, Ausgeliefert sein und Unfreiheit in uns Gewaltphantasien erzeugt – auch ohne dass wir zur Tat schreiten. So können wir wohl ein gewisses Verständnis für die Israeliten aufbringen, die nach langer Zeit der Unfreiheit in Ägypten jetzt sämtlichen Peinigern den Tod an den Hals wünschen. Und doch: mit der Beschreibung und vor allem der Verherrlichung JHWHs als Kriegsgott, der keinen einzigen Ägypter entkommen läßt, tun wir uns schwer. Welches Gottesbild tragen wir in unserem Herzen?

ANTWORTPSALM Ex 15,1b–6.13.17–18 (Kv: vgl. 1bc)

Kv Dem HERRN will ich singen,
machtvoll hat er sich kundgetan. – Kv

Ich singe dem HERRN ein Lied, /
denn er ist hoch und erhaben. *
Ross und Reiter warf er ins Meer.
Meine Stärke und mein Lied ist der HERR, *
er ist mir zur Rettung geworden. – (Kv)

Er ist mein Gott, ihn will ich preisen; *
den Gott meines Vaters will ich rühmen.

Der HERR ist ein Krieger, *
HERR ist sein Name. – (Kv)

Pharaos Wagen und seine Streitmacht warf er ins Meer. *
Seine besten Vorkämpfer versanken im Roten Meer.
Fluten deckten sie zu, *
sie sanken in die Tiefe wie Steine. – (Kv)

Deine Rechte, HERR, ist herrlich an Stärke; *
deine Rechte, HERR, zerschmettert den Feind.
Du lenktest in deiner Güte das Volk, das du erlöst hast, *
du führtest sie machtvoll zu deiner heiligen Wohnung. – (Kv)

Du wirst sie hinbringen und einpflanzen auf den Berg
deines Erbes, *
den du, HERR, zu deiner Wohnstätte gemacht hast,
um dich niederzulassen,
zu einem Heiligtum, HERR,
von deinen Händen gegründet. *
Der HERR ist König für immer und ewig. – Kv

Gott, deine uralten Wunder leuchten noch in unseren Tagen. Was einst dein mächtiger Arm an e i n e m Volk getan hat, das tust du jetzt an allen Völkern: Einst hast du Israel aus der Knechtschaft des Pharao befreit und durch die Fluten des Roten Meeres geführt; nun aber führst du alle Völker durch das Wasser der Taufe zur Freiheit. Gib, daß alle Menschen Kinder Abrahams werden und zur Würde des auserwählten Volkes gelangen. Darum bitten wir durch Christus, unseren Herrn.

Oder:

Herr, unser Gott, du hast uns durch das Licht des Neuen Bundes den Sinn der Wunder erschlossen, die du im Alten Bund gewirkt hast: Das Rote Meer ist ein Bild für das Wasser der Taufe; das befreite Volk Israel deutet hin auf das heilige Volk des Neuen Bundes. Gib, daß alle Menschen durch den Glauben an der Würde Israels teilhaben und im Heiligen Geist die Gnade der Wiedergeburt empfangen. Darum bitten wir durch Christus, unseren Herrn.

Vierte Lesung Jes 54,5–14

Lesung aus dem Buch Jesája.

Jerusalem, dein Schöpfer ist dein Gemahl, »Herr der Heerscharen« ist sein Name. Der Heilige Israels ist dein Erlöser, »Gott der ganzen Erde« wird er genannt.
Ja, der Herr hat dich gerufen als verlassene, bekümmerte Frau. Kann man denn die Frau seiner Jugend verstoßen?, spricht dein Gott.
Nur für eine kleine Weile habe ich dich verlassen, doch mit großem Erbarmen werde ich dich sammeln.
Einen Augenblick nur verbarg ich vor dir mein Gesicht in aufwallendem Zorn; aber in ewiger Huld habe ich mich deiner erbarmt, spricht dein Erlöser, der Herr.
Wie bei der Flut Noachs soll es für mich sein: So wie ich damals schwor, dass die Flut Noachs die Erde nie mehr überschwemmen wird, so schwöre ich jetzt, dir nie mehr zu zürnen und dich nie mehr zu schelten.
Mögen auch die Berge weichen und die Hügel wanken – meine Huld wird nicht von dir weichen und der Bund meines Friedens nicht wanken, spricht der Herr, der Erbarmen hat mit dir.
Ärmste, vom Sturm Gepeitschte, die ohne Trost ist: Siehe, ich selbst lege dir ein Fundament aus Malachit und Grundmauern aus Saphir.
Aus Rubinen mache ich deine Zinnen, aus Beryll deine Tore und alle deine Mauern aus kostbaren Steinen.
Alle deine Kinder sind Schüler des Herrn und groß ist der Friede deiner Kinder.
Du wirst auf Gerechtigkeit gegründet sein. Du bist fern von Bedrängnis, denn du brauchst dich nicht mehr zu fürchten und bist fern von Schrecken; er kommt an dich nicht heran.

Wort des lebendigen Gottes.

IMPULS Alle diejenigen, die meinen, die Bibel wäre nur trockene und langweilige Kost, straft der vorliegende Text aus dem Buch Jesaja Lügen. Mit unvergleichlicher Inbrunst und Leidenschaft wirbt in ihm der göttliche Bräutigam um seine verlorene Liebe, die er unbedingt zurückgewinnen möchte. Selbst die vergangene Untreue seiner Geliebten kann seine Zuneigung nicht erschüttern. Das Bild der Stadt Jerusalem als Braut des Herrn ist ein sehr gefühlsbetontes Bild. Jerusalem war und ist bis heute das Identifikationssymbol der gläubigen Juden – mit allen bekannten Implikationen. Mit dieser Stadt sind für sie große Hoffnungen genauso wie tiefer Schmerz verbunden. Die Zeit der Abfassung des Textes fällt in das Ende der Babylonischen Gefangenschaft. Die Zeit der Trauer, der Demütigung und der Verlassenheit neigt sich dem Ende zu, eine wunderbare, reich geschmückte Zukunft tut sich auf. JHWH lässt seine Geschöpfe nie endgültig fallen, das ist tiefste biblische Überzeugung. Vernehmen wir auch sein Werben?

Antwortpsalm

Ps 30,2.4–6.12a.13b (Kv: vgl. 2ab)

Kv Herr, du zogst mich herauf aus der Tiefe;
ich will dich rühmen in Ewigkeit. – Kv

Ich will dich erheben, Herr, /
denn du zogst mich herauf *
und ließest nicht zu, dass meine Feinde sich über mich freuen.
Herr, du hast meine Seele heraufsteigen lassen
aus der Totenwelt, *
hast mich am Leben erhalten, sodass ich nicht in die Grube hinabstieg. – (Kv)

Singt und spielt dem Herrn, ihr seine Frommen, *
dankt im Gedenken seiner Heiligkeit!
Denn sein Zorn dauert nur einen Augenblick, *
doch seine Güte ein Leben lang. – (Kv)

Wenn man am Abend auch weint, *
am Morgen herrscht wieder Jubel.
Du hast mein Klagen in Tanzen verwandelt, *
Herr, mein Gott, ich will dir danken in Ewigkeit. – Kv

Allmächtiger, ewiger Gott, verherrliche deinen Namen. Gewähre, was du den Vätern um ihres Glaubens willen versprochen hast, und mehre durch die Taufe die Zahl deiner Kinder. Laß deine Kirche erfahren, daß sich erfüllt, was die Heiligen des Alten Bundes gläubig erhofft haben. Darum bitten wir durch Christus, unseren Herrn.

FÜNFTE LESUNG

Jes 55,1–11

Lesung aus dem Buch Jesája.

So spricht derr Herr: Auf, alle Durstigen, kommt zum Wasser!
Die ihr kein Geld habt, kommt, kauft Getreide und esst, kommt und kauft ohne Geld und ohne Bezahlung Wein und Milch!
Warum bezahlt ihr mit Geld, was euch nicht nährt, und mit dem Lohn eurer Mühen, was euch nicht satt macht? Hört auf mich, dann bekommt ihr das Beste zu essen und könnt euch laben an fetten Speisen!
Neigt euer Ohr und kommt zu mir, hört und ihr werdet aufleben!
Ich schließe mit euch einen ewigen Bund: Die Erweise der Huld für David sind beständig.
Siehe, ich habe ihn zum Zeugen für die Völker gemacht, zum Fürsten und Gebieter der Nationen.
Siehe, eine Nation, die du nicht kennst, wirst du rufen und eine Nation, die dich nicht kannte, eilt zu dir, um des HERRN, deines Gottes, des Heiligen Israels willen, weil er dich herrlich gemacht hat.
Sucht den HERRN, er lässt sich finden, ruft ihn an, er ist nah!
Der Frevler soll seinen Weg verlassen, der Übeltäter seine Pläne.
Er kehre um zum HERRN, damit er Erbarmen hat mit ihm, und zu unserem Gott; denn er ist groß im Verzeihen.
Meine Gedanken sind nicht eure Gedanken und eure Wege sind nicht meine Wege – Spruch des HERRN.
So hoch der Himmel über der Erde ist, so hoch erhaben sind meine Wege über eure Wege und meine Gedanken über eure Gedanken.

Denn wie der Regen und der Schnee vom Himmel fällt und nicht dorthin zurückkehrt, ohne die Erde zu tränken und sie zum Keimen und Sprossen zu bringen, dass sie dem Sämann Samen gibt und Brot zum Essen, so ist es auch mit dem Wort, das meinen Mund verlässt: Es kehrt nicht leer zu mir zurück, ohne zu bewirken, was ich will, und das zu erreichen, wozu ich es ausgesandt habe.

Wort des lebendigen Gottes.

IMPULS In der Folge des vorhin gehörten Kapitels aus dem Buch Jesaja wendet sich der Autor nun in Kapitel 55 an die Gläubigen, die sich aufmachen werden, die Stadt Jerusalem wieder zu bevölkern und neu zu beleben. Aber wie soll dieses neue Leben aussehen? Durch was soll es gekennzeichnet sein, durch was sich von dem vorherigen unterscheiden? Im Verständnis der alten Juden war ja die Einnahme und der Untergang Jerusalems durch die Babylonier die Folge der Abkehr des Volkes vom rechten Glauben an JHWH. Und so ruft der Prophet eindringlich zur Umkehr und zur wahren Suche Gottes auf. Sein Ruf ergeht auch an uns: »Verlasst euch nicht in erster Linie auf euer Geld und eure Leistung. Ihr könnt euch zwar alles Mögliche davon kaufen, aber das, was ihr wirklich zum guten Leben braucht ist nicht mit Geld zu bezahlen, sondern es wird euch geschenkt, von Gott geschenkt!« Das Leben als Geschenk annehmen bedeutet nicht, uns aus jeglicher Eigenverantwortung stehlen. Aber es ist ein Perspektivwechsel: Wir sind nicht das, was wir leisten oder erwerben, der Wert unseres Seins gründet in Gott selber.

ANTWORTPSALM

Jes 12,2–3.4b–6 (Kv: 3)

Kv Ihr werdet Wasser freudig schöpfen
aus den Quellen des Heils. – Kv

Siehe, Gott ist mein Heil; *
ich vertraue und erschrecke nicht.
Denn meine Stärke und mein Lied ist Gott, der HERR. *
Er wurde mir zum Heil. – (Kv)

Ihr werdet Wasser freudig schöpfen *
aus den Quellen des Heiles.
Dankt dem HERRN! Ruft seinen Namen an! /
Macht unter den Völkern seine Taten bekannt, *
verkündet: Sein Name ist erhaben! – (Kv)

Singt dem HERRN, denn Überragendes hat er vollbracht; *
bekannt gemacht sei dies auf der ganzen Erde.
Jauchzt und jubelt, ihr Bewohner Zions; *
denn groß ist in eurer Mitte der Heilige Israels. – Kv

SECHSTE LESUNG

Bar 3,9–15.32 – 4,4

Lesung aus dem Buch Baruch.

Höre, Israel, die Gebote des Lebens; merkt auf, um Einsicht zu erlangen!
Warum, Israel, warum lebst du im Gebiet der Feinde, wirst alt in einem fremden Land, bist unrein geworden, den Toten gleich, wurdest gezählt zu denen, die in die Unterwelt hinabsteigen?
Du hast den Quell der Weisheit verlassen.
Wärest du auf Gottes Weg gegangen, du wohntest in Frieden für immer.
Nun lerne, wo die Einsicht ist, wo Kraft und wo Klugheit, dann erkennst du zugleich, wo langes Leben und Lebensglück, wo Licht für die Augen und Frieden zu finden sind!
Wer hat je ihren Ort gefunden? Wer ist zu ihren Schatzkammern vorgedrungen?
Doch der Allwissende kennt sie; er hat sie in seiner Einsicht entdeckt. Er hat ja die Erde für immer gegründet, er hat sie mit vierfüßigen Tieren bevölkert.
Er entsendet das Licht und es eilt dahin; er ruft es zurück und zitternd gehorcht es ihm.
Froh leuchten die Sterne auf ihren Posten.
Ruft er sie, so antworten sie: Hier sind wir. Sie leuchten mit Freude für ihren Schöpfer.
Das ist unser Gott; kein anderer gilt neben ihm.

Er hat den Weg der Erkenntnis ganz erkundet und hat sie Jakob, seinem Diener, verliehen, Israel, seinem Liebling.
Dann erschien sie auf der Erde und lebte mit den Menschen.
Sie ist das Buch der Gebote Gottes, das Gesetz, das ewig besteht. Alle, die an ihr festhalten, finden das Leben; doch alle, die sie verlassen, verfallen dem Tod.
Kehr um, Jakob, ergreif sie! Geh in ihrem Glanz den Weg zum Licht!
Überlass deinen Ruhm keinem andern und deinen Vorzug keinem fremden Volk!
Glücklich sind wir, das Volk Israel; denn wir wissen, was Gott gefällt.

Wort des lebendigen Gottes.

IMPULS Das Buch Baruch geht in seinen ältesten Teilen bis etwa in die Mitte des 2. Jh. v. Chr. zurück. Um seiner Botschaft Gewicht zu verleihen, wird es, wie in der Antike nicht unüblich, einer bedeutenden Person zugeordnet, in diesem Fall dem Sekretär des Propheten Jeremia. Diese beiden Männer lebten und wirkten Ende des 7. Jh. v. Chr., ihr Ansehen bei den Gläubigen reichte demnach weit über ihren Tod hinaus. Im vorliegenden Textauszug begegnen wir einer sehr schönen Meditation aus der jüdischen Weisheitsliteratur. In ihrem Verständnis hat die Weisheit ihren letzten Grund in JHWH selber; sie wird als tiefe Einsicht, als wahre Erkenntnis verstanden, die in den göttlichen Geboten und deren Befolgen ihren einzigartigen Ausdruck findet. Weisheit ist mitnichten das Horten von intellektuellem Wissen, Weisheit ist die Bildung des Herzens.

ANTWORTPSALM — Ps 19,8–12 (Kv: Joh 6,68c)

Kv Herr, du hast Worte des ewigen Lebens. – Kv

Die Weisung des HERRN ist vollkommen und gut, *
sie erquickt den Menschen.
Das Zeugnis des HERRN ist verlässlich, *
den Unwissenden macht es weise. – (Kv)

Die Befehle des HERRN sind gerade, *
sie erfüllen das Herz mit Freude.
Das Gebot des HERRN ist rein, *
es erleuchtet die Augen. – (Kv)

Die Furcht des HERRN ist lauter, *
sie besteht für immer.
Die Urteile des HERRN sind wahrhaftig, *
gerecht sind sie alle. – (Kv)

Sie sind kostbarer als Gold, als Feingold in Menge. *
Sie sind süßer als Honig, als Honig aus Waben.
Auch dein Knecht lässt sich von ihnen warnen; *
reichen Lohn hat, wer sie beachtet. – Kv

SIEBTE LESUNG

Ez 36,16–17a.18–28

Lesung aus dem Buch Ezechiel.

Das Wort des HERRN erging an mich: Menschensohn, als die vom Haus Israel in ihrem Land wohnten, machten sie es durch ihre Wege und ihre Taten unrein.
Da goss ich meinen Zorn über sie aus, weil sie Blut vergossen im Land und es mit ihren Götzen befleckten.
Ich zerstreute sie unter die Nationen; in die Länder wurden sie vertrieben. Nach ihren Wegen und nach ihren Taten habe ich sie gerichtet.
Als sie aber zu den Nationen kamen, entweihten sie überall, wohin sie kamen, meinen heiligen Namen; denn man sagte von ihnen: Das ist das Volk des HERRN und doch mussten sie sein Land verlassen.
Da tat mir mein heiliger Name leid, den das Haus Israel bei den Nationen entweihte, wohin es auch kam.
Darum sag zum Haus Israel: So spricht GOTT, der Herr: Nicht euretwegen handle ich, Haus Israel, sondern um meines heiligen Namens willen, den ihr bei den Nationen entweiht habt, wohin ihr auch gekommen seid.

Meinen großen, bei den Nationen entweihten Namen, den ihr mitten unter ihnen entweiht habt, werde ich wieder heiligen.
Und die Nationen – Spruch GOTTES, des Herrn – werden erkennen, dass ich der HERR bin, wenn ich mich an euch vor ihren Augen als heilig erweise.
Ich nehme euch heraus aus den Nationen, ich sammle euch aus allen Ländern und ich bringe euch zu eurem Ackerboden.
Ich gieße reines Wasser über euch aus, dann werdet ihr rein.
Ich reinige euch von aller Unreinheit und von allen euren Götzen.
Ich gebe euch ein neues Herz und einen neuen Geist gebe ich in euer Inneres. Ich beseitige das Herz von Stein aus eurem Fleisch und gebe euch ein Herz von Fleisch.
Ich gebe meinen Geist in euer Inneres und bewirke, dass ihr meinen Gesetzen folgt und auf meine Rechtsentscheide achtet und sie erfüllt.
Dann werdet ihr in dem Land wohnen, das ich euren Vätern gegeben habe. Ihr werdet mir Volk sein und ich, ich werde euch Gott sein.

Wort des lebendigen Gottes.

IMPULS Der Prophet Ezechiel lebt im 6. Jh. v. Chr. mit seinen Landsleuten in der Babylonischen Verbannung. Sein Wirken und seine Rede sind von dieser Erfahrung der Fremde und der Heimatlosigkeit tief geprägt. Der Untergang des Reiches Juda und die Zerstörung des Jerusalemer Tempels sind aus seiner Sicht die Folgen der Vergehen des Volkes, insbesondere seiner ausbeuterischen und ungerechten Führer. Zum wiederholten Mal lesen wir hier, dass Gott seinem Bund letztlich treu bleibt, egal was die Menschen tun oder nicht tun. Selbst wenn er in seinem Zorn ganze Fluten über sie gegossen, sie zerstreut und in die Fremde vertrieben hat, irgendwann reut es ihn und er macht sich erneut auf die Suche nach seinen Geschöpfen. Dieses Bild des liebenden und werbenden, des menschennahen Gottes durchzieht die ganze Schrift. Es ist uns sicher näher als das kriegerische Gottesbild, dem wir vorhin in der Lesung aus dem Buch Exodus begegnet sind. Vor allem entspricht es unserer menschlichen Erfahrung, dass es sich letztlich im Streit und im Unfrieden auf Dauer nicht gut leben lässt, für keine der betroffenen Parteien! Menschliche Versöhnung aber ist Schwerstarbeit, für die wir immer wieder ein neues Herz und einen neuen Geist brauchen.

Antwortpsalm Ps 42,3.5.10a; 43,3–4 (Kv: vgl. Ps 42,2)

Kv Wie der Hirsch verlangt nach frischem Wasser,
so verlangt meine Seele, Gott, nach dir. – Kv

Meine Seele dürstet nach Gott, *
nach dem lebendigen Gott.
Wann darf ich kommen *
und erscheinen vor Gottes Angesicht? – (Kv)

Ich will in einer Schar einherziehn. *
Ich will in ihr zum Hause Gottes schreiten,
im Schall von Jubel und Dank *
in festlich wogender Menge. – (Kv)

Sende dein Licht und deine Wahrheit;
sie sollen mich leiten; *
sie sollen mich bringen zu deinem heiligen Berg
und zu deinen Wohnungen.
So will ich kommen zu Gottes Altar, /
zum Gott meiner Freude und meines Jubels. *
Ich will dir danken zur Leier, Gott, du mein Gott. – Kv

Oder:

Antwortpsalm Ps 51,12–15.18–19 (Kv: vgl. 12a)

Kv Ein reines Herz erschaffe mir, o Gott! – Kv

Erschaffe mir, Gott, ein reines Herz *
und einen festen Geist erneuere in meinem Innern!
Verwirf mich nicht vor deinem Angesicht, *
deinen heiligen Geist nimm nicht von mir! – (Kv)

Gib mir wieder die Freude deines Heiles, *
rüste mich aus mit dem Geist der Großmut!
Ich will die Frevler deine Wege lehren *
und die Sünder kehren um zu dir. – (Kv)

Schlachtopfer willst du nicht, ich würde sie geben, *
an Brandopfern hast du kein Gefallen.
Schlachtopfer für Gott ist ein zerbrochener Geist, *
ein zerbrochenes und zerschlagenes Herz wirst du,
Gott, nicht verschmähen. – Kv

Gott, du unwandelbare Kraft, du ewiges Licht, schau gütig auf deine Kirche und wirke durch sie das Heil der Menschen. So erfahre die Welt, was du von Ewigkeit her bestimmt hast: Was alt ist, wird neu, was dunkel ist, wird licht, was tot war, steht auf zum Leben, und alles wird wieder heil in dem, der der Ursprung von allem ist, in unserem Herrn Jesus Christus, der mit dir lebt und herrscht in alle Ewigkeit.

Oder:

Herr, unser Gott, durch die Schriften des Alten und Neuen Bundes führst du uns ein in das Geheimnis dieser heiligen Nacht. Öffne unsere Augen für das Werk deines Erbarmens und schenk uns durch die Gnade dieser Osternacht die feste Zuversicht, daß auch unser Leben in deiner Herrlichkeit vollendet wird. Darum bitten wir durch Christus, unseren Herrn.

Oder (bei einer Taufe in der Osternacht):

Sei uns nahe, allmächtiger Gott, und wirke in den Sakramenten, die uns deine Liebe schenkt: Sende den Geist aus, der uns zu Kindern Gottes macht, den Geist, durch den dir aus dem Wasser der Taufe ein neues Volk geboren wird. Was wir unter heiligen Zeichen vollziehen, das vollende du mit deiner Kraft. Darum bitten wir durch Christus, unseren Herrn.

GLORIA (siehe Seite 536f.)

TAGESGEBET

Lasset uns beten. Gott, du hast diese Nacht hell gemacht durch den Glanz der Auferstehung unseres Herrn. Erwecke in deiner Kirche den Geist der Kindschaft, den du uns durch die Taufe geschenkt hast, damit wir neu werden an Leib und Seele und dir mit aufrichtigem Herzen dienen. Darum bitten wir durch Jesus Christus.

EPISTEL Röm 6,3–11

Lesung aus dem Brief des Apostes Paulus an die Gemeinde in Rom.

Schwestern und Brüder. Wir, die wir auf Christus Jesus getauft wurden, sind auf seinen Tod getauft worden.
Wir wurden ja mit ihm begraben durch die Taufe auf den Tod, damit auch wir, so wie Christus durch die Herrlichkeit des Vaters von den Toten auferweckt wurde, in der Wirklichkeit des neuen Lebens wandeln.
Wenn wir nämlich mit der Gestalt seines Todes verbunden wurden, dann werden wir es auch mit der seiner Auferstehung sein.
Wir wissen doch: Unser alter Mensch wurde mitgekreuzigt, damit der von der Sünde beherrschte Leib vernichtet werde, sodass wir nicht mehr Sklaven der Sünde sind.
Denn wer gestorben ist, der ist frei geworden von der Sünde.
Sind wir nun mit Christus gestorben, so glauben wir, dass wir auch mit ihm leben werden.
Wir wissen, dass Christus, von den Toten auferweckt, nicht mehr stirbt; der Tod hat keine Macht mehr über ihn.
Denn durch sein Sterben ist er ein für alle Mal gestorben für die Sünde, sein Leben aber lebt er für Gott.
So begreift auch ihr euch als Menschen, die für die Sünde tot sind, aber für Gott leben in Christus Jesus.

Wort des lebendigen Gottes.

IMPULS Die ersten Christengemeinden kannten schon sehr früh eine Taufpraxis. Davon zeugt dieser Auszug aus dem Römerbrief, den Paulus um das Jahr 57 n. Chr. schreibt. Die geglaubte reinigende Kraft des Wassers im Vollziehen eines Ritus ist weltweit in zahlreichen Kulturen und Glaubensgemeinschaften belegt, mag das Verständnis der Geste an sich auch unterschiedlich sein. Genauso ist die Anziehungskraft bestimmter Orte diesbezüglich ungebrochen groß. Man denke nur an die angenommene Stelle am Jordan, wo Johannes Jesus getauft hat und wo tagtäglich viele Menschen den Schritt ins Wasser wagen. Dem Apostel geht es darum, seinen Adressaten die Wichtigkeit und den bleibenden Anspruch ihres einmaligen Schrittes in Erinnerung zu rufen. Wie sie können auch wir als auf den Namen Jesu Getaufte unser Dasein aus einer neuen, verheißungsvollen Perspektive heraus leben. Unsere Taufe steht gleichermaßen für die Zusage von Gottes unverbrüchlicher Liebe und für unser persönliches Engagement. So ist es gut, wenn wir in dieser Osternacht gemeinsam mit den Christen der ganzen Welt unser Taufversprechen erneuern.

ANTWORTPSALM Ps 118,1–2.16–17.22–23

Kv Halleluja, halleluja, halleluja. – Kv

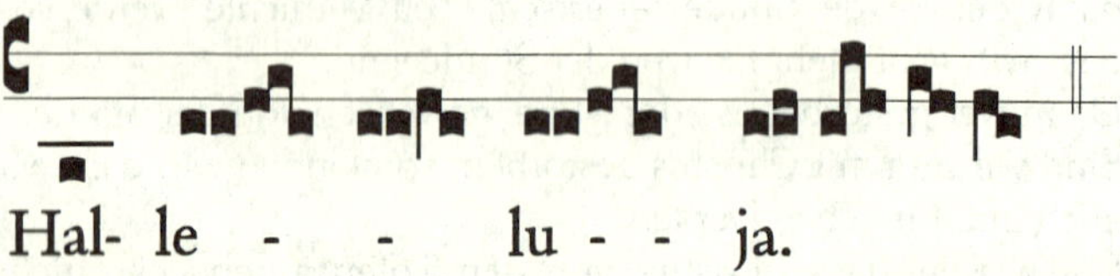

Danket dem HERRN, denn er ist gut, *
denn seine Huld währt ewig!
So soll Israel sagen: *
Denn seine Huld währt ewig. – (Kv)

Die Rechte des HERRN, sie erhöht, *
die Rechte des HERRN, Taten der Macht vollbringt sie.
Ich werde nicht sterben, sondern leben, *
um die Taten des HERRN zu verkünden. – (Kv)

Ein Stein, den die Bauleute verwarfen, *
er ist zum Eckstein geworden.
Vom HERRN her ist dies gewirkt, *
ein Wunder in unseren Augen. – Kv

EVANGELIUM Lk 24,1–12

+ Aus dem heiligen Evangelium nach Lukas.

Am ersten Tag der Woche gingen die Frauen mit den wohlriechenden Salben, die sie zubereitet hatten, in aller Frühe zum Grab.
Da sahen sie, dass der Stein vom Grab weggewälzt war; sie gingen hinein, aber den Leichnam Jesu, des Herrn, fanden sie nicht.
Und es geschah, während sie darüber ratlos waren, siehe, da traten zwei Männer in leuchtenden Gewändern zu ihnen.
Die Frauen erschraken und blickten zu Boden. Die Männer aber sagten zu ihnen: Was sucht ihr den Lebenden bei den Toten?
Er ist nicht hier, sondern er ist auferstanden. Erinnert euch an das, was er euch gesagt hat, als er noch in Galiläa war: Der Menschensohn muss in die Hände sündiger Menschen ausgeliefert und gekreuzigt werden und am dritten Tag auferstehen.
Da erinnerten sie sich an seine Worte.
Und sie kehrten vom Grab zurück und berichteten das alles den Elf und allen Übrigen.
Es waren Maria von Magdala, Johanna und Maria, die Mutter des Jakobus, und die übrigen Frauen mit ihnen. Sie erzählten es den Aposteln.
Doch die Apostel hielten diese Reden für Geschwätz und glaubten ihnen nicht.
Petrus aber stand auf und lief zum Grab. Er beugte sich vor, sah aber nur die Leinenbinden. Dann ging er nach Hause, voll Verwunderung über das, was geschehen war.

Evangelium unseres Herrn Jesus Christus.

IMPULS Glaube ist ein nie abgeschlossener Prozess, der durch Äußerlichkeiten – wie im vorgegeben Fall das leere Grab – weder zu wecken noch zu belegen ist. Auch die Erfahrungsberichte anderer führen einen noch nicht unbedingt ans Ziel. Laut Evangelium sind Frauen die ersten, die beginnen zu begreifen, was geschehen ist, noch vor den Männern. Aber alle ohne Ausnahme müssen sich auf das Geschehen einlassen, es verarbeiten, jeder für sich und in seinem ganz eigenen Rythmus. Das braucht Zeit, Geduld, und oftmals auch einen deutenden Hinweis von außen durch einen Boten. Aber der Glaubensweg an sich ist etwas sehr Intimes, Unverwechselbares. Jesus, so wie seine Freunde ihn kannten, lebt nicht mehr. Aber das, was er für sie war und auch in Zukunft bleiben kann, ist nicht an seinem Bestattungsort zu finden. In diesem Sinn ist das Grab tatsächlich leer. Der Stein, der es verschloss, ist weggewälzt. Die Einengung des dunklen Grabes weicht der offenen, lichtdurchfluteten Weite.

TAUFFEIER

ALLERHEILIGEN-LITANEI

V/A: Kyrie, eleison.
V/A: Christe, eleison.
V/A: Kyrie, eleison.

Oder:

V/A: Herr, erbarme dich.
V/A: Christus, erbarme dich.
V/A: Herr, erbarme dich.

V: Heilige Maria, Mutter Gottes – A: Bitte für uns.
Heiliger Michael
Ihr heiligen Engel Gottes – A: Bittet für uns.
Heiliger Johannes der Täufer – A: Bitte für uns.
Heiliger Josef
Heilige Apostel Petrus und Paulus – A: Bittet für uns.
Heiliger Andreas – A: Bitte für uns.
Heiliger Johannes
Heilige Maria Magdalena
Heiliger Stephanus
Heiliger Ignatius von Antiochien

Heiliger Laurentius
Heilige Perpetua und Felizitas – A: Bittet für uns.
Heilige Agnes – A: Bitte für uns.
Heiliger Gregor
Heiliger Augustinus
Heiliger Athanasius
Heiliger Basilius
Heiliger Martin
Heiliger Benedikt
Heiliger Franziskus
Heiliger Dominikus
Heiliger Franz Xaver
Heiliger Pfarrer von Ars
Heilige Katharina von Siena
Heilige Theresia von Jesus
Alle Heiligen Gottes – A: Bittet für uns.
Jesus, sei uns gnädig. – A: Herr, befreie uns.
Von allem Bösen
Von aller Sünde
Von der ewigen Verdammnis
Durch deine Menschwerdung und dein heiliges Leben
Durch dein Sterben und dein Auferstehn
Durch die Sendung des Heiligen Geistes

Wir armen Sünder – A: Wir bitten dich, erhöre uns.

Wenn Täuflinge anwesend sind:

V: Schenke diesen Erwählten im Wasser der Taufe das neue Leben.

Wenn keine Täuflinge anwesend sind:

V: Heilige in deiner Gnade dieses Wasser für die Taufe deiner Kinder.

V: Jesus, Sohn des lebendigen Gottes

V: Christus, höre uns. – A: Christus, erhöre uns.

Lobpreis und Anrufung Gottes über dem Wasser

Allmächtiger, ewiger Gott, deine unsichtbare Macht bewirkt das Heil der Menschen durch sichtbare Zeichen. Auf vielfältige Weise hast du das Wasser dazu erwählt, daß es hinweise auf das Geheimnis der Taufe: Schon im Anfang der Schöpfung schwebte dein Geist über dem Wasser und schenkte ihm die Kraft, zu retten und zu heiligen. Selbst die Sintflut war ein Zeichen der Taufe, denn das Wasser brachte der Sünde den Untergang und heiligem Leben einen neuen Anfang. Als die Kinder Abrahams, aus Pharaos Knechtschaft befreit, trockenen Fußes das Rote Meer durchschritten, da waren sie ein Bild deiner Gläubigen, die durch das Wasser der Taufe aus der Knechtschaft des Bösen befreit sind.

Allmächtiger, ewiger Gott, dein geliebter Sohn wurde von Johannes im Jordan getauft und von dir gesalbt mit Heiligem Geiste. Als er am Kreuz hing, flossen aus seiner Seite Blut und Wasser. Nach seiner Auferstehung befahl er den Jüngern: »Geht hin und lehret alle Völker und taufet sie im Namen des Vaters und des Sohnes und des Heiligen Geistes.«

Allmächtiger, ewiger Gott, schau gnädig auf deine Kirche und öffne ihr den Brunnen der Taufe. Dieses Wasser empfange die Gnade deines eingeborenen Sohnes vom Heiligen Geiste, damit der Mensch, der auf dein Bild hin geschaffen ist, durch das Sakrament der Taufe gereinigt wird von der alten Schuld und aus Wasser und Heiligem Geiste aufersteht zum neuen Leben deiner Kinder.

Bei den folgenden Worten senkt der Priester die Osterkerze ins Wasser.

Durch deinen geliebten Sohn steige herab in dieses Wasser die Kraft des Heiligen Geistes, damit alle, die durch die Taufe mit Christus begraben sind in seinen Tod, durch die Taufe mit Christus auferstehen zum ewigen Leben. Darum bitten wir durch Jesus Christus, deinen Sohn, unseren Herrn und Gott, der in der Einheit des Heiligen Geistes mit dir lebt und herrscht in Ewigkeit.

Spendung der Taufe

Segnung des Wassers

Wenn keine Taufe stattfindet und auch kein Taufwasser gesegnet wird, so segnet der Priester das Wasser mit dem folgenden Gebet:

Liebe Schwestern und Brüder!
Wir bitten den Herrn, daß er dieses Wasser segne, mit dem wir nun besprengt werden. Das geweihte Wasser soll uns an die Taufe erinnern; Gott aber erneuere in uns seine Gnade, damit wir dem Geist treu bleiben, den wir empfangen haben.

Kurze Gebetsstille

Herr, unser Gott, sei deinem Volk nahe, das wachend und betend diese Osternacht feiert. Du hast uns wunderbar erschaffen und noch wunderbarer wiederhergestellt. Wir gedenken deiner großen Taten und bitten dich:
† Segne dieses Wasser, das uns an deine Sorge für uns Menschen erinnert. Im Anfang hast du das Wasser erschaffen, damit es der Erde Fruchtbarkeit bringt und uns Menschen zum frischen Trunk und zum reinigenden Bad wird. Du hast das Wasser in Dienst genommen für das Werk deines Erbarmens: Im Roten Meer hast du dein Volk durch das Wasser aus der Knechtschaft Ägyptens befreit, in der Wüste mit Wasser aus dem Felsen seinen Durst gestillt. Die Propheten sahen im Bild des lebendigen Wassers den Neuen Bund, den du mit uns Menschen schließen wolltest.
Durch das Wasser, das Christus im Jordan geheiligt hat, reinigst du im Bad der Taufe den sündigen Menschen und schenkst ihm das neue Leben deiner Kinder. Darum sei dieses Wasser eine Erinnerung an unsere Taufe, es vereinige uns in österlicher Freude mit unseren Brüdern und Schwestern, die in dieser heiligen Nacht getauft werden, und mit allen, die aus dem Wasser und dem Heiligen Geist wiedergeboren sind zum ewigen Leben. Darum bitten wir durch Jesus Christus.

Erneuerung des Taufversprechens

Liebe Schwestern und Brüder!
Wir alle sind einst durch das österliche Geheimnis der Taufe mit Christus begraben worden, damit wir mit ihm auferstehen zu einem neuen Leben. Nach den vierzig Tagen der Fastenzeit, in denen wir uns auf Ostern vorbereitet haben, wollen wir darum das Taufversprechen erneuern, mit dem wir einst dem Satan abgeschworen und Gott versprochen haben, ihm, unserem Herrn, in der heiligen katholischen Kirche zu dienen.
Deshalb frage ich euch:

P: Widersagt ihr dem Satan?
A: Ich widersage.
P: Und all seiner Bosheit?
A: Ich widersage.
P: Und all seinen Verlockungen?
A: Ich widersage.

Oder:

P: Widersagt ihr dem Bösen, um in der Freiheit der Kinder Gottes leben zu können?
A: Ich widersage.
P: Widersagt ihr den Verlockungen des Bösen, damit es nicht Macht über euch gewinnt?
A: Ich widersage.
P: Widersagt ihr dem Satan, dem Urheber des Bösen?
A: Ich widersage.
P: Glaubt ihr an Gott, den Vater, den Allmächtigen, den Schöpfer des Himmels und der Erde?
A: Ich glaube.
P: Glaubt ihr an Jesus Christus, seinen eingeborenen Sohn, unseren Herrn, der geboren ist von der Jungfrau Maria, der gelitten hat und begraben wurde, von den Toten auferstand und zur Rechten des Vaters sitzt?
A: Ich glaube.
P: Glaubt ihr an den Heiligen Geist, die heilige katholische Kirche, die Gemeinschaft der Heiligen, die Vergebung der Sünden, die Auferstehung der Toten und das ewige Leben?

A: Ich glaube.

P: Der allmächtige Gott, der Vater unseres Herrn Jesus Christus, hat uns aus dem Wasser und dem Heiligen Geist neues Leben geschenkt und uns alle Sünden vergeben. Er bewahre uns durch seine Gnade in Christus Jesus, unserem Herrn, zum ewigen Leben.

Besprengung der Gemeinde mit Weihwasser

Fürbitten

Gütiger Gott, in dieser Osternacht feiern wir die Auferweckung deines Sohnes Jesus zum ewigen Leben bei dir. In unserem Alltag aber verharren wir oft an Gräbern und suchen das wahre Leben an der falschen Stelle. In dieser Welt voller Ungewissheiten und Fragen rufen wir zu dir:

V/A: Herr, erhöre unser Gebet.

– Schenke uns deinen Geist der Weisheit, damit wir nicht müde werden, das Schöne und Befreiende an unserem Glauben weiterzugeben, nicht so sehr mit Worten, sondern mit unserem Tun.

– Umarme alle, die sich von dir entfernt haben oder denen du fremd geworden bist, mit deinem Geist der Zärtlichkeit, damit ihnen die Hoffnung bleibt und das Leben sie trägt.

– Lege deinen Segen auf die Menschen, die in den letzten Wochen einen ihrer Lieben zu Grabe getragen haben, und schenke ihnen deinen Trost in ihrem Schmerz.

– Stärke die Menschen, die an ihrem Lebensende angekommen sind, und auch diejenigen, die sie auf ihrem oft mühsamen Weg begleiten. Schenke ihnen allen deinen Frieden.

Gott unser Vater, zu dir rufen wir. Bewahre uns in den Zwängen unseres Alltags, den auferlegten und den selbstgemachten. Brich mit deinem Geist der Erneuerung unsere verhärtete Schale auf und führe uns aus unseren Sackgassen hinaus in eine offene, lichtdurchflutete Zukunft. Dir trauen wir zu, uns neues, erfülltes Leben zu schenken. Amen.

EUCHARISTIEFEIER

Gabengebet

Herr, unser Gott, nimm die Gebete und Gaben deines Volkes an und gib, daß diese österliche Feier, die im Opfer des wahren Osterlammes ihren Ursprung hat, uns zum ewigen Heil führt. Darum bitten wir durch Christus, unseren Herrn.

Präfation

Osterzeit I

In Wahrheit ist es würdig und recht, dir, Vater, immer und überall zu danken, diese Nacht aber aufs höchste zu feiern, da unser Osterlamm geopfert ist, Jesus Christus. Denn er ist das wahre Lamm, das die Sünde der Welt hinwegnimmt. Durch seinen Tod hat er unseren Tod vernichtet und durch seine Auferstehung das Leben neu geschaffen. Darum jubelt in dieser Nacht der ganze Erdkreis in österlicher Freude, darum preisen dich die himmlischen Mächte und die Chöre der Engel und singen das Lob deiner Herrlichkeit.

Einladung zum Vaterunser

Jesus räumte dem Gebet zu seinem himmlischen Vater einen ganz wesentlichen Platz ein. Seinen Jüngern und mit ihnen auch uns gab er im Vaterunser die wichtigsten Bitten fürs Leben mit auf den Weg. Gemeinsam wenden wir uns in dieser Osternacht an den, auf den Jesus vertraut hat: Vater unser im Himmel …

Einladung zum Friedensgebet

Gott hat seinen Sohn Jesus zu neuem, ewigem Leben erweckt. Wir glauben, dass er auch unsere Herzen immer wieder zur Erneuerung bewegen kann, damit wir nicht müde werden, den Weg des Friedens zu suchen. Deshalb beten wir voll Vertrauen: Herr Jesus Christus …

KOMMUNIONVERS

Vgl. 1 Kor 5,7–8

Unser Osterlamm ist geopfert, Christus, der Herr. Halleluja! Wir sind befreit von Sünde und Schuld. So lasst uns Festmahl halten in Freude. Halleluja!

SCHLUSSGEBET

Herr, unser Gott, du hast uns durch die österlichen Sakramente gestärkt. Schenke uns den Geist deiner Liebe, damit deine Gemeinde ein Herz und eine Seele wird. Darum bitten wir durch Christus, unseren Herrn.

SCHLUSSSEGEN

An Ostern

In dieser Nacht, die erhellt ist durch die Auferstehung unseres Herrn Jesus Christus, segne euch der gütige Gott und bewahre euch vor der Finsternis der Sünde.
In Christus haben wir Anteil am ewigen Leben; in ihm führe euch Gott zur unvergänglichen Herrlichkeit.
Unser Erlöser hat uns durch die Tage seines Leidens zur österlichen Freude geführt; er geleite euch alle Tage des Lebens bis zu jener Osterfreude, die niemals endet.
Das gewähre euch der dreieinige Gott, der Vater und der Sohn † und der Heilige Geist.

das Kreuz

nach menschlichem Ermessen
absolutes Scheitern

verraten
verleugnet
verlassen
verhört
verurteilt

zerrieben
zwischen irdischen Mächten
hingerichtet
am Pfahl der Schmach

doch im Sterben
wider allen Schein
dem Ewigen
vertraut

der Welten Vorhang reißt
entzwei

Gaby Faber-Jodocy

HOCHFEST DER AUFERSTEHUNG DES HERRN – OSTERSONNTAG

Am Tag

20. April 2025

Ich bin erstanden und bin immer bei dir. Halleluja.
Du hast deine Hand auf mich gelegt. Halleluja.
Wie wunderbar ist für mich dieses Wissen. Halleluja.
Vgl. Ps 139 (138),18.5–6

Oder:

Der Herr ist auferstanden,
er ist wahrhaft auferstanden. Halleluja.
Sein ist die Macht und die Herrlichkeit in Ewigkeit.
Halleluja.
Vgl. Lk 24,34; Offb 1,6

Jesus von Nazaret hat sein ganzes Leben auf Gott hin ausgerichtet. Von seiner Empfängnis bis zu seinem irdischen Tod war er zutiefst vom Geist Gottes beseelt. Das bezeugen u. a. die Verkündigungsszene, der Bericht über seine Taufe im Jordan, die Verklärungsszene auf dem Berg, und auch sein Ringen während der Passion. Auf diesen Heiligen Geist hat er sich verlassen, mit ihm hat er gerechnet. So verkündet er den guten Abba, der ein frohes, heiles Leben für alle Menschen ohne Ausnahme möchte, und so handelt er in konkreten Situationen an den Menschen, denen er begegnet. Bei ihm sind Wort und Tat eins. Seine Verhaftung, sein Leiden und Sterben waren damals in der konkreten historischen Situation die Konsequenz seines Lebensentwurfes. Mit der Hinrichtung ist er wohl seines irdischen Lebens beraubt worden, aber seine Liebe und sein Gottvertrauen konnten nicht zu Tode gebracht werden, damals nicht und bis heute nicht. Der Keim der Auferstehung, dieses Allzeit-in-Gott-sein, war seinem Leben von Anfang an innewohnend.

KYRIE-RUFE

Bruder Jesus, deine Freunde haben dich als vom himmlischen Vater Auferweckten erfahren.
Herr, erbarme dich.
Mit ihnen zusammen bekennen auch wir, dass du nicht im Tod vernichtet wurdest, sondern dass der Barmherzige dich in das Ewige Leben seiner Gegenwart hineingenommen hat.
Christus, erbarme dich.
Stärke auch unsere Hoffnung auf ein befreites Leben schon im Hier und Jetzt, und später in der Ewigkeit bei dir.
Herr, erbarme dich.

GLORIA (siehe Seite 516f.)

TAGESGEBET

Allmächtiger, ewiger Gott, am heutigen Tag hast du durch deinen Sohn den Tod besiegt und uns den Zugang zum ewigen Leben erschlossen. Darum begehen wir in Freude das Fest seiner Auferstehung. Schaffe uns neu durch deinen Geist, damit auch wir auferstehen und im Licht des Lebens wandeln. Darum bitten wir durch Jesus Christus.

ERSTE LESUNG Apg 10,34a.37–43

Lesung aus der Apostelgeschichte.

In jenen Tagen begann Petrus zu reden und sagte: Ihr wisst, was im ganzen Land der Juden geschehen ist, angefangen in Galiläa, nach der Taufe, die Johannes verkündet hat: wie Gott Jesus von Nazaret gesalbt hat mit dem Heiligen Geist und mit Kraft, wie dieser umherzog, Gutes tat und alle heilte, die in der Gewalt des Teufels waren; denn Gott war mit ihm. Und wir sind Zeugen für alles, was er im Land der Juden und in Jerusalem getan hat. Ihn haben sie an den Pfahl gehängt und getötet. Gott aber hat ihn am dritten Tag auferweckt und hat ihn erscheinen lassen, zwar nicht dem ganzen Volk, wohl aber den von Gott vorher-

bestimmten Zeugen: uns, die wir mit ihm nach seiner Auferstehung von den Toten gegessen und getrunken haben.
Und er hat uns geboten, dem Volk zu verkünden und zu bezeugen: Dieser ist der von Gott eingesetzte Richter der Lebenden und der Toten.
Von ihm bezeugen alle Propheten, dass jeder, der an ihn glaubt, durch seinen Namen die Vergebung der Sünden empfängt.

Wort des lebendigen Gottes.

IMPULS Gottes Wege mit uns Menschen sind mitunter etwas verschlungen. Derselbe Petrus, der als Begleiter Jesu manchmal schon etwas vollmundig auftreten konnte, der allerdings auch aus Angst vor den Konsequenzen seinen Herrn bei der Gefangennahme verleugnet hat, dieser Petrus legt sich hier mit seiner Rede in der Küstenstadt Caesarea wieder mächtig ins Zeug, um die Frohe Botschaft zu bezeugen. Er fasst in knapper, aber prägnanter Form die inhaltlichen Eckpunkte des Christusglaubens zusammen, den er auch den so genannten Heiden nahe bringen möchte. Petrus hat etwas Zeit gebraucht, um zu diesem Entschluss zu kommen, aber seine Herzengröße lässt ihn erkennen, dass auch sie, wie beispielsweise der Hauptmann Kornelius, von Gott gerufen sind, zum Glauben finden und die Taufe empfangen können. Menschen machen Fehler, aber sie sind auch fähig diese Fehler einzusehen und die nötige Kurskorrektur vorzunehmen. Diese Chance gesteht Gott uns und auch allen anderen zu.

ANTWORTPSALM Ps 118 (117),1–2.16–17.22–23 (Kv: vgl. 24)

Kv Das ist der Tag, den der HERR gemacht;
wir wollen jubeln und uns über ihn freuen. – Kv
Oder:

Kv Halleluja. – Kv

Danket dem HERRN, denn er ist gut, *
denn seine Huld währt ewig!

So soll Israel sagen: *
Denn seine Huld währt ewig. – (Kv)

Die Rechte des HERRN, sie erhöht, *
die Rechte des HERRN, Taten der Macht vollbringt sie.
Ich werde nicht sterben, sondern leben, *
um die Taten des HERRN zu verkünden. – (Kv)

Ein Stein, den die Bauleute verwarfen, *
er ist zum Eckstein geworden.
Vom HERRN her ist dies gewirkt, *
ein Wunder in unseren Augen. – Kv

ZWEITE LESUNG Kol 3,1–4

Lesung aus dem Brief des Apostels Paulus an die Gemeinde in Kolóssä.

Schwestern und Brüder! Seid ihr nun mit Christus auferweckt, so strebt nach dem, was oben ist, wo Christus zur Rechten Gottes sitzt! Richtet euren Sinn auf das, was oben ist, nicht auf das Irdische! Denn ihr seid gestorben und euer Leben ist mit Christus verborgen in Gott. Wenn Christus, unser Leben, offenbar wird, dann werdet auch ihr mit ihm offenbar werden in Herrlichkeit.

Wort des lebendigen Gottes.

IMPULS Der Verfasser des Briefes an die Gemeinde von Kolossä ermahnt seine Adressaten, sich unbedingt ihres neuen Menschseins als Christen bewusst zu bleiben und nicht mehr in ihre alten Fehler zurückzufallen. Wir wissen aus eigener Erfahrung, wie schwierig es sein kann, Gewohnheiten, die sich eingeschlichen, und Verhaltensweisen, die sich verfestigt haben, abzulegen. In den Versen, die unserem Textauszug folgen, werden zur Veranschaulichung eine ganze Reihe schlechter, irdischer Verhaltensmuster aufgezählt, die es zu meiden gilt, wie z.B. Schamlosigkeit, Wut, Begierde und Lüge. Ihnen gegenüber gestellt zur eifrigen Nachahmung werden Erbarmen, Güte, Milde und Geduld. *Alles, was ihr in Wort oder Werk tut, geschehe im Namen Jesu, des Herrn* heißt es in Vers 17. Prinzipielle christliche Überzeugung in gelebte und vor allem lebbare Praxis umzusetzen, war von Beginn an und bleibt bis heute in unseren Gemeinschaften eine Herausforderung. Sie übersteigt so manches Mal unsere Fähigkeiten genauso wie unseren Mut.

Oder: 1 Kor 5,6b–8

Lesung aus dem ersten Brief des Apostels Paulus an die Gemeinde in Korínth.

Schwestern und Brüder! Wisst ihr nicht, dass ein wenig Sauerteig den ganzen Teig durchsäuert? Schafft den alten Sauerteig weg, damit ihr neuer Teig seid! Ihr seid ja schon ungesäuertes Brot; denn als unser Paschalamm ist Christus geopfert worden. Lasst uns also das Fest nicht mit dem alten Sauerteig feiern, nicht mit dem Sauerteig der Bosheit und Schlechtigkeit, sondern mit den ungesäuerten Broten der Aufrichtigkeit und Wahrheit!

Wort des lebendigen Gottes.

IMPULS Paulus erreicht die Nachricht, dass in der von ihm gegen das Jahr 50 gegründeten Gemeinde in Korinth ein schwerwiegender Missstand herrscht: Ein Gemeindemitglied lebt mit der Frau seines Vaters zusammen. Wie es dem Temperament des Apostels entspricht, geht er ohne Umschweife auf Konfrontationskurs: Der Betreffende ist sofort und unter allen Umständen aus der Gemeinschaft zu entfernen. Denn, so wie auch nur eine Winzigkeit Sauerteig den ganzen Teig durchsäuert, so kann ein einziges Mitglied die Gemeinschaft mit seinem sündigen Tun anstecken. Soweit zu der Argumentation des Apostel. Seine Befürchtungen sind sicherlich nicht ganz von der Hand zu weisen – trotzdem mutet uns seine Kompromisslosigkeit etwas hartherzig an. Gab es nicht die Möglichkeit, in einem klärenden Gespräch die Sache zu bereinigen? Was ist mit der brüderlichen Zurechtweisung, von der wir in Mt 18 lesen?

In unserem menschlichen Zusammenleben treffen auch wir manchmal harte Entscheidungen – weil wir davon überzeugt sind, dass nur so das Große Ganze weiterhin Bestand hat, und wir nehmen sie als durchaus fehlbare Menschen! Das war dem Apostel ebenfalls bewusst. Warum sonst hätte er in Vers 5 des Kapitels den Sünder zwar leiblich dem Verderben überlassen, ihm aber eindeutig die mögliche Rettung durch Gott zugestanden? Diese Haltung spricht für seinen tiefen Gottesglauben genauso wie für seine menschliche Demut. Sie hat auch für uns Vorbildfunktion.

Sequenz

Víctimae pascháli laudes ímmolent Christiáni.	Singt das Lob dem Osterlamme, bringt es ihm dar, ihr Christen.
Agnus redémit oves: Christus ínnocens Patri reconciliávit peccatóres.	Das Lamm erlöst' die Schafe: Christus, der ohne Schuld war, versöhnte die Sünder mit dem Vater.
Mors et vita duéllo conflixére mirándo: dux vitae mórtuus, regnat vivus.	Tod und Leben, die kämpften unbegreiflichen Zweikampf; des Lebens Fürst, der starb, herrscht nun lebend.
Dic nobis María, quid vidísti in via? Sepúlcrum Christi vivéntis, et glóriam vidi resurgéntis.	Maria Magdalena, sag uns, was du gesehen. Das Grab des Herrn sah ich offen und Christus von Gottes Glanz umflossen,
Angélicos testes, sudárium et vestes. Surréxit Christus spes mea, praecédet suos in Galiláeam.	sah Engel in dem Grabe, die Binden und das Linnen. Er lebt, der Herr, meine Hoffnung, er geht euch voran nach Galiläa.
Scimus Christum surexísse a mórtuis vere:	Lasst uns glauben, was Maria den Jüngern verkündet. Sie sah den Herren, den Auferstandnen.

tu nobis victor, Rex, miserére.
Amen. Allelúia.

Ja, der Herr ist auferstanden, ist
wahrhaft erstanden. Du Sieger,
König, Herr, hab Erbarmen!
Amen. Halleluja.

Wipo von Burgund (vor 1050); GL (1975) 215/216; GL (2013) 320 · KG 433

Ruf vor dem Evangelium

Vers: vgl. 1 Kor 5,7b–8a

Halleluja. Halleluja.
Unser Paschalamm ist geopfert: Christus.
So lasst uns das Festmahl feiern im Herrn.
Halleluja.

Evangelium

Joh 20,1–18 (Kf: 20,1–9)

+ Aus dem heiligen Evangelium nach Johannes.

Am ersten Tag der Woche kam Maria von Magdala frühmorgens, als es noch dunkel war, zum Grab und sah, dass der Stein vom Grab weggenommen war.
Da lief sie schnell zu Simon Petrus und dem anderen Jünger, den Jesus liebte, und sagte zu ihnen: Sie haben den Herrn aus dem Grab weggenommen und wir wissen nicht, wohin sie ihn gelegt haben.
Da gingen Petrus und der andere Jünger hinaus und kamen zum Grab; sie liefen beide zusammen, aber weil der andere Jünger schneller war als Petrus, kam er als Erster ans Grab.
Er beugte sich vor und sah die Leinenbinden liegen, ging jedoch nicht hinein.
Da kam auch Simon Petrus, der ihm gefolgt war, und ging in das Grab hinein. Er sah die Leinenbinden liegen und das Schweißtuch, das auf dem Haupt Jesu gelegen hatte; es lag aber nicht bei den Leinenbinden, sondern zusammengebunden daneben an einer besonderen Stelle.
Da ging auch der andere Jünger, der als Erster an das Grab gekommen war, hinein; er sah und glaubte.
Denn sie hatten noch nicht die Schrift verstanden, dass er von den Toten auferstehen müsse. ←

Dann kehrten die Jünger wieder nach Hause zurück.
Maria aber stand draußen vor dem Grab und weinte.
Während sie weinte, beugte sie sich in die Grabkammer hinein.
Da sah sie zwei Engel in weißen Gewändern sitzen, den einen dort, wo der Kopf, den anderen dort, wo die Füße des Leichnams Jesu gelegen hatten.
Diese sagten zu ihr: Frau, warum weinst du? Sie antwortete ihnen: Sie haben meinen Herrn weggenommen und ich weiß nicht, wohin sie ihn gelegt haben.
Als sie das gesagt hatte, wandte sie sich um und sah Jesus dastehen, wusste aber nicht, dass es Jesus war.
Jesus sagte zu ihr: Frau, warum weinst du? Wen suchst du? Sie meinte, es sei der Gärtner, und sagte zu ihm: Herr, wenn du ihn weggebracht hast, sag mir, wohin du ihn gelegt hast! Dann will ich ihn holen.
Jesus sagte zu ihr: Maria! Da wandte sie sich um und sagte auf Hebräisch zu ihm: Rabbuni!, das heißt: Meister.
Jesus sagte zu ihr: Halte mich nicht fest; denn ich bin noch nicht zum Vater hinaufgegangen. Geh aber zu meinen Brüdern und sag ihnen: Ich gehe hinauf zu meinem Vater und eurem Vater, zu meinem Gott und eurem Gott.
Maria von Magdala kam zu den Jüngern und verkündete ihnen: Ich habe den Herrn gesehen. Und sie berichtete, was er ihr gesagt hatte.

Evangelium unseres Herrn Jesus Christus.

IMPULS Die Feststellung, dass der Grabeingang offen ist, lässt Maria von Magdala das Naheliegendste annehmen: Jemand hat den Verstorbenen entwendet! In der Folge der Erzählung können die beiden herbeigerufenen Jünger ihr letzten Endes nicht weiterhelfen. Auch das anschließende Sehen der zwei Engel und des vermeintlichen Gärtners führt sie nicht zum Glauben, zu sehr versinkt sie in ihrer bodenlosen Trauer um den Verlust des geliebten Menschen. Erst als der Auferstandene sie *anspricht*, sie beim Namen ruft, sie ganz persönlich aus diesem Gefangensein herausruft, da fällt es wie Schuppen von ihren Augen, da erkennt sie ihn. Uns kommen Bibelverse wie das Jesajawort: *Fürchte dich nicht, (...), ich habe dich beim Namen gerufen* (Jes 43, 1) oder auch *Als ich noch im Schoß meiner Mutter war, hat er meinen Namen genannt* (Jes 49, 1) in den Sinn. Wir brauchen manchmal jemanden, der uns ganz persönlich anspricht, der uns aus unserer begrenzten und einengenden Gedankenwelt heraushilft, weil wir das alleine nicht (mehr) schaffen. Wenn das geschieht, können wir wie Maria wieder mit Freude und Zuversicht unseren Weg gehen.

CREDO (siehe Seite 520ff.)

FÜRBITTEN

Barmherziger Gott, wir glauben, dass du deinen Sohn Jesus zu ewigem Leben erweckt hast und dass auch uns dieses Leben einmal geschenkt wird. Trotz dieser Verheißung sind wir oft verzagt, auch weil uns in unserem täglichen Leben vielerlei kleine und große Sorgen drücken. Damit wir trotz allem unseren Alltag in deinem Licht sehen, erbitten wir deine göttliche Kraft.

V: Herr, höre unser Flehen. V: Herr, erhöre unser Gebet.

– Für die Menschen, die sich am heutigen Festtag nicht freuen können, weil sie einsam sind. Einsamkeit hat viele Gesichter. Hilf uns, sie zu erkennen und nicht achtlos an ihr vorbei zu gehen.

– Für die vielen, die ihre Arbeit verloren oder noch gar keine gefunden haben und die von Existenzängsten geplagt werden. Steh ihnen bei, damit sie den Glauben an eine lebenswerte Zukunft nicht verlieren.

– Für die Eltern, deren Kinder ungute oder gefährliche Wege gehen. Stärke sie, damit sie das familiäre Liebesband nie ganz abreißen lassen.

– Für alle, die sich um pflegebedürftige Menschen jeden Alters kümmern. Steh ihnen zur Seite, damit sie ihren Schutzbefohlenen in Würde und auf Augenhöhe begegnen.

– Gott des Lebens, dir vertrauen wir noch unsere ganz persönlichen Bitten an …

Wecke in uns das Gespür für deine ewige Gegenwart und deine heilende Zärtlichkeit. Stärke uns in unserem Bemühen, ein gutes und erfülltes Leben zu haben, für uns selber und für alle, denen wir auf unserem Weg begegnen. Amen.

Gabengebet

Herr, unser Gott, nimm die Gaben an, die wir in österlicher Freude darbringen für das Opfer, durch das deine Kirche auf wunderbare Weise wiedergeboren und gestärkt wird. Darum bitten wir durch Christus, unseren Herrn.

Präfation

Osterzeit I

In Wahrheit ist es würdig und recht, dir, Vater, immer und überall zu danken, diesen Tag aber aufs höchste zu feiern, da unser Osterlamm geopfert ist, Jesus Christus. Denn er ist das wahre Lamm, das die Sünde der Welt hinwegnimmt. Durch seinen Tod hat er unseren Tod vernichtet und durch seine Auferstehung das Leben neu geschaffen. Darum jubelt heute der ganze Erdkreis in österlicher Freude, darum preisen dich die himmlischen Mächte und die Chöre der Engel und singen das Lob deiner Herrlichkeit.

Einladung zum Vaterunser

Um ein gutes, geglücktes Leben zu führen, ist es unerlässlich, Vertrauen zu haben: Vertrauen in uns selber, Vertrauen in unsere Mitmenschen, Vertrauen in den barmherzigen Gott. Er wird alles zum Guten führen und das zur Vollendung bringen, was in unseren Händen bruchstückhaft blieb. Als Söhne und Töchter dieses Gottes wenden wir uns mit den Worten Jesu an ihn: Vater unser im Himmel …

Einladung zum Friedensgebet

Unsere Seele sehnt sich nach dem lebendigen Gott, der uns seinen Frieden schenkt, nicht erst im Jenseits, sondern schon hier auf Erden. Deshalb bitten wir: Herr Jesus Christus …

Kommunionvers Vgl. 1 Kor 5,7–8

Unser Osterlamm ist geopfert, Christus, der Herr. Halleluja. Wir sind befreit von Sünde und Schuld. So laßt uns Festmahl halten in Freude. Halleluja.

Schlussgebet

Allmächtiger Gott, du hast deiner Kirche durch die österlichen Geheimnisse neues Leben geschenkt. Bewahre und beschütze uns in deiner Liebe und führe uns zur Herrlichkeit der Auferstehung. Darum bitten wir durch Christus, unseren Herrn.

Schlusssegen An Ostern

An diesem Tag, der geheiligt ist durch die Auferstehung unseres Herrn Jesus Christus, segne euch der gütige Gott und bewahre euch vor der Finsternis der Sünde.

In Christus haben wir Anteil am ewigen Leben; in ihm führe euch Gott zur unvergänglichen Herrlichkeit.

Unser Erlöser hat uns durch die Tage seines Leidens zur österlichen Freude geführt; er geleite euch alle Tage des Lebens bis zu jener Osterfreude, die niemals endet.

Das gewähre euch der dreieinige Gott, der Vater und der Sohn ✝ und der Heilige Geist.

Auferweckung

nicht
Billigware Vertröstung
auf ferne Tage

nicht
Pflaster Beruhigung
für erlittenes Unrecht

Auferweckung

Gottes Ruf
an mich
zu aufrechtem
erstandenem Leben
Jetzt

das Grab ist leer
ich bin frei

Gaby Faber-Jodocy

OSTERMONTAG

21. April 2025

Der Herr hat euch in das Land geführt,
wo Milch und Honig strömen.
Immer soll das Gesetz des Herrn in eurem Herzen sein.
Halleluja.

Vgl. Ex 13,5.9

Oder:

Der Herr ist vom Tod auferstanden, wie er gesagt hat.
Freut euch und frohlockt, denn er herrscht in Ewigkeit.
Halleluja.

Die Begegnungen der Jüngerinnen und Jünger Jesu mit dem Auferstandenen werden von den Evangelisten stets sehr verhalten umschrieben. Es geht hier weder um außergewöhnliche Magie noch um billigen Voyeurismus, sondern darum, den Blick für eine sinnvolle, auf Gott und den Mitmenschen ausgerichtete, erfüllte Zukunft zu haben. Das unbedingte Festmachen ihres ganzen Lebens an Gott, über Leiden und Sterben hinaus, lässt seine Freunde ihn als Auferstandenen erfahren. Im Ostergeschehen erkennen die ersten Zeugen, dass nicht Einsamkeit, Tod und Leere, sondern Gemeinschaft, Leben und Liebe das letzte Wort reden. In diesem Sinn werden die Begegnungen mit dem österlichen Jesus wiedergegeben, wird der Auftrag zum gemeinsamen Mahlhalten verstanden.

Auch wenn alles, was wir über Auferstehung, Himmel und Leben in der Ewigkeit Gottes zu sagen und zu hoffen wagen, zutiefst gekennzeichnet ist durch unser Unwissen und Unvermögen: Die Sehnsucht nach Vollendung und Heil ist in unserem Herzen angelegt. Sie ist stärker als der Tod und sie trägt uns über alle Todeserfahrung hinaus – wenn wir es zulassen.

Kyrie-Kufe

Herr Jesus Christus, du bist Mensch geworden, einer von uns, einer mitten unter uns.
Herr, erbarme dich.
In deinem Leben und deinem Sterben hast du die Liebe und Güte deines himmlischen Vaters bezeugt.
Christus, erbarme dich.
Wir bekennen deine Auferstehung. In ihr erahnen wir die Herrlichkeit des Ewigen.
Herr, erbarme dich.

Gloria (siehe Seite 516f.)

Tagesgebet

Gott, du Herr allen Lebens, durch die Taufe schenkst du deiner Kirche Jahr für Jahr neue Söhne und Töchter. Gib, daß alle Christen in ihrem Leben dem Sakrament treu bleiben, das sie im Glauben empfangen haben. Darum bitten wir durch Jesus Christus.

Erste Lesung — Apg 2,14.22b–33

Lesung aus der Apostelgeschichte.

Am Pfingsttag trat Petrus auf, zusammen mit den Elf; er erhob seine Stimme und begann zu reden: Ihr Juden und alle Bewohner von Jerusalem! Dies sollt ihr wissen, achtet auf meine Worte! Jesus, den Nazoräer, einen Mann, den Gott vor euch beglaubigt hat durch Machttaten, Wunder und Zeichen, die er durch ihn in eurer Mitte getan hat, wie ihr selbst wisst – ihn, der nach Gottes beschlossenem Willen und Vorauswissen hingegeben wurde, habt ihr durch die Hand von Gesetzlosen ans Kreuz geschlagen und umgebracht.
Gott aber hat ihn von den Wehen des Todes befreit und auferweckt; denn es war unmöglich, dass er vom Tod festgehalten wurde. David nämlich sagt über ihn: Ich hatte den Herrn be-

ständig vor Augen. Denn er steht mir zur Rechten, dass ich nicht wanke. Darum freute sich mein Herz und frohlockte meine Zunge und auch mein Leib wird in Hoffnung wohnen; denn du gibst meine Seele nicht der Unterwelt preis, noch lässt du deinen Frommen die Verwesung schauen. Du hast mir die Wege zum Leben gezeigt, du wirst mich erfüllen mit Freude vor deinem Angesicht.
Brüder, ich darf freimütig zu euch über den Patriarchen David reden: Er starb und wurde begraben und sein Grabmal ist bei uns erhalten bis auf den heutigen Tag. Da er ein Prophet war und wusste, dass Gott ihm einen Eid geschworen hatte, einer von seinen Nachkommen werde auf seinem Thron sitzen, sagte er vorausschauend über die Auferstehung des Christus: Er gab ihn nicht der Unterwelt preis und sein Leib schaute die Verwesung nicht. Diesen Jesus hat Gott auferweckt, dafür sind wir alle Zeugen. Zur Rechten Gottes erhöht, hat er vom Vater den verheißenen Heiligen Geist empfangen und ihn ausgegossen, wie ihr seht und hört.

Wort des lebendigen Gottes.

IMPULS Petrus, der noch vor kurzem aus Angst seine Zugehörigkeit zum Kreis der Jesusfreunde geleugnet hat, läuft hier in seiner Pfingstpredigt an die Juden in Jerusalem zu rhetorischer Höchstform auf. Selbstbewusst, redegewandt und furchtlos tritt er auf. Mit seiner vorherigen menschlichen Unzulänglichkeit und seinen Widersprüchen ist er uns ganz nah, in ihnen erkennen wir uns selber wieder. Aber er bleibt eben nicht in dieser Haltung verhaftet und schafft den Sprung zum persönlichen Engagement. Mit diesem mutigen Schritt zeigt er uns, dass Veränderung immer möglich ist. In seiner glühenden Rede schlägt er den großen theologischen Bogen von Zitaten aus Psalmen über Prophetenworte und das Wirken König Davids bis hin zur Auferweckung Jesu und zum Ausgießen des Geistes. Seine Ergriffenheit vom Geist Gottes und sein Sendungsbewusstsein sind spürbar. Glauben und Vertrauen haben in ihm das Scheitern und Versagen in Treue und Liebe verwandelt. Auch wenn es am Anfang nicht so aussah: Er wird für seine Überzeugung in den Tod gehen. Menschen vermögen manches, was niemand ihnen zugetraut hätte, sie sich selber am allerwenigsten.

Antwortpsalm

Ps 89 (88),2–3.4–5 (Kv: 2a)

Kv Von der Huld des Herrn will ich ewig singen. – Kv

Oder:

Kv Halleluja. – Kv

Von der Huld des Herrn will ich ewig singen, *
von Geschlecht zu Geschlecht mit meinem Mund deine Treue verkünden.
Denn ich bekenne: Auf ewig ist Huld gegründet, *
im Himmel deine Treue gefestigt. – (Kv)

»Ich habe einen Bund geschlossen mit meinem Erwählten *
und David, meinem Knecht, geschworen:
Auf ewig gebe ich deinem Haus festen Bestand *
und von Geschlecht zu Geschlecht gründe ich deinen Thron.«
– Kv

Zweite Lesung

1 Kor 15,1–8.11

Lesung aus dem ersten Brief des Apostels Paulus an die Gemeinde in Korínth.

Ich erinnere euch, Schwestern und Brüder, an das Evangelium, das ich euch verkündet habe. Ihr habt es angenommen; es ist der Grund, auf dem ihr steht. Durch dieses Evangelium werdet ihr gerettet werden, wenn ihr festhaltet an dem Wort, das ich euch verkündet habe, es sei denn, ihr hättet den Glauben unüberlegt angenommen.
Denn vor allem habe ich euch überliefert, was auch ich empfangen habe:
Christus ist für unsere Sünden gestorben, gemäß der Schrift, und ist begraben worden. Er ist am dritten Tag auferweckt worden, gemäß der Schrift, und erschien dem Kephas, dann den Zwölf.

Danach erschien er mehr als fünfhundert Brüdern zugleich; die meisten von ihnen sind noch am Leben, einige sind entschlafen.
Danach erschien er dem Jakobus, dann allen Aposteln. Zuletzt erschien er auch mir, gleichsam der Missgeburt.
Ob nun ich verkünde oder die anderen: Das ist unsere Botschaft und das ist der Glaube, den ihr angenommen habt.

Wort des lebendigen Gottes.

IMPULS *Christus gestorben – begraben – auferweckt, gemäß der Schrift, erschienen.* So lautet die älteste, christliche Glaubensformel. Das Bekennen und die Annahme dieses Glaubensinhaltes sind für Paulus zentral. Nicht vorrangig heilige Handlungen wie etwa Opfer führen zur Errettung des Menschen, sondern an allererster Stelle das Bekenntnis des Herzens. Damit steht er in der Tradition seines Meisters, den er zwar persönlich nicht gekannt hat, der ihm aber durch die Überlieferung vieler Zeitzeugen nahe ist. Der Apostel betont selbstbewusst, wie ernst es ihm, als Nicht-Augenzeuge und doch Empfangender, mit diesem Glauben ist. Diskret, aber unverkennbar schimmert durch, dass er sich wohl das eine oder andere Mal gegenüber den Zeugen der ersten Stunde behaupten oder gar verteidigen musste – seine anfängliche Ablehnung der neuen Glaubensrichtung war schließlich nicht vergessen! Aber er ist sich seiner Sache jetzt gewiss und scheut keine Mühe, Christus zu verkünden. Dass »der neue Weg« in so schneller Zeit sich einer solch großen Verbreitung erfreute, verdankt er maßgeblich dem Völkerapostel.

Ruf vor dem Evangelium

Vers: vgl. Lk 24,32

Halleluja. Halleluja.
Brannte nicht unser Herz,
als der Herr unterwegs mit uns redete
und uns den Sinn der Schriften eröffnete?
Halleluja.

EVANGELIUM Lk 24,13–35°

+ Aus dem heiligen Evangelium nach Lukas.

Am ersten Tag der Woche waren zwei von den Jüngern Jesu auf dem Weg in ein Dorf namens Emmaus, das sechzig Stadien von Jerusalem entfernt ist. Sie sprachen miteinander über all das, was sich ereignet hatte. Und es geschah: Während sie redeten und ihre Gedanken austauschten, kam Jesus selbst hinzu und ging mit ihnen. Doch ihre Augen waren gehalten, sodass sie ihn nicht erkannten. Er fragte sie: Was sind das für Dinge, über die ihr auf eurem Weg miteinander redet?
Da blieben sie traurig stehen und der eine von ihnen – er hieß Kléopas – antwortete ihm: Bist du so fremd in Jerusalem, dass du als Einziger nicht weißt, was in diesen Tagen dort geschehen ist? Er fragte sie: Was denn?
Sie antworteten ihm: Das mit Jesus aus Nazaret. Er war ein Prophet, mächtig in Tat und Wort vor Gott und dem ganzen Volk. Doch unsere Hohepriester und Führer haben ihn zum Tod verurteilen und ans Kreuz schlagen lassen. Wir aber hatten gehofft, dass er der sei, der Israel erlösen werde. Und dazu ist heute schon der dritte Tag, seitdem das alles geschehen ist.
Doch auch einige Frauen aus unserem Kreis haben uns in große Aufregung versetzt. Sie waren in der Frühe beim Grab, fanden aber seinen Leichnam nicht. Als sie zurückkamen, erzählten sie, es seien ihnen Engel erschienen und hätten gesagt, er lebe.
Einige von uns gingen dann zum Grab und fanden alles so, wie die Frauen gesagt hatten; ihn selbst aber sahen sie nicht.
Da sagte er zu ihnen: Ihr Unverständigen, deren Herz zu träge ist, um alles zu glauben, was die Propheten gesagt haben.
Musste nicht der Christus das erleiden und so in seine Herrlichkeit gelangen? Und er legte ihnen dar, ausgehend von Mose und allen Propheten, was in der gesamten Schrift über ihn geschrieben steht.
So erreichten sie das Dorf, zu dem sie unterwegs waren. Jesus tat, als wolle er weitergehen, aber sie drängten ihn und sagten: Bleibe bei uns; denn es wird Abend, der Tag hat sich schon ge-

neigt! Da ging er mit hinein, um bei ihnen zu bleiben. Und es geschah: Als er mit ihnen bei Tisch war, nahm er das Brot, sprach den Lobpreis, brach es und gab es ihnen. Da wurden ihre Augen aufgetan und sie erkannten ihn; und er entschwand ihren Blicken. Und sie sagten zueinander: Brannte nicht unser Herz in uns, als er unterwegs mit uns redete und uns den Sinn der Schriften eröffnete?
Noch in derselben Stunde brachen sie auf und kehrten nach Jerusalem zurück und sie fanden die Elf und die mit ihnen versammelt waren. Diese sagten: Der Herr ist wirklich auferstanden und ist dem Simon erschienen. Da erzählten auch sie, was sie unterwegs erlebt und wie sie ihn erkannt hatten, als er das Brot brach.

Evangelium unseres Herrn Jesus Christus.

IMPULS Die Frauen und Männer, die Jesus nahestanden, waren alle tiefgläubige Juden und ihr jüdischer Glaube war, vereinfacht gesprochen, die Blaupause für die Deutung der unfassbaren Geschehnisse in Jerusalem. Für sie hatte alles im Leben des Menschen von Grund auf einen Sinn, ohne Ausnahme. Leiden und Sterben Jesu waren davon nicht ausgenommen. Ihre Jahrhunderte alte Glaubenstradition, in den Schriften festgehalten, gab ihnen Halt und Orientierung bei ihrer Sinnsuche. Die Sinndichte des dritten Tages war in diesen heiligen Schriften schon seit langem vielfach belegt: In Gen 22, 4 erblickt Abraham am dritten Tag den Ort der vorgesehenen Opferung Isaaks, in Ex 19, 11.16 offenbart sich der HERR am dritten Tag auf dem Sinai, auch Hos 6, 2 und Jon 2, 1.11 sprechen vom gottgeschenkten Neuanfang am dritten Tag. Die Jüngerinnen und Jünger Jesu sahen in ihrem Meister die Erfüllung aller vergangener Glaubenserwartungen ihres Volkes. Ihre Erfahrungen mit dem Auferstandenen verkündeten sie in der ihnen eigenen, bekannten und jüdisch verwurzelten Sprache: Der HERR geht mit uns auf dem Weg, er spricht mit uns, er teilt mit uns, er berührt unser Innerstes, aber gleichzeitig entzieht er sich entschieden aller Vereinnahmung.

Oder:

Ruf vor dem Evangelium

Vers: vgl. Ps 118 (117),24

Halleluja. Halleluja.
Das ist der Tag, den der Herr gemacht;
lasst uns jubeln und seiner uns freuen.
Halleluja.

Evangelium

Mt 28,8–15

+ Aus dem heiligen Evangelium nach Matthäus.

Nachdem die Frauen die Botschaft des Engels vernommen hatten, verließen sie sogleich das Grab voll Furcht und großer Freude und sie eilten zu seinen Jüngern, um ihnen die Botschaft zu verkünden.
Und siehe, Jesus kam ihnen entgegen und sagte: Seid gegrüßt! Sie gingen auf ihn zu, warfen sich vor ihm nieder und umfassten seine Füße. Da sagte Jesus zu ihnen: Fürchtet euch nicht! Geht und sagt meinen Brüdern, sie sollen nach Galiläa gehen und dort werden sie mich sehen.
Noch während die Frauen unterwegs waren, siehe, da kamen einige von den Wächtern in die Stadt und berichteten den Hohepriestern alles, was geschehen war. Diese fassten gemeinsam mit den Ältesten den Beschluss, die Soldaten zu bestechen.
Sie gaben ihnen viel Geld und sagten: Erzählt den Leuten: Seine Jünger sind bei Nacht gekommen und haben ihn gestohlen, während wir schliefen. Falls der Statthalter davon hört, werden wir ihn beschwichtigen und dafür sorgen, dass ihr nichts zu befürchten habt. Die Soldaten nahmen das Geld und machten alles so, wie man es ihnen gesagt hatte. Und dieses Gerücht verbreitete sich bei den Juden bis heute.

Evangelium unseres Herrn Jesus Christus.

IMPULS In den Evangelien sprach Jesus öfter über Geld und materiellen Reichtum als über das Gebet. Aus seiner kritischen Haltung gegenüber materiellem Reichtum machte er keinen Hehl und von seinen engsten Freunden und Weggefährten forderte er kompromisslos Besitzlosigkeit. Aus seiner Sicht versperrten die materiellen, weltlichen Güter dem Menschen den Blick auf Gott oder zumindest erschwerten sie ihn beträchtlich. Wir lesen hier im Matthäusevangelium binnen kurzer Zeit zum zweiten Mal, wie Jesu Botschaft für Geld verraten wird. Es ist, als ob sein Misstrauen diesbezüglich noch über seinen Tod hinaus bestätigt würde. Hohepriester, Älteste und Wächter, alle sind käuflich, teils aus Angst, teils aus Machtgier. Sie wissen genau, dass ihr Verhalten Lüge ist. Diametral entgegengesetzt zu diesem profitgierigen und kurzsichtigen Denken und Handeln steht Jesu Wort »Fürchtet euch nicht«! Lasst euch auf das Neue, das ganz Andere ein. Wagt den Schritt nach vorn, im Vertrauen auf den lebendigen Gott! Dieser Schritt ist definitiv mit Geld nicht einzulösen.

Fürbitten

Guter Gott, dir trauen wir zu, dass du uns in allen Lebenslagen begleitest. Dir trauen wir zu, dass du dich uns zu erkennen gibst. Zu dir rufen wir aus ganzem Herzen:

V: Herr, neige dein Ohr uns zu. A: Herr, bleibe bei uns.

– Richte die vielen auf, die um ihr Überleben kämpfen müssen, die auf der Flucht sind, die keine Perspektive mehr sehen, denen das Leben sinnlos erscheint.

– Führe unsere Verantwortlichen in Politik, Gesellschaft und Kirchen in deinem Geist der Gerechtigkeit, damit sie ihrer Aufgabe gewachsen sind und damit auf ihr Wort Verlass ist.

– Stärke die Frauen und Männer, die sich aus Überzeugung an Schulen und anderen Orten einsetzen, damit das Recht auf Bildung für die Kinder und Jugendlichen dieser Welt nicht nur Theorie bleibt.

– Umarme in deiner Güte alle, die in einer Partnerschaft oder einer Gemeinschaft leben und Zweifel haben, ob sie noch auf dem für sie richtigen Weg sind.

Vater im Himmel, unser Denken und Handeln ist oft unzulänglich, aber wir hoffen auf dich. Dein Wort begleitet uns, es vermag uns und allen anderen die Türen der Zukunft zu öffnen. Das glauben wir und dafür loben wir dich von Herzen, jetzt und alle Zeit. Amen.

Gabengebet

Gott, du hast deinem Volk durch das Bekenntnis des Glaubens und den Empfang der Taufe neues Leben geschenkt. Nimm die Gaben (der Neugetauften und aller) deiner Gläubigen gnädig an und laß uns in dir Seligkeit und ewiges Leben finden. Darum bitten wir durch Christus, unseren Herrn.

Präfation — Osterzeit I

In Wahrheit ist es würdig und recht, dir, Vater, immer und überall zu danken, diese Tage aber aufs höchste zu feiern, da unser Osterlamm geopfert ist, Jesus Christus. Denn er ist das wahre Lamm, das die Sünde der Welt hinwegnimmt. Durch seinen Tod hat er unseren Tod vernichtet und durch seine Auferstehung das Leben neu geschaffen. Darum jubelt heute der ganze Erdkreis in österlicher Freude, darum preisen dich die himmlischen Mächte und die Chöre der Engel und singen das Lob deiner Herrlichkeit.

Einladung zum Vaterunser

Gemeinsam stehen wir vor Gott, unserem Vater, der alles Leben schenkt. Wir wollen ihn loben, ihm danken, singen und spielen. Mit den Worten Jesu trauen wir uns aber auch, ihm unsere Bitten vorzutragen. Er möge unser Gebet erhören: Vater unser im Himmel …

Einladung zum Friedensgebet

Wenn wir sagen, dass wir Gott und unseren Nächsten lieben, heißt das, dass in unserem Herzen kein Platz für Streit, Zorn, Eifersucht oder Machtausübung sein sollte. Wir sind uns unserer Unzulänglichkeiten bewusst und dieses Wissen macht uns traurig. Darum bitten wir: Herr Jesus Christus …

Kommunionvers

Vgl. Röm 6,9

Christus ist vom Tod erstanden; er stirbt nicht mehr. Gebrochen ist die Macht des Todes. Halleluja.

Schlussgebet

Allmächtiger Gott, du hast uns durch die österlichen Geheimnisse auf den Weg des Lebens geführt. Laß deine Gnade in uns mächtig werden, damit wir uns deiner Gaben würdig erweisen und unseren Weg zu dir vollenden. Darum bitten wir durch Christus, unseren Herrn.

Schlusssegen

In der Osterzeit

Der allmächtige Gott hat uns durch die Auferstehung seines Sohnes aus Sünde und Tod befreit; er segne euch und schenke euch seine Freude.

Und Christus, mit dem wir auferstanden sind durch den Glauben, bewahre in euch die Gabe der Erlösung.

Gott hat uns in der Taufe angenommen als Kinder seiner Gnade; er schenke euch das verheißene Erbe.

Das gewähre euch der dreieinige Gott, der Vater und der Sohn † und der Heilige Geist.

So steht geschrieben
noch und noch:
du seist treu
deinem Bund mit den Menschen
verpflichtet auf ewig

tanzen möchte ich
singen
deinen Namen jubeln
trotz aller Flut

zum Himmel laufen
am Regenbogen entlang
farbenprächtig beschwingt
über den Wellen

dich spüren möchte ich
zart
wie erste Liebe
stark
wie Leidenschaft

so steht geschrieben
du seist treu
dein Wort
sei Leben in Fülle

dich glauben möchte ich
mit brennendem Herzen
und mit dir gehn
dem Wind entgegen

Gaby Faber-Jodocy

ZWEITER SONNTAG DER OSTERZEIT
Sonntag der göttlichen Barmherzigkeit
WEISSER SONNTAG
27. April 2025

Wie neugeborene Kinder
verlangt nach der unverfälschten Milch des Wortes,
damit ihr durch sie heranwachst und das Heil erlangt.
Halleluja.
1 Petr 2,2

Oder:

Freut euch und dankt Gott, der euch zu sich gerufen hat.
Ihr seid Kinder Gottes und Erben seiner Herrlichkeit.
Halleluja.
Vgl. 5 Esra 2,36–37 (apokr.)

Ohne eine Geburt gibt es kein Leben. Mit der Geburt fängt jedes Leben an. Daher gehört auch zum menschlichen Leben die Geburt zu den Erlebnissen, die Menschen tief berühren und nach einem Ausdruck der Freude suchen. Wir beglückwünschen Eltern zur Geburt ihres Kindes. An unsere Geburt denken wir immer wieder zurück, wenn wir den eigenen oder einen anderen Geburtstag feiern. Es ist der besondere Tag im Jahr, der nicht eine Leistung oder eine Tat in den Mittelpunkt stellt. Wir feiern vielmehr, dass ein Mensch da ist, dass er lebt, dass er mitten unter uns ist. Wir freuen uns an seiner Existenz. Wir möchten unser Leben mit ihm teilen. Weil die Geburt zum Leben gehört, weil zum Leben die Dynamik der vitalen Kräfte gehören, der Drang zum Leben sich nicht unterdrücken lässt, gibt es auch die Vorstellung und den Wunsch, des neu geboren werdens. Wie die erste Geburt uns das Leben schenkte, so soll diese Neugeburt uns zum eigentlichen und wahren Leben führen. Das Bild ist getragen von der Überzeugung, wie das Werden und die Chance des Neuanfanges stärker sind als das Vergehen und das Sterben.

Christen haben die Taufe als eine Wiedergeburt verstanden. Ein Mensch erfährt auf neue, geistliche Weise, wie er heraustritt aus der bisherigen Welt in eine neue Welt, die sich ihm als eine erlöste Welt zeigt. Tauferinnerung macht uns bewusst, dass die Geburtlichkeit zu unserem Dasein bleibend dazugehört. Christlicher Glaube lädt uns ein, diesen Charme unseres Lebens wahrzunehmen.

Kyrie-Rufe

Herr Jesus Christus, du Freund des Lebens.
Kyrie, eleison.
Du bist die Hoffnung der Traurigen und Einsamen.
Christe, eleison.
Du bist der Friede inmitten aller Spannung und allem Streit.
Kyrie, eleison

Gloria (siehe Seite 516f.)

Tagesgebet

Barmherziger Gott, durch die jährliche Osterfeier erneuerst du den Glauben deines Volkes. Laß uns immer tiefer erkennen, wie heilig das Bad der Taufe ist, das uns gereinigt hat, wie mächtig dein Geist, aus dem wir wiedergeboren sind, und wie kostbar das Blut, durch das wir erkauft sind. Darum bitten wir durch Jesus Christus.

Erste Lesung Apg 5,12–16

Lesung aus der Apostelgeschichte.

Durch die Hände der Apostel geschahen viele Zeichen und Wunder im Volk. Alle kamen einmütig in der Halle Salomos zusammen.
Von den Übrigen wagte niemand, sich ihnen anzuschließen; aber das Volk schätzte sie hoch.
Immer mehr wurden im Glauben zum Herrn geführt, Scharen von Männern und Frauen.

Selbst die Kranken trug man auf die Straßen hinaus und legte sie auf Betten und Liegen, damit, wenn Petrus vorüberkam, wenigstens sein Schatten auf einen von ihnen fiel.
Auch aus den Städten ringsum Jerusalem strömten die Leute zusammen und brachten Kranke und von unreinen Geistern Geplagte mit. Und alle wurden geheilt.

Wort des lebendigen Gottes.

IMPULS Ein euphorischer Aufbruch am Anfang. Diesen Eindruck mag die heutige Lesung schenken. Alles ist neu: die Verkündigung, das Wachsen der Gemeinde, die Kraft des österlichen Evangeliums. Ein ganz anderes Bild als sie unsere Gegenwart vermittelt. In gewisser Weise leiden wir unter der Geschichte von 2000 Jahren Christentum. Diese Zeit bringt auch Enttäuschungen. Sie zeigt, wie sich vieles nicht erfüllt hat und auch die Kirche sich verändert hat, wie sie die Gestalt der frühen Kirche nicht bewahren konnte. Jede Beschreibung der Kirche ist eine Momentaufnahme. Sie spiegelt aber auch den Standpunkt des Verfassers wieder.
Doch kann uns diese Lesung zeigen, wie der österliche Glaube sich im alltäglichen Leben bewähren will. Seine Überzeugung wird da ablesbar, wie sie auf Menschen trifft, die vom Leben gezeichnet sind, etwa vom sozialen Leben ausgeschlossen sind oder unter ihren Krankheiten und Grenzen leiden. Vermag das österliche Wort ihnen eine reale Hoffnung geben? Vermag es sie am Leben teilnehmen lassen? Hat das österliche Zeugnis die Kraft, sie alle zusammenzuführen, wie es heißt: Sie kamen einmütig zusammen. Der Glaube muss dem Menschen gut tun.
Auch wenn die Schilderungen einen dinghaften Glauben bringen, die Leute wollen, dass wenigstens ein Schatten der Apostel auf sie fällt – entscheidend ist, was hilft. Was bringt neue Hoffnung in die Welt, eine Hoffnung, die nicht vertröstet und abhängig macht, sondern dem Menschen neu seine Würde und seine eigenen Wünsche erleben lässt.

ANTWORTPSALM Ps 118 (117),2 u. 4.22–24 u. 26–27a (Kv: 1)

Kv Halleluja. – Oder: Danket dem Herrn, denn er ist gut,
denn seine Huld währt ewig. – Kv

So soll Israel sagen: *
Denn seine Huld währt ewig.
So sollen sagen, die den HERRN fürchten: *
Denn seine Huld währt ewig. – Kv

Ein Stein, den die Bauleute verwarfen, *
er ist zum Eckstein geworden.
Vom HERRN her ist dies gewirkt, *
ein Wunder in unseren Augen. – Kv

Dies ist der Tag, den der HERR gemacht hat; *
wir wollen jubeln und uns über ihn freuen.
Gesegnet sei, der da kommt im Namen des HERRN! /
Wir segnen euch vom Haus des HERRN her. *
Gott ist der HERR. Er ließ Licht für uns leuchten. – Kv

ZWEITE LESUNG Offb 1,9–11a.12–13.17–19

Lesung aus der Offenbarung des Johannes.

Ich, Johannes, euer Bruder und Gefährte in der Bedrängnis, in der Königsherrschaft und im standhaften Ausharren in Jesus, war auf der Insel, die Patmos heißt, um des Wortes Gottes willen und des Zeugnisses für Jesus.
Am Tag des Herrn wurde ich vom Geist ergriffen und hörte hinter mir eine Stimme, laut wie eine Posaune.
Sie sprach: Schreib das, was du siehst, in ein Buch und schick es an die sieben Gemeinden.
Da wandte ich mich um, weil ich die Stimme erblicken wollte, die zu mir sprach. Als ich mich umwandte, sah ich sieben goldene Leuchter und mitten unter den Leuchtern einen gleich einem Menschensohn; er war bekleidet mit einem Gewand bis auf die Füße und um die Brust trug er einen Gürtel aus Gold.

Als ich ihn sah, fiel ich wie tot vor seinen Füßen nieder. Er aber legte seine rechte Hand auf mich und sagte: Fürchte dich nicht! Ich bin der Erste und der Letzte und der Lebendige. Ich war tot, doch siehe, ich lebe in alle Ewigkeit und ich habe die Schlüssel zum Tod und zur Unterwelt.
Schreib auf, was du gesehen hast: was ist und was danach geschehen wird.

Wort des lebendigen Gottes.

IMPULS Fürchte dich nicht – Johannes hört dieses Wort des Auferstandenen als Gefangener und Bedrängter. In der Ohnmacht und der erlittenen Gewalt vernimmt er das Wort: Ich war tot, doch nun lebe ich in alle Ewigkeit. Dies ist gleichsam das Gegen-Wort, es ist die subversive Kraft, die aus den Opfern der Verfolgung unter dem römischen Kaiser Domitian Menschen macht, die aufrecht gehen können. Sie lassen sich nicht verbiegen und unterdrücken. Es waren die Verfolgten in den Lagern auf der Insel Patmos, dem Ort, auf dem das Buch entstanden ist. Sie waren es, denen das Wort zuerst gehört. Für sie wird Johannes gesandt. Doch dieses Wort von der Hoffnung ist kein Wort, das von oben herab kommt, herablassend in diese Welt hinein gesprochen wird. Es ist ein Wort, das von unten kommt, aus der Bedrängnis, aus der Not und dem Schmerz. Das Wort gehört zuerst denjenigen, die vom Leben ausgegrenzt sind. Es ist das Wort, das einen Protest darstellt gegen die unmenschliche Wirklichkeit, wie sie ist, hier und jetzt.
Da wo Menschen einander Leid zufügen, da wo Menschen unterdrückt und machtlos werden, da steht das Wort von der Unverfügbarkeit des Lebens: In der Hoffnung gehören wir Gott allein. Nur Gott allein, so glauben wir, nur Gott wird einmal ganz über unser Leben verfügen. Was wir sind, bestimmen dann nicht mehr das Schicksal, die Herkunft oder die Mächtigen und die Starken in dieser Welt. Was wir sind, bestimmt allein Gott, der ganz nach unten geht, so tief, wie kein Mensch freiwillig gehen will, sondern der selber in den Tod hineingeht und im Tod, an unserer Seite, den Tod überwindet.

Ruf vor dem Evangelium Vgl. Joh 20,29

Halleluja. Halleluja.
(So spricht der Herr:)
Weil du mich gesehen hast, Thomas, glaubst du.
Selig sind, die nicht sehen und doch glauben.
Halleluja.

Evangelium Joh 20,19–31

+ Aus dem heiligen Evangelium nach Johannes.

Am Abend dieses ersten Tages der Woche, als die Jünger aus Furcht vor den Juden bei verschlossenen Türen beisammen waren, kam Jesus, trat in ihre Mitte und sagte zu ihnen: Friede sei mit euch!
Nach diesen Worten zeigte er ihnen seine Hände und seine Seite. Da freuten sich die Jünger, als sie den Herrn sahen.
Jesus sagte noch einmal zu ihnen: Friede sei mit euch! Wie mich der Vater gesandt hat, so sende ich euch.
Nachdem er das gesagt hatte, hauchte er sie an und sagte zu ihnen: Empfangt den Heiligen Geist! Denen ihr die Sünden erlasst, denen sind sie erlassen; denen ihr sie behaltet, sind sie behalten.
Thomas, der Didymus genannt wurde, einer der Zwölf, war nicht bei ihnen, als Jesus kam.
Die anderen Jünger sagten zu ihm: Wir haben den Herrn gesehen. Er entgegnete ihnen: Wenn ich nicht das Mal der Nägel an seinen Händen sehe und wenn ich meinen Finger nicht in das Mal der Nägel und meine Hand nicht in seine Seite lege, glaube ich nicht.
Acht Tage darauf waren seine Jünger wieder drinnen versammelt und Thomas war dabei. Da kam Jesus bei verschlossenen Türen, trat in ihre Mitte und sagte: Friede sei mit euch!
Dann sagte er zu Thomas: Streck deinen Finger hierher aus und sieh meine Hände! Streck deine Hand aus und leg sie in meine Seite und sei nicht ungläubig, sondern gläubig!

Thomas antwortete und sagte zu ihm: Mein Herr und mein Gott!
Jesus sagte zu ihm: Weil du mich gesehen hast, glaubst du. Selig sind, die nicht sehen und doch glauben.
Noch viele andere Zeichen hat Jesus vor den Augen seiner Jünger getan, die in diesem Buch nicht aufgeschrieben sind.
Diese aber sind aufgeschrieben, damit ihr glaubt, dass Jesus der Christus ist, der Sohn Gottes, und damit ihr durch den Glauben Leben habt in seinem Namen.

Evangelium unseres Herrn Jesus Christus.

IMPULS »Als die Jünger die Türen verschlossen hatten, kam Jesus«. So beginnt das heutige Evangelium. Damit beginnt für das Johannesevangelium Ostern, der erste Tag: Die Türen sind verschlossen, die Jünger fürchten sich, schließen sich ab, bleiben unter sich. Ganz anders Jesus. Er lässt sich nicht ausschließen. Er lässt sich nicht abschrecken und irritieren. Er kommt.
Da sind so viele verschlossene Türen im Leben. Das mag der Nachbar sein. Er, bei dem wir glauben, dass wir keinen Zugang finden, nicht an ihn herankommen, wie wir so sagen. Er erscheint so abweisend. Da geht mehr Kälte aus als einladende Wärme. Da sind die verschlossenen Türen, weil das Verständnis füreinander fehlt. Der andere Mensch, die andere Kultur, die andere Religion, all das ist mir so fremd. Ich will damit nichts zu tun haben. Nur keine Unruhe und keine Irritation. Anstatt miteinander zu reden, einander versuchen zu verstehen, redet man lieber über den anderen, macht sich mehr Gedanken über ihn, als ihn einmal zu fragen und anzusprechen.
Das letzte Konzil, das 2. Vatikanum, hat für die Kirche ganz neu den Aspekt der communio, der Gemeinschaft, herausgestellt. Aber damit war nicht gemeint, dass die ganze Kirche uniform ist, dass eine Autorität allen vorschreibt, wie der Glaube zu leben sei. Sondern sie hat mit dem Bild der communio eine Gemeinschaft von ganz verschiedenen Ortskirchen beschrieben. Jedes Bistum ist eine eigene Ortskirche. Sie ist eine Kirche für sich und sie lebt

in der Verbundenheit, in der Gemeinschaft mit den anderen Ortskirchen. In der Kirche der Gegenwart erleben wir einen neuen Aufbruch, den Wunsch, Türen zu öffnen, um sich gegenseitig zu verstehen. Nicht die Angst soll uns leiten, sondern der Auferstandene, der unsere Herzen öffnet, auf dass wir erkennen, was uns verbindet und was wir gemeinsam in uns tragen.

CREDO (siehe Seite 520ff.)

FÜRBITTEN

In unseren Anliegen beten wir zu Gott, unserem Vater:

– Für die Arbeit der Aktion Renovabis und für die Gemeinden in Osteuropa, die durch Spenden unterstützt werden.

V: Gott, unser Vater. A: Wir bitten dich, erhöre uns.

– Für die Menschen, die sich auf dem Pilgerweg nach Santiago befinden und nach einer neuen Orientierung in ihrem Leben suchen.

– Für die Bevölkerung im Sudan, die Verfolgten und die Geflüchteten, die Kinder, denen das Nötigste im Leben fehlt.

– Für die alleinerziehenden Väter und Mütter und für ihre Kinder.

Barmherziger Gott, du richtest uns auf und lässt uns auf dein Heil hoffen. Stärke uns auf unserem Weg und höre unser Gebet durch Christus, unseren Herrn.

GABENGEBET

Gott, du hast deinem Volk durch das Bekenntnis des Glaubens und den Empfang der Taufe neues Leben geschenkt. Nimm die Gaben (der Neugetauften und aller) deiner Gläubigen gnädig an und laß uns in dir Seligkeit und ewiges Leben finden. Darum bitten wir durch Christus, unseren Herrn.

Präfation
Osterzeit I

In Wahrheit ist es würdig und recht, dir, Vater, immer und überall zu danken, diese Nacht diese Tage aber aufs höchste zu feiern, da unser Osterlamm geopfert ist, Jesus Christus. Denn er ist das wahre Lamm, das die Sünde der Welt hinwegnimmt. Durch seinen Tod hat er unseren Tod vernichtet und durch seine Auferstehung das Leben neu geschaffen. Darum jubelt heute der ganze Erdkreis in österlicher Freude, darum preisen dich die himmlischen Mächte und die Chöre der Engel und singen das Lob deiner Herrlichkeit.

Einladung zum Vaterunser

Jesus überwand als der Auferstandene die verschlossenen Türen der Angst. Wir beten voll Vertrauen, wie der Herr uns zu beten gelehrt hat: Vater unser im Himmel …

Einladung zum Friedensgebet

Jesus Christus ist der Friede, der den Hass und die Gewalt überwindet. In ihm findet jeder Annahme und Geborgenheit. So bitten wir: Herr Jesus Christus …

Kommunionvers
Joh 20,29

Selig, die nicht sehen und doch glauben. Halleluja.

Schlussgebet

Allmächtiger Gott, im heiligen Sakrament haben wir den Leib und das Blut deines Sohnes empfangen. Laß diese österliche Gabe in uns weiterwirken und fruchtbar sein. Darum bitten wir durch Christus, unseren Herrn.

Schlusssegen
In der Osterzeit

Der allmächtige Gott hat uns durch die Auferstehung seines Sohnes aus Sünde und Tod befreit; er segne euch und schenke euch seine Freude.

Und Christus, mit dem wir auferstanden sind durch den Glauben, bewahre in euch die Gabe der Erlösung.
Gott hat uns in der Taufe angenommen als Kinder seiner Gnade; er schenke euch das verheißene Erbe.
Das gewähre euch der dreieinige Gott, der Vater und der Sohn ✝ und der Heilige Geist.

Zärtliche Zuwendung

Fasziniert
sich einander zuwenden
sich der Herausforderung stellen
konfliktfähiger zu werden

Im zärtlichen Zusammensein
Deine schöpferische Phantasie erfahren
gemeinsam einen Weg wagen
der zur Eigenständigkeit bestärkt

Hohe Zeit
leben und feiern
Deinen Namen rühmen

Du Freundin Geist
die du Menschen zusammenführst
um Deine sinnliche Liebe zu vergegenwärtigen

Pierre Stutz, nach Psalm 45,18

DRITTER SONNTAG DER OSTERZEIT
4. Mai 2025

Jauchzt vor Gott, alle Menschen der Erde!
Spielt zum Ruhm seines Namens!
Verherrlicht ihn mit Lobpreis! Halleluja.
Ps 66 (65),1–2

Das Grundgesetz beginnt mit der grundlegenden Aussage »Die Würde des Menschen ist unantastbar«. Die Katastrophe des 3. Reiches und des Zweiten Weltkrieges haben den Müttern und Vätern des Grundgesetzes vor Augen geführt, welche Folgen die fehlende Achtung vor dem menschlichen Leben hat. Der neue Staat sollte dafür stehen, die Würde des Menschen zu achten. Dieser Auftrag steht am Anfang. Ihn gilt es in der Verfassung zu schützen und zu bewahren.
Das Tagesgebet spricht ebenfalls von der Würde des Menschen. Es ist die Würde der Gotteskindschaft. Die Würde des Menschen erfolgt nicht aufgrund besonderer Leistung und familiärer Abstammung. Nicht der Geburtsort oder die Ausbildung, nicht die berufliche Karriere oder die soziale Anerkennung entscheiden darüber. Einzig und allein grundlegend ist das Dasein des Menschen. Die Würde ist uns gewährt, weil wir Kinder Gottes sind, weil wir von Gott erschaffen und geliebt werden.
Es bleibt eine der großen Aufgaben in der an Zahl und Einfluß kleiner werdenden Kirche unserer Zeit, in der Welt einen Platz zu sichern, auf dem von der Würde des Menschen gesprochen wird und auf dem man die Würde des Menschen ablesen kann. Sie wird verkündet im Geschehen des Gottesdienstes. Menschen versammeln sich, um sich gemeinsam von Gott ansprechen zu lassen. Sie brechen das Brot miteinander. Das Zeichen, in dem Jesus der Auferstandene mitten unter uns sein will, mit uns, seinen Schwestern und Brüdern, unabhängig von dem, wie wir von anderen gesehen und beurteilt werden. Die Würde des Menschen drückt aus, wie es Gottes Freude ist, bei uns Menschen zu sein.

Kyrie-Rufe

Herr Jesus Christus, du erbarmst dich aller, die auf dich vertrauen.
Kyie, eleison.
Du zeigst dein Herz denen, die trauern und weinen.
Christe, eleison.
Du sorgst dich um jene, die sich alleine nicht helfen können.
Kyrie, eleison.

Gloria (siehe Seite 516f.)

Tagesgebet

Allmächtiger Gott, laß die österliche Freude in uns fortdauern, denn du hast deiner Kirche neue Lebenskraft geschenkt und die Würde unserer Gotteskindschaft in neuem Glanz erstrahlen lassen. Gib, daß wir den Tag der Auferstehung voll Zuversicht erwarten als einen Tag des Jubels und des Dankes. Darum bitten wir durch Jesus Christus.

Erste Lesung Apg 5,27–32.40b–41

Lesung aus der Apostelgeschichte.

In jenen Tagen führte man die Apostel herbei und stellte sie vor den Hohen Rat. Der Hohepriester verhörte sie und sagte:
Wir haben euch streng verboten, in diesem Namen zu lehren; und siehe, ihr habt Jerusalem mit eurer Lehre erfüllt; ihr wollt das Blut dieses Menschen über uns bringen.
Petrus und die Apostel antworteten: Man muss Gott mehr gehorchen als den Menschen.
Der Gott unserer Väter hat Jesus auferweckt, den ihr ans Holz gehängt und ermordet habt.
Ihn hat Gott als Anführer und Retter an seine rechte Seite erhoben, um Israel die Umkehr und Vergebung der Sünden zu schenken.

Zeugen dieser Ereignisse sind wir und der Heilige Geist, den Gott allen verliehen hat, die ihm gehorchen.
Darauf ließen sie die Apostel auspeitschen; dann verboten sie ihnen, im Namen Jesu zu predigen, und ließen sie frei.
Die Apostel aber gingen weg vom Hohen Rat und freuten sich, dass sie gewürdigt worden waren, für seinen Namen Schmach zu erleiden.

Wort des lebendigen Gottes.

IMPULS »Man muss Gott mehr gehorchen als den Menschen« – das ist die eindeutige Antwort der Apostel gegenüber dem Hohepriester. Menschen des Wortes erleiden oft zuerst Verfolgung in repressiven Staaten und Systemen. Sie gehören zu den ersten, denen man eine öffentliche Wirksamkeit verbietet. Das macht totalitäre Herrschaftssysteme bis in die Gegenwart aus. Die Herrschenden wissen und erahnen es, welche Gefahr vom Wort ausgeht, welche Dynamik eine Freiheit des Wortes entfalten kann, da wo es möglich ist, das auszusprechen, was einen selber bewegt und was einer für richtig erachtet. Das Wort lässt Machtsysteme ohnmächtig erscheinen. Im stofflosen Wort wird die Unmenschlichkeit und Grausamkeit bewusst, die eine hochgerüstete Armee hilflos erscheinen lässt. Der erste Schritt, um andere Meinungen nicht zuzulassen, besteht darin, die Hoheit über das gesprochene Wort zu erlangen. Presse und öffentliche Auftritte werden verboten. So erfahren es auch die Apostel. Sie nennen nichts als ihr eigen. Petrus antwortet dem Gelähmten an der Pforte vor dem Tempel: Silber und Gold besitze ich nicht. Doch was ich habe, das gebe ich dir: Im Namen Jesu Christi des Nazoräers, steht auf und geh umher (Apg 3,6). Es ist das Wort, das Heilung bringt und neue Möglichkeiten des Lebens eröffnet.
In unseren gottesdienstlichen Versammlungen beginnen wir mit dem Wort Gottes. Hier offenbart sich uns die Macht, die unsere Welt prägen darf und soll – das Hören auf Gottes Wort, das Leben schenkt. Die Kirche will in der Welt ein Ort sein, in dem zuerst auf Gottes Wort gehört wird, nicht zuerst auf das, was Menschen sagen.

ANTWORTPSALM Ps 30 (29),2 u. 4.5–6b.6cd u. 12a u. 13b (Kv: vgl. 2ab)

Kv Halleluja. – Oder: HERR, du zogst mich herauf aus der Tiefe; ich will dich rühmen in Ewigkeit. – Kv

Ich will dich erheben, HERR, /
denn du zogst mich herauf *
und ließest nicht zu, dass meine Feinde sich über mich freuen.
HERR, du hast meine Seele heraufsteigen lassen aus der Totenwelt, *
hast mich am Leben erhalten, sodass ich nicht in die Grube hinabstieg. – Kv

Singt und spielt dem HERRN, ihr seine Frommen, *
dankt im Gedenken seiner Heiligkeit!
Denn sein Zorn dauert nur einen Augenblick, *
doch seine Güte ein Leben lang. – Kv

Wenn man am Abend auch weint, *
am Morgen herrscht wieder Jubel.
Du hast mein Klagen in Tanzen verwandelt, *
HERR, mein Gott, ich will dir danken in Ewigkeit. – Kv

ZWEITE LESUNG Offb 5,11–14

Lesung aus der Offenbarung des Johannes.

Ich, Johannes, sah und ich hörte die Stimme von vielen Engeln rings um den Thron und um die Lebewesen und die Ältesten; die Zahl der Engel war zehntausend mal zehntausend und tausend mal tausend.
Sie riefen mit lauter Stimme: Würdig ist das Lamm, das geschlachtet ist, Macht zu empfangen, Reichtum und Weisheit, Kraft und Ehre, Lob und Herrlichkeit.
Und alle Geschöpfe im Himmel und auf der Erde, unter der Erde und auf dem Meer, alles, was darin ist, hörte ich sprechen: Ihm, der auf dem Thron sitzt, und dem Lamm gebühren Lob und Ehre und Herrlichkeit und Kraft in alle Ewigkeit.

Und die vier Lebewesen sprachen: Amen. Und die vierundzwanzig Ältesten fielen nieder und beteten an.

Wort des lebendigen Gottes.

IMPULS Ein Kennzeichen für das letzte Buch der Bibel sind die vielen Szenen aus der Liturgie des Himmels. Die Vollendung bei Gott wird im singenden Lobpreis beschrieben. Betende und das Lob Gottes Singende stehen vor Gott. Die Offenbarung spricht von den bedrängten Gemeinden. Doch der Trost bleibt darin, wie keine Macht sie unterdrücken und ihren Glauben auslöschen kann. Der Ausdruck des erlösten Lebens wird zum Zeichen des befreiten Lebens: der Lobpreis Gottes. Im Singen und Loben finden sich Menschen zusammen. Im Singen findet sich keine Zeit für Gewalt und für Kriegswerkzeuge. Immer wieder bringen biblische Erzählungen das gesungene Lied als Zeichen der Überwindung von Gewalt. Dies beginnt im Lied des Mose und des Liedes der Mirjam nach dem Auszug aus Ägypten. So singen die drei jungen Männer im Feuerofen im Buch Daniel. Es ist der Lobpreis, der die Weite des Lebens erfahren lässt.
Auch heute noch wird die das Lob Gottes singende Gemeinde zum Weg, auf dem der Hass in Frieden, die Gewalt in die Weite des Lebens verwandelt wird. Wie Hasstiraden das Leben einengen, Angst und Furcht verbreiten, so lädt der Gesang, der Gottes befreiende Macht besingt, zur Weite und zur Hoffnung ein.

Ruf vor dem Evangelium

Halleluja. Halleluja.
Christus ist auferstanden.
Er, der Schöpfer des Alls, hat sich aller Menschen erbarmt.
Halleluja.

EVANGELIUM

Joh 21,1–19 (Kf: 21,1–14)

+ Aus dem heiligen Evangelium nach Johannes.

In jener Zeit offenbarte sich Jesus den Jüngern noch einmal, am See von Tiberias, und er offenbarte sich in folgender Weise.
Simon Petrus, Thomas, genannt Didymus, Natanaël aus Kana in Galiläa, die Söhne des Zebedäus und zwei andere von seinen Jüngern waren zusammen.
Simon Petrus sagte zu ihnen: Ich gehe fischen. Sie sagten zu ihm: Wir kommen auch mit. Sie gingen hinaus und stiegen in das Boot. Aber in dieser Nacht fingen sie nichts.
Als es schon Morgen wurde, stand Jesus am Ufer. Doch die Jünger wussten nicht, dass es Jesus war.
Jesus sagte zu ihnen: Meine Kinder, habt ihr keinen Fisch zu essen? Sie antworteten ihm: Nein.
Er aber sagte zu ihnen: Werft das Netz auf der rechten Seite des Bootes aus und ihr werdet etwas finden. Sie warfen das Netz aus und konnten es nicht wieder einholen, so voller Fische war es.
Da sagte der Jünger, den Jesus liebte, zu Petrus: Es ist der Herr!
Als Simon Petrus hörte, dass es der Herr sei, gürtete er sich das Obergewand um, weil er nackt war, und sprang in den See.
Dann kamen die anderen Jünger mit dem Boot – sie waren nämlich nicht weit vom Land entfernt, nur etwa zweihundert Ellen – und zogen das Netz mit den Fischen hinter sich her.
Als sie an Land gingen, sahen sie am Boden ein Kohlenfeuer und darauf Fisch und Brot liegen.
Jesus sagte zu ihnen: Bringt von den Fischen, die ihr gerade gefangen habt!
Da stieg Simon Petrus ans Ufer und zog das Netz an Land. Es war mit hundertdreiundfünfzig großen Fischen gefüllt, und obwohl es so viele waren, zerriss das Netz nicht.
Jesus sagte zu ihnen: Kommt her und esst! Keiner von den Jüngern wagte ihn zu befragen: Wer bist du? Denn sie wussten, dass es der Herr war.
Jesus trat heran, nahm das Brot und gab es ihnen, ebenso den Fisch.

Dies war schon das dritte Mal, dass Jesus sich den Jüngern offenbarte, seit er von den Toten auferstanden war.⬅
Als sie gegessen hatten, sagte Jesus zu Simon Petrus: Simon, Sohn des Johannes, liebst du mich mehr als diese? Er antwortete ihm: Ja, Herr, du weißt, dass ich dich liebe. Jesus sagte zu ihm: Weide meine Lämmer!
Zum zweiten Mal fragte er ihn: Simon, Sohn des Johannes, liebst du mich? Er antwortete ihm: Ja, Herr, du weißt, dass ich dich liebe. Jesus sagte zu ihm: Weide meine Schafe!
Zum dritten Mal fragte er ihn: Simon, Sohn des Johannes, liebst du mich? Da wurde Petrus traurig, weil Jesus ihn zum dritten Mal gefragt hatte: Liebst du mich? Er gab ihm zur Antwort: Herr, du weißt alles; du weißt, dass ich dich liebe.
Jesus sagte zu ihm: Weide meine Schafe!
Amen, amen, ich sage dir: Als du jünger warst, hast du dich selbst gegürtet und gingst, wohin du wolltest. Wenn du aber alt geworden bist, wirst du deine Hände ausstrecken und ein anderer wird dich gürten und dich führen, wohin du nicht willst. Das sagte Jesus, um anzudeuten, durch welchen Tod er Gott verherrlichen werde. Nach diesen Worten sagte er zu ihm: Folge mir nach!

Evangelium unseres Herrn Jesus Christus.

IMPULS »Als es schon Morgen wurde, stand Jesus am Ufer«. Jesus führt die Jünger zusammen. Bei ihm ist Platz für einen jeden von uns. Das Zeichen der Nähe des Auferstandenen ist die Eucharistie, das Brechen des Brotes. Es ist das Brot und der Fisch, die auf dem Kohlenfeuer lagen. Es ist das gemeinsame Mahl, das nicht wir bereiten. Nicht wir machen etwas, sondern der Auferstande für uns. Nicht wir bestimmen, wer zum Mahl kommt und wer nicht. Der Gastgeber ist der Auferstandene, auch jetzt, hier und heute. Die Gemeinschaft, die Fülle im Netz, das nicht zerreißt, die wird uns da geschenkt, wo wir uns von Jesus rufen lassen. Die schmerzlichen Trennungen zwischen den Christen entstehen durch uns. Sie wachsen in einem Klima der Enge, durch harte und unbarmherzige

Worte, die verletzten und entfremden. Sie drücken oft unsere Angst vor anderen aus, weniger das Verhalten der anderen. Worte, die abgrenzen, die bewerten und urteilen oder sogar verurteilen, vergrößern die Distanz unter uns Menschen. Überwunden werden sie durch die Weite und den Charme Jesu. Da, wo die Jünger zusammen erschöpft im Boot sitzen, da, wo sie sich vom Auferstandenen rufen lassen, da ereignet sich ein Aufbruch und eine neue Lebendigkeit. Es war der Ruf des Auferstandenen, der das möglich machte, was von uns aus unmöglich ist. Es ist sein Ruf, der das am Ostermorgen ermöglicht, was wir sonst als unmöglich in der erfahrenen Vergeblichkeit des Lebens empfinden: »Werft das Netz auf der rechten Seite des Bootes aus und ihr werdet etwas finden«.

CREDO (siehe Seite 520ff.)

FÜRBITTEN

Lasset uns beten zu Gott, unserem Vater, der uns den Weg zum Leben weist:

– Für die Bistümer in den nordeuropäischen Staaten

V: Vater im Himmel. A: Wir bitten dich, erhöre uns.

– Für die Armutsstaaten, die in besonderer Weise unter den Folgen des Klimawandels und der Armutsmigration leiden.

– Für alle, die schwere Schuld auf sich geladen haben und auf Gnade und Erbarmen hoffen.

– Für Eltern, die Schwierigkeiten haben, ihre Kinder zu verstehen und auf ihre Erwartungen und Sorgen einzugehen.

– Für die Menschen, die auf der Flucht im Mittelmeer und in der Sahara ihr Leben verloren haben.

Gütiger Gott, du bist eine Zuflucht der Leidenden und Bedrückten. Schenke uns deine Herrlichkeit und gib Antwort auf unser Rufen durch Christus, unseren Herrn.

Gabengebet

Allmächtiger Gott, nimm die Gaben an, die deine Kirche dir in österlicher Freude darbringt. Du hast ihr Grund gegeben zu solchem Jubel, erhalte ihr die Freude bis zur Vollendung. Darum bitten wir durch Christus, unseren Herrn.

Präfation

Osterzeit IV

In Wahrheit ist es würdig und recht, dir, Vater, in diesen Tagen freudig zu danken, da unser Osterlamm geopfert ist, Jesus Christus. Das Alte ist vergangen, die gefallene Welt erlöst, das Leben in Christus erneuert. Darum preisen wir dich in österlicher Freude und singen mit den Chören der Engel das Lob deiner Herrlichkeit.

Einladung zum Vaterunser

In der Kraft des heiligen Geistes, der uns zu Kindern Gottes macht, beten wir, wie uns der Herr zu beten gelehrt hat: Vater unser im Himmel …

Einladung zum Friedensgebet

Herr Jesus Christus, du sprichst das Wort, das Versöhnung und Frieden schenkt. Daher bitten wir dich: Herr Jesus Christus …

Kommunionvers

Vgl. Joh 21,12–13

Jesus sprach zu seinen Jüngern: Kommt und esst! Und er nahm das Brot und gab es ihnen. Halleluja.

Schlussgebet

Ewiger Gott, du hast uns durch die Ostergeheimnisse erneuert. Wende dich uns voll Güte zu und bleibe bei uns mit deiner Huld, bis wir mit verklärtem Leib zum unvergänglichen Leben auferstehen. Darum bitten wir durch Christus, unseren Herrn.

Schlusssegen

In der Osterzeit

Der allmächtige Gott hat uns durch die Auferstehung seines Sohnes aus Sünde und Tod befreit; er segne euch und schenke euch seine Freude.
Und Christus, mit dem wir auferstanden sind durch den Glauben, bewahre in euch die Gabe der Erlösung.
Gott hat uns in der Taufe angenommen als Kinder seiner Gnade; er schenke euch das verheißene Erbe.
Das gewähre euch der dreieinige Gott, der Vater und der Sohn † und der Heilige Geist.

Lasst uns aufbrechen

Kommt lasst uns erkennen
mit Leib und Seele
wie Du atmest im schöpferischen Werden

Kommt lasst uns erfahren
mit unserem beherzten Sein
wie Du mitlebst
im Ausruhen und Genießenkönnen

Kommt lasst uns erahnen
mit ganzer Existenz
wie Du mitgehst
durch Schweres hindurch
uns durch Reifen und Wachsen
auf der Reise nach innen begleitest

Kommt lasst uns aufbrechen
einander erinnern
wie Schwester Geist befreiend wirkt

Pierre Stutz, nach Psalm 95,6

VIERTER SONNTAG DER OSTERZEIT
11. Mai 2025

Die Erde ist voll von der Huld des Herrn.
Durch das Werk des Herrn wurden die Himmel geschaffen.
Halleluja.
Ps 33 (32),5–6

Dieser Sonntag gilt seit alter Zeit als der sogenannte Gute-Hirte-Sonntag. Der Name leitet sich vom Evangelium ab. Denn an ihm wurde immer aus dem 10. Kapitel des Johannesevangeliums ein Abschnitt vorgelesen. In ihm identifiziert sich Jesus mit dem Guten Hirten. Als der gute Hirte versteht er sich als der Sorgende um seine Jüngerinnen und Jünger.
Jesus greift ein altes biblische Bild auf, das er kennengelernt hat aus der Geschichte Israels. Da hat sich Gott als der Hirte Israels verstanden. Gott geht mit seinem Volk durch die Wüste. Es ist Gott, der sich Könige als Hirten erwählt, um das Volk durch die Zeit zu führen.
Mit unseren jüdischen Schwestern und Brüdern teilen wir das Reservoir von Erinnerungen. Dazu gehören Bilder aus der Welt der Nomaden. Wie in Sagen und Märchen alte Bilder aufbewahrt werden, so bewahren wir in den Erzählungen der Bibel dieses alte Bild des Hirten mit seiner Herde bis in unsere Zeit auf. Wir verkünden es in der heutigen Zeit, die keine Hirten mehr kennt. Die überwiegende Mehrheit der Bevölkerung in unserem Land lebt in Städten. In der Kirche hat sich der Hirt als Berufsbezeichnung erhalten. Doch auch hier erleben wir einen Wandel. Die Leitungsfunktion ändert sich. Sie passt sich heutigen Erkenntnissen an und lernt aus dem Machtmissbrauch, der sich eingeschlichen hat. Wir sind vorsichtig geworden mit vertrauten Überlieferungen.
Im Gottesdienst gehen wir immer wieder diesen Schritt: Aus den Bildern und der Sprache einer vergangenen Zeit, die wir nicht vergessen und verdrängen, wenden wir uns den Fragen und Herausforderungen der heutigen Zeit zu. Es sind die traditionellen Bilder, die uns einladen, sich einer gemeinsamen Basis zu versichern, um auf vielfältige Weise in der Gegenwart zu leben.

Kyrie-Rufe

Herr Jesus Christus, du bist der Gute Hirt, der den Blick für einen jeden von uns bewahrt.
Kyrie, eleison.
Du bist der Hirt, der sich denen anpasst, die deine Hilfe nötig haben.
Christe, eleison.
Du bleibst bei uns, bis wir an das Ziel unseres Weges angekommen sind.
Kyrie, eleison.

Gloria (siehe Seite 516f.)

Tagesgebet

Allmächtiger, ewiger Gott, dein Sohn ist der Kirche siegreich vorausgegangen als der Gute Hirt. Geleite auch die Herde, für die er sein Leben dahingab, aus aller Not zur ewigen Freude. Darum bitten wir durch ihn, Jesus Christus.

Erste Lesung Apg 13,14.43b–52

Lesung aus der Apostelgeschichte.

In jenen Tagen wanderten Paulus und Barnabas von Perge weiter und kamen nach Antiochia in Pisidien. Dort gingen sie am Sabbat in die Synagoge und setzten sich.
Es schlossen sich viele Juden und fromme Proselyten Paulus und Barnabas an. Diese redeten ihnen zu und ermahnten sie, der Gnade Gottes treu zu bleiben.
Am folgenden Sabbat versammelte sich fast die ganze Stadt, um das Wort des Herrn zu hören.
Als die Juden die Scharen sahen, wurden sie eifersüchtig, widersprachen den Worten des Paulus und stießen Lästerungen aus.
Paulus und Barnabas aber erklärten freimütig: Euch musste das Wort Gottes zuerst verkündet werden. Da ihr es aber zurück-

stoßt und euch selbst des ewigen Lebens für unwürdig erachtet, siehe, so wenden wir uns jetzt an die Heiden.
Denn so hat uns der Herr aufgetragen: Ich habe dich zum Licht für die Völker gemacht, bis an das Ende der Erde sollst du das Heil sein.
Als die Heiden das hörten, freuten sie sich und priesen das Wort des Herrn; und alle wurden gläubig, die für das ewige Leben bestimmt waren.
Das Wort des Herrn aber verbreitete sich in der ganzen Gegend.
Die Juden jedoch hetzten die vornehmen gottesfürchtigen Frauen und die Ersten der Stadt auf, veranlassten eine Verfolgung gegen Paulus und Barnabas und vertrieben sie aus ihrem Gebiet.
Diese aber schüttelten gegen sie den Staub von ihren Füßen und zogen nach Ikonion.
Und die Jünger wurden mit Freude und Heiligem Geist erfüllt.

Wort des lebendigen Gottes.

IMPULS Mit dem Apostel Barnabas in dieser Szene aus der Apostelgeschichte eröffnet sich ein neues Kapitel in der Geschichte der frühen Christen. Barnabas und Paulus verkünden das Evangelium außerhalb der jüdischen Welt. Es ist eine Trennung, auf die sich die Spannungen innerhalb der jüdischen Gemeinden in den letzten Jahren zugespitzt hat. Trotz der Trennung erinnert Paulus in seinem Brief an die Gemeinde in Rom daran, dass der jüdische Glaube die Wurzel ist, die den Glauben der Nichtjuden trägt. Israel bleibt der erste Anprechpartner Gottes. Israel ist nicht verworfen. Aber die Geschichte des biblischen Glaubens ereignet sich auf zwei Wegen: auf dem Weg in Israel als Volk Gottes und auf dem Weg der Völkergemeinschaft, die durch Christus Anteil erhalten an den Verheißungen Israels. Seitdem bleibt es uns Christen immer aufgetragen, um unseren Ursprung in den Verheißungen an das Volk Israel zu wissen und daran festzuhalten, dass diese Verheißungen bis heute gelten. Israel lebt im ungekündigten Bund Gottes. Bis in das letzte Jahrhundert war das Verhältnis Christen-

Juden überwiegend gekennzeichnet durch Ablehnung und Herabsetzung. Christlicher Glaube wurde auf dem Hintergrund des vermeintlich alten Bundes dargestellt. Dabei bleibt die Trennung schmerzhaft. Paulus und Barnabas sind davon in gleicher Weise betroffen. Sie wissen darum, dass Israel der erste Adressat des Evangeliums ist. Nur weil es nicht zu einer Verständigung kommt, verlassen sie den Raum der Synagoge und wenden sich an die nichtjüdischen Völker.
Später werden sich Barnabas und Paulus wegen Differenzen in der Missionspraxis trennen. Auch hier führt ein gemeinsamer Anfang zu zwei getrennt verlaufenden Wegen.

ANTWORTPSALM Ps 100 (99),1–3.4–5 (Kv: vgl. 3c)

Kv Halleluja. – Oder: Wir sind das Volk des HERRN,
die Herde seiner Weide. – Kv

Jauchzt dem HERRN, alle Lande! /
Dient dem HERRN mit Freude! *
Kommt vor sein Angesicht mit Jubel!
Erkennt: Der HERR allein ist Gott. /
Er hat uns gemacht, wir sind sein Eigentum, *
sein Volk und die Herde seiner Weide. – Kv

Kommt mit Dank durch seine Tore, /
mit Lobgesang in seine Höfe! *
Dankt ihm, preist seinen Namen!
Denn der HERR ist gut, /
ewig währt seine Huld *
und von Geschlecht zu Geschlecht seine Treue. – Kv

ZWEITE LESUNG Offb 7,9.14b–17

Lesung aus der Offenbarung des Johannes.

Ich, Johannes, sah: eine große Schar aus allen Nationen und Stämmen, Völkern und Sprachen; niemand konnte sie zählen. Sie standen vor dem Thron und vor dem Lamm, gekleidet in weiße Gewänder, und trugen Palmzweige in den Händen.

Und einer der Ältesten sagte zu mir: Dies sind jene, die aus der großen Bedrängnis kommen; sie haben ihre Gewänder gewaschen und im Blut des Lammes weiß gemacht.
Deshalb stehen sie vor dem Thron Gottes und dienen ihm bei Tag und Nacht in seinem Tempel; und der, der auf dem Thron sitzt, wird sein Zelt über ihnen aufschlagen.
Sie werden keinen Hunger und keinen Durst mehr leiden und weder Sonnenglut noch irgendeine sengende Hitze wird auf ihnen lasten.
Denn das Lamm in der Mitte vor dem Thron wird sie weiden und zu den Quellen führen, aus denen das Wasser des Lebens strömt, und Gott wird alle Tränen von ihren Augen abwischen.

Wort des lebendigen Gottes.

IMPULS In der Offenbarung des Johannes begegnet uns eine frühe Form christlicher Märtyrerfrömmigkeit. Christlicher Glaube war gefährlich. Christen bildeten eine Minderheit. Es fehlte ihnen die Anerkennung. Das Buch beginnt im Gefängnis. Der Seher Johannes ist auf Patmos eingesperrt. Doch aus der Bedrängnis und der Verfolgung folgt nicht Rache und Vergeltung, sondern die Hoffnung auf Verwandlung, die Erwartung eines neues Lebens in Frieden und Gerechtigkeit. Ausdruck des neuen Lebens sind die weißen Gewänder, die diejenigen tragen, die in der Bedrängnis lebten. Es wird eine große, unermessliche Fülle sein von Menschen, die jetzt befreit und erlöst sind. Das weiße Gewand erinnert an die Taufe. Es erinnert daran, wie alle vor Gott gleich sind. Es zählt nur, wie sie von Gott angeschaut und geliebt sind.
Am Grab, dem Ort des Todes, ist es der weiße Mann oder der weißgekleidete Engel, der den Frauen Antwort gibt. Nicht mehr der Tod und die Verfolgung, sondern das Leben, die Botschaft des Lebens, die von Gott kommt, soll den Glauben, das Vertrauen in die Lebenskraft Jesu schenken. Nach diesem Glauben suchen Christen, wenn sie symbolisch die weißen Gewänder tragen. Diejenigen, die Verfolgung und Not erlitten haben, werden selber zu Zeugen des Lebens.

Ruf vor dem Evangelium

Joh 10,14

Halleluja. Halleluja.
(So spricht der Herr:)
Ich bin der gute Hirt;
ich kenne die Meinen und die Meinen kennen mich.
Halleluja.

Evangelium

Joh 10,27–30

+ Aus dem heiligen Evangelium nach Johannes.

In jener Zeit sprach Jesus: Meine Schafe hören auf meine Stimme; ich kenne sie und sie folgen mir.
Ich gebe ihnen ewiges Leben. Sie werden niemals zugrunde gehen und niemand wird sie meiner Hand entreißen.
Mein Vater, der sie mir gab, ist größer als alle und niemand kann sie der Hand meines Vaters entreißen.
Ich und der Vater sind eins.

Evangelium unseres Herrn Jesus Christus.

IMPULS Das Johannesevangelium bringt die große Rede, in der sich Jesus mit der Aufgabe des Hirten identifiziert. Der Hirt ist ein populäres Bild im Alten Orient für den Herrscher, ein Bild aus der Alltagswelt inmitten der Viehherden. Die Herden mussten unterwegs bleiben, um immer wieder neu Weideland zu finden. Auf diesem Weg brauchen sie Begleiter. In dieser nomadischen Lebensweise hat sich das Volk Israel wiedergefunden. Es sah seine Wurzeln in diesem nomadischen Dasein, im Umherziehen als Hirte. Der heutige Abschnitt bringt den Abschluss der Hirtenrede Jesu. Das Unterscheidungsmerkmal ist die Stimme des Hirten. An ihm orientieren sich die Schafe. Dieser Stimme vertrauen sie. Zu dieser Stimme gehört der Hirt, der sich ganz seiner Aufgabe hingibt. Er ist kein Lohnarbeiter. Ihm gehören die Schafe. So versucht er zu verhindern, dass eines verlorengeht oder Schaden erleidet. Dafür setzt er sogar sein Leben ein. Das Hirtenbild ist ein nicht unproblematisches Bild für die Kirche. Zum Hirten gehört leicht die Abhängigkeit und die Unmündigkeit.

Ein Hirte kann bevormunden. Beim Hirten fehlt das Bild der Ebenbürtigkeit. Ein Hirt und eine Herde stehen nicht auf gleicher Ebene. Wir sprechen heute vom mündigen Christen und wollen uns nicht als Schafe verstehen. Korrigierend und helfend kann die Erinnerung daran sein, dass jede Autorität, so wie sie im Dienst des Hirten vorhanden ist, verbunden ist, mit der Bereitschaft, nicht Macht auszuüben, sondern selber Macht abzugeben, um für andere dazusein.

CREDO (siehe Seite 520ff.)

FÜRBITTEN

Lasst uns beten zu unserem Herrn Jesus Christus, der uns um seinen Tisch versammelt:

– Für die Christengemeinden in den muslimisch geprägten Staaten, die nach einem offenen Miteinander suchen.

V/A: Christus, höre uns.

– Für alle, die sich für eine gerechte Weltwirtschaftsordnung einsetzen.

– Für die Armen in den Elendsvierteln der Großstädte von Südamerika.

– Für den Dienst des Roten Kreuzes bei den Kranken und Hilfsbedürftigen.

– Für unsere Freunde und Verwandten, denen wir in unserem Leben verbunden sind.

Gott, du bist unser Heil und unsere Rettung. Stärke unseren Glauben und höre unser Gebet durch Christus, unseren Herrn.

GABENGEBET

Herr, unser Gott, gib, dass wir dir allzeit danken durch die Feier der österlichen Geheimnisse. In ihnen führst du das Werk der Erlösung fort, mache sie für uns zur Quelle der unvergänglichen Freude. Darum bitten wir durch Christus, unseren Herrn.

Präfation

Osterzeit V

In Wahrheit ist es würdig und recht, dir, Vater, in diesen Tagen freudig zu danken, da unser Osterlamm geopfert ist, Jesus Christus. Als er seinen Leib am Kreuz dahingab, hat er die Opfer der Vorzeit vollendet. Er hat sich dir dargebracht zu unserem Heil, er selbst ist der Priester, der Altar und das Opferlamm. Durch ihn preisen wir dich in österlicher Freude und singen mit den Chören der Engel das Lob deiner Herrlichkeit.

Einladung zum Vaterunser

Lasset uns beten zu Gott, unserem Vater, in dem Vertrauen, das uns Jesus als der gute Hirt geschenkt hat: Vater unser im Himmel …

Einladung zum Friedensgebet

Christus hat Versöhnung gestiftet durch sein Sterben am Kreuz. Zu ihm beten wir: Herr Jesus Christus …

Kommunionvers

Auferstanden ist der Gute Hirt. Er gab sein Leben für die Schafe. Er ist für seine Herde gestorben. Halleluja.

Schlussgebet

Gott, du Hirt deines Volkes, sieh voll Huld auf deine Herde, die durch das kostbare Blut deines Sohnes erkauft ist; bleibe bei ihr und führe sie auf die Weide des ewigen Lebens. Darum bitten wir durch ihn, Christus, unseren Herrn.

Schlusssegen

In der Osterzeit

Der allmächtige Gott hat uns durch die Auferstehung seines Sohnes aus Sünde und Tod befreit; er segne euch und schenke euch seine Freude.
Und Christus, mit dem wir auferstanden sind durch den Glauben, bewahre in euch die Gabe der Erlösung.

Gott hat uns in der Taufe angenommen als Kinder seiner Gnade; er schenke euch das verheißene Erbe.
Das gewähre euch der dreieinige Gott, der Vater und der Sohn † und der Heilige Geist.

Lebensatem

Du
bist unsere Mitte
auf Dich
richten wir unser Leben aus
Du
verbindende Kraft
bewegst zum aufrechten und unbeschwerten Gang

Beim Reigentanz singen wir Dir
entdecken unsere Lebenskraft neu
Dich Schwester Geist
die Du atmest in allem
was lebt
all meine Quellen entspringen in Dir

Pierre Stutz, nach Psalm 87,7

FÜNFTER SONNTAG DER OSTERZEIT

18. Mai 2025

Singt dem Herrn ein neues Lied,
denn er hat wunderbare Taten vollbracht
und sein gerechtes Wirken enthüllt
vor den Augen der Völker. Halleluja.
Ps 98 (97),1–2

In einigen Briefen beschreibt der Apostel Paulus das christliche Leben mit dem Bild der Sohnschaft. »Als aber die Zeit erfüllt war, sandte Gott seinen Sohn, …damit er die freikaufe, die unter dem Gesetz stehen und damit wir die Sohnschaft erlangen.« (Gal 4,4f.). Als Getaufte stehen wir in der engsten verwandtschaftlichen Beziehung, die sich vorstellen lässt: Wir sind Söhne und Töchter Gottes, seine Kinder. Uns wird die gleiche Würde zugesprochen, die Gott seinem Sohn zuspricht. Jesus lebt inmitten seines Volkes, mitten unter uns Menschen. Er wurde uns gleich außer der Sünde. Damit lebt Jesus nicht für sich allein. Er lebt in Beziehung. In Nazaret war es die Familie. Es sind die verwandtschaftlichen Beziehungen, von denen das Evangelium spricht.
Doch er zieht aus der Familie aus, nicht um menschliche Bande zu unterbinden, sondern um neue zu knüpfen. Diese neue universale Gemeinschaft drückt das Bild der Geschwisterlichkeit aus, eine neue Verbundenheit, weil wir alle Gott als unseren Vater bekennen. Der Kreis der Jüngerinnen und Jünger sollte dies ausdrücken. Es war die Praxis Jesu, gerade zu Menschen zu gehen, die am Rande lebten. In der Taufe war es die Praxis, dass sie allen Menschen offenstand. Allen wurde das Angebot gemacht, sich das anzueignen, was der Glaube von Gott verkündet.
Nicht der Befehl zusammenzuleben brachte die Gemeinschaft zusammen, sondern das Vertrauen, gemeinsam geliebt zu werden und im anderen Menschen die Liebe Gottes zu erkennen und widergespiegelt zu bekommen.

Kyrie-Rufe

Herr Jesus Christus, du bist der Arzt und Heiland aller, die leiden.
Kyrie, eleison.
Du bist die Hoffnung der Suchenden und Fragenden.
Christe, eleison.
Du gibst uns die Kraft, unseren Weg in Zuversicht zu gehen.
Kyrie, eleison.

Gloria (siehe Seite 516f.)

Tagesgebet

Gott, unser Vater, du hast uns durch deinen Sohn erlöst und als deine geliebten Kinder angenommen. Sieh voll Güte auf alle, die an Christus glauben, und schenke ihnen die wahre Freiheit und das ewige Erbe. Darum bitten wir durch Jesus Christus.

Erste Lesung Apg 14,21b–27

Lesung aus der Apostelgeschichte.

In jenen Tagen kehrten Paulus und Barnabas nach Lystra, Ikonion und Antiochia zurück.
Sie stärkten die Seelen der Jünger und ermahnten sie, treu am Glauben festzuhalten; sie sagten: Durch viele Drangsale müssen wir in das Reich Gottes gelangen.
Sie setzten für sie in jeder Gemeinde Älteste ein und empfahlen sie unter Gebet und Fasten dem Herrn, an den sie nun glaubten.
Nachdem sie durch Pisidien gezogen waren, kamen sie nach Pamphylien, verkündeten in Perge das Wort und gingen dann nach Attalia hinab.
Von dort segelten sie nach Antiochia, wo man sie für das Werk, das sie nun vollbracht hatten, der Gnade Gottes übereignet hatte.

Als sie dort angekommen waren, riefen sie die Gemeinde zusammen und berichteten alles, was Gott mit ihnen zusammen getan und dass er den Heiden die Tür zum Glauben geöffnet hatte.

Wort des lebendigen Gottes.

IMPULS Bis in unsere Tage hat sich in der Feier der Liturgie der Ritus der Handauflegung erhalten. Eine Bischofs-, Priester- oder Diakonenweihe erfolgt durch Handauflegung des Bischofs. Dabei betet die Gemeinde still. Anschließend wird das stille Gebet durch das laut gesprochene Segensgebet abgeschlossen. Die Handauflegung und das Gebet bildet das Sakrament der Weihe. Erst nach Handauflegung und Gebet empfängt der Weihekandidat den Dienst, zu dem er beauftragt worden ist.
Heute hören wir in der Apostelgeschichte von diesem Ritus. Hier handelt es sich nicht um eine Sakramentenfeier wie in späterer Zeit der Kirche. Älteste, Gemeindemitglieder, die in der Gemeinde eine leitende Funktion innehatten, werden zu ihrem Dienst beauftragt. Eine Gemeinde, die ihre Lebendigkeit und Wirksamkeit bewahren will, bedarf Personen, die Verantwortung übernehmen, um die Gemeinde zu leiten. Jesus hatte die Jünger zu ihrem Dienst als Apostel gerufen und gesendet. Er hauchte sie an. Er trug ihnen auf, das Evangelium zu verkünden. In späterer Zeit wurde dieser Auftrag des Auferstandenen in den Ritus der Handauflegung und des Gebetes übertragen. In der Handauflegung vollzieht sich ein persönlicher Kontakt zwischen dem Gemeindevorsteher und demjenigen, der beauftragt wird. Dienste werden von Mensch zu Mensch übertragen. Durch Menschen wird der Geist Christi geschenkt. Durch das gemeinsame Gebet wird erfahrbar, wie wir alle Gott gehören, nicht anderen Menschen, mögen sie eine noch so wichtige Funktion ausüben.

ANTWORTPSALM Ps 145 (144),1–2.8–9.10–11.13c–14 (Kv: 1a)

Kv Halleluja. – Oder: Ich will dich erheben, meinen Gott und König. – Kv

Ich will dich erheben, meinen Gott und König, *
ich will deinen Namen preisen auf immer und ewig.
Jeden Tag will ich dich preisen *
und deinen Namen loben auf immer und ewig. – Kv

Der HERR ist gnädig und barmherzig, *
langmütig und reich an Huld.
Der HERR ist gut zu allen, *
sein Erbarmen waltet über all seinen Werken. – Kv

Danken sollen dir, HERR, all deine Werke, *
deine Frommen sollen dich preisen.
Von der Herrlichkeit deines Königtums sollen sie reden, *
von deiner Macht sollen sie sprechen. – Kv

Treu ist der Herr in seinen Reden *
und heilig in all seinen Werken.
Der HERR stützt alle, die fallen, *
er richtet alle auf, die gebeugt sind. – Kv

ZWEITE LESUNG Offb 21,1–5a

Lesung aus der Offenbarung des Johannes.

Ich, Johannes, sah einen neuen Himmel und eine neue Erde; denn der erste Himmel und die erste Erde sind vergangen, auch das Meer ist nicht mehr.
Ich sah die heilige Stadt, das neue Jerusalem, von Gott her aus dem Himmel herabkommen; sie war bereit wie eine Braut, die sich für ihren Mann geschmückt hat.
Da hörte ich eine laute Stimme vom Thron her rufen: Seht, die Wohnung Gottes unter den Menschen! Er wird in ihrer Mitte wohnen und sie werden sein Volk sein; und er, Gott, wird
bei ihnen sein.

Er wird alle Tränen von ihren Augen abwischen: Der Tod wird nicht mehr sein, keine Trauer, keine Klage, keine Mühsal.
Denn was früher war, ist vergangen.
Er, der auf dem Thron saß, sprach: Seht, ich mache alles neu.

Wort des lebendigen Gottes.

IMPULS Am Ende der Offenbarung des Johannes und damit am Ende des Neuen Testamentes steht das Bild einer neuen Erde und eines neuen Himmels. Dazu gehört die neue Stadt, das neue Jerusalem, das neu erbaut wird. Es kommt vom Himmel herab. Der Erbauer ist Gott selbst. So wie Gott seine Schöpfung erschafft. Damit greifen die letzten Verse den Anfang der Bibel auf mit dem Schöpfungsbericht. Es heißt jetzt zwar nicht, dass Gott die Welt erschafft. Doch der Seher sieht eine neue Erde und einen neuen Himmel. Das Alte ist vergangen. Etwas Neues entsteht. Die alte Welt wird nicht einfach verwandelt. Sie entsteht neu. Der Verfasser greift die Hoffnung des Jesajabuches auf. Nach der Not und der Drangsal folgt dort am Ende die Verheißung, wie Gott einen neuen Himmel und eine neue Erde erschafft. Zu dieser neuen Schöpfung gehört die neu erbaute Stadt Jerusalem. Sie steht als Hauptstadt, als Ort des Tempels und als Sitz des davidischen Königs für die Geschichte und die Gegenwart des Volkes Israel. Auch sie empfängt als neue Stadt den Glanz Gottes. Das Geschenk des Glaubens ist das neue Sehen: Nicht mehr das zählt, was gewesen ist, sondern das, was kommt, die Herrlichkeit des Lebens, in der es den Tod nicht mehr gibt.

Ruf vor dem Evangelium — Joh 13,34ac

Halleluja. Halleluja.
(So spricht der Herr:)
Ein neues Gebot gebe ich euch:
Wie ich euch geliebt habe, so sollt auch ihr einander lieben.
Halleluja.

Oder: Vgl. Joh 13,34ab

Halleluja. Halleluja.
Dies ist mein Gebot:
Liebt einander, wie ich euch geliebt!
Halleluja.

EVANGELIUM

Joh 13,31–33a.34–35

+ Aus dem heiligen Evangelium nach Johannes.

Als Judas vom Mahl hinausgegangen war, sagte Jesus: Jetzt ist der Menschensohn verherrlicht und Gott ist in ihm verherrlicht. Wenn Gott in ihm verherrlicht ist, wird auch Gott ihn in sich verherrlichen und er wird ihn bald verherrlichen.
Meine Kinder, ich bin nur noch kurze Zeit bei euch.
Ein neues Gebot gebe ich euch: Liebt einander! Wie ich euch geliebt habe, so sollt auch ihr einander lieben.
Daran werden alle erkennen, dass ihr meine Jünger seid: wenn ihr einander liebt.

Evangelium unseres Herrn Jesus Christus.

IMPULS Das Johannesevangelium bringt die langen Abschiedsreden Jesu an seine Jünger. Vor dem Leiden und Sterben steht das Vermächtnis Jesu. Es wird noch einmal in Worte gefasst, was das Leben Jesu ausmacht. Sein Leben ist ein Weg des Leidens, der zur Verherrlichung führt. In der Stunde, in der Judas Jesus verrät, ihn seinen Gegnern ausliefert, in der gleichen Stunde ist Jesus verherrlicht. Dabei gehört beides zusammen: Zuerst zeigt das Leben Jesu die Verherrlichung Gottes. Jesus lebt zur Ehre Gottes. Doch zugleich wird Jesus in Gott verherrlicht. Er ist der Zeuge für Gottes Herrlichkeit. Sie ist in ihm erkennbar und wirksam. Gegen jeden Triumphalismus hält das Evangelium daran fest, dass diese Verherrlichung nur über Leiden und Tod geht. Nur, wenn die leidende Seite menschlichen Lebens angenommen wird, erst da, wo die eigenen Vorstellungen von der Herrlichkeit des Lebens sich auflösen, wenn im eigenen Leben die schmerzende Macht der Gewalt spürbar wird, angenommen und durchlitten wird, erst da erscheint im menschlichen Leben die bleibende Herrlichkeit Gottes. Damit will das Evangelium nicht die Freude am Leben zerstören. Es geht ihm vielmehr darum, dass bleibendes Leben, bleibende Freude nur möglich ist, wenn auch die dunkle Seite des Lebens angenommen und nicht verdrängt wird. Die Aussagen Jesu bezeugen den Glauben, wie diese Annahme uns nicht verschlingt, sondern uns die Größe des Lebens schenkt – eine bleibende Größe, die wir Gott verdanken.

CREDO (siehe Seite 520ff.)

FÜRBITTEN

Lasset uns in unseren Anliegen zu Gott, unserem Vater, beten:

– Für die Deutsche Bischofskonferenz und für ihre Aufgaben in der Kirche und in der Gesellschaft.

V: Vater im Himmel. A: Wir bitten dich, erhöre uns.

– Für die Familien in den Kriegsgebieten des Nahen und Mittleren Ostens, die um den Tod eines Angehörigen trauern.

– Für alle, die Angst haben vor kriegerischen Konflikten und vor den Unsicherheiten in der zukünftigen Entwicklung.

– Für alle Eltern, die mit ihren Kindern auf Sozialhilfe angewiesen sind und sich im gesellschaftlichen Leben benachteiligt fühlen.

Barmherziger Gott, du bist unsere Hoffnung. Sieh auf uns und höre unser Gebet durch Christus, unseren Herrn.

GABENGEBET

Erhabener Gott, durch die Feier des heiligen Opfers gewährst du uns Anteil an deiner göttlichen Natur. Gib, dass wir dich nicht nur als den einen wahren Gott erkennen, sondern unser ganzes Leben nach dir ausrichten. Darum bitten wir durch Christus, unseren Herrn.

PRÄFATION

Osterzeit V

In Wahrheit ist es würdig und recht, dir, Vater, in diesen Tagen freudig zu danken, da unser Opferlamm geopfert ist, Jesus Christus. Als er seinen Leib am Kreuz dahingab, hat er die Opfer der Vorzeit vollendet. Er hat sich dir dargebracht zu unserem Heil, er selbst ist der Priester, der Altar und das Opferlamm. Durch ihn preisen wir dich in österlicher Freude und singen mit den Chören der Engel das Lob deiner Herrlichkeit.

EINLADUNG ZUM VATERUNSER

Wir vertrauen auf Gott, unseren Vater, der in Güte und Barmherzigkeit auf uns schaut. Zu ihm beten wir, wie der Herr uns zu beten gelehrt hat: Vater unser im Himmel …

EINLADUNG ZUM FRIEDENSGEBET

Christus ist unser Friede inmitten von Kälte und Angst in unserem Leben. Wir bitten ihn: Herr Jesus Christus …

KOMMUNIONVERS

Vgl. Joh 15,1.5

So spricht der Herr: Ich bin der wahre Weinstock, ihr seid die Rebzweige. Wer in mir bleibt und in wem ich bleibe, der bringt reiche Frucht. Halleluja.

SCHLUSSGEBET

Barmherziger Gott, höre unser Gebet. Du hast uns im Sakrament das Brot des Himmels gegeben, damit wir an Leib und Seele gesunden. Gib, dass wir die Gewohnheiten des alten Menschen ablegen und als neue Menschen leben. Darum bitten wir durch Christus, unseren Herrn.

SCHLUSSSEGEN

In der Osterzeit

Der allmächtige Gott hat uns durch die Auferstehung seines Sohnes aus Sünde und Tod befreit; er segne euch und schenke euch seine Freude.

Und Christus, mit dem wir auferstanden sind durch den Glauben, bewahre in euch die Gabe der Erlösung.
Gott hat uns in der Taufe angenommen als Kinder seiner Gnade; er schenke euch das verheißene Erbe.
Das gewähre euch der dreieinige Gott, der Vater und der Sohn † und der Heilige Geist.

Segnende Kraft

Du
wende Dich uns zu
sprich uns das Gute zu
lass Deine segnende Kraft spürbar werden
wenn wir uns Segenszeichen weiterschenken
einander erzählen
wie gut Du es mit uns meinst

Du bist die segnende Kraft in allen Menschen
verbindest Kulturen und Völker untereinander
im Tanz des Lebens ohne Ende

Schwester Geist
bewege und segne uns

Pierre Stutz, nach Psalm 67,8

SECHSTER SONNTAG DER OSTERZEIT

25. Mai 2025

Verkündet es jauchzend, damit man es hört!
Ruft es hinaus bis ans Ende der Erde!
Ruft: Der Herr hat sein Volk befreit. Halleluja.
Vgl. Jes 48,20

In einem ihrer Gedichte drückt Else Lasker-Schüler ihren Wunsch nach einer lebendigen Erfahrung der Nähe Gottes aus: » – Ich wollt die Welt wär noch ein Kind – Und wüßte mir vom ersten Atem zu erzählen«. Dieser Wunsch nach der Nähe Gottes wird umso drängender, als ihr schmerzhaft bewusst wird: »O Gott, o Gott, wie weit bin ich von dir!« Vielleicht können gerade Menschen glaubhaft von der Nähe Gottes sprechen, wenn sie der Schmerz trifft, weil sie sich sehr weit entfernt fühlen. Der Schmerz verwehrt es, sentimentale und ideologische Bilder zu gebrauchen oder zu schnell und leichtfertig von Gott zu reden. Ein solches Wort wird glaubhaft. In ihm spiegelt sich die Realität unseres Lebens wider.
Die Ostererfahrungen in den Evangelien möchten auf ihre Weise eine Antwort geben auf die Nähe der schöpferischen Kraft Gottes. Die Menschen dort haben auf ihre Weise die Gottesferne erlitten und sind davon gezeichnet. Die Kreuzigung ihres Lehrers hatte sie in Verzweiflung und in die Flucht getrieben. Der Tag danach war so weit entfernt vom Anfang am See von Genesareth. Damals, als den Fischern eine neue Aufgabe zugetraut wurde.
Doch in der Einsamkeit trifft sie neu der Atem Jesu. So wie am Anfang der Schöpfung, wie alles anfing, wie es spürbar war, das Leben durchdrungen vom Lebensodem Gottes. Am Ostermorgen ist es der Auferstandene, der unerkannt zu ihnen tritt, sie anhaucht, sie hineinnimmt in die Intimität seines Daseins. Es zu wagen, sich so in den Fragen und in den Zweifeln berühren zu lassen, das wäre Ostern auch heute.

Kyrie-Rufe

Herr Jesus Christus, du hast ein Herz, das für uns schlägt.
Kyrie, eleison.
Du schenkst die Kraft des Geistes, der in uns weht.
Christe, eleison.
Du bist die Hoffnung, die uns befreit.
Kyrie, eleison.

Gloria (siehe Seite 516f.)

Tagesgebet

Allmächtiger Gott, laß uns die österliche Zeit in herzlicher Freude begehen und die Auferstehung unseres Herrn preisen, damit das Ostergeheimnis, das wir in diesen fünfzig Tagen feiern, unser ganzes Leben prägt und verwandelt. Darum bitten wir durch Jesus Christus.

Erste Lesung

Apg 15,1–2.22–29

Lesung aus der Apostelgeschichte.

In jenen Tagen kamen einige Leute von Judäa herab und lehrten die Brüder: Wenn ihr euch nicht nach dem Brauch des Mose beschneiden lasst, könnt ihr nicht gerettet werden.
Da nun nicht geringer Zwist und Streit zwischen ihnen und Paulus und Barnabas entstand, beschloss man, Paulus und Barnabas und einige andere von ihnen sollten wegen dieser Streitfrage zu den Aposteln und den Ältesten nach Jerusalem hinaufgehen.
Da beschlossen die Apostel und die Ältesten zusammen mit der ganzen Gemeinde, Männer aus ihrer Mitte auszuwählen und sie zusammen mit Paulus und Barnabas nach Antiochia zu senden, nämlich Judas, genannt Barsabbas, und Silas, führende Männer unter den Brüdern.
Sie gaben ihnen folgendes Schreiben mit: Die Apostel und die Ältesten, eure Brüder, grüßen die Brüder aus dem Heidentum in Antiochia, in Syrien und Kilikien.

Wir haben gehört, dass einige von uns, denen wir keinen Auftrag erteilt haben, euch mit ihren Reden beunruhigt und eure Gemüter erregt haben.
Deshalb haben wir einmütig beschlossen, Männer auszuwählen und zusammen mit unseren geliebten Brüdern Barnabas und Paulus zu euch zu schicken, die beide für den Namen Jesu Christi, unseres Herrn, ihr Leben eingesetzt haben.
Wir haben Judas und Silas abgesandt, die euch das Gleiche auch mündlich mitteilen sollen.
Denn der Heilige Geist und wir haben beschlossen, euch keine weitere Last aufzuerlegen als diese notwendigen Dinge: Götzenopferfleisch, Blut, Ersticktes und Unzucht zu meiden.
Wenn ihr euch davor hütet, handelt ihr richtig. Lebt wohl!

Wort des lebendigen Gottes.

IMPULS Die Apostelgeschichte berichtet von dem wohl entscheidendsten Beschluss der ersten Jesusjünger und -jüngerinnen in der Frühzeit. Es geht um die Frage, ob man als Anhänger Jesu, als Christ, wie ein Angehöriger aus dem jüdischen Volk leben muss und damit die jüdischen Gebräuche halten muss. Dazu gehörte als wichtigstes Kennzeichen die Beschneidung. Kann man auch ohne Beschneidung sich den Anhängern Jesu anschließen? Gibt es also auch den christlichen Glauben außerhalb der jüdischen Gebräuche und Traditionen, die man verpflichtend übernehmen muss? An dieser Frage hing die Zukunftsfähigkeit des christlichen Glaubens. Jesus hat als Jude gelebt. Aber welche Verpflichtungen gelten für andere, die nicht dem jüdischen Volk angehören? Paulus und Barnabas waren die ersten, die von der Frage betroffen waren. Sie sind die ersten, die unter Nichtjuden das Evangelium verkünden. Doch sie entscheiden nicht selbst. Sie wollen von den Aposteln der ersten Stunde in ihrer Missionspraxis bestätigt werden. Dazu haben sich die Apostel durchgerungen, auch wenn sie selber bei der traditionellen Lebensweise blieben. Es war das Vertrauen auf den Heiligen Geist, der ihnen neue Wege zeigt.

Antwortpsalm Ps 67 (66),2–3.5–6.7–8 (Kv: 4)

Kv Halleluja. – Oder: Die Völker sollen dir danken, o Gott, danken sollen dir die Völker alle. – Kv

Gott sei uns gnädig und segne uns. *
Er lasse sein Angesicht über uns leuchten,
damit man auf Erden deinen Weg erkenne, *
deine Rettung unter allen Völkern. – Kv

Die Nationen sollen sich freuen und jubeln, /
denn du richtest die Völker nach Recht *
und leitest die Nationen auf Erden. – Kv

Die Erde gab ihren Ertrag. *
Gott, unser Gott, er segne uns!
Es segne uns Gott! *
Fürchten sollen ihn alle Enden der Erde. – Kv

Zweite Lesung Offb 21,10–14.22–23

Lesung aus der Offenbarung des Johannes.

Ein Engel entrückte mich im Geist auf einen großen, hohen Berg und zeigte mir die heilige Stadt Jerusalem, wie sie von Gott her aus dem Himmel herabkam, erfüllt von der Herrlichkeit Gottes. Sie glänzte wie ein kostbarer Edelstein, wie ein kristallklarer Jaspis.
Die Stadt hat eine große und hohe Mauer mit zwölf Toren und zwölf Engeln darauf. Auf die Tore sind Namen geschrieben: die Namen der zwölf Stämme der Söhne Israels.
Im Osten hat die Stadt drei Tore und im Norden drei Tore und im Süden drei Tore und im Westen drei Tore.
Die Mauer der Stadt hat zwölf Grundsteine; auf ihnen stehen die zwölf Namen der zwölf Apostel des Lammes.
Einen Tempel sah ich nicht in der Stadt. Denn der Herr, ihr Gott, der Herrscher über die ganze Schöpfung, ist ihr Tempel, er und das Lamm.

Die Stadt braucht weder Sonne noch Mond, die ihr leuchten. Denn die Herrlichkeit Gottes erleuchtet sie und ihre Leuchte ist das Lamm.

Wort des lebendigen Gottes.

IMPULS Zu den Bildern der neuen Schöpfung am Ende des Buches der Offenbarung gehört die Beschreibung der neuen Erde und des neuen Himmels zusammen mit dem neuerbauten Jerusalem. Jerusalem wurde seit David die Hauptstadt des geeinten Reiches mit den 12 Stämmen. Zum ersten Mal war das Volk Israel unter einem König mit einem Tempel und einer Hauptstadt vereint. Nach der Regierungszeit von König Salomo begann das Reich, sich wieder zu teilen. Die Zahl der 12 Jünger Jesu im Evangelium wird damit zur symbolischen Zahl. Mit diesem Jüngerkreis will Jesus ausdrücken, dass er gekommen ist, um das Volk zu einen. Die 12 Apostel stehen zeichenhaft für die 12 Söhne Jakobs, die Stammväter der 12 Stämme. Inmitten der neuen Schöpfung liegt das neue Jerusalem. Von Israel geht das Wort Gottes in die ganze Welt hinaus. Am Ende wird wiederum Jerusalem die Mitte bilden. Daher gehören zur Stadt die 12 Tore, die ebenfalls die 12 Stämme Israels symbolisieren. Eine neue Stadt mit einer großen Veränderung: Es wird keinen Tempel mehr geben. Der versuchte Bau des Tempels unter David wurde kritisiert, weil Gott in anderer Weise inmitten des Volkes wohnt als bei den anderen Völkern. Am Ende fehlt wiederum der Tempel, weil Gott direkt inmitten seines Volkes wohnen wird, ohne die Vermittlung eines Tempels.

RUF VOR DEM EVANGELIUM — Vgl. Joh 14,23

Halleluja. Halleluja.
(So spricht der Herr:)
Wer mich liebt, hält mein Wort.
Mein Vater wird ihn lieben und wir werden bei ihm Wohnung nehmen.
Halleluja.

EVANGELIUM

Joh 14,23–29

+ Aus dem heiligen Evangelium nach Johannes.

In jener Zeit sprach Jesus zu seinen Jüngern: Wenn jemand mich liebt, wird er mein Wort halten; mein Vater wird ihn lieben und wir werden zu ihm kommen und bei ihm Wohnung nehmen. Wer mich nicht liebt, hält meine Worte nicht. Und das Wort, das ihr hört, stammt nicht von mir, sondern vom Vater, der mich gesandt hat.
Das habe ich zu euch gesagt, während ich noch bei euch bin. Der Beistand aber, der Heilige Geist, den der Vater in meinem Namen senden wird, der wird euch alles lehren und euch an alles erinnern, was ich euch gesagt habe.
Frieden hinterlasse ich euch, meinen Frieden gebe ich euch; nicht, wie die Welt ihn gibt, gebe ich ihn euch. Euer Herz beunruhige sich nicht und verzage nicht.
Ihr habt gehört, dass ich zu euch sagte: Ich gehe fort und komme wieder zu euch. Wenn ihr mich liebtet, würdet ihr euch freuen, dass ich zum Vater gehe; denn der Vater ist größer als ich.
Jetzt schon habe ich es euch gesagt, bevor es geschieht, damit ihr, wenn es geschieht, zum Glauben kommt.

Evangelium unseres Herrn Jesus Christus.

IMPULS Woran halten wir uns fest, wenn wir Sicherheit haben wollen? Kranke versuchen bei Jesus den Saum seines Gewandes zu berühren. So glaubten sie gesund zu werden. Die Berührung gab ihnen Kraft und Zuversicht. Als Maria Magdalena den Auferstandenen erkannte, versuchte sie, ihn festzuhalten. In ihrer Trauer wollte sie Sicherheit haben, ausgreifen nach dem, was ihr so schmerzlich entzogen war. Doch Jesus verbot es ihr: Halte mich nicht fest. Stattdessen soll sie den Brüdern verkünden, dass sie den Herrn gesehen habe. In der Stunde des Abschieds wird es auch den Jüngern verwehrt, Jesus festzuhalten. Sie bekommen gesagt, dass es gut für sie sei, dass er gehen würde. Stattdessen sollen sie an seinem Wort festhalten. Das Wort des Evangeliums, sein Wort der Verkündigung schenkt die heilende und tröstende Nähe Gottes. Im Wort erspüren sie die Kraft, die verändert und bewegt. Im Hören und Lesen des biblischen Wortes, wird uns Gottes Gegenwart verheißen. In der Gabe des Heiligen Geistes wird uns das schöpferische Wort Gottes im Hier und Jetzt zu gesprochen. Im Halten der Gebote erfahren sie die Freundschaft Jesu.

CREDO (siehe Seite 520ff.)

FÜRBITTEN

Zu unserem Herrn Jesus Christus beten wir in unseren Anliegen:

– Für die christlichen Gemeinden in der Volksrepublik China und für alle, die sie in ihrer schwierigen Situation unterstützen.

V/A: Christus, höre uns.

– Für die Mitglieder im Sicherheitsrat der Vereinten Nationen mit ihrer Verantwortung für den Weltfrieden.

– Für die Frauen und Männer in den Pflegediensten, die oft am Rand ihrer Kräfte stehen.

– Für alle, die Opfer von krimineller Gewalt wurden.

Herr, unser Gott, dein Name ist heilig. Neige dich uns zu und höre uns. Dich loben und preisen wir durch Christus, unseren Herrn.

GABENGEBET

Herr und Gott, laß unser Gebet zu dir aufsteigen und nimm unsere Gaben an. Reinige uns durch deine Gnade, damit wir fähig werden, das Sakrament deiner großen Liebe zu empfangen. Darum bitten wir durch Christus, unseren Herrn.

PRÄFATION
Osterzeit II

Wir danken dir, Vater im Himmel, und rühmen dich durch unseren Herrn Jesus Christus. Durch ihn erstehen die Kinder des Lichtes zum ewigen Leben, durch ihn wird den Gläubigen das Tor des himmlischen Reiches geöffnet. Denn unser Tod ist durch seinen Tod überwunden, in seiner Auferstehung ist das Leben für alle erstanden. Durch ihn preisen wir dich in österlicher Freude und singen mit den Chören der Engel das Lob deiner Herrlichkeit.

EINLADUNG ZUM VATERUNSER

Wir haben den Geist empfangen, der uns Kraft und Zuversicht schenkt. So beten wir voll Vertrauen: Vater unser im Himmel …

EINLADUNG ZUM FRIEDENSGEBET

Christus ist das Wort, das inmitten der Gegensätze und Spannungen Gelassenheit und Ruhe schenkt. Daher bitten wir: Herr Jesus Christus …

KOMMUNIONVERS
Joh 14,15-16

So spricht der Herr: Wenn ihr mich liebt, werdet ihr meine Gebote halten. Ich werde den Vater bitten, und er wird euch einen anderen Beistand geben, damit er immer bei euch bleibe. Halleluja.

SCHLUSSGEBET

Allmächtiger Gott, du hast uns durch die Auferstehung Christi neu geschaffen für das ewige Leben. Erfülle uns mit der Kraft dieser heilbringenden Speise, damit das österliche Geheimnis in uns reiche Frucht bringe. Darum bitten wir durch Christus, unseren Herrn.

Schlusssegen

In der Osterzeit

Der allmächtige Gott hat uns durch die Auferstehung seines Sohnes aus Sünde und Tod befreit; er segne euch und schenke euch seine Freude.
Und Christus, mit dem wir auferstanden sind durch den Glauben, bewahre in euch die Gabe der Erlösung.
Gott hat uns in der Taufe angenommen als Kinder seiner Gnade; er schenke euch das verheißene Erbe.
Das gewähre euch der dreieinige Gott, der Vater und der Sohn † und der Heilige Geist.

Hineintauchen

Dich
erahnen
als verbindendes Geheimnis
unserer Welt

Jeden Tag neu hineintauchen
in diese hoffnungsstiftende Wirklichkeit
die mich aufatmen lässt

Pierre Stutz, nach Psalm 117

CHRISTI HIMMELFAHRT

Hochfest

29. Mai 2025

Ihr Männer von Galiläa,
was steht ihr da und schaut zum Himmel?
Der Herr wird wiederkommen, wie er jetzt aufgefahren ist.
Halleluja.
Apg 1,11

Mit dem Fest Christi Himmelfahrt verbinden sich regional viele Traditionen: Flurprozessionen in ländlichen Gebieten; Gottesdienste im Freien und in der aufblühenden Natur; Pfarrfeste und Gemeinschaftserlebnisse in der Gemeinde nach den langen Monaten der »schlechteren Wetterverhältnisse« …
Vieles davon lässt sich in Zusammenhang mit der Schönheit und Kraft der Natur sehen, die in diesen Tagen und Wochen erlebt werden kann. Und dieser Aufbruch der Natur ist selbst wiederum ein Bild für das, was im Glauben unter »Paradies«, »Leben in Fülle« und »Himmel« verstanden wurde. Nicht das Grab, das Dunkel und die Vergänglichkeit sind das Ziel allen Lebens – sondern eben der Himmel, das Leben in Fülle. Die Himmelfahrt Christi ist für gläubige Menschen ein Hinweisgeber auf dieses Ziel.

Kyrie-Rufe

Herr Jesus Christus, du bist der Sieger über den Tod. Mit dir verbindet sich unsere Hoffnung auf das Leben in Fülle.
Herr, erbarme dich.
Herr Jesus Christus, du lenkst unsere Gedanken und Blicke zum Himmel, zum Vaterhaus des ewigen Lebens.
Christus, erbarme dich.
Herr Jesus Christus, du wandelst das Schwere und Belastende dieser Welt in die Leichtigkeit und Freude, die auch uns deine Himmelfahrt verheißt.
Herr, erbarme dich.

GLORIA (siehe Seite 516f.)

TAGESGEBET

Allmächtiger, ewiger Gott, erfülle uns mit Freude und Dankbarkeit, denn in der Himmelfahrt deines Sohnes hast du den Menschen erhöht. Schenke uns das feste Vertrauen, daß auch wir zu der Herrlichkeit gerufen sind, in die Christus uns vorausgegangen ist, der in der Einheit des Heiligen Geistes mit dir lebt und herrscht in alle Ewigkeit.

ERSTE LESUNG — Apg 1,1–11

Lesung aus der Apostelgeschichte.

Im ersten Buch, lieber Theophilus, habe ich über alles berichtet, was Jesus von Anfang an getan und gelehrt hat, bis zu dem Tag, an dem er in den Himmel aufgenommen wurde. Vorher hat er den Aposteln, die er sich durch den Heiligen Geist erwählt hatte, Weisung gegeben.

Ihnen hat er nach seinem Leiden durch viele Beweise gezeigt, dass er lebt; vierzig Tage hindurch ist er ihnen erschienen und hat vom Reich Gottes gesprochen.

Beim gemeinsamen Mahl gebot er ihnen: Geht nicht weg von Jerusalem, sondern wartet auf die Verheißung des Vaters, die ihr von mir vernommen habt!

Denn Johannes hat mit Wasser getauft, ihr aber werdet schon in wenigen Tagen mit dem Heiligen Geist getauft werden

Als sie nun beisammen waren, fragten sie ihn: Herr, stellst du in dieser Zeit das Reich für Israel wieder her?

Er sagte zu ihnen: Euch steht es nicht zu, Zeiten und Fristen zu erfahren, die der Vater in seiner Macht festgesetzt hat.

Aber ihr werdet Kraft empfangen, wenn der Heilige Geist auf euch herabkommen wird; und ihr werdet meine Zeugen sein in Jerusalem und in ganz Judäa und Samarien und bis an die Grenzen der Erde.

Als er das gesagt hatte, wurde er vor ihren Augen emporgehoben und eine Wolke nahm ihn auf und entzog ihn ihren Blicken.

Während sie unverwandt ihm nach zum Himmel emporschauten, siehe, da standen zwei Männer in weißen Gewändern bei ihnen und sagten: Ihr Männer von Galiläa, was steht ihr da und schaut zum Himmel empor? Dieser Jesus, der von euch fort in den Himmel aufgenommen wurde, wird ebenso wiederkommen, wie ihr ihn habt zum Himmel hingehen sehen.

Wort des lebendigen Gottes.

IMPULS »Ihr werdet Kraft empfangen« – das ist der jungen Kirche damals zugesagt und es ist eine Zusage, die bis heute gilt. Hören wir sie ruhig ganz bewusst in Zeiten, wo alle Kraft aus der Kirche gewichen zu sein scheint, nach all den schwierigen und schlimmen Erfahrungen der letzten Jahre. Hören wir sie als Ermutigung, auch ohne den konkreten Jesus auf Erden weiter in seinen Fußstapfen zu stehen und zu gehen und sein Wort zu den Menschen zu tragen.
Vielleicht werden in uns viele Frage und Einsprüche wach. Auch die Jünger damals wollten Sicherheiten, um mit der Unwägbarkeit der Zukunft besser umgehen zu können. Aber diese Sicherheiten der Zeiten, Fristen und anderer Dinge wird es nicht gegeben. Wohl aber die Zusage, dass die Glaubensgemeinschaft »Kraft empfangen« wird. Über das eigene Planen und Wirken hinaus – so wichtig es ist – kommt die verheißene Unterstützung dazu. Auf die gilt es zu warten. Die gilt es zu erbitten. Immer wieder.

ANTWORTPSALM Ps 47 (46),2–3.6–7.8–9 (Kv: vgl. 6)

Kv Halleluja. – Oder: Gott steig empor unter Jubel,
der HERR beim Schall der Posaunen. – Kv

Ihr Völker alle, klatscht in die Hände; *
jauchzt Gott zu mit lautem Jubel!
Denn Furcht gebietend ist der HERR, der Höchste, *
ein großer König über die ganze Erde. – Kv

Gott stieg empor unter Jubel, *
der HERR beim Schall der Hörner.
Singt unserm Gott, ja singt ihm! *
Singt unserm König, singt ihm! – Kv

Denn König der ganzen Erde ist Gott. *
Singt ihm ein Weisheitslied!
Gott wurde König über die Völker, *
Gott hat sich auf seinen heiligen Thron gesetzt. – Kv

Es kann auch die zweite Lesung vom Lesejahr A genommen werden.

ZWEITE LESUNG Hebr 9,24–28; 10,19–23

Lesung aus dem Hebräerbrief.

Christus ist nicht in ein von Menschenhand gemachtes Heiligtum hineingegangen, in ein Abbild des wirklichen, sondern in den Himmel selbst, um jetzt vor Gottes Angesicht zu erscheinen für uns; auch nicht, um sich selbst viele Male zu opfern, wie der Hohepriester jedes Jahr mit fremdem Blut in das Heiligtum hineingeht; sonst hätte er viele Male seit der
Erschaffung der Welt leiden müssen. Jetzt aber ist er am Ende der Zeiten ein einziges Mal erschienen, um durch sein Opfer die Sünde zu tilgen.
Und wie es dem Menschen bestimmt ist, ein einziges Mal zu sterben, worauf dann das Gericht folgt, so wurde auch Christus ein einziges Mal geopfert, um die Sünden vieler hinwegzunehmen; beim zweiten Mal wird er nicht wegen der Sünde erscheinen, sondern um die zu retten, die ihn erwarten.
So haben wir die Zuversicht, Brüder und Schwestern, durch das Blut Jesu in das Heiligtum einzutreten.
Er hat uns den neuen und lebendigen Weg erschlossen durch den Vorhang hindurch, das heißt durch sein Fleisch.
Und da wir einen Hohepriester haben, der über das Haus Gottes gestellt ist, lasst uns mit aufrichtigem Herzen und in voller Gewissheit des Glaubens hinzutreten, die Herzen durch Be-

sprengung gereinigt vom schlechten Gewissen und den Leib gewaschen mit reinem Wasser!
Lasst uns an dem unwandelbaren Bekenntnis der Hoffnung festhalten, denn er, der die Verheißung gegeben hat, ist treu!

Wort des lebendigen Gottes.

IMPULS Manche prachtvollen Kirchen der Christenheit sind bewusst ein »Abbild des Himmels«. Reich geschmückt und ausgestattet, voll Kunst und Licht, wollen sie ein Vorgeschmack auf das sein, was wir »Himmel« nennen. So hilfreich es sein kann, solche Räume zu haben und sich quasi hinauf ziehen zu lassen, so sehr macht doch auch der Hebräerbrief deutlich, dass »Christus nicht in ein von Menschenhand gemachtes Heiligtum hineingegangen ist«. Alles, was wir selbst erbauen, darstellen, ausschmücken und uns vor Augen stellen, ist nur Abbild – letztlich weit davon entfernt, was Erfüllung und Erlösung meinen. Und doch: Es tut uns gut, es ist eine Hilfe, um zu verstehen, wie groß die Erwartung sein darf, die wir Menschen mit der Glaubensbotschaft verbinden. Und groß muss sie auch sein, denn das Belastende und Schwere des Erdendaseins zieht uns oft genug nach unten und braucht ein »Gegengewicht«, dass uns ermutigt und tröstet.

RUF VOR DEM EVANGELIUM — Mt 28,19a.20b

Halleluja. Halleluja.
(So spricht der Herr:)
Geht und macht alle Völker zu meinen Jüngern.
Ich bin mit euch alle Tage bis zum Ende der Welt.
Halleluja.

EVANGELIUM — Lk 24,46–53

+ Aus dem heiligen Evangelium nach Lukas.

In jener Zeit sprach Jesus zu seinen Jüngern: So steht es geschrieben: Der Christus wird leiden und am dritten Tag von den

Toten auferstehen und in seinem Namen wird man allen Völkern Umkehr verkünden, damit ihre Sünden vergeben werden. Angefangen in Jerusalem, seid ihr Zeugen dafür.
Und siehe, ich werde die Verheißung meines Vaters auf euch herabsenden. Ihr aber bleibt in der Stadt, bis ihr mit der Kraft aus der Höhe erfüllt werdet!
Dann führte er sie hinaus in die Nähe von Betanien. Dort erhob er seine Hände und segnete sie.
Und es geschah: Während er sie segnete, verließ er sie und wurde zum Himmel emporgehoben.
Sie aber fielen vor ihm nieder. Dann kehrten sie in großer Freude nach Jerusalem zurück.
Und sie waren immer im Tempel und priesen Gott.

Evangelium unseres Herrn Jesus Christus.

IMPULS Zeugen sein und Zeugnis geben von der Hoffnung über das Leben hinaus, das ist heute auch in der Kirche nicht selbstverständlich. Jüngste Erhebungen und Befragungen zeigen immer wieder auf, dass längst nicht alle Kirchenmitglieder an die Auferstehung und an ein Leben über den irdischen Tod hinaus glauben. Umso weniger werden sie Zeugen dafür sein können und wollen. Das Lukasevangelium schließt mit der Erfahrung, dass der Auferstandene nicht mehr greifbar bei den Seinen ist – dass sie aber aus dem Erlebten heraus Zeugnis geben sollen, dass Jesus lebt, dass er in seiner Kirche wirkt und dass seine Verheißung eines Lebens in Fülle auch heute Bestand hat. Letztlich hängt das Gewicht der Frohen Botschaft daran, dass Gott sie durch die Auferweckung seines Sohnes bestätigt. Sonst wäre all das, wofür Jesus stand (und steht) vielleicht ein schönes Gedankengebäude, aber letztlich durch die Gewalt und die menschlichen Machenschaften vernichtet und zum Scheitern gebracht. Zeugnis zu geben davon, dass Gottes Wirken weiter reicht als das der Folterknechte und Henker aller Zeiten, ist Kern des Auftrages zum Zeugnis.

CREDO (siehe Seite 520ff.)

Fürbitten

Herr Jesus Christus,

heute feiern wir dich als den Erhöhten. Du warst dir nicht zu schade, auf die Erde zu kommen und als Mensch unter Menschen zu leben. Heute feiern wir dich als den Herrn und Heiland, der allen Menschen Trost und Hilfe zuspricht. So kommen auch wir mit unseren Bitten zu dir:

– Wir Menschen erleben eine Welt, deren Gesicht von Gewalt, Krieg und Bosheit entstellt ist. Lass uns nie die Hoffnung auf Heil und Frieden verlieren.

V/A: Christus, höre uns.

– In der Frühlingszeit blüht und grünt die Natur und zeigt ihre ganze Kraft und Schönheit. Segne die Felder und die Arbeit der Menschen in der Landwirtschaft, damit die Erde ihre Frucht hervorbringen kann.

– Wir Menschen sehnen uns nach Heimat und Geborgenheit. Schenke uns die Hoffnung, dass wir einst bei dir im Himmel all dies finden werden.

– Sende deine Kraft von oben, den Heiligen Geist. Stärke deine Kirche für ihren Auftrag, damit sie allen Menschen Zeugnis davon ablegt, dass du selbst den Tod überwunden hast.

– Himmelfahrt bedeutet für uns Heimkehr zu Gott. Nimm unsere Verstorbenen zu dir und schenke ihnen ewige Erfüllung, Frieden und Freude.

Dir, Herr, vertrauen wir unser Leben und unsere Zukunft an. Sei mit Gott dem Vater und dem Heiligen Geist gelobt und gepriesen. Heute und in alle Ewigkeit. Amen.

Gabengebet

Allmächtiger Gott, am Fest der Himmelfahrt deines Sohnes bringen wir dieses Opfer dar. Gib uns durch diese heilige Feier die Gnade, daß wir uns über das Irdische erheben und suchen, was droben ist. Darum bitten wir durch Christus, unseren Herrn.

Präfation

Von Christi Himmelfahrt I

In Wahrheit ist es würdig und recht, dir, allmächtiger Vater, zu danken durch unseren Herrn Jesus Christus, den König der Herrlichkeit. Denn er ist heute als Sieger über Sünde und Tod aufgefahren in den Himmel. Die Engel schauen den Mittler zwischen Gott und den Menschen, den Richter der Welt, den Herrn der ganzen Schöpfung. Er kehrt zu dir heim, nicht um uns Menschen zu verlassen, er gibt den Gliedern seines Leibes die Hoffnung, ihm dorthin zu folgen, wohin er als erster vorausging. Darum jubelt heute der ganze Erdkreis in österlicher Freude, darum preisen dich die himmlischen Mächte und die Chöre der Engel und singen das Lob deiner Herrlichkeit.

Einladung zum Vaterunser

Die Himmelfahrt Jesu ist eine Heimkehr zum Vater. Zu diesem Vater hat Jesus uns beten gelehrt. Tun wir es mit seinen Worten: Vater unser im Himmel …

Einladung zum Friedensgebet

Jesus fordert die Jünger dazu auf, den Heiligen Geist zu erwarten. Sein Geist ist es, der Einheit schafft und Wege zum Frieden aufzeigt. In seinem Geist beten wir um den Frieden für Kirche und Welt in unserer Zeit: Herr Jesus Christus …

Kommunionvers

Mt 28,20

Ich bin bei euch alle Tage bis zum Ende der Welt. Halleluja.

Schlussgebet

Allmächtiger, ewiger Gott, du hast uns, die wir noch auf Erden leben, deine göttlichen Geheimnisse anvertraut. Lenke unser Sinnen und Verlangen zum Himmel, wo Christus als Erster der Menschen bei dir ist, der mit dir lebt und herrscht in alle Ewigkeit.

SCHLUSSSEGEN Vom Tag

Der allherrschende Gott, der heute Christus zu seiner Rechten erhöht und uns den Zugang zum Leben erschlossen hat, gewähre euch die Fülle seines Segens.
Vor den Augen seiner Jünger wurde Christus zum Himmel erhoben; er sei euch ein gnädiger Richter, wenn er wiederkommt.
Er thront in der Herrlichkeit des Vaters und bleibt dennoch inmitten seiner Kirche; er schenke euch den Trost seiner Gegenwart.
Das gewähre euch der dreieinige Gott, der Vater und der Sohn † und der Heilige Geist.

Bilder vom Himmel

Wir brauchen sie. Haben wir welche? Nicht nur diejenigen, die uns die großen Künstler der Menschheitsgeschichte hinterlassen haben, wie etwa Michelangelo. Vielleicht ganz konkrete, vielleicht mehr abstrakte. Die Theologen neigen zu abstrakten Formulierungen, wenn es um den Himmel geht: Zufriedenheit, Glück, Leidfreiheit, Erfüllung. Alles schön und gut. Aber man darf es sich ruhig ausmalen, solang man dabei weiß: Das sind nur Bilder. Die tun gut. Wir dürfen sie nicht eins zu eins für bare Münze nehmen, aber ausmalen dürfen wir uns das. Jesus jedenfalls macht Lust auf Himmel und Paradies. Da ist es so schön, dass er das dem Bleiben auf der Erde vorzieht. Und uns verspricht, uns auch alle dahin zu holen.
Gerade deshalb ist das Christentum immer wieder kritisiert worden. Es sei zu konkret, stelle sich die Dinge zu sinnlich vor. Das sei doch alles eine Einbildung. So einen Himmel gibt es doch gar nicht.
Wenn ich Menschen leiden sehe, wenn ich sie sterben sehe, oft nach langem Krebsleiden, dann ist das ein sehr konkretes Bild vor Augen. Und da ist es gut, wenn wir Menschen ein Gegenbild haben. Eines, das uns guttut.

Wenn jemand jämmerlich stirbt und ich mit ihm ausmalen kann, wie denn die Zufriedenheit bei Gott aussieht, wie denn der Himmel ist, dann hilft das. Und das ist kein naives sich etwas Einreden, sondern eine Hoffnung. Gott kann es uns noch viel schöner machen, als wir uns den Himmel zu träumen wagen. Nehmen wir seinen Trost einfach an. Jesus ist uns dorthin voraus gegangen. Dorthin bleiben wir auf dem Weg.

Friedhelm Meudt

Siebter Sonntag der Osterzeit
1. Juni 2025

Vernimm, o Herr, mein lautes Rufen;
sei mir gnädig und erhöre mich!
Mein Herz denkt an dein Wort:
»Sucht mein Angesicht!«
Dein Angesicht, Herr, will ich suchen.
Verbirg nicht dein Gesicht vor mir! Halleluja.
Ps 27 (26),7–9

Europa soll eine Union, eine Gemeinschaft sein – oder doch immer mehr werden. Wer aber sich politisch interessiert und mit verfolgt, was über die Jahre hin so passiert, der bekommt schnell den Eindruck: Einigkeit, Union, Gemeinschaft – das ist schwierig.
Es gibt diejenigen, die einmal dazu gehörten, sich dann aber wieder trennten (Großbritannien). Es gibt diejenige, die sich mit Gemeinschaft immer dann schwertun, wenn sie nicht nur Vorteile bringt, sondern auch Solidarität verlangt. Es gibt diejenigen, die davon viel erwarten und gern hinein möchten… Und was Europa da alles so erlebt, das lässt sich auch auf die Weltebene übertragen. *Vereinte* Nationen. Das ist von Anfang an eine Vision. Eine Hoffnung darauf, dass in der Einheit vieler auch ein Schlüssel zur Überwindung von Kriegen und Konflikten einzelner liegen kann. Diese politischen Projekte haben im christlichen Denken eine Verwurzelung.

Kyrie-Rufe

In einer vielstimmigen Welt hören wir ermutigende Worte, die zu gemeinsamen Handeln führen wollen.
Herr, erbarme dich.
Im Streit der Meinungen und Positionen zeigt die Botschaft Jesu einen Weg zur Gemeinschaft und zum Miteinander.
Christus, erbarme dich.
In Auseinandersetzungen und Konflikten ist der Herr selbst in unserer Mitte und kann Orientierung und Hilfe geben.
Herr, erbarme dich.

GLORIA (siehe Seite 516f.)

TAGESGEBET

Allmächtiger Gott, wir bekennen, daß unser Erlöser bei dir in deiner Herrlichkeit ist. Erhöre unser Rufen und laß uns erfahren, daß er alle Tage bis zum Ende der Welt bei uns bleibt, wie er uns verheißen hat. Er, der in der Einheit des Heiligen Geistes mit dir lebt und herrscht in alle Ewigkeit.

ERSTE LESUNG — Apg 7,55–60

Lesung aus der Apostelgeschichte.

In jenen Tagen blickte Stephanus, erfüllt vom Heiligen Geist, zum Himmel empor, sah die Herrlichkeit Gottes und Jesus zur Rechten Gottes stehen und rief: Siehe, ich sehe den Himmel offen und den Menschensohn zur Rechten Gottes stehen.
Da erhoben sie ein lautes Geschrei, hielten sich die Ohren zu, stürmten einmütig auf ihn los, trieben ihn zur Stadt hinaus und steinigten ihn. Die Zeugen legten ihre Kleider zu Füßen eines jungen Mannes nieder, der Saulus hieß.
So steinigten sie Stephanus; er aber betete und rief: Herr Jesus, nimm meinen Geist auf!
Dann sank er in die Knie und schrie laut: Herr, rechne ihnen diese Sünde nicht an! Nach diesen Worten starb er.

Wort des lebendigen Gottes.

IMPULS Impuls: Die Steinigung des Stephanus zeigt die Zerrissenheit der jüdischen Glaubensgemeinde nach dem Leben, Sterben und der Auferstehung Jesu deutlich an. Während Stephanus für das Evangelium Jesu Christi Zeugnis ablegt, stehen massive Kräfte gegen diesen »neuen Weg«, der die jüdische Gemeinschaft aufzusprengen droht. Von Anfang an ist im Christentum klar zu erkennen, dass Bekenntnis und Zeugnis nicht ohne Konsequenzen zu haben sind. Saulus / Paulus steht noch auf der anderen Seite – aber er wird selbst für diese Botschaft manches zu erleiden haben.

Das entscheidende Charakteristikum der Nachfolge Jesu besteht darin, für das eigene Bekenntnis Leid zu ertragen, aber nicht selbst zum Gewalttäter zu werden. Manche sogenannten »Märtyrer« unserer Zeit haben diesen wichtigen Unterschied übersehen.

ANTWORTPSALM Ps 97 (96),1–2.6–7.9 u. 12 (Kv: 1a u. 9a)

Kv Halleluja. – Oder: Der HERR ist König,
er ist der Höchste über der ganzen Erde. – Kv

Der HERR ist König. Es juble die Erde! *
Freuen sollen sich die vielen Inseln.
Rings um ihn her sind Wolken und Dunkel, *
Gerechtigkeit und Recht sind die Stützen seines Thrones. – Kv

Seine Gerechtigkeit verkünden die Himmel, *
seine Herrlichkeit schauen alle Völker.
Alle, die Bildern dienen, werden zuschanden, /
die sich der Götzen rühmen. *
Vor ihm werfen sich alle Götter nieder. – Kv

Denn du, HERR, bist der Höchste über der ganzen Erde, *
hoch erhaben bist du über alle Götter.
Freut euch am HERRN, ihr Gerechten, *
dankt seinem heiligen Namen! – Kv

ZWEITE LESUNG Offb 22,12–14.16–17.20

Lesung aus der Offenbarung des Johannes.

Ich, Johannes, hörte eine Stimme, die zu mir sprach: Siehe, ich komme bald und mit mir bringe ich den Lohn und ich werde jedem geben, was seinem Werk entspricht.
Ich bin das Alpha und das Omega, der Erste und der Letzte, der Anfang und das Ende.
Selig, die ihre Gewänder waschen: Sie haben Anteil am Baum des Lebens und sie werden durch die Tore in die Stadt eintreten können.

Ich, Jesus, habe meinen Engel gesandt als Zeugen für das, was die Gemeinden betrifft. Ich bin die Wurzel und der Stamm Davids, der strahlende Morgenstern.
Der Geist und die Braut aber sagen: Komm! Wer hört, der rufe: Komm! Wer durstig ist, der komme! Wer will, empfange unentgeltlich das Wasser des Lebens!
Er, der dies bezeugt, spricht: Ja, ich komme bald. – Amen. Komm, Herr Jesus!

Wort des lebendigen Gottes.

IMPULS Die Offenbarung des Johannes schließt die Heilige Schrift mit einem großen Bild eines neuen Himmels und einer neuen Erde ab. Es ist eine Vision – noch nicht Wirklichkeit und Realität. Aber mit einer solchen Vision ist die Richtung gewiesen, wohin es gehen soll. Solche Visionen brauchen Menschen zu allen Zeiten – auch heute. Gerade dann, wenn es um Einheit und Einigkeit geht, wenn es um eine Weltgemeinschaft der Menschheit in einem neuen Licht und einer neuen Sichtweise geht, dann sind Handelnde mit Visionen wichtig. Besonders schwer ist es dabei, das Wörtchen »bald« auszuhalten. Denn die Sehnsucht nach einer neuen Welt ist groß. Und das Warten darauf scheint manchmal unerträglich zu werden.

Ruf vor dem Evangelium

Vgl. Joh 14,18; 16,22b

Halleluja. Halleluja.
(So spricht der Herr:)
Ich lasse euch nicht als Waisen zurück.
Ich komme zu euch. Dann wird euer Herz sich freuen.
Halleluja.

Evangelium

Joh 17,20–26

Aus dem heiligen Evangelium nach Johannes.

In jener Zeit erhob Jesus seine Augen zum Himmel und betete: Heiliger Vater, ich bitte nicht nur für diese hier, sondern auch für alle, die durch ihr Wort an mich glauben.

Alle sollen eins sein: Wie du, Vater, in mir bist und ich in dir bin, sollen auch sie in uns sein, damit die Welt glaubt, dass du mich gesandt hast.
Und ich habe ihnen die Herrlichkeit gegeben, die du mir gegeben hast, damit sie eins sind, wie wir eins sind, ich in ihnen und du in mir. So sollen sie vollendet sein in der Einheit, damit die Welt erkennt, dass du mich gesandt hast und sie ebenso geliebt hast, wie du mich geliebt hast.
Vater, ich will, dass alle, die du mir gegeben hast, dort bei mir sind, wo ich bin. Sie sollen meine Herrlichkeit sehen, die du mir gegeben hast, weil du mich schon geliebt hast vor Grundlegung der Welt.
Gerechter Vater, die Welt hat dich nicht erkannt, ich aber habe dich erkannt und sie haben erkannt, dass du mich gesandt hast. Ich habe ihnen deinen Namen kundgetan und werde ihn kundtun, damit die Liebe, mit der du mich geliebt hast, in ihnen ist und ich in ihnen bin.

Evangelium unseres Herrn Jesus Christus.

IMPULS Jesus betet um die Einheit. Er betet, denn Einheit kann man nicht befehlen, anordnen oder erzwingen, weil Menschen eben einen freien Willen haben. Und wir wissen inzwischen, dass die Einheit der Jüngergemeinschaft durch die Jahrtausende hindurch vielfach nicht gewahrt wurde, dass es Brüche und Spaltungen, Trennungen und sogar Feindschaft unter den Christen gegeben hat. Wir spüren, wie sehr Jesus selbst das vorausahnte und wie innig er deshalb betet und darum ringt. Müssen wir uns fragen: Das war alles vergeblich? Da zeigt sich eben nur, dass Jesus einen realistischen Vorausblick hatte – aber auch nicht verhindern konnte, dass sich der Eigensinn seiner Nachfolger in bestimmten Situationen schlicht durchgesetzt hat.
Jesus betet. Und daraus lässt sich schließen, dass auch die Einheit immer wieder erbeten, erbetet werden muss. Dass sie nur dadurch zustande kommt, dass der Mensch »in Gott« ist – gerade im Gebet kommt dies deutlich zum Ausdruck. Einheit ist nicht einfach so

gegeben. Sie will und muss immer wieder gesucht, gewahrt und gewollt werden. Von daher ist diese Haltung Jesu im Evangelium diejenige, die er auch seinen Nachfolgern als einzig möglichen Weg zur Einheit weißt.

CREDO (siehe Seite 520ff.)

FÜRBITTEN

Herr Jesus Christus, zur Einheit und zur Gemeinschaft hast du uns berufen. Wir schauen auf unsere Welt, die so bunt und verschieden, aber auch oft so zerstritten und verfeindet ist. Wir beten um den Geist des Miteinanders für unsere Kirche und für unsere Erde.

– In vielen Ländern der Welt herrscht Hass, der zu Mord und Totschlag führt. Schenke die Bereitschaft zu Frieden und Versöhnung.

V/A: Christus, höre uns.

– Auch wir selbst sind oft verbohrt im Misstrauen und verstockt in Vorurteilen gegenüber unseren Mitmenschen. Gib uns die Kraft, das Trennende zu überwinden.

– Wir Christen sind oft genug uneins und voneinander getrennt – in viele Kirchen und kirchliche Gemeinschaften. Hilf uns, dass wir entschieden den Weg des Evangeliums gehen – und so zu dir gelangen.

– Immer wieder geschieht es, dass sich Familien auflösen, weil es leichter scheint, getrennte Wege zu gehen. Stärke alle Eheleute. Hilf uns, die Familie hochzuschätzen und schenke im Streit die Kraft zur Versöhnung.

– Wir gedenken unserer Verstorbenen. Nicht immer sind wir im Frieden voneinander geschieden. Manchmal hat ein vergebendes Wort am Ende des Lebens gefehlt und wir können es nicht nachholen. Nimm die Toten zu dir und schenke uns einst bei dir den gemeinsamen, ewigen Frieden.

Denn wer dir nachfolgt, Herr Jesus Christus, der wird den Weg zu Einheit und Gemeinschaft suchen. Dir sei mit Gott dem Vater und dem Heiligen Geist alle Ehre und aller Lobpreis. Heute und in Ewigkeit. Amen.

Gabengebet

Herr und Gott, nimm die Gebete und Opfergaben deiner Gläubigen an. Laß uns diese heilige Feier mit ganzer Hingabe begehen, damit wir einst das Leben in der Herrlichkeit des Himmels erlangen. Darum bitten wir durch Christus, unseren Herrn.

Präfation

Von Christi Himmelfahrt I

In Wahrheit ist es würdig und recht, dir, allmächtiger Vater, zu danken durch unseren Herrn Jesus Christus, den König der Herrlichkeit. Denn er ist als Sieger über Sünde und Tod aufgefahren in den Himmel. Die Engel schauen den Mittler zwischen Gott und den Menschen, den Richter der Welt, den Herrn der ganzen Schöpfung. Er kehrt zu dir heim, nicht um uns Menschen zu verlassen, er gibt den Gliedern seines Leibes die Hoffnung, ihm dorthin zu folgen, wohin er als erster vorausging. Darum preisen wir dich in österlicher Freude und singen mit den Chören der Engel das Lob deiner Herrlichkeit.

Einladung zum Vaterunser

Verbunden mit allen, die auf das Wort Jesu hin an Gott, den Vater aller Menschen, glauben, beten wir gemeinsam: Vater unser im Himmel …

Einladung zum Friedensgebet

Einheit und Frieden erbitten wir in unseren Gottesdiensten. Wir bitten dabei für unsere Kirche, für die Gemeinschaft der Völker unserer Erde und auch für das ganz persönliche Umfeld, in dem wir leben: Herr Jesus Christus …

Kommunionvers

Vgl. Joh 17,22

Ich bitte dich, Vater, lass sie eins sein, wie wir eins sind. Halleluja.

Schlussgebet

Erhöre uns, Gott, unser Heil, und schenke uns die feste Zuversicht, daß durch die Feier der heiligen Geheimnisse die ganze Kirche jene Vollendung erlangen wird, die Christus, ihr Haupt, in deiner Herrlichkeit schon besitzt, der mit dir lebt und herrscht in alle Ewigkeit.

Schlusssegen

An Christi Himmelfahrt

Der allherrschende Gott, der Christus zu seiner Rechten erhöht und uns den Zugang zum Leben erschlossen hat, gewähre euch die Fülle seines Segens.
Vor den Augen seiner Jünger wurde Christus zum Himmel erhoben; er sei euch ein gnädiger Richter, wenn er wiederkommt.
Er thront in der Herrlichkeit des Vaters und bleibt dennoch inmitten seiner Kirche; er schenke euch den Trost seiner Gegenwart.
Das gewähre euch der dreieinige Gott, der Vater und der Sohn ✝ und der Heilige Geist.

Das Gebet um die Einheit fällt leicht…
…solange es nicht bedeutet, dass ich meine eigene Position und mein eigenes Denken hinterfragen und in Frage stellen lassen muss.
…solange es um die großen Fragen der Christenheit geht, um die Verantwortlichen in der Kirchenleitung und nicht um mich und mein Verhalten gegenüber den Schwestern und Brüdern vor Ort.
…solange mir kluge und wohlklingende Gedanken und Gebete einfallen und ich nicht in konkreten Taten der Einheit Ausdruck verleihen, ja, sie leben muss.

Friedhelm Meudt

PFINGSTEN

Hochfest – Am Vorabend

8. Juni 2025

Die Liebe Gottes ist ausgegossen in unsere Herzen durch den Heiligen Geist, der uns gegeben ist. Halleluja.
Röm 5,5

Ignatius von Loyola, der große Heilige, der den Jesuitenorden gründete, hat jenen berühmten Satz geprägt: »Nur wenige Menschen ahnen, was Gott aus ihnen machen würde, wenn sie sich ihm ganz überließen.« Das ist es. Offen werden für Gott. Dann kann Pfingsten in uns werden. Dann kann Gottes Heiliger Geist durch uns die Welt, die Kirche, das ganze Leben prägen und verwandeln.
So »funktioniert« Pfingsten. Wo der Mensch für Gott offen ist, da wirkt Gott selbst in den Menschen hinein und in ihm und mit ihm. Nie ohne die Freiheit von uns Menschen zu respektieren. Das ist seine Liebe zu uns. Sie respektiert und erschafft die Freiheit. Darin liegt unsere höchste Würde.
Die Jünger in Jerusalem waren Betende, um den Heiligen Geist Bittende. Diese Haltung öffnet Herz und Verstand. Dann kann Gott(es Geist) in uns wirken. Dann ist jeden Tag ein kleines Pfingsten!

Kyrie-Rufe

Komm, Heiliger Geist.
Du kommst auf uns zu – wir erwarten und empfangen deine Gaben.
Herr, erbarme dich.
Du heiligst uns – zu einem Leben in Hoffnung und Barmherzigkeit in dieser Welt.
Christus, erbarme dich.
Du bist Geist und Leben – in einer Welt, die sich oft nur dem Irdischen und Materiellen verbunden weiß.
Herr, erbarme dich.
Komm, Heiliger Geist.

GLORIA (siehe Seite 516f.)

TAGESGEBET

Gott, unser Herr, du hast das österliche Geheimnis im Geschehen des Pfingsttages vollendet und Menschen aus allen Völkern das Heil geoffenbart. Vereine im Heiligen Geist die Menschen aller Sprachen und Nationen zum Bekenntnis deines Namens. Darum bitten wir durch Jesus Christus.

Oder:

Allmächtiger Gott, der Glanz deiner Herrlichkeit strahle über uns auf, und Christus, das Licht von deinem Licht, erleuchte die Herzen aller Getauften und stärke sie durch den Heiligen Geist. Darum bitten wir durch Jesus Christus.

ERSTE LESUNG Gen 11,1–9

Lesung aus dem Buch Génesis.

Die ganze Erde hatte eine Sprache und ein und dieselben Worte. Als sie ostwärts aufbrachen, fanden sie eine Ebene im Land Schinar und siedelten sich dort an.

Sie sagten zueinander: Auf, formen wir Lehmziegel und brennen wir sie zu Backsteinen. So dienten ihnen gebrannte Ziegel als Steine und Erdpech als Mörtel. Dann sagten sie: Auf, bauen wir uns eine Stadt und einen Turm mit einer Spitze bis in den Himmel! So wollen wir uns einen Namen machen, damit wir uns nicht über die ganze Erde zerstreuen.

Da stieg der HERR herab, um sich Stadt und Turm anzusehen, die die Menschenkinder bauten. Und der HERR sprach: Siehe, e i n Volk sind sie und e i n e Sprache haben sie alle. Und das ist erst der Anfang ihres Tuns. Jetzt wird ihnen nichts mehr unerreichbar sein, wenn sie es sich zu tun vornehmen. Auf, steigen wir hinab und verwirren wir dort ihre Sprache, sodass keiner mehr die Sprache des anderen versteht.

Der HERR zerstreute sie von dort aus über die ganze Erde und sie hörten auf, an der Stadt zu bauen. Darum gab man der Stadt den Namen Babel, Wirrsal, denn dort hat der HERR die Sprache der ganzen Erde verwirrt und von dort aus hat er die Menschen über die ganze Erde zerstreut.

Wort des lebendigen Gottes.

IMPULS Der Turm von Babel ist ein Symbol der Überheblichkeit, des Größenwahns, der Meinung: Der Mensch selbst sei Gott und er brauche Gott nicht zu seinem Heil. Solche Geisteshaltungen sind gar nicht selten. Es gab sie nicht nur zu anderen Zeiten, es gibt sie auch heute. Warum sich auf Gott verlassen? Wir wollen selbst Götter sein! Warum auf Gott hören? Wir haben unsere eigene Botschaft! Warum auf ihn angewiesen sein, um den Himmel und das ewige Leben zu haben, das schaffen wir uns schon selbst. Solche Geisteshaltungen der Überheblichkeit sind nicht selten. Und sie führen bei einzelnen Menschen und bei Gruppen oder Völkern regelmäßig dazu, dass sie nicht nur wähnen, sich von Gott befreien, sondern auch über andere erheben zu können. Sich selbst zu Herrenmenschen oder Herrenrassen ausrufen und meinen, Herren der Welt zu sein oder zu werden. Regelmäßig sind diese Versuche nicht nur im Chaos geendet, sondern oft genug im Blut erstickt. Das ist der Geist von Babel, wie ihn uns die Bibel auf den ersten Seiten schildert.

Oder: Ex 19,3–8a.16–20

Lesung aus dem Buch Éxodus.

In jenen Tagen stieg Mose zu Gott hinauf. Da rief ihm der HERR vom Berg her zu: Das sollst du dem Haus Jakob sagen und den Israeliten verkünden: Ihr habt gesehen, was ich den Ägyptern angetan habe, wie ich euch auf Adlerflügeln getragen und zu mir gebracht habe. Jetzt aber, wenn ihr auf meine Stimme hört und meinen Bund haltet, werdet ihr unter allen
Völkern mein besonderes Eigentum sein. Mir gehört die ganze Erde, ihr aber sollt mir als ein Königreich von Priestern und als ein heiliges Volk gehören. Das sind die Worte, die du den Israeliten mitteilen sollst.

Mose ging und rief die Ältesten des Volkes zusammen. Er legte ihnen alles vor, was der HERR ihm aufgetragen hatte. Das ganze Volk antwortete einstimmig und erklärte: Alles, was der HERR gesagt hat, wollen wir tun.
Am dritten Tag, im Morgengrauen, begann es zu donnern und zu blitzen. Schwere Wolken lagen über dem Berg und gewaltiger Hörnerschall erklang. Das ganze Volk im Lager begann zu zittern. Mose führte das Volk aus dem Lager hinaus Gott entgegen. Unten am Berg blieben sie stehen.
Der ganze Sínai war in Rauch gehüllt, denn der HERR war im Feuer auf ihn herabgestiegen. Der Rauch stieg vom Berg auf wie Rauch aus einem Schmelzofen. Der ganze Berg bebte gewaltig und der Hörnerschall wurde immer lauter. Mose redete und Gott antwortete ihm mit verstehbarer Stimme. Der HERR war auf den Sínai, auf den Gipfel des Berges, herabgestiegen.
Er hatte Mose zu sich auf den Gipfel des Berges gerufen und Mose war hinaufgestiegen.

Wort des lebendigen Gottes.

IMPULS Die Schilderung des Buches Exodus von der Begegnung des Gottesvolkes mit JHWH, dem Herrn, ist voller Symbolik und Zeichen: Feuer, Gewittersturm, Rauch … All das will verdeutlichen, dass die Begegnung mit Gott schwer in rationale Formulierungen zu fassen ist, sondern in den geschilderten Erfahrungen besser verstanden werden kann. Zugleich wird spürbar: Gott ist für uns nicht zu fassen. Wie schon im brennenden Dornbusch, der brannte und doch nicht verbrannte, so ist Gott gegenwärtig und doch nicht zu greifen. Die Schilderungen der Apostelgeschichte vom Pfingstfest in Jerusalem (Apg 2) kommen hier in Erinnerung: Sturm, Brausen, Feuer. Begegnungen mit Gott sind den Nachgeborenen schwer zu vermitteln.

Oder: Ez 37,1–14

Lesung aus dem Buch Ezéchiel.

In jenen Tagen legte sich die Hand des HERRN auf mich und er brachte mich im Geist des HERRN hinaus und versetzte mich mitten in die Ebene. Sie war voll von Gebeinen.
Er führte mich ringsum an ihnen vorüber und siehe, es waren sehr viele über die Ebene hin; und siehe, sie waren ganz ausgetrocknet.
Er fragte mich: Menschensohn, können diese Gebeine wieder lebendig werden? Ich antwortete: GOTT und Herr, du weißt es.
Da sagte er zu mir: Sprich als Prophet über diese Gebeine und sag zu ihnen: Ihr ausgetrockneten Gebeine, hört das Wort des HERRN! So spricht GOTT, der Herr, zu diesen Gebeinen: Siehe, ich selbst bringe Geist in euch, dann werdet ihr lebendig.
Ich gebe euch Sehnen, umgebe euch mit Fleisch und überziehe euch mit Haut; ich gebe Geist in euch, sodass ihr lebendig werdet. Dann werdet ihr erkennen, dass ich der HERR bin.
Da sprach ich als Prophet, wie mir befohlen war; und noch während ich prophetisch redete, war da ein Geräusch: Und siehe, ein Beben: Die Gebeine rückten zusammen, Bein an Bein. Und als ich hinsah, siehe, da waren Sehnen auf ihnen, Fleisch umgab sie und Haut überzog sie von oben. Aber es war kein Geist in ihnen.
Da sagte er zu mir: Rede als Prophet zum Geist, rede prophetisch, Menschensohn, sag zum Geist: So spricht GOTT, der Herr: Geist, komm herbei von den vier Winden! Hauch diese Erschlagenen an, damit sie lebendig werden!
Da sprach ich als Prophet, wie er mir befohlen hatte, und es kam der Geist in sie. Sie wurden lebendig und sie stellten sich auf ihre Füße – ein großes, gewaltiges Heer.
Er sagte zu mir: Menschensohn, diese Gebeine sind das ganze Haus Israel. Siehe, sie sagen: Ausgetrocknet sind unsere Gebeine, unsere Hoffnung ist untergegangen, wir sind abgeschnitten.
Deshalb tritt als Prophet auf und sag zu ihnen: So spricht GOTT, der Herr: Siehe, ich öffne eure Gräber und hole euch, mein

Volk, aus euren Gräbern herauf. Ich bringe euch zum Ackerboden Israels. Und ihr werdet erkennen, dass ich der HERR bin, wenn ich eure Gräber öffne und euch, mein Volk, aus euren Gräbern heraufhole. Ich gebe meinen Geist in euch, dann werdet ihr lebendig und ich versetze euch wieder auf euren Ackerboden. Dann werdet ihr erkennen, dass ich der HERR bin.
Ich habe gesprochen und ich führe es aus – Spruch des HERRN.

Wort des lebendigen Gottes.

IMPULS Die Vision des Ezechiel schildert tote Gebeine und Knochen. Längst vergangene Menschen, an die diese Gebeine erinnern. Auch die Kirche unserer Tage denkt oft an die vergangenen Zeiten, die es aber eben so nicht mehr gib. Viele Kirchen und ihre Kunstwerke sind entstanden, als ganz andere Mengen von Menschen gläubig waren – heute würden wir viel kleiner bauen. Die Erneuerung bei Ezechiel kommt nicht aus den Knochen selbst, sondern durch Gottes Geist. Die selbst gemachten Rezepte aller Zeiten helfen nicht weiter, sondern der Prophet wird aufgefordert den Geist herbeizurufen. Und Gott sendet ihn. Es geht um eine neue Erkenntnis Gottes und um eine neue Hoffnung. Glaube ist hier nicht nur ein Kulturbetrieb, ein Aufrechterhalten bestimmter Traditionen, sondern es ist wahr, was wir bekennen: Hier ist wirklich Gott am Werk, sein Geist schafft neues Leben und macht Hoffnung wahr. Er selbst will das. Das macht Hoffnung! Haben wir die als Christinnen und Christen in Deutschland des Jahres 2025?

Oder: Joël 3,1–5

Lesung aus dem Buch Joël.

So spricht Gott, der HERR: Es wird Folgendes geschehen: Ich werde meinen Geist ausgießen über alles Fleisch. Eure Söhne und Töchter werden Propheten sein, eure Alten werden Träume haben und eure jungen Männer haben Visionen. Auch über Knechte und Mägde werde ich meinen Geist ausgießen in jenen Tagen.

Ich werde wunderbare Zeichen wirken am Himmel und auf der Erde: Blut und Feuer und Rauchsäulen. Die Sonne wird sich in Finsternis verwandeln und der Mond in Blut, ehe der Tag des HERRN kommt, der große und schreckliche Tag.
Und es wird geschehen: Jeder, der den Namen des HERRN anruft, wird gerettet. Denn auf dem Berg Zion und in Jerusalem gibt es Rettung, wie der HERR gesagt hat, und wen der HERR ruft, der wird entrinnen.

Wort des lebendigen Gottes.

IMPULS Der Heilige Geist wird nicht nur mit dem Symbol der Feuerzungen dargestellt, er befeuert auch die Zungen der Zeugen, der Verkünder, der Apostel, der Christen. Die Kirche redet, spricht, verkündet – von den Erfahrungen, die sie macht mit dem Herrn, von dem alle Rettung kommt. »Söhne und Töchter werden zu Propheten, Menschen haben Visionen«, so heißt es schon im Alten Testament. Und sie reden nicht von irgendetwas. Begeisterung gibt es oft – man kann sich auch für sehr seltsame und sogar für gefährliche Dinge begeistern. Allein die Erregung, Begeisterung, Motivation ist noch kein Wert an sich. Es geht in dieser Botschaft darum: Bei Gott ist Rettung, wer auf ihn vertraut, entrinnt dem Unheil. Lange vor dem Pfingstereignis zu Jerusalem ist die Heilige Schrift voll davon, dass Menschen mit Gottes gutem Geist in Berührung kommen und er ihnen die Verkündigung von Heil und Rettung in den Mund legt.

ANTWORTPSALM Ps 104 (103),1–2.24–25.27–28.29–30 (Kv: vgl. 30)

Kv Sende aus deinen Geist
und das Angesicht der Erde wird neu. – Kv
Oder:
Kv Halleluja. – Kv

Preise den HERRN, meine Seele! /
HERR, mein Gott, überaus groß bist du! *
Du bist mit Hoheit und Pracht bekleidet.

Du hüllst dich in Licht wie in einen Mantel, *
du spannst den Himmel aus gleich einem Zelt. – (Kv)

Wie zahlreich sind deine Werke, HERR, /
sie alle hast du mit Weisheit gemacht, *
die Erde ist voll von deinen Geschöpfen.
Da ist das Meer, so groß und weit, *
darin ein Gewimmel, nicht zu zählen: kleine und große Tiere.
– (Kv)

Auf dich warten sie alle, *
dass du ihnen ihre Speise gibst zur rechten Zeit.
Gibst du ihnen, dann sammeln sie ein, *
öffnest du deine Hand, werden sie gesättigt mit Gutem. – (Kv)

Verbirgst du dein Angesicht, sind sie verstört, /
nimmst du ihnen den Atem, so schwinden sie hin *
und kehren zurück zum Staub.
Du sendest deinen Geist aus: Sie werden erschaffen *
und du erneuerst das Angesicht der Erde. – Kv

ZWEITE LESUNG Röm 8,22–27

Lesung aus dem Brief des Apostels Paulus an die Gemeinde in Rom.

Schwestern und Brüder! Wir wissen, dass die gesamte Schöpfung bis zum heutigen Tag seufzt und in Geburtswehen liegt.
Aber nicht nur das, sondern auch wir, obwohl wir als Erstlingsgabe den Geist haben, auch wir seufzen in unserem Herzen und warten darauf, dass wir mit der Erlösung unseres Leibes als Söhne offenbar werden.
Denn auf Hoffnung hin sind wir gerettet. Hoffnung aber, die man schon erfüllt sieht, ist keine Hoffnung. Denn wie kann man auf etwas hoffen, das man sieht? Hoffen wir aber auf das, was wir nicht sehen, dann harren wir aus in Geduld.
So nimmt sich auch der Geist unserer Schwachheit an. Denn wir wissen nicht, was wir in rechter Weise beten sollen; der Geist

selber tritt jedoch für uns ein mit unaussprechlichen Seufzern. Der die Herzen erforscht, weiß, was die Absicht des Geistes ist. Denn er tritt so, wie Gott es will, für die Heiligen ein.

Wort des lebendigen Gottes.

IMPULS »Ohne dein lebendig Wehn kann im Menschen nichts bestehn, kann nichts heil sein noch gesund.« So heißt es im Pfingsthymnus. Was ist Gesundheit für uns? Welche Schwachheit, Krankheit, Last liegt auf uns, von der wir frei werden möchten und derer sich der Geist annehmen soll? Oft führt die kirchliche Nabelschau, das Beschäftigen mit innerkirchlichen Problemen dazu, dass wir nicht dazu kommen, heilende Kirche zu sein, sondern um uns selbst kreisen. Papst Franziskus hat festgehalten, die Kirche müsse wie ein Feldlazarett sein. In den oft schwierigen Zeiten, in Auseinandersetzungen und Kriegen, da muss sie für die an Leib und Seele Verwundeten einstehen. Mit praktischer Hilfe, mit Gebet, mit Zuspruch und Trost und manchem mehr. Der Heilige Geist ist genau die Kraft, die wirkt, wenn solche Heilung geschieht. Dieser Geist will heilen.
Eine Kirche, die sich verkriecht, bringt sich selbst um ihre Wirkung und ist letztlich für Menschen bedeutungslos. Eine Kirche, die sich nur mit ihren eigenen Strukturfragen und Flügelkämpfen beschäftigt, ist kein Feldlazarett in den schweren Kämpfen und Auseinandersetzungen der Zeit, sondern kämpft ständig mit sich selbst.
Eine Kirche, die offen ist für den Heiligen Geist, fragt danach, was sein Wille ist, wo und wie sie im Geiste Jesu Christi wirken, verkünden, helfen und trösten kann.

Ruf vor dem Evangelium

Zum Vers Komm, Heiliger Geist … knien alle nieder

Halleluja. Halleluja.
Komm, Heiliger Geist,
erfülle die Herzen deiner Gläubigen
und entzünde in ihnen das Feuer deiner Liebe!
Halleluja.

EVANGELIUM

Joh 7,37–39

+ Aus dem heiligen Evangelium nach Johannes.

Am letzten Tag des Festes, dem großen Tag, stellte sich Jesus hin und rief: Wer Durst hat, komme zu mir und es trinke, wer an mich glaubt! Wie die Schrift sagt: Aus seinem Inneren werden Ströme von lebendigem Wasser fließen.
Damit meinte er den Geist, den alle empfangen sollten, die an ihn glauben; denn der Geist war noch nicht gegeben, weil Jesus noch nicht verherrlicht war.

Evangelium unseres Herrn Jesus Christus.

IMPULS Und noch eine andere Weise, sich dem Gedanken zu nähern, dass der Heilige Geist von Jesus her zu den Menschen kommt: »aus seinem Inneren werden Ströme von lebendigem Wasser fließen«. Die Symbolik des Wassers ist sicherlich für viele Menschen ein sprechendes Bild – denn die heißen Sommer der letzten Jahre mit ihrer teilweise bedrohlichen Dürre zeigen, wie sehr alles Leben vom Wasser abhängt. Übertragen auf das geistliche Leben machen wir durchaus auch Dürre-Erfahrungen. Der einzelne Christ und die Kirche im Ganzen durchleben immer wieder Zeiten und Phasen, in denen alles trocken und wenig fruchtbar erscheint. Die Kraft, die von Jesus ausgeht, ist wie Wasser auf die Felder des eigenen geistlichen Lebens. Und es ist eine wichtige Erfahrung: Glauben blüht auf, wo der Mensch bei Jesus seinen Durst stillt – bei seinen Worten und seinem Lebensvorbild und bei der Hoffnung, die von ihm ausgeht.

CREDO (siehe Seite 520ff.)

FÜRBITTEN

Guter Gott,

dein auferstandener Sohn Jesus Christus hat uns den Heiligen Geist zugesagt. Auf sein Wirken in unserer Welt vertrauen wir. Am Vorabend des Pfingstfestes bitten wir:

V/A: Komm, und schenke neue Lebenskraft.

– Komm herab, du Heiliger Geist, in das Leben der Kranken, Leidenden, Enttäuschten und Sorgenbeladenen.

– Komm herab, du Heiliger Geist und inspiriere Menschen dazu, Wege des Friedens und der Gerechtigkeit zu suchen und zu beschreiten – damit das Seufzen und Wehklagen der Freude und dem Lobpreis weicht.

– Komm herab, du Heiliger Geist, zu allen, die nach Rat und Orientierung für ihr Leben suchen, die Entscheidungen treffen wollen und sich nach gutem Zuspruch sehnen.

– Komm herab, du Heiliger Geist, entfache das Feuer des Glaubens neu in deiner Kirche, damit sie ihre Aufgabe erfüllt, Salz der Erde und Licht der Welt zu sein.

– Komm herab, du Heiliger Geist, und ruf die Toten in das neue und ewige Leben. Erfülle uns alle mit dem Atem des ewigen Lebens.

Guter Gott, in der Kraft des Heiligen Geistes stärkst und führst du uns, deine Kirche, durch die Zeit. Sei mit deinem auferstandenen Sohn und dem Heiligen Geist gelobt und gepriesen. Heute und in Ewigkeit. Amen.

Gabengebet

Herr, unser Gott, dein Geist segne diese Gaben und erfülle durch sie die Kirche mit der Kraft deiner Liebe, damit die ganze Welt erkennt, daß du sie zum Heil gerufen hast. Darum bitten wir durch Christus, unseren Herrn.

Präfation

Vom Tag

In Wahrheit ist es würdig und recht, dir, Herr, heiliger Vater, allmächtiger, ewiger Gott, immer und überall zu danken und diesen Tag in festlicher Freude zu feiern. Denn heute hast du das österliche Heilswerk vollendet, heute hast du den Heiligen Geist gesandt über alle, die du mit Christus auferweckt und zu deinen

Kindern berufen hast. Am Pfingsttag erfüllst du deine Kirche mit Leben: Dein Geist schenkt allen Völkern die Erkenntnis des lebendigen Gottes und vereint die vielen Sprachen im Bekenntnis des einen Glaubens. Darum preisen dich alle Völker auf dem Erdenrund in österlicher Freude. Darum rühmen dich die himmlischen Kräfte und die Mächte der Engel und singen das Lob deiner Herrlichkeit.

Einladung zum Vaterunser

Voll Sehnsucht nach Gottes ermutigendem Geist und seiner belebenden Kraft sprechen wir mit den Worten Jesu: Vater unser im Himmel …

Einladung zum Friedensgebet

Die Sehnsucht nach Frieden ist groß. Die Sehnsucht nach einer Welt, in der sich Menschen von einem guten und heiligenden Geist leiten lassen auf Wege des Friedens und der Einigkeit. So bitten wir: Herr Jesus Christus …

Kommunionvers — Joh 7,37

Am letzten Tag des Festes, dem großen Tag, stand da Jesus und rief: Wer Durst hat, komme zu mir und trinke. Halleluja.

Schlussgebet

Herr, unser Gott, du hast uns im heiligen Mahl gesättigt. Erfülle uns durch dieses Sakrament mit der Glut des Heiligen Geistes, den du am Pfingstfest den Aposteln gesandt hast. Darum bitten wir durch Christus, unseren Herrn.

Schlusssegen — Vom Heiligen Geist

Der gütige Gott hat am heutigen Tag die Jünger durch die Eingießung des Heiligen Geistes erleuchtet; er segne euch und schenke euch den Reichtum seiner Gaben.
Jenes Feuer, das in vielen Zungen auf die Jünger herabkam, reinige eure Herzen und entzünde in euch die göttliche Liebe.

Der Heilige Geist, der die vielen Sprachen im Bekenntnis des Glaubens geeint hat, festige euch in der Wahrheit und führe euch vom Glauben zum Schauen.
Das gewähre euch der dreieinige Gott, der Vater und der Sohn ✝ und der Heilige Geist.

Pfingsten braucht die Kirche nicht …

… wenn sie davon überzeugt ist, dass mit den Strategien der Ordinariate und mit der klugen Planung von finanziellen Ressourcen auch die kommenden mageren Jahre planerisch in den Griff zu bekommen sind.
… wenn sie »Kirchenentwicklung« selber macht und dafür Professoren, Gremien, Strategien und eine Menge »know how« einsetzt, gerade weil doch alle daran mitwirken wollen und sollen.
… wenn sie sich sowieso lieber in Nischen zurückzieht und eher die Haltung einer kleinen, verschworenen Gemeinschaft einnehmen will, anstatt sich dem rauen Klima der öffentlichen Meinung auszusetzen.
… wenn sie einfach verschwinden will. Aber vielleicht ist ja gerade das nicht der Wille Gottes – und vielleicht sendet er deshalb immer wieder seinen Heiligen Geist.

Friedhelm Meudt

PFINGSTEN

Hochfest – Am Tag

8. Juni 2025

Der Geist des Herrn erfüllt den Erdkreis.
In ihm hat alles Bestand.
Nichts bleibt verborgen vor ihm. Halleluja.
Vgl. Weish 1,7

Oder:
Die Liebe Gottes ist ausgegossen in unsere Herzen
durch den Heiligen Geist, der uns gegeben ist. Halleluja.
Röm 5,5

War die Zeit zwischen Ostern und dem Pfingstfest ausreichend, um den Auferstehungsglauben zu festigen und zu erneuern? Ist der liturgische Schlusspunkt der österlichen Zeit mit dem Fest des Heiligen Geistes ausreichend für eine Kirche und Glaubensgemeinschaft, die ihren Weg finden muss in den Problemen, Aufgaben und Auseinandersetzungen dieser Zeit?
Pfingsten ist eine Zusage. Gott lässt die Seinen nicht alleine gehen, sondern begleitet sie mit Beistand und Kraft. Das tut umso mehr gut, wenn die derzeitigen äußeren Umstände und inneren Kämpfe der Kirche bei manch einem durchaus als Gegenwind erlebt werden. Gerade da ist die Rede vom Sturm, der antreibt, herausfegt, durchlüftet und herumwirbelt eine Aufforderung, sich den Wandlungen und Veränderungen der Zeit zu stellen.

Kyrie-Rufe

Bewegung bist du – was lahm und steif geworden bist, dem hauchst du neuen Schwung und neue Kraft ein.
Gott, Heiliger Geist, erbarme dich unser.
Kraftvoll bist du – was müde, krank und niedergeschlagen da liegt, dem gibst du neue Lebenskraft.
Gott, Heiliger Geist, erbarme dich unser.

Brennend bist du – was erkaltet ist, bedeckt von Asche und ohne Energie daherkommt, das entzündest du zu Licht und Wärme.
Gott, Heiliger Geist, erbarme dich unser.

GLORIA (siehe Seite 516f.)

TAGESGEBET

Allmächtiger, ewiger Gott, durch das Geheimnis des heutigen Tages heiligst du deine Kirche in allen Völkern und Nationen. Erfülle die ganze Welt mit den Gaben des Heiligen Geistes, und was deine Liebe am Anfang der Kirche gewirkt hat, das wirke sie auch heute in den Herzen aller, die an dich glauben. Darum bitten wir durch Jesus Christus.

Es können auch die Schrifttexte vom Lesejahr A genommen werden.

ERSTE LESUNG — Apg 2,1–11

Lesung aus der Apostelgeschichte.

Als der Tag des Pfingstfestes gekommen war, waren alle zusammen am selben Ort. Da kam plötzlich vom Himmel her ein Brausen, wie wenn ein heftiger Sturm daherfährt, und erfüllte das ganze Haus, in dem sie saßen.
Und es erschienen ihnen Zungen wie von Feuer, die sich verteilten; auf jeden von ihnen ließ sich eine nieder. Und alle wurden vom Heiligen Geist erfüllt und begannen, in anderen Sprachen zu reden, wie es der Geist ihnen eingab.
In Jerusalem aber wohnten Juden, fromme Männer aus allen Völkern unter dem Himmel. Als sich das Getöse erhob, strömte die Menge zusammen und war ganz bestürzt; denn jeder hörte sie in seiner Sprache reden. Sie waren fassungslos vor Staunen und sagten:
Seht! Sind das nicht alles Galiläer, die hier reden? Wieso kann sie jeder von uns in seiner Muttersprache hören: Parther, Meder und Elamíter, Bewohner von Mesopotámien, Judäa und Kappadókien, von Pontus und der Provinz Asien, von Phrýgien und

Pamphy'lien, von Ägypten und dem Gebiet Líbyens nach Kyréne hin, auch die Römer, die sich hier aufhalten, Juden und Prosely'ten, Kreter und Áraber – wir hören sie in unseren Sprachen Gottes große Taten verkünden.

Wort des lebendigen Gottes.

IMPULS In Jerusalem sind Menschen aus allen Sprachen und Kulturen versammelt. Eine richtige Metropole, kosmopolitisch, wie man heute sagen würde. Da bewirkt Gottes Geist, dass Menschen sich nicht in Überheblichkeit selbst zu Göttern und Herren stilisieren, sondern das Miteinander und die Gemeinschaft entdecken. Und dabei ist wichtig, in welchem Geist das geschieht: Es ist nicht irgendeine Geisteshaltung, es ist der Geist Gottes, der Geist Jesu, der Heilige Geist.
Dieser Heilige Geist, den Jesus seinen Jüngern versprochen hat, geht von ihm und vom Vater aus. Es ist ein Geist der Nächstenliebe und der Hilfsbereitschaft. Ein Geist des Respekts vor allen Menschen, ein Geist der Gerechtigkeit und der Barmherzigkeit, der die Menschen zum gemeinsamen Streben verbinden will. Aber nicht zu irgendeinem (!) Streben (gar wie in Babel), sondern zu dem Streben, das auch Jesus selbst ausgezeichnet hat. Wie er die Menschen geliebt hat und ihnen zugewandt war, so bewirkt es auch der Geist in den Jüngerinnen und Jüngern, die von diesem Geist ergriffen werden. Das ist das entscheidende. Nicht irgendeine Geisteshaltung, sondern die Haltung Jesu.
Wer sich davon ergreifen lässt, dem ist nicht mehr wichtig, welche Sprache er spricht, aus welchem Land er kommt und welcher kulturellen Prägung er sich zugehörig fühlt, für den ist wichtig, andere Menschen als Schwestern und Brüder zu sehen und ihnen so zu begegnen, wie Jesus den Menschen begegnet ist. Und das ist eine Haltung, die wir nicht nur in der Kirche brauchen, sondern die alle Menschen, alle Völker, die ganze Welt brauchen.

ANTWORTPSALM Ps 104 (103),1–2.24–25.29–30.31 u. 34 (Kv: vgl. 30)

Kv Sende aus deinen Geist
und das Angesicht der Erde wird neu. – Kv

Oder:

Kv Halleluja. – Kv

Preise den HERRN, meine Seele! /
HERR, mein Gott, überaus groß bist du! *
Du bist mit Hoheit und Pracht bekleidet.
Du hüllst dich in Licht wie in einen Mantel, *
du spannst den Himmel aus gleich einem Zelt. – (Kv)

Wie zahlreich sind deine Werke, HERR, /
sie alle hast du mit Weisheit gemacht, *
die Erde ist voll von deinen Geschöpfen.
Da ist das Meer, so groß und weit, *
darin ein Gewimmel, nicht zu zählen: kleine und große Tiere.
– (Kv)

Verbirgst du dein Angesicht, sind sie verstört, /
nimmst du ihnen den Atem, so schwinden sie hin *
und kehren zurück zum Staub.
Du sendest deinen Geist aus: Sie werden erschaffen *
und du erneuerst das Angesicht der Erde. – (Kv)

Die Herrlichkeit des HERRN währe ewig, *
der HERR freue sich seiner Werke.
Möge ihm mein Dichten gefallen. *
Ich will mich freuen am HERRN. – Kv

ZWEITE LESUNG Röm 8,8–17

Lesung aus dem Brief des Apostels Paulus an die Gemeinde in Rom.

Schwestern und Brüder! Wer aber vom Fleisch bestimmt ist, kann Gott nicht gefallen.

Ihr aber seid nicht vom Fleisch, sondern vom Geist bestimmt, da ja der Geist Gottes in euch wohnt. Wer aber den Geist Christi nicht hat, der gehört nicht zu ihm.
Wenn aber Christus in euch ist, dann ist zwar der Leib tot aufgrund der Sünde, der Geist aber ist Leben aufgrund der Gerechtigkeit.
Wenn aber der Geist dessen in euch wohnt, der Jesus von den Toten auferweckt hat, dann wird er, der Christus von den Toten auferweckt hat, auch eure sterblichen Leiber lebendig machen, durch seinen Geist, der in euch wohnt.
Wir sind also nicht dem Fleisch verpflichtet, Brüder und Schwestern, sodass wir nach dem Fleisch leben müssten.
Denn wenn ihr nach dem Fleisch lebt, müsst ihr sterben; wenn ihr aber durch den Geist die sündigen Taten des Leibes tötet, werdet ihr leben.
Denn die sich vom Geist Gottes leiten lassen, sind Kinder Gottes.
Denn ihr habt nicht einen Geist der Knechtschaft empfangen, sodass ihr immer noch Furcht haben müsstet, sondern ihr habt den Geist der Kindschaft empfangen, in dem wir rufen: Abba, Vater!
Der Geist selber bezeugt unserem Geist, dass wir Kinder Gottes sind.
Sind wir aber Kinder, dann auch Erben; Erben Gottes und Miterben Christi, wenn wir mit ihm leiden, um mit ihm auch verherrlicht zu werden.

Wort des lebendigen Gottes.

IMPULS Nicht »Knechtschaft« – sondern »Kindschaft«. Damit ist alles gesagt. Geknechtet fühlen Menschen sich oft, auch wenn das Wort vom Knecht aus unserer Sprache weitgehend verschwunden ist. Doch Lebensbedingungen, Arbeitsbelastungen, Problemszenarien kennen wir viele, unter denen wir uns niedergedrückt fühlen wie Knechte unter drückenden Verpflichtungen. Gott hat anderes mit uns vor. Wie ein Vater will, dass aus seinen Kindern einmal etwas Gutes wird, wie eine Mutter sich nach Zufriedenheit und Erfüllung für ihre Kinder sehnt, so schaut Gott auf uns und will uns eine Geisteshaltung schenken, die uns aufrecht durchs Leben gehen lässt. Dabei ist nicht nur das Irdische in den Blick zu nehmen (ich wage es, den Begriff des »Fleisches« hier in diese Richtung für moderne Ohren zu deuten), sondern viel mehr: den Sinn und Inhalt, die Identität und Selbstbestimmung zu finden, die den Menschen glücklich sein lässt.

SEQUENZ

Veni Sancte Spíritus,
et emítte cáelitus
lucis tuae rádium.

Veni pater páuperum,
veni dator múnerum,
veni lumen córdium.

Consolátor óptime,
dulcis hospes ánimae,
dulce refrigérium.

In labóre réquies,
in aestu tempéries,
in fletu solátium.

O lux beatíssima,
reple cordis íntima
tuórum fidélium.

Sine tuo númine
nihil est in hómine,
nihil est innóxium.

Lava quod est sórdidum,
riga quod es áridum,
sana quod est sáucium.

Komm herab, o Heilger Geist,
der die finstre Nacht zerreißt,
strahle Licht in diese Welt.

Komm, der alle Armen liebt,
komm, der gute Gaben gibt,
komm, der jedes Herz erhellt.

Höchster Tröster in der Zeit,
Gast, der Herz und Sinn erfreut,
köstlich Labsal in der Not.

In der Unrast schenkst du Ruh,
hauchst in Hitze Kühlung zu,
spendest Trost in Leid und Tod.

Komm, o du glückselig Licht,
fülle Herz und Angesicht,
dring bis auf der Seele Grund.

Ohne dein lebendig Wehn
kann im Menschen nichts bestehn,
kann nichts heil sein noch gesund.

Was befleckt ist, wasche rein,
Dürrem gieße Leben ein,
heile du, wo Krankheit quält.

Flecte quod est rígidum, fove quod es frígidum, rege quod est dévium.	Wärme du, was kalt und hart, löse, was in sich erstarrt, lenke, was den Weg verfehlt.
Da tuis fidélibus in te confidéntibus sacrum septenárium.	Gib dem Volk, das dir vertraut, das auf deine Hilfe baut, deine Gaben zum Geleit.
Da virtútis méritum, da salútis éxitum, da perénne gáudium. Amen. Allelúia.	Lass es in der Zeit bestehn, deines Heils Vollendung sehn und der Freuden Ewigkeit. Amen. Halleluja.

Stefan Langton (um 1200), Übertragung: Maria Luise Thurmair und Markus Jenny (1971); GL 343f. · KG 483

Ruf vor dem Evangelium

Halleluja. Halleluja.
Komm, Heiliger Geist,
erfülle die Herzen deiner Gläubigen und entzünde in ihnen das Feuer deiner Liebe!
Halleluja.

Evangelium

Joh 14,15–16.23b–26

+ Aus dem heiligen Evangelium nach Johannes.

In jener Zeit sprach Jesus zu seinen Jüngern: Wenn ihr mich liebt, werdet ihr meine Gebote halten. Und ich werde den Vater bitten und er wird euch einen anderen Beistand geben, der für immer bei euch bleiben soll.
Wenn jemand mich liebt, wird er mein Wort halten; mein Vater wird ihn lieben und wir werden zu ihm kommen und bei ihm Wohnung nehmen.
Wer mich nicht liebt, hält meine Worte nicht. Und das Wort, das ihr hört, stammt nicht von mir, sondern vom Vater, der mich gesandt hat.

Das habe ich zu euch gesagt, während ich noch bei euch bin. Der Beistand aber, der Heilige Geist, den der Vater in meinem Namen senden wird, der wird euch alles lehren und euch an alles erinnern, was ich euch gesagt habe.

Evangelium unseres Herrn Jesus Christus.

IMPULS »Beistand« ist der Begriff, den Jesus im Johannesevangelium für den Heiligen Geist verwendet. Das bedeutet: nicht Befehlsgeber oder Chef, nicht verborgenes Leitungsorgan oder Strippenzieher, nicht »alternativlose« Vorgabe – sondern eben Beistand für denjenigen, der als Christenmensch seinen Lebensweg gestalten will. Beistand bedeutet: mitgehen und Weggefährtenschaft, gute Zurede und Ermutigung, mittragen und mitleiden, aufbauen und stark machen. All das nimmt dem Menschen nicht die Freiheit, nicht die eigene Entscheidung – sondern ermöglicht beides mit dem Rat und der Unterstützung in unterschiedlichen Herausforderungen.
Dass Gott diesen sanften Weg mit dem Menschen wählt, macht sich durch das ganze Evangelium hindurch bemerkbar – von der Verheißung der Mutterschaft an Maria bis hin zur Sendung der Jünger mit einem Beistand, der »für immer« bei ihnen bleiben soll. Gott zwingt und droht nicht, Gottes Geist begleitet.

CREDO (siehe Seite 520ff.)

FÜRBITTEN

Allmächtiger Gott, du sendest deinen Geist über alles, was lebt, und erneuerst das Angesicht der Erde. Erfülle uns mit deiner Kraft und höre auf die Anliegen, die wir dir anvertrauen:

– Heiliger Geist, der du Gemeinschaft schaffst: Wirke in unserer Gemeinde. Lass uns fest zusammenhalten und täglich neue Kraft aus dem Glauben schöpfen.

– Heiliger Geist, der du Frieden schaffst: Wirke in den Herzen der Menschen, gib allen Verantwortlichen in der Politik die Kraft, Gewalt zu beenden und nach Frieden zu suchen.

– Heiliger Geist, der du Erkenntnis und Weisheit schenkst: Lass uns erkennen, was dem Wohl der Menschen dient, damit wir an einer gerechten Welt mit bauen.

– Heiliger Geist, der du Kraft und Stärke gibst: Schenke deinen Beistand allen, die in unserer Mitte krank, sorgenbeladen, einsam und unsicher sind.

– Heiliger Geist, der du Vergebung und Verzeihung ermöglichst: Wirke in allen, die sich in Familien und Freundeskreisen zerstritten haben. Heile die Verwundungen, die durch Trennung und Bosheit entstanden sind.

– Heiliger Geist, der du die Kirche führst und zusammenhältst. Erleuchte alle, die an der Erneuerung der Kirche mitwirken und schenke ihnen Achtsamkeit im Umgang miteinander.

– Heiliger Geist, der du Leben schaffst: Erwecke unsere Verstorbenen zu neuem Leben. Schenke unseren Verstorbenen die Erfüllung bei dir.

Gott, dem Vater, der unsere Welt erschuf, und seinem Sohn Jesus Christus, der uns erlöst hat, und dem Heiligen Geist, dem Geist der Liebe und der Gemeinschaft, sei Lob und Dank. Heute und in alle Ewigkeit. Amen.

Gabengebet

Allmächtiger Gott, erfülle die Verheißung deines Sohnes: Sende uns deinen Geist, damit er uns in die volle Wahrheit einführt und uns das Geheimnis dieses Opfers immer mehr erschließt. Darum bitten wir durch Christus, unseren Herrn.

Präfation

Vom Tag

In Wahrheit ist es würdig und recht, dir, Herr, heiliger Vater, allmächtiger, ewiger Gott, immer und überall zu danken und diesen Tag in festlicher Freude zu feiern. Denn heute hast du das österliche Heilswerk vollendet, heute hast du den Heiligen Geist gesandt über alle, die du mit Christus auferweckt und zu deinen

Kindern berufen hast. Am Pfingsttag erfüllst du deine Kirche mit Leben: Dein Geist schenkt allen Völkern die Erkenntnis des lebendigen Gottes und vereint die vielen Sprachen im Bekenntnis des einen Glaubens. Darum preisen dich alle Völker auf dem Erdenrund in österlicher Freude. Darum rühmen dich die himmlischen Kräfte und die Mächte der Engel und singen das Lob deiner Herrlichkeit.

Einladung zum Vaterunser

In Taufe und Firmung wurde uns der Geist zugesprochen, aus dem heraus wir Gott unseren Vater nennen dürfen. So beten wir: Vater unser im Himmel …

Einladung zum Friedensgebet

Diese Welt wird immerzu geprägt von den unterschiedlichen Geisteshaltungen, mit denen Menschen, Regierende, Verantwortliche tätig sind. Wir bitten um eine Geisteshaltung, die zu Wegen des Friedens und der Einigkeit ermutigt: Herr Jesus Christus …

Kommunionvers

Vgl. Apg 2,4.11

Alle wurden mit dem Heiligen Geist erfüllt und verkündeten Gottes große Taten. Halleluja.

Schlussgebet

Herr, unser Gott, du hast deine Kirche mit himmlischen Gaben beschenkt. Erhalte ihr deine Gnade, damit die Kraft aus der Höhe, der Heilige Geist, in ihr weiterwirkt und die geistliche Speise sie nährt bis zur Vollendung. Darum bitten wir durch Christus, unseren Herrn.

SCHLUSSSEGEN Vom Heiligen Geist

Der gütige Gott hat am heutigen Tag die Jünger durch die Eingießung des Heiligen Geistes erleuchtet; er segne euch und schenke euch den Reichtum seiner Gaben.
Jenes Feuer, das in vielen Zungen auf die Jünger herabkam, reinige eure Herzen und entzünde in euch die göttliche Liebe.
Der Heilige Geist, der die vielen Sprachen im Bekenntnis des Glaubens geeint hat, festige euch in der Wahrheit und führe euch vom Glauben zum Schauen.
Das gewähre euch der dreieinige Gott, der Vater und der Sohn ✝ und der Heilige Geist.

Menschen, die selbst von Gott angeregt, begeistert, angerührt sind, die gehen nach draußen. Zuerst waren die Apostel ängstlich, zurückgezogen. Die Krise nach dem Tod Jesu, die Enttäuschung hat sie in die Defensive getrieben…
Zuerst muss die Begeisterung mich selbst berühren. Die Vergewisserung, das Eintauchen in den Heiligen Geist, in den Glauben in Gebet und Spiritualität. Dann geht der Weg nach draußen – ganz automatisch, weil ich will, dass auch andere davon etwas erleben. Unsere Kirche, unser Glaube, die Botschaft des Evangeliums, das alles hat der Welt und den Menschen um uns herum so viel zu geben, aber es braucht dazu begeisterte Träger dieser Botschaft, die selbst von Gottes Geist angerührt und erfüllt sind. Solche Menschen müssen innerlich etwas erlebt und erfahren haben. Glaube entsteht nicht durch Anlesen oder einfach Auswendiglernen von Lehren. Die Apostel werden von Gott her inspiriert, angerührt, bewegt, so dass sie für andere zu Boten werden können. Und sie können dies, weil es eben nicht ihre eigenen Rezepte für das Leben und die Gestaltung des Alltags sind, sondern weil es Botschaft Gottes ist. In der Schule merkt man das ganz besonders. Religionslehrer, die Religion vermitteln, als wäre es Erdkunde oder Biologie, und die davon nicht selbst begeistert sind, langweilen

nur und schrecken ab. Es kommt nur »etwas rüber«, wenn auch Begeisterung und eigene Erfahrung dahintersteht. Wie schrecklich, wenn Menschen Religion lehren wollen und selbst keine Erfahrung damit haben. Und das gilt letztlich für die Kirche im Ganzen. Sie wird nur überzeugen, wenn sie sich selbst hat überzeugen lassen – von der Erfahrung, die sie mit Gott und dem Glauben gemacht hat.

Friedhelm Meudt

PFINGSTMONTAG
9. Juni 2025

Christus liebt uns und hat uns durch sein Blut befreit
von unseren Sünden;
er hat uns die Würde von Königen gegeben
und uns zu Priestern gemacht
für den Dienst vor seinem Gott und Vater. Halleluja.
Offb 1,5–6

Vom Pfingstfest ausgehend macht sich die Kirche »auf den Weg«, sie hat einen Auftrag für die Welt. Das II. Vatikanische Konzil hat das in seinem wichtigsten Lehrschreiben deutlich betont: Die Kirche muss Trauer und Angst, Freude und Hoffnung der Menschen auch als ihre eigenen Erfahrungen begreifen und wie ein Licht, ein Leuchtturm, ein Zeichen wirken: So hat Gott sich die Welt gedacht, so muss sie sein, dahin sollen wir kommen.
Die Tatsache, dass es in der Kirche auch reichlich Erfahrungen gibt, wo wir sagen: Hier sind wir diesem Auftrag nicht gerecht geworden, haben versagt oder waren gar schuldig, kann uns nicht und wird uns niemals von diesem Auftrag entbinden. Sicher gelingt nicht alles und haben wir auch unsere Begrenzung, aber der Auftrag bleibt: Seid Licht der Welt und Salz der Erde. Seid ein großes Heilszeichen Gottes in dieser Welt, ein Sakrament für die Welt. Macht deutlich, wie es sein kann, wenn sich Menschen vom Geist Gottes ergreifen und prägen lassen.

Kyrie-Rufe

Herr, begleite deine Kirche durch die Herausforderungen dieser Zeit mit den Gaben deines Heiligen Geistes.
Herr, erbarme dich.
Herr, stärke deine Kirche für einen Dienst der Nächstenliebe und der Barmherzigkeit mit allen, die sich nach Hilfe sehnen.
Christus, erbarme dich.
Herr, tröste deine Kirche in Zeiten der Enttäuschung und der Rückschläge. Sei Kraft zu Neubeginn und Umkehr.
Herr, erbarme dich.

GLORIA (siehe Seite 516f.)

TAGESGEBET

Gott und Vater unseres Herrn Jesus Christus, im Neuen Bund berufst du aus allen Völkern dein Volk und führst es zusammen im Heiligen Geist. Gib, daß deine Kirche ihrer Sendung treu bleibt, daß sie ein Sauerteig ist für die Menschheit, die du in Christus erneuern und zu deiner Familie umgestalten willst. Darum bitten wir durch ihn, der in der Einheit des Heiligen Geistes mit dir lebt und herrscht in alle Ewigkeit.

ERSTE LESUNG Apg 19,1b–6a

Lesung aus der Apostelgeschichte.

Paulus kam nach Ephesus hinab. Er stieß dort auf einige Jünger und fragte sie: Habt ihr den Heiligen Geist empfangen, als ihr gläubig wurdet? Sie antworteten ihm: Wir haben noch nicht einmal gehört, dass es einen Heiligen Geist gibt.
Da fragte er: Auf welche Taufe seid ihr denn getauft worden?
Sie antworteten: Auf die Taufe des Johannes.
Paulus sagte: Johannes hat mit der Taufe der Umkehr getauft und das Volk gelehrt, sie sollten an den glauben, der nach ihm komme: an Jesus.
Als sie das hörten, ließen sie sich auf den Namen Jesu, des Herrn, taufen.
Paulus legte ihnen die Hände auf und der Heilige Geist kam auf sie herab.

Wort des lebendigen Gottes.

Oder: Joël 3,1–5 (siehe Seite 479)

IMPULS Die Taufe des Johannes reicht nicht – so wichtig eine Umkehr und eine Erneuerung für den Menschen immer ist, es geht um mehr. Die Gabe des Heiligen Geistes ist mit dem verbunden, was die Kirche in der Folge Jesu Christi als Taufe versteht. In der

Dreistufigkeit heutiger liturgischer Praxis der Kirche wird die Firmung als das Fest des Heiligen Geistes im Leben eines Christen verstanden. Aber bei der Erwachsenentaufe wird dies gemeinsam gefeiert: Taufe, Eucharistie, Firmung. Denn darin drückt sich die Vollkraft christlicher Existenz aus. Eine Trennung kann von der Entwicklungsgeschichte des Menschen her sinnvoll sein. Eben dann, wenn die Taufe in Kindertagen, die Eucharistie als Kind und die Firmung auf der Schwelle des Erwachsenwerdens gefeiert wird. Damit ist dann eine schrittweise Eingliederung in das Christentum verbunden. Für Erwachsene aber geht es immer um das Ganze.

ANTWORTPSALM Ps 145 (144),2–3.4–5.8–9.10–11.15–16 (Kv: vgl. 2b)

Kv Halleluja. – Oder: Herr, deinen Namen will ich loben immer und ewig. – Kv

Jeden Tag will ich dich preisen *
und deinen Namen loben auf immer und ewig.
Groß ist der HERR und hoch zu loben, *
unerforschlich ist seine Größe. – Kv

Geschlecht um Geschlecht rühme deine Werke, *
deine machtvollen Taten sollen sie künden.
Den herrlichen Glanz deiner Hoheit *
und deine Wundertaten will ich besingen. – Kv

Der HERR ist gnädig und barmherzig, *
langmütig und reich an Huld.
Der HERR ist gut zu allen, *
sein Erbarmen waltet über all seinen Werken. – Kv

Danken sollen dir, HERR, all deine Werke, *
deine Frommen sollen dich preisen.
Von der Herrlichkeit deines Königtums sollen sie reden, *
von deiner Macht sollen sie sprechen. – Kv

Aller Augen warten auf dich *
und du gibst ihnen ihre Speise zur rechten Zeit.

Du tust deine Hand auf *
und sättigst alles, was lebt, mit Wohlgefallen. – Kv

Zweite Lesung

Röm 8,14–17

Lesung aus dem Brief des Apostels Paulus an die Gemeinde in Rom.

Schwestern und Brüder! Alle, die sich vom Geist Gottes leiten lassen, sind Kinder Gottes.
Denn ihr habt nicht einen Geist der Knechtschaft empfangen, sodass ihr immer noch Furcht haben müsstet, sondern ihr habt den Geist der Kindschaft empfangen, in dem wir rufen: Abba, Vater!
Der Geist selber bezeugt unserem Geist, dass wir Kinder Gottes sind.
Sind wir aber Kinder, dann auch Erben; Erben Gottes und Miterben Christi, wenn wir mit ihm leiden, um mit ihm auch verherrlicht zu werden.

Wort des lebendigen Gottes.

IMPULS Das Vater-Unser-Gebet ist vielen Christen so selbstverständlich, dass gar nicht mehr bewusst gespürt wird, wie besonders die Anrede ist, die Jesus uns zu beten vorlegt und auf die auch Paulus eingeht. »Abba, Vater« zu sagen, Gott nicht als eine Macht weit weg und unendlich getrennt von uns zu verstehen, sondern ihm eben voll liebendem Vertrauen zu begegnen, das bedeutet eine besondere Beziehung aufgebaut zu haben. Diese Beziehung selbst ist »Heiliger Geist«, eine Beziehung der Liebe, des Vertrauens, der Geborgenheit. Wie seltsam muten dagegen die Formulierungen mancher Zeitgenossen an, die Gott bestenfalls als eine »übergeordnete Macht« oder als »Ursprung von allem« sehen wollen. Gewiss, das ist er auch. Aber jeder Christenmensch hat doch eine viel nähere und innigere Verbindung – oder darf sie zumindest haben.

SEQUENZ (siehe Seite 492f.)

RUF VOR DEM EVANGELIUM

Halleluja. Halleluja.
Komm, Heiliger Geist,
erfülle die Herzen deiner Gläubigen und entzünde in ihnen das Feuer deiner Liebe!
Halleluja.

EVANGELIUM Joh 3,16–21

+ Aus dem heiligen Evangelium nach Johannes.

Denn Gott hat die Welt so sehr geliebt, dass er seinen einzigen Sohn hingab, damit jeder, der an ihn glaubt, nicht verloren geht, sondern ewiges Leben hat.
Denn Gott hat seinen Sohn nicht in die Welt gesandt, damit er die Welt richtet, sondern damit die Welt durch ihn gerettet wird.
Wer an ihn glaubt, wird nicht gerichtet; wer nicht glaubt, ist schon gerichtet, weil er nicht an den Namen des einzigen Sohnes Gottes geglaubt hat.
Denn darin besteht das Gericht: Das Licht kam in die Welt, doch die Menschen liebten die Finsternis mehr als das Licht; denn ihre Taten waren böse.
Jeder, der Böses tut, hasst das Licht und kommt nicht zum Licht, damit seine Taten nicht aufgedeckt werden.
Wer aber die Wahrheit tut, kommt zum Licht, damit offenbar wird, dass seine Taten in Gott vollbracht sind.

Evangelium unseres Herrn Jesus Christus.

IMPULS Vor dem Hintergrund des Missbrauchsskandals in der Kirche bekommen die Worte des Evangeliums einen besonderen Klang und ein besonderes Gewicht. Wie vieles wurde zugedeckt und wie wichtig ist es, zum Licht zu kommen und dieses heilende und reinigende Licht wirken zu lassen.

Viele schmerzliche Prozesse sind mit dem Aufdecken der bösen Taten verbunden – aber nur so geschieht Erneuerung, Umkehr, die Chance auf neues Vertrauen und auf eine Zukunft. Die vielen Menschen, die in den Bistümern und Gemeinden in den letzten Jahren und wohl auch noch in manch kommenden Jahren mit der Aufarbeitung beschäftigt sind, sie handeln aus einer Geisteshaltung der Erneuerung heraus. Insofern: ja, der Heilige Geist ist auch ein Geist des brennenden Reinigungsprozesses.

CREDO (siehe Seite 520ff.)

FÜRBITTEN

Großer Gott, dein Sohn Jesus Christus ist auferstanden und seinen Jüngern erschienen. Damit sie nicht ohne ihn allein zurückbleiben, hat er ihnen den Heiligen Geist gesandt. Auch wir bitten um die Kraft von oben, um deinen guten und heiligenden Geist:

– Wir haben das Pfingstfest gefeiert. Damals in Jerusalem wurden viele Menschen vom Heiligen Geist im Glauben ermutigt. Sende auch heute deiner Kirche den Geist der Lebendigkeit.

V/A: Christus, höre uns.

– Begleite unsere jungen Christen, die sich auf die Firmung vorbereiten und segne sie und ihre Familien.

– Begleite alle, die in den kommenden Tagen eine Prüfung, einen Schulabschluss, das Ende ihrer Lehre oder einen anderen wichtigen Abschnitt ihres Lebens erreichen. Hilf ihnen, gute Lebensentscheidungen zu treffen.

– Überall dort, wo Menschen krank sind und leiden, dort schenke den Geist der Lebendigkeit und der Heilung. Stärke alle, die unter Krieg und Gewalt leiden.

– Steh den Notleidenden dieser Erde bei, denen das tägliche Brot fehlt, und gib uns allen die Bereitschaft, tatkräftig zu helfen.

– Geleite unsere Toten in dein Reich. Schenke allen Trauernden neuen Glauben an die Auferstehung.

Dir vertrauen wir, Herr und Gott. Du hast für uns den Tod besiegt und uns die Freude der Erlösten geschenkt. Dir sei Ehre und Dank in alle Ewigkeit. Amen.

Gabengebet

Gott, unser Vater, nimm unsere Gaben an, in denen das Opfer deines Sohnes gegenwärtig wird. Aus seiner Seitenwunde ist die Kirche hervorgegangen als Werk des Heiligen Geistes. Laß sie ihren Ursprung nie vergessen, sondern daraus in dieser Feier Heil und Leben schöpfen. Darum bitten wir durch Christus, unseren Herrn.

Präfation

Sonntage VIII

In Wahrheit ist es würdig und recht, dir, allmächtiger Vater, zu danken und dein Erbarmen zu rühmen. Die Sünde hatte die Menschen von dir getrennt, du aber hast sie zu dir zurückgeführt durch das Blut deines Sohnes und die Kraft deines Geistes. Wie du eins bist mit dem Sohn und dem Heiligen Geist, so ist deine Kirche geeint nach dem Bild des dreieinigen Gottes. Sie ist dein heiliges Volk, der Leib Christi und der Tempel des Heiligen Geistes zum Lob deiner Weisheit und Liebe. Darum preisen wir dich in deiner Kirche und vereinen uns mit den Engeln und Heiligen zum Hochgesang von deiner göttlichen Herrlichkeit.

Einladung zum Vaterunser

Mit den Worten »Abba, Vater« beginnen wir das wichtigste Gebet, das wir Christen miteinander sprechen wollen: Vater unser im Himmel …

Einladung zum Friedensgebet

Bitten wir nicht nur um Frieden und Einheit für Kirche und Welt, bitten wir auch um die Kraft, diesen Frieden und diese Einheit durch unser eigenes Tun mit zu gestalten: Herr Jesus Christus …

Kommunionvers

Vgl. Joh 16,13a

Wenn der Geist der Wahrheit kommt, wird er euch in die volle Wahrheit einführen. Halleluja.

Schlussgebet

Herr, du hast uns gestärkt durch das Sakrament deines Sohnes. Mache das Werk deiner Kirche fruchtbar und enthülle durch sie den Armen das Geheimnis unserer Erlösung; denn die Armen hast du vor allen dazu berufen, Anteil zu haben an deinem Reich. Darum bitten wir durch Christus, unseren Herrn.

Oder:

Gütiger Gott, bewahre dem Volk der Erlösten deine Liebe und Treue. Das Leiden deines Sohnes hat uns gerettet, sein Geist, der von dir ausgeht, führe uns den rechten Weg. Darum bitten wir durch Christus, unseren Herrn.

Schlusssegen

Vom Heiligen Geist

Der gütige Gott hat die Jünger durch die Eingießung des Heiligen Geistes erleuchtet; er segne euch und schenke euch den Reichtum seiner Gaben.

Jenes Feuer, das in vielen Zungen auf die Jünger herabkam, reinige eure Herzen und entzünde in euch die göttliche Liebe.

Der Heilige Geist, der die vielen Sprachen im Bekenntnis des Glaubens geeint hat, festige euch in der Wahrheit und führe euch vom Glauben zum Schauen.

Das gewähre euch der dreieinige Gott, der Vater und der Sohn ✝ und der Heilige Geist.

Sturm und Hauch

Pfingsten schildert uns eine zweifache Luftbewegung: der Sturm des ersten Pfingsten (Apg 2, 2), der mit Brausen und Feuerzungen einher geht. Und das brauchen wir: Gemeinden, die aufeinander zugehen und nicht ängstlich von den derzeitigen schwierigen Bedingungen eingeschüchtert sind. Sich verkriechen hat den ersten Christen nichts gebracht und Gottes Geist hat sie mit Schwung und Sturm durcheinander gewirbelt und nach draußen getrieben.
Aber auch der Hauch des Geistes, der von Jesus ausgeht. Er haucht die Jünger an, verbunden mit der Zusage »empfangt den Heiligen Geist« (Joh 20, 22)! Der Geist, der von Jesus ausgeht, will seine Lebenshaltung übertragen. Das ist es, was er mit dem Hauch deutlich macht. Da kann man vom Guten angesteckt werden. Vom Virus des Gottvertrauens, der Nächstenliebe und der Gemeinschaft.
Die Versuchung zur Verzagtheit, zur Ängstlichkeit, sich in den Bedenken und Sorgen vergraben, hinter geschlossenen Türen bleiben, all das hat die frühe Jüngergemeinschaft gekannt. All das ist verständlich. Damals wie heute. Und es ist eine Binsenweisheit, dass es nicht nur den Sturm des Heiligen Geistes gibt, sondern dass der Kirche oft genug auch der Zeitgeist oder noch ganz andere scharfe Winde ins Gesicht wehen.
Gott mutet seiner Kirche zu, sich mitten in die vielstimmige und vielsprachige Gesellschaft hinein zu stellen und sich den Stürmen der Zeit auszusetzen. In diese Welt hinein soll sie seine Frohe Botschaft sprechen.

Friedhelm Meudt

Die Feier der Gemeindemesse

DIE FEIER DER GEMEINDEMESSE 510

Eröffnung

Wortgottesdienst

Eucharistiefeier

Kommunion

Entlassung

ERÖFFNUNG

Die Gemeinde versammelt sich. Darauf tritt der Priester mit seiner Begleitung an den Altar. Der Priester verehrt gemeinsam mit seiner Begleitung den Altar und küsst ihn. Danach kann der Priester den Altar inzensieren. Nach der Verehrung des Altares gehen der Priester und seine Begleitung zu den Sitzen.
Alle stehen und machen das Kreuzzeichen. Der Priester spricht:

In nómine Patris
et Fílii
et Spíritus Sancti.
Amen.

Im Namen des Vaters
und des Sohnes
und des Heiligen Geistes.
Amen.

Begrüssung der Gemeinde

Der Priester begrüßt die Gemeinde, indem er singt oder spricht:

P: Dóminus vobíscum.
G: Et cum spíritu tuo.

P: Der Herr sei mit euch.
G: Und mit deinem Geiste.

Oder:

Grátia Dómini nostri Iesu Christi, et cáritas Dei, et communicátio Sancti Spíritus sit cum ómnibus vobis.

Die Gnade unseres Herrn Jesus Christus, die Liebe Gottes, des Vaters, und die Gemeinschaft des Heiligen Geistes sei mit euch.

Oder:

Grátia vobis et pax a Deo Patre nostro et Dómino Iesu Christo sit cum ómnibus vobis.

Gnade und Friede von Gott, unserem Vater, und dem Herrn Jesus Christus sei mit euch.

Oder:

Gnade und Friede von dem, der ist und der war und der kommen wird, sei mit euch.

Oder:

Gnade und Friede in der heiligen Versammlung der Kirche Gottes sei mit euch.

Oder:

Der Herr der Herrlichkeit und Spender jeder Gnade sei mit euch.

Oder:

Die Gnade des Herrn Jesus, der für uns Mensch geworden ist (gelitten hat, gestorben ist …), sei mit euch.

Oder:

Die Gnade unseres Herrn Jesus Christus sei mit euch.

Der Priester, der Diakon oder ein anderer dazu Beauftragter kann eine knappe Einführung in die Feier geben.

Allgemeines Schuldbekenntnis

Es folgt das Allgemeine Schuldbekenntnis mit Einladung und Stille.

Form A

Einladung

Brüder und Schwestern, damit wir die heiligen Geheimnisse in rechter Weise feiern können, wollen wir bekennen, dass wir gesündigt haben.

Oder:

Bevor wir das Gedächtnis des Herrn begehen, wollen wir uns besinnen und bekennen, dass wir sündige Menschen sind.

Oder:

Eine andere, frei formulierte Einladung.

Schuldbekenntnis

P: Wir sprechen das Schuldbekenntnis:

A: Confíteor Deo omnipoténti et vobis, fratres, quia peccávi nimis cogitatióne, verbo, ópere et omissióne – mea culpa, mea culpa, mea máxima culpa.

A: Ich bekenne Gott, dem Allmächtigen, und allen Brüdern und Schwestern, dass ich Gutes unterlassen und Böses getan habe – ich habe gesündigt in Gedanken, Worten und Werken – durch meine Schuld, durch meine Schuld, durch meine große Schuld.

Ideo precor beátam Maríam semper Vírginem, omnes Angelos et Sanctos, et vos fratres, oráre pro me ad Dóminum Deum nostrum.

Darum bitte ich die selige Jungfrau Maria, alle Engel und Heiligen und euch, Brüder und Schwestern, für mich zu beten bei Gott, unserem Herrn.

Vergebungsbitte

P: Misereátur nostri omnípotens Deus et, dimíssis peccátis nostris, perdúcat nos ad vitam ætérnam.

A: Amen.

P: Der allmächtige Gott erbarme sich unser. Er lasse uns die Sünden nach und führe uns zum ewigen Leben.

A: Amen.

Form B

Einladung

Brüder und Schwestern, bevor wir das Wort Gottes hören und das Opfer Christi feiern, wollen wir uns bereiten und Gott um Vergebung unserer Sünden bitten.

Oder:

Damit wir das Gedächtnis des Herrn recht begehen, prüfen wir uns selbst und bekennen unsere Schuld vor Gott und der Kirche.

Oder:

Eine andere, frei formulierte Einladung.

Schuldbekenntnis

P: Erbarme dich, Herr, unser Gott, erbarme dich.
A: Denn wir haben vor dir gesündigt.
P: Erweise, Herr, uns deine Huld.
A: Und schenke uns dein Heil.

Vergebungsbitte

P: Nachlass, Vergebung und Verzeihung unserer Sünden gewähre uns der allmächtige und barmherzige Herr.
A: Amen.

Die Formen A und B können durch ein Bußlied ersetzt werden.

Form C – Kyrie-Litanei

Bei dieser Form können den Kyrie-Rufen frei formulierte Christus-Prädikationen vorausgeschickt werden; die nachstehenden Rufungen sind als Beispiele zu verstehen.

Einladung

Zu Beginn dieser Messfeier wollen wir uns besinnen und das Erbarmen des Herrn auf uns herabrufen.

Oder:

Eine andere, frei formulierte Einladung.

Anrufungen

V: Herr Jesus Christus, du bist vom Vater gesandt, zu heilen, was verwundet ist:
V: Kyrie, eleison.
A: Kyrie, eleison.

Oder:

V: Herr, erbarme dich (unser).
A: Herr, erbarme dich (unser).
V: Du bist gekommen, die Sünder zu berufen:

V: Christe, eleison.
A: Christe, eleison.

Oder:

V: Christus, erbarme dich (unser).
A: Christus, erbarme dich (unser).

V: Du bist zum Vater heimgekehrt, um für uns einzutreten:
V: Kyrie, eleison.
A: Kyrie, eleison.

Oder:

V: Herr, erbarme dich (unser).
A: Herr, erbarme dich (unser).

Vergebungsbitte

P: Der Herr erbarme sich unser. Er nehme von uns Sünde und Schuld, damit wir mit reinem Herzen diese Feier begehen.
A: Amen.

Begrüßung und Allgemeines Schuldbekenntnis entfallen, wenn eine andere liturgische Handlung der Messfeier vorausgeht. Sonderregelungen an bestimmten Tagen sind jeweils im Messbuch vermerkt.
Das Allgemeine Schuldbekenntnis kann entfallen, wenn eine besondere Festlichkeit des Gottesdienstes dies nahelegt.
Die Vergebungsbitte kann entfallen, wenn das Tagesgebet eine solche Bitte enthält.

Kyrie

Es folgen die Kyrie-Rufe, falls sie nicht schon vorausgegangen sind. Die gesungenen Kyrie-Rufe können auch als Eröffnungsgesang dienen, zumal wenn sie zu einer Kyrie-Litanei ausgestaltet oder mit dem Eingangslied (Leisen) verbunden sind.

V: Kyrie, eleison.
A: Kyrie, eleison.
V: Christe, eleison.
A: Christe, eleison.
V: Kyrie, eleison.
A: Kyrie, eleison.

Oder:

V: Herr, erbarme dich (unser).
A: Herr, erbarme dich (unser).
V: Christus, erbarme dich (unser).
A: Christus, erbarme dich (unser).
V: Herr, erbarme dich (unser).
A: Herr, erbarme dich (unser).

Gloria

An den Sonntagen außerhalb der Advents- und Fastenzeit, an Hochfesten, Festen und bei anderen festlichen Gottesdiensten folgt das Gloria.

Glória in excélsis Deo
et in terra pax
homínibus bonæ voluntátis.
Laudámus te,
benedícimus te,
adorámus te,
glorificámus te,
grátias ágimus tibi propter
magnam glóriam tuam,

Ehre sei Gott in der Höhe
und Friede auf Erden
den Menschen seiner Gnade.
Wir loben dich,
wir preisen dich,
wir beten dich an,
wir rühmen dich und danken
dir, denn groß ist deine Herrlichkeit:

Dómine Deus, Rex cæléstis,
Deus Pater omnípotens.

Herr und Gott, König des Himmels,
Gott und Vater, Herrscher über das All,

Dómine Fili unigénite, Iesu Christe,

Herr, eingeborener Sohn, Jesus Christus.

Dómine Deus, Agnus Dei,
Fílius Patris,
qui tollis peccáta mundi,
miserére nobis;
qui tollis peccáta mundi,
súscipe deprecatiónem nostram.
Qui sedes ad déxteram Patris,
miserére nobis.

Herr und Gott, Lamm Gottes,
Sohn des Vaters,
du nimmst hinweg die Sünde der Welt:
erbarme dich unser;
du nimmst hinweg die Sünde der Welt:
nimm an unser Gebet;
du sitzest zur Rechten des Vaters:
erbarme dich unser.

Quóniam tu solus Sanctus,
tu solus Dóminus,
tu solus Altíssimus,
Iesu Christe,
cum Sancto Spíritu,
in glória Dei Patris.
Amen.

Denn du allein bist der Heilige,
du allein der Herr,
du allein der Höchste:
Jesus Christus,
mit dem Heiligen Geist,
zur Ehre Gottes des Vaters.
Amen.

Tagesgebet

Der Priester lädt zum Gebet ein. Er singt oder spricht:

Orémus.

Lasset uns beten.

Nach einer kurzen Stille, in der sich alle zum Gebet sammeln, breitet der Priester die Hände aus und singt oder spricht das Tagesgebet. Die Gemeinde beschließt das Gebet mit dem Ruf:

Amen.

Abschließende Formeln des Tagesgebetes:

Wenn das Tagesgebet an den Vater gerichtet ist:

Darum bitten wir durch (ihn,) Jesus Christus, deinen Sohn, unseren Herrn und Gott,
der in der Einheit des Heiligen Geistes
mit dir lebt und herrscht in alle Ewigkeit.

Wenn es an den Vater gerichtet ist, zum Schluss aber der Sohn genannt wird:

Der in der Einheit des Heiligen Geistes
mit dir lebt und herrscht in alle Ewigkeit.

Wenn es an den Sohn gerichtet ist:

Der du in der Einheit des Heiligen Geistes mit Gott dem Vater lebst und herrschst in alle Ewigkeit.

WORTGOTTESDIENST

Erste Lesung und erster Zwischengesang

Der Lektor geht zum Ambo und trägt die erste Lesung vor. Alle hören sitzend zu. Wo nach der Lesung ein Zuruf der Gemeinde üblich ist, fügt der Lektor folgenden Ruf an:

L: Verbum Dómini.
G: Deo grátias.

L: Wort des lebendigen Gottes.
G: Dank sei Gott.

Dann trägt der Kantor (Psalmist) als ersten Zwischengesang den Antwortpsalm vor. Die Gemeinde übernimmt den Kehrvers.

Zweite Lesung und zweiter Zwischengesang

Folgt eine zweite Lesung, so wird auch sie durch einen Lektor vom Ambo aus vorgetragen. Sie wird in der gleichen Weise abgeschlossen wie die erste Lesung.

Auf die zweite Lesung folgt als zweiter Zwischengesang das Halleluja bzw. der an dessen Stelle vorgesehene andere Gesang.

Evangelium

Der Priester kann Weihrauch einlegen. Der Diakon, der das Evangelium verkündet, verneigt sich vor dem Priester und erbittet den Segen:

Ich bitte um den Segen.

Der Priester spricht, ebenfalls leise, die Segensworte:

P: Der Herr sei in deinem Herzen und auf deinen Lippen, damit du sein Evangelium würdig verkündest. Im Namen des Vaters und des Sohnes † und des Heiligen Geistes.
D: Amen.

Ist kein Diakon da, verkündet der Priester selbst das Evangelium. Er verneigt sich vor dem Altar und spricht leise:

Heiliger Gott, reinige mein Herz und meine Lippen, damit ich dein Evangelium würdig verkünde.

Der Diakon oder der Priester (holt das Evangelienbuch vom Altar und) geht zum Ambo; Ministranten (mit Kerzen und Weihrauch) begleiten ihn. Am Ambo:

P/D:	Dóminus vobíscum.	P/D:	Der Herr sei mit euch.
G:	Et cum spíritu tuo.	G:	Und mit deinem Geiste.
P/D:	† Léctio sancti Evangélii secúndum N.*	P/D:	† Aus dem heiligen Evangelium nach N.*
G:	Glória tibi, Dómine.	G:	Ehre sei dir, o Herr.

* Dabei bezeichnet er das Buch und sich selbst (auf Stirn, Mund und Brust) mit dem Kreuzzeichen.

Wird Weihrauch verwendet, so inzensiert der Diakon (Priester) zunächst das Buch; dann verkündet er das Evangelium.
Der Diakon (Priester) fügt an:

P/D: Verbum Dómini.	P/D: Evangelium unseres Herrn Jesus Christus.
G: Laus tibi, Christe.	G: Lob sei dir, Christus.

Danach küsst der Diakon (Priester) das Buch und spricht leise:

Herr, durch dein Evangelium nimm hinweg unsere Sünden.

Homilie

Die Homilie ist ein Teil der Liturgie. Sie ist an allen Sonntagen und gebotenen Feiertagen vorgeschrieben, sonst empfohlen.

Credo

An Sonntagen, an Hochfesten und bei anderen festlichen Gottesdiensten folgt das Credo.

Das Große Glaubensbekenntnis

(P: Wir sprechen das Große Glaubensbekenntnis.)

A: Credo in unum Deum, Patrem omnipoténtem, factórem cæli et terræ,	A: Wir glauben an den einen Gott, den Vater, den Allmächtigen, der alles geschaffen hat, Himmel und Erde,
visibílium ómnium et invisibílium.	die sichtbare und die unsichtbare Welt.
Et in unum Dóminum Iesum Christum, Fílium Dei unigénitum,	Und an den einen Herrn Jesus Christus, Gottes eingeborenen Sohn,
et ex Patre natum ante ómnia sǽcula.	aus dem Vater geboren vor aller Zeit:
Deum de Deo, lumen de lúmine,	Gott von Gott, Licht vom Licht,

Deum verum de Deo vero,
génitum, non factum,
consubstantiálem Patri:
per quem ómnia facta sunt.
Qui propter nos hómines
et propter nostram salútem
descéndit de cælis.
Et incarnátus est
de Spíritu Sancto
ex María Vírgine,
et homo factus est.
Crucifíxus étiam pro nobis
sub Póntio Piláto;
passus et sepúltus est,

et resurréxit tértia die,
secúndum Scriptúras,
et ascéndit in cælum,
sedet ad déxteram Patris.
Et íterum ventúrus est cum glória,

iudicáre vivos et mórtuos,

cuius regni non erit finis.

Et in Spíritum Sanctum,
Dóminum et vivificántem:
qui ex Patre Filióque procédit.

Qui cum Patre et Fílio simul
adorátur et conglorificátur:
qui locútus est per prophétas.

Et unam, sanctam, cathólicam
et apostólicam Ecclésiam.
Confíteor unum baptísma
in remissiónem peccatórum.
Et expécto resurrectiónem
mortuórum,
et vitam ventúri sáeculi.
Amen.

wahrer Gott vom wahren Gott,
gezeugt, nicht geschaffen,
eines Wesens mit dem Vater;
durch ihn ist alles geschaffen.
Für uns Menschen
und zu unserem Heil
ist er vom Himmel gekommen,
hat Fleisch angenommen
durch den Heiligen Geist
von der Jungfrau Maria
und ist Mensch geworden.
Er wurde für uns gekreuzigt
unter Pontius Pilatus,
hat gelitten und ist begraben
worden,
ist am dritten Tage auferstanden
nach der Schrift
und aufgefahren in den Himmel.
Er sitzt zur Rechten des Vaters
und wird wiederkommen in
Herrlichkeit,
zu richten die Lebenden und die
Toten;
seiner Herrschaft wird kein Ende
sein.
Wir glauben an den Heiligen Geist,
der Herr ist und lebendig macht,
der aus dem Vater und dem Sohn
hervorgeht,
der mit dem Vater und dem Sohn
angebetet und verherrlicht wird,
der gesprochen hat durch die
Propheten,
und die eine, heilige, katholische
und apostolische Kirche.
Wir bekennen die eine Taufe
zur Vergebung der Sünden.
Wir erwarten die Auferstehung der
Toten
und das Leben der kommenden
Welt. Amen.

Anstelle des Großen Glaubensbekenntnisses kann das Apostolische Glaubensbekenntnis gesprochen werden.

Das Apostolische Glaubensbekenntnis

(P: Wir sprechen das Apostolische Glaubensbekenntnis.)

A: Credo in Deum Patrem omnipóntentem, Creatórem cæli et terræ. Et in Iesum Christum, Fílium eius únicum, Dóminum nostrum: qui concéptus est de Spíritu Sancto, natus ex Maria Vírgine, passus sub Póntio Piláto, crucifíxus, mórtuus, et sepúltus: descéndit ad ínferos; tértia die resurréxit a mórtuis; ascéndit ad cælos; sedet ad déxteram Dei Patris omnipóténtis: inde ventúrus est iudicáre vivos et mórtuos.	A: Ich glaube an Gott, den Vater, den Allmächtigen, den Schöpfer des Himmels und der Erde, und an Jesus Christus, seinen eingeborenen Sohn, unsern Herrn, empfangen durch den Heiligen Geist, geboren von der Jungfrau Maria, gelitten unter Pontius Pilatus, gekreuzigt, gestorben und begraben, hinabgestiegen in das Reich des Todes, am dritten Tage auferstanden von den Toten, aufgefahren in den Himmel; er sitzt zur Rechten Gottes, des allmächtigen Vaters; von dort wird er kommen, zu richten die Lebenden und die Toten.
Credo in Spíritum Sanctum, sanctam Ecclésiam cathólicam Sanctórum communiónem, remissiónem peccatórum, carnis resurrectiónem vitam ætérnam. Amen.	Ich glaube an den Heiligen Geist, die heilige katholische Kirche, Gemeinschaft der Heiligen, Vergebung der Sünden, Auferstehung der Toten und das ewige Leben. Amen.

Fürbitten (Allgemeines Gebet)

Es folgen die Fürbitten.

EUCHARISTIEFEIER

GABENBEREITUNG

Gesang zur Gabenbereitung

Das Herbeibringen und die Bereitung der Gaben können von einem geeigneten Gesang oder von Orgelspiel begleitet werden oder auch in der Stille geschehen.

Herbeibringen der Gaben

Es empfiehlt sich, dass die Gläubigen ihre Teilnahme durch eine Gabe bekunden. Sie können durch Vertreter Brot und Wein für die Eucharistie oder selber andere Gaben herbeibringen, die für die Bedürfnisse der Kirche und der Armen bestimmt sind.

Zurüstung des Altares

Die Ministranten (Akolythen) bringen den Kelch mit Korporale und Kelchtüchlein und das Messbuch zum Altar.

Begleitgebete zur Gabenbereitung

Der Priester nimmt die Schale mit dem Brot, hält sie über den Altar und spricht leise:

Gepriesen bist du, Herr, unser Gott,
Schöpfer der Welt.
Du schenkst uns das Brot,
die Frucht der Erde und der menschlichen Arbeit.
Wir bringen dieses Brot vor dein Angesicht,
damit es uns das Brot des Lebens werde.
(Gepriesen bist du in Ewigkeit, Herr, unser Gott.)

Wird weder gesungen noch die Orgel gespielt, ist es dem Priester erlaubt, diesen Begleittext mit vernehmlicher Stimme zu sprechen.
Der Priester stellt die Schale auf das Korporale.
Der Priester (Diakon) gießt Wein und ein wenig Wasser in den Kelch und spricht leise:

Wie das Wasser sich mit dem Wein verbindet zum heiligen Zeichen, so lasse uns dieser Kelch teilhaben an der Gottheit Christi, der unsere Menschennatur angenommen hat.

Der Priester nimmt den Kelch, hält ihn über den Altar und spricht leise:

Gepriesen bist du, Herr, unser Gott,
Schöpfer der Welt.
Du schenkst uns den Wein,
die Frucht des Weinstocks und der menschlichen Arbeit.
Wir bringen diesen Kelch vor dein Angesicht,
damit er uns der Kelch des Heiles werde.
(Gepriesen bist du in Ewigkeit, Herr, unser Gott.)

Der Priester verneigt sich und spricht leise:

Herr, wir kommen zu dir mit reumütigem Herzen
und mit demütigem Sinn.
Nimm uns an und gib, dass unser Opfer dir gefalle.

Der Priester kann die Gaben und den Altar inzensieren; anschließend inzensiert der Diakon oder ein Ministrant (Akolyth) den Priester und die Gemeinde.

HÄNDEWASCHUNG

Zur Händewaschung an der Seite des Altares spricht der Priester leise:

Herr, wasche ab meine Schuld, von meinen Sünden mach mich rein.

Einladung zum Gabengebet

Der Priester steht, der Gemeinde zugewandt, in der Mitte des Altares und spricht:

Form A

Lasset uns beten
zu Gott, dem allmächtigen Vater,
dass er die Gaben der Kirche annehme
zu seinem Lob und zum Heil der ganzen Welt.

Oder: **Form B**

P: Lasset uns beten.

Oder eine andere geeignete Gebetseinladung. Alle verharren eine kurze Zeit in stillem Gebet.

Oder: **Form C**

P: Oráte, fratres: ut meum ac vestrum sacrifícium acceptábile fiat apud Deum Patrem omnipótentem.

G: Suscípiat Dóminus sacrifícium de mánibus tuis ad laudem et glóriam nóminis sui, ad utilitátem quoque nostram totiúsque Ecclésiæ suæ sanctæ.

P: Betet, Brüder und Schwestern, dass mein und euer Opfer Gott, dem allmächtigen Vater, gefalle.

G: Der Herr nehme das Opfer an aus deinen Händen zum Lob und Ruhm seines Namens, zum Segen für uns und seine ganze heilige Kirche.

Gabengebet

Der Priester breitet die Hände aus und trägt das Gabengebet vor. Die Gemeinde beschließt das Gebet mit dem Ruf:

Amen.

DAS EUCHARISTISCHE HOCHGEBET

Das Eucharistische Hochgebet wird vom Priester laut und vernehmlich vorgetragen und von der Gemeinde mit dem Zuruf Amen abgeschlossen. Die mit Melodien versehenen Teile können gesungen werden.
Der Priester beginnt das Eucharistische Hochgebet. Er breitet die Hände aus und singt oder spricht:

P: Dóminus vobiscum.	P: Der Herr sei mit euch.
G: Et cum spíritu tuo.	A: Und mit deinem Geiste.
	Der Priester hebt die Hände.
P: Sursum corda.	P: Erhebet die Herzen.
G: Habémus ad Dóminum.	A: Wir haben sie beim Herrn.
	Der Priester mit ausgebreiteten Händen:
P: Grátias agámus Dómino Deo nostro.	P: Lasset uns danken dem Herrn, unserm Gott.
G: Dignum et iustum est.	A: Das ist würdig und recht.

Ein Verzeichnis der in diesem Buch abgedruckten Präfationen finden Sie auf den Seiten 937f.

Zum Schluss der Präfation faltet er die Hände. Gemeinsam mit der Gemeinde singt er das Sanctus.

Sanctus, Sanctus, Sanctus Dóminus Deus Sábaoth.	Heilig, heilig, heilig Gott, Herr aller Mächte und Gewalten.
Pleni sunt cæli et terra glória tua. Hosánna in excélsis. Benedíctus qui venit in nómine Dómini. Hosánna in excélsis.	Erfüllt sind Himmel und Erde von deiner Herrlichkeit. Hosanna in der Höhe. Hochgelobt sei, der da kommt im Namen des Herrn. Hosanna in der Höhe.

Erstes Hochgebet

Dich, gütiger Vater, bitten wir durch deinen Sohn, unseren Herrn Jesus Christus: Nimm diese heiligen, makellosen Opfergaben an und segne sie.
Wir bringen sie dar vor allem für deine heilige katholische Kirche in Gemeinschaft mit deinem Diener, unserem Papst N., mit unserem Bischof N. und mit allen, die Sorge tragen für den rechten, katholischen und apostolischen Glauben. Schenke deiner Kirche Frieden und Einheit, behüte und leite sie auf der ganzen Erde.

Gedenke deiner Diener und Dienerinnen N. N. (für die wir heute besonders beten) und aller, die hier versammelt sind.

Bei einer Taufe:

Gedenke deiner Diener und Dienerinnen N. und N., die als Paten unsere Neugetauften zum Sakrament der Wiedergeburt geleitet haben, und aller, die hier versammelt sind.

Herr, du kennst ihren Glauben und ihre Hingabe; für sie bringen wir dieses Opfer des Lobes dar und sie selber weihen es dir für sich und für alle, die ihnen verbunden sind, für ihre Erlösung und für ihre Hoffnung auf das unverlierbare Heil. Vor dich, den ewigen, lebendigen und wahren Gott, bringen sie ihre Gebete und Gaben.

In Gemeinschaft mit der ganzen Kirche gedenken wir deiner Heiligen. Wir ehren vor allem Maria, die glorreiche, allzeit jungfräuliche Mutter unseres Herrn und Gottes Jesus Christus.
* Wir ehren ihren Bräutigam, den heiligen Josef, deine heiligen Apostel und Märtyrer: Petrus und Paulus, Andreas
(Jakobus, Johannes, Thomas, Jakobus, Philippus, Bartholomäus, Matthäus, Simon und Thaddäus, Linus, Kletus, Klemens, Xystus, Kornelius, Cyprianus, Laurentius, Chrysogonus, Johannes und Paulus, Kosmas und Damianus)

und alle deine Heiligen; blicke auf ihr heiliges Leben und Sterben und gewähre uns auf ihre Fürsprache in allem deine Hilfe und deinen Schutz.

An Sonntagen:

In Gemeinschaft mit der ganzen Kirche feiern wir den ersten Tag der Woche als den Tag, an dem Christus von den Toten erstanden ist, und gedenken deiner Heiligen: Wir ehren vor allem Maria, die glorreiche, allzeit jungfräuliche Mutter unseres Herrn und Gottes Jesus Christus. ➡*

Von Weihnachten bis Neujahr:

In Gemeinschaft mit der ganzen Kirche feiern wir (die hochheilige Nacht) den hochheiligen Tag, (in der) an dem Maria in unversehrter Jungfräulichkeit der Welt den Erlöser geboren hat. Wir ehren vor allen Heiligen sie, die glorreiche, allzeit jungfräuliche Mutter unseres Herrn und Gottes Jesus Christus. ➡*

An Erscheinung des Herrn:

In Gemeinschaft mit der ganzen Kirche feiern wir den hochheiligen Tag, an dem dein eingeborener Sohn, dir gleich in ewiger Herrlichkeit, als wahrer Mensch leibhaft und sichtbar erschienen ist. Wir gedenken deiner Heiligen und ehren vor allem Maria, die glorreiche, allzeit jungfräuliche Mutter unseres Herrn und Gottes Jesus Christus. ➡*

Am Gründonnerstag:

In Gemeinschaft mit der ganzen Kirche feiern wir den hochheiligen Tag, an dem unser Herr Jesus Christus sich für uns hingegeben hat. Wir gedenken deiner Heiligen und ehren vor allem Maria, die glorreiche, allzeit jungfräuliche Mutter unseres Herrn und Gottes Jesus Christus. ➡*

Von der Osternacht bis zum Weißen Sonntag:

In Gemeinschaft mit der ganzen Kirche feiern wir das Hochfest der Auferstehung unseres Herrn Jesus Christus. Wir gedenken deiner Heiligen und ehren vor allem Maria, die glorreiche, allzeit jungfräuliche Mutter unseres Herrn und Gottes Jesus Christus. ➡*

An Christi Himmelfahrt:

In Gemeinschaft mit der ganzen Kirche feiern wir den Tag, an dem unser Herr Jesus Christus, dein eingeborener Sohn, unsere schwache, mit seiner Gottheit vereinte Menschennatur zu deiner Rechten erhoben hat. Wir gedenken deiner Heiligen und ehren vor allem Maria, die glorreiche, allzeit jungfräuliche Mutter unseres Herrn und Gottes Jesus Christus. ➡*

Am Pfingsttag:

In Gemeinschaft mit der ganzen Kirche feiern wir das hohe Pfingstfest, an dem der Heilige Geist in Feuerzungen auf die Jünger herabkam. Wir gedenken deiner Heiligen und ehren vor allem Maria, die glorreiche, allzeit jungfräuliche Mutter unseres Herrn und Gottes Jesus Christus. ➡*

Am eigenen Kirchweihfest:

In Gemeinschaft mit der ganzen Kirche feiern wir den Weihetag dieses Hauses, an dem du es zu eigen genommen und mit deiner Gegenwart erfüllt hast. Wir gedenken deiner Heiligen und ehren vor allem Maria, die glorreiche, allzeit jungfräuliche Mutter unseres Herrn und Gottes Jesus Christus. ➡*

An Lichtmess:

In Gemeinschaft mit der ganzen Kirche feiern wir den Tag, an dem dein eingeborener Sohn im Tempel dargestellt wurde. Wir gedenken deiner Heiligen und ehren vor allem Maria, die glorreiche, allzeit jungfräuliche Mutter unseres Herrn und Gottes Jesus Christus. ➡*

An Verkündigung des Herrn:

In Gemeinschaft mit der ganzen Kirche feiern wir den Tag, an dem Maria deinen ewigen Sohn durch den Heiligen Geist empfangen hat. Wir ehren vor allen Heiligen sie, die glorreiche, allzeit jungfräuliche Mutter unseres Herrn und Gottes Jesus Christus. ➡*

An Johannes' Geburt:

In Gemeinschaft mit der ganzen Kirche feiern wir den Tag, an dem Johannes geboren wurde, der Christus voranging, um ihm den Weg zu bereiten, dem Erlöser der Welt. Wir gedenken deiner Heiligen und ehren vor allem Maria, die glorreiche, allzeit jungfräuliche Mutter unseres Herrn und Gottes Jesus Christus. ➡*

An Mariä Himmelfahrt:
In Gemeinschaft mit der ganzen Kirche feiern wir den Tag, an dem die jungfräuliche Gottesmutter in den Himmel aufgenommen wurde. Wir ehren vor allen Heiligen sie, die glorreiche, allzeit jungfräuliche Mutter unseres Herrn und Gottes Jesus Christus. ➡*

An Mariä Geburt:
In Gemeinschaft mit der ganzen Kirche feiern wir den Tag, an dem Maria geboren wurde, die von Ewigkeit her auserwählte Mutter des Erlösers. Wir ehren vor allen Heiligen sie, die glorreiche, allzeit jungfräuliche Mutter unseres Herrn und Gottes Jesus Christus. ➡*

An Allerheiligen:
In Gemeinschaft mit der ganzen Kirche feiern wir den Tag, der dem Gedächtnis aller Heiligen geweiht ist, die im Leben Christus nachfolgten und im Sterben von ihm die Krone der Herrlichkeit empfingen. Wir ehren vor allen Heiligen Maria, die glorreiche, allzeit jungfräuliche Mutter unseres Herrn und Gottes Jesus Christus. ➡*

An Mariä Empfängnis:
In Gemeinschaft mit der ganzen Kirche feiern wir den Tag, an dem Maria ohne Erbschuld empfangen wurde, da sie auserwählt war, die Mutter des Erlösers zu werden. Wir ehren vor allen Heiligen sie, die glorreiche, allzeit jungfräuliche Mutter unseres Herrn und Gottes Jesus Christus. ➡*

* Wir ehren ihren Bräutigam, den heiligen Josef, deine heiligen Apostel und Märtyrer: Petrus und Paulus, Andreas

(Jakobus, Johannes, Thomas, Jakobus, Philippus, Bartholomäus, Matthäus, Simon und Thaddäus, Linus, Kletus, Klemens, Xystus, Kornelius, Cyprianus, Laurentius, Chrysogonus, Johannes und Paulus, Kosmas und Damianus)

und alle deine Heiligen; blicke auf ihr heiliges Leben und Sterben und gewähre uns auf ihre Fürsprache in allem deine Hilfe und deinen Schutz.

Nimm gnädig an, o Gott, diese Gaben deiner Diener und deiner ganzen Gemeinde; ordne unsere Tage in deinem Frieden, rette uns vor dem ewigen Verderben und nimm uns auf in die Schar deiner Erwählten. ➡**

Am Gründonnerstag:

Nimm gnädig an, o Gott, diese Gaben deiner Diener und deiner ganzen Gemeinde. Wir bringen sie dar am Tag, an dem unser Herr Jesus Christus seinen Jüngern aufgetragen hat, die Geheimnisse seines Leibes und Blutes zu feiern. Ordne unsere Tage in deinem Frieden, rette uns vor dem ewigen Verderben und nimm uns auf in die Schar deiner Erwählten. ➡**

Von der Osternacht bis zum Weißen Sonntag:

Nimm gnädig an, o Gott, diese Gaben deiner Diener und deiner ganzen Gemeinde. Wir bringen sie dar auch für jene, die an diesem Osterfest aus dem Wasser und dem Heiligen Geist zum neuen Leben geboren wurden, denen du alle Sünden vergeben hast. Ordne unsere Tage in deinem Frieden, rette uns vor dem ewigen Verderben und nimm uns auf in die Schar deiner Erwählten. ➡**

Bei einer Taufe:

Nimm gnädig an, o Gott, diese Gaben deiner Diener und deiner ganzen Gemeinde. Wir bringen sie dar auch für jene, die aus dem Wasser und dem Heiligen Geist zum neuen Leben geboren wurden, denen du alle Sünden vergeben hast, damit sie in Jesus Christus, unserem Herrn, dir angehören. Für sie bitten wir dich: Lass ihre Namen eingeschrieben sein im Buch des Lebens. ➡**

Bei einer Firmung:

Nimm gnädig an, o Gott, diese Gaben deiner Diener und deiner ganzen Gemeinde. Wir bringen sie dar auch für jene, die in der Taufe zum neuen Leben geboren und von dir in dieser Feier mit der Gabe des Heiligen Geistes gestärkt wurden. Für sie bitten wir dich: Bewahre in ihnen das Geschenk deiner Gnade. ➡**

Bei einer Brautmesse:

Nimm gnädig an, o Gott, dieses Opfer deiner Diener, die Gaben der Neuvermählten N. und N. und die Opfergaben deiner ganzen Gemeinde. Sie bittet dich für diese Brautleute, die du zum Traualtar geführt hast: Erhalte sie bis ins hohe Alter in Glück und Frieden (und segne ihren Bund mit Kindern, die sie von deiner Güte erhoffen). ➡**

Schenke, o Gott, diesen Gaben Segen in Fülle und nimm sie zu eigen an. Mache sie uns zum wahren Opfer im Geiste, das dir wohlgefällt: zum Leib und Blut deines geliebten Sohnes, unseres Herrn Jesus Christus.

Am Abend vor seinem Leiden nahm er das Brot in seine heiligen und ehrwürdigen Hände, erhob die Augen zum Himmel, zu dir, seinem Vater, dem allmächtigen Gott, sagte dir Lob und Dank, brach das Brot, reichte es seinen Jüngern und sprach:

Nehmet und esset alle davon:
Das ist mein Leib, der für euch hingegeben wird.

Ebenso nahm er nach dem Mahl diesen erhabenen Kelch in seine heiligen und ehrwürdigen Hände, sagte dir Lob und Dank, reichte den Kelch seinen Jüngern und sprach:

Nehmet und trinket alle daraus:
Das ist der Kelch des Neuen und Ewigen Bundes,
mein Blut, das für euch und für alle vergossen wird
zur Vergebung der Sünden.
Tut dies zu meinem Gedächtnis.

D/P: Mystérium fídei:

G: Mortem tuam annuntiamus, Dómine, et tuam resurrectiónem confitémur, donec vénias.

D/P: Geheimnis des Glaubens:

G: Deinen Tod, o Herr, verkünden wir und deine Auferstehung preisen wir, bis du kommst in Herrlichkeit.

Darum, gütiger Vater, feiern wir, deine Diener und dein heiliges Volk, das Gedächtnis deines Sohnes, unseres Herrn Jesus Christus. Wir verkünden sein heilbringendes Leiden, seine Auferstehung von den Toten und seine glorreiche Himmelfahrt. So bringen wir aus den Gaben, die du uns geschenkt hast, dir, dem erhabenen

Gott, die reine, heilige und makellose Opfergabe dar: das Brot des Lebens und den Kelch des ewigen Heiles.

Blicke versöhnt und gütig darauf nieder und nimm sie an wie einst die Gaben deines gerechten Dieners Abel, wie das Opfer unseres Vaters Abraham, wie die heilige Gabe, das reine Opfer deines Hohenpriesters Melchisedek.

Wir bitten dich, allmächtiger Gott: Dein heiliger Engel trage diese Opfergabe auf deinen himmlischen Altar vor deine göttliche Herrlichkeit; und wenn wir durch unsere Teilnahme am Altar den heiligen Leib und das Blut deines Sohnes empfangen, erfülle uns mit aller Gnade und allem Segen des Himmels.

Gedenke auch deiner Diener und Dienerinnen (N. und N.), die uns vorangegangen sind, bezeichnet mit dem Siegel des Glaubens, und die nun ruhen in Frieden. Wir bitten dich: Führe sie und alle, die in Christus entschlafen sind, in das Land der Verheißung, des Lichtes und des Friedens.

Auch uns, deinen sündigen Dienern, die auf deine reiche Barmherzigkeit hoffen, gib Anteil und Gemeinschaft mit deinen heiligen Aposteln und Märtyrern: Johannes, Stephanus, Matthias, Barnabas (Ignatius, Alexander, Marzellinus, Petrus, Felizitas, Perpetua, Agatha, Luzia, Agnes, Cäcilia, Anastasia) und mit allen deinen Heiligen; wäge nicht unser Verdienst, sondern schenke gnädig Verzeihung und gib uns mit ihnen das Erbe des Himmels.

Darum bitten wir dich durch unseren Herrn Jesus Christus. Denn durch ihn erschaffst du immerfort all diese guten Gaben, gibst ihnen Leben und Weihe und spendest sie uns.

Durch ihn und mit ihm und in ihm ist dir, Gott, allmächtiger Vater, in der Einheit des Heiligen Geistes alle Herrlichkeit und Ehre jetzt und in Ewigkeit. Amen.

Zweites Hochgebet

EIGENPRÄFATION

In Wahrheit ist es würdig und recht, dir, Herr, heiliger Vater, immer und überall zu danken durch deinen geliebten Sohn Jesus Christus. Er ist dein Wort, durch ihn hast du alles erschaffen. Ihn hast du gesandt als unseren Erlöser und Heiland. Er ist Mensch geworden durch den Heiligen Geist, geboren von der Jungfrau Maria. Um deinen Ratschluß zu erfüllen und dir ein heiliges Volk zu erwerben, hat er sterbend die Arme ausgebreitet am Holze des Kreuzes. Er hat die Macht des Todes gebrochen und die Auferstehung kundgetan. Darum preisen wir dich mit allen Engeln und Heiligen und singen vereint mit ihnen das Lob deiner Herrlichkeit. A: Heilig, heilig, heilig …

Ja, du bist heilig, großer Gott,
du bist der Quell aller Heiligkeit.

An Sonntagen:

Darum kommen wir vor dein Angesicht und feiern in Gemeinschaft mit der ganzen Kirche den ersten Tag der Woche als den Tag, an dem Christus von den Toten erstanden ist. Durch ihn, den du zu deiner Rechten erhöht hast, bitten wir dich: ➡*

Von Weihnachten bis Neujahr:

Darum kommen wir vor dein Angesicht und feiern in Gemeinschaft mit der ganzen Kirche (die hochheilige Nacht) den hochheiligen Tag, (in der) an dem Maria in unversehrter Jungfräulichkeit der Welt den Erlöser geboren hat. Durch ihn, unseren Retter und Herrn, bitten wir dich: ➡*

An Erscheinung des Herrn:

Darum kommen wir vor dein Angesicht und feiern in Gemeinschaft mit der ganzen Kirche den hochheiligen Tag, an dem dein eingeborener Sohn, dir gleich in ewiger Herrlichkeit, als wahrer Mensch leibhaft und sichtbar erschienen ist. Durch ihn, unseren Erlöser und Heiland, bitten wir dich: ➡*

Am Gründonnerstag:

Darum kommen wir vor dein Angesicht und feiern in Gemeinschaft mit der ganzen Kirche den hochheiligen Tag, an dem unser Herr Jesus Christus sich für uns hingegeben hat. Durch ihn, unseren Erlöser und Heiland, den du verherrlicht hast, bitten wir dich: ➡*

Von der Osternacht bis zum Weißen Sonntag:

Darum kommen wir vor dein Angesicht und feiern in Gemeinschaft mit der ganzen Kirche das Hochfest der Auferstehung unseres Herrn Jesus Christus. Durch ihn, der zu deiner Rechten erhöht ist, bitten wir dich: ➡*

An Christi Himmelfahrt:

Darum kommen wir vor dein Angesicht und feiern in Gemeinschaft mit der ganzen Kirche den Tag, an dem unser Herr Jesus Christus, dein eingeborener Sohn, unsere schwache, mit seiner Gottheit vereinte Menschennatur zu deiner Rechten erhoben hat. Durch ihn bitten wir dich: ➡*

Am Pfingsttag:

Darum kommen wir vor dein Angesicht und feiern in Gemeinschaft mit der ganzen Kirche das hohe Pfingstfest, an dem der Heilige Geist in Feuerzungen auf die Jünger herabkam. Und wir bitten dich: ➡*

Am eigenen Kirchweihfest:

Darum kommen wir vor dein Angesicht und feiern in Gemeinschaft mit der ganzen Kirche den Weihetag dieses Hauses, an dem du es zu eigen genommen und mit deiner Gegenwart erfüllt hast. Durch Christus, den Herrn und das Haupt der Kirche, bitten wir dich: ➡*

An Lichtmess:

Darum kommen wir vor dein Angesicht und feiern in Gemeinschaft mit der ganzen Kirche den Tag, an dem dein eingeborener Sohn im Tempel dargestellt wurde. Durch ihn, das Licht von deinem Licht, bitten wir dich: ➡*

An Verkündigung des Herrn:
Darum kommen wir vor dein Angesicht und feiern in Gemeinschaft mit der ganzen Kirche den Tag, an dem Maria deinen ewigen Sohn durch den Heiligen Geist empfangen hat. Durch ihn, der zu unserem Heil Mensch geworden ist, bitten wir dich: ➡*

An Johannes' Geburt:
Darum kommen wir vor dein Angesicht und feiern in Gemeinschaft mit der ganzen Kirche den Tag, an dem Johannes geboren wurde, der Christus voranging, um ihm den Weg zu bereiten, dem Erlöser der Welt. Durch ihn, der nach Johannes kam und doch vor ihm war, bitten wir dich: ➡*

An Mariä Himmelfahrt:
Darum kommen wir vor dein Angesicht und feiern in Gemeinschaft mit der ganzen Kirche den Tag, an dem die jungfräuliche Gottesmutter in den Himmel aufgenommen wurde von unserem Herrn Jesus Christus. Durch ihn, den Urheber und Vollender unseres Glaubens, bitten wir dich: ➡*

An Mariä Geburt:
Darum kommen wir vor dein Angesicht und feiern in Gemeinschaft mit der ganzen Kirche den Tag, an dem Maria geboren wurde, die von Ewigkeit her auserwählte Mutter des Erlösers. Durch ihn, unseren Heiland, bitten wir dich: ➡*

An Allerheiligen:
Darum kommen wir vor dein Angesicht und feiern in Gemeinschaft mit der ganzen Kirche den Tag, der dem Gedächtnis aller Heiligen geweiht ist, die im Leben Christus nachfolgten und im Sterben von ihm die Krone der Herrlichkeit empfingen. Durch ihn, den Urheber und Vollender unseres Glaubens, bitten wir dich: ➡*

An Mariä Empfängnis:
Darum kommen wir vor dein Angesicht und feiern in Gemeinschaft mit der ganzen Kirche den Tag, an dem Maria ohne Erbschuld empfangen wurde, da sie auserwählt war, die Mutter des Erlösers zu werden. Durch ihn, der unsere Sünden hinwegnimmt, bitten wir dich: ➡*

Darum bitten wir dich:

* Sende deinen Geist auf diese Gaben herab und heilige sie, damit sie uns werden Leib ✝ und Blut deines Sohnes, unseres Herrn Jesus Christus.

Denn am Abend, an dem er ausgeliefert wurde und sich aus freiem Willen dem Leiden unterwarf, nahm er das Brot und sagte Dank, brach es, reichte es seinen Jüngern und sprach:

Nehmet und esset alle davon:
Das ist mein Leib, der für euch hingegeben wird.

Ebenso nahm er nach dem Mahl den Kelch, dankte wiederum, reichte ihn seinen Jüngern und sprach:

Nehmet und trinket alle daraus:
Das ist der Kelch des Neuen und Ewigen Bundes,
mein Blut, das für euch und für alle vergossen wird
zur Vergebung der Sünden.
Tut dies zu meinem Gedächtnis.

D/P: Geheimnis des Glaubens.
G: Deinen Tod, o Herr, verkünden wir …

Darum, gütiger Vater, feiern wir das Gedächtnis des Todes und der Auferstehung deines Sohnes und bringen dir so das Brot des Lebens und den Kelch des Heiles dar. Wir danken dir, daß du uns berufen hast, vor dir zu stehen und dir zu dienen. Wir bitten dich: Schenke uns Anteil an Christi Leib und Blut und laß uns eins werden durch den Heiligen Geist.

Gedenke deiner Kirche auf der ganzen Erde und vollende dein Volk in der Liebe, vereint mit unserem Papst N., unserem Bischof N. und allen Bischöfen, unseren Priestern und Diakonen und mit allen, die zum Dienst in der Kirche bestellt sind.

Von der Osternacht bis zum Weißen Sonntag:

Gedenke auch jener, die an diesem Osterfest aus dem Wasser und dem Heiligen Geist zum neuen Leben geboren wurden, denen du alle Sünden vergeben hast.

Bei einer Taufe:

Gedenke, o Herr, der Neugetauften, die heute in deine Gemeinde aufgenommen wurden.

Bei einer Firmung:

Gedenke auch jener, die in der Taufe zum neuen Leben geboren und von dir in dieser Feier mit der Gabe des Heiligen Geistes gestärkt wurden, und bewahre in ihnen das Geschenk deiner Gnade.

Bei einer Brautmesse:

Gedenke auch der Neuvermählten N. und N. Du hast sie zusammengeführt und ihren Bund gesegnet. Darum erhalte sie bis ins hohe Alter in Glück und Frieden (und schenke ihnen die Kinder, die sie von deiner Güte erhoffen).

In einer Messe für Verstorbene:

Erbarme dich unseres Bruders N. (unserer Schwester N.), den (die) du aus dieser Welt zu dir gerufen hast. Durch die Taufe gehört er (sie) Christus an, ihm ist er (sie) gleich geworden im Tod: Lass ihn (sie) mit Christus zum Leben auferstehen.

Gedenke (aller) unserer Brüder und Schwestern, die entschlafen sind in der Hoffnung, dass sie auferstehen. Nimm sie und alle, die in deiner Gnade aus dieser Welt geschieden sind, in dein Reich auf, wo sie dich schauen von Angesicht zu Angesicht.

Vater, erbarme dich über uns alle, damit uns das ewige Leben zuteilwird in der Gemeinschaft mit der seligen Jungfrau und Gottesmutter Maria, mit deinen Aposteln und mit allen, die bei dir Gnade gefunden haben von Anbeginn der Welt, dass wir dich loben und preisen durch deinen Sohn Jesus Christus.

Durch ihn und mit ihm und in ihm ist dir, Gott, allmächtiger Vater, in der Einheit des Heiligen Geistes alle Herrlichkeit und Ehre jetzt und in Ewigkeit. Amen.

Drittes Hochgebet

Ja, du bist heilig, großer Gott, und alle deine Werke verkünden dein Lob. Denn durch deinen Sohn, unseren Herrn Jesus Christus, und in der Kraft des Heiligen Geistes erfüllst du die ganze Schöpfung mit Leben und Gnade. Bis ans Ende der Zeiten versammelst du dir ein Volk, damit deinem Namen das reine Opfer dargebracht werde vom Aufgang der Sonne bis zum Untergang.

An Sonntagen:
Darum kommen wir vor dein Angesicht und feiern in Gemeinschaft mit der ganzen Kirche den ersten Tag der Woche als den Tag, an dem Christus von den Toten erstanden ist. Durch ihn, den du zu deiner Rechten erhöht hast, bitten wir dich, allmächtiger Gott: ➡*

Von Weihnachten bis Neujahr:
Darum kommen wir vor dein Angesicht und feiern in Gemeinschaft mit der ganzen Kirche (die hochheilige Nacht) den hochheiligen Tag, (in der) an dem Maria in unversehrter Jungfräulichkeit der Welt den Erlöser geboren hat. Durch ihn, unseren Retter und Herrn, bitten wir dich, allmächtiger Gott: ➡*

An Erscheinung des Herrn:
Darum kommen wir vor dein Angesicht und feiern in Gemeinschaft mit der ganzen Kirche den hochheiligen Tag, an dem dein eingeborener Sohn, dir gleich in ewiger Herrlichkeit, als wahrer Mensch leibhaft und sichtbar erschienen ist. Durch ihn, unseren Erlöser und Heiland, bitten wir dich, allmächtiger Gott: ➡*

Am Gründonnerstag:
Darum kommen wir vor dein Angesicht und feiern in Gemeinschaft mit der ganzen Kirche den Tag, an dem unser Herr Jesus Christus sich für uns hingegeben hat. Durch ihn, unseren Erlöser und Heiland, den du verherrlicht hast, bitten wir dich, allmächtiger Gott: ➡*

Von der Osternacht bis zum Weißen Sonntag:

Darum kommen wir vor dein Angesicht und feiern in Gemeinschaft mit der ganzen Kirche das Hochfest der Auferstehung unseres Herrn Jesus Christus. Durch ihn, der zu deiner Rechten erhöht ist, bitten wir dich, allmächtiger Gott: ➡*

An Christi Himmelfahrt:

Darum kommen wir vor dein Angesicht und feiern in Gemeinschaft mit der ganzen Kirche den Tag, an dem unser Herr Jesus Christus, dein eingeborener Sohn, unsere schwache, mit seiner Gottheit vereinte Menschennatur zu deiner Rechten erhoben hat. Durch ihn bitten wir dich, allmächtiger Gott: ➡*

Am Pfingsttag:

Darum kommen wir vor dein Angesicht und feiern in Gemeinschaft mit der ganzen Kirche das hohe Pfingstfest, an dem der Heilige Geist in Feuerzungen auf die Jünger herabkam. Und wir bitten dich, allmächtiger Gott: ➡*

Am eigenen Kirchweihfest:

Darum kommen wir vor dein Angesicht und feiern in Gemeinschaft mit der ganzen Kirche den Weihetag dieses Hauses, an dem du es zu eigen genommen und mit deiner Gegenwart erfüllt hast. Durch Christus, den Herrn und das Haupt der Kirche, bitten wir dich, allmächtiger Gott: ➡*

An Lichtmess:

Darum kommen wir vor dein Angesicht und feiern in Gemeinschaft mit der ganzen Kirche den Tag, an dem dein eingeborener Sohn im Tempel dargestellt wurde. Durch ihn, das Licht von deinem Licht, bitten wir dich, allmächtiger Gott: ➡*

An Verkündigung des Herrn:

Darum kommen wir vor dein Angesicht und feiern in Gemeinschaft mit der ganzen Kirche den Tag, an dem Maria deinen ewigen Sohn durch den Heiligen Geist empfangen hat. Durch ihn, der zu unserem Heil Mensch geworden ist, bitten wir dich, allmächtiger Gott: ➡*

An Johannes' Geburt

Darum kommen wir vor dein Angesicht und feiern in Gemeinschaft mit der ganzen Kirche den Tag, an dem Johannes geboren wurde, der Christus voranging, um ihm den Weg zu bereiten, dem Erlöser der Welt. Durch ihn, der nach Johannes kam und doch vor ihm war, bitten wir dich, allmächtiger Gott: ➡*

An Mariä Himmelfahrt:

Darum kommen wir vor dein Angesicht und feiern in Gemeinschaft mit der ganzen Kirche den Tag, an dem die jungfräuliche Gottesmutter in den Himmel aufgenommen wurde von unserem Herrn Jesus Christus. Durch ihn, den Urheber und Vollender unseres Glaubens, bitten wir dich, allmächtiger Gott: ➡*

An Mariä Geburt:

Darum kommen wir vor dein Angesicht und feiern in Gemeinschaft mit der ganzen Kirche den Tag, an dem Maria geboren wurde, die von Ewigkeit her auserwählte Mutter des Erlösers. Durch ihn, unseren Heiland, bitten wir dich, allmächtiger Gott: ➡*

An Allerheiligen:

Darum kommen wir vor dein Angesicht und feiern in Gemeinschaft mit der ganzen Kirche den Tag, der dem Gedächtnis aller Heiligen geweiht ist, die im Leben Christus nachfolgten und im Sterben von ihm die Krone der Herrlichkeit empfingen. Durch ihn, den Urheber und Vollender unseres Glaubens, bitten wir dich, allmächtiger Gott: ➡*

An Mariä Empfängnis:

Darum kommen wir vor dein Angesicht und feiern in Gemeinschaft mit der ganzen Kirche den Tag, an dem Maria ohne Erbschuld empfangen wurde, da sie auserwählt war, die Mutter des Erlösers zu werden. Durch ihn, der unsere Sünden hinwegnimmt, bitten wir dich, allmächtiger Gott: ➡*

Darum bitten wir dich,
allmächtiger Gott:

* Heilige unsere Gaben durch deinen Geist, damit sie uns werden Leib ✝ und Blut deines Sohnes, unseres Herrn Jesus Christus, der uns aufgetragen hat, dieses Geheimnis zu feiern.

Denn in der Nacht, da er verraten wurde, nahm er das Brot und sagte Dank, brach es, reichte es seinen Jüngern und sprach:

Nehmet und esset alle davon:
Das ist mein Leib, der für euch hingegeben wird.

Ebenso nahm er nach dem Mahl den Kelch, dankte wiederum, reichte ihn seinen Jüngern und sprach:

Nehmet und trinket alle daraus:
Das ist der Kelch des Neuen und Ewigen Bundes,
mein Blut, das für euch und für alle vergossen wird
zur Vergebung der Sünden.
Tut dies zu meinem Gedächtnis.

D/P: Geheimnis des Glaubens.
G: Deinen Tod, o Herr, verkünden wir …

Darum, gütiger Vater, feiern wir das Gedächtnis deines Sohnes. Wir verkünden sein heilbringendes Leiden, seine glorreiche Auferstehung und Himmelfahrt und erwarten seine Wiederkunft. So bringen wir dir mit Lob und Dank dieses heilige und lebendige Opfer dar.

Schau gütig auf die Gabe deiner Kirche. Denn sie stellt dir das Lamm vor Augen, das geopfert wurde und uns nach deinem Willen mit dir versöhnt hat. Stärke uns durch den Leib und das Blut deines Sohnes und erfülle uns mit seinem Heiligen Geist, damit wir *ein* Leib und *ein* Geist werden in Christus.

Er mache uns auf immer zu einer Gabe, die dir wohlgefällt, damit wir das verheißene Erbe erlangen mit deinen Auserwählten, mit der seligen Jungfrau und Gottesmutter Maria, mit deinen Aposteln und Märtyrern (mit dem – der – heiligen N.) und mit allen Heiligen, auf deren Fürsprache wir vertrauen.

Barmherziger Gott, wir bitten dich: Dieses Opfer unserer Versöhnung bringe der ganzen Welt Frieden und Heil. Beschütze deine Kirche auf ihrem Weg durch die Zeit und stärke sie im Glauben und in der Liebe: deinen Diener, unseren Papst N., unseren Bischof N. und die Gemeinschaft der Bischöfe, unsere Priester und Diakone, alle, die zum Dienst in der Kirche bestellt sind, und das ganze Volk deiner Erlösten.

Von der Osternacht bis zum Weißen Sonntag:
Gedenke auch jener, die an diesem Osterfest aus dem Wasser und dem Heiligen Geist zum neuen Leben geboren wurden, denen du alle Sünden vergeben hast.

Bei einer Taufe:
Stärke im Glauben und in der Liebe deine Diener, die heute durch das Bad der Wiedergeburt in deine Gemeinde aufgenommen wurden. Gib ihnen die Gnade, dass in ihnen das neue Leben wachse und reife.

Bei einer Firmung:
Gedenke auch jener, die in der Taufe zum neuen Leben geboren und von dir in dieser Feier mit der Gabe des Heiligen Geistes gestärkt wurden, und bewahre in ihnen das Geschenk deiner Gnade.

Bei einer Brautmesse:
Gedenke auch der Neuvermählten N. und N. Du hast sie zusammengeführt und ihren Bund gesegnet. Darum erhalte sie bis ins hohe Alter in Glück und Frieden (und schenke ihnen die Kinder, die sie von deiner Güte erhoffen).

Erhöre, gütiger Vater, die Gebete der hier versammelten Gemeinde und führe zu dir auch alle deine Söhne und Töchter, die noch fern sind von dir.

In einer Messe für Verstorbene:
Erbarme dich unseres Bruders N. (unserer Schwester N.), den (die) du aus dieser Welt zu dir gerufen hast. Durch die Taufe gehört er (sie) Christus an, ihm ist er (sie) gleich geworden im Tod: Gib ihm (ihr) auch Anteil an der Auferstehung, wenn Christus die Toten

auferweckt und unseren irdischen Leib seinem verklärten Leib ähnlich macht.

Erbarme dich (aller) unserer verstorbenen Brüder und Schwestern und aller, die in deiner Gnade aus dieser Welt geschieden sind. Nimm sie auf in deine Herrlichkeit. Und mit ihnen lass auch uns, wie du verheißen hast, zu Tische sitzen in deinem Reich.

In einer Messe für Verstorbene:
Dann wirst du alle Tränen trocknen. Wir werden dich, unseren Gott, schauen, wie du bist, dir ähnlich sein auf ewig und dein Lob singen ohne Ende.

Darum bitten wir dich durch unseren Herrn Jesus Christus. Denn durch ihn schenkst du der Welt alle guten Gaben.

Durch ihn und mit ihm und in ihm ist dir, Gott, allmächtiger Vater, in der Einheit des Heiligen Geistes alle Herrlichkeit und Ehre jetzt und in Ewigkeit. Amen.

Viertes Hochgebet

Eigenpräfation

In Wahrheit ist es würdig, dir zu danken, heiliger Vater. Es ist recht, dich zu preisen. Denn du allein bist der lebendige und wahre Gott. Du bist vor den Zeiten und lebst in Ewigkeit. Du wohnst in unzugänglichem Lichte. Alles hast du erschaffen, denn du bist die Liebe und der Ursprung des Lebens. Du erfüllst deine Geschöpfe mit Segen und erfreust sie alle mit dem Glanz deines Lichtes. Vor dir stehen die Scharen der Engel und schauen dein Angesicht. Sie dienen dir Tag und Nacht, nie endet ihr Lobgesang. Mit ihnen preisen auch wir deinen Namen, durch unseren Mund rühmen dich alle Geschöpfe und künden voll Freude das Lob deiner Herrlichkeit. A: Heilig, heilig, heilig …

Wir preisen dich, Heiliger Vater, denn groß bist du und alle deine Werke künden deine Weisheit und Liebe.

Den Menschen hast du nach deinem Bild geschaffen und ihm die Sorge für die ganze Welt anvertraut. Über alle Geschöpfe sollte er herrschen und allein dir, seinem Schöpfer, dienen.
Als er im Ungehorsam deine Freundschaft verlor und der Macht des Todes verfiel, hast du ihn dennoch nicht verlassen, sondern voll Erbarmen allen geholfen, dich zu suchen und zu finden.
Immer wieder hast du den Menschen deinen Bund angeboten und sie durch die Propheten gelehrt, das Heil zu erwarten.

So sehr hast du die Welt geliebt, heiliger Vater, dass du deinen eingeborenen Sohn als Retter gesandt hast, nachdem die Fülle der Zeiten gekommen war.

Er ist Mensch geworden durch den Heiligen Geist, geboren von der Jungfrau Maria. Er hat wie wir als Mensch gelebt, in allem uns gleich außer der Sünde.
Den Armen verkündete er die Botschaft vom Heil, den Gefangenen Freiheit, den Trauernden Freude.
Um deinen Ratschluß zu erfüllen, hat er sich dem Tod überliefert, durch seine Auferstehung den Tod bezwungen und das Leben neu geschaffen.

Damit wir nicht mehr uns selber leben, sondern ihm, der für uns gestorben und auferstanden ist, hat er von dir, Vater, als erste Gabe für alle, die glauben, den Heiligen Geist gesandt, der das Werk deines Sohnes auf Erden weiterführt und alle Heiligung vollendet.

So bitten wir dich, Vater: Der Geist heilige diese Gaben, damit sie uns werden Leib ✝ und Blut unseres Herrn Jesus Christus, der uns die Feier dieses Geheimnisses aufgetragen hat als Zeichen des ewigen Bundes.

Da er die Seinen liebte, die in der Welt waren, liebte er sie bis zur Vollendung. Und als die Stunde kam, da er von dir verherrlicht werden sollte, nahm er beim Mahl das Brot und sagte Dank, brach das Brot, reichte es seinen Jüngern und sprach:

Nehmet und esset alle davon:
Das ist mein Leib, der für euch hingegeben wird.

Ebenso nahm er den Kelch mit Wein, dankte wiederum, reichte den Kelch seinen Jüngern und sprach:

Nehmet und trinket alle daraus:
Das ist der Kelch des Neuen und Ewigen Bundes,
mein Blut, das für euch und für alle vergossen wird
zur Vergebung der Sünden.
Tut dies zu meinem Gedächtnis.

D/P: Geheimnis des Glaubens.
G: Deinen Tod, o Herr, verkünden wir …

Darum, gütiger Vater, feiern wir das Gedächtnis unserer Erlösung. Wir verkünden den Tod deines Sohnes und sein Hinabsteigen zu den Vätern, bekennen seine Auferstehung und Himmelfahrt und erwarten sein Kommen in Herrlichkeit. So bringen wir dir seinen Leib und sein Blut dar, das Opfer, das dir wohlgefällt und der ganzen Welt Heil bringt.

Sieh her auf die Opfergabe, die du selber deiner Kirche bereitet hast, und gib, daß alle, die Anteil erhalten an dem einen Brot und dem einen Kelch, ein Leib werden im Heiligen Geist, eine lebendige Opfergabe in Christus zum Lob deiner Herrlichkeit.

Herr, gedenke aller, für deren Heil wir das Opfer darbringen. Wir bitten dich für unseren Papst N., unseren Bischof N. und die Gemeinschaft der Bischöfe, für unsere Priester und Diakone und für alle, die zum Dienst in der Kirche bestellt sind, für alle, die ihre Gaben spenden, für die hier versammelte Gemeinde,

Bei einer Taufe wird eingefügt:
für unsere Neugetauften, die heute aus dem Wasser und dem Heiligen Geist zum neuen Leben geboren wurden,

für dein ganzes Volk und für alle Menschen, die mit lauterem Herzen dich suchen.

Wir empfehlen dir auch jene, die im Frieden Christi heimgegangen sind, und alle Verstorbenen, um deren Glauben niemand weiß als du. Gütiger Vater, gedenke, daß wir deine Kinder sind, und schenke uns allen das Erbe des Himmels in Gemeinschaft mit der seligen Jungfrau und Gottesmutter Maria, mit deinen Aposteln und mit allen Heiligen. Und wenn die ganze Schöpfung von der Verderbnis der Sünde und des Todes befreit ist, laß uns zusammen mit ihr dich verherrlichen in deinem Reich durch unseren Herrn Jesus Christus. Denn durch ihn schenkst du der Welt alle guten Gaben.

Durch ihn und mit ihm und in ihm ist dir, Gott, allmächtiger Vater, in der Einheit des Heiligen Geistes alle Herrlichkeit und Ehre jetzt und in Ewigkeit. Amen.

Hochgebete für Messen für besondere Anliegen

Präfation I – Die Kirche auf dem Weg zur Einheit

Wir danken dir, gütiger Vater, und preisen dich, denn durch die Frohe Botschaft deines Sohnes hast du Menschen aus allen Völkern und Sprachen vereint in der Gemeinschaft der Kirche. Durch sie, die aus der Kraft deines Geistes lebt, führst du alle Menschen zur Einheit. So bezeugt die Kirche deine Liebe und schenkt allen die Hoffnung auf ewige Vollendung. Sie wird zum Zeichen deiner Treue, die du uns für immer versprochen hast in unserem Herrn Jesus Christus. Darum rühmen dich Himmel und Erde und mit der ganzen Kirche singen wir das Lob deiner Herrlichkeit.

Präfation II – Gott führt die Kirche

Wir danken dir, Gott, unser Vater, und preisen dich, denn du hast uns ins Leben gerufen. Du läßt uns niemals allein auf unserm Weg und bist immer da für uns. Einst hast du Israel, dein Volk, mit starker Hand durch die weglose Wüste geleitet. Heute führst du deine pilgernde Kirche in der Kraft des Heiligen Geistes. Du bahnst ihr den Weg durch diese Zeit in die ewige Freude deines Reiches durch unseren Herrn Jesus Christus. Darum singen wir mit allen Engeln und Heiligen das Lob deiner Herrlichkeit.

Präfation III – Jesus, unser Weg

Wir danken dir, Vater, Herr des Himmels und der Erde, und preisen dich durch unseren Herrn Jesus Christus. Durch ihn, dein Wort, hast du die Welt geschaffen und lenkst sie in deiner Weisheit. Ihn, deinen menschgewordenen Sohn, hast du uns zum Mittler gegeben. Er hat deine Botschaft verkündet und uns gerufen, ihm zu folgen. Er hat uns erlöst durch sein Kreuz und mit deinem Geiste besiegelt. Er ist der Weg, der uns zu dir führt, er ist die Wahrheit, die uns frei macht; er ist das Leben und erfüllt uns mit Freude. Durch ihn führst du deine Söhne und Töchter zusammen zu einer einzigen Familie. Darum rühmen wir jetzt und in Ewigkeit dein Erbarmen und singen mit den Chören der Engel das Lob deiner Herrlichkeit.

Präfation IV – Jesus, der Bruder aller

Wir danken dir, treuer und barmherziger Vater, für deinen Sohn Jesus Christus, unseren Herrn und Erlöser. Er hatte ein Herz für die Armen und die Kranken, die Ausgestoßenen und die Sünder. Den Bedrängten und den Verzweifelten war er ein Bruder. Sein Leben und seine Botschaft lehren uns, daß du für deine

Kinder sorgst wie ein guter Vater und eine liebende Mutter. Darum rühmen wir deine Güte und Treue und singen mit allen Engeln und Heiligen das Lob deiner Herrlichkeit.

Ja, du bist heilig, großer Gott. Du liebst die Menschen und bist ihnen nahe. Gepriesen sei dein Sohn, der immer mit uns auf dem Weg ist und uns um sich versammelt zum Mahl der Liebe. Wie den Jüngern (von Emmaus) deutet er uns die Schrift und bricht das Brot für uns.

So bitten wir dich, gütiger Vater: Sende deinen Heiligen Geist über die Gaben von Brot und Wein. Er heilige sie, damit sie uns werden Leib ✝ und Blut unseres Herrn Jesus Christus.

Am Abend vor seinem Leiden nahm er beim Mahl das Brot und sagte dir Dank, brach das Brot, reichte es seinen Jüngern und sprach:

Nehmet und esset alle davon:
Das ist mein Leib, der für euch hingegeben wird.

Ebenso nahm er nach dem Mahl den Kelch, dankte wiederum, reichte ihn seinen Jüngern und sprach:

Nehmet und trinket alle daraus:
Das ist der Kelch des Neuen und Ewigen Bundes,
mein Blut, das für euch und für alle vergossen wird
zur Vergebung der Sünden.
Tut dies zu meinem Gedächtnis.

D/P: Geheimnis des Glaubens.
G: Deinen Tod, o Herr, verkünden wir …

Darum, gütiger Vater, feiern wir das Gedächtnis deines Sohnes, der uns erlöst hat. Durch sein Leiden und seinen Tod am Kreuz hast du ihn zur Herrlichkeit der Auferstehung geführt und ihn erhöht zu deiner Rechten. Wir verkünden dieses Werk deiner Liebe, bis er wiederkommt, und bringen dir das Brot des Lebens und den Kelch des Segens dar.

Wir feiern das Opfer Christi, das er uns anvertraut hat. Er hat sich für uns hingegeben und schenkt uns Anteil an seinem Leib und Blut. Wir bitten dich: Schau gütig auf die Gabe deiner Kirche und gib, daß wir im Geist deiner Liebe für immer verbunden bleiben mit ihm und untereinander.

Wenn Präfation I gewählt wurde, wird folgende Interzession gebetet:
Barmherziger Gott, erleuchte deine Kirche (in unserem Land und auf der ganzen Erde) und erneuere sie durch das Evangelium. Festige das Band der Einheit zwischen den Gläubigen und ihren Hirten in der Gemeinschaft mit unserem Papst N., unserem Bischof N. und allen Bischöfen. Mache dein Volk in unserer zerrissenen Welt zum Werkzeug der Einheit und des Friedens.

Wenn Präfation II gewählt wurde, wird folgende Interzession gebetet:
Barmherziger Gott, durch die Teilnahme an diesem Mahl stärke uns in der Einheit. Laß uns in Gemeinschaft mit unserem Papst N. und unserem Bischof N., mit allen Bischöfen, Priestern und Diakonen und mit deinem ganzen Volk in Vertrauen und Hoffnung deine Wege gehen und für alle eine Quelle der Freude und Zuversicht sein.

Wenn Präfation III gewählt wurde, wird folgende Interzession gebetet:
Barmherziger Gott, schenke uns durch die Teilnahme an dieser Feier den Geist, der uns mit Leben erfüllt. Erneuere uns nach dem Bild deines Sohnes. Stärke unsere Einheit mit deinem ganzen Volk, mit unserem Papst N. und unserem Bischof N., mit allen Bischöfen, Priestern und Diakonen und mit allen Männern und Frauen, die zu einem Dienst in der Kirche bestellt sind. Laß die Gläubigen die Zeichen der Zeit verstehen und sich mit ganzer Kraft für das Evangelium einsetzen. Mache uns offen für das, was die Menschen bewegt, daß wir ihre Trauer und Angst, ihre Freude und Hoffnung teilen und als treue Zeugen der Frohen Botschaft mit ihnen dir entgegengehen.

Wenn Präfation IV gewählt wurde, wird folgende Interzession gebetet:
Barmherziger Gott, vollende deine Kirche im Glauben und in der Liebe: unseren Papst N. und unseren Bischof N., alle Bischöfe, Priester und Diakone und das ganze Volk, das du dir erworben hast. Öffne unsere Augen für jede Not. Gib uns das rechte Wort, wenn Menschen Trost und Rat suchen. Hilf uns zur rechten Tat, wo Menschen uns brauchen. Laß uns denken und handeln nach dem Wort und Beispiel Christi. Mache deine Kirche zu einem Ort der Wahrheit und der Freiheit, des Friedens und der Gerechtigkeit, damit die Menschen neue Hoffnung schöpfen.

Vater, erbarme dich unserer Brüder und Schwestern (N. und N.), die im Frieden Christi heimgegangen sind, und aller Verstorbenen, deren Glauben du allein kennst.

Laß sie dein Angesicht schauen und schenke ihnen das Leben in Fülle. Wenn unser eigener Weg zu Ende geht, nimm auch uns für immer bei dir auf und laß uns zusammen mit der seligen Jungfrau und Gottesmutter Maria, mit den Aposteln und den Märtyrern (mit dem/der heiligen N., mit den heiligen N. und N.) und mit allen Heiligen dich loben und preisen durch unseren Herrn Jesus Christus.

Durch ihn und mit ihm und in ihm ist dir, Gott, allmächtiger Vater, in der Einheit des Heiligen Geistes alle Herrlichkeit und Ehre jetzt und in Ewigkeit. Amen.

Votivhochgebet »Versöhnung«

Präfation

Wir danken dir, Gott, allmächtiger Vater, und preisen dich für dein Wirken in dieser Welt durch unseren Herrn Jesus Christus: Denn inmitten einer Menschheit, die gespalten und zerrissen ist, erfahren wir, daß du Bereitschaft zur Versöhnung schenkst.

Dein Geist bewegt die Herzen, wenn Feinde wieder miteinander sprechen, Gegner sich die Hände reichen und Völker einen Weg zueinander suchen. Dein Werk ist es, wenn der Wille zum Frieden den Streit beendet, Verzeihung den Haß überwindet und Rache der Vergebung weicht. Darum können wir nicht aufhören, dir zu danken und dich zu preisen. Wir stimmen ein in den Lobgesang der Chöre des Himmels, die ohne Ende rufen.

Herr aller Mächte und Gewalten, gepriesen bist du in deinem Sohn Jesus Christus, der in deinem Namen gekommen ist. Er ist dein rettendes Wort für uns Menschen. Er ist die Hand, die du den Sündern entgegenstreckst. Er ist der Weg, auf dem dein Friede zu uns kommt.

Gott, unser Vater, als wir Menschen uns von dir abgewandt hatten, hast du uns durch deinen Sohn zurückgeholt. Du hast ihn in den Tod gegeben, damit wir zu dir und zueinander finden.

Darum feiern wir die Versöhnung, die Christus uns erwirkt hat, und bitten dich: Heilige diese Gaben durch deinen Geist, da wir nun den Auftrag deines † Sohnes erfüllen.

Denn bevor er sein Leben hingab, um uns zu befreien, nahm er beim Mahl das Brot in seine Hände, dankte dir, brach es, reichte es seinen Jüngern und sprach:

Nehmet und esset alle davon:
Das ist mein Leib, der für euch hingegeben wird.

Ebenso nahm er an jenem Abend den Kelch in seine Hände, pries dein Erbarmen, reichte den Kelch seinen Jüngern und sprach:

Nehmet und trinket alle daraus:
Das ist der Kelch des Neuen und Ewigen Bundes,
mein Blut, das für euch und für alle vergossen wird
zur Vergebung der Sünden.
Tut dies zu meinem Gedächtnis.

D/P: Geheimnis des Glaubens.
G: Deinen Tod, o Herr, verkünden wir …

Herr, unser Gott. Dein Sohn hat uns dieses Vermächtnis seiner Liebe anvertraut. In der Gedächtnisfeier seines Todes und seiner Auferstehung bringen wir dar, was du uns gegeben hast: das Opfer der Versöhnung.

Wir bitten dich, nimm auch uns an in deinem Sohn und schenke uns in diesem Mahl den Geist, den er verheißen hat, den Geist der Einheit, der wegnimmt, was trennt, und der uns zusammenhält in der Gemeinschaft mit unserem Papst N., unserem Bischof N., mit allen Bischöfen und mit deinem ganzen Volk.

Mach deine Kirche zum Zeichen der Einheit unter den Menschen und zum Werkzeug deines Friedens.

Wie du uns hier am Tisch deines Sohnes versammelt hast, in Gemeinschaft mit der seligen Jungfrau und Gottesmutter Maria und allen Heiligen, so sammle die Menschen aller Rassen und Sprachen, aller Schichten und Gruppen zum Gastmahl der ewigen Versöhnung in der neuen Welt deines immerwährenden Friedens durch unseren Herrn Jesus Christus.

Durch ihn und mit ihm und in ihm ist dir, Gott, allmächtiger Vater, in der Einheit des Heiligen Geistes alle Herrlichkeit und Ehre jetzt und in Ewigkeit. Amen.

KOMMUNION

Gebet des Herrn

Der Priester lädt zum Gebet des Herrn ein:

Præcéptis salutáribus móniti, et divína institutióne formáti, audémus dícere:

Dem Wort unseres Herrn und Erlösers gehorsam und getreu seiner göttlichen Weisung, wagen wir zu sprechen:

Oder:

Lasset uns beten, wie der Herr uns zu beten gelehrt hat:

Oder:

Wir heißen Kinder Gottes und sind es. Darum beten wir voll Vertrauen:

Oder:

Wir haben den Geist empfangen, der uns zu Kindern Gottes macht. Darum wagen wir zu sprechen:

Oder eine andere geeignete Einladung.

Der Priester breitet die Hände aus. Priester und Gemeinde singen oder sprechen gemeinsam:

Pater noster, qui es in cælis,
sanctificétur nomen tuum;
advéniat regnum tuum;
fiat volúntas tua, sicut in cælo et in terra.
Panem nostrum cotidiánum da nobis hódie;
et dimítte nobis débita nostra,
sicut et nos dimíttimus debitóribus nostris;
et ne nos indúcas in tentatiónem;
sed líbera nos a malo.

Vater unser im Himmel,
geheiligt werde dein Name.
Dein Reich komme.
Dein Wille geschehe wie im Himmel so auf Erden.
Unser tägliches Brot gib uns heute.
Und vergib uns unsere Schuld,
wie auch wir vergeben unsern Schuldigern.
Und führe uns nicht in Versuchung,
sondern erlöse uns von dem Bösen.

Der Priester spricht oder singt:

Líbera nos, quáesumus, Dómine, ab ómnibus malis, da propítius pacem in diébus nostris, ut, ope misericórdiæ tuæ adiúti, et a peccáto simus

Erlöse uns, Herr, allmächtiger Vater, von allem Bösen und gib Frieden in unseren Tagen. Komm uns zu Hilfe mit deinem Erbarmen und bewahre

semper líberi et ab omni perturbatióne secúri: exspectántes beátam spem et advéntum Salvatóris nostri Iesu Christi.

uns vor Verwirrung und Sünde, damit wir voll Zuversicht das Kommen unseres Erlösers Jesus Christus erwarten.

Er schließt die Hände. Die Gemeinde beschließt das Gebet mit dem Ruf:

Quia tuum est regnum,
et potéstas,
et glória
in sæcula. Amen.

Denn dein ist das Reich
und die Kraft
und die Herrlichkeit
in Ewigkeit. Amen.

Friedensgebet

Der Priester lädt nun mit folgenden oder ähnlichen Worten zum Friedensgebet ein:

Der Herr hat zu seinen Aposteln gesagt: Frieden hinterlasse ich euch, meinen Frieden gebe ich euch. Deshalb bitten wir:

Mit gefalteten Händen:

Herr Jesus Christus,
* schau nicht auf unsere Sünden, sondern auf den Glauben deiner Kirche und schenke ihr nach deinem Willen Einheit und Frieden.

Gebetseinladung und Christusanrede können der Zeit des Kirchenjahres oder dem Anlass angepasst werden. Etwa:

In der Weihnachtszeit:

Als Christus geboren wurde, verkündeten Engel den Frieden auf Erden.
Deshalb bitten wir:

Mit gefalteten Händen:

Herr Jesus Christus, starker Gott, Friedensfürst, *

In der Fastenzeit:

Christus ist unser Friede und unsere Versöhnung.
Deshalb bitten wir:

Mit gefalteten Händen:

Herr Jesus Christus, *

In der Osterzeit:

Am Ostertag trat Jesus in die Mitte seiner Jünger und sprach den Friedensgruß.
Deshalb bitten wir:

Mit gefalteten Händen:

Herr Jesus Christus.
du Sieger über Sünde und Tod, *

Am Pfingsttag:

Unser Herr Jesus Christus hat den Heiligen Geist gesandt, damit er die Kirche aus allen Völkern in Einheit und Liebe zusammenfüge. Deshalb bitten wir:

Mit gefalteten Händen:

Herr Jesus Christus, *

Der Gemeinde zugewandt, breitet der Priester die Hände aus und singt oder spricht:

P: Pax Dómini sit semper vobíscum.
G: Et cum spíritu tuo.

P: Der Friede des Herrn sei allezeit mit euch.
G: Und mit deinem Geiste.

Der Diakon oder der Priester kann dazu auffordern, in einer den örtlichen Gewohnheiten entsprechenden Weise einander die Bereitschaft zu Frieden und Versöhnung zu bekunden, etwa:

Gebt einander ein Zeichen des Friedens und der Versöhnung.

Brechung des Brotes

Der Priester bricht die Hostie über der Schale in mehrere Teile zum Zeichen, dass alle von demselben Brot essen und an dem einen Leib Christi teilhaben. Es können auch mehrere große Hostien gebrochen werden. Ein kleines Fragment der (einer) Hostie senkt er in den Kelch. Dabei spricht er leise :

Das Sakrament des Leibes und Blutes Christi
schenke uns ewiges Leben.

Agnus Dei

Inzwischen wird der Gesang zur Brechung des Brotes (Agnus Dei) gesungen bzw. gesprochen:

Agnus Dei,
qui tollis peccáta
mundi: miserére nobis.
Agnus Dei,
qui tollis peccáta
mundi: miserére nobis.
Agnus Dei,
qui tollis peccáta
mundi:
dona nobis pacem.

Lamm Gottes,
du nimmst hinweg die Sünde
der Welt: erbarme dich unser.
Lamm Gottes,
du nimmst hinweg die Sünde
der Welt: erbarme dich unser.
Lamm Gottes,
du nimmst hinweg die Sünde
der Welt:
gib uns deinen Frieden.

Stilles Gebet vor der Kommunion

Der Priester faltet die Hände und spricht leise:

Herr Jesus Christus, Sohn des lebendigen Gottes, dem Willen des Vaters gehorsam, hast du im Heiligen Geist durch deinen Tod der Welt das Leben geschenkt. Erlöse mich durch deinen Leib und dein Blut von allen Sünden und allem Bösen. Hilf mir, daß ich deine Gebote treu erfülle, und laß nicht zu, daß ich jemals von dir getrennt werde.

Oder:

Herr Jesus Christus, der Empfang deines Leibes und Blutes bringe mir nicht Gericht und Verdammnis, sondern Segen und Heil.

Einladung zur Kommunion

Der Priester macht eine Kniebeuge, nimmt ein Stück der Hostie, hält es über der Schale und spricht, zur Gemeinde gewandt, laut:

Ecce Agnus Dei, ecce qui tollit peccata mundi. Beáti qui ad cenam Agni vocati sunt.

Seht das Lamm Gottes, das hinwegnimmt die Sünde der Welt.

Gemeinsam mit der Gemeinde spricht er einmal:

Dómine, non sum dignus, ut intres sub tectum meum, sed tantum dic verbo et sanábitur ánima mea.

Herr, ich bin nicht würdig, daß du eingehst unter mein Dach, aber sprich nur ein Wort, so wird meine Seele gesund.

Der Priester kann hinzufügen:

Selig, die zum Hochzeitsmahl des Lammes geladen sind.

Oder:

Kostet und seht, wie gut der Herr ist.

Oder:

Wer von diesem Brot isst, wird in Ewigkeit leben.

Oder einen anderen Kommunionvers aus dem Messbuch, vor allem den der Tagesmesse.

Kommunionspendung

Der Priester spricht leise:

Der Leib Christi schenke mir das ewige Leben.

Er empfängt den Leib Christi. Dann nimmt er den Kelch und spricht leise:

Das Blut Christi schenke mir das ewige Leben.

Er empfängt das Blut Christi.
Danach teilt er die Kommunion aus. Er zeigt jedem Kommunikanten die Hostie, indem er sie ein wenig emporhebt, und spricht:

Corpus Christi. Der Leib Christi.

Der Kommunikant antwortet: Amen
und empfängt die Kommunion.

In gleicher Weise teilen auch Diakon, Akolyth und Kommunionhelfer die Kommunion aus.
Wird die Kommunion unter beiden Gestalten gereicht, so geschieht das in einer der dafür vorgesehenen Weisen.
Beim Reichen des Kelches spricht der Kommunionspender:

Sanguis Christi. Das Blut Christi.

Der Kommunikant antwortet: Amen.

Gesang zur Kommunion

Während der Priester den Leib des Herrn empfängt, wird der Gesang zur Kommunion angestimmt.

Purifikation der Gefässe

Nach der Kommunionausteilung purifiziert der Priester (Diakon, Akolyth) die Hostienschale über dem Kelch und dann auch den Kelch. Unterdessen betet er still:

Was wir mit dem Munde empfangen haben, Herr,
das laß uns mit reinem Herzen aufnehmen
und diese zeitliche Speise
werde uns zur Arznei der Unsterblichkeit.

Besinnung und Dankhymnus

Nach der Kommunionausteilung kann der Priester an seinen Sitz zurückkehren. Auch kann man einige Zeit in stillem Gebet verweilen. Es empfiehlt sich, einen Dankpsalm oder ein Loblied zu singen.

Schlussgebet

Der Priester steht am Altar oder am Sitz. Er singt oder spricht:

Orémus. Lasset uns beten.

Falls schon vorher Zeit zum stillen Gebet gegeben war, folgt sofort das Gebet. Der Priester breitet die Hände aus und singt oder spricht das Schlussgebet.
Die Gemeinde beschließt das Gebet mit dem Ruf: Amen.

ENTLASSUNG

Verlautbarungen

Wenn noch kurze Verlautbarungen für die Gemeinde zu machen sind, werden sie hier eingefügt.

Segen und Entlassung

Es folgt die Entlassung. Der Priester singt oder spricht:

P: Dóminus vobíscum.	P: Der Herr sei mit euch.
G: Et cum spíritu tuo.	G: Und mit deinem Geiste.

Der Priester segnet die Gemeinde, indem er singt oder spricht:

P: Benedícat vos omnipótens Deus, Pater, et Fílius, † et Spíritus Sanctus.	P: Es segne euch der allmächtige Gott, der Vater und der Sohn † und der Heilige Geist.
G: Amen.	G: Amen.

An bestimmten Tagen und zu bestimmten Anlässen kann der Priester statt des einfachen Segens eine feierliche Segensformel bzw. ein Gebet über die Gläubigen oder den Wettersegen sprechen.
Ein Verzeichnis der in diesem Buch abgedruckten Schlusssegen finden Sie auf Seite 939.

Der Diakon (oder der Priester selbst) singt oder spricht, zur Gemeinde gewandt, mit gefalteten Händen:

P/D: Ite, missa est.	P/D: Gehet hin in Frieden.
G: Deo grátias.	G: Dank sei Gott, dem Herrn.

In der Osterwoche bis zum Weißen Sonntag:

P/D: Ite, missa est.
allelúia, allelúia.
G: Deo grátias.
allelúia, allelúia.

P/D: Gehet hin in Frieden.
Halleluja, Halleluja.
G: Dank sei Gott, dem Herrn.
Halleluja, Halleluja.

Wenn der Entlassungsruf gesungen wird, kann das doppelte Halleluja in der ganzen Osterzeit hinzugefügt werden.

Wie zu Beginn des Gottesdienstes küsst der Priester den Altar. Gemeinsam mit allen, die bei der Messfeier einen besonderen Dienst versehen haben, macht er die vorgesehene Ehrenbezeigung und kehrt zur Sakristei zurück. Folgt unmittelbar auf die Messfeier eine andere liturgische Feier, endet die Messfeier mit dem Schlussgebet ohne den Schlusssegen und die Entlassung.

Die Wort-Gottes-Feier

Auszug aus dem Werkbuch für die
Sonn- und Festtage.
Herausgegeben von den Liturgischen Instituten
Deutschlands und Österreichs

Wort-Gottes-Feier

Seit den Tagen der Apostel versammeln sich die Christen am ersten Tag der Woche zur Feier der Eucharistie, die für sie unverzichtbar ist. Der Mangel an Priestern hat auch hierzulande dazu geführt, dass die sonntägliche Eucharistiefeier nicht mehr in jeder Gemeinde möglich ist. Daher empfiehlt bereits die Gemeinsame Synode der Bistümer in der Bundesrepublik Deutschland, dort sonntägliche Wortgottesdienste ohne Priester zu feiern, wo keine Eucharistiefeier stattfinden kann (Beschluss »Gottesdienst« 2.4.3).
Dabei muss klar bleiben: Zur Eucharistiefeier gibt es keine Alternative. Es ist nicht so, als könne man zwischen zwei gleichwertigen Möglichkeiten wählen. Das muss spürbar sein. Eine Wort-Gottes-Feier soll nur dort an die Stelle der sonntäglichen Messfeier treten, wo die Eucharistie nicht gefeiert werden kann und der nächste Ort, an dem die heilige Messe gefeiert wird, unzumutbar weit entfernt ist. Die Regelung dafür trifft der jeweilige Diözesanbischof.
Die … Modelle möchten jede Verwechslung mit der Eucharistiefeier ausschließen und versuchen deshalb, der Wort-Gottes-Feier in der Abfolge wie in der Gestalt der einzelnen Elemente ein eigenständiges Profil zu geben. So kann nicht der Eindruck entstehen, die Wort-Gottes-Feier sei der erste Teil der Messfeier, der die Mahlfeier fehlt.
In jedem Fall bleibt es aber Ziel und Aufgabe der Kirche, darauf hinzuwirken, dass jede Pfarrgemeinde auch in Zukunft die sonntägliche Eucharistie feiern kann.

ERÖFFNUNG

VERKÜNDIGUNG DES WORTES GOTTES

ANTWORT DER GEMEINDE

ABSCHLUSS

***

Austeilung und Empfang der Kommunion

ERÖFFNUNG

EINZUG – GESANG ZUR ERÖFFNUNG

Vor Beginn des Einzugs kann zur Einstimmung Orgel- oder andere Instrumentalmusik gespielt werden. Beim Einzug kann von einem Lektor, einer Lektorin das Mess-Lektionar bzw. Evangeliar mitgetragen werden. Falls das Taufgedächtnis gefeiert wird, können Ministrant(inn)en auch ein Gefäß mit Wasser mittragen. Während des Einzugs wird der Gesang zur Eröffnung gesungen.

KREUZZEICHEN – LITURGISCHER GRUSS – EINFÜHRUNG

Am Sitz wendet sich der Leiter/die Leiterin zur Gemeinde und spricht:

L:* Im Namen des Vaters und des Sohnes und des Heiligen Geistes. Amen.

Alle machen das Kreuzzeichen.

Wenn ein Diakon Leiter der Wort-Gottes-Feier ist:

D: Gnade und Friede von Gott, unserem Vater, und dem Herrn Jesus Christus sei mit euch.

A: Und mit deinem Geiste.

Oder ein anderer im Messbuch vorgesehener Text.

L: Der auferstandene Herr Jesus Christus ist bei uns heute und alle Tage bis in Ewigkeit.

A: Amen.

Oder:

L: Jesus Christus ist in unserer Mitte und schenkt uns seinen Frieden.

A: Amen.

---

* In der Wort-Gottes-Feier bezeichnet das Kürzel »L« den Leiter bzw. die Leiterin.

Oder:

L: Der Name des Herrn sei gepriesen.
A: Von nun an bis in Ewigkeit.

Oder:

L: Unsere Hilfe ist im Namen des Herrn.
A: Der Himmel und Erde erschaffen hat.

Oder:

L: Der Herr ist in unserer Mitte.
A: Er ist wirklich unter uns.

Oder ein anderes geeignetes Eröffnungswort.

Der Leiter, die Leiterin oder jemand anderes führt nun mit folgenden oder ähnlichen Worten in die sonn-(fest-)tägliche Feier ein.

L: Am ersten Tag der Woche, dem Sonntag, versammeln sich Christen, um Gott für Tod und Auferstehung Jesu Christi zu preisen. Auch wenn wir an diesem Sonntag nicht Eucharistie feiern können, gedenken wir beim Hören des Wortes Gottes der großen Taten, die Gott an uns Menschen getan hat und heute noch an uns tut. Ihm danken wir für die Hoffnung, die er uns im Tod und in der Auferstehung seines Sohnes geschenkt hat.

Oder:

L: Nach einer Woche, die wir unterschiedlich erlebt haben, lädt Christus uns ein, zu ihm zu kommen. Ihm halten wir unser Leben hin mit allem, was es gerade ausmacht: was uns erfreut, aber auch unsere Sorgen und unsere Schuld. Danken wir ihm für das, was gelungen ist, bitten wir ihn um Kraft für das, was uns aufgegeben ist.

Oder:

L: Gottes heilende und befreiende Liebe ist uns in den Worten und Taten Jesu Christi sichtbar geworden. Wir haben uns versammelt, um sein befreiendes Wort zu hören und seine heilsame Nähe zu erfahren.

Oder:

L: Die Heilige Schrift ist für Christen kein totes Wort. Wir glauben, dass der Herr in seinem Wort in der Gemeinde fortlebt und seine Kirche aufbaut. Christus selbst spricht zu uns und erklärt uns die Schrift, um uns Freiheit und Erlösung zu schenken. Ihm huldigen wir.

Oder:

L: Ganz verschiedene Menschen haben sich zu unserem Gottesdienst versammelt: Frauen und Männer, Alte und Junge, Menschen mit unterschiedlichen Ansichten, Meinungen und Lebenserfahrungen. Uns alle verbindet: Gott hat uns als seine Gemeinde hier zusammengerufen. Er beschenkt uns mit seinem Wort. Er stärkt uns im Glauben und in der Gemeinschaft. Er gibt uns von seinem Geist. Er ermutigt uns zum Christsein im Alltag.

Oder:

L: Es kann unterschiedliche Gründe dafür geben, dass wir jetzt hier sind. Doch gemeinsam ist unsere Zuversicht: Wir werden in dieser Feier beschenkt. Wir dürfen sehen und erfahren, dass wir als Glaubende nicht allein sind. Es wird uns Gottes Wort verkündet, wir hören, was Gott durch Christus getan hat und bis heute unter uns tut. Christus grüßen wir jetzt mit dem Ruf, mit dem ihn seit 2000 Jahren Christen begrüßen:

Christusrufe (Kyrie-Litanei)

Nun können sich Anrufungen an Christus anschließen, die in der Regel gesungen werden.

V: Herr Jesus Christus, du bist das lebendige Wort Gottes.
K: Herr, erbarme dich. Oder: Kyrie, eleison.
A: Herr, erbarme dich. Oder: Kyrie, eleison.

V: Dein Wort ist das Licht auf unseren Wegen.
K: Christus, erbarme dich. Oder: Christe, eleison.
A: Christus, erbarme dich. Oder: Christe, eleison.

V: Du hast Worte des ewigen Lebens.
K: Herr, erbarme dich. Oder: Kyrie, eleison.
A: Herr, erbarme dich. Oder: Kyrie, eleison.

Es können auch andere geeignete Kyrie-Rufe aus dem GL bzw. KG genommen werden. Ferner stehen die in diesem MESSBUCH an den jeweiligen Tagen abgedruckten Rufe zur Verfügung.

ERÖFFNUNGSGEBET

Der Leiter/Die Leiterin lädt zum Gebet ein.

L: Lasset uns beten.

Nach einer kurzen Stille trägt der Leiter/die Leiterin das Eröffnungsgebet vor. Es wird das Eröffnungsgebet vom betreffenden Sonntag (Festtag) genommen.

VERKÜNDIGUNG DES WORTES GOTTES

ERSTE LESUNG

An Sonn- und Festtagen sind vor dem Evangelium zwei Lesungen vorgesehen. Die Gemeinde kann durch kurze Hinweise in die Lesungen eingeführt werden. Der Lektor/Die Lektorin (holt gegebenenfalls das Mess-Lektionar,) geht zum Ambo und trägt die erste Lesung vor. Nach der Lesung soll eine kurze Stille gehalten werden.

PSALM (GESANG)

Der Kantor/Die Kantorin trägt den vorgesehenen Antwortpsalm oder einen anderen passenden Psalm vom Ambo aus vor. Die Gemeinde antwortet mit der Antiphon (dem Kehrvers).

Zweite Lesung

Es folgt die zweite Lesung.

Falls eine Evangelienprozession vorgesehen ist, wird das Mess-Lektionar nach der Lesung zum Kredenztisch gebracht.

Ruf vor dem Evangelium

Wer das Evangelium verkündet, (holt das Evangeliar vom Altar bzw. dem Platz, wo es sich befindet, und) geht zusammen mit den Ministrant(inn)en, die brennende Kerzen und gegebenenfalls Weihrauch tragen, in Prozession zum Ambo. Die Gemeinde erhebt sich.
Während der Prozession wird das Halleluja oder der in der Fastenzeit vorgesehene Christusruf gesungen.

Evangelium

Am Ambo trägt der Diakon oder ein Lektor/eine Lektorin oder der Leiter/die Leiterin das Evangelium vor.

(D: Der Herr sei mit euch.
A: Und mit deinem Geiste.)
D/L: Aus dem heiligen Evangelium nach N.
A: Ehre sei dir, o Herr.

Wird Weihrauch verwendet, so wird nun das Buch beräuchert; dann wird das Evangelium verkündet.

Wo nach dem Evangelium ein Zuruf der Gemeinde üblich ist, wird angefügt:

D/L: Evangelium unseres Herrn Jesus Christus.
A: Lob sei dir, Christus.

Als Zuruf nach dem Evangelium kann auch das Halleluja bzw. in der Fastenzeit der Christusruf wiederholt und in feierlicher Mehrstimmigkeit abgeschlossen werden.

Auslegung und Deutung

Es folgen die Auslegung und Deutung der Schriftlesungen.
Stille

Antwort der Gemeinde

Als Antwort der Gemeinde auf die Verkündigung des Wortes Gottes eignet sich eine sinnvolle Auswahl aus den folgenden Elementen.

· Glaubensbekenntnis
· Predigtlied
· Taufgedächtnis
· Schuldbekenntnis und Vergebungsbitte
· Segnungen, die zum Sonn-(Fest-)tag gehören.

A) Glaubensbekenntnis

Das Apostolische oder das Große Glaubensbekenntnis wird von dem Leiter, der Leiterin zusammen mit der ganzen Gemeinde gesprochen oder gesungen.

L: Wir sprechen das Apostolische (oder: Große) Glaubensbekenntnis.

A: Ich glaube an Gott … (GL 3,4 · KG 31,3)

Oder:

A: Wir glauben an den einen Gott … (GL 586,2 · KG 245)

B) Predigtlied

Schriftlesung, Auslegung und Deutung können im Predigtlied nachklingen und vertieft werden.

C) Taufgedächtnis (Form A)

Der Leiter/Die Leiterin geht zum Taufbrunnen oder es wird ein geeignetes Gefäß mit Wasser gebracht. Der Leiter/Die Leiterin lädt mit folgenden oder ähnlichen Worten zum Taufgedächtnis ein:

L: Das Wasser erinnert uns daran: Wir alle sind in der Taufe von Gott erwählt, sein heiliges Volk zu sein, wir alle haben teil am Priestertum seines Sohnes und sind berufen, seine großen Taten zu verkünden.

Lasset uns beten.

Gott, du Quelle des Lebens.
Du schenkst uns dein Heil in sichtbaren Zeichen.
So sei uns dieses Wasser ein Zeichen für das neue Leben,
das du in der Taufe in uns gewirkt hast.
Erneuere in uns die Gaben deines Geistes.
Darum bitten wir durch Christus, unseren Herrn.

A: Amen.

Nach dem Gebet wird das Wasser ausgeteilt. Zur Austeilung des Wassers kann die Gemeinde singen. Die Austeilung kann auf verschiedene Weise geschehen:

- Das Wasser wird über die Gläubigen ausgesprengt.
- Das Wasser wird den Gläubigen gereicht; die Gläubigen bekreuzigen sich.
- In einer Prozession gehen die Mitfeiernden zum Taufort, nehmen vom Wasser im Taufbrunnen und bekreuzigen sich damit. Der Leiter, die Leiterin kann auch den Einzelnen mit dem Wasser ein Kreuz auf die Stirn zeichnen.

D) Schuldbekenntnis und Vergebungsbitte

Der Leiter, die Leiterin lädt die Gemeinde mit folgenden oder ähnlichen Worten zum Schuldbekenntnis ein. In der Einleitung kann auch ein Wort aus dem Evangelium aufgegriffen werden.

L: Schwestern und Brüder, das Wort Gottes hat unser Gewissen erleuchtet. Es ist wirksam, es vermag die Gedanken des Herzens zu richten. Alles liegt offen vor den Augen Gottes. Besinnen wir uns auf unser Versagen und bekennen wir unsere Schuld.

Nach einer kurzen Stille sprechen alle gemeinsam das Schuldbekenntnis.

A: Ich bekenne Gott, dem Allmächtigen … (s. Seite 508)

Oder:

L: Wir haben Gottes Wort gehört. Es ist für uns Rettung und Heil. Vor Gott und unseren Schwestern und Brüdern wollen wir bekennen, dass wir gesündigt haben.

A: Ich bekenne Gott, dem Allmächtigen … (s. Seite 508)

Oder:

L: Das Wort Gottes hat unser Gewissen erleuchtet; es lädt uns ein, umzukehren zum Herrn. Es drängt uns, ihm zu bekennen:

A: Ich bekenne Gott, dem Allmächtigen … (s. Seite 508)

Oder:

L: Gott hat uns im Wort der Schrift seinen Willen kundgetan. Vor diesem Wort prüfen wir uns und bitten den Herrn um Vergebung unserer Schuld.

A: Ich bekenne Gott, dem Allmächtigen … (s. Seite 508)

Oder:

L: Jesus Christus ist nicht gekommen, um zu richten, sondern zu suchen, was verloren ist, und zu befreien, was in Schuld und Angst gefangen liegt, um uns zu retten, wenn unser Herz uns anklagt. So wollen wir vertrauensvoll vor Gott und voreinander bekennen, dass wir gesündigt haben.

Oder:

L: Schwestern und Brüder, das Wort Gottes hat uns gestärkt und ermutigt. Es lässt uns aber auch unser Versagen und unsere Schuld erkennen. Im Vertrauen auf die Güte des Herrn rufen wir:

L: Erbarme dich, Herr, unser Gott, erbarme dich.
A: Denn wir haben vor dir gesündigt.
L: Erweise uns, Herr, deine Huld.
A: Und schenke uns dein Heil.

Oder: Psalm 130 (GL 639,4 · KG 400,1)

L: Der allmächtige Gott erbarme sich unser. Er lasse uns die Sünden nach und führe uns zum ewigen Leben.
A: Amen.

E) Segnungen, die zum Sonn-(Fest-)tag gehören

Anrufungen und Segensgebet werden aus der jeweiligen Ordnung des Benediktionale für die katholischen Bistümer des deutschen Sprachgebietes übernommen. Gegebenenfalls können auch Weihwasser und Weihrauch verwendet werden. Bei der Segnung von Personen kann diesen ein Kreuz auf die Stirn gezeichnet werden.

Friedenszeichen

Der Leiter/Die Leiterin lädt zum Friedensgruß mit folgenden oder ähnlichen Worten ein:

L: Jesus Christus ist unser Friede und unsere Versöhnung. Sein Geist stiftet Frieden unter uns Menschen. Geben wir einander ein Zeichen dieses Friedens.

Oder:

L: Der auferstandene Herr hat uns seinen Frieden zugesprochen. Deshalb gilt auch für uns die Aufforderung: In euren Herzen herrsche der Friede Christi, dazu seid ihr berufen als Glieder eines Leibes. Geben wir einander ein Zeichen dieses Friedens.

Es kann ein Friedenslied gesungen werden.

KOLLEKTE (SAMMLUNG DER GABEN)

Auf die Verwendung der Kollekte kann mit folgenden oder ähnlichen Worten hingewiesen werden:

Die Verbundenheit, die wir im Friedensgruß bekundet haben, geht über unsere Gemeinde hinaus. Dies wird auch in unserer Kollekte sichtbar, die heute bestimmt ist für …

Zur Kollekte wird ein Lied gesungen oder Instrumentalmusik gespielt.

LOBPREIS UND BITTE

Sonn-(Fest-)täglicher Lobpreis

Am Sitz lädt der Leiter/die Leiterin zum Lobpreis ein. Die Gemeinde erhebt sich.

L: Schwestern und Brüder, Gott hat zu uns gesprochen in den heiligen Schriften. Wir haben sein Wort gehört. Im sonntäglichen Lobpreis/festtäglichen Lobpreis geben wir ihm Antwort. Wir vereinen uns mit allen auf der Erde, die heute den Tag des Herrn feiern, und beten:

Oder:

L: Lasst uns einstimmen in den sonntäglichen Lobpreis/festtäglichen Lobpreis.

Oder:

L: Kommt, lasst uns den Herrn loben und preisen.

Stille

Der nachfolgende sonn-(fest-)tägliche Lobpreis *Lobpreis und Dank für Jesus Christus* (Vorschlag D) ist eine von sieben Auswahlmöglichkeiten, die das Werkbuch bereithält.

Die folgende Akklamation wird beim ersten Mal vorgesungen und dann von allen wiederholt. Anstelle der gesungenen Akklamation kann der folgende Ruf auch jeweils gesprochen werden.

K/L: Jesus Christus ist der Herr zur Ehre Gottes des Vaters.
A: Jesus Christus ist der Herr zur Ehre Gottes des Vaters.

L: Menschenfreundlicher Gott, Vater unseres Herrn Jesus Christus, so sehr hast du die Welt geliebt, dass du uns deinen einzigen Sohn gabst, damit jeder, der an ihn glaubt, nicht zugrunde geht, sondern das ewige Leben hat.
A: Jesus Christus ist der Herr zur Ehre Gottes des Vaters.

L: Wir preisen dich, Vater, für die Menschwerdung deines Sohnes, für seine Geburt aus der Jungfrau Maria, für sein Leben in unserer Mitte.
A: Jesus Christus ist der Herr zur Ehre Gottes des Vaters.

L: Wir preisen dich, Vater, für Jesu Leben in Nazaret, für die Offenbarung deines Sohnes am Jordan, für seinen Sieg über den Versucher in der Wüste.
A: Jesus Christus ist der Herr zur Ehre Gottes des Vaters.

L: Wir preisen dich, Vater, für jedes Wort aus dem Munde Jesu, für sein heilendes Wirken, für die Zeichen seiner Herrlichkeit.
A: Jesus Christus ist der Herr zur Ehre Gottes des Vaters.

L: Wir preisen dich, Vater, für das Abendmahl deines Sohnes, für sein Leiden und Sterben, für seine Grabesruhe und seine Auferstehung.
A: Jesus Christus ist der Herr zur Ehre Gottes des Vaters.

L: Wir preisen dich, Vater, für alle Macht, die du Christus gegeben hast, im Himmel und auf Erden, für seine Auffahrt zu dir, für die Sendung des Heiligen Geistes.
A: Jesus Christus ist der Herr zur Ehre Gottes des Vaters.

L: Wir preisen dich, Vater, dass dein Sohn uns nicht alleinlässt; dass er gegenwärtig ist, wo zwei oder drei in seinem Namen versammelt sind; dass er alle Tage bei uns ist bis zum Ende der Welt.
A: Jesus Christus ist der Herr zur Ehre Gottes des Vaters.

L: Wir preisen dich, Vater, Herr des Himmels und der Erde, in Dankbarkeit, in Ehrfurcht und in Liebe durch deinen Sohn im Heiligen Geist und stimmen ein in das Loblied der himmlischen Chöre:

Hymnus

An den Festtagen und an den Sonntagen außerhalb der Advents- und Fastenzeit schließt der Hymnus »Ehre sei Gott in der Höhe« (Gloria-Hymnus) den Lobpreis ab. In der Advents- und Fastenzeit schließt der Lobpreis beispielsweise mit folgendem Hymnus ab:

Dir gebührt unser Lob,
dir unser rühmendes Lied!
Dir, o Gott, sei Ehre und Ruhm:
dem Vater und dem Sohne
und dem Heiligen Geiste,
jetzt und immer und in Ewigkeit. Amen.

Nach »Te decet laus, te decet hymnus« (frühchristlich)

Fürbitten (Allgemeines Gebet)

Nach dem Hymnus folgen die Fürbitten. Es sollte in der Regel gebetet werden für die Anliegen der Weltkirche und der Ortsgemeinde, die Regierenden, die Notleidenden, alle Menschen und das Heil der ganzen Welt, ausdrücklich auch für den Papst und den Diözesanbischof. Es ist sinnvoll, regelmäßig darum zu beten, dass die Gemeinde wieder gemeinsam die Eucharistie feiern kann. Der Leiter, die Leiterin spricht die Einleitung. Die einzelnen Anliegen werden von (verschiedenen) Gemeindegliedern vorgetragen. Dabei sollte eine ausreichende Zeit der Stille gegeben werden, damit auch für eigene Anliegen gebetet werden kann. Die Antwort der Gemeinde kann gesungen werden. Der Leiter/Die Leiterin lädt nach der letzten Bitte sogleich zum Vaterunser ein.
Folgen Austeilung und Empfang der Kommunion, so werden die Fürbitten von dem Leiter/der Leiterin durch ein Lobgebet abgeschlossen.

Vaterunser

Der Leiter/Die Leiterin lädt zum gemeinsamen Gebet des Vaterunsers ein.

L: Wir heißen Kinder Gottes und sind es. Darum beten wir voll Vertrauen:

Oder:

L: Lasst uns beten, wie der Herr uns zu beten gelehrt hat:

Oder:

L: Wir haben den Geist empfangen, der uns zu Kindern Gottes macht. Darum wagen wir zu sprechen:

A: Vater unser im Himmel ... Denn dein ist das Reich und die Kraft und die Herrlichkeit in Ewigkeit. Amen. (s. Seite 550)

Loblied/Danklied

An dieser Stelle kann ein Loblied, ein Danklied oder ein der Kirchenjahreszeit entsprechendes Lied gesungen werden.

Abschluss

Mitteilungen

An dieser Stelle kann auf Gottesdienste und Veranstaltungen der Gemeinde an den kommenden Tagen hingewiesen oder anderes bekannt gemacht werden.

Segensbitte

Leitet ein Diakon die Feier, so erteilt er am Sitz den Segen in der für ihn vorgesehenen Weise (vgl. Messbuch). Leitet ein beauftragter Laie die Feier, so kann die Segensbitte in folgender oder ähnlicher Weise erfolgen:

L: Der Herr segne uns und behüte uns. Der Herr lasse sein Angesicht über uns leuchten und sei uns gnädig. Der Herr wende uns sein Angesicht zu und schenke uns seinen Frieden.

A: Amen.

Oder:

L: Der Vater schenke uns seine Liebe.
A: Amen.
L: Der Sohn erfülle uns mit seinem Leben.
A: Amen.
L: Der Heilige Geist stärke uns mit seiner Kraft.
A: Amen.

Die Segensbitte schließt mit den Worten:

L: Und der Segen des allmächtigen Gottes, des Vaters und des Sohnes und des Heiligen Geistes komme auf uns herab und bleibe bei uns allezeit.

Währenddessen machen alle das Kreuzzeichen.

A: Amen.

ENTLASSUNG

L: Singet Lob und Preis.
A: Dank sei Gott, dem Herrn.

Beziehungsweise:

D: Gehet hin in Frieden.
A: Dank sei Gott, dem Herrn.

ABENDLIED/MORGENLIED/MARIENLIED

Zum Abschluss kann gegebenenfalls ein Abend- oder Morgenlied oder ein Marienlied gesungen werden.

AUSZUG

Der Auszug findet in derselben Ordnung statt wie der Einzug. Er kann mit Orgel- oder anderer Instrumentalmusik begleitet werden.

Austeilung und Empfang der Kommunion

Die Wortes-Gottes-Feier folgt bis einschließlich der Fürbitten der oben aufgeführten Ordnung. Die Fürbitten werden jedoch in diesem Fall vom Leiter/von der Leiterin durch ein Lobgebet abgeschlossen. Die Austeilung der Kommunion schließt sich nach dem folgenden Modell an.

Hinweis auf die eucharistische Gemeinschaft

Der Leiter/Die Leiterin verweist am Sitz mit folgenden oder ähnlichen Worten auf die eucharistische Tischgemeinschaft:

L: Wir haben die Gegenwart unseres Herrn Jesus Christus erfahren in der Verkündigung seines Wortes. Das eucharistische Brot, das uns jetzt geschenkt wird, verbindet uns mit der Eucharistiefeier, die wir am vergangenen Sonntag (in der vergangenen Woche, im vergangenen Monat, am Fest …) hier zuletzt gefeiert haben.

Oder:

L: Wir haben die Gegenwart unseres Herrn Jesus Christus erfahren in der Verkündigung seines Wortes. Das eucharistische Brot, das uns jetzt geschenkt wird, verbindet uns mit der Eucharistiefeier, die heute in unserer Nachbargemeinde gefeiert wurde.

L: Die bleibende Gegenwart des Herrn im eucharistischen Brot ist uns kostbares Gut, das den Glauben nährt, die Hoffnung stärkt und die Gemeinschaft mit unserem Herrn Jesus Christus festigt.

Bereitung des Altares – Übertragung des Allerheiligsten

Ein Ministrant/Eine Ministrantin breitet das Korporale auf dem Altar aus. Die Gemeinde kniet. Während der Übertragung wird ein Christus- oder ein Sakramentslied gesungen.

Stille Anbetung

Nach der Übertragung lädt der Leiter/die Leiterin zur stillen Anbetung ein und kniet zusammen mit den anderen liturgischen Diensten vor dem Altar nieder.

Vaterunser

Die Gemeinde erhebt sich. Der Leiter/Die Leiterin lädt zum Gebet des Herrn ein.

L: Lasst uns beten, wie der Herr uns zu beten gelehrt hat:

Alle singen oder sprechen gemeinsam:

A: Vater unser im Himmel … Denn dein ist das Reich und die Kraft und die Herrlichkeit in Ewigkeit. Amen. (s. Seite 500)

Einladung zur Kommunion – Kommunion

Der Leiter, die Leiterin macht vor dem Altar eine Kniebeuge, nimmt eine Hostie, hält sie über der Hostienschale und spricht der Gemeinde zugewandt:

L: Seht das Lamm Gottes, das hinwegnimmt die Sünde der Welt.

A: Herr, ich bin nicht würdig, dass du eingehst unter mein Dach, aber sprich nur ein Wort, so wird meine Seele gesund.

Dann teilt der Leiter/die Leiterin die Kommunion an die anderen Kommunionhelfer(innen) aus und empfängt selbst die Kommunion. Anschließend wird die Kommunion in der gewohnten Weise an die Gemeinde ausgeteilt.

Leiter(in) oder Kommunionhelfer(in): Der Leib Christi.
Kommunizierende(r): Amen.

Während der Kommunionausteilung kann Orgel- oder andere Instrumentalmusik gespielt werden. Es kann auch ein geeigneter Wechselgesang gewählt oder Stille gehalten werden.
Die Schale(n) mit den nach der Kommunionausteilung verbliebenen Hostien wird (werden) in den Tabernakel zurückgestellt. Die leeren Gefäße werden zur Kredenz gebracht und (nach dem Gottesdienst) gereinigt.

Stille – Danklied

Nach einer angemessenen Zeit der Stille kann ein geeignetes Danklied gesungen werden.

Schlussgebet

Der Leiter/Die Leiterin spricht am Sitz das folgende oder ein anderes Schlussgebet.

L: Lasset uns beten.

Nach eine kurzen Stille trägt der Leiter/die Leiterin das Schlussgebet vor.

L: Barmherziger Gott, du hast uns gestärkt durch das lebendige Brot, das vom Himmel kommt. Deine Liebe, die wir in der heiligen Speise empfangen haben, mache uns bereit, dir in unseren Schwestern und Brüdern zu dienen. Darum bitten wir durch Christus, unseren Herrn.

A: Amen.

Schlussgebete zur Auswahl

Gott, unser himmlischer Vater, du schenkst Vergebung und Frieden. Bleib bei uns auf dem Weg. Lass uns Sorge tragen für alle, die uns brauchen, und wo Unrecht deinem Reich entgegensteht, lass uns Verzeihung üben durch Jesus Christus, unseren Herrn.

Oder:

Gott, du bist reich an Liebe und Güte. Wie eine Mutter für ihre Kinder sorgt, so bist du uns zugetan. Begleite uns in dieser Woche, dass wir deinen Namen in Wort und Tat verherrlichen durch Jesus Christus, unseren Herrn.

Oder:

Gott, Urgrund unseres Seins! Wir danken dir für Jesus, deinen Sohn, unseren Herrn und Bruder. Er sei unsere Stärke, wenn wir dich, den Verborgenen, suchen. Er sei unsere Kraft, wenn wir auf seinen Spuren durchs Leben gehen. Darum bitten wir durch ihn, Jesus Christus, unseren Herrn.

Oder:

Allmächtiger Gott und Vater, du hast deinen gekreuzigten Sohn auferweckt und ihm, dem Lebendigen, die Macht des Leben spendenden Geistes gegeben. Nimm dich deiner Kirche an, o Herr, und erneuere ihre Jugend. Lass sie aufleben durch deinen Heiligen Geist durch Jesus Christus, unseren Herrn.

Oder:

Gott, unser Vater, dein Sohn hat uns von dir Kunde gebracht. Er hat uns erkennen lassen, wie du bist: groß in deiner Huld für deine Geschöpfe, gewaltig in deiner Hoheit, wehrlos in deiner Liebe. Wir sagen dir Dank durch ihn, der sich uns im Wort und im Brot des Lebens geschenkt hat, Jesus Christus, unseren Herrn.

Oder:

Herr, unser Gott, du hast gewollt, dass sich das Bild deines Sohnes auspräge im Wesen der Getauften, die du zu deinem Tisch geladen hast. Ermutige uns, dem Evangelium zu folgen und deinem Heiligen Geist Raum zu geben, durch Jesus Christus, unseren Herrn.

Die Feier wird in der Weise abgeschlossen, wie es auf Seite 575f. vorgesehen ist.

DREIFALTIGKEITSSONNTAG

Hochfest

15. Juni 2025

Gepriesen sei der dreieinige Gott:
der Vater und sein eingeborener Sohn
und der Heilige Geist;
denn er hat uns sein Erbarmen geschenkt.

Sollten wir von Gott schweigen, weil wir ihn nicht voll und ganz beschreiben, erklären oder verstehen können? Sollten wir von einem Menschen schweigen, weil wir ihn nicht bis ins letzte verstehen, erklären oder beschreiben können – auch wenn wir ihn lieben? Oder dürfen und müssen wir nicht von Gott und vom Menschen reden, gerade um deutlich zu machen, was uns wichtig ist und bewegt?
Wie wir Gott sehen, wie ihn Menschen vor uns erlebt haben und wie er sich ihnen geoffenbart, also gezeigt hat, davon spricht das heutige Fest und versucht diesen weiten Horizont der Gotteserfahrungen im Begriff der Dreifaltigkeit zusammenzufassen. Denn darin wird deutlich: Ja, durch die Zeiten hindurch ändern sich die Erfahrungen – obwohl es doch derselbe Gott bleibt, der uns begegnet. Und immer wieder ist das anders.

Kyrie Rufe

Gott, du bist uns Vater und Schöpfer, dir verdanken wir das Leben und vertrauen dir in allen Herausforderungen der Zeit.
Erbarme dich unser.
Gott, du bist uns Bruder und Weggefährte, in deinem Wort und Handeln in dieser Welt erkennen wir für uns Orientierung und Ermutigung.
Erbarme dich unser.
Gott, du bist unsere Inspiration und Begeisterung, mit deiner Begleitung wagen wir, unseren eigenen Weg zu finden und zu gehen.
Erbarme dich unser.

GLORIA (siehe Seite 516f.)

TAGESGEBET

Herr, himmlischer Vater, du hast dein Wort und deinen Geist in dic Welt gesandt, um das Geheimnis des göttlichen Lebens zu offenbaren. Gib, daß wir im wahren Glauben die Größe der göttlichen Dreifaltigkeit bekennen und die Einheit der drei Personen in ihrem machtvollen Wirken verehren. Darum bitten wir durch Jesus Christus.

ERSTE LESUNG Spr 8,22–31

Lesung aus dem Buch der Sprichwörter.

So spricht die Weisheit Gottes: Der HERR hat mich geschaffen als Anfang seines Weges, vor seinen Werken in der Urzeit; in frühester Zeit wurde ich gebildet, am Anfang, beim Ursprung der Erde.
Als die Urmeere noch nicht waren, wurde ich geboren, als es die Quellen noch nicht gab, die wasserreichen.
Ehe die Berge eingesenkt wurden, vor den Hügeln wurde ich geboren.
Noch hatte er die Erde nicht gemacht und die Fluren und alle Schollen des Festlands.
Als er den Himmel baute, war ich dabei, als er den Erdkreis abmaß über den Wassern, als er droben die Wolken befestigte und Quellen strömen ließ aus dem Urmeer, als er dem Meer sein Gesetz gab und die Wasser nicht seinen Befehl übertreten durften, als er die Fundamente der Erde abmaß, da war ich als geliebtes Kind bei ihm. Ich war seine Freude Tag für Tag und spielte vor ihm allezeit.
Ich spielte auf seinem Erdenrund und meine Freude war es, bei den Menschen zu sein.

Wort des lebendigen Gottes.

IMPULS Hinter und vor aller Schöpfung steht die Weisheit, steht ein Sinn, ist Gott am Werk, der all das, was ist, ins Dasein ruft. Wer den Worten der Lesung vertraut, der wird darin bestärkt, dass die Schöpfung mit all ihren langen Entwicklungsprozessen nicht einfach ein Spiel des Zufalls ist, sondern dass darin ein Sinn, eine Weisheit grundgelegt ist. Das Leben ist Geschenk Gottes und es ist seine Freude, bei den Menschen zu sein.
Die uralte Frage danach, ob das eigene Leben einen Sinn hat, ist eingebettet in ein Schöpfungsverständnis, das auf Gott zurück geht. Es mag sein, dass der Sinn einer jeden Lebenssituation mir verborgen bleibt. Es mag sein, dass schwere Krisen und Schicksalsschläge den Sinn allen Daseins in Frage stellen. Doch wenn die Grundüberzeugung bleibt, dass der Schöpfer hinter all dem steht, dann darf die Haltung des Menschen am Ende doch die des Vertrauens sein. Bei aller Offenheit und Fragwürdigkeit des persönlichen Lebens.

ANTWORTPSALM

Ps 8,4–5.6–7.8–9 (Kv: 10)

Kv HERR, unser Herr,
wie gewaltig ist dein Name auf der ganzen Erde! – Kv

Seh ich deine Himmel, die Werke deiner Finger, *
Mond und Sterne, die du befestigt:
Was ist der Mensch, dass du seiner gedenkst, *
des Menschen Kind, dass du dich seiner annimmst? – Kv

Du hast ihn nur wenig geringer gemacht als Gott, *
du hast ihn gekrönt mit Pracht und Herrlichkeit.
Du hast ihn als Herrscher eingesetzt über die Werke deiner Hände, *
alles hast du gelegt unter seine Füße: – Kv

Schafe und Rinder, sie alle *
und auch die wilden Tiere,
die Vögel des Himmels und die Fische im Meer, *
was auf den Pfaden der Meere dahinzieht. – Kv

ZWEITE LESUNG Röm 5,1–5

Lesung aus dem Brief des Apostels Paulus an die Gemeinde in Rom.

Schwestern und Brüder! Gerecht gemacht aus Glauben, haben wir Frieden mit Gott durch Jesus Christus, unseren Herrn.
Durch ihn haben wir auch im Glauben den Zugang zu der Gnade erhalten, in der wir stehen, und rühmen uns der Hoffnung auf die Herrlichkeit Gottes.
Mehr noch, wir rühmen uns ebenso der Bedrängnisse; denn wir wissen: Bedrängnis bewirkt Geduld, Geduld aber Bewährung, Bewährung Hoffnung.
Die Hoffnung aber lässt nicht zugrunde gehen; denn die Liebe Gottes ist ausgegossen in unsere Herzen durch den Heiligen Geist, der uns gegeben ist.

Wort des lebendigen Gottes.

IMPULS Paulus formuliert klar und eindeutig: Der Heilige Geist ist uns gegeben, er ist ausgegossen in unsere Herzen. Das ist für den Apostel nicht eine vage Annahme, eine bloße Vermutung, sondern er ist von dieser Realität überzeugt. Und weil diese Zusage Gottes an den Menschen so eindeutig ist, darum ergeben sich für Paulus Geduld, Bewährung, Hoffnung und Beständigkeit. Das wiederum hat sich in seinem Leben oft gezeigt: Paulus war zahlreichen Verfolgungen, Bedrängnissen und Drucksituationen ausgesetzt. Er hat sie bestanden in der Gewissheit, dass Gottes Geist keine Einbildung ist, sondern die Kraft, die ihn stark macht. Und so sind das Durchhaltevermögen und die Bewährung in mancher Not für ihn das sprechende Zeichen dafür, dass Gott da ist. Seine Kraft und sein Geist sind es, die dem Apostel das Wirken ermöglichen.

Ruf vor dem Evangelium
Vgl. Offb 1,8

Halleluja. Halleluja.
Ehre sei dem Vater und dem Sohn und dem Heiligen Geist.
Ehre sei dem einen Gott,
der war und der ist und der kommen wird.
Halleluja.

Evangelium
Joh 16,12–15

+ Aus dem heiligen Evangelium nach Johannes.

In jener Zeit sprach Jesus zu seinen Jüngern: Noch vieles habe ich euch zu sagen, aber ihr könnt es jetzt nicht tragen.
Wenn aber jener kommt, der Geist der Wahrheit, wird er euch in der ganzen Wahrheit leiten. Denn er wird nicht aus sich selbst heraus reden, sondern er wird reden, was er hört, und euch verkünden, was kommen wird.
Er wird mich verherrlichen; denn er wird von dem, was mein ist, nehmen und es euch verkünden.
Alles, was der Vater hat, ist mein; darum habe ich gesagt: Er nimmt von dem, was mein ist, und wird es euch verkünden.

Evangelium unseres Herrn Jesus Christus.

IMPULS Seit den Tagen der Apostel hat die Kirche im Geiste Jesu weitergemacht, sein Wort und seine Taten weitergetragen. Manchmal durch schwere Zeiten hindurch und manchmal hat die Kirche auch selbst so schlecht und unchristlich gehandelt, dass der (Heils-)Wille Gottes kaum noch erkennbar war.
Bei allem Versagen waren es geisterfüllte Menschen, die Gott gesucht haben, sich der Führung des Heiligen Geistes zur Verfügung stellten und nicht den eigenen Willen, sondern dem gefolgt sind, was ihnen »verkündet« wurde. Darauf vertraut die Kirche bis heute: dass der Geist Gottes sie nicht allein lässt, sondern immer wieder erkennen lässt, was richtig ist, was die Wahrheit ist. Das konnten die Jünger damals noch gar nicht alles aufnehmen. Jesus weiß das und er braucht auch für die Zeit nach seiner Auferste-

hung keine konkreten Anweisungen zu geben. Der Geist Gottes, im Pfingstfest eben erst gefeiert, erbeten und erfahren, soll die Glaubenden leiten. Es ist ja der gleiche Geist, aus dem Jesus heraus gelebt hat.
Das Evangelium ist kein »Masterplan«, nach dem für alle Zeiten festgelegt wäre, wie Glaube und Gemeindeleben zu funktionieren hätten. Vielmehr fordert Jesus selbst die Offenheit seiner Jünger, sich immer wieder vom Geist berühren und führen zu lassen. Nur diese Offenheit kann dafür sorgen, dass in den jeweiligen Herausforderungen der richtige Weg erkannt wird.

CREDO (siehe Seite 520ff.)

FÜRBITTEN

Barmherziger Gott, du hast dich uns Menschen als Vater, Sohn und Heiliger Geist durch die Zeiten hindurch geoffenbart. Dich bitten wir:

– Schenke deiner Kirche und jedem gläubigen Menschen das feste Vertrauen in deinen Beistand und Schutz.

V: Dreifaltiger Gott. A: Wir bitten dich, erhöre uns.

– Bewahre in uns die Bereitschaft, danach zu fragen, wie wir heute als Christen leben sollen, ohne uns unbeweglich an eine bestimmte Erscheinungsform von Christentum aus der Vergangenheit zu binden.

– Lass die Erfahrungen der Kirche aus den verschiedenen Epochen der Vergangenheit fruchtbar werden für uns heute. Schenke uns die Weisheit, das Kostbare und Unvergängliche vom Zeitbedingten zu trennen.

– Öffne unsere Herzen und Gedanken für das Wirken deines Heiligen Geistes und stell uns kluge Menschen zu Seite, die uns geistliche Wegbegleiter sind.

– Führe die Verstorbenen zur Gemeinschaft mit dir und nimm sie auf in die Festfreude all jener, die uns schon zu dir vorausgegangen sind.

Dir Gott, der du warst und bist und bleiben wirst, sei Ehre und Lobpreis. Heute und in Ewigkeit. Amen.

Gabengebet

Gott, unser Vater, wir rufen deinen Namen an über Brot und Wein. Heilige diese Gaben und nimm mit ihnen auch uns an, damit wir dir auf ewig gehören. Darum bitten wir durch Christus, unseren Herrn.

Präfation

Vom Tag

In Wahrheit ist es würdig und recht, dir, Herr, heiliger Vater, allmächtiger, ewiger Gott, immer und überall zu danken. Mit deinem eingeborenen Sohn und dem Heiligen Geist bist du der eine Gott und der eine Herr, nicht in der Einzigkeit einer Person, sondern in den drei Personen des einen göttlichen Wesens. Was wir auf deine Offenbarung hin von deiner Herrlichkeit glauben, das bekennen wir ohne Unterschied von deinem Sohn, das bekennen wir vom Heiligen Geiste. So beten wir an im Lobpreis des wahren und ewigen Gottes die Sonderheit in den Personen, die Einheit im Wesen und die gleiche Fülle in der Herrlichkeit. Dich loben die Engel und Erzengel, die Kerubim und Serafim. Wie aus einem Mund preisen sie dich Tag um Tag und singen auf ewig das Lob deiner Herrlichkeit.

Einladung zum Vaterunser

Wie einen liebevollen Vater dürfen wir unseren Gott begreifen und ansprechen. So beten wir mit den Worten, die Jesus uns hinterlassen hat: Vater unser im Himmel …

Einladung zum Friedensgebet

Als Vielfalt in der Einheit – so lässt sich Gott betrachten und wahrnehmen. So dürfen wir auch unsere Welt sehen und darum beten, dass in der Vielfältigkeit der Völker und Kulturen die Einheit und der Friede gewahrt oder neu geschaffen werden: Herr Jesus Christus …

Kommunionvers

Gal 4,6

Weil ihr Söhne seid, sandte Gott den Geist seines Sohnes in eure Herzen, den Geist, der ruft: Abba, Vater.

Schlussgebet

Herr, unser Gott, wir haben den Leib und das Blut deines Sohnes empfangen. Erhalte uns durch dieses Sakrament im wahren Glauben und im Bekenntnis des einen Gottes in drei Personen. Darum bitten wir durch Christus, unseren Herrn.

Schlusssegen

Im Jahreskreis VI

Gott, unser Vater, segne euch mit allem Segen des Himmels, damit ihr rein und heilig lebt vor seinem Angesicht.
Er lehre euch durch das Wort der Wahrheit; er bilde euer Herz nach dem Evangelium Christi und gebe euch Anteil an seiner Herrlichkeit.
Er schenke euch jene brüderliche Liebe, an der die Welt die Jünger Christi erkennen soll.
Das gewähre euch der dreieinige Gott, der Vater und der Sohn ✝ und der Heilige Geist.

Das Christentum kennt in manchen Kreisen den Fundamentalismus, die Unbeweglichkeit, die ewig gestrige Ausrichtung. Doch eine solche Haltung ist letztlich gegen das eigene Gottesbild gerichtet. Gott ändert sich nicht, aber die Welt und die Menschen

und die Erfahrungen, die sie mit ihm machen. Und darum will er immer wieder neu entdeckt werden. Genauso wie in einer guten Freundschaft oder Partnerschaft der jeweils andere immer wieder neu entdeckt und geliebt werden will und soll.
Derzeit steht unsere Kirche vor gewaltigen Veränderungen. Man kann von einem Epochenwandel sprechen. Solche gewaltigen Umwälzungen gab es in der Geschichte immer wieder. Gerade in diesen Krisenzeiten haben die, denen der Glaube wichtig war (und das waren selten alle Menschen) danach gefragt, wie ihnen Gott in dieser Situation nahe ist und begegnet. Und sie haben in den langen Erfahrungen des Glaubens Hilfe und Trost und Orientierung und Motivation zum Handeln gefunden. Gerade weil Gott sich in die jeweilige Zeit und immer wieder neu und anders als der große Wegbegleiter geoffenbart hat, gerade deshalb müssen wir keine Angst haben. Er ist da. Als Schöpfer und Vater, als Bruder und Wegbegleiter, als Kraft und Geist. Wir dürfen diese Erfahrungen ernst nehmen. Das ist die Botschaft des Dreifaltigkeitsfestes und das ist sein ganz konkreter Sinn. Gott ist ein wegbegleitender und helfender Vater, ein Bruder und Freund, eine Kraft, die belebt und ermutigt. Und als solcher ist er mit denen, die ihn suchen und an ihn Glauben auf dem Weg.

Friedhelm Meudt

HOCHFEST DES LEIBES UND BLUTES CHRISTI

Fronleichnam

19. Juni 2025

Er hat uns mit bestem Weizen genährt
und mit Honig aus dem Felsen gesättigt.
Vgl. Ps 81 (80),17

Während meiner römischen Priesterjahre ereilte mich die Anfrage einer Frau aus meiner Diakonatspfarrei, ob ich mit ihr und ihren drei Kolleginnen im Petersdom morgens eine Heilige Messe feiern würde, denn sie seien für einige Tage in der ewigen Stadt. Wir verabredeten uns für einen Tag um 6.45 Uhr auf dem Petersplatz, ich buchte einen Altar in der Peterskirche für uns. Als ich von der Sakristei aus mit den vier Begleiterinnen zum Altar gebracht wurde, war dort noch eine Messe im Gang. Wir mussten einen Moment warten und im Anblick der vielen Altäre und den Messen, die parallel gefeiert wurden, ergab sich ein interessantes Gespräch, in dem ich erst erfuhr, dass von meinen Mitfeiernden nur zwei katholisch waren. Eine gehörte der evangelischen Kirche an, die vierte war keiner Religionsgemeinschaft zugehörig. Und weil diese wussten, dass sie nicht die heilige Kommunion empfangen können, fragten sie nach den Gründen hierfür. Eine heikle Situation – nicht nur theologisch. Nachdem ich kurz das unterschiedliche Verständnis der Kirchen zur Lehre von Eucharistie und Abendmahl und Realpräsenz Christi in den Gestalten von Brot und Wein zu erklären versucht hatte, schaute ich in die fragenden Augen aller vier Damen und die evangelische Christin fragte staunend: »Das glauben Sie wirklich, dass Sie das Brot wandeln können?« Ich gab zur Antwort: »Es ist das Wunder der leeren Hände, über das ich selbst immer wieder staune und das ich selbst nicht fassen kann! Ich wandle ja nicht; nur der Geist Gottes kann das vollbringen. Es ist jedes Mal ein Moment wie an Pfingsten.«

Die folgende Feier der Eucharistie wurde eine ganz besondere: im Geist echter Geschwisterlichkeit, im Geist einer wirklich versöhnten Verschiedenheit! Der Blick in die Kirchengeschichte zeigt, dass dieses Gespräch in St. Peter auch ganz anders hätte enden können. Die eucharistischen Streitereien fingen bereits im 9. Jahrhundert an und zogen sich durch das ganze Mittelalter durch bis hin zum großen ›Abendmahlsstreit‹ der Reformation – unter den Reformatoren Luther und Zwingli selbst. Und es war Luther, der an der Lehre von der Realpräsenz festhalten wollte. Jedoch der Lehre von einer dauerhaften Wandlung von Brot und Wein in Leib und Blut Christi erteilte er eine Absage. Dass Theologen um das Verständnis der Eucharistie immer wieder ringen mussten und bis heute noch müssen, ist verständlich, wenn die (katholische) Kirche die Eucharistie nach den Worten von Thomas von Aquin immer schon als die »Zusammenfassung aller Geheimnisse der Kirche« verstand: wie sollte man das »Wunder der leeren Hände« bei so viel Geheimnis erklären können?
Das heutige Hochfest des Leibes und Blutes Christi ist daher nicht nur in ökumenischer Hinsicht eine Herausforderung, sondern auch in der persönlichen Auseinandersetzung mit dem Glauben an die reale Gegenwart des Herrn in Brot und Wein, mit dem Wunder der leeren Hände.

Kyrie-Rufe

Herr Jesus, du bist das Brot des Lebens.
Herr, erbarme dich unser.
Du hast dein Blut für uns vergossen zur Vergebung der Sünden.
Christus, erbarme dich unser.
Herr Jesus, du hast uns gesättigt mit dem ewigen Hunger.
Herr, erbarme dich unser.

Gloria (siehe Seite 516f.)

Tagesgebet

Herr Jesus Christus, im wunderbaren Sakrament des Altares hast du uns das Gedächtnis deines Leidens und deiner Auferstehung hinterlassen. Gib uns die Gnade, die heiligen Geheimnisse deines Leibes und Blutes so zu verehren, daß uns die Frucht der Erlösung zuteil wird. Der du in der Einheit des Heiligen Geistes mit Gott dem Vater lebst und herrschest in alle Ewigkeit.

Erste Lesung Gen 14,18–20

Lesung aus dem Buch Genesis.

In jenen Tagen sprach Melchisedek, der König von Salem, brachte Brot und Wein heraus. Er war Priester des Höchsten Gottes.
Er segnete Abram und sagte: Gesegnet sei Abram vom Höchsten Gott, dem Schöpfer des Himmels und der Erde, und gepriesen sei der Höchste Gott, der deine Feinde an dich ausgeliefert hat. Darauf gab ihm Abram den Zehnten von allem.

Wort des lebendigen Gottes.

IMPULS Eine tiefe Symbolik umfangen Brot und Wein. Schon im Alten Testament sind diese Gaben, wie es die Lesung zeigt, in die Hände des Priesters gelegt. Zugleich werden ein Lobpreis und ein Segen gesprochen. Hier finden sich damit erste Impulse, die später die Liturgie der Kirche beeinflussen werden, ebenso wie die jüdische Feierkultur zu Hause und in der Synagoge, vor allem denn auch für das eucharistische Hochgebet mit Lobpreis, Fürbitten und der Herabrufung des Geistes auf die Gaben von Brot und Wein sowie auf das gläubige Volk, das sich zum Lobpreis Gottes versammelt hat. Selbst die Kollekte als Gabe und damit als Zeichen der Dankbarkeit und Solidarität mit den Armen findet sich im Bild des »Zehnten« in diesem kurzen Lesungstext.

Antwortpsalm

Ps. 110 (109),1.2–3.4–5 (Kv: 4b)

Kv Du bist Priester auf ewig
nach der Ordnung Melchisedeks. – Kv

So spricht der HERR zu meinem Herrn: *
Setze dich zu meiner Rechten
und ich lege deine Feinde *
als Schemel unter deine Füße. – Kv

Das Zepter deiner Macht streckt der HERR aus vom Zion her: *
Herrsche inmitten deiner Feinde!
Dich umgibt Herrschaft am Tag deiner Macht, /
im Glanz des Heiligtums. *
Ich habe dich aus dem Schoß gezeugt vor dem Morgenstern. – Kv

Der HERR hat geschworen und nie wird es ihn reuen: *
Du bist Priester auf ewig nach der Ordnung Melchisedeks.
Der HERR steht dir zur Rechten; *
er zerschmettert Könige am Tag seines Zorns. – Kv

Zweite Lesung

1 Kor 11,23–26

Lesung aus dem ersten Brief des Apostels Paulus an die Gemeinde in Korinth.

Schwestern und Brüder! Ich habe vom Herrn empfangen, was ich euch dann überliefert habe: Jesus, der Herr, nahm in der Nacht, in der er ausgeliefert wurde, Brot, sprach das Dankgebet, brach das Brot und sagte: Das ist mein Leib für euch. Tut dies zu meinem Gedächtnis!
Ebenso nahm er nach dem Mahl den Kelch und sagte: Dieser Kelch ist der Neue Bund in meinem Blut. Tut dies, sooft ihr daraus trinkt, zu meinem Gedächtnis!
Denn sooft ihr von diesem Brot esst und aus dem Kelch trinkt, verkündet ihr den Tod des Herrn, bis er kommt.

Wort des lebendigen Gottes.

IMPULS In keinem der Evangelien wird überliefert, was der Apostel Paulus im ersten Brief an die Korinther zu berichten weiß: die Worte, die Jesus beim letzten Abendmahl gesprochen hat im Moment der Einsetzung der Eucharistie. Sie sind ein kostbarer Schatz, und zugleich hängt an diesen wenigen Sätzen eine ganze Dogmatik und ein Kirchenverständnis. Eine Änderung der Einsetzungsworte, wie sie in unserer Liturgie verankert sind, waren immer mit handfesten Auseinandersetzungen verbunden und gleichen auch heute noch einem dramatischen Eingriff in die Lehre der Kirche. Gerade in den letzten Jahren gab es viele Diskussionen um die Frage, ob es bei den Worten über den Kelch »für alle« oder »für viele« heißen soll. Nur eine Abweichung von den gesetzten Buchstaben löst die Frage nach der Gültigkeit der Messe und der vollzogenen Wandung aus. Umso erstaunlicher ist es daher, dass es mit uns unierte Kirchen gibt, in denen kein Einsetzungsbericht gesprochen wird und das »Hochgebet« ohne das Zitieren der Herrenworte auskommt – und dennoch gültig die Eucharistie gefeiert wird.

SEQUENZ

Lauda Sion salvatórem, lauda ducem et pastórem in hymnis et cánticis.	Lobe, Zion, deinen Hirten; dem Erlöser der Verirrten stimme Dank und Jubel an.
Quantum potes, tantum aude: Quia maior omni laude, nec laudáre súfficis.	Lass dein Lob zum Himmel dringen; ihn zu rühmen, ihm zu singen, hat kein Mensch genug getan.
Laudis thema speciális, panis vivus et vitális hódie propónitur.	Er ist uns im Brot gegeben, Brot, das lebt und spendet Leben, Brot, das Ewigkeit verheißt,
Quem in sacrae mensa cenae, turbae fratrum duodénae datum non ambígitur.	Brot, mit dem der Herr im Saale dort beim österlichen Mahle die zwölf Jünger hat gespeist.

Sit laus plena, sit sonóra,
sit iucúnda, sit decóra
mentis jubilátio.

Dies enim solémnis ágitur,
in qua mensae prima recólitur
huius institútio.

Quod in cena Christus gessit,
faciéndum hoc expréssit
in sui memóriam:

Docti sacris institútis
panem, vinum in salútis
consecrámus hóstiam.

Ecce panis angelórum,
factus cibus viatórum:
Vere panis filiórum,
non mitténdus cánibus.

In figúris praesignátur,
cum Isaac immolátur,
Agnus Paschae deputátur,
datur manna pátribus.

Bone pastor, panis vere,
Iesu nostri miserére:
Tu nos pasce, nos tuére,
tu nos bona fac vidére
in terra vivéntium.

Tu qui cuncta scis et vales,
qui nos pascis hic mortáles:
Tuos ibi commensáles,
coherédes et sodáles
fac sanctórum cívium.

Lobt und preist, singt Freudenlieder;
festlich kehrt der Tag uns wieder,
jener Tag von Brot und Wein,
da der Herr zu Tisch geladen
und dies heilge Mahl der Gnaden
setzte zum Gedächtnis ein.

Was bei jenem Mahl geschehen,
sollen heute wir begehen
und verkünden seinen Tod.
Wie der Herr uns aufgetragen,
weihen wir, Gott Dank zu sagen,
nun zum Opfer Wein und Brot.

Seht das Brot, der Engel Speise,
Brot auf unsrer Pilgerreise,
das den Hunger wahrhaft stillt.
Abrams Opfer hat's gedeutet,
war im Manna vorbereitet,
fand im Osterlamm sein Bild.

Guter Hirt, du Brot des Lebens,
wer dir traut, hofft nicht vergebens,
geht getrost durch diese Zeit.
Die du hier zu Tisch geladen,
ruf auch dort zum Mahl der Gnaden
in des Vaters Herrlichkeit.

Thomas von Aquin († 1274) in Auswahl; Übertragung: Maria Luise Thurmair (1972)

RUF VOR DEM EVANGELIUM Vgl. Joh 6,51

Halleluja. Halleluja.
(So spricht der Herr:)
Ich bin das lebendige Brot,
das vom Himmel gekommen ist.
Wer dieses Brot isst, wird in Ewigkeit leben.
Halleluja.

EVANGELIUM Lk 9,11b–17

+ Aus dem heiligen Evangelium nach Lukas.

In jener Zeit redete Jesus zum Volk vom Reich Gottes und machte gesund, die der Heilung bedurften.
Als der Tag zur Neige ging, kamen die Zwölf und sagten zu ihm: Schick die Leute weg, damit sie in die umliegenden Dörfer und Gehöfte gehen, dort Unterkunft finden und etwas zu essen bekommen; denn wir sind hier an einem abgelegenen Ort.
Er antwortete ihnen: Gebt ihr ihnen zu essen! Sie sagten: Wir haben nicht mehr als fünf Brote und zwei Fische; wir müssten erst weggehen und für dieses ganze Volk etwas zu essen kaufen.
Es waren nämlich etwa fünftausend Männer. Er aber sagte zu seinen Jüngern: Lasst sie sich in Gruppen zu ungefähr fünfzig lagern!
Die Jünger taten so und veranlassten, dass sich alle lagerten.
Jesus aber nahm die fünf Brote und die zwei Fische, blickte zum Himmel auf, sprach den Lobpreis und brach sie; dann gab er sie den Jüngern, damit sie diese an die Leute austeilten.
Und alle aßen und wurden satt. Als man die übrig gebliebenen Brotstücke einsammelte, waren es zwölf Körbe voll.

Evangelium unseres Herrn Jesus Christus.

IMPULS Die Evangelien berichten davon, dass Unverständnis und harsche Kritik Jesus dort entgegenschlägt, wo er sich als das »Brot vom Himmel« offenbarte. Und auf dieses Unverständnis stoßen

auch wir relativ schnell, wenn wir uns als Christen dafür rechtfertigen müssen, dass wir Fronleichnam feiern: das Fest, an dem wir bekennen, dass Jesus unter uns ist in der Gestalt des Brotes. Das Verstehen dessen, was sich auf dem Altar in der Wandlung ereignet, entzieht sich der Möglichkeit des Intellekts. Allein der Glaube mag es zwar zu fassen, wohl aber nicht zu erklären. Fronleichnam fordert uns daher heraus, wenn wir nicht nur bekennen, dass Jesus realpräsentisch unter uns ist, sondern mit ihm auch auf die Straße gehen und öffentlich zeigen, dass er mit uns auf dem Weg ist. Da wundert es einen auch nicht, wenn Christen diesem Festtag lieber aus dem Weg gehen und dann doch lieber über den Brückentag hinweg in Urlaub fahren.
Im Evangelium zeigt sich das Wunder der leeren Hände im Wunder der Brotvermehrung. Das Wunder lässt sich nicht allein damit erklären, dass die Menschen geteilt haben. Jesus ist es, der allein den Hunger nach Leben und Liebe stillen kann. Wenn er austeilt, wenn er gibt, dann nicht in menschlichen Grenzen und Maßen, sondern in göttlicher Fülle und im Übermaß seiner Liebe.

CREDO (siehe Seite 520ff.)

FÜRBITTEN

Gott hat uns in sein Volk berufen und uns Jesus Christus als Nahrung und Speise für das ewige Leben geschenkt. Ihn bitten wir:

V: Du Leben schenkender Gott. A: Wir bitten dich, erhöre uns.

– Für die getrennten Kirchen und christlichen Gemeinschaften: um Versöhnung und Einheit im Glauben, damit sich alle Getauften bald gemeinsam um den Tisch des Altares versammeln können.

– Für die vielen Gemeinden, die sich nur selten zur Feier der Eucharistie versammeln können, weil Priester fehlen: um Kraft und Stärke in ihrer Not und Bewahrung im Glauben.

– Für alle, die an der Gestaltung der Eucharistiefeier mitwirken: um die Gaben des Heiligen Geistes, damit die Feier des Todes und der Auferstehung Jesu zur Mitte und zum Höhepunkt im Leben der Gemeinde wird.

– Für alle, die sich immer wieder zur Feier der Eucharistie versammeln: um Stärkung ihres Glaubens und Stillung ihrer Sehnsucht nach dem wahren Leben.

– Für unsere Verstorbenen: um die Erfüllung ihres Lebens in deiner Liebe und die Teilhabe am himmlischen Hochzeitsmahl.

Seht, Gottes Zelt auf Erden, verborgen ist er da; in menschlichen Gebärden bleibt er den Menschen nah. Herr, wir danken dir, wir vertrauen dir. Lass uns durch die Gnade in deinem Frieden geborgen sein.

Gabengebet

Herr, unser Gott, wir bringen das Brot dar, das aus vielen Körnern bereitet, und den Wein, der aus vielen Trauben gewonnen ist. Schenke deiner Kirche, was diese Gaben geheimnisvoll bezeichnen: die Einheit und den Frieden. Darum bitten wir durch Christus, unseren Herrn.

Präfation

Von der heiligen Eucharistie I

In Wahrheit ist es würdig und recht, dir, Herr, heiliger Vater, allmächtiger, ewiger Gott, immer und überall zu danken durch unseren Herrn Jesus Christus. Als der wahre und ewige Hohepriester hat er die Feier eines immerwährenden Opfers gestiftet. Er hat sich selbst als Opfergabe dargebracht für das Heil der Welt und uns geboten, daß auch wir diese Gabe darbringen zu seinem Gedächtnis. Er stärkt uns, wenn wir seinen Leib empfangen, den er für uns geopfert hat. Er heiligt uns, wenn wir sein Blut trinken, das er für uns vergossen hat. Darum singen wir mit den Engeln und Erzengeln, den Thronen und Mächten und mit all den Scharen des himmlischen Heeres den Hochgesang von deiner göttlichen Herrlichkeit.

Einladung zum Vaterunser

Wir staunen über das Wunder der leeren Hände und bitten den Herrn selbst in dieser Stunde um das »tägliche Brot«. So beten wir mit den Worten unseres auferstandenen Herrn und Erlösers: Vater unser im Himmel …

Einladung zum Friedensgebet

Die Eucharistie soll zusammenführen und einen, was getrennt ist. Und doch wird sie in ihrem Verständnis zum entscheidenden Punkt für Trennung und Unterscheidung. In ihrem Ursprung führt sie uns zu Jesus Christus, den wir bitten: Herr Jesus Christus …

Kommunionvers

Joh 6,56

So spricht der Herr: Wer mein Fleisch ißt und mein Blut trinkt, der bleibt in mir, und ich bleibe in ihm.

Schlussgebet

Herr Jesus Christus, der Empfang deines Leibes und Blutes ist für uns ein Vorgeschmack der kommenden Herrlichkeit. Sättige uns im ewigen Leben durch den vollen Genuß deiner Gottheit. Der du lebst und herrschest in alle Ewigkeit.

Schlusssegen

Bei einer Altarweihe

Gott hat euch zu Königen gemacht und zu Priestern. Er gebe euch die Kraft, aus dem Opfer Christi zu leben.
Er hat euch um den einen Tisch versammelt und euch gestärkt mit dem einen Brot. Er mache euch eines Herzens und eines Sinnes.
Er hat euch gesandt, euren Glauben zu bezeugen. Er helfe euch, die Menschen durch das Beispiel eurer Liebe zu Jesus Christus zu führen.
Das gewähre euch der dreieinige Gott, der Vater und der Sohn ✝ und der Heilige Geist.

Trotz der theologischen Schwere dieses Hochfestes: Selbst das Fronleichnamsfest gibt uns etwas mit, das uns in der Ökumene voranbringen kann. Es geht um die tiefe Einheit und die Gemeinschaft mit Jesus Christus selbst. In Jesus hat sich Gott selbst unserem Menschsein eingefleischt, er bewohnt die Bedingungen und Grenzen unseres Daseins. Wir sollen uns von ihm so ganz durchdringen lassen, sollen ineinander sein und ineinander bleiben – Jesus in uns und wir in Jesus.

Diese Christusmystik ist für den mittelalterlichen Denker Nikolaus von Kues zum Kern seines ökumenischen Mühens zwischen West- und Ostkirche zu Beginn des 15. Jahrhunderts geworden, also noch vor der Reformation. In der Schrift »Über den Religionsfrieden« offenbart er seine Vision von einer Einheit in Vielfalt, von einer versöhnten Verschiedenheit. Und man spürt: Je mehr er unter Enge und Abspaltung leidet, je heftiger sich Cusanus um eine Vermittlung und um Wiedervereinigung bemüht, desto mehr entdeckt er in dem allen Jesus Christus.

Um die Anforderungen unserer Zeit anzugehen und eine Christus gemäße und zukunftsfähige Kirche zu gestalten, braucht es genau dies: ein ökumenisches Gespräch in Liebe und in Demut, nicht von oben herab, sondern stets auf dem Boden der Tatsachen, mit dem Blick auf Christus gerichtet und einem Herz, das für die Menschen schlägt; ein Dialog als ein Gemeinsames auf dem Weg sein, was zu Christus führt – und das durchaus auch mal im miteinander zu streiten, aber ohne zu zerstreiten. Eine Ökumene, die nur den Status quo anerkennen zu können meint, wo keiner sich ändern muss, ist nur schwer erträglich. Darum sollten wir sehr viel mehr in Auseinandersetzung mit den Stärken des Anderen wachsen und dürfen uns nicht mit dem kleinsten gemeinsamen Nenner zufriedengeben. Abstrakte (dogmatische) Formeln sind noch längst nicht ein gelebtes Zeugnis! Wir sollten viel mehr in die gemeinsame Tiefe dringen. Ökumenische Ausrichtung allein ist zu wenig. Bei aller Offenheit sollen wir viel mehr voneinander lernen. Wir sollten noch offener sein und noch mehr wagen, aber dies nur, wenn wir auch tiefer verwurzelt sind im Glauben, noch näher bei Christus bleiben und immer mehr gemeinsam auf ihn zugehen.

Sascha Jung

12. SONNTAG IM JAHRESKREIS
22. Juni 2025

Der Herr ist die Stärke seines Volkes,
er ist Schutz und Heil für seinen Gesalbten.
Herr, hilf deinem Volk und segne dein Erbe,
führe und trage es in Ewigkeit!
Ps 28 (27),8–9

Am frühen Morgen des 9. September 1990 wurde der russisch-orthodoxe Priester Alexander Men auf dem Weg zum Gottesdienst erschlagen. Bis heute ist diese Tat nicht aufgeklärt, blieb der heimtückische Mord ungesühnt. Als Kind jüdischer Eltern wurde Men 1935 in Moskau geboren. Heimlich wurde er zum Theologen ausgebildet und trotz Schikanen und Verfolgungen verfolgte er sein Ziel: 1960 wurde er zum Priester geweiht und wirkte fortan in den Gemeinden rund um Moskau. Erst nach dem politischen Wandel, der ›Perestroika‹, wurde die Breitenwirkung seiner Seelsorge sichtbar – gehörte er zu den profiliertesten Predigern im Lande. Mitte und Herzstück seiner Verkündigung: Jesus Christus, der Menschensohn.
Der Menschensohn. So lautet schließlich auch der Titel seines größten Bucherfolges. 1969 unter einem Pseudonym in Brüssel veröffentlicht, ist dieses Werk der wohl auch größte Erfolg der Verkündigung des christlichen Glaubens in der Sowjetunion. In einer Zeit der Katakombenkirche und des Versuches, den Glauben intellektuell lächerlich zu machen, fand seine Schrift Verbreitung in aller Welt. Sie setzt da an, wo wir uns Jesus annähern können: in der Schrift, am Evangelium. So ist der Menschensohn zu lesen als Text eines Seelsorgers, der Menschen Christus nahebringen möchte. Ganz einfach. Er möchte, dass die Leser von der Person Christi ergriffen werden. Keine Apologie, kein Versuch der Rechtfertigung, dass man glaubt. Vielmehr das Eintreten in eine lebendige und freundschaftliche Beziehung mit Jesus Christus im Hier und Jetzt. Ganz einfach? Vor diese Frage stellen uns an diesem Sonntag die Lesungstexte der Liturgie.

Kyrie-Rufe

Jesus, du Menschensohn.
Herr, erbarme dich unser.
Jesus, du Menschenfreund.
Christus, erbarme dich unser.
Jesus, du Menschenfischer.
Herr, erbarme dich unser.

Gloria (siehe Seite 516f.)

Tagesgebet

Heiliger Gott, gib, daß wir deinen Namen allezeit fürchten und lieben. Denn du entziehst keinem deine väterliche Hand, der fest in deiner Liebe verwurzelt ist. Darum bitten wir durch Jesus Christus.

Erste Lesung

Sach 12,10–11; 13,1

Lesung aus dem Buch Sacharja.

So spricht der Herr: Über das Haus David und über die Einwohner Jerusalems werde ich einen Geist des Mitleids und des flehentlichen Bittens ausgießen. Und sie werden auf mich blicken, auf ihn, den sie durchbohrt haben. Sie werden um ihn klagen, wie bei der Klage um den Einzigen; sie werden bitter um ihn weinen, wie man um den Erstgeborenen weint.
An jenem Tag wird die Klage in Jerusalem so groß sein wie die Klage um Hadad-Rimmon in der Ebene von Megiddo.
An jenem Tag wird für das Haus David und für die Einwohner Jerusalems eine Quelle entspringen gegen Sünde und Unreinheit.

Wort des lebendigen Gottes.

IMPULS Wenn wir auf Jesus Christus schauen, dann wenden wir unseren Blick in der Regel auf den Gekreuzigten. In den weit ausgespannten Armen finden alle Menschen Platz, die er mit seiner unendlichen Liebe umfangen möchte. Die Prophezeiung des Propheten Sacharja lässt sich auf das Bild des gekreuzigten Herrn übertragen. Die geöffnete Seite des Herrn wird im Licht der Prophezeiung zur Quelle allen Lebens und der Liebe: »sie blicken auf ihn, den sie durchbohrt haben«. Zugleich spricht diese Stelle von der überfließenden Liebe, die sich im gesamten Alten Bund gegenüber dem Volk Israel zeigt. Auch wenn das Leben dem auserwählten Volk immer wieder Wunden geschlagen hat, so stand die unverbrüchliche Bundes- und Liebeszusage Gottes über der Menschheit.

ANTWORTPSALM Ps 63(62),2.3–4.5–6.8–9 (Kv: vgl. 2)

Kv Meine Seele dürstet nach dir, mein Gott. – Kv

Gott, mein Gott bist du, dich suche ich, *
es dürstet nach dir meine Seele.
Nach dir schmachtet mein Fleisch *
wie dürres, lechzendes Land ohne Wasser. – Kv

Darum halte ich Ausschau nach dir im Heiligtum, *
zu sehen deine Macht und Herrlichkeit.
Denn deine Huld ist besser als das Leben. *
Meine Lippen werden dich rühmen. – Kv

So preise ich dich in meinem Leben, *
in deinem Namen erhebe ich meine Hände.
Wie an Fett und Mark wird satt meine Seele, *
mein Mund lobt dich mit jubelnden Lippen. – Kv

Ja, du wurdest meine Hilfe, *
ich juble im Schatten deiner Flügel.
Meine Seele hängt an dir, *
fest hält mich deine Rechte. – Kv

ZWEITE LESUNG Gal 3,26–29

Lesung aus dem Brief des Apostels Paulus an die Gemeinde in Galatien.

Schwestern und Brüder! Ihr alle seid durch den Glauben Söhne Gottes in Christus Jesus. Denn ihr alle, die ihr auf Christus getauft seid, habt Christus angezogen.
Es gibt nicht mehr Juden und Griechen, nicht Sklaven und Freie, nicht männlich und weiblich; denn ihr alle seid einer in Christus Jesus. Wenn ihr aber Christus gehört, dann seid ihr Abrahams Nachkommen, Erben gemäß der Verheißung.

Wort des lebendigen Gottes.

IMPULS Im Sakrament der Taufe sind wir Christen eingekleidet worden in das Gewand Christi. Umhüllt von seiner Zusage, Gottes geliebte Kinder zu sein, tragen wir Christus selbst in die Welt und dürfen ihn als Menschensohn bezeugen. Die Antwort auf unsere Taufe geben wir in der Beantwortung der Frage, wer dieser Jesus für uns ist. Daher sind Antworten darauf so vielfältig wie es die Menschen sind. In jeder Lebenslage kann unsere Antwort unterschiedlich ausfallen, aber diese sind dann wie ein Kaleidoskop: Eine bunte Vielfalt bringt demnach auch unterschiedliche Zugangswege, um sich Jesus, dem Christus, annähern zu können. Am Ende sind trotz aller Unterschiedlichkeiten »alle einer in Christus Jesus«, wie es der Apostel Paulus in der Lesung hervorhebt.

RUF VOR DEM EVANGELIUM Joh 10,27

Halleluja. Halleluja.
(So spricht der Herr:)
Meine Schafe hören auf meine Stimme;
ich kenne sie und sie folgen mir.
Halleluja.

EVANGELIUM Lk 9,18–24

+ Aus dem heiligen Evangelium nach Lukas.

In jener Zeit betete Jesus für sich allein und die Jünger waren bei ihm. Da fragte er sie: Für wen halten mich die Leute?
Sie antworteten: Einige für Johannes den Täufer, andere für Elija; wieder andere sagen: Einer der alten Propheten ist auferstanden.
Da sagte er zu ihnen: Ihr aber, für wen haltet ihr mich? Petrus antwortete: Für den Christus Gottes. Doch er befahl ihnen und wies sie an, es niemandem zu sagen.
Und er sagte: Der Menschensohn muss vieles erleiden und von den Ältesten, den Hohepriestern und den Schriftgelehrten verworfen werden; er muss getötet und am dritten Tage auferweckt werden. Zu allen sagte er: Wenn einer hinter mir hergehen will, verleugne er sich selbst, nehme täglich sein Kreuz auf sich und folge mir nach. Denn wer sein Leben retten will, wird es verlieren; wer aber sein Leben um meinetwillen verliert, der wird es retten.

Evangelium unseres Herrn Jesus Christus.

IMPULS Nicht die Meinung von vielen oder der anderen ist dort gefragt, sondern die persönliche Haltung wird eingefordert: »Für wen haltet ihr mich?« (Lk 9,20). Da müssen die Jünger Farbe bekennen: Wer ist für sie dieser Jesus, der Menschensohn, der Christus? Wenn wir mit genau dieser Frage konfrontiert werden, dann gilt es nicht, sich einfach mal hinter den Antworten eines Petrus oder von Theologen zu verstecken. Nein, ich persönlich bin gefragt! Wer ist dieser Jesus für mich, in meinem Leben? Erst aus meiner persönlichen Antwort auf diese Frage, in der sich letztlich mein ganzer Glaube klären wird, können wir den Austausch mit den anderen suchen und so entdecken, wie vielseitig und bunt jenes Bild ist, welches wir dann von Jesus zeichnen können.

CREDO (siehe Seite 520ff.)

Fürbitten

In unseren Fürbitten wenden wir uns vertrauensvoll an Jesus Christus, den Sohn des lebendigen Gottes, den Menschensohn.

– Für alle, die in der Kirche mit der Verkündigung des Evangeliums beauftragt sind: dass sie die rechten Worte finden, welche die Herzen der Menschen erreichen.

V: Christus, höre uns. A: Christus, erhöre uns.

– Für alle Getauften: um einen lebendigen Glauben an dich, den Messias, den Sohn des lebendigen Gottes.

– Für alle, die sich vom Glauben und der Kirche abgewandt haben: um die Erkenntnis Gottes.

– Für die Regierenden der Staaten und Völker: um Achtung der Religionsfreiheit und tatkräftiges Eintreten für Frieden und Gerechtigkeit.

– Für alle, die von einem schweren Kreuz niedergedrückt werden: um Rettung aus ihrer Not und den Beistand Gottes.

– Für unsere Verstorbenen, um die wir trauern: um das ewige Leben.

Herr, unser Gott, wir danken dir für deinen Sohn Jesus Christus. Dich loben, ehren und preisen wir jetzt und in Ewigkeit. Amen.

Gabengebet

Barmherziger Gott, nimm das Opfer des Lobes und der Versöhnung an. Löse uns durch diese Feier aus aller Verstrickung, damit wir in freier Hingabe ganz dir angehören. Darum bitten wir durch Christus, unseren Herrn.

Präfation

Sonntage IV

Wir danken dir, Vater im Himmel, und rühmen dich durch unseren Herrn Jesus Christus. Denn durch seine Geburt hat er den Menschen erneuert, durch sein Leiden unsere Sünden getilgt, in seiner Auferstehung den Weg zum Leben erschlossen und in seiner Auffahrt zu dir das Tor des Himmels geöffnet. Durch ihn rühmen dich deine Erlösten und singen mit den Chören der Engel das Lob deiner Herrlichkeit.

Einladung zum Vaterunser

Mit den Worten unseres Herrn Jesus Christus lasst uns mit Vertrauen zum Vater beten: Vater unser im Himmel …

Einladung zum Friedensgebet

Jesus ist der Menschensohn, der ersehnte Friedensfürst. Ihn bitten wir: Herr Jesus Christus …

Kommunionvers

Ps 145 (144),15

Aller Augen warten auf dich, o Herr, und du gibst ihnen Speise zur rechten Zeit.

Oder: Joh 10,11.15

Ich bin der gute Hirt. Ich gebe mein Leben für die Schafe – so spricht der Herr.

Schlussgebet

Gütiger Gott, du hast uns durch den Leib und das Blut Christi gestärkt. Gib, daß wir niemals verlieren, was wir in jeder Feier der Eucharistie empfangen. Darum bitten wir durch Jesus Christus.

Schlusssegen

Im Jahreskreis VI

Gott, unser Vater, segne euch mit allem Segen des Himmels, damit ihr rein und heilig lebt vor seinem Angesicht.

Er lehre euch durch das Wort der Wahrheit; er bilde euer Herz nach dem Evangelium Christi und gebe euch Anteil an seiner Herrlichkeit.

Er schenke euch jene brüderliche Liebe, an der die Welt die Jünger Christi erkennen soll.

Das gewähre euch der dreieinige Gott, der Vater und der Sohn † und der Heilige Geist.

Als Theodor Mommsen, der berühmte Kenner der Antike, gefragt wurde, warum er in all seinen Schriften nie Christus erwähnt habe, sagte er: »Ich kann ihn nicht verstehen und deshalb ziehe ich es vor, zu schweigen«. Napoleon, der in seiner Gefangenschaft viel über den Lauf der Geschichte nachgedacht hatte, sah am Ende seines Lebens dies als seine Erkenntnis an: »Christus will das Herz; dies will er für sich und er erreicht dies ganz uneingeschränkt … Nur ihm allein ist es gelungen, das menschliche Herz – bis zur Opferung des Zeitlichen – ins Unsichtbare zu erheben und auf diese Weise Himmel und Erde zu verbinden«. Goethe verglich Christus mit der Sonne und bekannte: »Ich verneige mich vor ihm als der göttlichen Offenbarung höchsten Moralprinzips«. Und der spätmittelalterliche Theologe und Philosoph Meister Eckart sagte: »Christus im Buche zu besitzen reicht nicht«.

Soweit die Aussagen eines Historikers, eines Philosophen, eines Dichters und eines Weisen, die alle über die Person Christi nachgedacht haben. Und wir, wir sollten auf der Suche nach einer Antwort auf seine Frage sein, wenn wir im Evangelium denen zuhören, die mit ihm durch die Städte und Dörfer Galiläas gezogen sind, die ihm am nächsten standen. Wir sollten auf ihn blicken, auf den gekreuzigten Menschensohn (vgl. Sach 12,10), uns von ihm anrühren lassen. In der persönlichen Begegnung mit ihm, und nur in dieser, wird uns allmählich einsichtig werden, wer Er für uns ist. Ganz einfach.

Sascha Jung

GEBURT DES HEILIGEN JOHANNES DES TÄUFERS

Hochfest – Am Vorabend

24. Juni 2025

Johannes wird groß sein vor Gott,
und schon im Mutterleib
wird er vom Heiligen Geist erfüllt sein;
viele werden sich über seine Geburt freuen.
Lk 1,15.14

Lottospielen kennt nahezu jeder, aber kennen sie »Bibel-Lotto«? Aus einer Tasche, in der sich kleine Zettel mit der Angabe einer bestimmten Bibelstelle befinden, wird ein geistliches Wort gezogen, das ein Zuspruch im Alltag oder gar eine Jahreslosung sein kann. Im Rahmen von Exerzitien zog ich bei diesem Bibel-Lotto jenen Satz aus dem Evangelium des Lukas, der auf die Person des Täufers verweist: »Und du wirst dem Herrn voran gehen und ihm den Weg bereiten; du wirst sein Volk mit der Erfahrung des Heils beschenken« (Lk 1,76–77).
Dieser »Losentscheid« war mir Anlass genug, mich einmal näher mit der Peron des Täufers zu beschäftigen. Im Jahreslauf begegnet uns Johannes normalerweise nur zu Beginn der Adventszeit, um uns zur Wachsamkeit auf das Kommen des Herrn hin zu wecken. In der österlichen Bußzeit mahnt Johannes zur Umkehr der Herzen, damit wir für das Heil in Jesus Christus aufnahmefähig werden. Egal, unter welchen Vorzeichen uns Johannes begegnet: Er weist immer von sich weg hin auf den Messias. Wenn wir heute am Hochfest seiner Geburt uns einmal in den Täufer hineinversetzen und unseren Dienst von ihm her zu verstehen versuchen, dann heißt das: Wir sind es nicht, von denen das Heil zu erwarten ist! Und zugleich eröffnet uns ein Blick auf Jesus und von ihm zurück auf das, was für uns Berufung zum Christsein oder auch zu einem Dienst in der Kirche bedeutet.

Kyrie-Rufe

Herr Jesus, du rufst die Menschen, dir zu folgen.
Herr, erbarme dich unser.
Du bist der Weg, die Wahrheit und das Leben.
Christus, erbarme dich unser.
Herr Jesus, dein Evangelium ist uns ein Licht auf unseren Wegen.
Herr, erbarme dich unser.

Gloria (siehe Seite 516f.)

Tagesgebet

Allmächtiger Gott, führe deine Kirche auf dem Weg des Heiles und gib uns die Gnade, den Weisungen Johannes' des Täufers zu folgen, damit wir zu dem gelangen, den er vorausverkündet hat, zu unserem Herrn Jesus Christus, deinem Sohn.

Erste Lesung Jer 1,4–10

Lesung aus dem Buch Jeremía.

In den Tagen Joschíjas, des Königs von Juda, erging das Wort des Herrn an mich: Noch ehe ich dich im Mutterleib formte, habe ich dich ausersehen, noch ehe du aus dem Mutterschoß hervorkamst, habe ich dich geheiligt, zum Propheten für die Völker habe ich dich bestimmt.
Da sagte ich: Ach, Herr und Gott, ich kann doch nicht reden, ich bin ja noch so jung.
Aber der Herr erwiderte mir: Sag nicht: Ich bin noch so jung. Wohin ich dich auch sende, dahin sollst du gehen, und was ich dir auftrage, das sollst du verkünden. Fürchte dich nicht vor ihnen; denn ich bin mit dir, um dich zu retten – Spruch des Herrn.
Dann streckte der Herr seine Hand aus, berührte meinen Mund und sagte zu mir: Hiermit lege ich meine Worte in deinen Mund. Sieh her! Am heutigen Tag setze ich dich über Völker

und Reiche; du sollst ausreißen und niederreißen, vernichten und zerstören, aufbauen und einpflanzen.

Wort des lebendigen Gottes.

IMPULS Die Berufung ergeht an uns im Moment unserer Menschwerdung. Schon im Voraus hat Gott seinen Plan mit uns, beginnt seine Heilsgeschichte mit uns. Unser Dasein ist gewollt, durch unsere Eltern, denen wir das Leben zu verdanken haben, aber vor allem durch Gott selbst, in dessen Heilsplan uns eine bestimmte Rolle zugewiesen ist. Diese sollen und dürfen wir annehmen, uns in seinen Dienst stellen lassen, um ihn zu bezeugen und ihm mit unserem Mund den Lobpreis unseres Herzens schenken. Diese Berufung kann als Bürde empfunden werden, wie es die Lesung aus dem Prophetenbuch des Jeremia zeigt. Doch in der Annahme seiner Berufung steckt auch der Moment der Gewissheit, dass Gott uns etwas zutraut und uns auch die Befähigung schenkt, in seinem Dienst stehen zu können.

ANTWORTPSALM Ps 71 (70),5–6.7–8.15 u. 17 (Kv: vgl. 6ab)

Kv Vom Mutterleib an bist du mein Beschützer, o Gott;
dir gilt mein Lobpreis allezeit. – Kv

Du bist meine Hoffnung, *
Herr und GOTT, meine Zuversicht von Jugend auf.
Vom Mutterleib an habe ich mich auf dich gestützt, /
aus dem Schoß meiner Mutter hast du mich entbunden, *
dir gilt mein Lobpreis allezeit. – (Kv)

Für viele wurde ich wie ein Gezeichneter, *
du aber bist meine starke Zuflucht.
Mein Mund ist erfüllt von deinem Lobpreis, *
den ganzen Tag von deinem Glanz. – (Kv)

Mein Mund soll von deiner Gerechtigkeit künden, /
den ganzen Tag von deinen rettenden Taten, *

denn ich kann sie nicht zählen.
Gott, du hast mich gelehrt von Jugend auf *
und bis heute verkünde ich deine Wunder. – Kv

ZWEITE LESUNG 1 Petr 1,8–12

Lesung aus dem ersten Brief des Apostels Petrus.

Schwestern und Brüder! Ihr habt Jesus Christus nicht gesehen und dennoch liebt ihr ihn; ihr seht ihn auch jetzt nicht; aber ihr glaubt an ihn und jubelt in unaussprechlicher und von Herrlichkeit erfüllter Freude, da ihr das Ziel eures Glaubens empfangen werdet: eure Rettung.
Nach dieser Rettung haben die Propheten gesucht und geforscht und sie haben über die Gnade geweissagt, die für euch bestimmt ist. Sie haben nachgeforscht, auf welche Zeit und welche Umstände der in ihnen wirkende Geist Christi hindeute, der die Leiden Christi und die darauf folgende Herrlichkeit im Voraus bezeugte. Ihnen wurde offenbart, dass sie damit nicht sich selbst, sondern euch dienten; und jetzt ist euch dies alles von denen verkündet worden, die euch in der Kraft des vom Himmel gesandten Heiligen Geistes das Evangelium gebracht haben.
Das alles zu sehen ist sogar das Verlangen der Engel.

Wort des lebendigen Gottes.

IMPULS Worauf stützt sich unser Glaube? Die Lesung aus dem ersten Petrusbrief macht deutlich, dass unser Glaube auf dem Zeugnis der Prophetinnen und Propheten, auf dem Zeugnis unserer Mütter und Väter im Glauben beruht. Das Alte Testament schildert in den Schriften die vielfältigen Erfahrungen, die das Volk Israel mit seinem Gott hat machen müssen und dürfen, welche Erkenntnisse es aus der Heilsgeschichte gewinnen konnte. Das Neue Testament zeigt dies in ähnlicher Weise, ist aber um die wertvollen Berichte reicher, die als »Augenzeugenberichte« wiedergeben, was in der persönlichen Begegnung mit Jesus erlebt und erfahren wurde. Dennoch sind diese Berichte nicht frei von einer gewissen Beeinflussungstendenz. Das Heilsereignis Jesu wird bezeugt gerade vor dem Hintergrund dessen, was im Alten Bund erhofft wurde. Die Zeitzeugen sahen erfüllt an, was verheißen ward. Die ganze Dimension des Christus-Ereignisses bleibt schlussendlich jedoch ein Glaubensakt, zudem wir uns berechtigt fühlen dürfen gerade durch das uns überlieferte Glaubenszeugnis vieler Generationen vor uns.

Ruf vor dem Evangelium Vgl. Joh 1,7; Lk 1,17

Halleluja. Halleluja.
Er kam als Zeuge, um Zeugnis abzulegen für das Licht und das Volk für den Herrn zu bereiten.
Halleluja.

Evangelium Lk 1,5–17

+ Aus dem heiligen Evangelium nach Lukas.

Zur Zeit des Herodes, des Königs von Judäa, gab es einen Priester namens Zacharías, der zur Abteilung des Abíja gehörte. Seine Frau stammte aus dem Geschlecht Aarons; ihr Name war Elisabet.
Beide lebten gerecht vor Gott und wandelten untadelig nach allen Geboten und Vorschriften des Herrn. Sie hatten keine Kinder, denn Elisabet war unfruchtbar und beide waren schon in vorgerücktem Alter.
Es geschah aber: Als seine Abteilung wieder an der Reihe war und er den priesterlichen Dienst vor Gott verrichtete, da traf ihn, wie nach der Priesterordnung üblich, das Los, in den Tempel des Herrn hineinzugehen und das Rauchopfer darzubringen.
Während er nun zur festgelegten Zeit das Rauchopfer darbrachte, stand das ganze Volk draußen und betete.
Da erschien dem Zacharías ein Engel des Herrn; er stand auf der rechten Seite des Rauchopferaltars. Als Zacharías ihn sah, erschrak er und es befiel ihn Furcht.
Der Engel aber sagte zu ihm: Fürchte dich nicht, Zacharías!

Dein Gebet ist erhört worden. Deine Frau Elisabet wird dir einen Sohn gebären; dem sollst du den Namen Johannes geben. Du wirst dich freuen und jubeln und viele werden sich über seine Geburt freuen.
Denn er wird groß sein vor dem Herrn. Wein und berauschende Getränke wird er nicht trinken und schon vom Mutterleib an wird er vom Heiligen Geist erfüllt sein. Viele Kinder Israels wird er zum Herrn, ihrem Gott, hinwenden.
Er wird ihm mit dem Geist und mit der Kraft des Elíja vorangehen, um die Herzen der Väter den Kindern zuzuwenden und die Ungehorsamen zu gerechter Gesinnung zu führen und so das Volk für den Herrn bereit zu machen.

Evangelium unseres Herrn Jesus Christus.

IMPULS Johannes war eine Lichtgestalt. Er selbst wurde das »Licht für die Völker«, um Zeugnis zu geben für das »wahre Licht, das vom Himmel kam, und das jeden Menschen erleuchtet« (vgl. Joh 1, 9), um Zeuge zu sein für Jesus Christus. Wir wissen das: ohne Licht kein Leben. Ohne Sinn und ohne Hoffnung kein wahrhaft menschliches, erfülltes Leben. Wir Menschen sind mehr als nur Essen und Trinken, mehr als nur Arbeit und Vergnügen. Als Menschen hungern und dürsten wir nach Sinn und Wahrheit, brauchen wir Orientierung, verlässliche Maßstäbe und Perspektiven für unser Handeln. Auf das Licht, das uns im Leben Orientierung schenkt, führt uns Johannes; er ist sozusagen der Zeigefinger in Person, der auf Jesus Christus hinweist. Er ist zuallererst ein »Kind des Lichtes«, Bote der barmherzigen Liebe Gottes. Darauf ruht seine Berufung, das ist seine Sendung: »Durch die barmherzige Liebe unseres Gottes hat uns besucht das aufstrahlende Licht aus der Höhe« (Lk 1,78).

CREDO (siehe Seite 520ff.)

Fürbitten

Johannes ist gekommen, um Zeugnis abzulegen für Christus, das Licht aller Völker. Zu unserem Herrn und Erlöser beten wir voll Vertrauen.

V: Christus, du Licht aller Völker. A: Wir bitten dich, erhöre uns.

– Wir beten für alle, die in der Kirche mit einem Dienst beauftragt sind: um die Gaben des Heiligen Geistes.

– Für diejenigen, die andere um des Evangeliums willen zurechtweisen müssen: um den Geist der Liebe und um das rechte Wort.

– Für alle, die als Anwälte oder Richter tätig sind: um die Erkenntnis von Wahrheit und Gerechtigkeit.

– Für alle, die zu unserer Gottesdienstgemeinde gehören: um die Bereitschaft zur Vergebung und das Gebet füreinander.

– Für unsere Verstorbenen, um die wir trauern: um das ewige Leben.

Gott, allmächtiger Vater, für deine Nähe danken wir dir. Schenke uns deinen Beistand, um in rechter Weise Zeugnis von dir zu geben. Darum bitten wir durch Christus, unseren Herrn. Amen.

Gabengebet

Herr und Gott, zum Fest des heiligen Johannes bringen wir unsere Gaben dar. Hilf uns, im täglichen Leben zu verwirklichen, was wir am Altar in heiligen Zeichen begehen. Darum bitten wir durch Christus, unseren Herrn.

Präfation

Vom Tag

In Wahrheit ist es würdig und recht, dir, allmächtiger Vater, zu danken und am Fest des heiligen Johannes das Werk deiner Gnade zu rühmen. Du hast ihn geehrt vor allen, die je eine Frau geboren hat, schon im Mutterschoß erfuhr er das kommende

Heil, seine Geburt erfüllte viele mit Freude. Als einziger der Propheten schaute er den Erlöser und zeigte hin auf das Lamm, das die Sünde der Welt hinwegnimmt. Im Jordan taufte er Christus, der seiner Kirche die Taufe geschenkt hat, so wurde das Wasser zum heiligen Quell des ewigen Lebens. Bis an sein Ende gab Johannes Zeugnis für das Licht und besiegelte mit dem Blut seine Treue. Darum preisen wir dich mit allen Engeln und Heiligen und singen vereint mit ihnen das Lob deiner Herrlichkeit.

Einladung zum Vaterunser

Auch unser Gebet stützt sich auf das Zeugnis der Betenden aller Zeiten. So sprechen wir mit den Worten, die uns überliefert wurden: Vater unser im Himmel …

Einladung zum Friedensgebet

Jesus wurde erwartet als Friedensfürst und Retter der Welt. Johannes bezeugte ihn als den geliebten Sohn des himmlischen Vaters. So bitten wir ihn: Herr Jesus Christus …

Kommunionvers — Lk 1,68

Gepriesen sei der Herr, der Gott Israels!
Denn er hat sein Volk besucht und ihm Erlösung geschaffen.

Schlussgebet

Herr, unser Gott, du hast uns gestärkt mit dem Brot des Lebens. Die mächtige Fürsprache des heiligen Johannes begleite unser ganzes Leben. Sie erwirke uns einst das Erbarmen des Weltenrichters, den er als das Opferlamm für unsere Sünden vorausverkündet hat, unseres Herrn Jesus Christus, der mit dir lebt und herrscht in alle Ewigkeit.

Schlusssegen — Von allen Heiligen

Der gütige Gott, der die Heiligen zur Vollendung geführt hat, segne euch und bewahre euch vor allem Unheil.

Das Vorbild des heiligen Johannes des Täufers lehre euch, und seine Fürsprache helfe euch, Gott und den Menschen zu dienen.
Das gewähre euch der dreieinige Gott, der Vater und der Sohn † und der Heilige Geist.

Johannes kam als Zeuge, nicht als Macher und Organisator, auch nicht als einer, der den anderen nur sagt, wie sie es zu machen haben. Der Zeuge ist dadurch definiert, dass er mit seinem Leben und – wenn es sein muss – sogar mit seinem Sterben für seine Botschaft einsteht. Der Zeuge verkündet nicht nur mit seinem Mund, sondern er bezeugt und überzeugt vielmehr durch sein Leben. Er lebt, was er sagt, und er sagt, was er lebt. Solche Geradlinigkeit und Glaubwürdigkeit braucht unsere Gesellschaft, braucht unsere Kirche!

Sascha Jung

GEBURT DES HEILIGEN JOHANNES DES TÄUFERS

Hochfest – Am Tag

24. Juni 2025

Ein Mensch trat auf, der von Gott gesandt war;
sein Name war Johannes.
Er kam als Zeuge, um Zeugnis abzulegen für das Licht
und das Volk für den Herrn bereit zu machen.
Joh 1,6–7; Lk 1,17

Die Feier der Geburt des Täufers darf uns zu einer Vergewisserung unserer Berufung werden, zugleich aber auch zur Bestärkung in unserer Sendung und Nachfolge. Beide sind ja bezogen auf Jesus Christus, darum sollte die Freundschaft mit Christus der innerste Impuls und die Seele unseres Lebens sein. Christus ruft aus Gnade in eine grenzenlose Freundschaft. Denn von ihm sind wir gerufen, Zeugen der Hoffnung und Lichtbringer in der Welt zu sein. Er selbst spricht uns diesen Auftrag zu: »Wer mir nachfolgt, wird nicht in der Finsternis umhergehen, sondern wird das Licht des Lebens haben« (vgl. Joh 8,12).

Kyrie-Rufe

Herr Jesus, dein Name sei durch unser Lob gepriesen.
Herr, erbarme dich unser.
Unser Leben werde zum Wiederstrahl deiner Herrlichkeit.
Christus, erbarme dich unser.
Herr Jesus, du bist das Licht der Völker, das Heil für die Welt.
Herr, erbarme dich unser.

Gloria (siehe Seite 516f.)

Tagesgebet

Gott, du hast den heiligen Johannes den Täufer berufen, das Volk des alten Bundes Christus, seinem Erlöser, entgegenzuführen. Schenke deiner Kirche die Freude im Heiligen Geist und führe alle, die an dich glauben, auf dem Weg des Heiles und des Friedens. Darum bitten wir durch Jesus Christus.

Erste Lesung Jes 49,1–6

Lesung aus dem Buch Jesája.

Hört auf mich, ihr Inseln, merkt auf, ihr Völker in der Ferne!
Der HERR hat mich schon im Mutterleib berufen; als ich noch im Schoß meiner Mutter war, hat er meinen Namen genannt.
Er machte meinen Mund wie ein scharfes Schwert, er verbarg mich im Schatten seiner Hand. Er machte mich zu einem spitzen Pfeil und steckte mich in seinen Köcher. Er sagte zu mir: Du bist mein Knecht, Israel, an dem ich meine Herrlichkeit zeigen will.
Ich aber sagte: Vergeblich habe ich mich bemüht, habe meine Kraft für Nichtiges und Windhauch vertan. Aber mein Recht liegt beim HERRN und mein Lohn bei meinem Gott.
Jetzt aber hat der HERR gesprochen, der mich schon im Mutterleib zu seinem Knecht geformt hat, damit ich Jakob zu ihm heimführe und Israel bei ihm versammelt werde. So wurde ich in den Augen des HERRN geehrt und mein Gott war meine Stärke.
Und er sagte: Es ist zu wenig, dass du mein Knecht bist, nur um die Stämme Jakobs wieder aufzurichten und die Verschonten Israels heimzuführen. Ich mache dich zum Licht der Nationen; damit mein Heil bis an das Ende der Erde reicht.

Wort des lebendigen Gottes.

IMPULS In diesem Abschnitt aus dem Buch des Propheten Jesaja wird das Geschenk der Berufung aufgezeigt, welche Jesaja von Gott her zugesprochen wurde: »Es ist zu wenig, dass du mein Knecht bist; ich mache dich zum Licht für die Völker, damit mein

Heil bis an das Ende der Erde reicht« (vgl. Jes 49,6). Berufung, das ist Einladung zur Nachfolge, die zur Zeugenschaft für die Größe und Wahrheit Gottes wird. Auch für Johannes gilt dies ausnahmslos als letzter Prophet des Alten Bundes, der im Übergang zum Neuen Bund nun zum ersten Zeugen für Christus wird: »Ein Mensch trat auf, der von Gott gesandt war; sein Name war Johannes. Er kam als Zeuge, um Zeugnis abzulegen für das Licht und das Volk für den Herrn bereitzumachen« (vgl. Joh 1,6–7 u. Lk 1,17).

Antwortpsalm Ps 139 (138),1–3.13–14.15–16 (Kv: vgl. 14a)

Kv Ich danke dir, Herr:
Ich bin so staunenswert und wunderbar gestaltet. – Kv

Herr, du hast mich erforscht und kennst mich. /
Ob ich sitze oder stehe, du kennst es. *
Du durchschaust meine Gedanken von fern.
Ob ich gehe oder ruhe, du hast es gemessen. *
Du bist vertraut mit all meinen Wegen. – (Kv)

Du selbst hast mein Innerstes geschaffen, *
hast mich gewoben im Schoß meiner Mutter.
Ich danke dir, dass ich so staunenswert und wunderbar gestaltet bin. *
Ich weiß es genau: Wunderbar sind deine Werke. – (Kv)

Dir waren meine Glieder nicht verborgen, /
als ich gemacht wurde im Verborgenen, *
gewirkt in den Tiefen der Erde.
Als ich noch gestaltlos war,
sahen mich bereits deine Augen. /
In deinem Buch sind sie alle verzeichnet: *
die Tage, die schon geformt waren,
als noch keiner von ihnen da war. – Kv

ZWEITE LESUNG Apg 13,16.22–26°

Lesung aus der Apostelgeschichte.

In der Synagoge von Antióchia in Pisídien stand Paulus auf, gab mit der Hand ein Zeichen und sagte:
Ihr Israeliten und ihr Gottesfürchtigen, hört! Gott erhob David zum König, von dem er bezeugte: Ich habe David, den Sohn des Ísai, als einen Mann nach meinem Herzen gefunden, der alles, was ich will, vollbringen wird. Aus seinem Geschlecht hat Gott dem Volk Israel, der Verheißung gemäß, Jesus als Retter geschickt. Vor dessen Auftreten hat Johannes dem ganzen Volk Israel eine Taufe der Umkehr verkündet.
Als Johannes aber seinen Lauf vollendet hatte, sagte er: Ich bin nicht der, für den ihr mich haltet; aber siehe, nach mir kommt einer, dem die Sandalen von den Füßen zu lösen ich nicht wert bin. Brüder, ihr Söhne aus Abrahams Geschlecht und ihr Gottesfürchtigen! Uns wurde das Wort dieses Heils gesandt.

Wort des lebendigen Gottes.

IMPULS Paulus stützt sich in seiner Verkündigung auf das Lebenszeugnis des Johannes, der als Prophet den Übergang vom Alten zum Neuen Bund markiert und zugleich mit seinem Blut seine Zeugenschaft besiegelt. Zugleich verweist Paulus auf die Demut, die Johannes bewiesen hat. Wenngleich viele in ihm den großen Propheten Gottes und Messias sahen, so blieb er frei von allen Allüren und verwies immer auf den, der noch größer sei und der wahrhaft als der Messias Gottes kommen werde. Johannes ging es also nicht um sich selbst, es ging ihm immer um die »Sache«, ja um Christus selbst. Die Begegnung am Jordanufer hat ihn selbst offenbaren lassen, dass in Jesus als dem geliebten Sohn des Vaters im Himmel die neue Zeit angebrochen ist. Seine Zeugenschaft mündet in den Fingerzeig auf Jesus. Er selbst lässt nachfragen, ob Jesus denn der sei, auf den alle warten, um fortan sein Leben in Jesu Nachfolge zu stellen. Johannes ist also Jünger, Zeuge und Märtyrer zugleich.

RUF VOR DEM EVANGELIUM

Vgl. Lk 1,76

Halleluja. Halleluja.
Du wirst Prophet des Höchsten heißen;
denn du wirst dem Herrn vorausgehen
und ihm den Weg bereiten.
Halleluja.

EVANGELIUM

Lk 1,57–66.80

+ Aus dem heiligen Evangelium nach Lukas.

Für Elisabeth erfüllte sich die Zeit, dass sie gebären sollte, und sie brachte einen Sohn zur Welt. Ihre Nachbarn und Verwandten hörten, welch großes Erbarmen der Herr ihr erwiesen hatte, und freuten sich mit ihr.
Und es geschah: Am achten Tag kamen sie zur Beschneidung des Kindes und sie wollten ihm den Namen seines Vaters Zacharías geben.
Seine Mutter aber widersprach und sagte: Nein, sondern er soll Johannes heißen. Sie antworteten ihr: Es gibt doch niemanden in deiner Verwandtschaft, der so heißt.
Da fragten sie seinen Vater durch Zeichen, welchen Namen das Kind haben solle. Er verlangte ein Schreibtäfelchen und schrieb darauf: Johannes ist sein Name. Und alle staunten.
Im gleichen Augenblick konnte er Mund und Zunge wieder gebrauchen und er redete und pries Gott. Und alle ihre Nachbarn gerieten in Furcht und man sprach von all diesen Dingen im ganzen Bergland von Judäa.
Alle, die davon hörten, nahmen es sich zu Herzen und sagten: Was wird wohl aus diesem Kind werden? Denn die Hand des Herrn war mit ihm.
Das Kind wuchs heran und wurde stark im Geist. Und Johannes lebte in der Wüste bis zu dem Tag, an dem er seinen Auftrag für Israel erhielt.

Evangelium unseres Herrn Jesus Christus.

IMPULS Berufung mündet in die Sendung. Johannes tritt auf, von Gott gesandt. Er spricht und handelt nicht im eigenen Namen, auch nicht im Namen anderer. Er ist nicht abhängig von zufälligen Mehrheitsmeinungen. Er fragt nicht danach, was bei den Leuten ankommt, sondern er selbst stellt sich der Frage, wie die Menschen wieder zu Gott finden und wieder neues Vertrauen in die Botschaft des Evangeliums haben können; Fragen, die in unserer Zeit für die ganze Kirche von höchster Aktualität sind.

CREDO (siehe Seite 520ff.)

FÜRBITTEN

Guter Gott, in unseren Bemühungen, dich zu bezeugen, bist du uns nahe. Im Vertrauen auf deine Gegenwart rufen wir zu dir:

V: Christus, du Licht aller Völker. A: Wir bitten dich, erhöre uns.

– Für unsere Gemeinden und für alle Christen: um die Kraft und den nötigen Mut, lebendig und sichtbar Zeugnis von dir zu geben.

– Für die ganze Kirche: um den Geist der Wahrheit und der Gottesehrfurcht, damit sie den Menschen in unseren Tagen ein glaubwürdiges Zeugnis zu geben vermag.

– Für alle leidenden und kranken Menschen: um beständige Hoffnung durch den Glauben an dich.

– Für alle Menschen, die dich nicht kennen oder sich von dir abgewandt haben: um die Begegnung mit Menschen, die ihnen zu einem lebendigen Zeugnis deiner Liebe werden.

– Für unsere Verstorbenen: um die Erfüllung ihres Lebens im Licht deiner Herrlichkeit.

Gott, allmächtiger Vater, für deine Nähe danken wir dir. Schenke uns deinen Beistand, um in rechter Weise Zeugnis von dir zu geben. Darum bitten wir durch Christus, unseren Herrn. Amen.

Gabengebet

Herr, unser Gott, in Freude legen wir unsere Gaben auf deinen Altar am Geburtsfest des heiligen Vorläufers Johannes. Er hat angekündigt, daß der Erlöser kommt, und als er gekommen war, auf ihn gezeigt, auf Jesus Christus, deinen Sohn, der mit dir lebt und herrscht in alle Ewigkeit.

Präfation

Vom Tag

In Wahrheit ist es würdig und recht, dir, allmächtiger Vater, zu danken und am Fest des heiligen Johannes das Werk deiner Gnade zu rühmen. Du hast ihn geehrt vor allen, die je eine Frau geboren hat, schon im Mutterschoß erfuhr er das kommende Heil, seine Geburt erfüllte viele mit Freude. Als einziger der Propheten schaute er den Erlöser und zeigte hin auf das Lamm, das die Sünde der Welt hinwegnimmt. Im Jordan taufte er Christus, der seiner Kirche die Taufe geschenkt hat, so wurde das Wasser zum heiligen Quell des ewigen Lebens. Bis an sein Ende gab Johannes Zeugnis für das Licht und besiegelte mit dem Blut seine Treue. Darum preisen wir dich mit allen Engeln und Heiligen und singen vereint mit ihnen das Lob deiner Herrlichkeit.

Einladung zum Vaterunser

Im Bewusstsein um unsere eigene Berufung und Sendung beten wir, wie es Jesus seinen Jüngern gelehrt hat: Vater unser im Himmel …

Einladung zum Friedensgebet

Unsere Welt ist bestimmt von Unfrieden, von Hass und gegenseitigem Misstrauen. So bleibt der Friede ein beständiger Auftrag und eine zu erfüllende Sehnsucht in unseren Herzen: Herr Jesus Christus …

Kommunionvers

Lk 1,78

Durch die barmherzige Liebe unseres Gottes hat uns besucht das aufstrahlende Licht aus der Höhe.

Schlussgebet

Herr, unser Gott, am Geburtstag Johannes' des Täufers hast du deine Kirche zum Festmahl des Lammes geladen und sie mit Freude erfüllt. Gib, daß wir Christus, den Johannes vorausverkündigt hat, als den erkennen, der uns das ewige Leben erworben hat, der mit dir lebt und herrscht in alle Ewigkeit.

Schlusssegen

Von allen Heiligen

Der gütige Gott, der die Heiligen zur Vollendung geführt hat, segne euch und bewahre euch vor allem Unheil.
Das Vorbild des heiligen Johannes des Täufers lehre euch, und seine Fürsprache helfe euch, Gott und den Menschen zu dienen.
Das gewähre euch der dreieinige Gott, der Vater und der Sohn ✝ und der Heilige Geist.

»Seht, das Lamm Gottes, das die Sünde der Welt hinwegnimmt« (vgl. Joh 1,29) ruft Johannes der Täufer aus, als Jesus zu ihm in die Wüste an den Jordanstrand kommt und die Taufe empfängt. Johannes präsentiert seiner Jüngergemeinde Jesus als das Lamm Gottes und nimmt daher schon bildhaft vorweg, was sich an Ostern ereignen wird. Jesus wird wie ein Lamm zur Schlachtbank des Kreuzes geführt, er tut seinen Mund nicht auf, sondern lässt willig geschehen, was der himmlische Vater im Plan seines Erlösungswerkes für den Sohn bestimmt hat.
Wie wir Zeugnis von unserem Glauben ablegen können, das steht nur bedingt in unseren Händen. Gerufen bzw. berufen sind wir, unter allen Umständen »ein Licht für die Nationen« (vgl. Jes 49,6) zu sein. Das Lebensbeispiel des Täufers zeigt uns, dass gerade in den widrigen Situationen das Zeugnis umso stärker zu strahlen beginnt.

Sascha Jung

HEILIGSTES HERZ JESU

Hochfest

27. Juni 2025

Der Ratschluß des Herrn bleibt ewig bestehen,
die Pläne seines Herzens überdauern die Zeiten:
Er will uns dem Tod entreißen
und in der Hungersnot unser Leben erhalten.
Vgl. Ps 33 (32),11.19

Im Rahmen einer Treuepunkte-Aktion eines Lebensmittelladens, welche in Form eines Herzens zu erwerben waren, wurden jede Kundin und jeder Kunde an der Kasse gefragt: »Sammeln Sie Herzen?« Ein junger Diakon sollte der überraschten Kassiererin eines Tages zur Antwort geben: »Ja, aber nicht die, sondern Menschenherzen«. In einem Deckenfresko der Klosterkirche zu Weltenburg sieht man die Jünger des Herrn beim Fischfang am See Genezareth. Doch anstelle von Fischen ziehen sie unzählige Herzen im Netz an Land. Die Jünger kommen ihrer Berufung nach und sind zu Menschenfischern geworden, die das Herz der Menschen für Gott erwärmen möchten.

Das heutige Hochfest des Heiligsten Herzens Jesu zählt zu den nachösterlichen Festen, die noch einmal die Dynamik des auferstandenen und zum Vater erhöhten Herrn aufgreifen. Es zeigt die unbändige Liebe, welche sich im österlichen Heilsgeschehen offenbart, wie es die Präfation der Votivmesse vom Heiligsten Herzen Jesu ins Wort bringt: »Aus seiner geöffneten Seite strömen Blut und Wasser, aus seinem durchbohrten Herzen entspringen die Sakramente der Kirche. Das Herz des Erlösers steht offen für alle, damit sie freudig schöpfen aus den Quellen des Heiles.«

Schon im frühen Mittelalter gehörte die Verehrung des Herzens Jesu zur Frömmigkeit der Menschen und zur Spiritualität der Kirche. Denn, so die Überzeugung der großen Theologen wie Beda Venerabilis oder Alkuin, ging die Kirche selbst aus dem geöffneten Herzen Jesu hervor. Die Verehrung des Herzens Jesu wurde zunehmend gefördert durch Anselm von Canterbury, Bernhard von

Clairvaux, Albertus Magnus und dem in der Volksfrömmigkeit eine besondere Rolle einnehmenden Franz von Assisi. Später sollten die Jesuiten diesen spirituellen Faden aufgreifen und in den Volksmissionen zur Verbreitung bringen.
Sein Datum erhält das bewegliche Fest durch das jeweilige Osterdatum eines jeden Jahres. Am dritten Freitag nach dem Hochfest Pfingsten und somit dem Freitag nach der früheren Oktav von Fronleichnam steht das Hochfest des Herzens Jesu im liturgischen Kalender. Wie das Fronleichnamsfest sich auf den Gründonnerstag bezieht, greift das Herz-Jesu-Fest den Aspekt des Karfreitags auf und lenkt noch einmal den Blick auf den Gekreuzigten.

Kyrie-Rufe

Herr Jesus Christus, für uns gestorben am Holz des Kreuzes.
Herr, erbarme dich unser.
Du bist verherrlicht worden durch dein heilbringendes Leiden.
Christus, erbarme dich unser.
Herr Jesus Christus, du schenkst uns ewiges Leben.
Herr, erbarme dich unser.

Gloria (siehe Seite 516f.)

Tagesgebet

Allmächtiger Gott, wir verehren das Herz deines geliebten Sohnes und preisen die großen Taten seiner Liebe. Gib, daß wir aus dieser Quelle göttlichen Erbarmens die Fülle der Gnade und des Lebens empfangen. Darum bitten wir durch Jesus Christus.
Oder:

Barmherziger Gott, du öffnest uns den unendlichen Reichtum der Liebe im Herzen deines Sohnes, das unsere Sünden verwundet haben. Gib, daß wir durch aufrichtige Umkehr Christus Genugtuung leisten und ihm mit ganzer Hingabe dienen, der in der Einheit des Heiligen Geistes mit dir lebt und herrscht in alle Ewigkeit.

ERSTE LESUNG Ez 34,11–16

Lesung aus dem Buch Ezechiel.

So spricht GOTT, der Herr: Siehe, ich selbst bin es, ich will nach meinen Schafen fragen und mich um sie kümmern.
Wie ein Hirt sich um seine Herde kümmert an dem Tag, an dem er inmitten seiner Schafe ist, die sich verirrt haben, so werde ich mich um meine Schafe kümmern und ich werde sie retten aus all den Orten, wohin sie sich am Tag des Gewölks und des Wolkendunkels zerstreut haben.
Ich werde sie aus den Völkern herausführen, ich werde sie aus den Ländern sammeln und ich werde sie in ihr Land bringen.
Ich führe sie in den Bergen Israels auf die Weide, in den Tälern und an allen bewohnten Orten des Landes.
Auf guter Weide werde ich sie weiden und auf den hohen Bergen Israels wird ihr Weideplatz sein. Dort werden sie auf gutem Weideplatz lagern, auf den Bergen Israels werden sie auf fetter Weide weiden.
Ich, ich selber werde meine Schafe weiden und ich, ich selber werde sie ruhen lassen – Spruch GOTTES, des Herrn.
Die verloren gegangenen Tiere will ich suchen, die vertriebenen zurückbringen, die verletzten verbinden, die schwachen kräftigen, die fetten und starken behüten.
Ich will ihr Hirt sein und für sie sorgen, wie es recht ist..

Wort des lebendigen Gottes.

IMPULS Das Bild des guten Hirten wird in dieser Lesung durch den Propheten Ezechiel gezeichnet, welches auf Jesus Christus übertragen wird, wie es in den Evangelien geschieht. In den Ausführungen des Propheten liegt die Erfahrung der Hirten zu Grunde, wie sie mit den ihnen anvertrauten Tieren umzugehen haben. Kommt ein neues Schaf zur Welt, trägt es der Hirte in den ersten Wochen auf den Armen nahe am Herzen. So soll nicht nur eine Vertrautheit wachsen, sondern das Tier auch die Stimme seines Herrn kennenlernen, um diese von den Stimmen anderer unterscheiden zu können. Zugleich wird der Hirte daran erinnert, welche Verantwortung er für seine Herde trägt. Er hat nicht nur die Aufgabe, alle zu umsorgen und zusammenzuhalten, sondern im Äußersten auch dem Verlorenen nachzugehen und es wieder nach Hause in die Herde zu holen.

ANTWORTPSALM Ps 23 (22),1–3.5.6 (Kv: 1)

Kv Der HERR ist mein Hirt,
nichts wird mir fehlen. – Kv

Der HERR ist mein Hirt, nichts wird mir fehlen. /
Er lässt mich lagern auf grünen Auen *
und führt mich zum Ruheplatz am Wasser.
Meine Lebenskraft bringt er zurück. *
Er führt mich auf Pfaden der Gerechtigkeit,
getreu seinem Namen. – Kv

Auch wenn ich gehe im finsteren Tal, *
ich fürchte kein Unheil;
denn du bist bei mir, *
dein Stock und dein Stab, sie trösten mich. – Kv

Du deckst mir den Tisch *
vor den Augen meiner Feinde.
Du hast mein Haupt mit Öl gesalbt, *
übervoll ist mein Becher. – Kv

Ja, Güte und Huld *
werden mir folgen mein Leben lang
und heimkehren werde ich ins Haus des HERRN *
für lange Zeiten. – Kv

ZWEITE LESUNG Röm 5,5b–11

Lesung aus dem Brief des Apostels Paulus an die Gemeinde in Rom.

Schwestern und Brüder! Die Liebe Gottes ist ausgegossen in unsere Herzen durch den Heiligen Geist, der uns gegeben ist.

Denn Christus ist, als wir noch schwach waren, für die zu dieser Zeit noch Gottlosen gestorben.
Dabei wird nur schwerlich jemand für einen Gerechten sterben; vielleicht wird er jedoch für einen guten Menschen sein Leben wagen.
Gott aber erweist seine Liebe zu uns darin, dass Christus für uns gestorben ist, als wir noch Sünder waren.
Nachdem wir jetzt durch sein Blut gerecht gemacht sind, werden wir durch ihn erst recht vor dem Zorn gerettet werden.
Da wir mit Gott versöhnt wurden durch den Tod seines Sohnes, als wir noch Gottes Feinde waren, werden wir erst recht, nachdem wir versöhnt sind, gerettet werden durch sein Leben.
Mehr noch, ebenso rühmen wir uns Gottes durch Jesus Christus, unseren Herrn, durch den wir jetzt schon die Versöhnung empfangen haben.

Wort des lebendigen Gottes.

IMPULS Die Verkündigung des Apostels Paulus auf einen Satz zusammenzubringen, ist ein doch schwieriges Unterfangen. Zu vielfältig sind seine theologischen Exkurse und die konkreten Anlässe, die ihn dazu bringen, den Gemeinden ein Wort der Ermutigung oder der Ermahnung zukommen zu lassen. Dennoch birgt die Lesung zum Hochfest einen Satz, der wie ein großes Vorzeichen vor seiner Verkündigung steht: »Die Liebe Gottes ist ausgegossen in unsere Herzen durch den Heiligen Geist, der uns gegeben ist.« Gerade im Anblick des Gekreuzigten und der Seitenwunde an dessen Herzen kann uns dieser Satz berühren. Die Augenzeugen des Lanzenstiches berichten, dass Blut und Wasser aus der Wunde flossen – für die Kirchenväter Zeichen für die Sakramente der Eucharistie und Taufe. Paulus versucht mit seinen Worten das Paradox, die Widersprüchlichkeit des Kreuzes aufzulösen oder in der Verkündigung der Kirche verständlicher zu machen: In der Hingabe des Sohnes am Kreuz offenbart Gott seine Liebe, im Tod des Gottessohnes liegt der Moment der Erlösung, in der Auferstehung gewinnt unser Leben an Zukunft.

RUF VOR DEM EVANGELIUM Mt 11,29ab

Halleluja. Halleluja.
(So spricht der Herr:)
Nehmt mein Joch auf euch und lernt von mir;
denn ich bin gütig und von Herzen demütig.
Halleluja.

RUF VOR DEM EVANGELIUM Joh 10,14

Halleluja. Halleluja.
(So spricht der Herr:)
Ich bin der gute Hirt;
ich kenne die Meinen und die Meinen kennen mich.
Halleluja.

EVANGELIUM Lk 15,3–7

+ Aus dem heiligen Evangelium nach Lukas.

In jener Zeit erzählte Jesus den Pharisäern und Schriftgelehrten dieses Gleichnis und sagte: Wenn einer von euch hundert Schafe hat und eins davon verliert, lässt er dann nicht die neunundneunzig in der Wüste zurück und geht dem verlorenen nach, bis er es findet?
Und wenn er es gefunden hat, nimmt er es voll Freude auf die Schultern, und wenn er nach Hause kommt, ruft er die Freunde und Nachbarn zusammen und sagt zu ihnen: Freut euch mit mir, denn ich habe mein Schaf wiedergefunden, das verloren war!
Ich sage euch: Ebenso wird im Himmel mehr Freude herrschen über einen einzigen Sünder, der umkehrt, als über neunundneunzig Gerechte, die keine Umkehr nötig haben.

Evangelium unseres Herrn Jesus Christus.

IMPULS Jesus als der gute Hirte zeichnet in diesem Gleichnis den Anspruch, den er selbst an das Hirtenamt erhebt. Das kann er in aller Autorität, denn er selbst ist der Führer zum wahren Leben, er

allein ist der gute Hirt. An ihm muss sich messen lassen, wer in der Kirche Macht in Anspruch nimmt, wer Gehorsam einfordert, wer andere führen möchte. Dieser gute Hirte, Jesus, führt nicht in Unfreiheit und Unglück, treibt niemand in die Enge, sondern er verspricht etwas Großes und Großartiges.
Wenn Jesus sich an anderen Stellen der Evangelien als den guten Hirten bezeichnet oder als die Tür zum Leben, so liegt darin ein ungeheurer Anspruch: Er selbst ist für die Menschen die Offenbarung Gottes; es gibt keine rettende Wahrheit und keinen Weg zum Leben außer ihm. Wer in der Kirche oder in der Gemeinde als Hirt und Lehrer aufgestellt ist, der steht im Dienst an den Menschen, nicht über ihnen, und er steht unter dem Gericht dieses »guten Hirten«.

CREDO (siehe Seite 520ff.)

FÜRBITTEN

In der Hingabe seines Lebens am Kreuz hat Jesus mit seiner Liebe zu den Menschen ernst gemacht und uns gezeigt, dass Gott ein Herz für uns hat. Zu ihm wollen wir voll Vertrauen beten.

V: Christus, höre uns. A: Christus, erhöre uns.

– Schenke allen Menschen, deren Leben in Brüche gegangen ist und die der Verzweiflung nahe sind, im Blick auf das Kreuz neue Hoffnung

– Gib allen, die sich dir angeschlossen haben, den Mut, ihr Kreuz zu tragen und in Geduld und Ausdauer dir nachzufolgen.

– Führe die Menschen, die für sich und andere nach Weisheit und Erkenntnis suchen, zur Wahrheit des Kreuzes, dass sie in deiner Nähe Ruhe und Erfüllung für ihr Leben finden.

– Hilf den Christen in der ganzen Welt, für Wahrheit und Gerechtigkeit einzutreten und alle Gewalt zu beenden.

– Nimm dich der Kranken und Notleidenden an und schenke ihnen Trost und Zuversicht im Blick auf dein Kreuz.

– Lass alle unsere Freunde und Bekannten, die dir in Treue nachgefolgt und bereits aus dem Leben geschieden sind, bei dir Glück und Frieden finden.

Gott, unser Vater, in der Liebe deines Sohnes ist das Kreuz für uns alle zum Zeichen des Sieges geworden. Wir danken dir für das Geschenk dieser Liebe, heute und alle Tage unseres Lebens. Amen.

Gabengebet

Allmächtiger Gott, sieh auf das durchbohrte Herz deines Sohnes, der uns geliebt und sich für uns hingegeben hat. Laß unser Opfer dir wohlgefallen und zur Sühne für unsere Sünden werden. Darum bitten wir durch Christus, unseren Herrn.

Präfation

Vom Tag

In Wahrheit ist es würdig und recht, dir, allmächtiger Vater, zu danken und dich mit der ganzen Schöpfung zu loben, durch unseren Herrn Jesus Christus. Am Kreuz erhöht, hat er sich für uns dahingegeben aus unendlicher Liebe und alle an sich gezogen. Aus seiner geöffneten Seite strömen Blut und Wasser, aus seinem durchbohrten Herzen entspringen die Sakramente der Kirche. Das Herz des Erlösers steht offen für alle, damit sie freudig schöpfen aus den Quellen des Heiles. Durch ihn rühmen dich deine Erlösten und singen mit den Chören der Engel das Lob deiner Herrlichkeit.

Einladung zum Vaterunser

Wenn wir beten, dann mit Herz und Verstand, in gläubigem Vertrauen aus der Kraft des Heiligen Geistes. So sprechen wir auch jetzt mit den Worten des österlichen Herrn: Vater unser im Himmel …

Einladung zum Friedensgebet

Das göttliche Herz glüht für alle Menschen, die auf den Herrn vertrauen. Im Blick auf sein geöffnetes Herz und die überströmende Liebe bitten wir ihn: Herr Jesus Christus …

Kommunionvers

Joh 7,37–38

Wer Durst hat, komme zu mir, und es trinke, wer an mich glaubt! Die Schrift sagt: Aus seinem Inneren werden Ströme von lebendigem Wasser fließen.

Oder: Joh 19,34

Ein Soldat stieß mit der Lanze in seine Seite, und sogleich floß Blut und Wasser heraus.

Schlussgebet

Herr, unser Gott, du hast uns gestärkt mit dem Sakrament jener Liebe, durch die dein Sohn alles an sich zieht. Entzünde auch in uns das Feuer seiner Liebe, damit wir in unseren Brüdern ihn erkennen und ihm dienen. Darum bitten wir durch ihn, Christus, unseren Herrn.

Schlusssegen

Im Jahreskreis VI

Gott, unser Vater, segne euch mit allem Segen des Himmels, damit ihr rein und heilig lebt vor seinem Angesicht.

Er lehre euch durch das Wort der Wahrheit; er bilde euer Herz nach dem Evangelium Christi und gebe euch Anteil an seiner Herrlichkeit.

Er schenke euch jene brüderliche Liebe, an der die Welt die Jünger Christi erkennen soll.

Das gewähre euch der dreieinige Gott, der Vater und der Sohn ✝ und der Heilige Geist.

Wir werden geliebt unter dem Kreuz deines Sohnes, Herr.
Sein geöffnetes Herz zeigt uns, dass wir kommen dürfen
mit allem, was uns bewegt,
mit allem, was uns belastet.

Wir werden dankbar unter dem Kreuz deines Sohnes, Herr.
Der Blick in den Abgrund unendlicher Liebe lässt uns erahnen,
welch unermessliches Geschenk die Erlösung ist,
welch große Wendung unser Leben durch ihn genommen hat.

Wir werden hoffnungsfroh unter dem Kreuz deines Sohnes, Herr.
Denn als Zeichen des Lebens können wir gestärkt in den Alltag gehen,
wo uns die Liebe seines geöffneten Herzens begleitet,
wo uns sein Segen in allem zuvorkommt.

Sascha Jung

HL. PETRUS UND HL. PAULUS, APOSTEL

Hochfest – Am Vorabend

29. Juni 2025

Petrus, der Apostel,
und Paulus, der Lehrer der Völker,
sie haben uns dein Gesetz gelehrt, o Herr.

An den meisten Apostelfesten werden zwei Apostel zusammen gefeiert. Das entspricht dem Evangelium; denn Jesus hat seine Apostel zu zweit ausgesandt. Dahinter steht die Wirklichkeit, die Jesus selbst benannt hat: Wo zwei oder drei in meinem Namen versammelt sind, da bin ich mitten unter ihnen. (Mt. 18,20) Wenn zwei Apostel oder überhaupt Christen im Glauben zusammenarbeiten, dann ist Jesus als der unsichtbare Dritte mit dabei und segnet das Werk dieser beiden.
Wenn zwei so unterschiedliche Apostel wie Petrus und Paulus zusammen gefeiert werden, dann wird deutlich, dass auch die größten Heiligen keine Einzelkämpfer sind, sondern mit ihren unterschiedlichen Gaben Glieder in dem einen Leib Christi sind, in dem jeder seinen Platz und seine Aufgabe findet, und dass so Gott seinen Segen gibt.

Kyrie-Rufe

Herr Jesus Christus, du hast die Apostel als deine Boten ausgesandt.
Herr, erbarme dich.
Du sendest auch heute Menschen, die dich verkünden.
Christus, erbarme dich.
Du bleibst bei uns alle Tage bis zum Ende der Welt.
Herr, erbarme dich.

Gloria (siehe Seite 516f.)

Tagesgebet

Herr, unser Gott, durch die Apostel Petrus und Paulus hast du in der Kirche den Grund des Glaubens gelegt. Auf ihre Fürsprache hin erhalte und vollende diesen Glauben, der uns zum ewigen Heil führt. Darum bitten wir durch Jesus Christus.

Erste Lesung Apg 3,1–10

Lesung aus der Apostelgeschichte.

In jenen Tagen gingen Petrus und Johannes zur Gebetszeit um die neunte Stunde in den Tempel hinauf. Da wurde ein Mann herbeigetragen, der von Geburt an gelähmt war. Man setzte ihn täglich an das Tor des Tempels, das man die Schöne Pforte nennt; dort sollte er bei denen, die in den Tempel gingen, um Almosen betteln.
Als er nun Petrus und Johannes in den Tempel gehen sah, bat er sie um ein Almosen. Petrus und Johannes blickten ihn an und Petrus sagte: Sieh uns an! Da wandte er sich ihnen zu und erwartete, etwas von ihnen zu bekommen.
Petrus aber sagte: Silber und Gold besitze ich nicht. Doch was ich habe, das gebe ich dir: Im Namen Jesu Christi, des Nazoräers, steh auf und geh umher!
Und er fasste ihn an der rechten Hand und richtete ihn auf.
Sogleich kam Kraft in seine Füße und Gelenke; er sprang auf, konnte stehen und ging umher. Dann ging er mit ihnen in den Tempel, lief und sprang umher und lobte Gott. Alle Leute sahen ihn umhergehen und Gott loben. Sie erkannten ihn als den, der gewöhnlich an der Schönen Pforte des Tempels saß und bettelte. Und sie waren voll Verwunderung und Staunen
über das, was mit ihm geschehen war.

Wort des lebendigen Gottes.

IMPULS Petrus und Johannes geben dem Bettler am Tempeltor das, was sie haben. Das ist nicht Silber und Gold, aber sie wirken ein Wunder und heilen ihn. Die Kirche in unseren Landen besitzt – noch – Silber und Gold und kann sich einer gut ausgebauten Caritas rühmen. Wir sind gerufen, das zu geben, was wir haben, und das bedeutet auch, finanzielle Hilfen zu geben. Aber die Kirche wäre arm, wenn sie nicht noch mehr zu geben hätte. Es braucht kein Wunder zu sein, um einem Menschen wieder auf die Füße zu helfen. Gott hat der Kirche die Sakramente anvertraut, wirksame Zeichen seiner Liebe, der Versöhnung und des Neuanfangs, und sein Wort. Aus dem Wort Gottes wachsen die Aufmerksamkeit für den anderen Menschen, das gute Wort für ihn und auch die Zeit, die wir ihm geben. Die Apostel haben nicht über den Bettler hinweggeschaut. Sie haben ihn angeschaut und ihn aufgefordert, sie anzuschauen. Sie haben eine Beziehung hergestellt und das war der Beginn des Wunders. Ob wir gegenüber hilfsbedürftigen Menschen handeln wie die Apostel, können wir feststellen, wenn es am Ende ebenfalls heißt, dass wir und der, dem wir geholfen haben, wie der ehemalige Bettler am Tor des Tempels Gott loben.

Antwortpsalm

Ps 19 (18),2–3.4–5b (Kv: 5a)

Kv Ihre Botschaft geht hinaus in die ganze Welt. – Kv

Die Himmel erzählen die Herrlichkeit Gottes *
und das Firmament kündet das Werk seiner Hände.
Ein Tag sagt es dem andern, *
eine Nacht tut es der andern kund. – (Kv)

Ohne Rede und ohne Worte, *
ungehört bleibt ihre Stimme.
Doch ihre Botschaft geht in die ganze Welt hinaus, *
ihre Kunde bis zu den Enden der Erde. – Kv

Zweite Lesung

Gal 1,11–20

Lesung aus dem Brief des Apostels Paulus an die Gemeinden in Galátien.

Ich erkläre euch, Schwestern und Brüder: Das Evangelium, das ich verkündet habe, stammt nicht von Menschen; ich habe es ja nicht von einem Menschen übernommen oder gelernt, sondern durch eine Offenbarung Jesu Christi empfangen.

Ihr habt doch von meinem früheren Lebenswandel im Judentum gehört und wisst, wie maßlos ich die Kirche Gottes verfolgte und zu vernichten suchte. Im Judentum machte ich größere Fortschritte als die meisten Altersgenossen in meinem Volk und mit dem größten Eifer setzte ich mich für die Überlieferungen meiner Väter ein.

Als es aber Gott gefiel, der mich schon im Mutterleib auserwählt und durch seine Gnade berufen hat, in mir seinen Sohn zu offenbaren, damit ich ihn unter den Völkern verkünde, da zog ich nicht Fleisch und Blut zu Rate; ich ging auch nicht sogleich nach Jerusalem hinauf zu denen, die vor mir Apostel waren, sondern zog nach Arábien und kehrte dann wieder nach Damáskus zurück. Drei Jahre später ging ich nach Jerusalem hinauf, um Kephas kennenzulernen, und blieb fünfzehn Tage bei ihm. Von den anderen Aposteln sah ich keinen, nur Jakobus, den Bruder des Herrn. Was ich euch hier schreibe – siehe, bei Gott, ich lüge nicht.

Wort des lebendigen Gottes.

IMPULS Um die Vorwürfe seiner Gegner zurückzuweisen, die die Galater verwirrt haben, schildert Paulus die Herkunft des von ihm verkündeten Evangeliums. Auch wenn er kein Schüler Jesu zu dessen Lebzeiten war, hat er es nicht von Menschen empfangen, sondern durch eine Offenbarung Jesu Christi selbst – und zwar hat er weder das Evangelium von einem Menschen übernommen, noch hat er dessen Wesen von einem Menschen gelernt. Gemeint ist damit nicht das in den vier Evangelien geschilderte Leben Jesu, seine Worte und Wunder. Das Evangelium des Paulus ist die Rechtfertigung des Menschen ohne die Werke des Gesetzes allein durch den Glauben an den gekreuzigten und auferstandenen Christus. Dass er es nicht von Menschen empfangen hat, muss Paulus biographisch belegen. Er betont, dass er vor seiner Bekehrung für christliche Einflüsse immun war. Nur Gott selbst konnte ihn von seinem bisherigen Weg abbringen. Die in der Apostelgeschichte geschilderte Offenbarung vor Damaskus wird von Paulus hier gar nicht näher ausgeführt. Wichtiger ist ihm, dass er danach nicht den Kontakt mit den Altaposteln und der Jerusalemer Gemeinde suchte, er also nicht von ihnen das Evangelium empfangen hat. Entscheidend ist, dass Gott ihm bei seiner Bekehrung Jesus Christus als Gottes Sohn offenbarte und Paulus dadurch zum Verkünder des Evangeliums wurde, dessen Inhalt allein Jesus Christus ist. Hinter dem Evangelium des Paulus steht Gott und kein Mensch und damit ist Paulus auch als Apostel qualifiziert.

Ruf vor dem Evangelium

Vgl. Joh 21,17

Halleluja. Halleluja.
Herr, du weißt alles;
du weißt, dass ich dich liebe.
Halleluja.

Evangelium

Joh 21,1.15–19

+ Aus dem heiligen Evangelium nach Johannes.

n jener Zeit offenbarte sich Jesus den Jüngern noch einmal, am See von Tibérias, und er offenbarte sich in folgender Weise.
Als sie gegessen hatten, sagte Jesus zu Simon Petrus: Simon, Sohn des Johannes, liebst du mich mehr als diese? Er antwortete ihm: Ja, Herr, du weißt, dass ich dich liebe. Jesus sagte zu ihm: Weide meine Lämmer!
Zum zweiten Mal fragte er ihn: Simon, Sohn des Johannes, liebst du mich? Er antwortete ihm: Ja, Herr, du weißt, dass ich dich liebe. Jesus sagte zu ihm: Weide meine Schafe!
Zum dritten Mal fragte er ihn: Simon, Sohn des Johannes, liebst du mich? Da wurde Petrus traurig, weil Jesus ihn zum dritten Mal gefragt hatte: Liebst du mich? Er gab ihm zur Antwort: Herr, du weißt alles; du weißt, dass ich dich liebe. Jesus sagte zu ihm: Weide meine Schafe!
Amen, amen, ich sage dir: Als du jünger warst, hast du dich selbst gegürtet und gingst, wohin du wolltest. Wenn du aber alt geworden bist, wirst du deine Hände ausstrecken und ein anderer wird dich gürten und dich führen, wohin du nicht willst.

Das sagte Jesus, um anzudeuten, durch welchen Tod er Gott verherrlichen werde. Nach diesen Worten sagte er zu ihm: Folge mir nach!

Evangelium unseres Herrn Jesus Christus.

IMPULS Es ist ein frühmorgendliches Evangelium, das wir gehört haben. Es ist die Zeit, in der die Fischer von ihrem nächtlichen Fang zurückkehren. Die Morgensonne geht auf, aber die Dunkelheit liegt noch nicht weit zurück. Es ist ein Osterevangelium, das uns in das aufgehende Osterlicht führt, aber die Dunkelheit des Kreuzes und der Verleugnung durch Petrus stehen im Hintergrund. Jesus spricht das Versagen des Petrus nicht an, aber die dreifache Frage nach der Liebe des Petrus und dessen dreifaches Bekenntnis dieser Liebe löschen die dreifache Verleugnung aus. Trotz seiner Verleugnung besteht kein Zweifel an der Liebe des Petrus; und in der Reue über sein Versagen wird er durch die dreifache Frage Jesu und die dreifache Erteilung des Auftrags, Jesu Schafe zu weiden, gestärkt, so dass er nun wieder wirklich Petrus, der Felsenmann, sein kann. Am Ende fällt wieder ein Schatten auf das Evangelium mit dem Hinweis auf das Martyrium des Petrus, aber es ist nicht nur ein Schatten, sondern auch die Bestätigung der Treue des Petrus zu der Berufung, die er hier wieder neu erhält. Gerade so ist es aber ein Osterevangelium; denn Ostern verstehen wir nur vor dem Hintergrund des Kreuzes, der Schwäche und Sünde von uns Menschen und der Bedrängnisse, die die Jünger und die Kirche in der Nachfolge Jesu erfahren. Gerade vor diesem Hintergrund strahlt das Osterlicht in seiner vollen Kraft und Schönheit, weil Gott gerade so durch seine Macht und Liebe unsere Schwäche und Sünde überwindet und uns die Kraft gibt, ihm zu folgen und in sein Reich einzugehen. Es ist ein Osterevangelium, auch wenn es das Evangelium am Fest der Apostel Petrus und Paulus ist. Durch die vergebende Liebe des auferstandenen Herrn wird Petrus und durch seine Bekehrung, in der er erkennt, dass der Auferstandene der Sohn Gottes ist, wird Paulus jeweils zu einer Säule der Kirche.

CREDO (siehe Seite 520ff.)

FÜRBITTEN

Lasset uns beten zu unserem Herrn Jesus Christus, dessen Auferstehung die Apostel bezeugten:

V: Christus, höre uns. A: Christus, erhöre uns.

– Für unseren Papst Franziskus, dass Gott ihn in seinem Dienst in der Kirche stärke.

– Für unsere Pfarrgemeinden, dass sie Orte sind, an denen Glaube, Hoffnung und Liebe gelebt werden.

– Für die Europäische Gemeinschaft, dass sie zu Frieden, Sicherheit und Fortschritt in der Welt beiträgt.

– Für alle, die wegen ihrer Überzeugung verfolgt werden, dass sie Hilfe und Solidarität erhalten.

– Für die alten Menschen, die auf ihr Leben zurückblicken, dass sie Trost und menschliche Zuwendung erfahren.

– Für unsere Verstorbenen, dass Gott sie in seinem Reich vollendet.

Gott, unser Vater, am Kreuz hat dein Sohn das Leid und die Sünde angenommen und sie in seiner Auferstehung überwunden. Gib uns Anteil an dem Licht seiner Herrlichkeit, damit wir dich lieben und loben in alle Ewigkeit. Amen.

GABENGEBET

Allmächtiger Gott, das Martyrium der Apostel Petrus und Paulus ist der Ruhm deiner Kirche. An diesem festlichen Tag bringen wir unsere Gaben zu deinem Altar. Wenn wir auf unsere eigene Leistung schauen und den Mut verlieren, dann laß uns auf dein Erbarmen hoffen, das sich an den Aposteln machtvoll erwiesen hat. Darum bitten wir durch Christus, unseren Herrn.

Präfation Vom Tag

In Wahrheit ist es würdig und recht, dich, allmächtiger Vater, in deinen Heiligen zu preisen und am Fest der Apostel Petrus und Paulus das Werk deiner Gnade zu rühmen. Petrus hat als erster den Glauben an Christus bekannt und aus Israels heiligem Rest die erste Kirche gesammelt. Paulus empfing die Gnade tiefer Einsicht und die Berufung zum Lehrer der Heiden. Auf verschiedene Weise dienten beide Apostel der einen Kirche, gemeinsam empfingen sie die Krone des Lebens. Darum ehren wir beide in gemeinsamer Feier und vereinen uns mit allen Engeln und Heiligen zum Hochgesang von deiner göttlichen Herrlichkeit.

Einladung zum Vaterunser

Jesus Christus hat uns gerufen und uns zu seinen Schwestern und Brüdern gemacht. Mit seinen Worten dürfen wir zum Vater beten: Vater unser im Himmel …

Einladung zum Friedensgebet

Jesus Christus fragt nach unserer Liebe und vergibt uns dabei unsere Schuld. Deshalb bitten wir: Herr Jesus Christus …

Kommunionvers Joh 21,15.17

Simon, Sohn des Johannes, liebst du mich mehr, als diese mich lieben? Herr, du weißt alles: Du weißt, dass ich dich liebe.

Schlussgebet

Allmächtiger Gott, stärke uns durch die heiligen Geheimnisse und erleuchte deine Kirche allezeit durch das Wort der Apostel. Darum bitten wir durch Christus, unseren Herrn.

Schlusssegen Von den Aposteln Petrus und Paulus

Seinen Segen gewähre euch der allmächtige Gott, der auf das Bekenntnis des Petrus die Kirche gegründet und durch ihn die Brüder im Glauben gestärkt hat.

Durch Paulus hat er die Heidenvölker zum Glauben geführt; das Beispiel dieses Apostels lehre euch, Menschen für Christus zu gewinnen.
Beide bezeugten den Herrn bis zum Tod: Petrus am Kreuz, Paulus unter dem Schwert; ihre Fürsprache geleite euch zur ewigen Heimat.
Das gewähre euch der dreieinige Gott, der Vater und der Sohn † und der Heilige Geist.

Gebet unsrer Tage

O Gott,
Die Zeit ist voller Bedrängnis,
Die Sache Christi liegt wie im Todeskampf
Und doch – nie schritt Christus mächtiger
Durch die Erdenzeit,
Nie war sein Kommen deutlicher,
Nie seine Nähe spürbarer,
Nie sein Dienst köstlicher,
Als jetzt.
Darum lasst uns in diesen Augenblicken
Des Ewigen,
Zwischen Sturm und Sturm,
In der Erdenzeit zu Dir beten:
O Gott, Du kannst das Dunkel erleuchten.
Du allein kannst es!

John Henry Newman

HL. PETRUS UND HL. PAULUS, APOSTEL

Hochfest – Am Tag

29. Juni 2025

Die Apostel Petrus und Paulus haben die Kirche begründet;
sie haben den Kelch des Herrn getrunken,
nun sind sie Gottes Freunde.

Wie feiern heute das Martyrium des hl. Petrus und des hl. Paulus in Rom. Beide hat es in die Hauptstadt des Reiches geführt und das allein ist schon aussagekräftig. Das Christentum, das in kleinen Gemeinden existierte, die eher am Rand standen, wollte dennoch die ganze Welt durchdringen und die beiden Säulen der Kirche, Petrus und Paulus, wollten daher beide in das Zentrum des Römischen Reichs, in die Hauptstadt Rom.
Die beiden so unterschiedlichen Apostel werden beide auf demselben Weg geführt und sie erleiden in Rom beide dasselbe Schicksal des Martyriums. Ihr Martyrium und ihre Gräber sind das Erbe, das sie der Kirche in Rom hinterlassen, und damit werden sie zu den beiden Gründungsgestalten für die Kirche in Rom. Nicht die beiden mythischen Gründer der Stadt Rom, Romulus und Remus, sind im Mittelalter die, auf die sich die Stadt Rom beruft. Ihr Ruhm sind nun die Gräber der beiden Apostel. Das beginnt schon früh, denn bereits Johannes Chrysostomus von Rom sagt: »Das ist der Grund, warum ich diese Stadt so bewundere: nicht wegen ihres vielen Geldes, nicht wegen ihrer Bildsäulen und ihres sonstigen Prunkes, sondern wegen dieser zwei Säulen der Kirche.« Bis heute sind diese beiden Gräber nicht nur das Ziel unzähliger Pilger, sondern auch eine Brücke, durch die die Kirche mit ihrem Ursprung verbunden ist. Sie erinnern uns daran, dass beide Apostel vom Herrn selbst berufen worden sind, und sind daher Zeugnisse und Stärkung des Glaubens der Kirche.

Kyrie-Rufe

Herr Jesus Christus, du hast die Apostel berufen und ausgesandt.
Herr, erbarme dich.
Du hast deine Kirche auf das Fundament der Apostel gegründet.
Christus, erbarme dich.
Du rufst auch heute deine Boten und Zeugen.
Herr, erbarme dich.

Gloria (siehe Seite 516f.)

Tagesgebet

Herr, unser Gott, am Hochfest der Apostel Petrus und Paulus haben wir uns in Freude versammelt. Hilf deiner Kirche, in allem der Weisung deiner Boten zu folgen, durch die sie den Glauben und das Leben in Christus empfangen hat, der in der Einheit des Heiligen Geistes mit dir lebt und herrscht in alle Ewigkeit.

Erste Lesung — Apg 12,1–11

Lesung aus der Apostelgeschichte.

In jenen Tagen ließ der König Herodes einige aus der Gemeinde verhaften und misshandeln. Jakobus, den Bruder des Johannes, ließ er mit dem Schwert hinrichten. Als er sah, dass es den Juden gefiel, ließ er auch Petrus festnehmen. Das geschah in den Tagen der Ungesäuerten Brote. Er nahm ihn also fest und warf ihn ins Gefängnis. Die Bewachung übertrug er vier Abteilungen von je vier Soldaten. Er beabsichtigte, ihn nach dem Paschafest dem Volk vorführen zu lassen. Petrus wurde also im Gefängnis bewacht. Die Gemeinde aber betete inständig für ihn zu Gott.

In der Nacht, ehe Herodes ihn vorführen lassen wollte, schlief Petrus, mit zwei Ketten gefesselt, zwischen zwei Soldaten; vor der Tür aber bewachten Posten den Kerker.

Und siehe, ein Engel des Herrn trat hinzu und ein Licht strahlte in dem Raum. Er stieß Petrus in die Seite, weckte ihn und sagte: Schnell, steh auf! Da fielen die Ketten von seinen Händen. Der Engel aber sagte zu ihm: Gürte dich und zieh deine Sandalen an! Er tat es. Und der Engel sagte zu ihm: Wirf deinen Mantel um und folge mir! Und Petrus ging hinaus und folgte ihm, ohne zu wissen, dass es Wirklichkeit war, was durch den Engel geschah; es kam ihm vor, als habe er eine Vision.
Sie gingen an der ersten und an der zweiten Wache vorbei und kamen an das eiserne Tor, das in die Stadt führt; es öffnete sich ihnen von selbst. Sie traten hinaus und gingen eine Gasse weit; und sogleich verließ ihn der Engel.
Da kam Petrus zu sich und sagte: Nun weiß ich wahrhaftig, dass der Herr seinen Engel gesandt und mich der Hand des Herodes entrissen hat und alldem, was das Volk der Juden
erwartet hat.

Wort des lebendigen Gottes.

IMPULS Wieder ist Pascha, wieder soll ein Justizmord geschehen, bei dem die Machthaber davon ausgehen, dass er der Menge gefällt und sie beruhigt. Aber diesmal ist nicht Jesus das vorgesehene Opfer, sondern Petrus. Der von Jesus nach der Auferstehung gestärkte Petrus (was wir im heutigen Evangelium hören) steht nicht mehr in der Gefahr der Verleugnung. Aber diese Lesung erzählt nicht das Martyrium des Petrus, sondern seine Errettung. Es ist eine nachösterliche Erzählung und so letztlich eine Ostergeschichte. Wie der Engel den Stein vom Grab weg wälzt, so löst er hier die Ketten. Petrus, der von Gott aus dem Gefängnis befreit wird, ähnelt Jesus, der vom Tod und aus dem Grab aufersteht. Wie Petrus in der Nachfolge Jesu das Martyrium erleiden wird, so darf er hier in der Nachfolge Jesu Rettung erfahren. Das ist mehr als eine Vision, es ist eine Rettungsgeschichte, die Petrus in der Nachfolge Jesu und im Sog von Ostern zeigt. Hier geschieht eine Stärkung des Glaubens des Petrus an die rettende Macht Gottes, die ihre Kraft bewahrt, auch wenn Petrus schließlich das Martyrium erleiden wird. Auch unser Glaube wird gestärkt und auch für uns ist es eine Ostergeschichte, dass Gott Ketten von uns nehmen und uns in die Freiheit seines Lebens führen will.

ANTWORTPSALM Ps 34 (33),2–3.4–5.6–7.8–9 (Kv: vgl. 5b)

Kv All meinen Ängsten hat mich der HERR entrissen. – Kv

Ich will den HERRN allezeit preisen; *
immer sei sein Lob in meinem Mund.
Meine Seele rühme sich des HERRN; *
die Armen sollen es hören und sich freuen. – (Kv)

Preist mit mir die Größe des HERRN, *
lasst uns gemeinsam seinen Namen erheben!
Ich suchte den HERRN und er gab mir Antwort, *
er hat mich all meinen Ängsten entrissen. – (Kv)

Die auf ihn blickten, werden strahlen, *
nie soll ihr Angesicht vor Scham erröten.
Da rief ein Armer und der HERR erhörte ihn *
und half ihm aus all seinen Nöten. – (Kv)

Der Engel des HERRN umschirmt, die ihn fürchten, *
und er befreit sie.
Kostet und seht, wie gut der HERR ist! *
Selig der Mensch, der zu ihm sich flüchtet! – Kv

ZWEITE LESUNG 2 Tim 4,6–8.17–18

Lesung aus dem zweiten Brief des Apostels Paulus an Timótheus.

Mein Sohn! Ich werde schon geopfert und die Zeit meines Aufbruchs ist nahe. Ich habe den guten Kampf gekämpft, den Lauf vollendet, die Treue bewahrt.
Schon jetzt liegt für mich der Kranz der Gerechtigkeit bereit, den mir der Herr, der gerechte Richter, an jenem Tag geben wird, aber nicht nur mir, sondern allen, die sein Erscheinen ersehnen.

Der Herr stand mir zur Seite und gab mir Kraft, damit durch mich die Verkündigung vollendet wird und alle Völker sie hören; und so wurde ich dem Rachen des Löwen entrissen. Der Herr wird mich allem bösen Treiben entreißen und retten in sein himmlisches Reich. Ihm sei die Ehre in alle Ewigkeit. Amen.

Wort des lebendigen Gottes.

IMPULS Der 2. Timotheusbrief ist als Abschiedsbrief vor dem Tod des Apostels Paulus konzipiert. Dieser Tod steht unmittelbar bevor und der Verfasser des Briefs begegnet ihm mit einer großen Souveränität. Seine Zuversicht ist ungebrochen. Der Rückblick und das Fazit seines Lebens zeugen von einer großen Selbstsicherheit. Paulus wird hier als eine vollendete Glaubensgestalt dargestellt und damit ist er Vorbild und Ermunterung und auch Ziel der Verehrung für die Gemeinden. Dabei ist die Zeit nach Paulus im Blick, in der sich in seinen Nachfolgern und in der Gemeinde die Kontinuität bewähren muss. Diese Nachfolger stehen in der Sukzession des Paulus und können sich so in ihrer Autorität ausweisen. Die für Paulus schon sichere Belohnung ist auch die Verheißung für die, die sich wie er im Glauben bewähren.
Am Ende der Lesung wird dann der Blick auf den Herrn gerichtet. Er ist treu und er sorgt dafür, dass die Verkündigung vollendet wird, dass das von Paulus verkündete Evangelium den Weg zu allen Völkern findet. Dabei wird Gottes rettendes Handeln betont. Den Ausschlag gibt nicht das menschliche Tun, sondern die Macht Gottes. Die Zuversicht des Briefschreibers, dass er von Gott gerettet wird, bedeutet nicht, dass er vor dem Martyrium bewahrt bleibt, sondern dass Gott ihm über die Kräfte des Menschen hinaus und über dieses Leben hinaus beisteht. Er wird ihn in sein himmlisches Reich retten. Dieselbe Hoffnung wie Paulus können auch alle die haben, die im festen Vertrauen auf Gott sein Werk fortsetzen. Am Ende der Lesung steht der Lobpreis Gottes, der dem, was ihm in dieser Lesung vorausgeht, bekräftigt und ein besonderes Gewicht gibt.

Ruf vor dem Evangelium Mt 16,18

Halleluja. Halleluja.
(So spricht der Herr:)
Du bist Petrus – der Fels –
und auf diesen Felsen werde ich meine Kirche bauen
und die Pforten der Unterwelt werden sie nicht überwältigen.
Halleluja.

Evangelium Mt 16,13–19

+ Aus dem heiligen Evangelium nach Matthäus.

In jener Zeit, als Jesus in das Gebiet von Cesaréa Philíppi kam, fragte er seine Jünger und sprach: Für wen halten die Menschen den Menschensohn?
Sie sagten: Die einen für Johannes den Täufer, andere für Elíja, wieder andere für Jeremía oder sonst einen Propheten.
Da sagte er zu ihnen: Ihr aber, für wen haltet ihr mich?
Simon Petrus antwortete und sprach: Du bist der Christus, der Sohn des lebendigen Gottes!
Jesus antwortete und sagte zu ihm: Selig bist du, Simon Barjóna; denn nicht Fleisch und Blut haben dir das offenbart, sondern mein Vater im Himmel. Ich aber sage dir: Du bist Petrus – der Fels – und auf diesen Felsen werde ich meine Kirche bauen und die Pforten der Unterwelt werden sie nicht überwältigen. Ich werde dir die Schlüssel des Himmelreichs geben; was du auf Erden binden wirst, das wird im Himmel gebunden sein, und was du auf Erden lösen wirst, das wird im Himmel gelöst sein.

Evangelium unseres Herrn Jesus Christus.

IMPULS Bei der Auslegung des heutigen Evangeliums wird meistens der Schluss, die Verleihung des neuen Namens Petrus, des Felsens, und die Verheißung an Petrus, dass Jesus auf ihm die Kirche aufbauen will, betrachtet. Das legt sich nahe, wenn wir bedenken, dass hier die Grundlage des päpstlichen Primats liegt. Aber der Kern dieses Abschnitts, der wirklich seine Mitte bildet, ist ein

anderer. Es ist die Nahtstelle, an der sich Gottes- und Menschenwort treffen. Du bist der Messias, der Sohn des lebendigen Gottes! Selig bist du, Simon Barjona!
Dabei ist allerdings zu fragen, was Gottes- und was Menschenwort ist. ›Du bist der Messias, der Sohn des lebendigen Gottes!‹ ist Wort des Petrus, ihm aber nicht von Fleisch und Blut eingegeben, sondern durch den Geist; und: ›Selig bist du, Simon Barjona!‹ ist Wort Gottes, aber an einen Menschen oder sogar an alle Menschen gerichtet, und dieses: ›Selig bist du!‹ wird dadurch zu einem Menschenwort, einem Wort für die Menschen. Diese Stelle erweist sich als die Mitte des heutigen Evangeliums, weil sie im Grunde nicht nur an Petrus gerichtet ist, sondern an uns alle.
Petrus erkennt in Jesus den Messias und noch mehr Gottes Sohn. Diese Erkenntnis, die ihm Gottes Geist gegeben hat, verbindet sich mit dem Vertrauen und der Liebe seines Herzens, so dass er bereit wird, sich diesem als Gottes Sohn erkannten Jesus anzuvertrauen. Aus der Erkenntnis werden ein Bekenntnis und eine Lebensübergabe. Das ist aber das, was auch jeder von uns im Glauben tut. Aus der Erkenntnis wird ein Bekenntnis; und das Vertrauen und die Liebe führen dazu, unser Leben Gott anzuvertrauen. Nicht Fleisch und Blut geben das ein und machen das möglich, sondern der Geist Gottes. Gottes Antwort auf unser Bekenntnis und die Übergabe unseres Lebens an ihn (so unvollkommen sie auch noch sein mag) ist das Versprechen: Selig bist du! Selig, weil du Gemeinschaft mit mir hast, weil ich dir beistehe, weil ich dich zum Erben meines Reichs machen will – und dieses: ›Selig bist du!‹ sagt Gott jedem von uns, der sich zu Jesus Christus bekennt und sagt: Du bist der Sohn Gottes!
Im letzten geht es also in diesem Evangelium nicht um Petrus, obwohl wir den auch heute in der Kirche brauchen. Im letzten geht es um Jesus Christus und um uns alle, um unser Bekenntnis und die Antwort Jesu, seine Verheißung an uns.

CREDO (siehe Seite 520ff.)

Fürbitten

Lasst uns zu Gott, unserem Vater, beten, der uns Jesus Christus als seinen geliebten Sohn geoffenbart hat:

V: Gott, unser Vater. A: Wir bitten dich, erhöre uns.

– Für unseren Papst und alle, die ihn in seinem Dienst unterstützen, dass sie von Gott gestärkt werden.

– Für alle, die sich um die Einheit der Kirchen mühen, dass sie in ihrem Einsatz nicht erlahmen.

– Für die Frauen und Männer, die den Glauben verkünden, dass sie aus der Freude dieses Glaubens leben.

– Für die Notleidenden in den Hungergebieten der Erde, dass sie nicht vergessen werden.

– Für die Flüchtlinge in unserem Land, dass sie Hilfe und Verständnis finden.

– Für die Menschen, die in ihrem Leben wenig Anerkennung erfahren, dass sich ihnen Menschen zuwenden.

– Für unsere Verstorbenen, dass sie Gott schauen.

Barmherziger Gott, du wendest dich uns in Liebe zu. Höre unser Gebet und lass uns deine rettende Kraft preisen in Zeit und Ewigkeit. Amen.

Gabengebet

Herr und Gott, in Gemeinschaft mit den Aposteln Petrus und Paulus bitten wir dich: Heilige unsere Gaben und laß uns mit Bereitschaft und Hingabe das Opfer deines Sohnes feiern, der mit dir lebt und herrscht in alle Ewigkeit.

Präfation

Vom Tag

In Wahrheit ist es würdig und recht, dich, allmächtiger Vater, in deinen Heiligen zu preisen und am Fest der Apostel Petrus und Paulus das Werk deiner Gnade zu rühmen. Petrus hat als erster den Glauben an Christus bekannt und aus Israels heiligem Rest die erste Kirche gesammelt. Paulus empfing die Gnade tiefer Einsicht und die Berufung zum Lehrer der Heiden. Auf verschiedene Weise dienten beide Apostel der einen Kirche, gemeinsam empfingen sie die Krone des Lebens. Darum ehren wir beide in gemeinsamer Feier und vereinen uns mit allen Engeln und Heiligen zum Hochgesang von deiner göttlichen Herrlichkeit.

Einladung zum Vaterunser

Jesus Christus ist der Sohn des lebendigen Gottes. In ihm werden wir Kinder Gottes und können mit den Worten Jesu beten: Vater unser im Himmel …

Einladung zum Friedensgebet

Der Herr will uns allem Bösen entreißen und in sein himmlisches Reich führen. Deshalb bitten wir: Herr Jesus Christus …

Kommunionvers — Mt 16,16.18

Petrus sagte zu Jesus: Du bist der Messias, der Sohn des lebendigen Gottes. Jesus erwiderte ihm: Du bist Petrus, und auf diesen Felsen werde ich meine Kirche bauen.

Schlussgebet

Herr, unser Gott, du hast uns durch das heilige Sakrament gestärkt. Gib, daß wir im Brotbrechen und in der Lehre der Apostel verharren und in deiner Liebe ein Herz und eine Seele werden. Darum bitten wir durch Christus, unseren Herrn.

Schlusssegen — Von den Aposteln Petrus und Paulus

Seinen Segen gewähre euch der allmächtige Gott, der auf das Bekenntnis des Petrus die Kirche gegründet und durch ihn die Brüder im Glauben gestärkt hat.
Durch Paulus hat er die Heidenvölker zum Glauben geführt; das Beispiel dieses Apostels lehre euch, Menschen für Christus zu gewinnen.

Beide bezeugten den Herrn bis zum Tod: Petrus am Kreuz, Paulus unter dem Schwert; ihre Fürsprache geleite euch zur ewigen Heimat.
Das gewähre euch der dreieinige Gott, der Vater und der Sohn ✝ und der Heilige Geist.

Kaum wird jedoch die Frage aufgeworfen, für wen ihn die Jünger halten, so bekennt der zuerst seinen Glauben an den Herrn, der den ersten Rang unter den Aposteln einnimmt. Gibt er doch die Antwort: »Du bist Christus, der Sohn des lebendigen Gottes.« Darauf entgegnete ihm Jesus: »Selig bist du, Simon, Sohn des Jonas; denn nicht Fleisch und Blut hat dir das geoffenbart, sondern mein Vater, der im Himmel ist!« Das heißt: Deshalb bist du selig, weil mein Vater dich belehrt hat, weil du dich nicht durch die Meinung der Welt täuschen ließest, sondern durch himmlische Erleuchtung unterwiesen wurdest, weil nicht Fleisch und Blut, sondern jener mich dir offenbarte, dessen eingeborener Sohn ich bin. »Und ich«, fuhr er fort, »sage dir.« – Das heißt: Wie mein Vater dir meine Göttlichkeit deutlich zeigte, so mache ich dir deine Bevorzugung kund: »Du bist Petrus.« Das heißt: Wenn auch ich der unerschütterliche Fels bin, ich der Eckstein, der aus beiden eines macht, ich das Fundament, außer dem keiner ein anderes legen kann, so bist doch auch du ein Fels, da du durch meine Stärke gefestigt wirst, so dass du durch diese Gemeinschaft an meiner persönlichen Macht Anteil hast.

Leo der Große

14. SONNTAG IM JAHRESKREIS

6. Juli 2025

Deiner Huld, o Gott, gedenken wir
in deinem heiligen Tempel.
Wie dein Name, Gott,
so reicht dein Ruhm bis an die Enden der Erde;
deine rechte Hand ist voll von Gerechtigkeit.
Ps 48 (47),10–11

Im heutigen Evangelium sendet Jesus seine Jünger als Friedensboten aus, die dem Haus, in das sie kommen, als erstes den Frieden wünschen sollen. Frieden ist eine große Sehnsucht der Menschen und er ist immer ein gefährdetes Gut. Mit dem Überfall Russlands auf die Ukraine ist der Krieg nach Europa zurückgekehrt, aber in vielen Weltteilen ist Krieg schon vorher immer grausame Realität gewesen.
Frieden bedeutet aber nicht nur das Ende der Kriege zwischen den Staaten. Wir sehnen uns auch nach dem Frieden mit uns selbst, mit den Menschen um uns und mit Gott. Im Friedensgruß der Messe wird uns der Friede zugesagt und im Entlassungsruf »Gehet in Frieden!« werden auch wir als Friedensboten gesandt, die in unseren Familien, an unseren Arbeitsplätzen und in unseren Freundeskreisen für Frieden sorgen können.

Kyrie-Rufe

Den Frieden, den wir empfangen, sollen wir auch schenken:
Herr Jesus Christus, du bist unser Friede.
Herr, erbarme dich.
Du hast uns von der Sünde erlöst und Frieden mit Gott gebracht.
Christus, erbarme dich.
Du gibst uns die Kraft zur Liebe und zum Frieden.
Herr, erbarme dich.

Gloria (siehe Seite 516f.)

Tagesgebet

Barmherziger Gott, durch die Erniedrigung deines Sohnes hast du die gefallene Menschheit wieder aufgerichtet und aus der Knechtschaft der Sünde befreit. Erfülle uns mit Freude über die Erlösung und führe uns zur ewigen Seligkeit. Darum bitten wir durch Jesus Christus.

Erste Lesung

Jes 66,10–14c

Lesung aus dem Buch Jesaja.

Freut euch mit Jerusalem und jauchzt in ihr alle, die ihr sie liebt! Jubelt mit ihr, alle, die ihr um sie trauert, auf dass ihr trinkt und satt werdet an der Brust ihrer Tröstungen, auf dass ihr schlürft und euch labt an der Brust ihrer Herrlichkeit!
Denn so spricht der HERR: Siehe, wie einen Strom leite ich den Frieden zu ihr und die Herrlichkeit der Nationen wie einen rauschenden Bach, auf dass ihr trinken könnt; auf der Hüfte werdet ihr getragen, auf Knien geschaukelt.
Wie einen Mann, den seine Mutter tröstet, so tröste ich euch; in Jerusalem findet ihr Trost.
Ihr werdet das sehen und euer Herz wird jubeln und eure Knochen werden sprossen wie frisches Grün. So offenbart sich die Hand des HERRN an seinen Knechten.

Wort des lebendigen Gottes.

IMPULS Die Lesung singt ein überschäumendes Lob auf Jerusalem und verkündet die große Verheißung für die Stadt. An ihr werden alle satt mit Trost und Herrlichkeit. Jerusalem ist die heilige Stadt dreier Weltreligionen, Ziel von Wallfahrten, Ort der Sehnsucht und Stadt der Freude für unzählige Menschen – und gerade deswegen Grund zahlloser Kriege, mehrfach zerstört und bis heute zerrissen zwischen Juden und Palästinensern. Wir erleben nicht, dass Gott den Frieden wie einen Strom zu ihr leitet. An keinem anderen Ort der Erde können so leicht Konflikte aufbrechen.
Die Stadt der Verheißung ist auch eine Stadt der Menschen, die die Verheißung verdunkeln und ihr untreu werden, die sie für sich

allein behalten wollen, weshalb sie alle anderen zu verdrängen versuchen; und dennoch bleibt die Verheißung bestehen.
Von Anfang an hat die christliche Auslegung des AT das, was über Israel und Jerusalem gesagt wird, auf die Kirche bezogen; und auch heute noch können wir die Lesung auf die Kirche hin lesen. Auch wir hoffen, dass Gott den Frieden wie einen Strom zu ihr lenkt und dass die Kirche wie eine Mutter alle die trösten kann, die durch Leid und Trauer gebeugt sind.
Aber wie bei Jerusalem ist das Bild der Kirche oft ein anderes. Die Kirche ist gespalten in viele verschiedene Konfessionen, was sogar zu blutigen Kriegen geführt hat, und wir erleben die Kirche in Deutschland auch heute als zerrissen. Die Missbrauchsskandale haben in den letzten Jahren die Verheißung durch menschliche Schuld verdunkelt und viele wenden sich von der Kirche ab, weil sie in ihren Nöten dort keinen Trost finden.
Weder Jerusalem noch die Kirche können als Werk und als Gemeinschaft von Menschen der Verheißung dieser Lesung gerecht werden. Aber wie Jerusalem der Ort des Tempels war, glauben wir Christen, dass die Kirche Tempel Gottes ist, dass Gott in ihr zu uns kommt und bei uns ist.
Die heutige Lesung zeigt nicht die vielen schwarzen Flecken, an die wir bei der Kirche auch denken müssen, aber sie ermuntert uns, dass auch wir die Erfahrung machen können, dass Gott den Frieden in unsere Herzen lenken will, dass wir in der Gemeinschaft derer, die an ihn glauben, Trost finden können und dass wir dann aufblühen und sprossen wie frisches Grün.

ANTWORTPSALM Ps 66 (65),1–3.4–5.6–7.16 u. 20 (Kv: 1)

Kv Jauchzt Gott zu, alle Länder der Erde! – Kv

Jauchzt Gott zu, alle Länder der Erde! /
Spielt zur Ehre seines Namens! *
Verherrlicht ihn mit Lobpreis!
Sagt zu Gott: Wie Ehrfurcht gebietend sind deine Taten; *
vor deiner gewaltigen Macht müssen die Feinde sich
beugen. – Kv

Alle Welt bete dich an und singe dein Lob, *
sie lobsinge deinem Namen!
Kommt und seht die Taten Gottes! *
Ehrfurcht gebietend ist sein Tun an den Menschen: – Kv

Er verwandelte das Meer in trockenes Land, /
sie schreiten zu Fuß durch den Strom; *
dort wollen wir uns über ihn freuen.
In seiner Kraft ist er Herrscher auf ewig; /
seine Augen prüfen die Völker. *
Die Aufsässigen können sich gegen ihn nicht erheben. – Kv

Alle, die ihr Gott fürchtet, kommt und hört; *
ich will euch erzählen, was er mir Gutes getan hat.
Gepriesen sei Gott; /
denn er hat mein Bittgebet nicht unterbunden *
und mir seine Huld nicht entzogen. – Kv

Zweite Lesung — Gal 6,14–18

Lesung aus dem Brief des Apostels Paulus an die Gemeinde in Galatien.

Schwestern und Brüder! Ich will mich allein des Kreuzes Jesu Christi, unseres Herrn, rühmen, durch das mir die Welt gekreuzigt ist und ich der Welt.
Denn es gilt weder die Beschneidung etwas noch das Unbeschnittensein, sondern: neue Schöpfung.
Friede und Erbarmen komme über alle, die diesem Grundsatz folgen, und über das Israel Gottes.
In Zukunft soll mir niemand mehr solche Schwierigkeiten bereiten. Denn ich trage die Leidenszeichen Jesu an meinem Leib.
Die Gnade Jesu Christi, unseres Herrn, sei mit eurem Geist, meine Brüder und Schwestern! Amen.
Wort des lebendigen Gottes.

IMPULS Die Lesung ist der Schluss des Galaterbriefs, in dem Paulus den Galatern mit aller Wucht noch einmal einige der Grundgedanken dieses Briefs einschärft. Paulus will sich nur des Kreuzes Christi rühmen. Damit ist alles andere ausgeschlossen; denn durch das Kreuz ist der, der glaubt, der Welt gestorben und die Welt ihm. Dieses Gestorbensein bedeutet, eine neue Schöpfung zu sein. Die Frage, beschnitten zu sein oder nicht, das Gesetz zu halten oder nicht, hat in dieser neuen Schöpfung keine Bedeutung mehr. Alle, die sich darauf einlassen und dem folgen, finden Frieden und Erbarmen. In diesem Segensspruch wird ihnen so von Paulus nichts Neues zugesprochen, sondern das, was sich aus der neuen Schöpfung ergibt. Sie haben den Frieden mit Gott und Gott hat ihnen sein Erbarmen bereits zugesprochen. Dass dies das letzte Wort des Paulus in dieser Angelegenheit ist, wird daran deutlich, dass er sich verbittet, damit noch einmal belästigt zu werden. Er kann seine Position, sich allein des Kreuzes zu rühmen, nicht ändern, weil seine Existenz von der Kreuzestheologie bestimmt ist, er die Leidenszeichen an seinem Leib trägt. Am Ende aber steht der durch das Amen bekräftigte Segen, der noch einmal bestätigt, dass allen, die die neue Schöpfung sind, Frieden und Erbarmen zuteilwird.

RUF VOR DEM EVANGELIUM — Kol 3,15a.16a

Halleluja. Halleluja.
Der Friede Christi triumphiere in euren Herzen.
Das Wort Christi wohne mit seinem ganzen Reichtum bei euch.
Halleluja.

EVANGELIUM — Lk 10,1–12.17–20 (Kf: 10,1–9)

+ Aus dem heiligen Evangelium nach Lukas.

In jener Zeit suchte der Herr zweiundsiebzig andere aus und sandte sie zu zweit vor sich her in alle Städte und Ortschaften, in die er selbst gehen wollte.

Er sagte zu ihnen: Die Ernte ist groß, aber es gibt nur wenig Arbeiter. Bittet also den Herrn der Ernte, Arbeiter für seine Ernte auszusenden!
Geht! Siehe, ich sende euch wie Schafe mitten unter die Wölfe.
Nehmt keinen Geldbeutel mit, keine Vorratstasche und keine Schuhe! Grüßt niemanden auf dem Weg!
Wenn ihr in ein Haus kommt, so sagt als Erstes: Friede diesem Haus!
Und wenn dort ein Sohn des Friedens wohnt, wird euer Friede auf ihm ruhen; andernfalls wird er zu euch zurückkehren.
Bleibt in diesem Haus, esst und trinkt, was man euch anbietet; denn wer arbeitet, ist seines Lohnes wert. Zieht nicht von einem Haus in ein anderes!
Wenn ihr in eine Stadt kommt und man euch aufnimmt, so esst, was man euch vorsetzt.
Heilt die Kranken, die dort sind, und sagt ihnen: Das Reich Gottes ist euch nahe!
Wenn ihr aber in eine Stadt kommt, in der man euch nicht aufnimmt, dann geht auf die Straße hinaus und ruft: Selbst den Staub eurer Stadt, der an unseren Füßen klebt, lassen wir euch zurück; doch das sollt ihr wissen: Das Reich Gottes ist nahe. ←
Ich sage euch: Sodom wird es an jenem Tag erträglicher ergehen als dieser Stadt.
Die Zweiundsiebzig kehrten zurück und sagten voller Freude: Herr, sogar die Dämonen sind uns in deinem Namen untertan.
Da sagte er zu ihnen: Ich sah den Satan wie einen Blitz aus dem Himmel fallen.
Siehe, ich habe euch die Vollmacht gegeben, auf Schlangen und Skorpione zu treten und über die ganze Macht des Feindes. Nichts wird euch schaden können.
Doch freut euch nicht darüber, dass euch die Geister gehorchen, sondern freut euch darüber, dass eure Namen im Himmel verzeichnet sind!

Evangelium unseres Herrn Jesus Christus.

IMPULS Jesus sendet nicht nur die Apostel, sondern auch 72 andere Jünger aus und gibt ihnen detaillierte Anweisungen. Es ist das Programm und die Vorgehensweise für die urchristliche Mission. Die Jünger kehren voller Freude zurück. Ihre Erfahrung ist nicht die der Vergeblichkeit, der Abweisung durch die Menschen, sondern die der reichen Ernte und der Vollmacht, das Böse zu vertreiben.
Wenn die zurückgekehrten Jünger vor allem die Macht über die Dämonen betonen, mag uns das heute seltsam vorkommen. Aber auch uns gilt heute die Verheißung Jesu, dass das Böse nicht vor seinem Wort zu bestehen vermag, dass wir es austreiben können. Wenn wir uns die Welt anschauen, erkennen wir die Dämonen von Hass, Gewalt und Ungerechtigkeit. Wir wissen, wie hartnäckig sie sind, wie schwer wir sie überwinden können, wissen aber auch, dass wir nicht die Hände in den Schoß legen dürfen und welche erstaunliche Macht Jesu Botschaft des Friedens und der Liebe dann doch immer wieder hat. Jesus bestätigt in diesem Evangelium, dass die Macht des Bösen grundsätzlich gebrochen ist.
Das ist aber nicht sein letztes Wort an die Jünger. Mehr freuen sollen sie sich darüber, dass ihre Namen im Himmel verzeichnet sind. Das heißt, dass die Dämonen in ihrem eigenen Inneren, die Dämonen von Gier, Neid, Hass und Angst, besiegt sind und in ihnen nicht auf Dauer bestehen können. Darauf dürfen auch wir hoffen. Wir dürfen uns freuen, dass durch Christus die Dämonen in uns besiegt sind und wenn wir sie spüren, dass auch sie uns nicht von Gott trennen können und unsere Namen daher im Himmel verzeichnet sind. Nur wenn die Dämonen in uns besiegt sind, werden die Dämonen in der Welt vor uns weichen. Aber wenn wir erfahren, dass das Böse in uns nicht das letzte Wort hat, sondern überwunden wird, dann können wir erst recht daran glauben, dass Hass, Gewalt und Ungerechtigkeit in dieser Welt nicht das letzte Wort haben, sondern vor Jesu Wort weichen.

CREDO (siehe Seite 520ff.)

Fürbitten

Wir beten zu Gott, der seine Kirche liebt und sie in allen Nöten leitet:

V: Gott, unser Vater. A: Wir bitten dich, erhöre uns.

– Für die Missionare, dass Gott sie in ihrer Aufgabe stärke.

– Für die jungen Menschen, die an einen geistlichen Beruf denken, dass Gott ihre Herzen lenke.

– Für die Menschen in Jerusalem und im Hl. Land, dass sie in Frieden und Sicherheit leben dürfen.

– Für alle, die enttäuscht die Kirche verlassen, dass sie in ihrem Leben Gott nicht verlieren.

– Für unsere Kranken, dass sie Heilung und Kraft finden.

– Für unsere Verstorbenen, dass Gott sie in seinem Reich vollende.

Gütiger Vater, du kennst unsere Bitten und nimmst dich unser an. Steh uns bei und sei du unsere Hilfe in Zeit und Ewigkeit. Amen.

Gabengebet

Herr, zu deiner Ehre feiern wir dieses Opfer. Es befreie uns vom Bösen und helfe uns, Tag für Tag das neue Leben sichtbar zu machen, das wir von dir empfangen. Darum bitten wir durch Christus, unseren Herrn.

Präfation

Sonntage VI

In Wahrheit ist es würdig und recht, dir, Vater im Himmel, zu danken und dich mit der ganzen Schöpfung zu loben. Denn in dir leben wir, in dir bewegen wir uns und sind wir. Jeden Tag erfahren wir aufs neue das Wirken deiner Güte. Schon in diesem Leben besitzen wir den Heiligen Geist, das Unterpfand ewiger Herrlichkeit. Durch ihn hast du Jesus auferweckt von den Toten und uns die sichere Hoffnung gegeben, daß sich an uns das österliche Geheimnis vollendet. Darum preisen wir dich mit allen Chören der Engel und singen vereint mit ihnen das Lob deiner Herrlichkeit.

Einladung zum Vaterunser

Die Gnade Jesu Christi ist mit uns. In ihm sind wir eine neue Schöpfung. So beten wir voll Vertrauen: Vater unser im Himmel …

Einladung zum Friedensgebet

Wie einen Strom will Gott seinen Frieden zu uns leiten und uns mit sich versöhnen. Deshalb bitten wir: Herr Jesus Christus …

Kommunionvers

Ps 34 (33),9

Kostet und seht, wie gütig der Herr ist. Selig der Mensch, der bei ihm seine Zuflucht nimmt.

Oder: Mt 11,28

Kommt alle zu mir, die ihr euch plagt und unter Lasten stöhnt! Ich will euch Ruhe verschaffen – so spricht der Herr.

Schlussgebet

Herr, du hast uns mit reichen Gaben beschenkt. Laß uns in der Danksagung verharren und einst die Fülle des Heils erlangen. Darum bitten wir durch Christus, unseren Herrn.

Schlusssegen

Im Jahreskreis II

Der Friede Gottes, der alles Begreifen übersteigt, bewahre eure Herzen und eure Gedanken in der Gemeinschaft mit Christus Jesus.

Das gewähre euch der dreieinige Gott, der Vater und der Sohn ✝ und der Heilige Geist.

In dem Wort vom Trost Jerusalems aber will Gott sein Volk so trösten wie nur die Mutter uns trösten kann, für die wir Kinder bleiben, auch in vorgerücktem Alter.
Man sieht gleichsam den erwachsenen Mann im Schoß der Mutter ruhen, die ihm zärtlich über das Haar streicht. Für uns, die wir in unserem Bilddenken von europäischer Kunst vorgeformt sind, tritt hier die Pietà des Michelangelo vor das erinnernde Auge. Da kann freilich nichts mehr getröstet werden, und doch scheint es, als ob die Mutterliebe den Tod besiegte, das Unbegreifliche Ereignis wurde, die Tröstung über den Tod hinaus erfolgte.
Worin aber besteht der Trost in der jesajanischen Verheißung? In Jerusalem.
Nicht *in* Jerusalem soll das trauernde Israel getröstet werden, sondern *an* Jerusalem. Jerusalem selbst soll der Trost sein, … An dieses Trostwort muss ich oft denken, denn ich habe es selbst erlebt. In fünfzig Jahren Jerusalem, Jahre, die den Holocaust und die Wiedererrichtung des Staates Israel umfassen, ist mir der Trost Jerusalems begegnet, …

Schalom Ben-Chorin

15. SONNTAG IM JAHRESKREIS

13. Juli 2025

Ich will in Gerechtigkeit dein Angesicht schauen,
mich satt sehen an deiner Gestalt, wenn ich einst erwache.
Ps 17 (16),15

Der Weg ist ein uraltes Symbol der Menschen. Mit der Geburt werden wir auf unseren Lebensweg gesetzt und sind bis zu unserem Tod darauf unterwegs. Dabei erleben wir schwierige Wegstellen, Stellen, wo wir fallen oder vom Weg abkommen, und auch Sackgassen. Nicht ohne Grund fordert Jesus zur Umkehr auf.
Vor allem aber nennt er sich selbst den Weg und daher dürfen wir als Christen glauben, dass unser Lebensweg ein Ziel hat und dass wir auf ihm von Gott geleitet und auch immer wieder in die richtige Richtung zurückgeführt werden. Diese Hoffnung bekennen wir gleich im Tagesgebet, dass Gott allen, die irregehen, das Licht der Wahrheit zeigt und sie auf den Weg zurückführt.

Kyrie-Rufe

Wir preisen Jesus Christus, der der Weg zu Gott ist:
Herr Jesus Christus, du bist der Weg, der uns zum Vater führt.
Herr, erbarme dich.
Du bist das Licht, durch das wir unseren Weg erkennen.
Christus, erbarme dich.
Du bist die Kraft, mit der wir unseren Weg gehen.
Herr, erbarme dich.

Gloria (siehe Seite 516f.)

Tagesgebet

Gott, du bist unser Ziel, du zeigst den Irrenden das Licht der Wahrheit und führst sie auf den rechten Weg zurück. Gib allen, die sich Christen nennen, die Kraft, zu meiden, was diesem Namen widerspricht, und zu tun, was unserem Glauben entspricht. Darum bitten wir durch Jesus Christus.

ERSTE LESUNG Dtn 30,9c–14

Lesung aus dem Buch Deuteronomium.

Mose sprach zum Volk: Der HERR wird dir Gutes tun. Denn du hörst auf die Stimme des HERRN, deines Gottes, und bewahrst seine Gebote und Satzungen, die in dieser Urkunde der Weisung einzeln aufgezeichnet sind, und kehrst zum HERRN, deinem Gott, mit ganzem Herzen und mit ganzer Seele zurück.
Denn dieses Gebot, auf das ich dich heute verpflichte, geht nicht über deine Kraft und ist nicht fern von dir.
Es ist nicht im Himmel, sodass du sagen müsstest: Wer steigt für uns in den Himmel hinauf, holt es herunter und verkündet es uns, damit wir es halten können?
Es ist auch nicht jenseits des Meeres, sodass du sagen müsstest: Wer fährt für uns über das Meer, holt es herüber und verkündet es uns, damit wir es halten können?
Nein, das Wort ist ganz nah bei dir, es ist in deinem Mund und in deinem Herzen, du kannst es halten.

Wort des lebendigen Gottes.

IMPULS Ein immer wiederkehrendes Märchenmotiv ist die Suche, die die Hauptfigur über die Berge am Ende der Welt führt oder ihn oder sie zum Mond oder sogar noch weiter in den Himmel aufsteigen lässt, um z. B. den goldenen Vogel oder das Wasser des Lebens zu finden. Dahinter steht die Erfahrung, dass es Zeit und Anstrengung braucht, vielleicht sogar eine besondere Berufung, um etwas so Kostbares und Lebensspendendes zu finden. Nicht jedem kann das gelingen.
Ganz anders hören wir das in der heutigen Lesung. Das Wort Gottes ist nicht jenseits des Meeres oder im Himmel, so dass wir es erst holen müssten, um es zu halten. Es ist jedem von uns ganz nah. Gott hat es in unsere Herzen und in unseren Mund gelegt, und daraus folgert die Lesung, dass es nicht über unsere Kraft geht, das Wort Gottes zu halten.

Es ist in unserem Herzen. Dieses Wort ist persönlich, ist in Jesus Christus Person geworden. Daher begegnet es uns in unserem Herz, ist also nicht nur in unserem Gedächtnis, sondern uns ganz nah, in unserer Personmitte, aus der wir leben, und so verbindet es sich mit uns, prägt uns, verändert uns, wenn wir es annehmen und zulassen.

Es ist in unserem Mund – und nicht nur in unserem Ohr, wir hören es nicht nur, wir sprechen es. Im Buch Deuteronomium, aus dem die heutige Lesung stammt, heißt es: »Du sollst von ihnen reden, wenn du zu Hause sitzt und wenn du auf der Straße gehst, wenn du dich schlafen legst und wenn du aufstehst.« (Dt 6, 7) Gottes Wort soll unseren ganzen Tag erfüllen, wir sollen es nicht nur hören, sondern auch immer wieder selbst sprechen und, indem wir es sagen, meditieren.

Wir können es für uns wiederholen und meditieren, aber es auch anderen sagen. Dieses Wort ist Rat, Warnung, Wegweisung, Trost, Hilfe und vieles mehr. Wenn unser Herz davon voll ist, wird auch unser Mund davon sprechen und es nicht nur verkünden, sondern raten, trösten, helfen; und wenn wir das tun, halten und tun wir Gottes Wort.

Dieses Wort uns und anderen zuzusprechen, prägt uns, lässt es uns nahekommen, lässt uns aus diesem Wort leben und es letztlich halten und tun.

ANTWORTPSALM Ps 69 (68),14 u. 17.30–31.33–34.36–37 (Kv: vgl. 33)

Kv Ihr Gebeugten, suchet den Herrn;
euer Herz lebe auf! – Kv

Ich komme zu dir mit meinem Bittgebet, /
HERR, zur Zeit der Gnade. *
Gott, in deiner großen Huld erhöre mich,
mit deiner rettenden Treue!
Erhöre mich, HERR, denn gut ist deine Huld, *
wende dich mir zu in deinem großen Erbarmen! – Kv

Ich bin elend und voller Schmerzen, *
doch deine Hilfe, Gott, wird mich erhöhen.
Ich will im Lied den Namen Gottes loben, *
ich will ihn mit Dank erheben. – Kv

Die Gebeugten haben es gesehen und sie freuen sich! *
Ihr, die ihr Gott sucht, euer Herz lebe auf!
Denn der HERR hört auf die Armen, *
seine Gefangenen verachtet er nicht. – Kv

Denn Gott wird Zion retten, *
wird Judas Städte neu erbauen.
Man wird dort siedeln und das Land besitzen. /
Die Nachkommen seiner Knechte werden es erben, *
die seinen Namen lieben, werden darin wohnen. – Kv

Oder: Ps 19 (18),8.9.10.11–12 (Kv: 9ab)

Kv Die Befehle des HERRN sind gerade;
sie erfüllen das Herz mit Freude. – Kv

Die Weisung des HERRN ist vollkommen und gut, *
sie erquickt den Menschen.
Das Zeugnis des HERRN ist verlässlich, *
den Unwissenden macht es weise. – Kv

Die Befehle des HERRN sind gerade, *
sie erfüllen das Herz mit Freude.
Das Gebot des HERRN ist rein, *
es erleuchtet die Augen. – Kv

Die Furcht des HERRN ist lauter, *
sie besteht für immer.
Die Urteile des HERRN sind wahrhaftig, *
gerecht sind sie alle. – Kv

Sie sind kostbarer als Gold, als Feingold in Menge. *
Sie sind süßer als Honig, als Honig aus Waben.
Auch dein Knecht lässt sich von ihnen warnen; *
reichen Lohn hat, wer sie beachtet. – Kv

ZWEITE LESUNG Kol 1,15–20

Lesung aus dem Brief des Apostels Paulus an die Gemeinde in Kolossä.

Christus ist Bild des unsichtbaren Gottes, der Erstgeborene der ganzen Schöpfung.
Denn in ihm wurde alles erschaffen im Himmel und auf Erden, das Sichtbare und das Unsichtbare, Throne und Herrschaften, Mächte und Gewalten; alles ist durch ihn und auf ihn hin erschaffen.
Er ist vor aller Schöpfung und in ihm hat alles Bestand.
Er ist das Haupt, der Leib aber ist die Kirche. Er ist der Ursprung, der Erstgeborene der Toten; so hat er in allem den Vorrang.
Denn Gott wollte mit seiner ganzen Fülle in ihm wohnen, um durch ihn alles auf ihn hin zu versöhnen. Alles im Himmel und auf Erden wollte er zu Christus führen, der Frieden gestiftet hat am Kreuz durch sein Blut.

Wort des lebendigen Gottes.

IMPULS Der Hymnus, den wir in dieser Lesung hören, ist ein einziges großes Christuslob. Christus ist der, in dem sich alles findet, der vor allem ist und in dem alles zusammengefasst ist. Zweimal heißt es, dass er der Erstgeborene ist – einmal der ganzen Schöpfung und dann der Toten. Von dem Erstgeborenen der Schöpfung lässt sich auch verstehen, was der Erstgeborene der Toten bedeutet. Der Erstgeborene ist nicht einfach der Erste, der als erster erschaffen wurde. Dem widerspricht, dass durch ihn alles erschaffen wurde. Er gehört also nicht zur Schöpfung, sondern steht ihr gegenüber auf der Seite des Schöpfers, zu dem er ganz gehört und den er wirkend präsent macht. So ist er auch als Erstgeborener der

Toten nicht der erste der Toten, sondern der, der das Werden und Neuwerden der Toten bewirkt, sie zu einer neuen Schöpfung macht. Von daher lässt sich auch das Wort vom Bild Gottes verstehen. Christus ist nicht ein bloßes Abbild, das weniger als das Original ist. Er will vielmehr alle, die zu ihm gehören, ihm gleichgestalten, so dass sie in ihm die Gottesähnlichkeit erlangen. Wenn alles sein Ziel in Christus, dem Bild des unsichtbaren Gottes, hat, gilt bereits für die Schöpfung, dass wir Gott nur in seiner Hinwendung zum Menschen, in seiner Liebe, wirklich erkennen können. Dabei wird nicht heilsgeschichtlich erzählt, sondern das Präsens des Hymnus sagt aus, was Christus für die, die an ihn glauben, dauernd ist; denn die Liebe Gottes, seine Hinwendung zum Menschen, ist der Welt absolut vorgeordnet.

Ruf vor dem Evangelium — Vgl. Joh 6,63b.68c

Halleluja. Halleluja.
Deine Worte, Herr, sind Geist und Leben.
Du hast Worte des ewigen Lebens.
Halleluja.

Evangelium — Lk 10,25–37

+ Aus dem heiligen Evangelium nach Lukas.

In jener Zeit stand ein Gesetzeslehrer auf, um Jesus auf die Probe zu stellen, und fragte ihn: Meister, was muss ich tun, um das ewige Leben zu erben?
Jesus sagte zu ihm: Was steht im Gesetz geschrieben? Was liest du?
Er antwortete: Du sollst den Herrn, deinen Gott, lieben mit deinem ganzen Herzen und deiner ganzen Seele, mit deiner ganzen Kraft und deinem ganzen Denken, und deinen Nächsten wie dich selbst.
Jesus sagte zu ihm: Du hast richtig geantwortet. Handle danach und du wirst leben!
Der Gesetzeslehrer wollte sich rechtfertigen und sagte zu Jesus: Und wer ist mein Nächster?

Darauf antwortete ihm Jesus: Ein Mann ging von Jerusalem nach Jericho hinab und wurde von Räubern überfallen. Sie plünderten ihn aus und schlugen ihn nieder; dann gingen sie weg und ließen ihn halbtot liegen.
Zufällig kam ein Priester denselben Weg herab; er sah ihn und ging vorüber.
Ebenso kam auch ein Levit zu der Stelle; er sah ihn und ging vorüber.
Ein Samariter aber, der auf der Reise war, kam zu ihm; er sah ihn und hatte Mitleid, ging zu ihm hin, goss Öl und Wein auf seine Wunden und verband sie. Dann hob er ihn auf sein eigenes Reittier, brachte ihn zu einer Herberge und sorgte für ihn. Und am nächsten Tag holte er zwei Denare hervor, gab sie dem Wirt und sagte: Sorge für ihn, und wenn du mehr für ihn brauchst, werde ich es dir bezahlen, wenn ich wiederkomme.
Wer von diesen dreien meinst du, ist dem der Nächste geworden, der von den Räubern überfallen wurde?
Der Gesetzeslehrer antwortete: Der barmherzig an ihm gehandelt hat. Da sagte Jesus zu ihm: Dann geh und handle du genauso!

Evangelium unseres Herrn Jesus Christus.

IMPULS Das Doppelgebot der Gottes- und der Nächstenliebe, das wir heute im Evangelium hören, gehört zum Kern der Botschaft Jesu. Aber dass es in diesem Evangelium nicht Jesus, sondern ein Schriftgelehrter vorträgt, kann uns aufhorchen lassen. Das Doppelgebot findet sich bereits im Alten Testament. Das Leben in einer guten Beziehung zu Gott und dem Nächsten entspricht menschlicher Sehnsucht und immer wieder auch menschlicher Erfahrung. Und trotzdem ist es nicht so einfach und daher stellt der Schriftgelehrte eine weitere Frage.
Nicht die Gottesliebe scheint für ihn Probleme aufzuwerfen, sondern die Nächstenliebe. Was bedeutet Nächstenliebe konkret? Wovon muss ich mich unterbrechen und stören lassen bei meinen Vorhaben, gerade bei den wichtigen? Von der nervigen Nachbarin,

die sich wieder einmal über die Familie von oben beklagen will? Von Freunden oder Verwandten, die uns von ihren Sorgen gerade dann erzählen, wenn ich schon mit dem Schlüssel in der Hand da stehe, weil ich noch dringend weg muss? Von dem, der Geld braucht, auch wenn das Portemonnaie bei mir selbst leer ist? Muss ich immer innehalten? Aber wo darf ich nicht wegschauen und wie der Priester und der Levit schnell vorbeigehen?

In der Geschichte, die Jesus uns mit auf den Weg gibt, scheinen die Verhältnisse klar: Der unter die Räuber Gefallene braucht jetzt tatkräftige Hilfe. Wer hier wegschaut und vorübergeht, der geht tatsächlich an seinem Nächsten vorüber – wohin er auch eilends unterwegs sein mag, und sei es auch zum Tempel, zum Gottesdienst. So eindeutig werden die Verhältnisse meist nicht sein auf unseren Alltagswegen.

Aber dieses Evangelium hat eine verborgene Pointe, die uns leicht entgehen kann. Der Gesetzeslehrer fragt Jesus: ›Wer ist mein Nächster?‹, und die Antwort, die wir erwarten, ist: der Mann, der unter die Räuber gefallen ist. Aber Jesus verändert die Frage: Wer hat sich als Nächster des Manns, der unter die Räuber gefallen ist, erwiesen? Und die Antwort darauf lautet: Der, der sich barmherzig erwiesen hat.

In diesem Evangelium geht es nicht nur um die Frage, wer der Nächste ist, dem wir uns zuwenden müssen. Jesus Christus schenkt uns die Erfahrung, dass wir es sind, denen sich Gott (und auch Menschen) in unseren Nöten als Nächste zuwenden, dass Jesus Christus es ist, der dem verlorenen und zerschlagenen Menschen aufhilft und ihn heilt. Wenn wir das sehen, dann mag sich auch die Frage, wem wir uns als Nächsten zuwenden, anders stellen und beantworten; und dann stellt sich auch die Frage nach der Gottesliebe nicht; denn dann leben wir in der Freude und der Dankbarkeit Gott gegenüber.

CREDO (siehe Seite 520ff.)

Fürbitten

In unseren Anliegen beten wir zu Gott, unserem Vater, der uns in Jesus Christus nahe ist:

V: Vater im Himmel. A: Wir bitten, dich erhöre uns.

– Um Gottes Segen für alle, die Gottes Liebe verkünden.

– Um Kraft für die Frauen und Männer bei der Caritas und der Diakonie.

– Um Einsicht für alle, die sich in Politik und Gesellschaft für soziale Belange einsetzen.

– Um wirksame Unterstützung für die Menschen, die Opfer eines Verbrechens geworden sind.

– Um eine sichere Reise für die Menschen, die unterwegs sind.

– Um das ewige Leben für unsere Verstorbenen.

Barmherziger Gott, du sorgst dich um uns und willst uns aus all unserer Not zum Glück des Lebens mit dir führen. Höre unsere Bitten durch Christus, unseren Herrn. Amen.

Gabengebet

Gott, sieh auf dein Volk, das im Gebet versammelt ist, und nimm unsere Gaben an. Heilige sie, damit alle, die sie empfangen, in deiner Liebe wachsen und dir immer treuer dienen. Darum bitten wir durch Christus, unseren Herrn.

Präfation

Sonntage VII

In Wahrheit ist es würdig und recht, dir Vater im Himmel, zu danken und deine Gnade zu rühmen. So sehr hast du die Welt geliebt, daß du deinen Sohn als Erlöser gesandt hast. Er ist uns Menschen gleichgeworden in allem, außer der Sünde, damit du in uns lieben kannst, was du in deinem eigenen Sohne geliebt hast. Durch den Ungehorsam der Sünde haben wir deinen Bund gebrochen, durch den Gehorsam deines Sohnes hast du ihn erneuert. Darum preisen wir das Werk deiner Liebe und vereinen uns mit den Chören der Engel zum Hochgesang von deiner göttlichen Herrlichkeit.

Einladung zum Vaterunser

Gott legt sein Wort in unseren Mund und in unser Herz. So können wir mit den Worten Jesu beten: Vater unser im Himmel …

Einladung zum Friedensgebet

Jesus Christus hat am Kreuz Frieden gestiftet und alle mit Gott versöhnt. Deshalb bitten wir: Herr Jesus Christus …

Kommunionvers

Ps 84 (83),4–5

Der Sperling findet ein Haus und die Schwalbe ein Nest für ihre Jungen – deine Altäre, Herr der Heerscharen, mein Gott und mein König! Selig denen, die wohnen in deinem Haus, die dich allezeit loben!

Oder: Joh 6,56

So spricht der Herr: Wer mein Fleisch isst und mein Blut trinkt, der bleibt in mir, und ich bleibe in ihm.

Schlussgebet

Herr, unser Gott, wir danken dir für die heilige Gabe. Lass deine Heilsgnade in uns wachsen, sooft wir diese Speise empfangen. Darum bitten wir durch Christus, unseren Herrn.

Schlusssegen

Im Jahreskreis III

Der allmächtige Gott gewähre euch Segen und Heil; er offenbare euch die Wege seiner Weisheit.
Er stärke euren Glauben durch sein Wort und schenke euch die Gnade, nach seinen Geboten zu leben, damit in allem sein Wille geschehe.

Er lenke eure Schritte auf den Weg des Friedens; er mache euch beharrlich im Guten und vollende euch in der Liebe.
Das gewähre euch der allmächtige Gott, der Vater und der Sohn ✝ und der Heilige Geist.

Liebst du ihn aber, so wirst du auch ein Nachahmer seiner Güte sein. Wundere dich nicht, dass ein Mensch Nachahmer Gottes sein kann: er kann es, weil Gott es will. Denn das Glück besteht nicht darin, dass man über seine Nebenmenschen herrscht oder mehr haben will als die Schwächeren; auch nicht darin, dass man reich ist und die Niedrigen unterdrückt. In solchen Dingen kann niemand Gott nachahmen, sie liegen außerhalb seiner Majestät. Wer dagegen die Last seines Nächsten auf sich nimmt; wer dem Schwächeren helfen will in den Stücken, in denen er ihm überlegen ist: wer das, was er von Gott empfangen hat, den Bedürftigen spendet, der wird für die Empfänger ein Gott, der ist Gottes Nachahmer. Dann wirst du schon auf Erden sehen, dass ein Gott im Himmel waltet. Dann wirst du Gottes Geheimnisse zu reden anfangen.

Der Brief an Diognet

16. SONNTAG IM JAHRESKREIS
20. Juli 2025

Gott ist mein Helfer, der Herr beschützt mein Leben.
Freudig bringe ich dir mein Opfer dar
und lobe deinen Namen, Herr, denn du bist gütig.
Ps 54 (53),6.8

Bei den beiden Schwestern Marta und Maria, von denen wir im heutigen Evangelium hören, kann Jesus Rast machen und sich ausruhen und das wird ihm gutgetan haben. Er wird die Gastfreundschaft der beiden Schwestern genossen haben: die Mühe, die Marta sich mit seiner Bewirtung machte, und das aufmerksame Zuhören der Maria. Was will ein Lehrer mehr, als dass man ihm zuhört – und das Gehörte dann auch beherzigt?! Es ist fast eine idyllische Szene, aber sie wird durchbrochen, als Marta sich beklagt, dass Maria sie die ganze Arbeit allein machen lässt. Solange beide das tun, was sie für das Richtige bei diesem Besuch halten, ist alles in Ordnung, denn es gibt mehr als eine Möglichkeit, damit Christus sich wohlfühlen kann. Schwierig wird alles, wenn wir uns im Dienst Jesu Christi untereinander vergleichen und den Eindruck haben, der oder die andere kommt besser weg und macht es sich leicht. Gott will allen geben und niemand soll zu kurz kommen. Wer Jesus bei sich aufnimmt, ist schon immer der oder die Beschenkte und das wiegt schwerere als alle Gründe, sich zu beklagen.

Kyrie-Rufe

Herr Jesus Christus, du gibst uns das Wort des Lebens.
Herr, erbarme dich.
Du rufst uns, auf dich zu hören.
Christus, erbarme dich.
Du gibst uns die Kraft, dir zu dienen.
Herr, erbarme dich.

Gloria (siehe Seite 516f.)

Tagesgebet

Herr, unser Gott, sieh gnädig auf alle, die du in deinen Dienst gerufen hast. Mach uns stark im Glauben, in der Hoffnung und in der Liebe, damit wir immer wachsam sind und auf dem Weg deiner Gebote bleiben. Darum bitten wir durch Jesus Christus.

Erste Lesung

Gen 18,1–10a

Lesung aus dem Buch Genesis.

In jenen Tagen erschien der Herr Abraham bei den Eichen von Mamre, während er bei der Hitze des Tages am Eingang des Zeltes saß.
Er erhob seine Augen und schaute auf, siehe, da standen drei Männer vor ihm. Als er sie sah, lief er ihnen vom Eingang des Zeltes aus entgegen, warf sich zur Erde nieder und sagte: Mein Herr, wenn ich Gnade in deinen Augen gefunden habe, geh doch nicht an deinem Knecht vorüber!
Man wird etwas Wasser holen; dann könnt ihr euch die Füße waschen und euch unter dem Baum ausruhen.
Ich will einen Bissen Brot holen, dann könnt ihr euer Herz stärken, danach mögt ihr weiterziehen; denn deshalb seid ihr doch bei eurem Knecht vorbeigekommen. Sie erwiderten: Tu, wie du gesagt hast!
Da lief Abraham eiligst ins Zelt zu Sara und rief: Schnell drei Sea feines Mehl! Knete es und backe Brotfladen!
Er lief weiter zum Vieh, nahm ein zartes, prächtiges Kalb und übergab es dem Knecht, der es schnell zubereitete.
Dann nahm Abraham Butter, Milch und das Kalb, das er hatte zubereiten lassen, und setzte es ihnen vor. Er selbst wartete ihnen unter dem Baum auf, während sie aßen.
Sie fragten ihn: Wo ist deine Frau Sara? Dort im Zelt, sagte er.
Da sprach er: In einem Jahr komme ich wieder zu dir. Siehe, dann wird deine Frau Sara einen Sohn haben.

Wort des lebendigen Gottes.

IMPULS Die Lesung ist im Hinblick auf das Evangelium ausgewählt worden, das von der Gastfreundschaft berichtet, mit der Jesus von Marta und Maria empfangen wird, aber diese Lesung hat ihr eigenes Gewicht. Wenn der Herr zu Abraham kommt und seine Gastfreundschaft genießt, ist das vor allem eine Selbstoffenbarung Gottes. Dazu gehört einmal das seltsame Schwanken, dass der Herr zu Abraham kommt, aber von drei Männern, als Engel verstanden, die die Gastfreundschaft Abrahams suchen, berichtet wird. So wurde diese Geschichte schon früh zu einer Bestätigung des Glaubens an die Dreifaltigkeit im Alten Testament. Seinen bekanntesten Ausdruck findet das in der berühmten Dreifaltigkeitsikone Rubljows, die sich auf die Darstellung der Gestalten der drei Besucher Abrahams konzentriert und deren Einheit betont. Die Auslegungsgeschichte geht damit weit über die aus der Sicht der Exegese ursprüngliche Bedeutung dieser Stelle hinaus.

Aber auch wenn wir allein auf den Text schauen, ist dieser Abschnitt eine tiefe Gottesoffenbarung. Abrahams Sorge bei dem Bund mit Gott ist, dass er keine Nachkommen hat, dass also die Verheißungen Gottes ins Leere laufen. Nur durch Nachkommen können die Verheißung Gottes und der Bund mit ihm ihre Gültigkeit behalten. Erst die Verheißung des Sohnes gibt Abraham – und damit auch der Geschichte Gottes mit Abraham – eine Zukunft. Bei einem altorientalischen Gott hätte es so ablaufen können: Das beste Kalb aus der Herde wird auf dem Altar geopfert, um den Sohn zu erbitten. Gott ist aber kein Gott, der vom Menschen etwas fordert, das beste Kalb aus der Herde und ein gutes Essen, sondern er ist der, der sich auf die Ebene Abrahams begibt, der bei Abraham als Gast Gemeinschaft und Gastfreundschaft erfahren will. Er ist ein Gott, der Freundschaft mit uns will. Gerade so ist er der Gott, der die Verheißung gibt und ihr Zukunft verleiht, der den Menschen Zukunft gibt, damit seine Geschichte mit uns weitergeht. Damit ist er aber auch der dreifaltige Gott, der in sich Gemeinschaft ist und uns Zukunft gibt, indem er uns in diese Gemeinschaft aufnimmt.

ANTWORTPSALM — Ps 15 (14),2–3.4.5 (Kv: 1)

Kv HERR, wer darf Gast sein in deinem Zelt,
wer darf weilen auf deinem heiligen Berg? – Kv

Der makellos lebt und das Rechte tut, /
der von Herzen die Wahrheit sagt, *
der mit seiner Zunge nicht verleumdet hat,
der seinem Nächsten nichts Böses tat *
und keine Schmach auf seinen Nachbarn gehäuft hat. – Kv

Der Verworfene ist in seinen Augen verachtet, *
aber die den HERRN fürchten, hält er in Ehren.
Er wird nicht ändern, *
was er zum eigenen Schaden geschworen hat. – Kv

Sein Geld hat er nicht auf Wucher verliehen *
und gegen den Schuldlosen nahm er keine Bestechung an.
Wer das tut, *
der wird niemals wanken. – Kv

ZWEITE LESUNG — Kol 1,24–28

Lesung aus dem Brief des Apostels Paulus an die Gemeinde in Kolossä.

Schwestern und Brüder! Ich freue mich in den Leiden, die ich für euch ertrage. Ich ergänze in meinem irdischen Leben, was an den Bedrängnissen Christi noch fehlt an seinem Leib, der die Kirche ist.
Ihr Diener bin ich geworden gemäß dem Heilsplan Gottes, um an euch das Wort Gottes zu erfüllen.
Er ist jenes Geheimnis, das seit ewigen Zeiten und Generationen verborgen war – jetzt aber seinen Heiligen offenbart wurde.
Ihnen wollte Gott kundtun, was der Reichtum der Herrlichkeit dieses Geheimnisses unter den Völkern ist: Christus ist unter euch, die Hoffnung auf Herrlichkeit.

Ihn verkünden wir; wir ermahnen jeden Menschen und belehren jeden Menschen in aller Weisheit, damit wir jeden Menschen vollkommen darstellen in Christus.

Wort des lebendigen Gottes.

IMPULS In der Taufe sind wir zu Kindern Gottes geworden. Weil wir zu Gott gehören, kann Paulus in seinen Briefen die Gemeinden auch als Heilige ansprechen. In dieser Lesung heißt es entsprechend: Christus ist unter euch, die Hoffnung auf Herrlichkeit. Aber die Heiligkeit soll wachsen, das ganze Leben durchdringen und Früchte tragen, die Hoffnung auf Herrlichkeit soll sich bereits in diesem Leben immer mehr erfüllen. Das alles wächst aus der Verkündigung Jesu Christi durch die Apostel, aber es wird dann konkret in der Ermahnung und der Belehrung. Diese ist dann weniger die Verkündigung des Heils und der Hoffnung auf Herrlichkeit, sondern ethische Unterweisung, die Umsetzung der Verkündigung in der Praxis und einer konkreten Situation. Damit verschieben sich die Gewichte. Im Mittelpunkt steht nicht mehr die grundlegende apostolische Botschaft, die zum Glauben führt, sondern die konkrete, praktische Lebensanweisung der Weisheit, die für die Bewährung des Christen im konkreten Leben gebraucht wird. Darauf konzentrieren sich dann die Begleitung, die Ermahnung und Belehrung durch den Apostel.
Das Ziel ist: jeden Menschen vollkommen darstellen in Christus. Es geht hier nicht um ein abstraktes Heiligkeitsideal, das sich anhand einer Abhakliste darstellen lässt, bei der jeder Mensch möglichst alle Punkte erfüllt. Die Vollkommenheit des Menschen geht von dem aus, wie Gott ihn geschaffen hat und welches Bild Gott in ihm sieht. Sie kann nur im konkreten Leben wachsen, mit der Begabung und unter den Umständen, in denen jeder einzelne lebt. Aber sie wächst in der Gemeinschaft mit Jesus Christus, der jeden einzelnen von uns angenommen hat und jeden auf seinem eigenen Weg begleitet.

RUF VOR DEM EVANGELIUM

Vgl. Lk 8,15

Halleluja. Halleluja.
Selig, die das Wort mit aufrichtigem Herzen hören
und Frucht bringen in Geduld.
Halleluja.

EVANGELIUM

Lk 10,38–42

+ Aus dem heiligen Evangelium nach Lukas.

In jener Zeit kam Jesus in ein Dorf. Eine Frau namens Marta nahm ihn gastlich auf.
Sie hatte eine Schwester, die Maria hieß. Maria setzte sich dem Herrn zu Füßen und hörte seinen Worten zu.
Marta aber war ganz davon in Anspruch genommen zu dienen. Sie kam zu ihm und sagte: Herr, kümmert es dich nicht, dass meine Schwester die Arbeit mir allein überlässt? Sag ihr doch, sie soll mir helfen!
Der Herr antwortete: Marta, Marta, du machst dir viele Sorgen und Mühen.
Aber nur eines ist notwendig. Maria hat den guten Teil gewählt, der wird ihr nicht genommen werden.

Evangelium unseres Herrn Jesus Christus.

IMPULS Traditionell wurde dieses Evangelium oft so ausgedeutet, dass es die Überlegenheit des kontemplativen Lebens, des Betrachtens des Wortes Gottes und des Gebets über das aktive Leben, dem Dienst am Nächsten, bezeugt. Beides wird hier vorgestellt, der Dienst an den Gästen als Beispiel für das aktive Leben und das Hören auf die Predigt Jesu als Beispiel für das kontemplative. Im Lukasevangelium steht dieser Abschnitt mitten zwischen dem Gleichnis des barmherzigen Samariters, was das Evangelium des letzten Sonntags ist, und dem Lehren des Vater Unser an die Jünger, wovon wir am nächsten Sonntag hören. Diese drei Evangelien vom barmherzigen Samariter, von Maria und Marta und vom Lehren des Vater Unser bilden einen Dreiklang, der zusam-

mengehört werden soll. Der Dienst der Nächstenliebe und das Gebet gehören beide zur Lehre Jesu und zu seinem Leben. Immer wieder zieht sich Jesus zum einsamen Gebet zurück und er sagt selbst von sich – sogar im Hinblick auf den Tischdienst: »Ich aber bin unter euch wie der, der bedient.« (Lk. 22,27) Bei der wunderbaren Brotvermehrung und auch beim Abendmahl ist er der eigentliche Gastgeber. Die Gastfreundschaft der Marta ist Christusnachfolge und sie kann daher nicht abgewertet werden. In den meisten heutigen Übersetzungen steht daher auch nicht, dass Maria den besseren, sondern dass sie den guten Teil erwählt hat. Der Fehler der Marta ist höchstens, dass sie ihre Schwester davon abbringen will, ihrer Aufgabe und Berufung zu folgen, dem Herrn zuzuhören, was das ist, was Jesus von seinen Jüngern erwartet und woraus dann auch ihr Dienst erwächst.
Die aktive Nächstenliebe des barmherzigen Samariters, der Dienst an den Gästen der Marta und das Gebet des Vater Unser, das Hören der Predigt Jesu der Maria, haben alle ihren Platz im Evangelium und im Leben Jesu selbst. So haben sie auch ihren Platz im Leben jedes Christen und jeder wird selbst sehen, wie er die für ihn richtige Balance zwischen beidem hält. Niemand soll aber den anderen vom dem für ihn richtigen Weg abhalten.

Credo (siehe Seite 520ff.)

Fürbitten

Wir beten zu unserem Herrn Jesus Christus, der uns sein Wort und das Brot des Lebens gibt:

V/A: Herr, erbarme dich.

– Für die Männer und Frauen, die in der Seelsorge tätig sind, dass sie anderen helfen können, ihre Berufung zu finden und ihr zu folgen.

– Für alle, die sich um die Menschen kümmern, die als Fremde in unser Land kommen, dass sie Unterstützung finden und nicht den Mut verlieren.

– Für die Menschen, die jetzt Urlaub machen, dass sie erholt und mit schönen neuen Eindrücken zurückkehren.

– Für unsere Familien, dass sie in Liebe und in gegenseitigem Respekt leben.

– Für unsere Verstorbenen, dass ihr Leben bei Gott vollendet werde.

Gott, unser Vater, du gibst uns Hoffnung und Zukunft. Führe uns zu deinem himmlischen Hochzeitsmahl, damit wir dich preisen in Zeit und Ewigkeit. Amen.

Gabengebet

Herr, du hast die vielen Opfer, die dir je von Menschen dargebracht werden, in dem einen Opfer des Neuen Bundes vollendet. Nimm die Gaben deiner Gläubigen an und heilige sie, wie du einst das Opfer Abels angenommen hast; und was jeder einzelne zu deiner Ehre darbringt, das werde allen zum Heil. Darum bitten wir durch Christus, unseren Herrn.

Präfation

Sonntage VIII

In Wahrheit ist es würdig und recht, dir, allmächtiger Vater, zu danken und dein Erbarmen zu rühmen. Die Sünde hatte die Menschen von dir getrennt, du aber hast sie zu dir zurückgeführt durch das Blut deines Sohnes und die Kraft deines Geistes. Wie du eins bist mit dem Sohn und dem Heiligen Geist, so ist deine Kirche geeint nach dem Bild des dreieinigen Gottes. Sie ist dein heiliges Volk, der Leib Christi und der Tempel des Heiligen Geistes zum Lob deiner Weisheit und Liebe. Darum preisen wir dich in deiner Kirche und vereinen uns mit den Engeln und Heiligen zum Hochgesang von deiner göttlichen Herrlichkeit.

Einladung zum Vaterunser

Gott ist unser Vater, der uns zu sich einlädt und bei uns sein möchte. In diesem Vertrauen beten wir: Vater unser im Himmel …

Einladung zum Friedensgebet

Christus ist unter uns. Er ist gekommen, um an uns Gottes Wort zu erfüllen. Deshalb bitten wir: Herr Jesus Christus …

Kommunionvers

Ps 111 (110),4–5

Ein Gedächtnis seiner Wunder hat der Herr gestiftet, gnädig und barmherzig ist der Herr. Er gibt denen Speise, die ihn fürchten.

Oder: Offb 3,20

So spricht der Herr: Ich stehe an der Tür und klopfe. Wenn einer meine Stimme hört und die Tür öffnet, werde ich bei ihm eintreten und mit ihm Mahl halten, und er mit mir.

Schlussgebet

Barmherziger Gott, höre unser Gebet. Du hast uns im Sakrament das Brot des Himmels gegeben, damit wir an Seele und Leib gesunden. Gib, daß wir die Gewohnheiten des alten Menschen ablegen und als neue Menschen leben. Dar¬ um bitten wir durch Christus, unseren Herrn.

Schlusssegen

Im Jahreskreis VI

Gott, unser Vater, segne euch mit allem Segen des Himmels, damit ihr rein und heilig lebt vor seinem Angesicht.

Er lehre euch durch das Wort der Wahrheit; er bilde euer Herz nach dem Evangelium Christi und gebe euch Anteil an seiner Herrlichkeit.

Er schenke euch jene brüderliche Liebe, an der die Welt die Jünger Christi erkennen soll.

Das gewähre euch der dreieinige Gott, der Vater und der Sohn † und der Heilige Geist.

Nun sagt Martha: »Herr, heiß sie, daß sie mir helfe.« Dies sprach Martha nicht aus Unwillen; sie sprach es vielmehr aus liebendem Wohlwollen, durch das sie gedrängt wurde. … Deshalb sprach sie: Herr, heiß, daß sie mir helfe«, als hätte sie sagen wollen: Meiner Schwester dünkt´s, sie könne auch schon, was sie nur wolle, solange sie nur bei dir unter deinem Troste sitze. Laß sie nun erkennen, ob dem so sei, und heiß sie aufstehen und von dir gehen! … sie fürchtete, daß sie (= Maria) in diesem Wohlgefühl stecken bliebe und nicht weiter käme. Da antwortete ihr Christus und sprach: »Martha, Martha, du bist besorgt, du bist bekümmert um vieles. Eines ist not! Maria hat den besten Teil erwählt, der ihr nimmermehr genommen werden kann.« Dieses Wort sprach Christus zu Martha nicht in tadelnder Weise; vielmehr gab er einen Bescheid und gab ihr die Vertröstung, daß Maria noch werden würde, wie sie es wünschte.

Meister Eckehart

17. SONNTAG IM JAHRESKREIS
27. Juli 2025

Gott ist hier, an heiliger Stätte.
Gott versammelt sein Volk in seinem Haus,
er schenkt ihm Stärke und Kraft.
Vgl. Ps 68 (67),6–7.36

Es dauert seine Zeit, bis Kinder sprechen lernen, und es braucht auch seine Zeit, um das Beten, das Sprechen mit Gott, zu lernen. Es ist uns wie das Sprechenkönnen nicht in die Wiege gelegt, auch wenn es für Kinder natürlich ist, sprechen zu wollen. Daran werden wir gerade heute erinnert, wenn wir im Evangelium das Vater Unser hören, das Jesus seinen Jüngern gelehrt hat und das die Urform allen christlichen Betens ist. Jesus selbst gibt uns die Worte, an die wir uns halten können, auf die wir zurückgreifen können, wenn uns die eigenen Worte fehlen.
Um das Beten zu lernen, kann es helfen, in einer Gemeinschaft zu beten, zusammen mit anderen Menschen, mit deren Gebet sich unser Gebet verbinden kann und deren Gebet unser Gebet tragen kann, wenn es schwach wird, wie auch wir in unserem Gebet andere tragen können. Diese Messe kann uns daher helfen, tiefer beten zu lernen und tiefer in die Gemeinschaft mit Gott hineinzuwachsen.

Kyrie-Rufe
Herr Jesus Christus, du hast deine Jünger zu beten gelehrt.
Herr, erbarme dich.
Du hörst unsere Gebete.
Christus, erbarme dich.
Du trittst beim Vater für uns ein.
Herr, erbarme dich.

Gloria (siehe Seite 516f.)

Tagesgebet

Gott, du Beschützer aller, die auf dich hoffen, ohne dich ist nichts gesund und nichts heilig. Führe uns in deinem Erbarmen den rechten Weg und hilf uns, die vergänglichen Güter so zu gebrauchen, daß wir die ewigen nicht verlieren. Darum bitten wir durch Jesus Christus.

Erste Lesung Gen 18,20–32

Lesung aus dem Buch Genesis.

In jenen Tagen sprach der Herr zu Abraham: Das Klagegeschrei über Sodom und Gomorra, ja, das ist angeschwollen und ihre Sünde, ja, die ist schwer.
Ich will hinabsteigen und sehen, ob ihr verderbliches Tun wirklich dem Klagegeschrei entspricht, das zu mir gedrungen ist, oder nicht. Ich will es wissen.
Die Männer wandten sich ab von dort und gingen auf Sodom zu. Abraham aber stand noch immer vor dem Herrn.
Abraham trat näher und sagte: Willst du auch den Gerechten mit den Ruchlosen wegraffen?
Vielleicht gibt es fünfzig Gerechte in der Stadt: Willst du auch sie wegraffen und nicht doch dem Ort vergeben wegen der fünfzig Gerechten in ihrer Mitte?
Fern sei es von dir, so etwas zu tun: den Gerechten zusammen mit dem Frevler töten. Dann ginge es ja dem Gerechten wie dem Frevler. Das sei fern von dir. Sollte der Richter der ganzen Erde nicht Recht üben?
Da sprach der Herr: Wenn ich in Sodom fünfzig Gerechte in der Stadt finde, werde ich ihretwegen dem ganzen Ort vergeben.
Abraham antwortete und sprach: Siehe, ich habe es unternommen, mit meinem Herrn zu reden, obwohl ich Staub und Asche bin.
Vielleicht fehlen an den fünfzig Gerechten fünf. Wirst du wegen der fünf die ganze Stadt vernichten? Nein, sagte er, ich werde sie nicht vernichten, wenn ich dort fünfundvierzig finde.

Er fuhr fort, zu ihm zu reden: Vielleicht finden sich dort nur vierzig. Da sprach er: Ich werde es der vierzig wegen nicht tun.
Da sagte er: Mein Herr zürne nicht, wenn ich weiterrede. Vielleicht finden sich dort nur dreißig. Er entgegnete: Ich werde es nicht tun, wenn ich dort dreißig finde.
Darauf sagte er: Siehe, ich habe es unternommen, mit meinem Herrn zu reden. Vielleicht finden sich dort nur zwanzig. Er antwortete: Ich werde sie nicht vernichten um der zwanzig willen.
Und nochmals sagte er: Mein Herr zürne nicht, wenn ich nur noch einmal das Wort ergreife. Vielleicht finden sich dort nur zehn. Er sprach: Ich werde sie nicht vernichten um der zehn willen.

Wort des lebendigen Gottes.

IMPULS Das Feilschen Abrahams mit Gott, von dem wir in dieser Lesung hören, ist eine der farbigsten Geschichten der Bibel und mag uns zu einem amüsierten Lächeln reizen. Aber der Hintergrund ist ernst – sogar todernst. Es geht um die Zerstörung der Städte Sodom und Gomorra, um den Tod von tausenden oder gar zehntausenden Menschen. Am Ende scheitert Abraham, obwohl er Gott auf 10 Gerechte herunterhandeln kann, die genügen, um die Städte zu retten; und auch das ist traurig, dass nicht einmal die Zahl von 10 Gerechten erreicht werden kann. Erst auf diesem ernsten Hintergrund ist verständlich, was das Sprechen Abrahams mit Gott bedeutet, was Gebet ist. Abraham ist ein Freund Gottes, der daher von Gottes Absicht erfährt, Sodom zu vernichten. Als Freund Gottes ist er jemand, der mit Gott sprechen kann, auf den Gott hört – und es ist erstaunlich, wie weit Gott auf Abrahams Bitten eingeht. Wir bekennen von Jesus Christus, dass er für uns vor Gott eintritt, aber als Christen sind wir Kinder Gottes und daher ebenfalls befugt und berufen, zu beten und für uns und andere vor Gott einzutreten. Wir sind dazu berufen und es mag sein, dass Gott darauf wartet, dass wir die Nöte der Welt und auch unsere Nöte vor ihn bringen. In einer Zeit, in der viele nicht mehr beten oder auch beten können, ist diese Aufgabe noch wichtiger geworden und wir sollten uns nicht scheuen, wie Abraham vor Gott zu treten, mit ihm zu reden und ihn zu bitten.

ANTWORTPSALM Ps 138 (137),1–2b.2c–3.6–7b.7c–8 (Kv: 3a)

Kv Herr, du gabst mir Antwort am Tag, da ich rief. – Kv

Ich will dir danken mit meinem ganzen Herzen, *
dir vor den Engeln singen und spielen.
Ich will mich niederwerfen zu deinem heiligen Tempel hin, *
will deinem Namen danken für deine Huld und für deine Treue. – Kv

Denn du hast dein Wort größer gemacht *
als deinen ganzen Namen.
Am Tag, da ich rief, gabst du mir Antwort, *
du weckst Kraft in meiner Seele. – Kv

Erhaben ist der HERR, /
doch er schaut auf den Niedrigen, *
in der Höhe ist er, doch er erkennt von ferne.
Muss ich auch gehen inmitten der Drangsal, *
du erhältst mich am Leben trotz der Wut meiner Feinde. – Kv

Du streckst deine Hand aus, *
deine Rechte hilft mir.
Der HERR wird es für mich vollenden. /
HERR, deine Huld währt ewig. *
Lass nicht ab von den Werken deiner Hände! – Kv

ZWEITE LESUNG Kol 2,12–14

Lesung aus dem Brief des Apostels Paulus an die Gemeinde in Kolossä.

Schwestern und Brüder! Mit Christus wurdet ihr in der Taufe begraben, mit ihm auch auferweckt, durch den Glauben an die Kraft Gottes, der ihn von den Toten auferweckt hat.

Ihr wart tot infolge eurer Sünden und euer Fleisch war unbeschnitten; Gott aber hat euch mit Christus zusammen lebendig gemacht und uns alle Sünden vergeben.
Er hat den Schuldschein, der gegen uns sprach, durchgestrichen und seine Forderungen, die uns anklagten, aufgehoben.
Er hat ihn dadurch getilgt, dass er ihn an das Kreuz geheftet hat.

Wort des lebendigen Gottes.

IMPULS In unserer Taufe haben wir Teil an Tod, Begräbnis und Auferstehung Jesu Christi. Diese – sakramentale – Wirklichkeit ist so stark, dass der Kolosserbrief uns in begeisterter Sprache schon jetzt die Auferweckung zuspricht. Das bedeutet für ihn, dass wir das Leben und die Vergebung der Sünden haben. Unsere Erfahrung ist dagegen, dass wir sterben werden und dass wir immer wieder in Sünden fallen. Unser Leben mit Gott ist noch nicht unangefochten. Anscheinend war es für diese Gemeinde aber wichtiger, zu betonen, dass das Wesentliche schon geschehen ist. Allerdings formuliert auch der Kolosserbrief mit einer gewissen Einschränkung. Es heißt nicht einfach wie beim Begrabenwerden in der Taufe, dass wir in Christus auferweckt wurden, sondern dass wir durch den Glauben an die Kraft Gottes auferweckt wurden. Der Glaube ist kein schwammiges Nicht-Wissen oder Vermuten, sondern eine Kraft, in der wir in der Verbindung mit Jesus Christus das neue Leben schon besitzen, auch wenn es noch verborgen ist und wir uns immer wieder neu auf diese Wirklichkeit ausrichten müssen, um ihr so in unserem Leben Gestalt zu geben.

Ruf vor dem Evangelium Röm 8,15bc

Halleluja. Halleluja.
Ihr habt den Geist der Kindschaft empfangen,
in dem wir rufen: Abba, Vater!
Halleluja.

EVANGELIUM Lk 11,1–13

+ Aus dem heiligen Evangelium nach Lukas.

Jesus betete einmal an einem Ort; als er das Gebet beendet hatte, sagte einer seiner Jünger zu ihm: Herr, lehre uns beten, wie auch Johannes seine Jünger beten gelehrt hat!
Da sagte er zu ihnen: Wenn ihr betet, so sprecht: Vater, geheiligt werde dein Name. Dein Reich komme.
Gib uns täglich das Brot, das wir brauchen!
Und erlass uns unsere Sünden; denn auch wir erlassen jedem, was er uns schuldig ist. Und führe uns nicht in Versuchung!
Dann sagte er zu ihnen: Wenn einer von euch einen Freund hat und um Mitternacht zu ihm geht und sagt: Freund, leih mir drei Brote; denn einer meiner Freunde, der auf Reisen ist, ist zu mir gekommen und ich habe ihm nichts anzubieten!, wird dann der Mann drinnen antworten: Lass mich in Ruhe, die Tür ist schon verschlossen und meine Kinder schlafen bei mir; ich kann nicht aufstehen und dir etwas geben?
Ich sage euch: Wenn er schon nicht deswegen aufsteht und ihm etwas gibt, weil er sein Freund ist, so wird er doch wegen seiner Zudringlichkeit aufstehen und ihm geben, was er braucht.
Darum sage ich euch: Bittet und es wird euch gegeben; sucht und ihr werdet finden; klopft an und es wird euch geöffnet.
Denn wer bittet, der empfängt; wer sucht, der findet; und wer anklopft, dem wird geöffnet.
Oder welcher Vater unter euch, den der Sohn um einen Fisch bittet, gibt ihm statt eines Fisches eine Schlange oder einen Skorpion, wenn er um ein Ei bittet?
Wenn nun ihr, die ihr böse seid, euren Kindern gute Gaben zu geben wisst, wie viel mehr wird der Vater im Himmel den Heiligen Geist denen geben, die ihn bitten.

Evangelium unseres Herrn Jesus Christus.

IMPULS Das Vater Unser wird mit einigen Unterschieden jeweils im Lukas- und im Matthäusevangelium überliefert. Bei Matthäus ist es ein Teil der Bergpredigt. Genauso wie er das Almosengeben und das Fasten regelt, gibt er der Gemeinde mit dem Vater Unser eine Regelung für das Gebet. Bei Lukas steht am Anfang die Bitte der Jünger an Jesus, sie beten zu lehren; und damit setzt Lukas einen anderen Akzent. Das Vater Unser ist nicht einfach Teil einer größeren Regelung des Lebens einer Gemeinde, die wissen soll, wie sie zu beten hat. Karl Rahner, einer der großen Theologen des 20. Jahrhunderts, hat eine kleine Schrift mit dem Titel: Von der Not und dem Segen des Gebetes verfasst. Auch die Jünger kannten anscheinend etwas von dieser Not des Gebets. Sie hatten die Psalmen und eine reiche jüdische Gebetstradition. Gerade in der Begegnung mit Jesus genügte das den Jüngern aber nicht mehr.
Von einigen der Schwierigkeiten des Gebets zeugen auch die Abschnitte im heutigen Evangelium, die auf das Vater Unser folgen. Lukas fügt noch eine ganze Gebetslehre an, die vor allem unser Vertrauen auf Gott stärken soll. Es sind große Worte, die sich uns eingeprägt haben: Wer sucht, der findet, wer anklopft, dem wird aufgetan, wer bittet, der empfängt. Es sind große Worte, aber widersprechen sie nicht doch allzu häufig unserer Erfahrung?
Wir haben einen guten Gott, einen Vater, der uns liebt. Das ist Jesu Botschaft und an der hat er nicht nur bis in den Tod hinein festgehalten, er hat sie in seiner Auferstehung auch bestätigt. Wir haben einen Gott, der gute Gaben geben will, und wir würden vielleicht mehr empfangen, wenn wir ihn mehr bitten. Aber ganz am Ende des heutigen Evangelienabschnitts wird als gute Gabe, die Gott uns geben will, der Hl. Geist genannt. Das ist überraschend und je nachdem auch enttäuschend. Wir haben doch meist sehr viel konkretere und auch kleinere Bitten. Es mag uns aber darauf hinweisen, dass Gott uns sogar mehr geben will, als wir erbitten, und dass er besser als wir weiß, was wir wirklich nötig haben.

CREDO (siehe Seite 520ff.)

FÜRBITTEN

Herr Jesus Christus, du trittst beim Vater allezeit für uns ein, wir bitten dich:

V: Christus, höre uns. A: Christus, erhöre uns.

- Für unseren Bischof und alle, die ihn bei der Leitung des Bistums unterstützen.
- Für die Gebetsgruppen in der Kirche.
- Für die Abgeordneten in den Parlamenten unseres Landes.
- Für Frieden und Sicherheit in der Ukraine.
- Für die Menschen in den Hungergebieten der Erde.
- Für unsere Verstorbenen.

Gott, du bist der gute Vater, auf den wir hoffen, höre unsere Bitten, führe uns zum Leben bei dir und sei uns immer nahe durch Christus, unseren Herrn. Amen.

GABENGEBET

Gütiger Gott, nimm die Gaben an, die wir von deiner Güte empfangen haben. Laß deine Kraft in ihnen wirken, damit sie uns in diesem Leben heiligen und zu den ewigen Freuden führen. Darum bitten wir durch Christus, unseren Herrn.

PRÄFATION

Messen für besondere Anliegen I

Wir danken dir, gütiger Vater, und preisen dich, denn durch die Frohe Botschaft deines Sohnes hast du Menschen aus allen Völkern und Sprachen vereint in der Gemeinschaft der Kirche. Durch sie, die aus der Kraft deines Geistes lebt, führst du alle Menschen zur Einheit. So bezeugt die Kirche deine Liebe und schenkt allen die Hoffnung auf ewige Vollendung. Sie wird zum Zeichen deiner Treue, die du uns für immer versprochen hast in unserem Herrn Jesus Christus. Darum rühmen dich Himmel und Erde, und mit der ganzen Kirche singen wir das Lob deiner Herrlichkeit.

Einladung zum Vaterunser

In Jesus Christus haben wir die Zuversicht, dass wer bittet, empfängt. So beten wir voll Vertrauen mit den Worten, die uns Jesus selbst gelehrt hat: Vater unser im Himmel …

Einladung zum Friedensgebet

Durch den Tod und die Auferstehung Jesu Christi hat Gott uns lebendig gemacht und uns alle Sünden vergeben. Deshalb beten wir: Herr Jesus Christus …

Kommunionvers

Ps 103 (102),2

Lobe den Herrn meine Seele und vergiß nicht, was er dir Gutes getan hat!

Oder: Mt 5,7–8

Selig, die barmherzig sind; denn sie werden Erbarmen finden. Selig, die ein reines Herz haben; denn sie werden Gott schauen.

Schlussgebet

Herr, unser Gott, wir haben das Gedächtnis des Leidens Christi gefeiert und das heilige Sakrament empfangen. Was uns dein Sohn in unergründlicher Liebe geschenkt hat, das werde uns nicht zum Gericht, sondern bringe uns das ewige Heil. Darum bitten wir durch Christus, unseren Herrn.

Schlusssegen

Segensgebet über das Volk, Nr. 4

Gott, unser Vater, gib dem christlichen Volk die Gnade, den Glauben, den es bekennt, immer tiefer zu erfassen und Christus, den wir als das Brot des Himmels empfangen haben, wahrhaft zu lieben, der mit dir lebt und herrscht in alle Ewigkeit.
Der Segen des allmächtigen Gottes, des Vaters und des Sohnes und des Heiligen Geistes, komme auf euch herab und bleibe bei euch allezeit.

Reinige also dein Herz vom Misstrauen, umgürte dich mit dem Glauben, denn er ist stark, und vertraue auf Gott, dass du alles, um was du ihn bittest, erlangen werdest. Und wenn du einmal den Herrn um etwas gebeten hast, aber die Erhörung deiner Bitte sich etwas verzögert, so verliere nicht das Vertrauen, weil deine Seele die Erfüllung ihres Gebetes nicht schnell erhielt; denn sicherlich ist es eine Prüfung, oder es ist ein dir unbekannter Fehltritt daran schuld, dass sich die Erfüllung deiner Bitte verzögert. Deshalb musst du beharrlich sein mit dem Gebet deiner Seele, dann wirst du erhört. Wenn aber dein Eifer und dein Vertrauen beim Beten nachlassen, so klage dich selbst an und nicht den, der dir hätte geben sollen.

Der Hirte des Hermas (ca. 150 nach Chr.)

18. SONNTAG IM JAHRESKREIS
3. August 2025

Gott, komm mir zu Hilfe; Herr, eile, mir zu helfen.
Meine Hilfe und mein Retter bist du, Herr, säume nicht.
Ps 70 (69),2.6

Es ist gut, wenn wir uns von den vielen Dingen, die wir teils brauchen und teils zu brauchen glauben, nicht in Beschlag nehmen lassen. Martin Heidegger schrieb: »Wenn die Gelassenheit zu den Dingen und die Offenheit für das Geheimnis in uns erwachen, dann dürften wir auf einen Weg gelangen, der zu einem neuen Grund und Boden führt.« Was er für die Philosophie sagte, dürfen wir auf den Glauben übertragen. Auch Schweigen und Stille sind Formen der Gelassenheit, dass wir die Leere zulassen, um neu und anders zu sehen. Wilhelm Weischedel meint in diesem Sinne: »Gelassenheit hat die Bedeutung eines verstärkten Lassens und meint so viel wie: loslassen, fahren lassen, verlassen. Zur Gelassenheit gehört also Verzicht, gehört so etwas wie Abschied.« Was helfen uns die schweren Sorgen, was hilft uns unser Weh und Ach? So heißt es im Lied »Wer nur den lieben Gott lässt walten«. Wir sollen auf den Herrn bauen. Wer Scheunen zur Vorratshaltung baut, baut auf Sand. »Wer Gott dem Allerhöchsten traut, der hat auf keinen Sand gebaut.«

Kyrie-Rufe

Herr Jesus Christus, auf dich werfen wir unsere Sorgen.
Herr, erbarme dich.
Herr Jesus Christus, du willst, dass wir deinen Vater um das tägliche Brot nur für heute bitten.
Christus, erbarme dich.
Herr Jesus Christus, du lehrst uns, von den Vögeln zu lernen, die nicht säen und doch von deinem Vater ernährt werden.
Herr, erbarme dich.

Gloria (siehe Seite 516f.)

Tagesgebet

Gott, unser Vater, steh deinen Dienern bei und erweise allen, die zu dir rufen, Tag für Tag deine Liebe. Du bist unser Schöpfer und der Lenker unseres Lebens. Erneuere deine Gnade in uns, damit wir dir gefallen, und erhalte, was du erneuert hast. Darum bitten wir durch Jesus Christus.

Erste Lesung

Koh 1,2; 2,21–23

Lesung aus dem Buch Kohelet.

Windhauch, Windhauch, sagte Kohelet, Windhauch, Windhauch, das ist alles Windhauch.
Denn es kommt vor, dass ein Mensch, dessen Besitz durch Wissen, Können und Erfolg erworben wurde, ihn einem andern, der sich nicht dafür angestrengt hat, als dessen Anteil überlassen muss. Auch das ist Windhauch und etwas Schlimmes, das häufig vorkommt.
Was erhält der Mensch dann durch seinen ganzen Besitz und durch das Gespinst seines Geistes, für die er sich unter der Sonne anstrengt?
Alle Tage besteht sein Geschäft nur aus Sorge und Ärger und selbst in der Nacht kommt sein Geist nicht zur Ruhe. Auch das ist Windhauch.

Wort des lebendigen Gottes.

IMPULS Die Menschen kommen heute nicht mehr zur Ruhe. Auch in der Nacht dreht sich das Gedankenkarussell aus Sorgen, Ängsten und Befürchtungen. Der Schlaf ist in unseren Breiten und Zeiten zuallererst der, der fehlt. Sich selbst und dem anderen Schlaf zu gönnen, ist eine wenig verbreitete Tugend. Ganz anders in der geistlichen Tradition: Nur der Schlaf macht wach für die Winke Gottes, der alt- und der neutestamentliche Josef, sie träumen unentwegt. Der Philosoph Byung-Chul Han parallelisiert Schlaf und kontemplatives Leben. Der Mensch schläft nicht mehr, weil er sich Sorgen um Nichtiges macht. Kohelet ist der Philosoph unter den Propheten. Der

Mensch muss erkennen, dass viele vermeintlich wichtige Dinge, die in der Welt Geltung haben, in den Augen Gottes gleichgültig und nichtig sind. Viele zweit- und drittrangige Dinge kommen als wichtig daher. Lassen wir uns nicht von dem bestimmen, was man sagt, was man tut, was man nicht versäumen darf oder wo man gewesen sein muss. Im Antwortpsalm folgt eine andere Metapher für den Windhauch, für die Vergänglichkeit: der Staub. »Gott, der HERR, formte den Menschen aus Staub vom Ackerboden« (Gen 2,7). Der Mensch ist Staub, der aber beurteilen kann, was im Leben letztlich wertlos und nur Staub ist. Ähnlich sagte es Blaise Pascal: »Der Mensch ist nur ein Schilfrohr, aber er ist ein denkendes Schilfrohr.« Gottlob.

ANTWORTPSALM Ps 90 (89),3–4.5–6.12–13.14. u. 17 (Kv: vgl. 1)

Kv Herr, du bist uns Wohnung von Geschlecht zu Geschlecht. – Kv

Zum Staub zurückkehren lässt du den Menschen, *
du sprichst: Ihr Menschenkinder, kehrt zurück!
Denn tausend Jahre sind in deinen Augen wie der Tag,
der gestern vergangen ist, *
wie eine Wache in der Nacht. – Kv

Du raffst sie dahin, sie werden wie Schlafende. *
Sie gleichen dem Gras, das am Morgen wächst:
Am Morgen blüht es auf und wächst empor, *
am Abend wird es welk und verdorrt. – Kv

Unsere Tage zu zählen, lehre uns! *
Dann gewinnen wir ein weises Herz.
Kehre doch um, HERR! – Wie lange noch? *
Um deiner Knechte willen lass es dich reuen! – Kv

Sättige uns am Morgen mit deiner Huld! *
Dann wollen wir jubeln und uns freuen all unsre Tage.
Güte und Schönheit des Herrn, unseres Gottes, sei über uns! /
Lass gedeihen das Werk unserer Hände, *
ja, das Werk unsrer Hände lass gedeihn! – Kv

ZWEITE LESUNG Kol 3,1–5.9–11

Lesung aus dem Brief des Apostels Paulus an die Gemeinde in Kolossä.

Schwestern und Brüder! Seid ihr nun mit Christus auferweckt, so strebt nach dem, was oben ist, wo Christus zur Rechten Gottes sitzt!
Richtet euren Sinn auf das, was oben ist, nicht auf das Irdische!
Denn ihr seid gestorben und euer Leben ist mit Christus verborgen in Gott.
Wenn Christus, unser Leben, offenbar wird, dann werdet auch ihr mit ihm offenbar werden in Herrlichkeit.
Darum tötet, was irdisch an euch ist: Unzucht, Unreinheit, Leidenschaft, böse Begierde und die Habsucht, die Götzendienst ist!
Belügt einander nicht; denn ihr habt den alten Menschen mit seinen Taten abgelegt und habt den neuen Menschen angezogen, der nach dem Bild seines Schöpfers erneuert wird, um ihn zu erkennen.
Da gibt es dann nicht mehr Griechen und Juden, Beschnittene und Unbeschnittene, Barbaren, Skythen, Sklaven, Freie, sondern Christus ist alles und in allen.

Wort des lebendigen Gottes.

IMPULS Paulus empfiehlt, nicht auf das Irdische zu starren, sondern sich auf das auszurichten, was oben ist. Nicht das Sichtbare ist wesentlich, sondern das Unsichtbare. Sichtbar sind Haus, Wohnungseinrichtung, Garten, Status- und Machtsymbole von A wie Auto bis Z wie Zertifikate, Titel, Ehrennadel, Fünf-Gänge-Menü, Karriere, Kapital, Kleidung usw. Damit verbringen bzw. verschwenden wir viel kostbare Zeit. Das »Ich« wird immer größer und der Platz für Christus in mir kleiner. Wir sind nicht an das Irdische gebunden. Wir haben, als hätten wir nicht, weil wir uns nicht von Unwesentlichem und Belanglosem in Beschlag nehmen lassen. Mit Christus, der hinaussteht und hineinsteht in Gott, sind wir in Gott verborgen. In Christus hat Paulus einen neuen Maßstab gefunden:

»Auch wenn wir früher Christus nach menschlichen Maßstäben eingeschätzt haben, jetzt schätzen wir ihn nicht mehr so ein. Wenn also jemand in Christus ist, dann ist er eine neue Schöpfung: Das Alte ist vergangen, Neues ist geworden« (2 Kor 5,16f). Lassen wir um Himmels willen den bloß weltlichen Maßstab fahren! In Christus und seinem doppelten Maßstab schwinden die Sorgen. Im Lied »Der Herr ist mein getreuer Hirte« heißt es: »Der höchste Hirte sorgt für mich, was nützen meine Sorgen? Es wird ja alle Morgen des Hirten Güte neu.«

RUF VOR DEM EVANGELIUM — Mt 5,3

Halleluja. Halleluja.
Selig, die arm sind vor Gott;
denn ihnen gehört das Himmelreich.
Halleluja.

EVANGELIUM — Lk 12,13–21

+ Aus dem heiligen Evangelium nach Lukas.

In jener Zeit bat einer aus der Volksmenge Jesus: Meister, sag meinem Bruder, er soll das Erbe mit mir teilen!
Er erwiderte ihm: Mensch, wer hat mich zum Richter oder Erbteiler bei euch eingesetzt?
Dann sagte er zu den Leuten: Gebt Acht, hütet euch vor jeder Art von Habgier! Denn das Leben eines Menschen besteht nicht darin, dass einer im Überfluss seines Besitzes lebt.
Und er erzählte ihnen folgendes Gleichnis: Auf den Feldern eines reichen Mannes stand eine gute Ernte.
Da überlegte er bei sich selbst: Was soll ich tun? Ich habe keinen Platz, wo ich meine Ernte unterbringen könnte.
Schließlich sagte er: So will ich es machen: Ich werde meine Scheunen abreißen und größere bauen; dort werde ich mein ganzes Getreide und meine Vorräte unterbringen.
Dann werde ich zu meiner Seele sagen: Seele, nun hast du einen großen Vorrat, der für viele Jahre reicht. Ruh dich aus, iss und trink und freue dich!

Da sprach Gott zu ihm: Du Narr! Noch in dieser Nacht wird man dein Leben von dir zurückfordern. Wem wird dann das gehören, was du angehäuft hast?
So geht es einem, der nur für sich selbst Schätze sammelt, aber bei Gott nicht reich ist.

Evangelium unseres Herrn Jesus Christus.

IMPULS Der reiche Mann will die Vorräte gut anlegen und sich dann ausruhen, trinken und sich des Lebens freuen. Problem: Er muss noch in derselben Nacht sein Leben zurückgeben. Vor der Welt war und galt er als reich, im göttlichen Maßstab indessen ist er ein armes Würstchen, ein Hanswurst, ein Narr. Gnade ist nicht machbar, sie ist Geschenk von oben. Dankbarkeit ist die Quelle alles Guten. Das Beispiel, das Jesus erzählt, ist ein Anti-Beispiel. Es handelt sich beim Scheunenbau um ein Missverständnis der Vaterunser-Bitte »Unser tägliches Brot gibt uns heute«. Denn manche beten stattdessen: »Gib uns unser Brot auch in den Tagen der Rente und gib uns Reisen, Hobbys und Wohnkomfort, die wir in den Tagen der Erwerbstätigkeit liebgewonnen haben.« Das ist die Bitte heutiger Sorgen-, Sicherheits- und Planungsmenschen. Im Glauben geht es aber nicht um Vorratshaltung (ein solcher Mensch wird im Gleichnis schlicht »Narr« genannt) und nicht um Zukunftsabsicherung (Seht die Vögel! Lernt von den Lilien!). Es geht um die Würde des Augenblicks, in dem wir Leben teilen und gemeinsam feiern. Mancher empfindet vielleicht Gottes Wortwahl zu hart: »Du Narr!« Aber nicht Gott liegt falsch, sondern wir in unserem Machbarkeitswahn, in unserem nackten strategischen Denken nach Ursache und Wirkung. So werden wir zu Kausalkettenknechten, die verkrampft und selbstzentriert Scheune um Scheune bauen, ohne glücklicher zu werden.

CREDO (siehe Seite 520ff.)

Fürbitten

Guter Gott, du sorgst für uns und beschenkst uns Tag für Tag mit deinen Gaben. Du weißt, was wir brauchen, und wir wissen, dass vielen Menschen das Nötigste fehlt. Wir vertrauen dir alle Menschen an, die in großer Not leben.

– Wir bringen dir alle Ängstlichen und Verzweifelten.

V/A: Nimm sie, o Gott, in deine sorgenden Hände.

– Wir bringen dir alle, die niemanden haben, auf den sie sich verlassen können.

– Wir bringen dir alle, die ums nackte Überleben kämpfen.

– Wir bringen dir alle, die den Glauben an dich verloren haben.

– Wir bringen dir alle, die nur auf ihre eigene Kraft setzen.

– Wir bringen dir alle, die uns im Tod vorausgegangen sind.

Du, Gott, bist für uns da und sorgst für uns. Wir loben dich, wir danken dir, heute und in Ewigkeit. Amen.

Gabengebet

Barmherziger Gott, heilige diese Gaben. Nimm das Opfer an, das dir im Heiligen Geist dargebracht wird, und mache uns selbst zu einer Gabe, die für immer dir gehört. Darum bitten wir durch Christus, unseren Herrn.

Präfation

Sonntage I

In Wahrheit ist es würdig und recht, dir, Herr, heiliger Vater, allmächtiger, ewiger Gott, immer und überall zu danken durch unseren Herrn Jesus Christus. Denn er hat Großes an uns getan: Durch seinen Tod und seine Auferstehung hat er uns von der Sünde und von der Knechtschaft des Todes befreit und zur Herrlichkeit des neuen Lebens berufen. In ihm sind wir ein auserwähltes Geschlecht, dein heiliges Volk, dein königliches Priestertum.

So verkünden wir die Werke deiner Macht, denn du hast uns aus der Finsternis in dein wunderbares Licht gerufen. Darum singen wir mit den Engeln und Erzengeln, den Thronen und Mächten und mit all den Scharen des himmlischen Heeres den Hochgesang von deiner göttlichen Herrlichkeit.

Einladung zum Vaterunser

Die Bitte »Unser tägliches Brot gib uns heute« bewahrt uns vor zu viel Planung und Absicherung und lässt unser Vertrauen wachsen. Sprechen wir diese Bitte heute ganz bewusst: Vater unser im Himmel …

Einladung zum Friedensgebet

Ständiges Habenwollen und Nicht-genug-Bekommen trägt zum Unfrieden in der Welt und in unserer unmittelbaren Umgebung bei. Deshalb bitten wir: Herr Jesus Christus …

Kommunionvers — Weish 16,20

Herr, du hast uns Brot vom Himmel gegeben, das allen Wohlgeschmack in sich enthält.

Oder: Joh 6,35

So spricht der Herr: Ich bin das Brot des Lebens, wer zu mir kommt, wird nicht mehr hungern, und wer an mich glaubt, wird nicht mehr Durst haben.

Schlussgebet

Barmherziger Gott, in den heiligen Gaben empfangen wir neue Kraft. Bleibe bei uns in aller Gefahr und versage uns nie deine Hilfe, damit wir der ewigen Erlösung würdig werden. Darum bitten wir durch Christus, unseren Herrn.

Schlusssegen — Segensgebet über das Volk, Nr. 14

Strecke aus deine Rechte, Herr, unser Gott, und hilf deinen Gläubigen, damit sie dich von ganzem Herzen suchen und von dir alles erlangen, was sie im Einklang mit deinem Willen erbitten. Darum bitten wir durch Christus unseren Herrn Der Segen des allmächtigen Gottes, des Vaters und des Sohnes und des Heiligen Geistes, komme auf euch herab und bleibe bei euch allezeit.

Nicht für morgen bauen,
sondern heut vertrauen.

Nicht für morgen sorgen,
jetzt in Gott geborgen.

Nicht für morgen planen,
Gottes Hilf erahnen.

Nicht für morgen horten,
Gnade allerorten.

Nicht an morgen denken,
Gott wird alles lenken.

Nichts ins Auge fassen,
sich ihm überlassen.

Nicht mehr steuern, lenken,
er will schenken, schenken.

Nicht mehr müssen, müssen,
den Moment nur küssen.

Nicht mehr Kleinigkeiten,
wir sind die Befreiten.

Wolfgang Steffel

VERKLÄRUNG DES HERRN

Fest

6. August 2025

Aus einer leuchtenden Wolke kam die Stimme des Vaters:
Dies ist mein geliebter Sohn,
an dem ich Gefallen gefunden habe:
Auf ihn sollt ihr hören.
Vgl. Mt 17,5

Das Fest der Verklärung, lateinisch *transfiguratio*, stellt uns in Jesus mitten in der Welt eine Lebensfigur vor Augen, die über die Welt hinaus in den Lebensbereich Gottes hineinragt. Friedrich Spee lässt Jesus sagen: »Ich habe den Himmel hinabgebogen auf die Erde und die Erde über sich hinaus in den Himmel.« Wir feiern mit der Verklärung zugleich ein kleines Dreifaltigkeitsfest. Christus gewährt uns nicht nur *Einsicht* in die Trinität, sondern in ihm wird die Trinität *ansichtig:* Jesus, mein Schöpfer; Jesus, mein Freund; Jesus, meine Kraft. In Christus können wir die ganze Dreieinigkeit verspüren. So beten und bitten wir an diesem Fest: »Heiliger, dreifaltiger Gott, hilf uns, das Geheimnis deines Wesens und Willens mehr und mehr zu verspüren, und lass uns gemäß der Einsichten, die du uns in Christus offenbarst, im Alltag handeln. Amen.«

Kyrie-Rufe

Herr Jesus Christus, du bist das Wort, das im Anfang bei Gott war.
Herr, erbarme dich.
Herr Jesus Christus, auf dem Berg der Verklärung hat dich dein Vater als Sohn angesprochen.
Christus, erbarme dich.
Herr Jesus Christus, du gibst uns Einsicht in das dreifaltige Leben Gottes.
Herr, erbarme dich.

Gloria (siehe Seite 516f.)

Tagesgebet

Allmächtiger Gott, bei der Verklärung deines eingeborenen Sohnes hast du durch das Zeugnis der Väter die Geheimnisse unseres Glaubens bekräftigt. Du hast uns gezeigt, was wir erhoffen dürfen, wenn unsere Annahme an Kindes Statt sich einmal vollendet. Hilf uns, auf das Wort deines Sohnes zu hören, damit wir Anteil erhalten an seiner Herrlichkeit. Darum bitten wir durch Jesus Christus.

Erste Lesung Dan 7,9–10.13–14

Lesung aus dem Buch Daniel.

Ich, Daniel, sah in einer nächtlichen Vision: Throne wurden aufgestellt und ein Hochbetagter nahm Platz. Sein Gewand war weiß wie Schnee, sein Haar wie reine Wolle. Feuerflammen waren sein Thron und dessen Räder waren loderndes Feuer.
Ein Strom von Feuer ging von ihm aus. Tausendmal Tausende dienten ihm, zehntausendmal Zehntausende standen vor ihm.
Das Gericht nahm Platz und es wurden Bücher aufgeschlagen.
Immer noch hatte ich die nächtlichen Visionen: Da kam mit den Wolken des Himmels einer wie ein Menschensohn. Er gelangte bis zu dem Hochbetagten und wurde vor ihn geführt.
Ihm wurden Herrschaft, Würde und Königtum gegeben. Alle Völker, Nationen und Sprachen dienten ihm. Seine Herrschaft ist eine ewige, unvergängliche Herrschaft. Sein Reich geht niemals unter.

Wort des lebendigen Gottes.

IMPULS Am Christkönigsonntag hören wir, dass Jesus mit den Wolken des Himmels kommen und jedes Auge ihn sehen wird (Offb 1,7) und ihm am Ende der Tage alle Völker, Nationen und Sprachen in seinem ewigen Reich dienen (Dan 7,14). So hören wir auch heute. Im Advent bewegen wir uns in der gleichen Vorstellungswelt: Jesus kommt mit allen seinen Heiligen (1 Thess 3,13) und »mit großer Macht und Herrlichkeit auf einer Wolke«

(Lk 21,27). Die Wiederkunft Christi ist weit weg von unserem heutigen Glaubensverständnis, aber fest verankert im Glaubensbekenntnis: »Er wird kommen zu richten die Lebenden und die Toten.« In der Messe bekennen wir noch einmal ausdrücklich: »Deinen Tod, o Herr, verkünden wir und deine Auferstehung preisen wir, bis du kommst in Herrlichkeit.« Christen lesen »Menschensohn« auf Christus hin. Der Menschensohn kommt auf den Wolken des Himmels. Wolken stehen für die Treue. »Deine Güte, Herr, reicht, so weit der Himmel ist, deine Treue, weiter als die Wolken ziehn« (Psalm 36,6; 57,11; 108,5). Gleich dreimal findet sich in den Psalmen obiger Vers. Dreimal wird Gottes Gegenwart besungen. Kann das nicht als sanfter Hinweis auf die dreifaltige Begleitung Gottes gedeutet werden? Bei uns ist der Vater, der uns erschaffen hat, der Sohn, der uns die Hingabe lehrte, und der Heilige Geist, der lebendig macht. Jesus ist die Güte und Treue Gottes in Person.

ANTWORTPSALM Ps 97 (96),1–2.5–6.8–9 (Kv: vgl. 1a.9a)

Kv Der HERR ist König,
er ist der Höchste über der ganzen Erde. – Kv

Der HERR ist König. Es juble die Erde! *
Freuen sollen sich die vielen Inseln.
Rings um ihn her sind Wolken und Dunkel, *
Gerechtigkeit und Recht sind die Stützen seines Thrones. – Kv

Berge schmelzen wie Wachs vor dem HERRN, *
vor dem Angesicht des HERRN der ganzen Erde.
Seine Gerechtigkeit verkünden die Himmel, *
seine Herrlichkeit schauen alle Völker. – Kv

Zion hört es und freut sich, *
Judas Töchter jubeln, HERR, über deine Urteile.
Denn du, HERR, bist der Höchste über der ganzen Erde, *
hoch erhaben bist du über alle Götter. – Kv

Zweite Lesung 2 Petr 1,16–19

Lesung aus dem zweiten Brief des Apostels Petrus.

Schwestern und Brüder! Wir sind nicht klug ausgedachten Geschichten gefolgt, als wir euch die machtvolle Ankunft unseres Herrn Jesus Christus kundtaten, sondern wir waren Augenzeugen seiner Macht und Größe.
Denn er hat von Gott, dem Vater, Ehre und Herrlichkeit empfangen, als eine Stimme von erhabener Herrlichkeit an ihn erging: Das ist mein geliebter Sohn, an dem ich Wohlgefallen gefunden habe.
Diese Stimme, die vom Himmel kam, haben wir gehört, als wir mit ihm auf dem heiligen Berg waren.
Dadurch ist das Wort der Propheten für uns noch sicherer geworden und ihr tut gut daran, es zu beachten, wie ein Licht, das an einem finsteren Ort scheint, bis der Tag anbricht und der Morgenstern aufgeht in eurem Herzen.

Wort des lebendigen Gottes.

IMPULS Der in unseren Herzen aufgehende Morgenstern ist ein wunderbares Bild des Trostes. Der Morgenstern leuchtet auch an den finstersten Orten. Wir denken da womöglich an Philipp Nicolais berühmtes Lied »Wie schön leuchtet der Morgenstern«. So wie der Vater den Sohn als geliebten Sohn annimmt, sollen wir ihn in unser Herz aufnehmen. Das formuliert Nicolai poetisch so: »Gieß sehr tief in mein Herz hinein, du heller Jaspis und Rubin, die Flamme deiner Liebe.« Jesus ist für Christen aller Zeiten ein Licht an finsteren Orten. Beim Dichter und Pfarrer Nicolai war es besonders finster. Es wütete die Pest in seiner Gemeinde. Er schreibt an seinen Bruder: »Ich bin durch Gottes Gnade noch ganz gesund, wenn ich gleich von Häusern, die von der Pest angesteckt sind, fast umlagert bin und auf dem Kirchhof wohne, wo täglich bald 24, 27, 29, 30 Leichen der Erde übergeben werden.« »Auf dem Kirchhof wohnen« heißt, dass er dauernd auf dem Friedhof im Einsatz war. Das Lesungswort vom Morgenstern tröstet, richtet auf, baut auf und lässt es nicht gänzlich dunkel werden. Rubin und Jaspis: Rot und Grün, Leid und Hoffnung, Leiden und Auferstehung.

Ruf vor dem Evangelium — Vgl. Lk 9,35

Halleluja. Halleluja.
Aus der leuchtenden Wolke rief die Stimme des Vaters:
Das ist mein geliebter Sohn, auf ihn sollt ihr hören.
Halleluja.

Evangelium — Lk 9,28b–36

+ Aus dem heiligen Evangelium nach Lukas.

In jener Zeit nahm Jesus Petrus, Johannes und Jakobus mit sich und stieg auf einen Berg, um zu beten.
Und während er betete, veränderte sich das Aussehen seines Gesichtes und sein Gewand wurde leuchtend weiß.
Und siehe, es redeten zwei Männer mit ihm. Es waren Mose und Elija; sie erschienen in Herrlichkeit und sprachen von seinem Ende, das er in Jerusalem erfüllen sollte.
Petrus und seine Begleiter aber waren eingeschlafen, wurden jedoch wach und sahen Jesus in strahlendem Licht und die zwei Männer, die bei ihm standen.
Und es geschah: Als diese sich von ihm trennen wollten, sagte Petrus zu Jesus: Meister, es ist gut, dass wir hier sind. Wir wollen drei Hütten bauen, eine für dich, eine für Mose und eine für Elija. Er wusste aber nicht, was er sagte.
Während er noch redete, kam eine Wolke und überschattete sie. Sie aber fürchteten sich, als sie in die Wolke hineingerieten.
Da erscholl eine Stimme aus der Wolke: Dieser ist mein auserwählter Sohn, auf ihn sollt ihr hören.
Während die Stimme erscholl, fanden sie Jesus allein. Und sie schwiegen und erzählten in jenen Tagen niemandem von dem, was sie gesehen hatten.

Evangelium unseres Herrn Jesus Christus.

IMPULS In den Bergen gewinnen wir Distanz. Unten im Tal, im Flächen- und Oberflächenland ist die Luft dick wie schwarzer Lehmschlamm, oben in den Bergen ist es wie ein Traum. Deshalb will ich nicht wieder runter vom Berg: »I don't wanna come down.« So beschreibt es ein amerikanisches Bluegrass-Lied. In einer Kapelle auf einem Berg der Schwäbischen Alb liegen seit Jahren leere Bücher aus, die Menschen zum Niederschreiben von Gedanken und Gebeten einladen. Ein Beter berichtet, dass er 20 Jahre lang die Straße am Fuße des Berges entlang fuhr, morgens auf dem Weg zur Arbeit und abends nach Hause. Immer wieder sei sein Blick nach oben geschweift. Nie aber sei er auf die Idee gekommen, anzuhalten und den Berg zu erklimmen. Hast und Eile, Zeitnot und Betrieb hätten es verhindert. Doch eines Tages treibt es ihn hinauf. Er parkt seinen Wagen, steigt aus und steigt hinauf. Er schreibt sein Erlebnis ins Buch der Kapelle, verbunden mit dem Ausdruck des Bedauerns, sich nicht schon viel früher einmal diesen Ausblick gegönnt zu haben: »Eine Schande von mir!« Ein anderer Mensch verleiht seinen ganz ähnlichen Gedanken poetisch Ausdruck, indem er ins Buch notiert: »Wie ein Fisch in das Meer, so müssen wir auf den Berg, um die Dinge nicht zu vergessen, die da innen sind.« Mit diesen Gedanken können wir uns in die Erlebnisse von Petrus, Johannes und Jakobus auf dem Verklärungsberg einfühlen.

CREDO (siehe Seite 520ff.) [Am Sonntag]

FÜRBITTEN

Jesus Christus, auf dem Berg der Verklärung erstrahltest du in hellem Licht. Du bist das Licht der Welt, das jeden Menschen erleuchtet und tröstet. Wir bitten dich:

– Viele Menschen leben im Dunkel von Krieg, Zerstörung und Flucht.

V/A: Leuchte ihnen in der Finsternis.

– Viele Menschen erleiden Hunger und Armut im Schatten der Reichen und Satten.

– Viele Menschen fühlen sich orientierungslos, wie auf einer Fahrt durch einen Tunnel.

– Viele Menschen leben in der Nacht von Angst, Verzweiflung und Depression.

– Viele Menschen stehen vor der finstersten Stunde ihres Lebens, dem Tod, darum wissend oder nicht.

Christus, aus deiner Fülle empfangen wir Gnade über Gnade. Dafür danken wir heute und in Ewigkeit. Amen.

Gabengebet

Gott, unser Vater, sende über uns und diese Gaben das Licht deiner Herrlichkeit, das in deinem Sohn aufgestrahlt ist. Es vertreibe das Dunkel der Sünde und mache uns zu Kindern des Lichtes. Darum bitten wir durch Christus, unseren Herrn.

Präfation

In Wahrheit ist es würdig und recht, dir, Herr, heiliger Vater, allmächtiger, ewiger Gott, immer und überall zu danken durch unseren Herrn Jesus Christus. Denn er enthüllte auf dem Berg der Verklärung seine verborgene Herrlichkeit, er ließ vor auserwählten Zeugen seinen sterblichen Leib im Lichtglanz erstrahlen und gab den Jüngern die Kraft, das Ärgernis des Kreuzes zu tragen. So schenkte er der ganzen Kirche die Hoffnung, vereint mit ihrem Haupt die ewige Verklärung zu empfangen. Darum preisen wir deine Größe und vereinen uns mit den Chören der Engel zum Hochgesang von deiner göttlichen Herrlichkeit.

Einladung zum Vaterunser

Gott, der Vater, hat Jesus auf dem Verklärungsberg als geliebten Sohn angesprochen. Jesus lehrt uns, seinen Vater auch »unseren Vater« zu nennen. So beten wir: Vater unser im Himmel …

Einladung zum Friedensgebet

Wenn Christus in den Herzen der Menschen lebendig ist, wird dies in die Welt ausstrahlen. Wir bitten: Herr Jesus Christus …

Kommunionvers

1 Joh 3,2

Wenn der Herr offenbar wird, werden wir ihm ähnlich sein, denn wir werden ihn sehen, wie er ist.

Schlussgebet

Herr, unser Gott, in der Verklärung deines Sohnes wurde der Glanz seiner Gottheit offenbar. Lass uns durch den Empfang der himmlischen Speise seinem verherrlichten Leib gleichgestaltet werden. Darum bitten wir durch ihn, Christus, unseren Herrn.

Schlusssegen

Im Jahreskreis I

Der Herr segne euch und behüte euch; der Herr lasse sein Angesicht über euch leuchten und sei euch gnädig; er wende euch sein Antlitz zu und schenke euch seinen Frieden.
Das gewähre euch der dreieinige Gott, der Vater und der Sohn † und der Heilige Geist.

Christus im Geheimnis des Vaters:
Bist uns voraus in Raum und Zeiten,
an des Vaters Seit',
und willst an unserer Seite schreiten,
stets für uns bereit.

Christus im Geheimnis des Vaters:
Wenn du uns führst auf die Erhebung,
der Verklärung Ort,
dann wachse in uns die Ergebung
für des Vaters Wort.

Christus im Geheimnis des Vaters:
Wenn wir den Weg nach unten meiden,
zeige uns, wie's geht,
dass selbst in Not und großem Leiden
neuer Sinn entsteht.

Christus im Geheimnis des Vaters:
Beistand und noch mehr Begleiter
bist du mit dem Geist.
Des Vaters Raum wird weit und weiter,
bergend uns umkreist.

Wolfgang Steffel

19. SONNTAG IM JAHRESKREIS
10. August 2025

Blick hin, o Herr, auf deinen Bund
und vergiss das Leben deiner Armen nicht für immer.
Erhebe dich, Gott, und führe deine Sache.
Vergiss nicht das Rufen derer, die dich suchen.
Vgl. Ps 74 (73), 20.19.22.23

Trägheit ist die Einstellung, allem auszuweichen, was auf einen zukommt, und jedem auszuweichen, der auf einen zukommt. Die Tradition zählt die Trägheit zu den sieben Tod- bzw. Wurzelsünden. Niemand liebt eine Wurzelbehandlung beim Zahnarzt, aber sie ist unausweichlich, wenn man Schmerzlinderung will. Lassen wir uns heute wecken zu mehr Achtsamkeit für Gottes Gaben und seine Gegenwart. Lassen wir uns erwecken zu mehr Zuversicht, dass unser Ich kleiner werde und Jesus größer in uns. Lassen wir uns auferwecken zu einer Ahnung jenes ewigen Lebens, das wir erhoffen und heute schon als Fest feiern.

Kyrie-Rufe
Herr Jesus Christus, in dir grüßen wir die Weisheit, die uns zwischen Wichtigem und Unwichtigem unterscheiden lässt.
Herr, erbarme dich.
Herr Jesus Christus, in dir grüßen wir den Reichtum, der uns mehr erfüllt als Besitz, Geld und Ansehen.
Christus, erbarme dich.
Herr Jesus Christus, in dir grüßen wir das Leben, das uns mitten im Alltag und für die Ewigkeit verheißen ist.
Herr, erbarme dich.

Gloria (siehe Seite 516f.)

Tagesgebet
Allmächtiger Gott, wir dürfen dich Vater nennen, denn du hast uns an Kindes Statt angenommen und uns den Geist deines

Sohnes gesandt. Gib, daß wir in diesem Geist wachsen und einst das verheißene Erbe empfangen. Darum bitten wir durch Jesus Christus.

ERSTE LESUNG Weish 18,6–9

Lesung aus dem Buch der Weisheit.

Die Nacht der Befreiung wurde unseren Vätern vorher angekündigt; denn sie sollten sich freuen in sicherem Wissen, welch eidlichen Zusagen sie vertrauten.
So erwartete dein Volk die Rettung der Gerechten und den Untergang der Feinde.
Wodurch du die Gegner straftest, dadurch hast du uns zu dir gerufen und verherrlicht.
Denn im Verborgenen opferten die heiligen Kinder der Guten; sie verpflichteten sich einmütig auf das göttliche Gesetz, dass die Heiligen in gleicher Weise Güter wie Gefahren teilen sollten, und stimmten dabei schon im Voraus die Loblieder der Väter an.

Wort des lebendigen Gottes.

IMPULS Im Voraus zu loben, widerspricht dem Volksmund: »Man soll den Tag nicht vor dem Abend loben.« Aus der Perspektive des Glaubens ist ein solcher Spruch natürlich Unsinn. Wie die Woche am Sonntag mit Gott beginnt, so jeder einzelne Tag vor Gott. Auf einem Frühstücksbrettchen las ich: »Heute wird ein schöner Tag!« Und wenn nicht? Wenn klar ist, dass es schwierig wird, etwa durch Krankheit, extreme Belastung, Tod oder Beziehungskrisen? Auch dann loben wir Gott, wie Ignatius von Loyola sagt: »Der, der uns allen den Willen gibt, ihm zu dienen, wird sich würdigen, uns Hilfe zu geben, damit wir gut die Last tragen, die uns für seinen größeren Dienst und Lobpreis auferlegt worden ist.« Im Pessach-Mahl, der Gedächtnisfeier der Befreiung aus Ägypten, gibt es ein Lied, das die grenzenlose Gnade Gottes besingt. Es ist das Danklied »Es hätte genügt«, das Lied »dajenu«, dt.: »genug«, »genug für uns«, »es hätte genügt«. Das Lied beginnt so: »Hätte er uns von den Ägyptern nur befreit, ohne Gerichte an ihnen auszuüben, es hätte uns genügt.« Dann später: »Hätte er uns mit Manna genährt und uns nicht den Sabbath gegeben, es hätte uns genügt. Hätte er uns nur den Sabbath gegeben, ohne uns weiter vor den Berg Sinai zu führen, es hätte uns genügt.« Ständig überrundet, entgrenzt Gott seine Wohltaten für das Volk Israel. In dieser Litanei 15mal!

ANTWORTPSALM Ps 33 (32),1 u. 12.18–19.20 u. 22 (Kv: vgl. 12b)

Kv Selig das Volk, das der HERR sich zum Erbteil erwählt hat. – Kv

Jubelt im HERRN, ihr Gerechten, *
den Redlichen ziemt der Lobgesang.
Selig die Nation, deren Gott der HERR ist, *
das Volk, das er sich zum Erbteil erwählt hat. – Kv

Siehe, das Auge des HERRN ruht auf denen, die ihn fürchten, *
die seine Huld erwarten,
dass er ihre Seele dem Tod entreiße *
und, wenn sie hungern, sie am Leben erhalte. – Kv

Unsre Seele hofft auf den HERRN; *
er ist unsre Hilfe und unser Schild.
Lass deine Huld über uns walten, o HERR, *
wie wir auf dich hofften! – Kv

ZWEITE LESUNG Hebr 11,1–2.8–19 (Kf: 11,1–2.8–12)

Lesung aus dem Hebräerbrief.

Schwestern und Brüder! Glaube aber ist: Grundlage dessen, was man erhofft, ein Zutagetreten von Tatsachen, die man nicht sieht.
Aufgrund dieses Glaubens haben die Alten ein gutes Zeugnis erhalten.
Aufgrund des Glaubens gehorchte Abraham dem Ruf, wegzuziehen in ein Land, das er zum Erbe erhalten sollte; und er zog weg, ohne zu wissen, wohin er kommen würde.

Aufgrund des Glaubens siedelte er im verheißenen Land wie in der Fremde und wohnte mit Isaak und Jakob, den Miterben derselben Verheißung, in Zelten; denn er erwartete die Stadt mit den festen Grundmauern, die Gott selbst geplant und gebaut hat.
Aufgrund des Glaubens empfing selbst Sara, die unfruchtbar war, die Kraft, trotz ihres Alters noch Mutter zu werden; denn sie hielt den für treu, der die Verheißung gegeben hatte.
So stammen denn auch von einem einzigen Menschen, dessen Kraft bereits erstorben war, viele ab: zahlreich wie die Sterne am Himmel und der Sand am Meeresstrand, den man
nicht zählen kann. ⬅
Im Glauben sind diese alle gestorben und haben die Verheißungen nicht erlangt, sondern sie nur von fern geschaut und gegrüßt und sie haben bekannt, dass sie Fremde und Gäste auf Erden sind.
Und die, die solches sagen, geben zu erkennen, dass sie eine Heimat suchen.
Hätten sie dabei an die Heimat gedacht, aus der sie weggezogen waren, so wäre ihnen Zeit geblieben zurückzukehren; nun aber streben sie nach einer besseren Heimat, nämlich der himmlischen. Darum schämt sich Gott ihrer nicht, er schämt sich nicht, ihr Gott genannt zu werden; denn er hat ihnen eine Stadt bereitet.
Aufgrund des Glaubens hat Abraham den Isaak hingegeben, als er auf die Probe gestellt wurde; er gab den einzigen Sohn dahin, er, der die Verheißungen empfangen hatte und zu dem gesagt worden war: Durch Isaak wirst du Nachkommen haben. Er war überzeugt, dass Gott sogar die Macht hat, von den Toten zu erwecken; darum erhielt er Isaak auch zurück. Das ist ein Sinnbild.

Wort des lebendigen Gottes.

IMPULS Die Lesung lädt ein, »weiter zu glauben«, und dies in einem vielfachen Sinne. Augustinus sagt über die Gottsuche: »So also wollen wir suchen: als solche, die finden werden, und so wollen wir finden: als solche, die suchen werden.« Wir glauben »weiter« in den Aufgaben des Alltags. Papst Franziskus nennt es die »Beständigkeit eines tagtäglichen Voranschreitens«, in der er die Heiligkeit entdeckt, die durch kleine Gesten wachse und wachse. Er nennt ein Beispiel: Eine Frau trifft eine Nachbarin, die herumkritisiert. Die Frau aber sagt sich innerlich: »Nein, ich werde über niemanden schlecht reden.« Weiter glauben ist bestimmt von einer Sehnsucht. Und wer keine Sehnsucht nach Gott verspürt, kann die Sehnsucht nach dieser Sehnsucht erhoffen: weiter glauben, weiter die Sehnsucht ersehnen. Wir glauben »weiter« mit jenen, die vor uns glaubten. Wir glauben nicht von einem Nullpunkt an, sondern glauben weiter in den Generationen des Glaubens vor uns. Weiter glauben heißt, von den Zeugen aus weiter glauben, denen ich meinen Glauben verdanke. Ich glaube indessen nicht zuerst auf Schultern von Riesen, sondern meist auf Schultern einfacher, aber überzeugender Glaubenszeugen aus meinem unmittelbaren Umfeld. Und schließlich glauben wir über den Tod hinaus.

Ruf vor dem Evangelium — Vgl. Mt 24,42a.44

Halleluja. Halleluja.
Seid wachsam und haltet euch bereit!
Denn der Menschensohn kommt
zu einer Stunde, in der ihr es nicht erwartet.
Halleluja.

Evangelium — Lk 12,32–48 (Kf: 12,35–40)

+ Aus dem heiligen Evangelium nach Lukas.

In jener Zeit sprach Jesus zu seinen Jüngern: ◆ Fürchte dich nicht, du kleine Herde! Denn euer Vater hat beschlossen, euch das Reich zu geben.
Verkauft euren Besitz und gebt Almosen! Macht euch Geldbeutel, die nicht alt werden! Verschafft euch einen Schatz, der nicht abnimmt, im Himmel, wo kein Dieb ihn findet und keine Motte ihn frisst!
Denn wo euer Schatz ist, da ist auch euer Herz.

➡ Eure Hüften sollen gegürtet sein und eure Lampen brennen! Seid wie Menschen, die auf ihren Herrn warten, der von einer Hochzeit zurückkehrt, damit sie ihm sogleich öffnen, wenn er kommt und anklopft!
Selig die Knechte, die der Herr wach findet, wenn er kommt!
Amen, ich sage euch: Er wird sich gürten, sie am Tisch Platz nehmen lassen und sie der Reihe nach bedienen.
Und kommt er erst in der zweiten oder dritten Nachtwache und findet sie wach – selig sind sie.
Bedenkt: Wenn der Herr des Hauses wüsste, in welcher Stunde der Dieb kommt, so würde er verhindern, dass man in sein Haus einbricht.
Haltet auch ihr euch bereit! Denn der Menschensohn kommt zu einer Stunde, in der ihr es nicht erwartet. ⬅
Da sagte Petrus: Herr, sagst du dieses Gleichnis nur zu uns oder auch zu allen?
Der Herr antwortete: Wer ist denn der treue und kluge Verwalter, den der Herr über sein Gesinde einsetzen wird, damit er ihnen zur rechten Zeit die Tagesration gibt?
Selig der Knecht, den der Herr damit beschäftigt findet, wenn er kommt!
Wahrhaftig, ich sage euch: Er wird ihn über sein ganzes Vermögen einsetzen.
Wenn aber der Knecht in seinem Herzen sagt: Mein Herr verspätet sich zu kommen! und anfängt, die Knechte und Mägde zu schlagen, auch zu essen und zu trinken und sich zu berauschen, dann wird der Herr jenes Knechtes an einem Tag kommen, an dem er es nicht erwartet, und zu einer Stunde, die er nicht kennt; und der Herr wird ihn in Stücke hauen und ihm seinen Platz unter den Ungläubigen zuweisen.
Der Knecht, der den Willen seines Herrn kennt, sich aber nicht darum kümmert und nicht danach handelt, der wird viele Schläge bekommen.
Wer aber, ohne den Willen des Herrn zu kennen, etwas tut, was Schläge verdient, der wird wenig Schläge bekommen. Wem viel

gegeben wurde, von dem wird viel zurückgefordert werden, und wem man viel anvertraut hat, von dem wird man umso mehr verlangen.

Evangelium unseres Herrn Jesus Christus.

IMPULS Wo unser Schatz ist, da ist auch unser Herz. Woran hänge ich mein Herz? Unser Inneres ist jener ganz persönliche Bereich in uns, zu dem nur Gott Zutritt hat, meinte der Theologe Ernesto Cardenal. Aber die meisten Menschen ignorieren das Vorhandensein dieses innersten Raumes und darum sei ihr Herz leer und ohne Liebe. Cardenal wörtlich: »Sie suchen ihr Glück in so lächerlichen Dingen wie im Geld, im Alkohol oder im Vergnügen mit all der Kraft ihrer Sinne, die doch zum Schauen der Seligkeit bestimmt ist!« Die Schätze des Himmels sind im eigenen Inneren, wo die Liebe Gottes pulsiert und atmet. Womit ist mein Herz zugestellt? Ist in ihm eine Wachsamkeit für die Ankunft des Herrn? Der Tag des Herrn ist schon immer heute, jeden Tag, in jeder konkreten Glaubensentscheidung, mitten im Alltag unseres Lebens. Wir leben ständig in der Entscheidung zwischen Glauben und Unglauben. Wir sind täglich gefordert. Wenn wir hier und heute die Beziehung zu Jesus leben, sind wir bereits im Leben, haben »Leben in Fülle« (Joh 10,10). Hier geht es nicht um das Endgericht, sondern der Alltag ist schon Gericht: »Wer nicht glaubt, ist schon gerichtet« (Joh 3,18).

CREDO (siehe Seite 520ff.)

FÜRBITTEN

Gott, du hast uns eine unstillbare Sehnsucht ins Herz gepflanzt und leitest uns, die Erfüllung dieser Sehnsucht in dir zu finden. Wir bitten dich:

– Für alle, die in vielen Teilen der Welt um der Verkündigung deiner Botschaft willen Verfolgung auf sich nehmen. Gib ihnen Kraft.

– Für alle, die sich mit deinem Wort schwer tun und deine Weisung nicht verstehen können. Gib ihnen Einsicht.

– Für alle, die die Beziehung zu dir, o Gott, nicht mehr pflegen und ohne dich leben wollen. Gib ihnen Sehnsucht.

– Für alle, die in wichtigen Lebenssituationen überfordert sind und sich nicht entscheiden können. Gib ihnen Wachheit.

– Für alle, die etwas Kostbares in ihrem Leben verloren haben, ihren Beruf, ihre Würde, einen lieben Menschen. Gib ihnen Würde und Trost.

Gott, du bist treu und du bist da, in Christus, unserem Herrn.

Gabengebet

Herr, unser Gott, wir bringen die Gaben zum Altar, die du selber uns geschenkt hast. Nimm sie von deiner Kirche entgegen und mache sie für uns zum Sakrament des Heiles. Darum bitten wir durch Christus, unseren Herrn.

Präfation

Sonntage III

In Wahrheit ist es würdig und recht, dir, Herr, heiliger Vater, allmächtiger, ewiger Gott, immer und überall zu danken. Denn wir erkennen deine Herrlichkeit in dem, was du an uns getan hast: Du bist uns mit der Macht deiner Gottheit zu Hilfe gekommen und hast uns durch deinen menschgewordenen Sohn Rettung und Heil gebracht aus unserer menschlichen Sterblichkeit. So kam uns aus unserer Vergänglichkeit das unvergängliche Leben durch unseren Herrn Jesus Christus. Durch ihn preisen wir jetzt und in Ewigkeit dein Erbarmen und singen mit den Chören der Engel das Lob deiner Herrlichkeit.

Einladung zum Vaterunser

Das Reich, um dessen Kommen wir bitten, ist nicht nur draußen, sondern zugleich in uns. Bitten wir im Vaterunser, dass Gottes Reich in uns lebendig sein möge: Vater unser im Himmel …

Einladung zum Friedensgebet

Wenn wir den Frieden in uns finden und als zufriedene Menschen unseren Alltag gestalten, werden wir zu Zeugen des Friedens. So bitten wir: Herr Jesus Christus …

Kommunionvers Ps 147,12.14

Jerusalem, preise den Herrn, er sättigt dich mit bestem Weizen.

Oder: Joh 6,51

So spricht der Herr: Das Brot, das ich geben werde, ist mein Fleisch; ich gebe es hin für das Leben der Welt.

Schlussgebet

Barmherziger Gott, wir haben den Leib und das Blut deines Sohnes empfangen. Das heilige Sakrament bringe uns Heil, es erhalte uns in der Wahrheit und sei unser Licht in der Finsternis. Darum bitten wir durch Christus, unseren Herrn.

Schlusssegen Im Jahreskreis I

Der Herr segne euch und behüte euch; der Herr lasse sein Angesicht über euch leuchten und sei euch gnädig; er wende euch sein Antlitz zu und schenke euch seinen Frieden.
Das gewähre euch der dreieinige Gott, der Vater und der Sohn ✝ und der Heilige Geist.

Lebe die Wachsamkeit!
Mit großer Achtsamkeit
für alles, was gedeiht.
Die Schere legt nicht an,
wer wachsen lassen kann.

Lebe die Wachsamkeit!
In schlichter Einfachheit
fürs Einfache bereit.
Wer in sich leicht und leer,
dem fällt nie etwas schwer.

Lebe die Wachsamkeit!
Im Ja zu Gott ganz weit,
vom »Um zu« ganz befreit.
Wer sammelt sich im Loben,
wird über sich erhoben.

Lebe die Wachsamkeit!
Zur Hingabe bereit,
das Rechnen weit zur Seit.
Wer gibt, ohne zu zählen,
den wird der Herr erwählen.

Lebe die Wachsamkeit!
Selbst wenn ein jeder schreit,
die Stille weiß Bescheid.
Sie ist des Weisen Ort,
braucht weder Tat noch Wort.

Wolfgang Steffel

MARIÄ AUFNAHME IN DEN HIMMEL

Hochfest – Am Vorabend

15. August 2025

Großes wird von dir gesagt, Maria:
Der Herr hat dich erhoben
über die Chöre der Engel in seine Herrlichkeit.

»Wer sich nur einen Blick kann über sich erschwingen, der kann das Gloria mit Gottes Engeln singen.« Mit diesem Wort von Angelus Silesius gehen wir in diesen Festtag. Wir dürfen eine erhebende Stunde erleben, können uns aus dem Alltag emporschwingen, aus den Belastungen des Alltags lösen hinein in einen anderen Bereich, einen unsichtbaren, der voll ist von Engeln, mit denen wir gemeinsam Gott loben, ihm singen, uns ihm hingeben. Und wir singen Lob mit Maria. Sie war schon die Magd des Herrn bevor sie sagte: »Ich bin die Magd des Herrn.« Einerseits weil sie von Gott dazu bestimmt war, andererseits weil sie die Haltung der Demut von Anfang an lebte und einübte. Welche Haltungen führen uns ins Ja-Sagen? Wie verwandelt sich unser Nein in ein Ja? Frère Roger Schutz schrieb: »Glücklich, wer es versteht, sich selbst schlicht hinzugeben. Der Heilige Geist hat die Kraft, ein lebenslanges Ja zu festigen. Bis ans Lebensende kann ein Ja voll Vertrauen helle Klarheit bringen.« Maria hat an ihrem Ja-Wort festgehalten, selbst noch unter dem Kreuz.

Kyrie-Rufe

Herr Jesus Christus, du Sohn der Jungfrau und du Bruder der Menschen.
Herr, erbarme dich.
Herr Jesus Christus, du Abglanz des Vaters und du Licht in unseren Herzen.
Christus, erbarme dich.
Herr Jesus Christus, du Zeuge der Wahrheit und du Weg zum Vater.
Herr, erbarme dich.

GLORIA (siehe Seite 516f.)

TAGESGEBET

Allmächtiger Gott, du hast die Jungfrau Maria zur Mutter deines ewigen Sohnes erwählt. Du hast auf deine niedrige Magd geschaut und sie mit Herrlichkeit gekrönt. Höre auf ihre Fürsprache und nimm auch uns in deine Herrlichkeit auf, da du uns erlöst hast durch den Tod und die Auferstehung deines Sohnes, unseres Herrn Jesus Christus, der in der Einheit des Heiligen Geistes mit dir lebt und herrscht in alle Ewigkeit.

ERSTE LESUNG 1 Chr 15,3–4.15–16; 16,1–2

Lesung aus dem ersten Buch der Chronik.

In jenen Tagen berief David ganz Israel nach Jerusalem, um die Lade des HERRN an den Ort zu bringen, den er für sie hergerichtet hatte. Er ließ die Nachkommen Aarons und die Leviten kommen:
Die Leviten hoben die Lade Gottes mit den Tragstangen auf ihre Schultern, wie es Mose auf Befehl des HERRN angeordnet hatte. Den Vorstehern der Leviten befahl David, sie sollten ihre Stammesbrüder, die Sänger, mit ihren Instrumenten, mit Harfen, Zithern und Zimbeln, aufstellen, damit sie zum Freudenjubel laut ihr Spiel ertönen ließen.
Man trug die Lade Gottes in das Zelt, das David für sie aufgestellt hatte, setzte sie an ihren Platz in der Mitte des Zeltes und brachte Brand- und Heilsopfer vor Gott dar. Als David mit dem Darbringen der Brand- und Heilsopfer fertig war, segnete er das Volk im Namen des HERRN.

Wort des lebendigen Gottes.

IMPULS »Die Himmel haben keine Stimme, die Herrlichkeit ist unhörbar. Der Mensch ist die Stimme; seine Pflicht ist es, Lied zu sein. Der Kosmos ist eine Gemeinde, die einen Kantor braucht«, meint Joshua Abraham Heschel. Der Mensch ist ein Wesen, das

Musik macht und tanzt. Der Rabbi tanzt nach alter Tradition mit der Schriftrolle, die neu in eine Synagoge kommt. Dann gibt es das Fest über die Freude der Tora, bei dem die Juden in Jerusalem mit der Torarolle singend durch die Straßen ziehen. Die Lesung nennt eine Musik mit Harfen, Zithern und Zimbeln. Wir kommen nicht umhin, den Tanz mitzudenken. In der im Lesungstext ausgelassenen Stelle ist davon die Rede: »So brachte ganz Israel die Bundeslade des HERRN hinauf unter Jubelschall und unter dem Klang des Widderhorns, unter dem Lärm der Trompeten und Zimbeln, beim Spiel der Harfen und Zithern. Als die Bundeslade des HERRN in die Davidstadt kam, schaute Michal, Sauls Tochter, aus dem Fenster, und als sie sah, wie König David hüpfte und tanzte, verachtete sie ihn in ihrem Herzen« (1 Chr 15,28f). Wird der Tanz in unserem Glauben nicht auch verachtet? Ist nicht viel zu wenig Tanz in unseren Kirchen? Das heutige Fest böte Gelegenheit zum Tanz mit Maria.

ANTWORTPSALM Ps 132 (131),6–7.9–10.13–14 (Kv: 8a)

Kv Steh auf, HERR, zum Ort deiner Ruhe! – Kv

Siehe, wir hörten von seiner Lade in Éfrata, *
fanden sie im Gefilde von Jáar.
Lasst uns hingehen zu seiner Wohnung, *
uns niederwerfen am Schemel seiner Füße! – (Kv)

Deine Priester sollen sich in Gerechtigkeit kleiden *
und deine Frommen sollen jubeln.
Um Davids willen, deines Knechtes, *
weise nicht ab das Angesicht deines Gesalbten! – (Kv)

Denn der HERR hat den Zion erwählt, *
ihn begehrt zu seinem Wohnsitz:
»Das ist für immer der Ort meiner Ruhe, *
hier will ich wohnen, ich hab ihn begehrt.« – Kv

ZWEITE LESUNG 1 Kor 15,54–57

Lesung aus dem ersten Brief des Apostels Paulus an die Gemeinde in Korínth.

Schwestern und Brüder! Wenn sich dieses Verwesliche mit Unverweslichkeit bekleidet und dieses Sterbliche mit Unsterblichkeit, dann erfüllt sich das Wort der Schrift:
Verschlungen ist der Tod vom Sieg. Tod, wo ist dein Sieg?
Tod, wo ist dein Stachel?
Der Stachel des Todes aber ist die Sünde, die Kraft der Sünde ist das Gesetz. Gott aber sei Dank, der uns den Sieg geschenkt hat durch unseren Herrn Jesus Christus.

Wort des lebendigen Gottes.

IMPULS In der Osterkantate »Christ lag in Todesbanden« lässt Johann Sebastian Bach auf die Worte Luthers tatsächlich den einen Tod den anderen auffressen: »Die Schrift hat verkündiget das, wie ein Tod den andern fraß, ein Spott ist aus dem Tod worden. Halleluja.« Das ist, wie Luther zu Strophenbeginn schreibt, tatsächlich ein »wunderlicher Krieg«, den Leben und Tod hier kämpfen. In kurzen Abständen vertilgt der Tod sich in einem Kanon selbst. Luther knüpft in seinem Liedtext unmittelbar an unseren heutigen Lesungstext an. Dieser hat wiederum einen Bezug zu Jes 25,6.8: »Der HERR der Heerscharen wird auf diesem Berg für alle Völker ein Festmahl geben mit den feinsten Speisen, ein Gelage mit erlesenen Weinen, mit den feinsten, fetten Speisen, mit erlesenen, reinen Weinen. Er hat den Tod für immer verschlungen und GOTT, der Herr, wird die Tränen von jedem Gesicht abwischen und die Schande seines Volkes entfernt er von der ganzen Erde, denn der HERR hat gesprochen.« Zusammen mit Maria ist uns das österliche Festmahl in der Ewigkeit verheißen.

Ruf vor dem Evangelium Vgl. Lk 11,28

Halleluja. Halleluja.
Selig, die das Wort Gottes hören
und es befolgen.
Halleluja.

Evangelium Lk 11,27–28

+ Aus dem heiligen Evangelium nach Lukas.

In jener Zeit, als Jesus zum Volk redete, erhob eine Frau aus der Menge ihre Stimme und rief ihm zu: Selig der Schoß, der dich getragen, und die Brust, die dich gestillt hat!
Er aber erwiderte: Ja, selig sind vielmehr, die das Wort Gottes hören und es befolgen.

Evangelium unseres Herrn Jesus Christus.

IMPULS Maria wurde nicht um ihrer selbst willen mit besonderer Würde beschenkt, sondern »im Hinblick auf die Verdienste ihres Sohnes«, wie das Zweite Vatikanisches Konzil formuliert, also um des Erlösungswillens Gottes willen. Maria bleibt »mit allen erlösungsbedürftigen Menschen in der Nachkommenschaft Adams verbunden«. Sie gehört ganz zum Menschengeschlecht. So gilt es, den Blick über Maria hinaus auf Christus zu wenden. Maria bleibt dabei ein Vorbild für unseren Glauben. Denn sie ist zwar ganz auf unserer Seite, als Geschöpf und Kreatur wie wir, ragt aber doch zugleich unter den Demütigen hervor, die alles von Gott erhoffen und empfangen. Wiederum in Worten des Zweiten Vatikanums: »Wie die Mutter Jesu, im Himmel schon mit Leib und Seele verherrlicht, Bild und Anfang der in der kommenden Weltzeit zu vollendenden Kirche ist, so leuchtet sie auch hier auf Erden als Zeichen der sicheren Hoffnung und des Trostes dem wandernden Gottesvolk voran«. Vorbild ist Maria vor allem als Hörende. Gott wollte, dass Maria ihr Ja spricht, bevor das Wort Fleisch wird. Diese freie Annahme des Wortes, diese Zustimmung, dieses Entscheidungsrecht, das erst echte Treue hervorbringt (ein bloßer Befehl von außen ohne Rücksicht auf die hörende Person würde nur blinde oder unwillige Gefolgschaft gebären, aber keine Hingabe!), ist grundlegend für den Glauben und zugleich ein Geheimnis des Glaubens.

CREDO (siehe Seite 520ff.)

FÜRBITTEN

Jesus, du bist den Leidenden und Bedrückten nahe. Viele Menschen in Not bergen sich bei deiner Mutter Maria und bitten sie um deine Hilfe. Wir denken an die Menschen, die in großer Not leben:

- Die Ängstlichen und Verzweifelten.

V/A: Jesus, wir vertrauen sie dir und deiner Mutter an.

- Die niemanden haben, auf den sie sich verlassen können.
- Die ums nackte Überleben kämpfen.
- Die den Glauben an Gott verloren haben.
- Dir nur auf die eigene Kraft setzen.
- Die uns im Tod vorausgegangen sind.

Du, Jesus, bist treu. Wir loben dich, wir danken dir. Amen.

GABENGEBET

Herr und Gott, am Fest der Aufnahme Marias in den Himmel bringen wir das Opfer des Lobes und der Versöhnung dar. Es erwirke uns die Vergebung der Sünden und die Gnade, dir immer zu danken. Darum bitten wir durch Christus, unseren Herrn.

PRÄFATION — Vom Tag

In Wahrheit ist es würdig und recht, dir, allmächtiger Vater, zu danken und das Werk deiner Gnade zu rühmen. Denn heute hast du die jungfräuliche Gottesmutter in den Himmel erhoben, als erste empfing sie von Christus die Herrlichkeit, die uns allen verheißen ist, und wurde zum Urbild der Kirche in ihrer ewigen Vollendung. Dem pilgernden Volk ist sie ein untrügliches Zeichen der Hoffnung und eine Quelle des Trostes. Denn ihr Leib, der den Urheber des Lebens geboren hat, sollte die Verwesung nicht schauen. Darum preisen wir jetzt und in Ewigkeit dein Erbarmen und singen mit den Chören der Engel das Lob deiner Herrlichkeit.

Einladung zum Vaterunser

Im Beten des Vaterunsers können wir unser Ja zu Gott festigen: Vater unser im Himmel …

Einladung zum Friedensgebet

In der ehrwürdigen Lauretanischen Litanei ergänzte Papst Benedikt XV. 1915 unter dem Eindruck des Ersten Weltkriegs die Anrufung Mariens als »Königin des Friedens«. Wir bitten: Herr Jesus Christus …

Kommunionvers

Vgl. Lk 11,27

Selig der Leib der Jungfrau Maria;
denn er hat den Sohn des ewigen Gottes getragen.

Schlussgebet

Herr, unser Gott, am Fest der Aufnahme Marias in den Himmel hast du uns an deinem Tisch versammelt. Erhöre unser Gebet und laß auch uns nach aller Mühsal dieser Zeit zu dir in die ewige Heimat gelangen. Darum bitten wir durch Christus. unseren Herrn.

Schlusssegen

Von der seligen Jungfrau Maria

Gott, der allmächtige Vater, segne euch durch den Erlöser der Welt, unseren Herrn Jesus Christus, den Sohn der jungfräulichen Mutter Maria.

Sie hat den Urheber des Lebens geboren; ihre mütterliche Fürsprache erwirke euch Gottes Hilfe.
Euch und allen, die heute das Fest ihrer Aufnahme in den Himmel begehen, schenke Gott die wahre Freude und den ewigen Lohn.
Das gewähre euch der dreieinige Gott, der Vater und der Sohn ✝ und der Heilige Geist.

In meines Alltags Zeiten
will Herz und Sinn ich weiten
und meiner Seele Saiten
zu deinem Lob bereiten.

In meines Alltags Zeiten,
im Planen und im Streiten
werd ich gern überschreiten
die allzu engen Seiten.

In meines Alltags Zeiten
möcht heiter ich ausschreiten
in deine Wunderweiten,
ins Lande der Befreiten.

Aus meines Alltags Zeiten
wirst du mich einmal leiten
zu den Gebenedeiten,
in deine Ewigkeiten.

Wolfgang Steffel

MARIÄ AUFNAHME IN DEN HIMMEL

Hochfest – Am Tag

15. August 2025

Ein großes Zeichen erschien am Himmel:
Eine Frau, umgeben von der Sonne,
den Mond unter ihren Füßen
und einen Kranz von zwölf Sternen auf ihrem Haupt.
Offb 12,1

Oder:

Freut euch alle im Herrn am Fest der Aufnahme
der seligsten Jungfrau Maria in den Himmel.
Mit uns freuen sich die Engel und loben Gottes Sohn.

Das Zweite Vatikanum hatte davon gesprochen, dass die Marienverehrung »zur Ehre der heiligsten und ungeteilten Dreifaltigkeit« vollzogen werde. Wir sind an diesem Festtag eingeladen, das dreifache Leben in Liebe, Vater, Sohn und Heiligen Geist, mehr und mehr zu erfassen und uns wie Maria erfassen zu lassen. Bischof Paride Taban aus dem Südsudan sagte: »Das Geheimnis der Heiligen Dreifaltigkeit hilft mir, mit anderen in Verschiedenheit vereint zu sein. Es hilft mir zu wissen, wie man teilt, wie man vertraut, wie man vergibt, wie man sich versöhnt.« Bitten wir heute mit Ignatius von Loyola: »Es möge unserer Herrin gefallen, unsere schwachen und traurigen Geister in starke und freudige zu seinem Lob verwandeln.«

Kyrie-Rufe

Herr Jesus Christus, du Sohn des Vaters.
Herr, erbarme dich.
Herr Jesus Christus, unser Beistand und Tröster.
Christus, erbarme dich.
Herr Jesus Christus, du Kind der Gottesmutter.
Herr, erbarme dich.

GLORIA (siehe Seite 516f.)

TAGESGEBET

Allmächtiger, ewiger Gott, du hast die selige Jungfrau Maria, die uns Christus geboren hat, vor aller Sünde bewahrt und sie mit Leib und Seele zur Herrlichkeit des Himmels erhoben. Gib, daß wir auf dieses Zeichen der Hoffnung und des Trostes schauen und auf dem Weg bleiben, der hinführt zu deiner Herrlichkeit. Darum bitten wir durch Jesus Christus.

ERSTE LESUNG Offb 11,19a; 12,1–6a.10ab

Lesung aus der Offenbarung des Johannes.

Der Tempel Gottes im Himmel wurde geöffnet und in seinem Tempel wurde die Lade seines Bundes sichtbar: Dann erschien ein großes Zeichen am Himmel: eine Frau, mit der Sonne bekleidet; der Mond war unter ihren Füßen und ein Kranz von zwölf Sternen auf ihrem Haupt. Sie war schwanger und schrie vor Schmerz in ihren Geburtswehen.
Ein anderes Zeichen erschien am Himmel und siehe, ein Drache, groß und feuerrot, mit sieben Köpfen und zehn Hörnern und mit sieben Diademen auf seinen Köpfen. Sein Schwanz fegte ein Drittel der Sterne vom Himmel und warf sie auf die Erde herab. Der Drache stand vor der Frau, die gebären sollte; er wollte ihr Kind verschlingen, sobald es geboren war.
Und sie gebar ein Kind, einen Sohn, der alle Völker mit eisernem Zepter weiden wird. Und ihr Kind wurde zu Gott und zu seinem Thron entrückt. Die Frau aber floh in die Wüste, wo Gott ihr einen Zufluchtsort geschaffen hatte.
Da hörte ich eine laute Stimme im Himmel rufen: Jetzt ist er da, der rettende Sieg, die Macht und die Königsherrschaft unseres Gottes und die Vollmacht seines Gesalbten.

Wort des lebendigen Gottes.

IMPULS Wir kennen dieses klassische Bild: Maria mit dem Mond unter den Füßen und umkränzt von Sternen. Maria leuchtet wie die Sonne. Solche Bilder können leicht in Fehldeutungen führen. Ist nicht Jesus die Sonne? Das Zweite Vatikanische Konzil hat die Lehre über Maria bewusst in die Lehre über die Kirche integriert. In der Dogmatischen Konstitution über die Kirche steht der namengebende Anfangssatz: Lumen gentium cum sit Christus, dt.: Christus ist das Licht der Völker. Maria wird als Vorbild der Kirche vorgestellt. Das Wesen der Kirche fordert die Nachahmung Mariens. Mit Maria und der Betrachtung ihres Jawort dringen die Christen tiefer in das Geheimnis der Menschwerdung. Die Nachahmung Mariens zielt aber auf die Nachahmung Christi. Maria ist nicht selbst »Licht der Völker«. Christus allein ist das Licht der Völker. Aber »Maria vereinigt gewissermaßen die größten Glaubensgeheimnisse in sich und strahlt sie wider«. Sie ist Planet, der vom Schein der Sonne Christi beleuchtet wird. Der Blick in die Sonne ist schwieriger als auf einen Planeten, der zwar das Licht nur in viel geringeren Maße zeigt, aber unsere Augen nicht blendet. Der »Planet Maria« kann uns zeigen, »wie die Vollkommenheit sich in einem einfachen Geschöpf und in einer Frau verwirklicht hat« (Zweites Vatikanum).

ANTWORTPSALM Ps 45 (44),11–12.16 u. 18

Kv Selig bist du, Jungfrau Maria,
du stehst zur Rechten des Herrn. – Kv

Höre, Tochter, sieh her und neige dein Ohr, *
vergiss dein Volk und dein Vaterhaus!
Der König verlangt nach deiner Schönheit; *
er ist ja dein Herr, wirf dich vor ihm nieder! – (Kv)

Sie werden geleitet mit Freude und Jubel, *
sie kommen in den Palast des Königs.
Ich will deinen Namen in Erinnerung rufen von Geschlecht zu Geschlecht; *
darum werden die Völker dich preisen auf immer und ewig. – Kv

Zweite Lesung 1 Kor 15,20–27a

Lesung aus dem ersten Brief des Apostels Paulus an die Gemeinde in Korínth.

Schwestern und Brüder! Christus ist von den Toten auferweckt worden als der Erste der Entschlafenen.
Da nämlich durch e i n e n Menschen der Tod gekommen ist, kommt durch e i n e n Menschen auch die Auferstehung der Toten. Denn wie in Adam alle sterben, so werden in Christus alle lebendig gemacht werden.
Es gibt aber eine bestimmte Reihenfolge: Erster ist Christus; dann folgen, wenn Christus kommt, alle, die zu ihm gehören.
Danach kommt das Ende, wenn er jede Macht, Gewalt und Kraft entmachtet hat und seine Herrschaft Gott, dem Vater, über gibt.
Denn er muss herrschen, bis Gott ihm alle Feinde unter seine Füße gelegt hat. Der letzte Feind, der entmachtet wird, ist der Tod. Denn: Alles hat er seinen Füßen unterworfen.

Wort des lebendigen Gottes.

IMPULS Der Mensch ist für die Ewigkeit bestimmt. Er ist endlich, aber ins unendliche Leben gestellt. Maria steht ganz auf der Seite der Menschheit, aber in ihrer leiblichen Aufnahme in den Himmel wird unser aller Bestimmung für die Ewigkeit wunderbar verdeutlicht. Die Lehre von der leiblichen Aufnahme Mariens in den Himmel wurde 1950 dogmatisiert. Denken wir an diese Zeit! Der Zweite Weltkrieg mit 55 Millionen Toten war eine grausame Zäsur in der Geschichte des Menschen und in der Geschichte der Menschlichkeit. Das Dogma bekräftigte nicht nur die Unendlichkeit des Menschen in den österlichen Lebensraum hinein, sondern auch seine unverfügbare Würde und seinen unendlichen Wert in den Augen Gottes. Christus ist der neue Adam. Die Tradition hat dies auf Maria übertragen. Maria ist ganz und gar Geschöpf, Kreatur wie wir. Die Kirche grüßt Maria mit dem Ruf »Ave Eva«, dt.: »Sei gegrüßt Eva«. Damit wird Maria zuerst in ihrer menschlichen

Natur gegrüßt, so wie wir einen anderen Menschen grüßen, achten, ihm danken. Dass »Ave« von hinten gelesen »Eva« lautet, zeigt an, dass Gott sein Heilsangebot in Christus erneuert, ganz und gar greifbar macht und vollendet, und zu diesem Heilswerk Maria eine besondere Rolle einräumt. Maria ist Tochter Evas, der Mutter alles Lebendigen, und sie ist Mutter dessen, der nicht einfach biologisches Leben, sondern »Leben in Fülle« (Joh 10,10) verheißt.

Ruf vor dem Evangelium

Halleluja. Halleluja.
Aufgenommen in den Himmel ist die Jungfrau Maria.
Die Engel freuen sich und preisen den Herrn.
Halleluja.

Evangelium — Lk 1,39–56

+ Aus dem heiligen Evangelium nach Lukas.

In jenen Tagen machte sich Maria auf den Weg und eilte in eine Stadt im Bergland von Judäa. Sie ging in das Haus des Zacharías und begrüßte Elisabet. Und es geschah: Als Elisabet den Gruß Marias hörte, hüpfte das Kind in ihrem Leib.
Da wurde Elisabet vom Heiligen Geist erfüllt und rief mit lauter Stimme: Gesegnet bist du unter den Frauen und gesegnet ist die Frucht deines Leibes. Wer bin ich, dass die Mutter meines Herrn zu mir kommt? Denn siehe, in dem Augenblick, als ich deinen Gruß hörte, hüpfte das Kind vor Freude in meinem Leib. Und selig, die geglaubt hat, dass sich erfüllt, was der Herr ihr sagen ließ.
Da sagte Maria: Meine Seele preist die Größe des Herrn und mein Geist jubelt über Gott, meinen Retter. Denn auf die Niedrigkeit seiner Magd hat er geschaut. Siehe, von nun an preisen mich selig alle Geschlechter. Denn der Mächtige hat Großes an mir getan und sein Name ist heilig.
Er erbarmt sich von Geschlecht zu Geschlecht über alle, die ihn fürchten. Er vollbringt mit seinem Arm machtvolle Taten: Er zerstreut, die im Herzen voll Hochmut sind; er stürzt die Mächtigen

vom Thron und erhöht die Niedrigen. Die Hungern den beschenkt er mit seinen Gaben und lässt die Reichen leer ausgehen. Er nimmt sich seines Knechtes Israel an und denkt an sein Erbarmen, das er unsern Vätern verheißen hat, Abraham und seinen Nachkommen auf ewig.
Und Maria blieb etwa drei Monate bei Elisabet; dann kehrte sie nach Hause zurück.

Evangelium unseres Herrn Jesus Christus.

IMPULS Es ist da ein dreifaches Springen im Spiel: Die Freude bringt Schwung in Mariens Gang, zweitens hüpft das Kind im Leib Elisabeths und drittens ist das Wort »jubeln« im Lobgesang Mariens von seiner Bedeutung her mit einem Tanzschritt verbunden. Jubeln, lat. *exultavit*, gr. *agalliaein*, bedeutet springen, hüpfen, tanzen vor Freude. Das gleiche Wort wird auf das Kind im Schoße Elisabets bezogen: Es »hüpfte vor Freude«. Wir können heute in diesem Sinne Worte von Peter Gerloff auf die Melodie »Ich steh an deiner Krippe hier« singen: »Maria, du hast Ja gesagt zu Gottes Ruf und Gnade. Den ganzen Weg hast du gewagt; begleite unsre Pfade, dass ihn, den du empfangen hast, auch unser Herz mit Freude fasst und Raum gibt seiner Liebe.« Wir sind letztlich in den Tanz hineingenommen, der sich nach Vorstellung mancher Kirchenväter in der Dreifaltigkeit selbst vollzieht. So können wir beten: »Dreifaltiger Gott, bewege uns mit dem Tanz, der in dir ist; tröste uns mit der Umarmung, die in dir ist; mach uns froh mit dem Lächeln, das in dir ist.« Das Magnificat ist vielleicht das bekannteste Loblied der Christenheit. In ihm kommt das Wort »ich« nicht vor. Das eigene Ego wird hintangesetzt. Maria sagt statt »ich« »*meine* Seele« und »*mein* Geist«. Später nimmt sie sich noch mehr zurück und spricht von sich nur noch in der dritten Person: »auf die Niedrigkeit *seiner* Magd hat er geschaut.« Wenn ich bete, werde ich aufpassen, wie oft das Wort »ich« vorkommt.

CREDO (siehe Seite 520ff.)

Fürbitten

Herr Jesus Christus, geborgen im Schoß deiner Mutter Maria wurdest du von ihr ins Bergland von Judäa getragen. Viele Menschen entbehren der Geborgenheit, die der Mensch so sehr braucht. Viele Menschen schenken anderen Geborgenheit mit großer Hingabe.

– Wir bitten für alle, die unter Verlassenheit und Einsamkeit, Krankheit und Depression leiden.

V/A: Schenke Geborgenheit, Herr.

– Wir bitten für alle, die kein Dach über dem Kopf haben und auf der Flucht sind.

– Wir bitten für alle, die Verantwortung tragen in Gesellschaft und Wirtschaft, dass sie den Menschen in seiner Heiligkeit und Einzigartigkeit achten.

– Wir bitten für alle Christen, dass sie ihren Glauben mit Hingabe, Freude und Phantasie leben.

– Wir bitten für alle, die sich um die Einheit der Christen in Wort und Tat bemühen.

Jesus Christus, wir loben dich mit allen Engeln und Heiligen und mit Maria, deiner Mutter, jetzt und in Ewigkeit. Amen.

Gabengebet

Allmachtiger Gott, unser Gebet und unser Opfer steige zu dir empor. Höre auf die selige Jungfrau Maria, die du in den Himmel aufgenommen hast, und entzünde in unseren Herzen das Feuer der Liebe, damit wir dich allezeit suchen. Darum bitten wir durch Christus, unseren Herrn.

Präfation

Vom Tag

In Wahrheit ist es würdig und recht, dir, allmächtiger Vater, zu danken und das Werk deiner Gnade zu rühmen. Denn heute hast du die jungfräuliche Gottesmutter in den Himmel erhoben, als erste empfing sie von Christus die Herrlichkeit, die uns allen verheißen ist, und wurde zum Urbild der Kirche in ihrer ewigen Vollendung. Dem pilgernden Volk ist sie ein untrügliches Zeichen der Hoffnung und eine Quelle des Trostes. Denn ihr Leib, der den Urheber des Lebens geboren hat, sollte die Verwesung nicht schauen. Darum preisen wir jetzt und in Ewigkeit dein Erbarmen und singen mit den Chören der Engel das Lob deiner Herrlichkeit.

Einladung zum Vaterunser

Wenn wir in den Worten Jesu und geisterfüllt zu unsrem Vater beten, bergen wir uns im dreifaltigen Gott: Vater unser im Himmel …

Einladung zum Friedensgebet

Die Begegnung von Maria und Elisabeth im Bergland von Judäa wird in der geistlichen Bibelauslegung als Kuss zwischen Gerechtigkeit und Frieden gedeutet. So bitten wir: Herr Jesus Christus …

Kommunionvers Lk 1,48–49

Von nun an preisen mich selig alle Geschlechter. Denn der Mächtige hat Großes an mir getan.

Schlussgebet

Barmherziger Gott, wir haben das heilbringende Sakrament empfangen. Laß uns auf die Fürsprache der seligen Jungfrau Maria, die du in den Himmel aufgenommen hast, zur Herrlichkeit der Auferstehung gelangen. Darum bitten wir durch Christus, unseren Herrn.

Schlusssegen Von der seligen Jungfrau Maria

Gott, der allmächtige Vater, segne euch durch den Erlöser der Welt, unseren Herrn Jesus Christus, den Sohn der jungfräulichen Mutter Maria.

Sie hat den Urheber des Lebens geboren; ihre mütterliche Fürsprache erwirke euch Gottes Hilfe.
Euch und allen, die heute das Fest ihrer Aufnahme in den Himmel begehen, schenke Gott die wahre Freude und den ewigen Lohn.
Das gewähre euch der dreieinige Gott, der Vater und der Sohn ☩ und der Heilige Geist.

Ein Lächeln, ein Wink zum Nachbarn hin,
kann werden eines Gesprächs Beginn,
die Worte wachsen wie ein Baum:
Leben mit etwas mehr Zeit-Spiel-Raum.

Beim Gang durch den Park Ausschau halten:
Der Wuchs der Bäume, der jungen und alten;
sich anlehnen, halten lassen vom Baum:
Leben mit etwas mehr Zeit-Spiel-Raum.

Anhalten, innehalten, Halt finden innen,
guten Bildern in mir nachsinnen,
inneren Stimmen, tags und im Traum:
Leben mit etwas mehr Zeit-Spiel-Raum.

Wie lief mein Leben, wo wuchs es hin?
Was strebte gradaus, was seitwärts hin?
Betrachten den eigenen Lebensbaum:
Leben mit etwas mehr Zeit-Spiel-Raum.

Ich bin hier verwurzelt, steh fest auf den Füßen,
doch darf ich auch jenen Bereich genießen,
aus dem heraus Gott mich berührt wie ein Saum:
Leben mit etwas mehr Zeit-Spiel-Raum.

Wolfgang Steffel

20. SONNTAG IM JAHRESKREIS

17. August 2025

Gott, du unser Beschützer,
schau auf das Angesicht deines Gesalbten.
Denn ein einziger Tag in den Vorhöfen deines Heiligtums
ist besser als tausend andere.
Ps 84 (83),10–11

Als Getaufte sind wir zu Zeugen berufen. Wir sind Zeugen Christi. Zeugen der Wahrheit sind wir vor allem im Tun: In Treue zu Jesus stehen, zu einem Menschen, zu einer Aufgabe. Denn der Begriff der Wahrheit ist biblisch einer der Beziehung: Güte in Bewährung einer Gemeinschaftsbeziehung, Gerechtigkeit, Erbarmen, Treue, Wahrheit und Wahrhaftigkeit. So wie Gott an uns handelt und wie er zu uns steht, so sollen wir die Verhältnisse im zwischenmenschlichen Bereich gestalten und so Gottes Beziehung zum Menschen hier und heute repräsentieren. Die Treue und Beständigkeit schließt das geduldige Tragen von Belastungen mit ein.

Kyrie-Rufe

Herr Jesus Christus, du Zeuge der Wahrheit und Wahrhaftigkeit.
Herr, erbarme dich.
Herr Jesus Christus, du Zeuge von Geduld und Treue.
Christus, erbarme dich.
Herr Jesus Christus, du Zeuge der Gerechtigkeit und des Friedens.
Herr, erbarme dich.

Gloria (siehe Seite 516f.)

Tagesgebet

Barmherziger Gott, was kein Auge geschaut und kein Ohr gehört hat, das hast du denen bereitet, die dich lieben. Gib uns ein Herz, das dich in allem und über alles liebt, damit wir den

Reichtum deiner Verheißungen erlangen, der alles übersteigt, was wir ersehnen. Darum bitten wir durch Jesus Christus.

ERSTE LESUNG

Jer 38,4–6.7a.8–10

Lesung aus dem Buch Jeremia.

In jenen Tagen sagten die Beamten zum König: Jeremia muss getötet werden, denn er lähmt die Hände der Krieger, die in dieser Stadt übrig geblieben sind, und die Hände des ganzen Volkes, wenn er solche Worte zu ihnen redet. Denn dieser Mann sucht nicht Heil für dieses Volk, sondern Unheil.
Der König Zidkija erwiderte: Siehe, er ist in eurer Hand; denn der König vermag nichts gegen euch.
Da ergriffen sie Jeremia und warfen ihn in die Zisterne des Königssohns Malkija, die sich im Wachhof befand; man ließ ihn an Stricken hinunter. In der Zisterne war kein Wasser, sondern nur Schlamm und Jeremia sank in den Schlamm.
Da verließ Ebed-Melech den Palast und sagte zum König: Mein Herr und König, schlecht war alles, was diese Männer dem Propheten Jeremia angetan haben; sie haben ihn in die Zisterne geworfen, damit er dort unten verhungert. Denn es gibt in der Stadt kein Brot mehr.
Da befahl der König dem Kuschiter Ebed-Melech: Nimm dir von hier dreißig Männer mit und zieh den Propheten Jeremia aus der Zisterne herauf, bevor er stirbt.

Wort des lebendigen Gottes

IMPULS Wer für die Wahrheit eintritt, ist bedroht. Wer für den Herrn spricht, wird angefeindet. Jeremia wurde von Gott zum Propheten berufen. Er soll den Untergang Jerusalems ankündigen. Er prangert die Untreue des Volkes an. Solche Worte lösen Widerstand aus, beim Volk und beim König. Er wird in die Zisterne geworfen und wäre verhungert, hätte sich nicht der Äthiopier Ebed-Melech für ihn stark gemacht. Jeremia wird emporgeholt. Nomen est omen, denn Jeremia heißt »Gott erhöht«. Leere Zisternen waren Orte von Haft und Folter für alle, die man mundtot machen wollte. Sie gleichen dickbauchigen Flaschen, denen der Gefangene unmöglich aus eigener Kraft entsteigen kann – eine Art Fliegenglas für Menschen. Unten war nicht nur Schlamm, sondern oft genug auch Müll, Unrat und Kot, auch der eigene Kot des Inhaftierten: eine schlimme Form der Demütigung und Entwürdigung. In unseren Breiten gibt es kaum Verfolgung, aber es gibt auch heute die Schicksale der vielen kleinen Prophetinnen und Propheten im Alltag. Sie tun nichts Außergewöhnliches, aber das Gewöhnliche mit außergewöhnlicher Leidenschaft. Sie leisten nichts Heldenhaftes, aber sind kreativ kleine Helden im Alltag. Sie vollbringen nichts Spektakuläres, aber stehen dem andern in Not unspektakulär bei. Sie schweigen, wenn zu viele reden, aber sie reden, wenn zu viele reden, ohne zu sagen, was gesagt werden müsste.

ANTWORTPSALM

Ps 40 (39),2–3b.3c–4b.18 (Kv: vgl. Ps 70,2)

Kv O Gott, komm mir zu Hilfe,
HERR, eile, mir zu helfen. – Kv

Ich hoffte, ja ich hoffte auf den HERRN. *
Da neigte er sich mir zu und hörte mein Schreien.
Er zog mich herauf aus der Grube des Grauens, *
aus Schlamm und Morast. – Kv

Er stellte meine Füße auf Fels, *
machte fest meine Schritte.
Er gab mir ein neues Lied in den Mund, *
einen Lobgesang auf unseren Gott. – Kv

Ich aber bin elend und arm. *
Der Herr wird an mich denken.
Meine Hilfe und mein Retter bist du. *
Mein Gott, säume doch nicht! – Kv

ZWEITE LESUNG Hebr 12,1–4

Lesung aus dem Hebräerbrief.

Schwestern und Brüder! Darum wollen auch wir, die wir eine solche Wolke von Zeugen um uns haben, alle Last und die Sünde abwerfen, die uns so leicht umstrickt. Lasst uns mit Ausdauer in dem Wettkampf laufen, der vor uns liegt, und dabei auf Jesus blicken, den Urheber und Vollender des Glaubens; er hat angesichts der vor ihm liegenden Freude das Kreuz auf sich genommen, ohne auf die Schande zu achten, und sich zur Rechten von Gottes Thron gesetzt.
Richtet also eure Aufmerksamkeit auf den, der solche Anfeindung von Seiten der Sünder gegen sich erduldet hat, damit ihr nicht ermattet und mutlos werdet!
Ihr habt im Kampf gegen die Sünde noch nicht bis aufs Blut Widerstand geleistet.

Wort des lebendigen Gottes.

IMPULS Auf Jesus blicken und sich auf Jesus ausrichten, schenkt uns Kraft und Orientierung. Vieles Ungeordnete in unserem Leben lenkt uns von dieser Ausrichtung ab. Ordnung aber ist Zielgerichtetheit. Manche haben äußere Ordnung, die ihnen ganz wichtig ist, sind aber innen chaotisch. Besser ist die innere Ausrichtung auf den Herrn. Gott schauen, betrachten, anbeten, sich ausrichten auf ihn, lässt die Dinge richtig sehen. Eine Wolke von Zeugen umgibt uns. Und so sind wir selbst zur Zeugenschaft aufgerufen. Wir geben Zeugnis allen, die nicht wirklich leben, weil sie sich mit dem Schein betrügen. Wir geben allen Zeugnis, die am Materiellen kleben und sich über Kleines nicht mehr freuen können. Wir geben Zeugnis allen, die verkrampft nach oben streben und den Weg zum Armen scheuen.

RUF VOR DEM EVANGELIUM

Joh 10,27

Halleluja. Halleluja.
(So spricht der Herr:)
Meine Schafe hören auf meine Stimme;
ich kenne sie und sie folgen mir.
Halleluja.

EVANGELIUM

Lk 12,49–53

+ Aus dem heiligen Evangelium nach Lukas.

In jener Zeit sprach Jesus zu seinen Jüngern: Ich bin gekommen, um Feuer auf die Erde zu werfen. Wie froh wäre ich, es würde schon brennen!
Ich muss mit einer Taufe getauft werden und wie bin ich bedrängt, bis sie vollzogen ist.
Meint ihr, ich sei gekommen, um Frieden auf der Erde zu bringen? Nein, sage ich euch, sondern Spaltung.
Denn von nun an werden fünf Menschen im gleichen Haus in Zwietracht leben: Drei werden gegen zwei stehen und zwei gegen drei; der Vater wird gegen den Sohn stehen und der Sohn gegen den Vater, die Mutter gegen die Tochter und die Tochter gegen die Mutter, die Schwiegermutter gegen ihre Schwiegertochter und die Schwiegertochter gegen die Schwiegermutter.

Evangelium unseres Herrn Jesus Christus.

IMPULS Bei der Taufe werden Fragen gestellt: Glaubst du? Widersagst du? Wohl die meisten von uns haben nicht selbst geantwortet, weil wir bei unserer Taufe noch nicht einer artikulierten Sprache mächtig waren. Inzwischen können wir sprechen und wollen eine vernehmliche Antwort geben. Wie kann unsere Taufe für uns selbst, für unsere Beziehung zu Gott und für uns als Christen in und aus Gemeinschaft fruchtbar werden? Wie kann sie nützen? Die Worte vom Feuer und der Taufe verbinden sich beim Hören zur sprichwörtlichen Feuertaufe, zur Bewährungsprobe im Glauben. Bleibt mein Glaube oberflächlich und ohne Tiefe oder vollzieht sich, wie Emil Nolde über ein farbglühendes Pfingst- und Abendmahlbild schrieb, »die Wende vom optischen äußerlichen Reiz zum empfundenen inneren Wert«? Denn der Christ wird nach den Worten Jesu mit Wasser und Feuer getauft (Mt 3,11). Das Feuer trennt, läutert, scheidet und ist so Bild von Entscheidung und Entschiedenheit. Der Philosoph Max Scheler kennzeichnete den Menschen einmal als »Nein-Sagen-Könner, Asket des Lebens und ewigen Protestanten gegen alle bloße Wirklichkeit«. Er entfaltete in seinem Werk mit diesem »Nein« zugleich die andere Seite der Medaille: Der Entschiedenheit zum Nein entspricht ein Ja voller Hingabe, ja Liebe. Angelus Silesius sagt es poetischer, aber nicht weniger eindringlich: »Blüh auf, gefrorner Christ, der Mai ist vor der Tür! Du bleibest ewig tot, blühst du nicht jetzt und hier.«

CREDO (siehe Seite 520ff.)

FÜRBITTEN

Christus, du bist die Kraft in den Herzen der Menschen. Du lebst und leuchtest und wirkst in uns. Du tröstest uns von innen her. Im Vertrauen auf dein Nahesein bitten wir für alle Menschen, die aufgerieben werden und sich aufreiben.

– Wir empfehlen dir alle, die aufgerieben werden durch Gewalt und Krieg, durch Hunger und Flucht in so vielen Teilen unserer Welt. Gib ihnen Hoffnung ins Herz und Menschen an die Seite, die mitfühlen.

V/A: Wir bitten dich, erhöre uns.

– Wir empfehlen dir alle, die durch Krankheit, Gebrechlichkeit, Niedergeschlagenheit und Mutlosigkeit niedergedrückt werden. Richte sie auf von innen her und sende Helfer, die neuen Mut zusprechen.

– Wir empfehlen dir alle, die sich aufreiben in der Verkündigung deiner Botschaft und sich hingeben in der Hilfe am Nächsten. Stärke sie, dass sie darin immer einen Sinn erkennen und lass Solidarität wachsen unter denen, die sich für deine Sache stark machen.

– Wir empfehlen dir alle, die in Staat, Gemeinwesen, Schulen und Vereinen Verantwortung übernehmen und dabei oft große Entbehrungen auf sich nehmen. Gib ihnen Geduld, Beharrlichkeit und Offenheit für die Menschen, die ihnen anvertraut sind.

– Wir empfehlen dir alle, die ihre Namenspatrone als Glaubenszeugen verehren oder in einem Heiligen ein Vorbild für ihr Leben gefunden haben. Lass sie sie das Gute dort tun, wo dein Geist sie hineingestellt hat.

Herr Jesus Christus, wir werden nicht müde, sondern Tag für Tag von innen her erneuert, durch deine Kraft und Stärke, durch den Trost des Beistands und Geistes und durch die Barmherzigkeit deines Vaters, aus dem du zu uns gekommen bist, um uns in dein Reich zu führen, schon heute und in alle Ewigkeit. Amen

Gabengebet

Herr, wir bringen unsere Gaben dar für die Feier, in der sich ein heiliger Tausch vollzieht. Nimm sie in Gnaden an und schenke uns dich selbst in deinem Sohn Jesus Christus, der mit dir lebt und herrscht in alle Ewigkeit.

Präfation

Sonntage IV

Wir danken dir, Vater im Himmel, und rühmen dich durch unseren Herrn Jesus Christus. Denn durch seine Geburt hat er den Menschen erneuert, durch sein Leiden unsere Sünden getilgt, in seiner Auferstehung den Weg zum Leben erschlossen und in seiner Auffahrt zu dir das Tor des Himmels geöffnet. Durch ihn rühmen dich deine Erlösten und singen mit den Chören der Engel das Lob deiner Herrlichkeit.

Einladung zum Vaterunser

Jesus ist der verlässliche Zeuge des Vaters im Himmel. Er lädt uns ein, seinen Vater »unseren Vater« zu nennen: Vater unser im Himmel …

Einladung zum Friedensgebet

Der Friede braucht Wegbereiter. Der Friede braucht Menschen, die den Frieden leben. Der Friede braucht Boten und Zeugen des Friedens. Wir bitten: Herr Jesus Christus …

Kommunionvers

Ps 130 (129),7

Beim Herrn ist die Huld, bei ihm ist Erlösung in Fülle.

Oder: Joh 6,51

So spricht der Herr: Ich bin das lebendige Brot, das vom Himmel herabgekommen ist. Wer von diesem Brote ißt, wird leben in Ewigkeit.

Schlussgebet

Barmherziger Gott, im heiligen Mahl schenkst du uns Anteil am Leben deines Sohnes. Dieses Sakrament mache uns auf Erden Christus ähnlich, damit wir im Himmel zur vollen Gemeinschaft mit ihm gelangen, der mit dir lebt und herrscht in alle Ewigkeit.

Schlusssegen

Im Jahreskreis II

Der Friede Gottes, der alles Begreifen übersteigt, bewahre eure Herzen und eure Gedanken in der Gemeinschaft mit Christus Jesus.
Das gewähre euch der dreieinige Gott, der Vater und der Sohn ✝ und der Heilige Geist.

Schweigen will ich,
wenn zu viele reden und den Streit befeuern
– damit die Stille zu Wort kommen kann.

Reden will ich, wenn zu viele reden,
ohne zu sagen, was gesagt werden müsste
– damit Gerechtigkeit wird.

Zurücknehmen will ich mich,
wenn zu viele sich in den Mittelpunkt stellen
– damit die Vermittlung einen Platz bekommt.

Einbringen will ich mich,
wo zu viele Angst haben, ihr Gesicht zu verlieren
– damit im Wagnis Vertrauen beginnt.

Anhalten will ich,
wenn alle ihren eigenen Zielen hinterherrennen
– damit im Innehalten Barmherzigkeit wächst.

Weitergehen will ich,
wenn viele mutlos stehenbleiben
– weil Friede mit dem ersten Schritt beginnt.

Wolfgang Steffel

21. SONNTAG IM JAHRESKREIS
24. August 2025

Wende dein Ohr mir zu, erhöre mich, Herr,
hilf deinem Knecht, der dir vertraut,
sei mir gnädig, o Herr.
Den ganzen Tag rufe ich zu dir.
Ps 86 (85),1–3

»Mittendrin statt nur dabei!« Mit diesem Slogan wirbt ein Sportsender im Fernsehen. Die Zuschauer sollen sich nicht als bloße Zu-Schauer begreifen, sondern voll in das Sporterlebnis hinein genommen werden, hautnah mitfiebern, sich als Fan mitten im Stadion fühlen. Nur dabei sein ist zu wenig. Dabei sein heißt ja immer auch, ein bisschen daneben zu stehen, nicht voll einbezogen zu sein, zu wenig von der Sache mitzukriegen, eben nur dabei zu sein, ohne eigentlich gebraucht zu werden. »Ich bin nur dabei«, sagen wir, wenn wir etwa an der Theke von der Wurstfachverkäuferin angesprochen werden, aber nur einen Freund beim Einkauf begleiten. Mittendrin ist mehr. Mittendrin heißt, voll einbezogen sein, wirklich gebraucht werden, Bescheid wissen. Im Glauben reicht kein »Ich bin nur dabei!«

Kyrie-Rufe

Herr Jesus Christus, du bist der Weg und ohne diesen Weg können wir nicht gehen.
Herr, erbarme dich.
Herr Jesus Christus, du bist die Wahrheit und ohne diese Wahrheit können wir nicht erkennen.
Christus, erbarme dich.
Herr Jesus Christus, du bist das Leben und ohne dieses Leben wären wir starr und leblos.
Herr, erbarme dich.

Gloria (siehe Seite 516f.)

Tagesgebet

Gott, unser Herr, du verbindest alle, die an dich glauben, zum gemeinsamen Streben. Gib, daß wir lieben, was du befiehlst, und ersehnen, was du uns verheißen hast, damit in der Unbeständigkeit dieses Lebens unsere Herzen dort verankert seien, wo die wahren Freuden sind. Darum bitten wir durch Jesus Christus.

Erste Lesung Jes 66,18–21

Lesung aus dem Buch Jesaja.

So spricht der HERR: Ich kenne die Taten und die Gedanken aller Nationen und Sprachen und komme, um sie zu versammeln, und sie werden kommen und meine Herrlichkeit sehen. Ich stelle bei ihnen ein Zeichen auf und schicke von ihnen einige, die entronnen sind, zu den Nationen: nach Tarschisch, Pul und Lud, die den Bogen spannen, nach Tubal und Jawan, zu den fernen Inseln, die noch keine Kunde von mir gehört und meine Herrlichkeit noch nicht gesehen haben. Sie sollen meine Herrlichkeit unter den Nationen verkünden.
Sie werden alle eure Brüder aus allen Nationen als Opfergabe für den HERRN herbeibringen auf Rossen und Wagen, in Sänften, auf Maultieren und Kamelen, zu meinem heiligen Berg nach Jerusalem, spricht der HERR, so wie die Söhne Israels ihre Opfergabe in reinen Gefäßen zum Haus des HERRN bringen.
Und auch aus ihnen nehme ich einige zu levitischen Priestern, spricht der HERR.

Wort des lebendigen Gottes.

IMPULS Gott versammelt alle Völker. Wir denken an eine große Wallfahrt der Nationen nach Jerusalem, eine wahrhafte Völkerwallfahrt. Wir wissen darum, dass Völker gegenüber anderen Völkern und gegen ihre Bürger schuldig werden können. In uns ist die Hoffnung, dass einst die Rechtlosen unzähliger Unrechtsregime vor den Augen aller Völker und vor den Augen der schuldig gewordenen Herrscher dieser Welt ins Recht gesetzt werden – vom wahren Weltenherrscher selbst. Glaube ist nicht bloß Privat-, sondern Sache der Gemeinschaft. Es lebt in vielen Menschen die Sehnsucht, dass alle Völker gemeinsam Gott loben und ihn anerkennen. Bei dieser Sammlung der Nationen in Jerusalem kommen die Völker mit ihrer je eigenen Identität zusammen. Doch werden zugleich die allzu engen Kriterien von Zugehörigkeit, Einschluss und Ausschluss überstiegen. Denn Gott wählt aus allen Nationen Menschen zu levitischen Priestern. Was einem Stamm vorbehalten war, öffnet sich auf die ganze Welt hin. Wir hören als getaufte Christen Mt 28,19f mit: »Darum geht und macht alle Völker zu meinen Jüngern; tauft sie auf den Namen des Vaters und des Sohnes und des Heiligen Geistes und lehrt sie, alles zu befolgen, was ich euch geboten habe.«

Antwortpsalm

Ps 117 (116),1.2 (Kv: vgl. Mk 16,15)

Kv Halleluja – Oder: Geht hinaus in die ganze Welt
und verkündet allen das Evangelium! – Kv

Lobet den Herrn, alle Völker, *
rühmt ihn, alle Nationen! – Kv

Denn mächtig waltet über uns seine Huld, *
die Treue des Herrn währt in Ewigkeit. – Kv

Zweite Lesung

Hebr 12,5–7.11–13

Lesung aus dem Hebräerbrief.

Schwestern und Brüder! Ihr habt die Mahnung vergessen, die euch als Söhne anredet: Mein Sohn, verachte nicht die Zucht des Herrn und verzage nicht, wenn er dich zurechtweist!
Denn wen der Herr liebt, den züchtigt er; er schlägt mit der Rute jeden Sohn, den er gern hat.
Haltet aus, wenn ihr gezüchtigt werdet! Gott behandelt euch wie Söhne. Denn wo ist ein Sohn, den sein Vater nicht züchtigt?
Jede Züchtigung scheint zwar für den Augenblick nicht Freude zu bringen, sondern Leid; später aber gewährt sie denen, die

durch sie geschult worden sind, Gerechtigkeit als Frucht des Friedens.
Darum macht die erschlafften Hände und die wankenden Knie wieder stark, schafft ebene Wege für eure Füße, damit die lahmen Glieder nicht ausgerenkt, sondern vielmehr geheilt werden!

Wort des lebendigen Gottes.

IMPULS Dieses Wort ist sprichwörtlich geworden: »Wen der Herr liebt, den züchtigt er.« Bisweilen wurde er für harte Erziehungsmaßnahmen in Anspruch genommen. Bei vielen regt dieses Wort deshalb Widerspruch. Unsere Aufgabe ist es, womöglich einen tieferen Sinn zu erkennen. Wir bewegen uns dabei nicht nur und vielleicht nicht zuerst im normalen Alltag, sondern brauchen den biblischen Hintergrund. Es galt geradezu als eine Auszeichnung, von Gott erprobt zu werden, denn dieser wendet sich gerade den Gerechten und Starken zu. Eine rabbinische Tradition fasst es in ein Bild: »Wenn der Töpfer seinen Ofen versuchen will (also die Beständigkeit des darin gebrannten Tons), so klopft er nicht auf die lockeren Gefäße, weil sie, wenn das geschieht, sofort zerbrechen. Was prüft er denn? Ausgesuchte Gefäße, die, wenn er auch noch so sehr auf sie schlägt, nicht zerbrechen.« Wir dürfen die Lesung auch als Lob der Disziplin deuten, die Anerkenntnis, dass wir zumal als Kinder, aber auch bis ins hohe Alter »Schüler« sind, lateinisch discipulus. Nicht andere belehren, sondern sich raten lassen. Denn wer sich raten lässt, ist klug. Nicht ständig Ratschläge verteilen und überlegen, wie sich der andere ändern könnte oder müsste, sondern eigene Schritte tun, um mich mehr und mehr an Gott und auf Gott hin auszurichten. Überhaupt ist die Erkenntnis hilfreich, dass der Glaube der Schulung bedarf und nicht nur ein beliebiges Gefühl ist, und deshalb sollen wir in der Bibel lesen, ein Bibelgespräch besuchen, einen theologischen Vortrag, Besinnungstage oder Exerzitien.

Ruf vor dem Evangelium Joh 14,6

Halleluja. Halleluja.
(So spricht der Herr:)
Ich bin der Weg und die Wahrheit und das Leben;
niemand kommt zum Vater außer durch mich.
Halleluja.

Evangelium Lk 13,22–30

+ Aus dem heiligen Evangelium nach Lukas.

In jener Zeit zog Jesus auf seinem Weg nach Jerusalem von Stadt zu Stadt und von Dorf zu Dorf und lehrte.
Da fragte ihn einer: Herr, sind es nur wenige, die gerettet werden?
Er sagte zu ihnen: Bemüht euch mit allen Kräften, durch die enge Tür zu gelangen; denn viele, sage ich euch, werden versuchen hineinzukommen, aber es wird ihnen nicht gelingen.
Wenn der Herr des Hauses aufsteht und die Tür verschließt und ihr draußen steht, an die Tür klopft und ruft: Herr, mach uns auf!, dann wird er euch antworten: Ich weiß nicht, woher ihr seid.
Dann werdet ihr anfangen zu sagen: Wir haben doch in deinem Beisein gegessen und getrunken und du hast auf unseren Straßen gelehrt.
Er aber wird euch erwidern: Ich weiß nicht, woher ihr seid.
Weg von mir, ihr habt alle Unrecht getan!
Dort wird Heulen und Zähneknirschen sein, wenn ihr seht, dass Abraham, Isaak und Jakob und alle Propheten im Reich Gottes sind, ihr selbst aber ausgeschlossen seid.
Und sie werden von Osten und Westen und von Norden und Süden kommen und im Reich Gottes zu Tisch sitzen.
Und siehe, da sind Letzte, die werden Erste sein, und da sind Erste, die werden Letzte sein.

Evangelium unseres Herrn Jesus Christus.

IMPULS Jesus geht von Dorf zu Dorf und lehrt. In Mk 6,33 lesen wir sogar: »Und er lehrte sie lange.« Jesus lehrt das Volk. Er gibt Orientierung. Viele sagen heute: »Jesus hat nicht viele Worte gemacht, sondern gehandelt.« So einfach ist es wohl nicht. Natürlich: Die Liebe muss mehr in die Taten als in die Worte gelegt werden (Ignatius von Loyola). Aber es gibt auch die Lehre, ja die Belehrung in einem guten Sinne. Jesus trifft mit seiner Lehre das Herz. »Die Letzten werden die Ersten sein.« Dieses Wort hören wir oft manchmal im Alltag und verwenden es selbst womöglich immer wieder. Was sind Alltagssituationen, wo dieses Wort gesprochen wird? Große Schlangen an der Kasse; eine Kasse wird neu geöffnet, und einer, der gerade mit seinem Einkaufswagen kommt, fährt direkt zur Bezahlung. Die andern in den Schlangen vor den anderen Kassen sind meist sauer. Unsere Maßstäbe sind nicht die Gottes. Er übersteigt auch unsere Gerechtigkeitsmaßstäbe. Extreme Aufregung gibt es immer beim Gleichnis der Arbeiter im Weinberg, wo unabhängig von der Arbeitszeit der gleiche Lohn ausgezahlt wird. Dauer, Länge, Leistung: Das sind unsere Kriterien und Maßstäbe. Die Frage Gottes ist: Mit welcher Hingabe hast du deine Arbeit getan, sei sie bedeutend oder in den Augen der Welt gering, sei sie lang oder kurz. Wandeln wir uns von Gewohnheitschristen zu Hingabe-Christen! »Wir waren doch dabei!« – »Mag sein. Aber ihr wart nicht bei der Sache, nicht am Wesentlichen dran, nicht mit ganzer Hingabe ›mit mir‹«, könnten wir den Herrn des Hauses sagen lassen. Ein bloßes Dabeisein genügt im Glauben nicht.

CREDO (siehe Seite 520ff.)

FÜRBITTEN

Herr Jesus Christus, du hast dich in besonderer Weise den Armen und Schwachen zugewendet. Du hast sie zu Tisch geladen und gestärkt.

– Wir bitten für alle Christen, sei es, dass sie in Freiheit und Wohlstand leben können oder in Bedrängnis und Armut, dass sie in der Hingabe an dich ihr Leben meistern.

– Wir bitten für alle, die Verantwortung tragen in Politik, Gesellschaft und Wirtschaft, dass sie den Menschen in seiner Heiligkeit und Einzigartigkeit schätzen und achten vom Beginn bis zum Ende des Lebens.

– Wir bitten für alle, die leiden durch Hunger und Not, Verlassenheit und Einsamkeit, durch Streit und Hass, durch Mobbing und Krankheit. Stärke sie.

– Wir bitten für alle, die sich von dir getrennt haben, für die Einheit der Christen und für alle Menschen guten Willens. Führe sie bei dir zusammen.

– Wir bitten für unsere heutige Gemeinschaft, dass wir durch den Empfang des Leibes Christi auf unseren Wegen durch die Zeit gestärkt werden.

Jesus, du bist der Weg, die Wahrheit und das Leben. Dir folgen wir, dir vertrauen wir und in dir leben wir, jetzt und in Ewigkeit. Amen.

Gabengebet

Herr und Gott, du hast dir das eine Volk des Neuen Bundes erworben durch das Opfer deines Sohnes, das er ein für allemal dargebracht hat. Sieh gnädig auf uns und schenke uns in deiner Kirche Einheit und Frieden. Darum bitten wir durch Christus, unseren Herrn.

Präfation

Sonntage V

In Wahrheit ist es würdig und recht, dir, allmächtiger Vater, zu danken und dich mit der ganzen Schöpfung zu loben. Denn du hast die Welt mit all ihren Kräften ins Dasein gerufen und sie dem Wechsel der Zeit unterworfen. Den Menschen aber hast du auf dein Bild hin geschaffen und ihm das Werk deiner Allmacht übergeben. Du hast ihn bestimmt, über die Erde zu herrschen, dir, seinem Herrn und Schöpfer zu dienen und das Lob deiner großen Taten zu verkünden durch unseren Herrn Jesus

Christus. Darum singen wir mit den Engeln und Erzengeln, den Thronen und Mächten und mit all den Scharen des himmlischen Heeres den Hochgesang von deiner göttlichen Herrlichkeit.

Einladung zum Vaterunser

Die enge Verbindung Jesu mit seinem Vater hat die Jünger fasziniert. Deshalb baten sie ihn, sie das Beten zu lehren. Im Vaterunser sind wir in Jesu innige Vaterbeziehung hineingenommen: Vater unser im Himmel …

Einladung zum Friedensgebet

Friede hat eine weite Bandbreite: Friede zwischen den Völkern, Friede in unserem persönlichen Umfeld, Friede in unseren Herzen. Um diesen breiten und weitreichenden Frieden bitten wir dich: Herr Jesus Christus …

Kommunionvers — Vgl. Ps 104 (103),13–15

Herr, von den Früchten deiner Schöpfung werden alle satt. Du schenkst dem Menschen Brot von der Erde und Wein, der sein Herz erfreut.

Oder: Joh 6,54

So spricht der Herr: Wer mein Fleisch isst und mein Blut trinkt, hat das ewige Leben, und ich werde ihn auferwecken am Letzten Tag.

Schlussgebet

Herr, unser Gott, schenke uns durch dieses Sakrament die Fülle deines Erbarmens und mache uns heil. Gewähre uns deine Hilfe, damit wir so vor dir leben können, wie es dir gefällt. Darum bitten wir durch Christus, unseren Herrn.

Schlusssegen

Im Jahreskreis III

Der allmächtige Gott gewähre euch Segen und Heil; er offenbare euch die Wege seiner Weisheit.
Er stärke euren Glauben durch sein Wort und schenke euch die Gnade, nach seinen Geboten zu leben, damit in allem sein Wille geschehe.
Er lenke eure Schritte auf den Weg des Friedens; er mache euch beharrlich im Guten und vollende euch in der Liebe.
Das gewähre euch der allmächtige Gott, der Vater und der Sohn † und der Heilige Geist.

Oder:

Wettersegen

Gott, der allmächtige Vater, segne euch und schenke euch gedeihliches Wetter; er halte Blitz, Hagel und jedes Unheil von euch fern.
Er segne die Felder, die Gärten und den Wald und schenke euch die Früchte der Erde.
Er begleite eure Arbeit, damit ihr in Dankbarkeit und Freude gebrauchet, was durch die Kräfte der Natur und die Mühe des Menschen gewachsen ist.
Das gewähre euch der dreieinige Gott, der Vater und der Sohn † und der Heilige Geist.

Erhebe dich von innen her,
löse dich aus dem allzu Alltäglichen –
um deiner selbst und um Gottes willen.

Gönne dir den Luxus der Einsamkeit,
suche stille Stunden ganz für dich selbst –
um deiner selbst und um Gottes willen.

Schaue beim Spaziergang hinauf zu den Wolken,
wage einen Blick in den Himmel deiner Seele –
um deiner selbst und um Gottes willen.

Überwinde die Schwerkraft der ständigen Appelle,
um den zu vernehmen, der dich ohne Zwang anspricht –
um deiner selbst und um Gottes willen.

Wolfgang Steffel

22. SONNTAG IM JAHRESKREIS
31. August 2025

Sei mir gnädig, o Herr. Den ganzen Tag rufe ich zu dir.
Herr, du bist gütig und bereit, zu verzeihen;
für alle, die zu dir rufen, reich an Gnade.
Ps 86 (85),3.5

Vom letzten Sonntag klingt noch nach: »Da sind Erste, die werden Letzte sein.« Heute: »Denn wer sich selbst erhöht, wird erniedrigt, und wer sich selbst erniedrigt, wird erhöht werden.« Woher diese paradoxe Redeweise? Was ist der tiefere Grund dieser aufrüttelnden und die normalen weltlichen Maßstäbe durcheinander schüttelnden Worte? Der Glaube ist oft nur in Paradoxien ausdrückbar. Jesus selbst gewinnt sich in seiner Selbstaufgabe; indem er dient, ist er stark; seine Stärke ist seine Schwachheit am Kreuz usw. Eugen Biser schreibt: »Er gewinnt seine Identität somit in Akten, die deren Verlust herbeizuführen scheinen. Deshalb kann sein Lebensgeheimnis nur mit Paradoxen umschrieben werden.« Und deshalb müsse der, der eine Vorrangstellung einnehmen möchte, die letzte Stelle einnehmen. In der Nachfolge Christi können wir die Angst überwinden, ausgenutzt zu werden und am Ende der Dumme zu sein. Wir sind Menschen der vollen Hingabe.

Kyrie-Rufe

Herr Jesus Christus, du antwortest auf unseren Hunger nach Leben mit Brot.
Herr, erbarme dich.
Herr Jesus Christus, du antwortest auf unseren Durst nach Leben mit Wein.
Christus, erbarme dich.
Herr Jesu Christus, du antwortest auf unser Verlangen nach Liebe mit einem Neuen Bund.
Herr, erbarme dich.

Gloria (siehe Seite 516f.)

Tagesgebet

Allmächtiger Gott, von dir kommt alles Gute. Pflanze in unser Herz die Liebe zu deinem Namen ein. Binde uns immer mehr an dich, damit in uns wächst, was gut und heilig ist. Wache über uns und erhalte, was du gewirkt hast. Darum bitten wir durch Jesus Christus.

Erste Lesung

Sir 3,17–18.20.28–29 (19–21.30–31)

Lesung aus dem Buch Jesus Sirach.

Mein Sohn, bei all deinem Tun bleibe bescheiden und du wirst geliebt werden von anerkannten Menschen!
Je größer du bist, umso mehr demütige dich und du wirst vor dem Herrn Gnade finden!
Denn groß ist die Macht des Herrn, von den Demütigen wird er gerühmt.
Es gibt keine Heilung für das Unglück des Hochmütigen, denn eine Pflanze der Bosheit hat in ihm Wurzel geschlagen.
Das Herz eines Verständigen wird einen Sinnspruch überdenken und das Ohr des Zuhörers ist die Sehnsucht des Weisen.

Wort des lebendigen Gottes.

IMPULS Es gibt einen Hochmut gegenüber der Demut. Viele möchten die »Demut« am Liebsten aus dem kirchlichen Sprachgebrauch verbannen. Weshalb? Weil es erstens tatsächlich viele Missverständnisse gibt. Aber: *Abusus nun tollit usum,* der Missbrauch hebt den Gebrauch nicht auf. Wie können wir heute Demut praktizieren? Ignatius von Loyola empfahl, hinter jede eigene Meinungsbekundung anzufügen: »vorbehaltlich eines besseren Urteils«. Eine andere Formel, die er oft verwendet heißt: »so weit möglich«. Es ist uns eben nicht immer alles möglich. Wir wissen nicht alles, wir können nicht alles. Das zu erkennen und zu bekennen, ist Demut. Und so ist es nach Ignatius auch »besser, einen Rat in Demut anzunehmen, als ihn ohne Demut zu geben.« Eine sehr kurze und gute Beschreibung der Demut nennt Josef Pieper:

»Demut gründet darin, dass der Mensch sich so einschätzt, wie es der Wahrheit entspricht.« Letztlich ist Demut ein ehrlicher und offener Dialog mit der Wirklichkeit. Zur Wirklichkeit gehört auch das Kreuz. Das haben nicht nur die Christen erkannt, sondern auch viele Philosophen. So schreibt Seneca: »Ohne Seelenwunde durchs Leben zu gehen, bedeutet Unkenntnis der anderen Seite der Welt.«

Antwortpsalm

Ps 68 (67),4–5b.6–7.10–11 (Kv: 11a)

Kv Deine Geschöpfe finden Wohnung bei dir, o Gott. – Kv

Die Gerechten aber freuen sich, *
sie jubeln vor Gott und jauchzen in Freude.
Singt für Gott, spielt seinem Namen! *
Erhebt ihn, der durch die Steppen einherfährt! – Kv

Ein Vater der Waisen, ein Anwalt der Witwen *
ist Gott in seiner heiligen Wohnung.
Gott bringt Verlassene heim, /
führt Gefangene hinaus in das Glück; *
doch Aufsässige müssen wohnen im dürren Land. – Kv

Gott, du ließest Regen strömen in Fülle *
über dein verschmachtendes Erbland, das du selbst gegründet.
Dein Geschöpf fand dort Wohnung; *
Gott, in deiner Güte versorgst du den Armen. – Kv

Zweite Lesung

Hebr 12,18–19.22–24a

Lesung aus dem Hebräerbrief.

Schwestern und Brüder! Ihr seid nicht zu einem sichtbaren, lodernden Feuer hinzugetreten, zu dunklen Wolken, zu Finsternis und Sturmwind, zum Klang der Posaunen und zum Schall der Worte, bei denen die Hörer flehten, diese Stimme solle nicht weiter zu ihnen reden. Ihr seid vielmehr zum Berg Zion hinzugetreten, zur Stadt des lebendigen Gottes, dem himmlischen Jerusalem, zu Tausenden von Engeln, zu einer festlichen Versammlung und zur Gemeinschaft der Erstgeborenen, die im Himmel verzeichnet sind, und zu Gott, dem Richter aller, und zu den Geistern der schon vollendeten Gerechten, zum Mittler eines neuen Bundes, Jesus.

Wort des lebendigen Gottes.

IMPULS Nicht die Lautstärke ist im Lobpreis entscheidend, sondern dass wir die Wirklichkeit Gottes ehren. Wir werden uns bewusst, dass er ständig wirkt, dass er ein lebendiger Gott ist. Um dies zu erkennen, brauchen wir Stille, Achtsamkeit und Demut. Diese Haltungen gebären das Lob. In der Stille wächst die Sehnsucht, nicht im ohrenbetäubenden Konzert, im tobenden Fußballstadion oder, wenn wir uns in einen anderen Massenauflauf stürzen. Wir sind in der Stille mit Jesus verbunden, der selbst Stille und Einsamkeit suchte. Der Lärm erstickt die Sehnsucht und ohne Sehnsucht im Herzen stürzen wir uns noch mehr ins Schrille, Laute und Maßlose und statt Sehnsucht bleibt am Ende die Sucht nach lächerlichen Dingen von A wie Auto und Alkohol über K wie Karriere und Kapital bis Z wie Zertifikate und Zigaretten. Ein Teufelskreis! Die Stille gebiert Sehnsucht und Sehnsucht Stille. Wir dürfen in diesen Engelskreis einsteigen. So weitet sich der Raum in uns. Kardinal Sarah sagt: »Die Stille ist schwierig, aber sie befähigt den Menschen, sich von Gott führen zu lassen.« Das stille Lob vollzieht sich in einer riesigen Lobversammlung, die Himmel und Erde verbindet.

Ruf vor dem Evangelium — Mt 11,29ab

Halleluja. Halleluja.
(So spricht der Herr:)
Nehmt mein Joch auf euch und lernt von mir;
denn ich bin gütig und von Herzen demütig.
Halleluja.

EVANGELIUM Lk 14,1.7–14

+ Aus dem heiligen Evangelium nach Lukas.

Jesus kam an einem Sabbat in das Haus eines führenden Pharisäers zum Essen. Da beobachtete man ihn genau.
Als er bemerkte, wie sich die Gäste die Ehrenplätze aussuchten, erzählte er ihnen ein Gleichnis. Er sagte zu ihnen:
Wenn du von jemandem zu einer Hochzeit eingeladen bist, nimm nicht den Ehrenplatz ein! Denn es könnte ein anderer von ihm eingeladen sein, der vornehmer ist als du, und dann würde der Gastgeber, der dich und ihn eingeladen hat, kommen und zu dir sagen: Mach diesem hier Platz! Du aber wärst beschämt und müsstest den untersten Platz einnehmen.
Vielmehr, wenn du eingeladen bist, geh hin und nimm den untersten Platz ein, damit dein Gastgeber zu dir kommt und sagt: Mein Freund, rück weiter hinauf! Das wird für dich eine Ehre sein vor allen anderen Gästen.
Denn wer sich selbst erhöht, wird erniedrigt, und wer sich selbst erniedrigt, wird erhöht werden.
Dann sagte er zu dem Gastgeber: Wenn du mittags oder abends ein Essen gibst, lade nicht deine Freunde oder deine Brüder, deine Verwandten oder reiche Nachbarn ein; sonst laden auch sie dich wieder ein und dir ist es vergolten.
Nein, wenn du ein Essen gibst, dann lade Arme, Krüppel, Lahme und Blinde ein.
Du wirst selig sein, denn sie haben nichts, um es dir zu vergelten; es wird dir vergolten werden bei der Auferstehung der Gerechten.

Evangelium unseres Herrn Jesus Christus.

IMPULS Was tun wir besonderes, wenn wir jene einladen, von den wir selbst eingeladen zu werden hoffen? Was tun wir besonders, wenn wir denen geben, die uns zurückgeben? Wir dürfen geben, ohne zu zählen. Ähnlich wie heute heißt es bei Mt 5,46f: »Wenn ihr nämlich nur die liebt, die euch lieben, welchen Lohn könnt ihr dafür erwarten? Tun das nicht auch die Zöllner? Und wenn ihr nur eure Brüder grüßt, was tut ihr damit Besonderes? Tun das nicht auch die Heiden?« Die Vergessenen in den Gassen sind unsere Brüder und Schwestern. Wir können über die Demut weiter nachdenken. »Wer sich selbst erniedrigt, wird erhöht werden.« Wenn wir den Weg nach unten nicht scheuen und wenn wir geben, ohne zu zählen, gewinnen wir an Höhe, an Souveränität, an Hochgemutheit. Thomas von Aquin schrieb öfter, dass die Demut nicht der Hochgemutheit widerspricht. Psalm 18,36 kann uns helfen: »Du neigst dich mir zu und machst mich groß.« Gottes Demut macht mich groß! Er hat sich erniedrigt, dass ich über mich hinaus in ihn hineinwachse. Meine Demut macht ihn groß! Ich weiß, dass ich nicht aus mir selber lebe, sondern aus Gott. Und am Ende macht meine Demut mich selbst groß! Ich darf weit werden in Gott, darf mich über mich hinaus emporschwingen in eine andere Sicht der Dinge.

CREDO (siehe Seite 520ff.)

FÜRBITTEN

Jesus, du hast mit ganzer Hingabe den Menschen gedient. Zu dir kommen wir mit unseren Bitten:

– Für alle, die in Kirche und Gesellschaft Verantwortung tragen.

– Für alle, die sich für Benachteiligte und Ausgegrenzte einsetzen.

– Für alle, die sich in ihrem Dienst überfordern oder darin keinen Sinn mehr sehen.

– Für alle, die in unserer Gemeinde einen Dienst übernommen haben.

Jesus, wir danken dir für deine Liebe, die du uns Tag für Tag erweist, heute, morgen und in Ewigkeit. Amen.

Gabengebet

Herr, unser Gott, diese Opferfeier bringe uns Heil und Segen. Was du jetzt unter heiligen Zeichen wirkst, das vollende in deinem Reich. Darum bitten wir durch Christus, unseren Herrn.

Präfation

Sonntage VI

In Wahrheit ist es würdig und recht, dir, Vater im Himmel, zu danken und dich mit der ganzen Schöpfung zu loben. Denn in dir leben wir, in dir bewegen wir uns und sind wir. Jeden Tag erfahren wir aufs neue das Wirken deiner Güte. Schon in diesem Leben besitzen wir den Heiligen Geist, das Unterpfand ewiger Herrlichkeit. Durch ihn hast du Jesus auferweckt von den Toten und uns die sichere Hoffnung gegeben, daß sich an uns das österliche Geheimnis vollendet. Darum preisen wir dich mit allen Chören der Engel und singen vereint mit ihnen das Lob deiner Herrlichkeit.

Einladung zum Vaterunser

Wenn wir bitten, dass Gottes Wille geschehe und dass sein Name geheiligt werde, wird unser Ich kleiner und die Hingabe in uns kann wachsen: Vater unser im Himmel …

Einladung zum Friedensgebet

Zur Demut gehört, in verfahrenen Situationen den ersten Schritt zur Versöhnung zu wagen: Herr Jesus Christus …

Kommunionvers

Ps 31 (30),20

Wie groß ist deine Güte, o Herr, die du bereithältst für alle, die dich fürchten und ehren.

Oder: Mt 5,9–10

Selig, die Frieden stiften; denn sie werden Söhne Gottes genannt werden. Selig, die um der Gerechtigkeit willen verfolgt werden; denn ihnen gehört das Himmelreich.

SCHLUSSGEBET

Allmächtiger Gott, du hast uns gestärkt durch das lebendige Brot, das vom Himmel kommt. Deine Liebe, die wir im Sakrament empfangen haben, mache uns bereit, dir in unseren Brüdern zu dienen. Darum bitten wir durch Christus, unseren Herrn.

SCHLUSSSEGEN

Im Jahreskreis IV

Der Gott und Vater unseres Herrn Jesus Christus, der uns tröstet in jeder Not, segne euch und lenke eure Tage in seinem Frieden.
Er bewahre euch vor aller Verwirrung und festige eure Herzen in seiner Liebe.
In diesem Leben mache er euch reich an guten Werken; und im künftigen sei er selbst euer unvergänglicher Lohn.
Das gewähre euch der dreieinige Gott, der Vater und der Sohn ✝ und der Heilige Geist.

Oder: Wettersegen

Gott, der allmächtige Vater, segne euch und schenke euch gedeihliches Wetter; er halte Blitz, Hagel und jedes Unheil von euch fern.
Er segne die Felder, die Gärten und den Wald und schenke euch die Früchte der Erde.
Er begleite eure Arbeit, damit ihr in Dankbarkeit und Freude gebrauchet, was durch die Kräfte der Natur und die Mühe des Menschen gewachsen ist.
Das gewähre euch der dreieinige Gott, der Vater und der Sohn ✝ und der Heilige Geist.

Außergewöhnlich leben:
Nicht erst am Abend danken für das, was gut war,
sondern den Tag vor dem Abend loben:
Am hellen Morgen den ganzen Tag von Gott annehmen.

Außergewöhnlich leben:
Nicht nur die allzu Bekannten freundlich grüßen,
sondern die Links-Liegen-Gelassenen wahrnehmen:
Den Vergessenen in den Gassen zulächeln.

Außergewöhnlich leben:
Nicht bloß auf eine gute Kommunikation achten,
sondern den Schwall der allzu vielen Worte dämpfen:
Orte der Stille suchen und hegen und pflegen.

Außergewöhnlich leben:
Nicht bloß sich engagieren und einbringen,
sondern Gott in allem wirken lassen:
In vollem Gottvertrauen den Frieden fördern.

Wolfgang Steffel

23. SONNTAG IM JAHRESKREIS
7. September 2025

Herr, du bist gerecht, und deine Entscheide sind richtig.
Handle an deinem Knecht nach deiner Huld.
Ps 119 (118),137.124

Die Texte des heutigen Sonntags kreisen um das Thema Weisheit. Wie verhält sich ein weiser Mensch und was zeichnet sein Handeln aus. Die Lesungen und das Evangelium geben auf diese Frage eine vielschichtige Antwort und vor allem drei Aspekte treten dabei hervor: Ein weiser Mensch weiß um seine Erkenntnisfähigkeit, jedoch auch um die Grenzen seiner Erkenntnis. Zudem ist ein weiser Mensch ein Mensch, der mitteilen kann, was ihn bewegt; ein Mensch der auf sein Herz hört und sich traut, einen »Herzenswunsch« auszusprechen. Schließlich zeichnet sich ein weiser Mensch grundlegend dadurch aus, dass er vorausschauend und verantwortungsvoll handelt und somit in der Lage ist, auch weitreichende Entscheidungen zu treffen und zu tragen.
Ein hoher Anspruch wird hier sichtbar und auf diesen kann man sich wohl nur einlassen, wenn man Folgendes bedenkt: Der weise Mensch ist und bleibt ein Hörender und Empfangender – Gott allein ist die Quelle wahrer Weisheit und Erkenntnis. Vor diesem Hintergrund ist schon viel gewonnen, wenn wir Herz, Verstand und Ohren offen halten.

Kyrie-Rufe

Herr Jesus Christus, du zeigst uns, was in deiner Nachfolge wichtig ist.
Herr, erbarme dich.
Du hilfst uns, unser Kreuz zu tragen.
Christus, erbarme dich.
Dein Wort schenkt uns Weisheit und Einsicht.
Herr, erbarme dich.

Gloria (siehe Seite 516f.)

Tagesgebet

Gütiger Gott, du hast uns durch deinen Sohn erlöst und als deine geliebten Kinder angenommen. Sieh voll Güte auf alle, die an Christus glauben, und schenke ihnen die wahre Freiheit und das ewige Erbe. Darum bitten wir durch Jesus Christus.

Erste Lesung

Weish 9,13–19

Lesung aus dem Buch der Weisheit.

Welcher Mensch kann Gottes Plan erkennen oder wer begreift, was der Herr will?
Unsicher sind die Überlegungen der Sterblichen und einfältig unsere Gedanken; denn ein vergänglicher Leib beschwert die Seele und das irdische Zelt belastet den um vieles besorgtenn-Verstand.
Wir erraten kaum, was auf der Erde vorgeht, und finden nur mit Mühe, was auf der Hand liegt; wer ergründet, was im Himmel ist?
Wer hat je deinen Plan erkannt, wenn du ihm nicht Weisheit gegeben und deinen heiligen Geist aus der Höhe gesandt hast?
So wurden die Pfade der Erdenbewohner gerade gemacht und die Menschen lernten, was dir gefällt; durch die Weisheit wurden sie gerettet; durch die Weisheit wurden sie gerettet.

Wort des lebendigen Gottes.

IMPULS Wir sind heute mehr denn je vor die Herausforderung gestellt, bei allem wissenschaftlichen Fortschritt und bei der rasant fortschreitenden Entwicklung künstlicher Intelligenz nicht zu vergessen, dass wir das Leben niemals ganz verstehen werden. Auch wenn wir heute das Gefühl haben, dass wir wissen, was auf der Erde vorgeht, und dass wir alles ergründen, erklären und verstehen können, sind wir durch unseren »um vieles besorgten Verstand« (Weish 9,15) oft eingeschränkt und richten unsere Aufmerksamkeit häufig auf die falschen Dinge. Nicht selten übersehen wir, belastet durch unsere Sorgen des Alltags, die Wunder »vor unserer

Nase«. Und tatsächlich gibt es in unserem Leben immer wieder Ereignisse, Zusammenhänge und Fragen, bei denen wir uns ratlos und überwältigt fühlen – manche Dinge kann man einfach nicht verstehen oder zufriedenstellend erklären. In dieser Hinsicht möchte uns die heutige Lesung aus dem Buch der Weisheit den Blick öffnen: Erst durch die Gabe der Weisheit und durch die Sendung des Heiligen Geistes von Gott wird Rettung möglich. Vielleicht bedeutet die durch diese Rettung mögliche, höhere Erkenntnis ja auch, dass wir dann mit dem richtigen Blick auf jene Dinge schauen können, die wir niemals ganz verstehen werden.

ANTWORTPSALM Ps 90 (89),3–4.5–6.12–13.14 u. 17 (Kv: vgl. 1)

Kv Herr, du bist uns Wohnung von Geschlecht zu Geschlecht. – Kv

Zum Staub zurückkehren lässt du den Menschen, *
du sprichst: Ihr Menschenkinder, kehrt zurück!
Denn tausend Jahre sind in deinen Augen wie der Tag,
der gestern vergangen ist, *
wie eine Wache in der Nacht. – Kv

Du raffst sie dahin, sie werden wie Schlafende. *
Sie gleichen dem Gras, das am Morgen wächst:
Am Morgen blüht es auf und wächst empor, *
am Abend wird es welk und verdorrt. – Kv

Unsere Tage zu zählen, lehre uns! *
Dann gewinnen wir ein weises Herz.
Kehre doch um, HERR! – Wie lange noch? *
Um deiner Knechte willen lass es dich reuen! – Kv

Sättige uns am Morgen mit deiner Huld! *
Dann wollen wir jubeln und uns freuen all unsre Tage.
Güte und Schönheit des Herrn, unseres Gottes, sei über uns! /
Lass gedeihen das Werk unsrer Hände, *
ja, das Werk unserer Hände lass gedeihen! – Kv

ZWEITE LESUNG Phlm 9b–10.12–17

Lesung aus dem Brief des Apostels Paulus an Philemon.

Lieber Bruder! Ich, Paulus, ein alter Mann, jetzt auch Gefangener Christi Jesu, ich bitte dich für mein Kind Onesimus, dem ich im Gefängnis zum Vater geworden bin.
Ich schicke ihn zu dir zurück, ihn, das bedeutet mein Innerstes.
Ich wollte ihn bei mir behalten, damit er mir an deiner Stelle dient in den Fesseln des Evangeliums.
Aber ohne deine Zustimmung wollte ich nichts tun. Deine gute Tat soll nicht erzwungen, sondern freiwillig sein.
Denn vielleicht wurde er deshalb eine Weile von dir getrennt, damit du ihn für ewig zurückerhältst, nicht mehr als Sklaven, sondern als weit mehr: als geliebten Bruder. Das ist er jedenfalls für mich, um wie viel mehr dann für dich, als Mensch und auch vor dem Herrn.
Wenn du also mit mir Gemeinschaft hast, nimm ihn auf wie mich!

Wort des lebendigen Gottes.

IMPULS In diesen Versen aus dem Brief an Philemon formuliert Paulus eine außergewöhnliche Bitte: Er bittet Philemon, den Sklaven Onesimus nach seiner Rückkehr zu ihm nicht mehr als Sklaven, sondern als »geliebten Bruder« zu betrachten. Onesimus ist Paulus im Gefängnis ans Herz gewachsen und Paulus hätte ihn gerne bei sich behalten. Onesimus steht jedoch im Besitz eines anderen und so ist es rechtens und wichtig, dass Paulus Onesimus entlässt und zurückschickt. In dieses korrekte Handeln lässt Paulus jedoch die erwähnte ungewöhnliche Bitte einfließen: Der Sklave soll als das gesehen werden, was er als Mensch und Kind Gottes ist – der geliebte Bruder. Für die damalige Zeit war das eine sehr ungewöhnliche Forderung. Paulus handelt durch seinen Brief in zweierlei Hinsicht weise: Zum einen hört er auf sein Herz und traut sich auszusprechen, was ihn bewegt – mag es noch so ungewöhnlich und unangemessen sein. Zum anderen versucht er diplomatisch, aber eindringlich Grenzen zu überwinden, indem er etwas Wichtiges grundsätzlich verdeutlicht: Als Kinder Gottes und im Dienst für das Evangelium sind wir alle Schwestern und Brüder. Durch Liebe und Weitherzigkeit sollten wir einander auch so begegnen.

Ruf vor dem Evangelium Ps 119 (118),135

Halleluja. Halleluja.
Laß dein Angesicht leuchten über deinem Knecht
und lehre mich deine Gesetze!
Halleluja.

Evangelium Lk 14,25–33

+ Aus dem heiligen Evangelium nach Lukas.

In jener Zeit begleiteten viele Menschen Jesus; da wandte er sich an sie und sagte:
Wenn jemand zu mir kommt und nicht Vater und Mutter, Frau und Kinder, Brüder und Schwestern, ja sogar sein Leben gering achtet, dann kann er nicht mein Jünger sein.
Wer nicht sein Kreuz trägt und hinter mir hergeht, der kann nicht mein Jünger sein.
Denn wenn einer von euch einen Turm bauen will, setzt er sich dann nicht zuerst hin und berechnet die Kosten, ob seine Mittel für das ganze Vorhaben ausreichen?
Sonst könnte es geschehen, dass er das Fundament gelegt hat, dann aber den Bau nicht fertigstellen kann. Und alle, die es sehen, würden ihn verspotten und sagen: Der da hat einen Bau begonnen und konnte ihn nicht zu Ende führen.
Oder wenn ein König gegen einen anderen in den Krieg zieht, setzt er sich dann nicht zuerst hin und überlegt, ob er sich mit seinen zehntausend Mann dem entgegenstellen kann, der mit zwanzigtausend gegen ihn anrückt?
Kann er es nicht, dann schickt er eine Gesandtschaft, solange der andere noch weit weg ist, und bittet um Frieden.
Ebenso kann keiner von euch mein Jünger sein, wenn er nicht auf seinen ganzen Besitz verzichtet.

Evangelium unseres Herrn Jesus Christus.

IMPULS Im heutigen Evangelium geht es um Verzicht und Entscheidung. Jesus macht den vielen Menschen, die ihn begleiten, nichts vor und stellt klar: Wer sein Jünger und seine Jüngerin sein will, der muss sich von Vielem lösen können und ihm muss klar sein, dass der Eintritt in die Nachfolge Jesu eine Entscheidung ist, welche ernsthaft und treu getragen werden muss. In der Nachfolge Jesu wird es Tage geben, in denen wir die erdrückende Last des Kreuzes spüren werden, welches wir zu tragen haben. »Jeder hat sein Päckchen zu tragen«, diesen Spruch kann man häufig hören, wenn es darum geht, dass es bei jedem Menschen und in jeder Familie irgendein Leid, ein Problem, eine Krankheit oder eine Belastung gibt. Wir haben uns bewusst dazu entschieden, in der Nachfolge Jesu zu leben. Mit dieser Entscheidung geht einher, dass wir uns von irdischen Bindungen lösen sollten, welche uns von Gott fern halten. Falsche Eitelkeit, Angst, Neid, Gier, ausgrenzende Sichtweisen – das und noch vieles mehr, was uns von Gott entfremdet, sollten wir hinter uns lassen. Wenn wir ernsthaft, treu und ehrlich »hinter Jesus hergehen«, werden wir in unserem zu tragenden »Päckchen« wirklich das Kreuz sehen können, welches wir tragen dürfen. Das Kreuz, welches uns Christen vor allem auch dieses verheißt: Liebe, Auferstehung, Heil, Leben und Erlösung. Mit dieser Hoffnung werden wir jene Tage, in denen wir die erdrückende Last spüren, nicht alleine bewältigen müssen.

CREDO (siehe Seite 520ff.)

FÜRBITTEN

Gott, unser Vater, du sendest uns den Heiligen Geist als Beistand und schenkst uns jene Weisheit, die uns helfen kann, unseren Weg auf Erden gut zu gehen. Steh uns bei in allen irdischen Sorgen, Nöten und Ängsten.

V: Guter Gott. A: Steh ihnen bei.

– Für alle Menschen, die eine schwierige Entscheidung treffen müssen und die sich dabei allein und ratlos fühlen.

– Für alle, die nicht mehr zuhören können; die ihr Herz verschließen und dadurch andere verletzen.

– Für alle Menschen, die unter der Unbelehrbarkeit und Machtbesessenheit der Regierenden in ihrem Land leiden müssen.

– Für alle Wissenschaftlerinnen und Wissenschaftler, die zum Wohle der Erde und der Menschen forschen und arbeiten.

– Für alle schwerkranken und sterbenden Menschen.

Guter Gott, vor vielen Fragen stehen wir ratlos und suchen nach Antworten. Schenke uns immer wieder Orientierung und die Kraft, auf deine tragende Liebe zu vertrauen. Wir preisen dich und danken dir, heute und in Ewigkeit. Amen.

Gabengebet

Herr, unser Gott, du schenkst uns den Frieden und gibst uns die Kraft, dir aufrichtig zu dienen. Laß uns dich mit unseren Gaben ehren und durch die Teilnahme an dem einen Brot und dem einen Kelch eines Sinnes werden. Darum bitten wir durch Christus, unseren Herrn.

Präfation

Sonntage VII

In Wahrheit ist es würdig und recht, dir Vater im Himmel, zu danken und deine Gnade zu rühmen. So sehr hast du die Welt geliebt, daß du deinen Sohn als Erlöser gesandt hast. Er ist uns Menschen gleichgeworden in allem, außer der Sünde, damit du in uns lieben kannst, was du in deinem eigenen Sohne geliebt hast. Durch den Ungehorsam der Sünde haben wir deinen Bund gebrochen, durch den Gehorsam deines Sohnes hast du ihn erneuert.
Darum preisen wir das Werk deiner Liebe und vereinen uns mit den Chören der Engel zum Hochgesang von deiner göttlichen Herrlichkeit.

Einladung zum Vaterunser

Wir wollen unser Kreuz tragen und Jesus folgend auf seinen Wegen gehen. Hoffend, dass wir dies in guter und rechter Weise schaffen, beten wir vertrauensvoll mit den Worten Jesu: Vater unser im Himmel …

Einladung zum Friedensgebet

Wer auf den Wegen Jesu geht, geht auf Wegen des Friedens. In Jesu Nachfolge ist kein Platz für Hass und Krieg. Deshalb bitten wir: Herr Jesus Christus …

Kommunionvers

Ps 42 (41),2–3

Wie der Hirsch lechzt nach frischem Wasser, so lechzt meine Seele, Gott, nach dir. Meine Seele dürstet nach Gott, nach dem lebendigen Gott.

Oder: Joh 8,12

So spricht der Herr: Ich bin das Licht der Welt. Wer mir nachfolgt, wird nicht in der Finsternis gehen, sondern wird das Licht des Lebens haben.

Schlussgebet

Herr, unser Gott, in deinem Wort und Sakrament gibst du uns Nahrung und Leben. Laß uns durch diese großen Gaben in der Liebe wachsen und zur ewigen Gemeinschaft mit deinem Sohn gelangen, der mit dir lebt und herrscht in alle Ewigkeit.

Schlusssegen

Im Jahreskreis V

Gott, der allmächtige Vater, segne euch; er bewahre euch vor Unheil und Schaden.
Er öffne eure Herzen für sein göttliches Wort und bereite sie für die unvergänglichen Freuden.
Er lasse euch erkennen, was zum Heile dient, und führe euch auf dem Weg seiner Gebote zur Gemeinschaft der Heiligen.

Das gewähre euch der dreieinige Gott, der Vater und der Sohn † und der Heilige Geist.

Schenke uns, Herr, ein weises Herz.
Ein Herz das erkennt, was wichtig ist.
Ein Herz angefüllt mit Liebe und Sehnsucht nach dem Wahren.
Ein Herz, in dem kein Platz ist für Neid und Hass;
ein Herz, welches mit Ruhe und Hingabe zu betrachten vermag.

Schenke uns, Herr, einen wachen Verstand.
Einen Verstand, der auf sein Herz hört;
der unterscheiden und sich entscheiden kann.

Schenke uns, Herr, die Kraft und die Standhaftigkeit,
nach Außen zu tragen was unser Innerstes ist
um zu verkünden, was uns bewegt.

Jessica Bohn

KREUZERHÖHUNG

Fest

14. September 2025

Wir rühmen uns des Kreuzes unseres Herrn Jesus Christus.
In ihm ist uns Heil geworden und Auferstehung und Leben.
Durch ihn sind wir erlöst und befreit.
Vgl. Gal 6,14

Der Ursprung des heutigen Festes der Kreuzerhöhung liegt in der Einweihung der Kreuzkirche auf Golgota am 13. September 335. Es war also zunächst ein Kirchweihfest, welches sich besonders auch mit dem Zeigen einer Kreuzreliquie verband. Im 7. und 8. Jahrhundert verbreitete sich das Fest und wurde so allgemein zum Fest der Verehrung des Kreuzes am 14. September. Auch wir richten heute unseren Blick auf das Kreuz: Es ist für uns das Zeichen unseres Glaubens und unserer Hoffnung. Durch die Auferstehung Jesu können wir das todbringende Kreuz als ein Zeichen des Heils und des Lebens sehen.

Kyrie-Rufe

Herr Jesus Christus, du wurdest uns Menschen gleich.
Kyrie, eleison.
Durch deinen Tod am Kreuz erkennen wir, wie weit deine Liebe geht.
Christe, eleison.
Durch deine Liebe können wir auf das ewige Leben hoffen.
Kyrie, eleison.

Gloria (siehe Seite 516f.)

Tagesgebet

Allmächtiger Gott, deinem Willen gehorsam hat dein geliebter Sohn den Tod am Kreuz auf sich genommen, um alle Menschen zu erlösen. Gib, daß wir in der Torheit des Kreuzes deine

Macht und Weisheit erkennen und in Ewigkeit teilhaben an der Frucht der Erlösung. Darum bitten wir durch Jesus Christus.

ERSTE LESUNG

Num 21,4–9

Lesung aus dem Buch Númeri.

In jenen Tagen brachen die Israeliten vom Berg Hor auf und schlugen die Richtung zum Roten Meer ein, um Edom zu umgehen.
Das Volk aber verlor auf dem Weg die Geduld, es lehnte sich gegen Gott und gegen Mose auf und sagte: Warum habt ihr uns aus Ägypten heraufgeführt? Etwa damit wir in der Wüste sterben? Es gibt weder Brot noch Wasser und es ekelt uns vor dieser elenden Nahrung.
Da schickte der HERR Feuerschlangen unter das Volk. Sie bissen das Volk und viel Volk aus Israel starb. Da kam das Volk zu Mose und sagte: Wir haben gesündigt, denn wir haben uns gegen den HERRN und gegen dich aufgelehnt. Bete zum HERRN, dass er uns von den Schlangen befreit! Da betete Mose für das Volk.
Der HERR sprach zu Mose: Mach dir eine Feuerschlange und häng sie an einer Stange auf! Jeder, der gebissen wird, wird am Leben bleiben, wenn er sie ansieht. Mose machte also eine Schlange aus Kupfer und hängte sie an einer Stange auf. Wenn nun jemand von einer Schlange gebissen wurde und zu der Kupferschlange aufblickte, blieb er am Leben.

Wort des lebendigen Gottes.

IMPULS Die Israeliten werden, getrieben von Hunger und Durst, von Zweifeln geplagt und sind voller Undankbarkeit gegenüber Gott. Sie zweifeln an dem Weg, den sie zusammen mit Gott und Mose eingeschlagen haben, und ihr anfänglicher Mut wandelt sich in Mutlosigkeit. Durch die Strafe Gottes machen die Israeliten in dieser Situation der Undankbarkeit und des Zweifelns eine Todeserfahrung: Viele aus dem Volk Israel sterben durch den Biss einer

Feuerschlange. In dieser Situation, welche schlimmer nicht sein könnte, beginnen die Israeliten, nun doch wieder zu glauben und zu vertrauen. Sie glauben daran, dass Gott sie vom Tod befreien kann, und so bitten sie Mose darum, für sie zu beten. Tatsächlich werden die Gebete des Mose erhört und den Israeliten wird ein Weg aufgezeigt, wie sie durch Glauben und Vertrauen dem Tod entkommen können: Durch den Blick auf die von Mose erhöhte Kupferschlange verliert der todbringende Biss einer Schlange seine Wirkung. Die Kupferschlange ist kein Zaubermittel. Sie ist ein Zeichen dafür, dass bei Gott vergebende Rettung zu finden ist, und sie verweist auf die tiefe Erfahrung, welche die Israeliten gemacht haben: Gott vermag den Tod in Leben zu verwandeln; wer an ihn glaubt und ihm vertraut, findet Vergebung, Rettung und Leben.

ANTWORTPSALM Ps 78 (77),1–2.34–35.36–37.38ab u. 39 (Kv: vgl. 7b)

Kv Vergesst die Taten Gottes nicht! – Kv

Lausche, mein Volk, meiner Weisung! *
Neigt euer Ohr den Worten meines Mundes!
Ich öffne meinen Mund zu einem Spruch; *
ich will Geheimnisse der Vorzeit verkünden. – (Kv)

Wenn Gott dreinschlug, fragten sie nach ihm, *
kehrten um und suchten ihn.
Sie dachten daran, dass Gott ihr Fels ist *
und Gott, der Höchste, ihr Erlöser. – (Kv)

Doch sie täuschten ihn mit ihrem Mund *
und belogen ihn mit ihrer Zunge.
Ihr Herz hielt nicht fest zu ihm, *
sie hielten seinem Bund nicht die Treue. – (Kv)

Doch er ist barmherzig, *
vergab die Schuld und vernichtete nicht.
Denn er dachte daran, dass sie Fleisch sind, *
nur ein Hauch, der vergeht und nicht wiederkehrt. – Kv

Zweite Lesung

Phil 2,6–11

Lesung aus dem Brief des Apostels Paulus an die Gemeinde in Philíppi.

Christus Jesus war Gott gleich, hielt aber nicht daran fest, Gott gleich zu sein, sondern er entäußerte sich und wurde wie ein Sklave und den Menschen gleich. Sein Leben war das eines Menschen; er erniedrigte sich und war gehorsam bis zum Tod, bis zum Tod am Kreuz.
Darum hat ihn Gott über alle erhöht und ihm den Namen verliehen, der größer ist als alle Namen, damit alle im Himmel, auf der Erde und unter der Erde ihr Knie beugen vor dem Namen Jesu und jeder Mund bekennt: »Jesus Christus ist der Herr« – zur Ehre Gottes, des Vaters.

Wort des lebendigen Gottes.

IMPULS Der Philipper-Hymnus (Phil 2,6–11) fasst Menschwerdung, Leben, Tod und Auferstehung Jesu Christi eindringlich und prägnant zusammen. Dabei wird deutlich, dass dem Kreuz eine wesentliche Rolle im Gesamtgeschehen der Sendung Jesu zukommt. Die Erwähnung und besondere Betonung des Kreuzes in der Mitte des Philipper-Hymnus (Phil 2,8) verdeutlicht, dass der Kreuzestod Jesu der Moment in der Sendung Jesu ist, durch welchen sich die volle Reichweite des Lebens Jesu erst zeigen kann: Dieses Leben, das Leben des Sohnes Gottes, endet nicht mit dem Tod. Es besiegt den Tod und offenbart dadurch die Größe jener Liebe, welche auch uns zum ewigen Leben hin befreien kann.

Ruf vor dem Evangelium

Halleluja. Halleluja.
Wir beten dich an, Herr Jesus Christus, und preisen dich;
denn durch dein heiliges Kreuz hast du die Welt erlöst.
Halleluja.

EVANGELIUM

Joh 3,13–17

+ Aus dem heiligen Evangelium nach Johannes.

In jener Zeit sprach Jesus zu Nikodémus: Niemand ist in den Himmel hinaufgestiegen außer dem, der vom Himmel herabgestiegen ist: der Menschensohn.
Und wie Mose die Schlange in der Wüste erhöht hat, so muss der Menschensohn erhöht werden, damit jeder, der glaubt, in ihm ewiges Leben hat.
Denn Gott hat die Welt so sehr geliebt, dass er seinen einzigen Sohn hingab, damit jeder, der an ihn glaubt, nicht verloren geht, sondern ewiges Leben hat. Denn Gott hat seinen Sohn
nicht in die Welt gesandt, damit er die Welt richtet, sondern damit die Welt durch ihn gerettet wird.

Evangelium unseres Herrn Jesus Christus.

IMPULS In engem Bezug zur heutigen ersten Lesung aus dem Buch Numeri verdeutlicht Jesus in diesen Versen des Johannesevangeliums Nikodemus den Auftrag seiner Sendung. Die von Mose erhöhte, todbringende Schlange wurde für die Israeliten zum Zeichen für die vergebende, Leben schenkende Rettung durch Gott. Auch der Menschensohn, so sagt Jesus, muss erhöht werden, »damit jeder, der glaubt, in ihm ewiges Leben hat« (Joh 3,15). Durch die Hingabe und Erhöhung Jesu, des einzigen Sohnes Gottes, offenbart sich die Liebe Gottes in einem Ausmaß, welches nie mehr übertroffen werden kann. Jesus ist gekommen um zu retten, nicht um zu richten. Den Tod besiegend will die Liebe des Vaters das ewige Leben für alle.

CREDO (siehe Seite 520ff.)

[Am Sonntag]

FÜRBITTEN

Herr Jesus Christus, du hast uns erlöst. Bei dir lässt sich alle Angst und Not in Hoffnung und Zuversicht wandeln. So kommen wir mit unseren Anliegen zu dir:

V: Christus, höre uns. A: Christus, erhöre uns.

– Für alle, die nur noch Not und Angst empfinden: Um Momente der Freude und der Hoffnung.

– Für alle Menschen, die die Not anderer lindern wollen: Um Kraft und Zuversicht bei dieser wichtigen Aufgabe.

– Für alle suchenden und zweifelnden Menschen: Dass sie im Kreuz Orientierung und Antwort finden.

– Für die Kirche: Dass alle Menschen, die in ihr Verantwortung tragen, gute Boten jener Hoffnung sind, welche im Kreuz aufstrahlt.

– Für unsere Verstorbenen: Um ewige Freude und ewiges Leben bei dir.

Jesus, nach deinem Wort wollen wir voller Freude handeln, damit das Kreuz in die Welt hinausgetragen und zum Zeichen des Lebens für alle Menschen wird. Dir sei Lobpreis und Ehre, heute und in Ewigkeit. Amen.

Gabengebet

Herr, unser Gott, dieses heilige Opfer hat auf dem Altar des Kreuzes die Sünde der ganzen Welt hinweggenommen. Es mache auch uns rein von aller Schuld. Darum bitten wir durch Christus, unseren Herrn.

Präfation

Vom Tag

In Wahrheit ist es würdig und recht, dir, Herr, heiliger Vater, allmächtiger, ewiger Gott, immer und überall zu danken. Denn du hast das Heil der Welt auf das Holz des Kreuzes gegründet. Vom Baum des Paradieses kam der Tod, vom Baum des Kreuzes erstand das Leben. Der Feind, der am Holz gesiegt hat, wurde auch am Holze besiegt durch unseren Herrn Jesus Christus. Durch ihn loben die Engel deine Herrlichkeit, beten dich an die Mächte, erbeben die Gewalten. Die Himmel und die himmlischen Kräfte und die seligen Serafim feiern dich jubelnd im Chore. Mit ihrem Lobgesang laß auch unsere Stimmen sich vereinen und voll Ehrfurcht rufen.

Oder: Vom Leiden des Herrn I

In Wahrheit ist es würdig und recht, dir, allmächtiger Vater, zu danken und das Werk deiner Gnade zu rühmen. Denn das Leiden deines Sohnes wurde zum Heil für die Welt. Seine Erlösungstat bewegt uns, deine Größe zu preisen. Im Kreuz enthüllt sich dein Gericht, im Kreuz erstrahlt die Macht des Retters, der sich für uns dahingab, unseres Herrn Jesus Christus. Durch ihn loben dich deine Erlösten und vereinen sich mit den Chören der Engel zum Hochgesang von deiner göttlichen Herrlichkeit.

Einladung zum Vaterunser

Jesus wurde uns Menschen gleich, um uns zu zeigen, wie groß die Liebe des Vaters ist. So beten wir voller Vertrauen zusammen mit ihm: Vater unser im Himmel …

Einladung zum Friedensgebet

Als Christinnen und Christen sind wir Boten der Liebe und des Friedens. Deshalb bitten wir: Herr Jesus Christus …

Kommunionvers Joh 12,32

So spricht der Herr: Wenn ich von der Erde erhöht bin, werde ich alle an mich ziehen.

Schlussgebet

Herr Jesus Christus, du hast am Holz des Kreuzes der Welt das ewige Leben erworben. Führe uns durch diese Feier, in der wir deinen geopferten Leib empfangen haben, zur Herrlichkeit der Auferstehung. Der du lebst und herrschst in Ewigkeit.

Schlusssegen
Vom Leiden des Herrn

Der barmherzige Gott, der seinen Sohn für uns dahingegeben und uns in ihm ein Beispiel der Liebe geschenkt hat, segne euch und mache euch bereit, Gott und den Menschen zu dienen.
Und Christus, der Herr, der uns durch sein Sterben dem ewigen Tode entrissen hat, stärke euren Glauben und führe euch zur unvergänglichen Herrlichkeit.
Und allen, die ihm folgen auf dem Weg der Entäußerung, gebe er Anteil an seiner Auferstehung und an seiner Herrlichkeit.
Das gewähre euch der dreieinige Gott, der Vater und der Sohn ✝ und der Heilige Geist.

Im Kreuz ist Leid und Schmerz und Tod.
Im Kreuz ist Hoffnung und Erlösung.
Im Kreuz ist Licht und Heil und Leben.

Das Kreuz zeigt uns alles,
was uns begegnet
und was wir erhoffen
auf unserem Weg als Kinder Gottes
hin zu ewiger Freude und ewigem Leben.

Jessica Bohn

25. SONNTAG IM JAHRESKREIS
21. September 2025

Das Heil des Volkes bin ich – so spricht der Herr.
In jeder Not, aus der sie zu mir rufen, will ich sie erhören.
Ich will ihr Herr sein für alle Zeit.

»Selig, die arm sind vor Gott« (Mt 5,3). Mit diesen Worten Jesu im Ohr sollten wir die Texte der heutigen Liturgie hören. Sie alle kreisen um die Problematik von Reichtum und Armut in der Gesellschaft und sie fordern uns dazu heraus, über unseren eigenen Umgang mit Reichtum, Profitsucht, Verantwortung und Gerechtigkeit nachzudenken. Unsere Bindung an Gott lässt in dieser Hinsicht keinen Interpretationsspielraum: Wer sein Herz an Gott hängt, der kann und darf sich nicht abhängig machen von Geld und Reichtum. »Ihr könnt nicht Gott dienen und dem Mammon« (Lk 16,13), so heißt es eindeutig und klar im heutigen Evangelium. Die große Aktualität der heutigen Texte in einer durch Krisen und Kriege geschwächten Gesellschaft mit immer mehr Armen zeigt uns, wie wichtig es ist, dem Evangelium folgend klar Stellung zu beziehen: Immer mehr müssen wir teilen, aufeinander achten und füreinander beten; und niemals dürfen wir die Armen vergessen.

KYRIE-RUFE

Herr Jesus Christus, du hast uns gelehrt, dass wir die Armen, Kranken und Schwachen niemals vergessen dürfen.
Herr, erbarme dich.
Wer auf dich schaut, erkennt, wie groß die Liebe des Vater ist.
Christus, erbarme dich.
Du zeigst uns den Weg, auf dem wir erfüllt und gut leben können.
Herr, erbarme dich.

GLORIA (siehe Seite 516f.)

Tagesgebet

Heiliger Gott, du hast uns das Gebot der Liebe zu dir und zu unserem Nächsten aufgetragen als die Erfüllung des ganzen Gesetzes. Gib uns die Kraft, dieses Gebot treu zu befolgen, damit wir das ewige Leben erlangen. Darum bitten wir durch Jesus Christus.

Erste Lesung Am 8,4–7

Lesung aus dem Buch Amos.

Hört dieses Wort, die ihr die Armen verfolgt und die Gebeugten im Land unterdrückt!
Ihr sagt: Wann ist das Neumondfest vorbei, dass wir Getreide verkaufen, und der Sabbat, dass wir den Kornspeicher öffnen können? Wir wollen das Hohlmaß kleiner und das Silbergewicht größer machen, wir fälschen die Waage zum Betrug, um für Geld die Geringen zu kaufen und den Armen wegen eines Paars Sandalen. Sogar den Abfall des Getreides machen wir zu Geld.
Beim Stolz Jakobs hat der HERR geschworen: Keine ihrer Taten werde ich jemals vergessen.

Wort des lebendigen Gottes.

IMPULS Die Gier nach immer mehr Profit zerstört nicht nur die Beziehung zu Gott, sondern auch den eigenen Charakter. Wenn nichts mehr heilig und wichtig ist, nur noch Geld und Reichtum, dann verliert der Mensch nicht nur den Sinn für Gerechtigkeit, sondern auch die Schönheit seines Charakters. Der Prophet Amos beklagt solche Zustände im achten Jahrhundert vor Christus im Nordreich Israel. Durch Betrug und Ausnutzung der Armen und Geringen herrschen menschenunwürdige Zustände und Amos verurteilt die reichen und mächtigen Kaufleute, die nur noch dem Mammon dienen. Sie verlieren jegliche Achtung und betrachten das Neumondfest und den Sabbat nur noch als Tage ohne Profit. Es wird deutlich: Die Gier frisst alle Liebe und Achtung auf und die Reichen richten sich mit ihrem charakterlosen Handeln nicht nur gegen die Armen, sondern auch gegen Gott. Für uns ergibt sich aus dieser Kritik des Amos der folgende Auftrag: Bei allem Handeln und aller Geschäftigkeit müssen wir gerecht, respektvoll und achtsam bleiben.

ANTWORTPSALM

Ps 113 (112),1–2.4–5.6–7.8–9 (Kv: vgl. 1a.7b)

Kv Halleluja. – Oder: Lobet den HERRN, der den Armen erhöht. – Kv

Lobet, ihr Knechte des HERRN, *
lobt den Namen des HERRN!
Der Name des HERRN sei gepriesen *
von nun an bis in Ewigkeit. – Kv

Erhaben ist der HERR über alle Völker, *
über den Himmeln ist seine Herrlichkeit.
Wer ist wie der HERR, unser Gott, *
der wohnt in der Höhe. – Kv

Wer ist wie er, der hinabschaut in die Tiefe, *
auf Himmel und Erde?
Den Geringen richtet er auf aus dem Staub, *
aus dem Schmutz erhebt er den Armen. – Kv

Um ihn wohnen zu lassen bei den Fürsten, *
bei den Fürsten seines Volkes.
Die Kinderlose lässt er wohnen im Haus *
als frohe Mutter von Kindern. – Kv

ZWEITE LESUNG

Tim 2,1–8

Lesung aus dem ersten Brief des Apostels Paulus am Timotheus.

Vor allem fordere ich zu Bitten und Gebeten, zu Fürbitte und Danksagung auf, und zwar für alle Menschen, für die Herrscher und für alle, die Macht ausüben, damit wir in aller Frömmigkeit und Rechtschaffenheit ungestört und ruhig leben können.

Das ist recht und wohlgefällig vor Gott, unserem Retter; er will, dass alle Menschen gerettet werden und zur Erkenntnis der Wahrheit gelangen.
Denn: Einer ist Gott, Einer auch Mittler zwischen Gott und Menschen: der Mensch Christus Jesus, der sich als Lösegeld hingegeben hat für alle, ein Zeugnis zur vorherbestimmten Zeit, als dessen Verkünder und Apostel ich eingesetzt wurde – ich sage die Wahrheit und lüge nicht –, als Lehrer der Völker im Glauben und in der Wahrheit.
Ich will, dass die Männer überall beim Gebet ihre Hände in Reinheit erheben, frei von Zorn und Streit.

Wort des lebendigen Gottes.

IMPULS Von großer Aktualität sind diese Verse aus dem ersten Timotheusbrief, wenn man an die vielen Kriege, Krisen, interkulturellen und interreligiösen Differenzen in der Welt denkt. Der Weg zu einem guten Leben miteinander führt laut Paulus vor allem auch über das Gebet. Und zwar über das Gebet »für alle Menschen« und »für die Herrscher und für alle, die Macht ausüben«. Beim Blick auf manche Herrscher unserer Zeit überkommt uns Angst und Verzweiflung. Wenn wir ohnmächtig vor weltpolitischen Entscheidungen stehen und auch wenn es in unserer Gesellschaft scheinbar unüberwindbare Differenzen gibt, dürfen und müssen wir mutig weiterbeten. Die Kraft dazu dürfen wir aus der Mitte und dem Geheimnis unseres Glaubens schöpfen: »Einer ist Gott, Einer auch Mittler zwischen Gott und Menschen: der Mensch Christus Jesus, der sich als Lösegeld hingegeben hat für alle, ein Zeugnis zur vorherbestimmten Zeit« (1 Tim 2,5f.). Gott ist bei uns, das hat uns Jesus Christus ein für allemal gezeigt.

Ruf vor dem Evangelium — Vgl. 2 Kor 8,9

Halleluja. Halleluja.
Jesus Christus, der reich war, wurde aus Liebe arm.
Und durch seine Armut hat er uns reich gemacht.
Halleluja.

EVANGELIUM Lk 16,1–13 (Kf: 16,10–13)

+ Aus dem heiligen Evangelium nach Lukas.

In jener Zeit, sprach Jesus zu seinen Jüngern: ⬅ Ein reicher Mann hatte einen Verwalter. Diesen beschuldigte man bei ihm, er verschleudere sein Vermögen.
Darauf ließ er ihn rufen und sagte zu ihm: Was höre ich über dich? Leg Rechenschaft ab über deine Verwaltung! Denn du kannst nicht länger mein Verwalter sein.
Da überlegte der Verwalter: Was soll ich jetzt tun, da mein Herr mir die Verwaltung entzieht? Zu schwerer Arbeit tauge ich nicht und zu betteln schäme ich mich.
Ich weiß, was ich tun werde, damit mich die Leute in ihre Häuser aufnehmen, wenn ich als Verwalter abgesetzt bin.
Und er ließ die Schuldner seines Herrn, einen nach dem anderen, zu sich kommen und fragte den ersten: Wie viel bist du meinem Herrn schuldig?
Er antwortete: Hundert Fass Öl. Da sagte er zu ihm: Nimm deinen Schuldschein, setz dich schnell hin und schreib fünfzig!
Dann fragte er einen andern: Wie viel bist du schuldig? Der antwortete: Hundert Sack Weizen. Da sagte er zu ihm: Nimm deinen Schuldschein und schreib achtzig!
Und der Herr lobte den ungerechten Verwalter, weil er klug gehandelt hatte, und sagte: Die Kinder dieser Welt sind im Umgang mit ihresgleichen klüger als die Kinder des Lichtes.
Ich sage euch: Macht euch Freunde mit dem ungerechten Mammon, damit ihr in die ewigen Wohnungen aufgenommen werdet, wenn es zu Ende geht!
➡ Wer in den kleinsten Dingen zuverlässig ist, der ist es auch in den großen, und wer bei den kleinsten Dingen Unrecht tut, der tut es auch bei den großen.
Wenn ihr nun im Umgang mit dem ungerechten Mammon nicht zuverlässig gewesen seid, wer wird euch dann das wahre Gut anvertrauen?
Und wenn ihr im Umgang mit dem fremden Gut nicht zuverlässig gewesen seid, wer wird euch dann das Eure geben?

Kein Sklave kann zwei Herren dienen; er wird entweder den einen hassen und den andern lieben oder er wird zu dem einen halten und den andern verachten. Ihr könnt nicht Gott dienen und dem Mammon. ◆

Evangelium unseres Herrn Jesus Christus.

IMPULS Das heutige Evangelium muss man, um es richtig zu verstehen, sicherlich mehrmals lesen und erst einmal »sacken« lassen. Unterm Strich bleiben zwei wesentliche, zusammenhängende Aussagen. Zum einen diese: »Wer in den kleinsten Dingen zuverlässig ist, der ist es auch in den großen, und wer bei den kleinsten Dingen Unrecht tut, der tut es auch bei den großen.« (Lk 16,10) Zum anderen ist dieser wichtige Satz zu bedenken: »Ihr könnt nicht Gott dienen und dem Mammon.« (Lk 16,13)
Das heutige Evangelium hat durch diese Aussagen sehr viel mit Freiheit zu tun: Gott hat uns dazu befreit, dass nichts und niemand Macht über uns hat außer Gott, der für uns die Freiheit will. Es geht um nichts Geringeres als um unsere Freiheit, wenn wir uns gegen den Mammon und für Gott entscheiden. Ganz konkret beginnt diese Freiheit im Alltag schon in einer Wertschätzung dessen, was man hat und in einer Bescheidenheit, in der man nicht sinn- und grenzenlos konsumiert. Durch diese Achtsamkeit werden wir unser Herz und unsere Augen für jene offen halten können, die arm sind und so gut wie nichts haben. Zudem können wir, wenn die »Gier nach immer mehr« keine Macht über uns hat, in allen Dingen – auch in den kleinen – durch unseren unverstellten und klaren Blick auf das Wichtige gut und gerecht handeln.

CREDO (siehe Seite 520ff.)

FÜRBITTEN

Vater, du erhöhst die Armen und Schwachen. In unserem Bemühen, gerecht und voller Nächstenliebe zu handeln, kommen wir mit unseren Bitten zu dir:

– Für alle armen Menschen und für alle, die unter der Ungerechtigkeit dieser Welt leiden: Um Hilfe, die sie erreicht und um Momente der Zuversicht in aller Verzweiflung.

– Für alle Menschen, die in Kriegs- und Krisengebieten ihr Leben riskieren, um anderen Menschen zu helfen: Schütze, stärke und begleite sie.

– Für uns alle: Schenke uns die Kraft, weiter zu beten und weiter daran zu glauben, dass wir als Christinnen und Christen die Kraft dazu haben, diese Welt besser und gerechter zu machen.

– Für alle Menschen in unserer Gesellschaft, die verzweifelt nach Glück in Konsum und Reichtum suchen, und für alle, die traurig und depressiv sind: Um Menschen und Momente, durch die sie das wahre Glück erkennen können.

– Für unsere Verstorbenen: Schenke ihnen Freude und Frieden bei dir.

Guter Vater, wir wissen, dass du immer bei uns bist und dass wir mit all unseren Sorgen zu dir kommen können. Stärke unseren Glauben, unsere Hoffnung und unsere Liebe, damit wir gute Boten deiner Liebe sind. Wir danken dir und preisen dich, durch unseren Herrn Jesus Christus. Amen.

Gabengebet

Herr, unser Gott, nimm die Gaben deines Volkes an und gib, daß wir im Geheimnis der heiligen Eucharistie empfangen, was wir im Glauben bekennen. Darum bitten wir durch Christus, unseren Herrn.

Präfation

Sonntage I

In Wahrheit ist es würdig und recht, dir, Herr, heiliger Vater, allmächtiger, ewiger Gott, immer und überall zu danken durch unseren Herrn Jesus Christus. Denn er hat Großes an uns getan: Durch seinen Tod und seine Auferstehung hat er uns von der Sünde und von der Knechtschaft des Todes befreit und zur

Herrlichkeit des neuen Lebens berufen. In ihm sind wir ein auserwähltes Geschlecht, dein heiliges Volk, dein königliches Priestertum. So verkünden wir die Werke deiner Macht, denn du hast uns aus der Finsternis in dein wunderbares Licht gerufen. Darum singen wir mit den Engeln und Erzengeln, den Thronen und Mächten und mit all den Scharen des himmlischen Heeres den Hochgesang von deiner göttlichen Herrlichkeit.

Einladung zum Vaterunser

Als Kinder Gottes wollen wir mit den Worten Jesu für alle Menschen beten. Besonders für die Armen und für jene, an die niemand mehr denkt: Vater unser im Himmel …

Einladung zum Friedensgebet

Als Jüngerinnen und Jünger Jesu sind wir Boten des Friedens, der gegenseitigen Achtung und der Gerechtigkeit. Missstände sollen wir benennen und für den Frieden dürfen wir eintreten. Deshalb bitten wir: Herr Jesus Christus …

Kommunionvers

Ps 119 (118),4–5

Herr, du hast deine Befehle gegeben, damit man sie genau beachtet. Wären doch meine Schritte fest darauf gerichtet, deinen Gesetzen zu folgen.

Oder: Joh 10,14

So spricht der Herr: Ich bin der Gute Hirt, ich kenne die Meinen, und die Meinen kennen mich.

Schlussgebet

Allmächtiger Gott, du erneuerst uns durch deine Sakramente. Gewähre uns deine Hilfe und mache das Werk der Erlösung, das wir gefeiert haben, auch in unserem Leben wirksam. Darum bitten wir durch Christus, unseren Herrn.

Schlusssegen

Im Jahreskreis I

Der Herr segne euch und behüte euch; der Herr lasse sein Angesicht über euch leuchten und sei euch gnädig; er wende euch sein Antlitz zu und schenke euch seinen Frieden.
Das gewähre euch der dreieinige Gott, der Vater und der Sohn ✝ und der Heilige Geist.

Oder: Wettersegen

Gott, der allmächtige Vater, segne euch und schenke euch gedeihliches Wetter; er halte Blitz, Hagel und jedes Unheil von euch fern.
Er segne die Felder, die Gärten und den Wald und schenke euch die Früchte der Erde.
Er begleite eure Arbeit, damit ihr in Dankbarkeit und Freude gebrauchet, was durch die Kräfte der Natur und die Mühe des Menschen gewachsen ist.
Das gewähre euch der dreieinige Gott, der Vater und der Sohn ✝ und der Heilige Geist.

»Wo Liebe ist und Weisheit, da ist weder Furcht noch Ungewissheit;
wo Geduld und Demut, weder Zorn noch Aufregung;
wo Armut und Freude, nicht Habsucht und Geiz;
wo Ruhe und Besinnung, nicht Zerstreuung noch Haltlosigkeit.«

Franziskus von Assisi

26. SONNTAG IM JAHRESKREIS
28. September 2025

Alles, was du uns getan hast, o Herr,
das hast du nach deiner gerechten Entscheidung getan,
denn wir haben gesündigt,
wir haben dein Gesetz übertreten.
Verherrliche deinen Namen und rette uns
nach der Fülle deines Erbarmens.
Vgl. Dan 3,31.29.30.43.42

Die Texte des heutigen Sonntags, sie klingen wie aus einem Märchen genommen. Da ist vom Ende der Faulenzer die Rede, dort wird von Brüdern erzählt, die es zu retten gilt. Hört man aber hinein, ist zu spüren, dass es nicht um Märchen geht und um Abenteuer, sondern um ein Leben, das wirklich gelebt ist, das vor Gott bestehen kann, dass es um unsere Himmelsanwärterschaft geht, um ein Leben, das Gott annehmen kann.

Kyrie-Rufe

Herr Jesus, du sprich zu uns Worte des Lebens und willst uns mit deinen Worten berühren.
Herr, erbarme dich.
Dein Wort, dass uns berührt, will uns verändern, uns dir nah sein lassen, dich in deiner Liebe rufen,
Christus, erbarme dich.
So lass uns jetzt spüren, dass du nah bist, dass du uns in deinem Wort rufst, dass du uns in deiner Liebe bergen willst.
Herr, erbarme dich.

Gloria (siehe Seite 516f.)

Tagesgebet

Großer Gott, du offenbarst deine Macht vor allem im Erbarmen und im Verschonen. Darum nimm uns in Gnaden auf, wenn uns auch Schuld belastet. Gib, daß wir unseren Lauf vollenden und zur Herrlichkeit des Himmels gelangen. Darum bitten wir durch Jesus Christus.

ERSTE LESUNG

Am 6,1a.4–7

Lesung aus dem Buch Amos.

Weh den Sorglosen auf dem Zion und den Selbstsicheren auf dem Berg von Samaria.
Ihr liegt auf Betten aus Elfenbein und faulenzt auf euren Polstern. Zum Essen holt ihr euch Lämmer aus der Herde und Mastkälber aus dem Stall.
Ihr grölt zum Klang der Harfe, ihr wollt Musikinstrumente erfinden wie David.
Ihr trinkt den Wein aus Opferschalen, ihr salbt euch mit feinsten Ölen, aber über den Untergang Josefs sorgt ihr euch nicht.
Darum müssen sie jetzt in die Verbannung, allen Verbannten voran. Das Fest der Faulenzer ist vorbei.

Wort des lebendigen Gottes.

IMPULS Man spürt regelrecht, über die Jahrhunderte hinweg, den Zorn des Propheten Amos, sein Zorn über die Faulenzer, deren Leben wie ein Fest erscheint. Sie schauen nicht nach rechts oder links, sondern führen ein Leben im Egoismus. Dieses Fest der Faulenzer ist vorbei, so hofft es der Prophet Amos, wenn Gott mit seiner Wirklichkeit die Menschen ergreift und ein anderes Lebensfest feiert. Ein Fest, das alle gleich macht, ein Fest der Gerechtigkeit, ein Fest des Friedens.

ANTWORTPSALM

Ps 146 (145),6–7.8–9a.9b–10 (Kv: 1)

Kv Halleluja. – Oder: Lobe den HERRN, meine Seele! – Kv

Der HERR ist es, der Himmel und Erde erschafft, /
das Meer und alles, was in ihm ist. *
Er hält die Treue auf ewig.
Recht schafft er den Unterdrückten, /

Brot gibt er den Hungernden, *
der HERR befreit die Gefangenen. – Kv

Der HERR öffnet die Augen der Blinden, /
der HERR richtet auf die Gebeugten,
der HERR liebt die Gerechten. *
Der HERR beschützt die Fremden. – Kv

Er hilft auf den Waisen und Witwen, *
doch den Weg der Frevler krümmt er.
Der HERR ist König auf ewig, *
dein Gott, Zion, durch alle Geschlechter. – Kv

ZWEITE LESUNG 1 Tim 6,11–16

Lesung aus dem ersten Brief des Apostels Paulus an Timotheus.

Du, ein Mann Gottes, strebe nach Gerechtigkeit, Frömmigkeit, Glauben, Liebe, Standhaftigkeit und Sanftmut!
Kämpfe den guten Kampf des Glaubens, ergreife das ewige Leben, zu dem du berufen worden bist und für das du vor vielen Zeugen das gute Bekenntnis abgelegt hast!
Ich gebiete dir bei Gott, von dem alles Leben kommt, und bei Christus Jesus, der vor Pontius Pilatus das gute Bekenntnis abgelegt hat und als Zeuge dafür eingetreten ist: Erfülle deinen Auftrag rein und ohne Tadel, bis zum Erscheinen Jesu Christi, unseres Herrn, das zur vorherbestimmten Zeit herbeiführen wird der selige und einzige Herrscher, der König der Könige und Herr der Herren, der allein die Unsterblichkeit besitzt, der in unzugänglichem Licht wohnt, den kein Mensch gesehen hat noch je zu sehen vermag: Ihm gebührt Ehre und ewige Macht. Amen.

Wort des lebendigen Gottes.

IMPULS Dass die Lebensweise dessen, der das Wort Gottes weiter sagt, wichtig und Teil seiner Botschaft ist, das haben die Kirchen in den letzten Jahren bitter erfahren müssen. Im ersten Brief an Timotheus wird dies thematisiert. Wer Zeuge sein will und das Bekenntnis ablegt, der muss mit seinem Leben tatsächlich vor Gott und den Menschen bestehen können. Erst dadurch wird das Wort vom Glauben, im wahrsten Sinne des Wortes, glaubwürdig! Nur wer es in Würde spricht, spricht es auch im Sinne Gottes und macht es für die Menschen annehmbar.

RUF VOR DEM EVANGELIUM

Vgl. 2 Kor 8,9

Halleluja. Halleluja.
Jesus Christus, der reich war, wurde aus Liebe arm.
Und durch seine Armut hat er uns reich gemacht.
Halleluja.

EVANGELIUM

Lk 16,19–31

+ Aus dem heiligen Evangelium nach Lukas.

In jener Zeit sprach Jesus zu den Pharisäern: Es war einmal ein reicher Mann, der sich in Purpur und feines Leinen kleidete und Tag für Tag glanzvolle Feste feierte.
Vor der Tür des Reichen aber lag ein armer Mann namens Lazarus, dessen Leib voller Geschwüre war.
Er hätte gern seinen Hunger mit dem gestillt, was vom Tisch des Reichen herunterfiel. Stattdessen kamen die Hunde und leckten an seinen Geschwüren.
Es geschah aber: Der Arme starb und wurde von den Engeln in Abrahams Schoß getragen. Auch der Reiche starb und wurde begraben.
In der Unterwelt, wo er qualvolle Schmerzen litt, blickte er auf und sah von Weitem Abraham und Lazarus in seinem Schoß.
Da rief er: Vater Abraham, hab Erbarmen mit mir und schick Lazarus; er soll die Spitze seines Fingers ins Wasser tauchen und mir die Zunge kühlen, denn ich leide große Qual in diesem Feuer.
Abraham erwiderte: Mein Kind, erinnere dich daran, dass du schon zu Lebzeiten deine Wohltaten erhalten hast, Lazarus dagegen nur Schlechtes. Jetzt wird er hier getröstet, du aber leidest große Qual.

Außerdem ist zwischen uns und euch ein tiefer, unüberwindlicher Abgrund, sodass niemand von hier zu euch oder von dort zu uns kommen kann, selbst wenn er wollte.
Da sagte der Reiche: Dann bitte ich dich, Vater, schick ihn in das Haus meines Vaters!
Denn ich habe noch fünf Brüder. Er soll sie warnen, damit nicht auch sie an diesen Ort der Qual kommen.
Abraham aber sagte: Sie haben Mose und die Propheten, auf die sollen sie hören.
Er erwiderte: Nein, Vater Abraham, aber wenn einer von den Toten zu ihnen kommt, werden sie umkehren.
Darauf sagte Abraham zu ihm: Wenn sie auf Mose und die Propheten nicht hören, werden sie sich auch nicht überzeugen lassen, wenn einer von den Toten aufersteht.

Evangelium unseres Herrn Jesus Christus.

IMPULS Die Erzählung vom reichen Mann und armen Lazarus trägt eine fatale Wendung in sich. Wäre es nicht besser, man würde uns tatsächlich Himmel und Hölle verkünden – vor Augen stellen, wie eine Mahnung? In der Gestalt des Abraham gibt es eine ganz andere Antwort. Wer jetzt nicht in diesem Leben nach rechts und links schaut, wer egoistisch bleibt, wer nicht auf den Armen blickt, wer nicht barmherzig ist und nicht in Liebe lebt, der wird auch nicht verstehen, was sich mit Himmel und Hölle verbindet. Jetzt zu leben, jetzt sich zu einem guten und liebenden Leben zu entscheiden, dies ist unsere Tür, das ist unser Weg zum Himmel! Nichts Wundersames, nichts Drohendes, nichts ins Jenseits verweisendes ist die Tür – es geht um unser alltägliches Jetzt, um unser Verhalten in dieser Zeit.

CREDO (siehe Seite 520ff.)

Fürbitten

Aufgefordert und angemahnt, auf unser Leben zu schauen und unser Leben auf Gott und die Menschen neu auszurichten, wollen wir bitten:

– Für alle, die in Politik und Gesellschaft Verantwortung übernehmen und sich engagieren, dass sie sich davon leiten lassen, dass Ausgleich und Gerechtigkeit auch immer Spiegel der Menschlichkeit und des Himmels sind.

V: Christus, höre uns. A: Christus, erhöre uns.

– Für alle, die in der Kirche Verantwortung tragen, dass sie die himmlische Botschaft nicht als eine jenseitige Botschaft verstehen, sondern auch Sorge tragen für das tägliche Brot, den täglichen Frieden, die tägliche Gerechtigkeit.

– Für uns selbst, dass wir nicht auf die Zukunft und das Jenseits vertrösten, sondern Menschen werden, die im Jetzt handeln und damit die Welt ein Stück verbessern und verändern.

– Für alle, die mit uns gelebt haben, dass sie den großen Wandel im Himmel erleben und dass sie tatsächlich, wie das Evangelium es verheißen hat, im Schoß Abrahams geboren sind.

In der Hoffnung auf den Himmel und in der Mühe dieser Zeit, bitten wir dies durch Christus, unseren Herrn!

Gabengebet

Barmherziger Gott, nimm unsere Gaben an und öffne uns in dieser Feier die Quelle, aus der aller Segen strömt. Darum bitten wir durch Christus, unseren Herrn.

Präfation

Sonntage II

In Wahrheit ist es würdig und recht, dir, allmächtiger Vater, zu danken und das Werk deiner Gnade zu rühmen durch unseren Herrn Jesus Christus. Denn aus Erbarmen mit uns sündigen Menschen ist er Mensch geworden aus Maria, der Jungfrau.

Durch sein Leiden am Kreuz hat er uns vom ewigen Tod befreit und durch seine Auferstehung uns das unvergängliche Leben erworben.
Darum preisen dich deine Erlösten und singen mit den Chören der Engel das Lob deiner Herrlichkeit.

Einladung zum Vaterunser

Das Evangelium erzählt, es gibt nicht den Himmel ohne unser Tun und Handeln auf dieser Erde und unser Tun und Handeln auf dieser Erde ist immer auch unser Weg in den Himmel. In dieser Verbindung lehrt Jesus uns auch zu beten. Und so wollen wir miteinander sprechen: Vater unser im Himmel …

Einladung zum Friedensgebet

In den Himmel zu schauen und auf den himmlischen Frieden zu warten, darum ist es Jesus nicht gegangen. Sein Friede kommt immer konkret ins Jetzt, in die Zeit und ist ein Friede, der verändert, ein Friede, der aus der Kraft der Liebe und der Versöhnung lebt. Diesen Frieden wollen wir uns jetzt schenken: Herr Jesus Christus …

Kommunionvers

Ps 119 (118),49–50

Herr, denk an das Wort für deinen Knecht, durch das du mir Hoffnung gabst! Sie ist mein Trost im Elend.

Oder: Vgl. 1 Joh 3,16

Die Liebe Gottes haben wir daran erkannt, daß Christus sein Leben für uns gegeben hat. So müssen auch wir das Leben hingeben für die Brüder.

Schlussgebet

Allmächtiger Gott, in der Feier der Eucharistie haben wir den Tod des Herrn verkündet. Dieses Sakrament stärke uns an Leib und Seele und mache uns bereit, mit Christus zu leiden, damit wir auch mit ihm zur Herrlichkeit gelangen, der mit dir lebt und herrscht in alle Ewigkeit.

SCHLUSSSEGEN Im Jahreskreis II

Der Friede Gottes, der alles Begreifen übersteigt, bewahre eure Herzen und eure Gedanken in der Gemeinschaft mit Christus Jesus.
Das gewähre euch der dreieinige Gott, der Vater und der Sohn ✝ und der Heilige Geist.

Oder: Wettersegen

Gott, der allmächtige Vater, segne euch und schenke euch gedeihliches Wetter; er halte Blitz, Hagel und jedes Unheil von euch fern.
Er segne die Felder, die Gärten und den Wald und schenke euch die Früchte der Erde.
Er begleite eure Arbeit, damit ihr in Dankbarkeit und Freude gebrauchet, was durch die Kräfte der Natur und die Mühe des Menschen gewachsen ist.
Das gewähre euch der dreieinige Gott, der Vater und der Sohn ✝ und der Heilige Geist.

Wen die Erzählung von Lazarus und dem Reichen ängstlich oder zweifelnd zurück lässt, dem sei das Wort des Mönchsvaters Benedikt mitgegeben:
»An der Barmherzigkeit Gottes niemals verzweifeln« – denn die ist unvorstellbar groß!

Wolfgang Fey

27. SONNTAG IM JAHRESKREIS
5. Oktober 2025

Deiner Macht ist das All unterworfen, Herr,
und niemand kann sich dir widersetzen;
denn du hast Himmel und Erde gemacht
und alles, was wir unter dem Himmel bestaunen.
Du bist der Herr über alles.
Est 13,9.10–11 (Vulgata)

Für den Evangelisten Lukas ist der Glaube mit einer Macht verbunden – vielleicht besser ausgedrückt – mit einer Kraft. Mit einer weltverändernden Kraft, mit einer Dynamik, aus der heraus alles anders werden kann. Wir verstehen unseren Glauben anders: eher demütig, still und zurückhaltend. Wir verstehen ihn weniger dynamisch, weltverändernd oder kraftvoll. So stellt der Text des heutigen Sonntagsevangeliums uns auf die Probe: Glauben wir wirklich daran, dass aus unserem Glauben eine lebensverändernde Kraft für uns und andere entstehen kann? Eine weltbewegende Kraft? Dieser Frage wollen wir uns jetzt stellen.

Kyrie-Rufe

Herr Jesus Christus, die Kraft deines Geistes will uns antreiben. Hinein in die Zeit, hinein in das Verändern und Verwandeln.
Herr, erbarme dich.
So lass uns unverzagt und offen dieser Kraft folgen, diese Kraft spüren, aus dieser Kraft leben!
Christus, erbarme dich.
Lass uns darauf vertrauen, dass wir mit dieser Kraft auch in der heutigen Zeit für Frieden, Gerechtigkeit und Wandel eintreten können, voll mit Mut und voll mit Geist der Stärke.
Herr, erbarme dich.

Gloria (siehe Seite 516f.)

Tagesgebet

Allmächtiger Gott, du gibst uns in deiner Güte mehr, als wir verdienen, und Größeres, als wir erbitten. Nimm weg, was unser Gewissen belastet, und schenke uns jenen Frieden, den nur deine Barmherzigkeit geben kann. Darum bitten wir durch Jesus Christus.

Erste Lesung

Hab 1,2–3; 2,2–4

Lesung aus dem Buch Habakuk.

Wie lange, HERR, soll ich noch rufen und du hörst nicht? Ich schreie zu dir: Hilfe, Gewalt! Aber du hilfst nicht.
Warum lässt du mich die Macht des Bösen sehen und siehst der Unterdrückung zu? Wohin ich blicke, sehe ich Gewalt und Misshandlung, erhebt sich Zwietracht und Streit.
Der HERR gab mir Antwort und sagte: Schreib nieder, was du siehst, schreib es deutlich auf die Tafeln, damit man es mühelos lesen kann!
Denn erst zu der bestimmten Zeit trifft ein, was du siehst; aber es drängt zum Ende und ist keine Täuschung; wenn es sich verzögert, so warte darauf; denn es kommt, es kommt und bleibt nicht aus.
Sieh her: Wer nicht rechtschaffen ist, schwindet dahin, der Gerechte aber bleibt wegen seiner Treue am Leben.

Wort des lebendigen Gottes.

IMPULS Der Blick in das Buch Habakuk fordert einen Blick auf uns selbst. Es ist ein inneres Gespräch. Angefragt ist, was Gott in uns bewirkt. Es ist die Frage nach dem, was wir wahrnehmen und wo wir offenkundig Gottes Hand nicht sehen. Und es ist die Frage nach seiner und auch unserer Treue, tatsächlich in diesem inneren Gespräch zu bleiben. Ist es eine Täuschung? Ist es eine Zuversicht? Ist es wirklicher Glaube? Ist es der lebendige Gott, den wir sehen?

ANTWORTPSALM

Ps 95 (94),1–2.6–7c.7d–9 (Kv: 7d.8a)

Kv Hört auf die Stimme des Herrn;
verhärtet nicht euer Herz! – Kv

Kommt, lasst uns jubeln dem HERRN, *
jauchzen dem Fels unsres Heiles!
Lasst uns mit Dank seinem Angesicht nahen, *
ihm jauchzen mit Liedern! – Kv

Kommt, wir wollen uns niederwerfen, uns vor ihm verneigen, *
lasst uns niederknien vor dem HERRN, unserm Schöpfer!
Denn er ist unser Gott, /
wir sind das Volk seiner Weide, *
die Herde, von seiner Hand geführt. – Kv

Würdet ihr doch heute auf seine Stimme hören! /
Verhärtet euer Herz nicht wie in Meríba, *
wie in der Wüste am Tag von Massa!
Dort haben eure Väter mich versucht, *
sie stellten mich auf die Probe
und hatten doch mein Tun gesehen. – Kv

ZWEITE LESUNG

2 Tim 1,6–8.13–14

Lesung aus dem zweiten Brief des Apostels Paulus an Thimotheus.

Mein Sohn! Ich rufe dir ins Gedächtnis: Entfache die Gnade Gottes wieder, die dir durch die Auflegung meiner Hände zuteilgeworden ist!
Denn Gott hat uns nicht einen Geist der Verzagtheit gegeben, sondern den Geist der Kraft, der Liebe und der Besonnenheit.
Schäme dich also nicht des Zeugnisses für unseren Herrn und auch nicht meiner, seines Gefangenen, sondern leide mit mir für das Evangelium! Gott gibt dazu die Kraft: Als Vorbild gesunder Worte halte fest, was du von mir gehört hast in Glaube und Liebe in Christus Jesus!

Bewahre das dir anvertraute kostbare Gut durch die Kraft des Heiligen Geistes, der in uns wohnt!

Wort des lebendigen Gottes.

IMPULS In der zweiten Lesung wird deutlich von der Kraft gesprochen und diese Kraft ist eine Kraft, ein kostbares Gut – wie der Brief an Timotheus sagt, die Kraft des Heiligen Geistes. Diese Kraft ist nicht irgendwo, sie ist in uns. Mit dieser Kraft können wir Zeugnis geben, diese Kraft überwindet auch unsere Angst. Diese Kraft stärkt unsere Liebe in uns.

Ruf vor dem Evangelium Vgl. 1 Petr 1,25

Halleluja. Halleluja.
Das Wort des Herrn bleibt in Ewigkeit,
die frohe Botschaft, die euch verkündet wird.
Halleluja.

Evangelium Lk 17,5–10

+ Aus dem heiligen Evangelium nach Lukas.

In jener Zeit baten die Apostel den Herrn: Stärke unseren Glauben!
Der Herr erwiderte: Wenn ihr Glauben hättet wie ein Senfkorn, würdet ihr zu diesem Maulbeerbaum sagen: Entwurzle dich und verpflanz dich ins Meer! und er würde euch gehorchen.
Wenn einer von euch einen Knecht hat, der pflügt oder das Vieh hütet, wird er etwa zu ihm, wenn er vom Feld kommt, sagen: Komm gleich her und begib dich zu Tisch?
Wird er nicht vielmehr zu ihm sagen: Mach mir etwas zu essen, gürte dich und bediene mich, bis ich gegessen und getrunken habe; danach kannst auch du essen und trinken.
Bedankt er sich etwa bei dem Knecht, weil er getan hat, was ihm befohlen wurde?

So soll es auch bei euch sein: Wenn ihr alles getan habt, was euch befohlen wurde, sollt ihr sagen: Wir sind unnütze Knechte; wir haben nur unsere Schuldigkeit getan.

Evangelium unseres Herrn Jesus Christus.

IMPULS So seltsam die Worte des Evangeliums klingen, sie erzählen uns davon, dass in uns eine Kraft, eine Möglichkeit besteht, Berge zu versetzen, Bäume durch die Luft zu bewegen, Dinge wirklich zu verändern.
Was ist, so fragt das Evangelium, ein starker Glaube? Ein starker Glaube ist ein Glaube, der fest darauf baut, dass er etwas verändert, etwas umbildet, etwas Neues schafft. Es ist ein Glaube, der so stark ist, dass tatsächlich Bäume sich allein durch unser Wünschen und Hoffen versetzen. Das ist ein Glaube, der tatsächlich die Welt verändert. Ein starker Glaube, ein Glaube, der im Geist in uns wirkt und in uns diese Welt formen kann. Das Evangelium fragt: Haben wir tatsächlich einen solchen Glauben?

CREDO (siehe Seite 520ff.)

FÜRBITTEN

Das Evangelium erzählt uns von der Kraft des Glaubens und der Möglichkeit der Veränderung. Im Vertrauen auf diesen Zuspruch wollen wir bitten:

– Für uns alle in dieser Kirche und dieser Zeit, dass wir Ausschau halten nach der Stärke des Glaubens, gegen unsere Ängste, gegen unsere Verzagtheit und gegen die Sorge. Im Vertrauen darauf, dass wir in dieser Kraft Kirche sein können im Zeichen von Wandel und Veränderung.

– Für alle, die in unserer Kirche Verantwortung tragen, dass sie kraftvolle Bestärker des Glaubens für alle sind. Dass sie sich um diese Kraft bemühen, die alle tragen kann. Dass sie sich um die Kraft des Geistes und der Liebe versammeln, damit diese Kirche lebendig bleibt.

– Für uns selbst, dass wir aus dieser Kraft heraus immer wieder neu unser Leben gestalten können, dass unser Glauben nicht etwas ist, was sich versteckt und kleiner wird, sondern dass wir kraftvoll im Glauben wachsen und damit auch andere tragen.

– Für alle, die mit uns gelebt haben, die wir nun vermissen, die schon hinübergegangen sind über die Schwelle des Todes, dass sie jetzt die endgültige Kraft des Lebens in der Auferstehung erfahren.

Und wir erbitten auch alles, was wir unausgesprochen vor Gott tragen. Amen.

Gabengebet

Allmächtiger Gott, nimm die Gaben an, die wir nach deinem Willen darbringen. Vollende in uns das Werk der Erlösung und der Heiligung durch die Geheimnisse, die wir zu deiner Verherrlichung feiern. Darum bitten wir durch Christus, unseren Herrn.

Einladung zum Vaterunser

Was vielleicht abstrakt, vielleicht sogar fremd erscheint, das konkretisiert sich in den schlichten Worten des Vaterunsers. Da wird uns zugesprochen, dass wir im Gebet und in unserem Handeln die Kraft haben, Himmel und Erde miteinander zu verbinden. Dass wir Kraft haben, zu teilen und zu verzeihen und damit Himmel auf Erde zu schaffen. Um diese Kraft wollen wir beten und bitten: Vater unser im Himmel …

Einladung zum Friedensgebet

Wer die Zeitläufte verfolgt, sich den täglichen Nachrichten öffnet, der wird schnell kraftlos und ängstlich. Zu viel Gewalt, zu viel Krieg, zu viel Düsternis. Um dagegen anzugehen, braucht man tatsächlich Kraft. Diese Kraft ist uns geschenkt im Glauben, diese Kraft ist uns geschenkt im Vertrauen darauf, dass wir aus dem Frieden des Auferstandenen heraus auch kraftvoll den Frieden im Jetzt schaffen können. Diesen Frieden voller Kraft wollen wir uns nun wünschen: Herr Jesus Christus …

PRÄFATION

Sonntage III

In Wahrheit ist es würdig und recht, dir, Herr, heiliger Vater, allmächtiger, ewiger Gott, immer und überall zu danken. Denn wir erkennen deine Herrlichkeit in dem, was du an uns getan hast: Du bist uns mit der Macht deiner Gottheit zu Hilfe gekommen und hast uns durch deinen menschgewordenen Sohn Rettung und Heil gebracht aus unserer menschlichen Sterblichkeit. So kam uns aus unserer Vergänglichkeit das unvergängliche Leben durch unseren Herrn Jesus Christus. Durch ihn preisen wir jetzt und in Ewigkeit dein Erbarmen und singen mit den Chören der Engel das Lob deiner Herrlichkeit.

KOMMUNIONVERS

Klgl 3,25

Gut ist der Herr zu dem, der auf ihn hofft, zur Seele, die ihn sucht.

Oder: Vgl. 1 Kor 10,17

E i n Brot ist es, darum sind wir viele e i n Leib. Denn wir alle haben teil an dem einen Brot und dem einen Kelch.

SCHLUSSGEBET

Gott und Vater, du reichst uns das Brot des Lebens und den Kelch der Freude. Gestalte uns nach dem Bild deines Sohnes, der im Sakrament unsere Speise geworden ist. Darum bitten wir durch ihn, Christus, unseren Herrn.

SCHLUSSSEGEN

Im Jahreskreis III

Der allmächtige Gott gewähre euch Segen und Heil; er offenbare euch die Wege seiner Weisheit.
Er stärke euren Glauben durch sein Wort und schenke euch die Gnade, nach seinen Geboten zu leben, damit in allem sein Wille geschehe.

Er lenke eure Schritte auf den Weg des Friedens; er mache euch beharrlich im Guten und vollende euch in der Liebe.
Das gewähre euch der dreieinige Gott, der Vater und der Sohn † und der Heilige Geist.

In der Familie gibt es unter den Kindern Streit. Der kleine Bruder tut nicht, was im Plan der kleinen Dienste für ihn am Kühlschrank angeheftet steht. Im Streit rechtfertigt er sich dann aber auf den Vorwurf hin, er tue nicht seine Pflicht: »Meine erste Pflicht ist es, ein Kind zu sein!«
Vielleicht meint Lukas das auch im Evangelium, wenn er von »den Pflichten« spricht:
»Meine erste Pflicht ist es, alltäglich einfach ein Mensch zu sein.«

Wolfgang Fey

28. SONNTAG IM JAHRESKREIS
12. Oktober 2025

Würdest du, Herr, unsere Sünden beachten,
Herr, wer könnte bestehen?
Doch bei dir ist Vergebung, Gott Israels.
Ps 130 (129),3–4

Die Wunder- und Heilungserzählung, die Lukas uns im heutigen Sonntagsevangelium vorlegt, erzählt von einem Glauben, der offenkundig innerlich ist und den Jesus weckt. Das eigentliche Wunder besteht in der Entdeckung des Glaubens des Geheilten, des einzigen, der umkehrt von denen, die rein geworden sind. Dieser Kraft des Glaubens geschieht dieses Wunder und diese Heilung. Das eigentliche Wunder ist, dass der Geheilte erkennt, dass er in sich die Glaubenskraft trägt, die ihn rein und gesund werden lässt. Die anderen verlieren diese Kraft oder gewinnen sie erst gar nicht. Damit rückt Lukas von seiner Idee von Glauben im 17. Kapitel ganz nah an die Ideen, die auch Paulus verkündet. Es gibt einen Glauben im Glauben. Etwas, was sozusagen uns innewohnt und was mit Berührung und Begegnung durch Jesus geweckt wird. Diesen Glauben wollen wir an diesem Sonntag auch erwecken, wecken lassen und uns mit diesem und in diesem Glauben heilen lassen.

Kyrie-Rufe

Herr Jesus Christus, du bist das lebendige Wort des Glaubens, rühre uns in dieser Stunde an.
Herr, erbarme dich.
Lass uns durch deine Berührung und die Begegnung mit dir rein und frei werden.
Christus, erbarme dich.
Lass uns in uns den Glauben entdecken, der uns in die Wunder und in die Begegnung mit dir ruft.
Herr, erbarme dich.

GLORIA (siehe Seite 516f.)

TAGESGEBET

Herr, unser Gott, deine Gnade komme uns zuvor und begleite uns, damit wir dein Wort im Herzen bewahren und immer bereit sind, das Gute zu tun. Darum bitten wir durch Jesus Christus.

ERSTE LESUNG

2 Kön 5,14–17

Lesung aus dem zweiten Buch der Könige.

In jenen Tagen ging Naaman, der Syrer, zum Jordan hinab und tauchte siebenmal unter, wie ihm der Gottesmann Elischa befohlen hatte. Da wurde sein Leib gesund wie der Leib eines Kindes und er war rein.
Nun kehrte er mit seinem ganzen Gefolge zum Gottesmann zurück, trat vor ihn hin und sagte: Jetzt weiß ich, dass es nirgends auf der Erde einen Gott gibt außer in Israel. So nimm jetzt von deinem Knecht ein Dankgeschenk an!
Elischa antwortete: So wahr der HERR lebt, in dessen Dienst ich stehe: Ich nehme nichts an. Auch als Naaman ihn dringend bat, es zu nehmen, lehnte er ab.
Darauf sagte Naaman: Wenn es also nicht sein kann, dann gebe man deinem Knecht so viel Erde, wie zwei Maultiere tragen können; denn dein Knecht wird keinem andern Gott mehr Brand- und Schlachtopfer darbringen als dem HERRN allein.

Wort des lebendigen Gottes.

IMPULS Durch das Verhalten des Propheten Elischa, der den Syrer Naaman heilt, erkennt der Syrer, dass es nicht Elischa ist und nicht irgendein Zauber oder irgendein Wunderglaube, sondern die echte Berührung, das Anrühren, die Begegnung mit dem lebendigen Gott, die ihn in einem Geschenk des Glaubens rein und gesund gemacht haben. Heilung bedeutet also, in den Glauben und in die Begegnung mit Gott zu finden – nicht darauf vertrauen, dass es Mirakel, Wunder und seltsame Taten gibt, sondern Ausschau halten nach dem lebendigen Gott.

ANTWORTPSALM Ps 98 (97),1.2–3b.3c–4 (Kv: vgl. 2)

Kv Der HERR hat sein Heil enthüllt
vor den Augen der Völker! – Kv

Singet dem HERRN ein neues Lied, *
denn er hat wunderbare Taten vollbracht!
Geholfen hat ihm seine Rechte *
und sein heiliger Arm. – Kv

Der HERR hat sein Heil bekannt gemacht *
und sein gerechtes Wirken enthüllt vor den Augen der Völker.
Er gedachte seiner Huld *
und seiner Treue zum Haus Israel. – Kv

Alle Enden der Erde *
sahen das Heil unsres Gottes.
Jauchzet dem HERRN, alle Lande, *
freut euch, jubelt und singt! – Kv

ZWEITE LESUNG 2 Tim 2,8–13

Lesung aus dem zweiten Brief des Apostels Paulus an Timotheus.

Denke an Jesus Christus, auferweckt von den Toten, aus Davids Geschlecht, gemäß meinem Evangelium, um dessentwillen ich leide bis hin zu den Fesseln wie ein Verbrecher; aber das Wort Gottes ist nicht gefesselt.
Deshalb erdulde ich alles um der Auserwählten willen, damit auch sie das Heil in Christus Jesus erlangen mit ewiger Herrlichkeit.
Das Wort ist glaubwürdig: Wenn wir nämlich mit Christus gestorben sind, werden wir auch mit ihm leben; wenn wir standhaft bleiben, werden wir auch mit ihm herrschen; wenn wir ihn verleugnen, wird auch er uns verleugnen.

Wenn wir untreu sind, bleibt er doch treu, denn er kann sich selbst nicht verleugnen.

Wort des lebendigen Gottes.

IMPULS Vieles in den Kirchen und Gemeinden dieser Zeit scheint uns festgefahren und unseren Zeitgenossen unglaubwürdig. Da wirkt das Wort des Paulus an Timotheus geradezu befreiend – dass das Wort Gottes eben frei bleibt, dass das Wort Gottes nicht gefesselt ist, dass das Wort Gottes immer gilt. Dass das Wort nicht gefesselt ist, bedeutet, dass – egal wie wir uns verhalten – es mächtig bleiben wird. Im Vertrauen darauf sollten wir die Worte des Apostels hören.

Ruf vor dem Evangelium

1 Thess 5,18

Halleluja. Halleluja.
Dankt für alles; denn das ist der Wille Gottes
für euch in Christus Jesus.
Halleluja.

Evangelium

Lk 17,11-19

+ Aus dem heiligen Evangelium nach Lukas.

Es geschah auf dem Weg nach Jerusalem: Jesus zog durch das Grenzgebiet von Samarien und Galiäa.
Als er in ein Dorf hineingehen wollte, kamen ihm zehn Aussätzige entgegen. Sie blieben in der Ferne stehen und riefen: Jesus, Meister, hab Erbarmen mit uns!
Als er sie sah, sagte er zu ihnen: Geht, zeigt euch den Priestern! Und es geschah, während sie hingingen, wurden sie rein.
Einer von ihnen aber kehrte um, als er sah, dass er geheilt war; und er lobte Gott mit lauter Stimme.
Er warf sich vor den Füßen Jesu auf das Angesicht und dankte ihm. Dieser Mann war ein Samariter.
Da sagte Jesus: Sind nicht zehn rein geworden? Wo sind die neun?

Ist denn keiner umgekehrt, um Gott zu ehren, außer diesem Fremden?
Und er sagte zu ihm: Steh auf und geh! Dein Glaube hat dich gerettet.

Evangelium unseres Herrn Jesus Christus.

IMPULS Dass der Samariter, der rein wird, einer von zehn ist, wirkt nach menschlichem Ermessen wie eine verlorene, eine fast vergebliche Tat Jesu. Was für ein Prozentsatz, was für ein Ergebnis! Keine spektakuläre große Wunderheilung, nur dieser Eine kommt zu Jesus zurück, ist dankbar und zeigt sich. Und Jesus? Jesus reagiert auf eine ganz besondere Weise. Er spricht im Samariter etwas zu, was der Samariter bis dahin nicht entdeckt hat. Aber mit der Begegnung mit Jesus nun spürt er, dass in ihm etwas ist, was ihn tatsächlich rein machen kann. Dass er in sich eine Kraft trägt, die ihn groß und stark und ihn bedeutsam und liebenswert macht. Dass er nicht ein Ein- und Ausgesetzter ist, sondern ein Angenommener. Diese Entdeckung und nicht die eigentliche Wunderheilung, wie wir es erwarten, diese Entdeckung ist das wirklich Große, das der Samariter durch Jesus erfährt!

CREDO (siehe Seite 520ff.)

FÜRBITTEN

Im Vertrauen auf die heilende Kraft in uns wollen wir bitten:

– Dass wir diese Kraft immer neu entdecken. Dass wir in dieser Kraft leben und dass wir aus dem Glauben heraus darauf vertrauen, dass unser Leben sich wandeln kann.

V: Gott unser Vater. A: Wir bitten dich, erhöre uns.

– Im Vertrauen auf die Kraft des Glaubens im Sinne der Kraft der Heilung und des Verwandelns für all die, mit denen wir leben und für die wir Verantwortung tragen – dass wir aus dem Glauben heraus Zeit und Welt gestalten.

– Dieser Glaube soll und kann auch dankbar machen, dass wir die Kraft dieser Dankbarkeit nie vergessen.

– Nach einem gefüllten und gelebten Miteinander im Glauben vertrauen wir all die, die mit uns gelebt haben, dieser Kraft des Glaubens an und hoffen dass sie hinein genommen sind in das große Danke, das der Auferstandene für uns am Ende unseres Lebens spricht.

Dies erbitten wir im Vertrauen durch Christus, unseren Herrn.

Gabengebet

Herr und Gott, nimm die Gebete und Opfergaben deiner Gläubigen an. Laß uns diese heilige Feier mit ganzer Hingabe begehen, damit wir einst das Leben in der Herrlichkeit des Himmels erlangen. Darum bitten wir durch Christus, unseren Herrn.

Präfation

Sonntage IV

Wir danken dir, Vater im Himmel, und rühmen dich durch unseren Herrn Jesus Christus. Denn durch seine Geburt hat er den Menschen erneuert, durch sein Leiden unsere Sünden getilgt, in seiner Auferstehung den Weg zum Leben erschlossen und in seiner Auffahrt zu dir das Tor des Himmels geöffnet. Durch ihn rühmen dich deine Erlösten und singen mit den Chören der Engel das Lob deiner Herrlichkeit.

Einladung zum Vaterunser

Lassen wir gemeinsam in uns die Kraft der Heilung und Verwandlung durch Jesus spürbar werden und in der Dankbarkeit, dass wir darin leben dürfen, mit den folgenden Worten antworten: Vater unser im Himmel …

Einladung zum Friedensgebet

Im Vertrauen darauf, dass der Friede in uns ist, dass wir ihn durch die Berührung mit Jesus wecken können und dass wir in diesem erwachten Frieden tatsächlich Friede in die Zeit bringen können, wollen wir uns jetzt diesen Frieden zusprechen: Herr Jesus Christus …

Kommunionvers

Ps 34 (33),11

Reiche müssen darben und hungern. Wer aber den Herrn sucht, braucht kein Gut zu entbehren.

Oder: 1 Joh 3,2

Wenn der Herr offenbar wird, werden wir ihm ähnlich sein; denn wir werden ihn sehen, wie er ist.

Schlussgebet

Allmächtiger Gott, in der heiligen Opferfeier nährst du deine Gläubigen mit dem Leib und dem Blut deines Sohnes. Gib uns durch dieses Sakrament auch Anteil am göttlichen Leben. Darum bitten wir durch Christus, unseren Herrn.

Schlusssegen

Im Jahreskreis IV

Der Gott und Vater unseres Herrn Jesus Christus, der uns tröstet in jeder Not, segne euch und lenke eure Tage in seinem Frieden.

Er bewahre euch vor aller Verwirrung und festige eure Herzen in seiner Liebe.

In diesem Leben mache er euch reich an guten Werken; und im künftigen sei er selbst euer unvergänglicher Lohn.

Das gewähre euch der dreieinige Gott, der Vater und der Sohn ✝ und der Heilige Geist.

Bin ich ein Umkehrer
oder Wegbleiber?

Bin ich ein Umkehrer
oder ein Selbstverständlich Hinnehmer?

Bin ich ein Umkehrer
oder ein Undankbarer?

Bin ich ein Umkehrer
oder einfach nur vergesslich?

Wolfgang Fey

29. SONNTAG IM JAHRESKREIS
19. Oktober 2025

Ich rufe dich an, denn du, Gott, erhörst mich.
Wende dein Ohr mir zu, vernimm meine Rede!
Behüte mich wie den Augapfel, den Stern des Auges,
birg mich im Schatten deiner Flügel.
Ps 17 (16),6.8

Auf die Nachfrage eines Kunden, der als Rechtsanwalt und Notar eine große Kanzlei leitet, wie es mir gehen würde, antwortete ich ganz spontan: »Ich habe keinen Grund zum Klagen.« Dies wiederum rief die Reaktion des Gegenübers hervor: »Das ist für meine Innung bedauerlich!« Wir mussten beide lachen ob dieses Wortwechsels.

In Umfragen wird immer wieder abgeprüft, wie es um die Zufriedenheit einer bestimmten Gesellschaftsgruppe oder der Gesellschaft allgemein bestellt ist. In der Konfrontation mit den Ergebnissen aus den verschiedenen Analysen vergleicht sich der Mensch automatisch aus seiner Situation heraus und stellt – mal mehr, mal weniger – fest, dass die Ergebnisse entweder für ihn zutreffen oder nicht. Zugleich wird dabei ebenso geprüft, was die eigene Wahrnehmung feststellt: Erlebe ich in meinem Umfeld Unzufriedenheit, politische wie gesellschaftliche Kritik? Und nicht zuletzt für den Christen in seiner Kirche und Gemeinde ist diese Frage oft virulent: Halte ich es noch aus in dieser Kirche oder verabschiede ich mich von Institution oder gar vom Glauben?

Der christliche Autor Jeremiah Burroughs (1599–1646) betont in seinen Werken immer wieder, dass er selbst es zunächst lernen musste, in jeder Situation wirklich zufrieden sein zu können. Er bezeichnet dies als geistliches Geheimnis und sieht es sogar als eine Pflicht an, zur Ehre und Vorzüglichkeit eines Christen das Geheimnis der Zufriedenheit gut zu beherrschen. Aber bitte Vorsicht: Burroughs ist ein strenger Puritaner, was mit einer volksfrohen katholischen Seele nur schwer vereinbar ist. Aber in seinem Grundsatz trifft er einen entscheidenden Punkt: Kein bewusst le-

bender Mensch kann und darf sich mit dem Vorhandenen, dem Erreichten zufriedengeben. Auch Gott ist nicht mit dieser Welt zufrieden, er ist immer noch an der Arbeit, bis zur Stunde Jesu und bis ans Ende der Zeit (vgl. Joh 5, 17). Der Mensch ist in der Welt das einzige Wesen, das diesen Gott erreichen und sich an ihn wenden kann. Er kann Gottes Macht und Liebe anrufen. Der Mensch allein kann beten und seinem Gott Vertrauen schenken.
Dies ist jene entscheidende Haltung, zu der die Lesungstexte an diesem Sonntag einladen und aufrufen. Sie mahnen zwar zur Bescheidenheit, die zugleich aber offen und fordernd bleibt gegenüber all dem, was uns als Verheißung gegeben ist.

Kyrie-Rufe

Herr, schenke und Zufriedenheit, die uns dankbar werden lässt.
Kyrie, eleison.
Lass uns aus Dankbarkeit selbst zu Schenkenden werden.
Christe, eleison.
Herr, wir geben uns dir in unserem Beten und Glauben.
Kyrie, eleison.

Gloria (siehe Seite 516f.)

Tagesgebet

Allmächtiger Gott, du bist unser Herr und Gebieter. Mach unseren Willen bereit, deinen Weisungen zu folgen, und gib uns ein Herz, das dir aufrichtig dient. Darum bitten wir durch Jesus Christus.

Erste Lesung — Ex 17,8–13

Lesung aus dem Buch Exodus.

In jenen Tagen kam Amalek und suchte in Refidim den Kampf mit Israel.
Da sagte Mose zu Josua: Wähl uns Männer aus und zieh in den Kampf gegen Amalek! Ich selbst werde mich morgen mit dem Gottesstab in meiner Hand auf den Gipfel des Hügels stellen.

Josua tat, was ihm Mose aufgetragen hatte, und kämpfte gegen Amalek, während Mose, Aaron und Hur auf den Gipfel des Hügels stiegen.
Solange Mose seine Hand erhoben hielt, war Israel stärker; sooft er aber die Hand sinken ließ, war Amalek stärker.
Als dem Mose die Hände schwer wurden, holten sie einen Steinbrocken, schoben den unter ihn und er setzte sich darauf. Aaron und Hur stützten seine Arme, der eine rechts, der andere links, sodass seine Hände erhoben blieben, bis die Sonne unterging.
So schwächte Josua Amalek und sein Heer mit scharfe Schwert.

Wort des lebendigen Gottes.

IMPULS Die Schriftstelle benennt erstmals für den Pentateuch den Namen und die Gestalt des Josua, dem später eigens ein Buch des Alten Testaments gewidmet wird. Auch wenn die geographische Verortung der Erzählung einer Überprüfung nicht standhält, so mindert dies nicht die Aussagekraft der Perikope. Sie betont zuallererst die Macht des Gebetes, lässt aber auch erkennen, dass dem Gebet auch der Glaube zugrunde liegen muss. Die erhobenen Hände Moses allein nützen nichts, selbst dessen Gebet muss getragen sein vom Glauben derer, die für Israel streiten. Mit dieser Erzählung sollte Israel im Glauben an den einen Herrn und Gott gestärkt werden.
Für uns betende Menschen heute kann diese Schriftstelle eine Bestärkung für das stellvertretende Beten sein. Wenn Menschen in eine schwierige Situation kommen, dann fehlt ihnen oft die Kraft zum Beten, verschlägt es ihnen die Sprache und es fehlen einfach die Worte. Hier können wir ihnen Stützenhilfe geben und für sie beten. Zugleich dürfen wir ihnen auch sagen, dass selbst die Sprachlosigkeit von Gott gehört wird und er in seiner Zuwendung weiß, was uns fehlt und was wir nötig haben zum Leben und Überleben.

Antwortpsalm

Ps 121 (120),1–2.3–4.5–6.7–8 (Kv: vgl. 2; 124 [123],8)

Kv Unsere Hilfe ist im Namen des Herrn,
der Himmel und Erde erschaffen hat. – Kv

Ich erhebe meine Augen zu den Bergen: *
Woher kommt mir Hilfe?
Meine Hilfe kommt vom Herrn, *
der Himmel und Erde erschaffen hat. – Kv

Er lässt deinen Fuß nicht wanken; *
dein Hüter schlummert nicht ein.
Siehe, der Hüter Israels, *
er schlummert nicht ein und schläft nicht. – Kv

Der Herr ist dein Hüter, *
der Herr gibt dir Schatten zu deiner Rechten.
Bei Tag wird dir die Sonne nicht schaden *
noch der Mond in der Nacht. – Kv

Der Herr behütet dich vor allem Bösen, *
er behütet dein Leben.
Der Herr behütet dein Gehen und dein Kommen *
von nun an bis in Ewigkeit. – Kv

Zweite Lesung

2 Tim 3,14 – 4,2

Lesung aus dem zweiten Brief des Apostels Paulus an Timotheus.

Mein Sohn! Bleibe bei dem, was du gelernt und wovon du dich überzeugt hast. Du weißt, von wem du es gelernt hast; denn du kennst von Kindheit an die heiligen Schriften, die dich weise machen können zum Heil durch den Glauben an Christus Jesus. Jede Schrift ist, als von Gott eingegeben, auch nützlich zur Belehrung, zur Widerlegung, zur Besserung, zur Erziehung in der Gerechtigkeit, damit der Mensch Gottes gerüstet ist, ausgerüstet zu jedem guten Werk.

Ich beschwöre dich bei Gott und bei Christus Jesus, dem kommenden Richter der Lebenden und der Toten, bei seinem Erscheinen und bei seinem Reich: Verkünde das Wort, tritt auf, ob gelegen oder ungelegen, überführe, weise zurecht, ermahne, in aller Geduld und Belehrung!

Wort des lebendigen Gottes.

IMPULS Der Verfasser des Briefes, der mit dem Apostel Paulus zwar identifiziert wird, wohl aber erst in späterer Zeit dieses Schreiben in der Haltung des Paulus niedergeschrieben hat, verweist auf die Kraft der alttestamentlichen Schriften, die wichtiger Nährboden für den christlichen Glauben sind. Für den Glauben an Gott und seinen menschgewordenen Sohn Jesus Christus gibt es keine Dispens von den jüdischen Schriften! Das Alte Testament hat zwar seinen eigenen Charakter und seine große Bedeutung für das Judentum, dennoch kann das Heilsereignis in Jesus Christus ohne diesen Hintergrund nicht verstanden und für den Glauben erfasst werden. Es braucht die Demut und die Bescheidenheit, sich dieses Erbes bewusst zu werden und es anzunehmen. Als wichtigen Beweis hierfür nennt der Autor die Schriftinspiration, also das Einwirken des Heiligen Geistes auf das Werden aller Schrifttexte des Ersten Bundes wie fortwirkend auf den Neuen Bund in Jesus Christus. Zugleich bietet dieser Abschnitt eine wichtige Ermutigung in einer Zeit, in der die Christen Nachstellungen und Verfolgung erleiden müssen: Das Wort Gottes drängt gleichsam zur Verkündigung und fragt nicht nach, ob es gerade passt oder nicht.

Ruf vor dem Evangelium

Vgl. Hebr 4,12

Halleluja. Halleluja.
Lebendig ist das Wort Gottes und wirksam.
Es richtet über die Regungen und Gedanken der Herzen.
Halleluja.

EVANGELIUM Lk 18,1–8

+ Aus dem heiligen Evangelium nach Lukas.

In jener Zeit sagte Jesus seinen Jüngern durch ein Gleichnis, dass sie allezeit beten und darin nicht nachlassen sollten: In einer Stadt lebte ein Richter, der Gott nicht fürchtete und auf keinen Menschen Rücksicht nahm.
In der gleichen Stadt lebte auch eine Witwe, die immer wieder zu ihm kam und sagte: Verschaff mir Recht gegen meinen Widersacher!
Und er wollte lange Zeit nicht. Dann aber sagte er sich: Ich fürchte zwar Gott nicht und nehme auch auf keinen Menschen Rücksicht; weil mich diese Witwe aber nicht in Ruhe lässt, will ich ihr Recht verschaffen. Sonst kommt sie am Ende noch und schlägt mich ins Gesicht.
Der Herr aber sprach: Hört, was der ungerechte Richter sagt!
Sollte Gott seinen Auserwählten, die Tag und Nacht zu ihm schreien, nicht zu ihrem Recht verhelfen, sondern bei ihnen zögern?
Ich sage euch: Er wird ihnen unverzüglich ihr Recht verschaffen.
Wird jedoch der Menschensohn, wenn er kommt, den Glauben auf der Erde finden?

Evangelium unseres Herrn Jesus Christus.

IMPULS »Wird jedoch der Menschensohn, wenn er kommt, den Glauben auf der Erde finden?« Es mag nur eine abschließende Frage sein, die Jesus den Jüngern stellt, nachdem er ihnen das Gleichnis vom Richter und der Witwe erzählt hat. Aber diese Frage hat es in sich! Es ist der Blick in die Zukunft des Glaubens und der Kirche, der sich mit dieser Frage auftut: Was wird bleiben von dem, was Jesus sagte und was er für die Menschen tat? Diese Fragen sind mit seiner Person auf das Engste verknüpft, denn Jesus ist nicht irgendwer, schon gar nicht ein Zukunftsforscher. Mit Jesus hat die Zukunft des Menschen vielmehr die entscheidende Wende genommen! In ihm ist das Reich Gottes auf Erden angekommen und angebrochen. Die Zeit des Wartens ist zu Ende, in ihm bricht etwas Neues an. Gott will endlich herrschen, wie im Himmel, so auf Erden – und seine Herrschaft soll eine Segensherrschaft sein.

Credo (siehe Seite 520ff.)

Fürbitten

Jesus Christus hat uns aufgetragen, allezeit zu beten. Im Vertrauen auf sein Wort beten wir zu Gott, unserem Vater:

V: Barmherziger Gott. V: Wir bitten dich, erhöre uns.

– Für die Kirche und für alle, die in ihr Verantwortung tragen: um einen lebendigen Glauben und um die Sehnsucht nach der Ankunft deines Reiches.

– Für alle, die zerstritten sind: um den Mut zur Umkehr, Vergebung und Versöhnung.

– Für die Richter und Anwälte: um die Fähigkeit, ihren Mitmenschen selbstlos und unparteiisch zu dienen.

– Für diejenigen, denen das persönliche Beten schwer fällt: um die Gnade, ihrem Denken und Fühlen vor Gott Ausdruck verleihen zu können.

– Für die Menschen, die unversöhnt sterben: um die Erfahrung des Erbarmens Gottes.

Gott, unser Vater, wir preisen und loben dich für deine Güte und Barmherzigkeit. Durch Jesus Christus im Heiligen Geist sagen wir dir unseren Dank jetzt und in Ewigkeit. Amen.

Gabengebet

Hilf uns, Herr, daß wir den Dienst am Altar mit freiem Herzen vollziehen. Befreie uns durch diese Feier von aller Schuld, damit wir rein werden und dir gefallen. Darum bitten wir durch Christus, unseren Herrn.

Präfation

Sonntage V

In Wahrheit ist es würdig und recht, dir, allmächtiger Vater, zu danken und dich mit der ganzen Schöpfung zu loben. Denn du hast die Welt mit all ihren Kräften ins Dasein gerufen und sie dem Wechsel der Zeit unterworfen. Den Menschen aber hast du auf dein Bild hin geschaffen und ihm das Werk deiner Allmacht übergeben. Du hast ihn bestimmt, über die Erde zu herrschen, dir, seinem Herrn und Schöpfer zu dienen und das Lob deiner großen Taten zu verkünden durch unseren Herrn Jesus Christus.
Darum singen wir mit den Engeln und Erzengeln, den Thronen und Mächten und mit all den Scharen des himmlischen Heeres den Hochgesang von deiner göttlichen Herrlichkeit.

Einladung zum Vaterunser

Es entspricht unserem Vertrauen, nicht einer Zudringlichkeit, wenn wir uns jederzeit auf Gott hin öffnen und mit den Worten Jesu beten: Vater unser im Himmel …

Einladung zum Friedensgebet

Herr Jesus Christus, du weißt um unsere Sehnsüchte, du kennst unsere Sorgen und Nöte. In der Ehrlichkeit gegenüber dir und uns selbst bitten wir dich: Herr Jesus Christus …

Kommunionvers

Ps 33 (32),18–19

Das Auge des Herrn ruht auf allen, die ihn fürchten und ehren, die nach seiner Güte ausschauen.
Denn er will sie dem Tod entreißen und in der Hungersnot ihr Leben erhalten.

Oder: Mk 10,45

Der Menschensohn ist gekommen, um sein Leben als Lösegeld hinzugeben für viele.

Schlussgebet

Allmächtiger Gott, gib, daß die heiligen Geheimnisse, die wir gefeiert haben, in uns Frucht bringen. Schenke uns Tag für Tag, was wir zum Leben brauchen, und führe uns zur ewigen Vollendung. Darum bitten wir durch Christus, unseren Herrn.

Schlusssegen

Im Jahreskreis V

Gott, der allmächtige Vater, segne euch; er bewahre euch vor Unheil und Schaden.
Er öffne eure Herzen für sein göttliches Wort und bereite sie für die unvergänglichen Freuden.
Er lasse euch erkennen, was zum Heile dient, und führe euch auf dem Weg seiner Gebote zur Gemeinschaft der Heiligen.
Das gewähre euch der dreieinige Gott, der Vater und der Sohn † und der Heilige Geist.

Ein neues Leben beginnen! Dies steckt als Auftrag in dem Brief, den der Apostel Paulus seinem Schüler Timotheus schrieb, damit er sich mit erneuerter Leidenschaft für das Evangelium einsetzt und es im Hier und Heute verkündet, selbst wenn alle Erfolgsprognosen auch noch so düster sein sollten: »Verkünde das Wort, tritt dafür ein, ob man es hören will oder nicht«.

Ein neues Leben beginnen – ein Leben, wie es eigentlich (das heißt von Gott her gedacht) sein sollte; ein Leben ohne all die unglücklichen Abhängigkeiten oder Einschränkungen; ein Leben mit einem großen Ziel in einer hellen Zukunft.

Wenn wir jedoch in unserem Hier und Heute auf die Situation der Kirche und des Glaubens schauen, dann springt uns zunächst ganz beherrschend ins Auge, was alles weniger wird: »nur noch ...« heißt es da ganz oft, klingt es fast düster und voller Resignation. Da messen wir uns an der Vergangenheit, was aber nicht die Blickrichtung des Evangeliums ist. Das schaut weiter, denn die Zukunft Gottes ist größer als die Vergangenheit unserer Traditionen und Ideale. Wir sind als Christen nicht Nachlassverwalter einer großen Vergangenheit; wir sind Wegbereiter für eine Zukunft, die mit Christus auf uns zukommt, dem »kommenden Richter der Lebenden und der Toten, bei seinem Erscheinen und bei seinem Reich« (vgl. 2 Tim 4,1).

Reich Gottes – das hat also etwas mit uns, mit mir ganz persönlich zu tun. Da, wo ein jeder von uns hingestellt ist, dort sollen wir dem Reich Gottes zum Durchbruch verhelfen, es Hier und Jetzt sichtbar machen. Das Reich Gottes ist nicht am Ende der Welt, wie sich auch Himmel und Erde nicht am Ende der Welt berühren, sondern es ist mitten in der Welt, wo der Himmel schon als Keim in der Erde steckt; es ist an dem Ort, den Gott uns zugewiesen hat.

Sascha Jung

30. SONNTAG IM JAHRESKREIS
26. Oktober 2025

Freuen sollen sich alle, die den Herrn suchen.
Sucht den Herrn und seine Macht,
sucht sein Antlitz allezeit.
Ps 105 (104),3–4

Ein Millionenpublikum erreichte das Fernseh-Drama »Terror – Ihr Urteil«. Der Fernsehfilm zeigte eine Gerichtsverhandlung, in der sich ein Luftwaffen-Major der Bundeswehr wegen des Abschusses eines Flugzeugs verantworten muss, durch den die 164 Passagiere ihr Leben verloren haben. Die besondere Dramatik dieses Falls rührt daher, dass der Major nur dadurch einen Terrorakt mit zu befürchtenden 70.000 Opfern verhindern konnte – ein wirkliches Drama, dieses Szenario – fesselnd und erdrückend zugleich. Der Film nach dem Theaterstück Ferdinand von Schirachs hat die Fragen so gestellt, dass sie das Herz zugeschnürt, den Kopf gemartert und das Gewissen geschüttelt haben: War es Recht oder Unrecht, ein von Terroristen entführtes Verkehrsflugzeug abzuschießen? Hat sich damit der Todesschütze schuldig gemacht? Muss er bestraft werden, und wenn ja, wie? Was sagt das Bundesverfassungsgericht, was der Befehl, was das Gewissen?
Eineinhalb Stunden hat der Film Gründe und Abgründe einer tragischen Entscheidung ausgeleuchtet. Und am Ende sollte das Fernsehpublikum sich ein Urteil bilden und auch fällen: per Abstimmung und Mehrheitsfindung ein Urteil »im Namen des Volkes«. Im Nachgang zeigte sich, wie auf Basis eines fiktiven Falls ein Millionenpublikum demagogisch beeinflusst wurde, wie kluge ethische Fragen in ihrer Beantwortung auf der Strecke geblieben sind. Denn das am Ende emotional gefällte Urteil stand im Widerspruch zum Grundgesetz der Bundesrepublik, da ein Menschenleben nicht gegen ein anderes aufgewogen werden dürfe, gemäß Artikel 1 des Grundgesetzes: »Die Würde des Menschen ist unantastbar«.

Das heutige Evangelium verleitet schnell zu einem emotionalen Urteil. Daher sollte mit Bedacht an die Texte herangegangen werden, damit bei allem Urteilsvermögen das Risiko des Irrtums ausgeschlossen wird.

Kyrie-Rufe

Herr Jesus Christus, du bist Richter der Lebenden und der Toten.
Herr, erbarme dich.
Herr Jesus, du richtest nach Recht und Gerechtigkeit in großer Barmherzigkeit.
Christus, erbarme dich.
Herr Jesus Christus, du allein kannst uns freisprechen von Schuld und Sünde.
Herr, erbarme dich.

Gloria (siehe Seite 516f.)

Tagesgebet

Allmächtiger, ewiger Gott, mehre in uns den Glauben, die Hoffnung und die Liebe. Gib uns die Gnade zu lieben, was du gebietest, damit wir erlangen, was du verheißen hast. Darum bitten wir durch Jesus Christus.

Erste Lesung

Sir 35,15b–17.20–22a

Lesung aus dem Buch Jesus Sirach.

Der Herr ist Richter und es gibt vor ihm kein Ansehen der Person.
Er bevorzugt niemanden gegenüber einem Armen, die Bitte eines ungerecht Behandelten wird er erhören.
Er missachtet nicht den Hilferuf der Waise und die Witwe, wenn sie ihren Jammer ausschüttet.
Wer Gott wohlgefällig dient, wird angenommen und seine Bitte dringt bis in die Wolken.

Das Gebet eines Demütigen durchdringt die Wolken, und bevor es nicht angekommen ist, wird er nicht getröstet und er lässt nicht nach, bis der Höchste daraufschaut.
Und er wird für die Gerechten entscheiden und ein Urteil fällen.

Wort des lebendigen Gottes.

IMPULS Vertrauen ist nicht nur in der Dimension des Glaubens wichtig, sondern auch im Hinblick auf die Justiz und Rechtsprechung. In den letzten Jahren ist die »Unabhängigkeit« der Gerichte immer wieder durch staatliche Eingriffe und politische Meinungen angegriffen worden, was in Europa für reichlich Konfliktstoff gesorgt hat. Daher haben die Worte aus dem Buch Jesus Sirach an Aktualität und Dringlichkeit nichts eingebüßt. Vor allem die vorurteilsfreie Herangehensweise an ein Urteil, ohne auf das Ansehen der beteiligten Personen zu schauen, lässt einem Verfahren freien Lauf und kann ein Garantiebaustein für eine gerechte Urteilsfindung sein.
Wenn im Zusammenhang mit unserem Gottesbild die Begriffe Richter und Weltgericht fallen, so haben wir ein faires Verfahren zu erwarten. Denn Gott schaut tiefer in die Akten: Er schaut in unser Herz, er schaut auf die Weise unseres Liebens und Lebens. Wenn er urteilt, dann nach dem Maßstab von Liebe und Barmherzigkeit.

ANTWORTPSALM Ps 34 (33),2–3.17–18.19 u. 23 (Kv: vgl. 7)

Kv Der Herr erhört den Armen
und hilft ihm aus all seiner Not. – Kv

Ich will den HERRN allezeit preisen; *
immer sei sein Lob in meinem Mund.
Meine Seele rühme sich des HERRN; *
die Armen sollen es hören und sich freuen. – Kv

Das Angesicht des HERRN richtet sich gegen die Bösen, *
ihr Andenken von der Erde zu tilgen.
Die aufschrien, hat der HERR erhört, *
er hat sie all ihren Nöten entrissen. – Kv

Nahe ist der HERR den zerbrochenen Herzen *
und dem zerschlagenen Geist bringt er Hilfe.
Der HERR erlöst das Leben seiner Knechte, *
niemals müssen büßen, die bei ihm sich bergen. – Kv

ZWEITE LESUNG

2 Tim 4,6–8.16–18

Lesung aus dem zweiten Brief des Apostels Paulus an Timotheus.

Mein Sohn! Ich werde schon geopfert und die Zeit meines Aufbruchs ist nahe.
Ich habe den guten Kampf gekämpft, den Lauf vollendet, die Treue bewahrt.
Schon jetzt liegt für mich der Kranz der Gerechtigkeit bereit, den mir der Herr, der gerechte Richter, an jenem Tag geben wird, aber nicht nur mir, sondern allen, die sein Erscheinen ersehnen.
Bei meiner ersten Verteidigung ist niemand für mich eingetreten; alle haben mich im Stich gelassen. Möge es ihnen nicht angerechnet werden.
Aber der Herr stand mir zur Seite und gab mir Kraft, damit durch mich die Verkündigung vollendet wird und alle Völker sie hören; und so wurde ich dem Rachen des Löwen entrissen.
Der Herr wird mich allem bösen Treiben entreißen und retten in sein himmlisches Reich. Ihm sei die Ehre in alle Ewigkeit. Amen.

Wort des lebendigen Gottes.

IMPULS Blicken wir doch nur einmal auf die sich häufenden (Vor-)Verurteilungen, die in der Öffentlichkeit sozialer Medien ebenso schnell verbreitet werden, wie durch die Presse und das mündliche Weitertragen von Person zu Person. Dann lässt sich leicht erkennen, wie stark der Drang ist, schnell einen Schuldigen zu haben und als Sündenbock abstempeln zu können. Sogar Paulus musste diese bittere Erfahrung machen. Zudem wollte sich keiner an seine Seite stellen und die Rolle der Verteidigung annehmen.

Für jede Urteilsfindung braucht es neben der Anklage auch die Verteidigung. Für uns Christen ist diese Kategorie nicht zu vernachlässigen: Im Wandel der Gesellschaft und in immer schärferen politischen Diskursen ist es unsere Aufgabe geworden, die Grundwerte des Lebens und die Würde des menschlichen Daseins zu verteidigen. Gerade dann, wenn wir durch unser Glaubenszeugnis angegriffen oder verunglimpft werden, braucht es die gegenseitige Unterstützung und Verteidigung, damit der Wahrheit die Ehre gegeben wird.

Ruf vor dem Evangelium — Vgl. 2 Kor 5,19

Halleluja. Halleluja.
Gott hat in Christus die Welt mit sich versöhnt
und uns das Wort von der Versöhnung anvertraut.
Halleluja.

Evangelium — Lk 18,9–14

+ Aus dem heiligen Evangelium nach Lukas.

In jener Zeit erzählte Jesus einigen, die von ihrer eigenen Gerechtigkeit überzeugt waren und die anderen verachteten, dieses Gleichnis:

Zwei Männer gingen zum Tempel hinauf, um zu beten; der eine war ein Pharisäer, der andere ein Zöllner.

Der Pharisäer stellte sich hin und sprach bei sich dieses Gebet: Gott, ich danke dir, dass ich nicht wie die anderen Menschen bin, die Räuber, Betrüger, Ehebrecher oder auch wie dieser Zöllner dort.

Ich faste zweimal in der Woche und gebe den zehnten Teil meines ganzen Einkommens.

Der Zöllner aber blieb ganz hinten stehen und wollte nicht einmal seine Augen zum Himmel erheben, sondern schlug sich an die Brust und betete: Gott, sei mir Sünder gnädig!
Ich sage euch: Dieser ging gerechtfertigt nach Hause hinab, der andere nicht. Denn wer sich selbst erhöht, wird erniedrigt, wer sich aber selbst erniedrigt, wird erhöht werden.

Evangelium unseres Herrn Jesus Christus.

IMPULS In sich recht aufdrängender Weise kratzt das Evangelium an diesem Sonntag an unserem Urteilsvermögen. Eine Steilvorlage bietet hierfür die Szene mit dem Pharisäer und dem Zöllner sowie den abschließenden Worten Jesu, um sich ein Urteil zu erlauben. Schnell sind wir dabei, uns selbst oder andere Menschen den beiden Kategorien zuzuordnen; wir durchschauen schnell die verzwickte Beziehung zwischen Demut und Hochmut, mit der Jesus denen eine Lektion erteilen will, die »von ihrer eigenen Gerechtigkeit überzeugt waren« (Lk 18,9).
Jedoch möchte uns das Evangelium auf eine ganz andere Art und Weise zum Nachdenken anregen: Denn indem wir ausschließlich in diesem Denkmuster ›Pharisäer–Zöllner‹ unser Urteil bilden, übersehen wir, dass beide aber ganz entsprechend ihres Soseins das Gebet im Tempel gesprochen haben: Der Pharisäer ist per se nicht ein schlechter Mensch, nur weil er ein Pharisäer ist. Seine Auflistung zeigt ja, dass er sich an die Gebote der Tora hält und sich zu den Frommen zählen darf. Der Zöllner weiß darum, dass er sich mit seinem Dienst der Zolleinnahme für die Römer die Finger schmutzig macht, er gerade mit denen kollaboriert, die für das Judentum im Grunde unrechtmäßige Besetzer des eigenen Landes sind. Deshalb fühlt er sich als Sünder.
Jesus mahnt im Evangelium die Ehrlichkeit gegenüber sich selbst an, er mahnt, sich nicht über andere zu erheben, wenn es dafür keine Gründe gibt. Aber, und das ist die Kehrseite, er mahnt uns auch, im Urteilen genau hinzuschauen, um nicht nur den anderen besser verstehen zu können, sondern um uns differenziert ein Urteil bilden zu können. Und dann bleibt schließlich auch noch zu

prüfen, ob wir es uns aufgrund unseres persönlichen Daseins und Menschseins überhaupt erlauben dürfen, über andere zu urteilen. Sich ein Urteil bilden zu können, das schließt nicht automatisch das Recht ein, ein Urteil fällen und aussprechen zu dürfen! Genau darin liegt der Anspruch dieses Evangeliums, das uns zum Nachdenken anregen darf.

CREDO (siehe Seite 520ff.)

FÜRBITTEN

Im Vertrauen darauf, dass Gott sich von uns finden lässt, dass er unser Beten hört und erhört, tragen wir ihm unsere Bitten und Anliegen vor.

V: Barmherziger Richter dieser Welt. A: Wir bitten dich, erhöre uns.

– Für alle Christen: um Stärkung ihres Glaubens an die Liebe Gottes und um die Erfahrung seiner Nähe.

– Für die Menschen, die unter Hunger, Armut und schlechten Lebensbedingungen leiden: um Befreiung aus ihrer Not.

– Für diejenigen, die in Kirche und Gesellschaft leitende Positionen innehaben: um die Erkenntnis der Sorgen und Nöte der Menschen und um Barmherzigkeit im Umgang mit ihnen.

– Für die Menschen, die in ihrem Leben große Enttäuschungen und schwere Schicksalsschläge erfahren haben: um Trost, neue Hoffnung und um neuen Lebensmut.

– Für diejenigen, die selbstgerecht nur auf ihre eigenen Verdienste sehen: um die Erkenntnis, wem sie letzten Endes alles verdanken.

– Für unsere Verstorbenen: um die Erfüllung ihrer Sehnsucht nach dem ewigen Leben.

Gott, unser Vater, du führst uns dereinst in die Fülle des Lebens bei dir. Wir danken dir und loben dich, jetzt und in alle Ewigkeit. Amen.

Gabengebet

Allmächtiger Gott, sieh gnädig auf die Gaben, die wir darbringen, und laß uns dieses Opfer so feiern, daß es dir zur Ehre gereicht. Darum bitten wir durch Christus, unseren Herrn.

Präfation

Sonntage VI

In Wahrheit ist es würdig und recht, dir, Vater im Himmel, zu danken und dich mit der ganzen Schöpfung zu loben. Denn in dir leben wir, in dir bewegen wir uns und sind wir. Jeden Tag erfahren wir aufs neue das Wirken deiner Güte. Schon in diesem Leben besitzen wir den Heiligen Geist, das Unterpfand ewiger Herrlichkeit. Durch ihn hast du Jesus auferweckt von den Toten und uns die sichere Hoffnung gegeben, daß sich an uns das österliche Geheimnis vollendet.
Darum preisen wir dich mit allen Chören der Engel und singen vereint mit ihnen das Lob deiner Herrlichkeit.

Einladung zum Vaterunser

»Richtet nicht, dann werdet auch ihr nicht gerichtet werden.« Im Vertrauen auf die überreiche Barmherzigkeit unseres Vaters im Himmel beten wir mit den Worten Jesu: Vater unser im Himmel …

Einladung zum Friedensgebet

Herr Jesus Christus, du hast gesagt: Frieden hinterlassen ich euch, meinen Frieden gebe ich euch. Daher schau nicht auf unsere Sünden, sondern auf den Glauben deiner Kirche und die Hingabe aller, die aus dem Evangelium leben, und schenke uns allen nach deinem Willen Einheit, Barmherzigkeit und Frieden: Herr Jesus Christus …

Kommunionvers

Ps 20 (19),6

Wir jubeln über die Hilfe des Herrn.
Wir frohlocken im Namen unseres Gottes.

Oder: Eph 5,2

Christus hat uns geliebt und sich für uns hingegeben als Gabe und Opfer, das Gott wohlgefällt.

Schlussgebet

Herr, unser Gott, gib, daß deine Sakramente in uns das Heil wirken, das sie enthalten, damit wir einst als unverhüllte Wirklichkeit empfangen, was wir jetzt in heiligen Zeichen begehen. Darum bitten wir durch Christus, unseren Herrn.

Schlusssegen

Im Jahreskreis VI

Gott, unser Vater, segne euch mit allem Segen des Himmels, damit ihr rein und heilig lebt vor seinem Angesicht.
Er lehre euch durch das Wort der Wahrheit; er bilde euer Herz nach dem Evangelium Christi und gebe euch Anteil an seiner Herrlichkeit.
Er schenke euch jene brüderliche Liebe, an der die Welt die Jünger Christi erkennen soll.
Das gewähre euch der dreieinige Gott, der Vater und der Sohn † und der Heilige Geist.

Es besteht allen Grund dazu, nachdenklich zu sein, wenn es um ein Urteil geht. In einer Zeit von Wutbürgern und Reichsbürgern, von zunehmender Fremdenfeindlichkeit und wieder erstarkendem Antisemitismus, in einer Zeit, in der man der Justiz bisweilen zwar Schwächen nachsagen kann, was aber in keiner Weise dazu berechtigt, Selbstjustiz zu üben – in Zeiten, wie wir diese aktuell erleben, da ist es brandgefährlich, wenn die Urteilsbildung der Menschen manipuliert und mit falschen Fakten gefüttert wird. Es besteht allen Grund, nachdenklich zu sein. Noch mehr aber besteht aller Grund dazu, aufmerksam zu sein, wenn wir uns ein Urteil bilden müssen, damit wir alle beteiligten Seiten bedenken und uns eine Basis schaffen, um zu überblicken, anstatt uns nur auf das

Hörensagen zu berufen. Ein gesprochenes Urteil aber, und dies fordert das Evangelium, darf nicht der Verachtung dienen, sondern eines aufrichtigen und ehrlichen Miteinanders: des Verständnisses füreinander – emotional wie auch rational, mit Herz und mit Kopf.

Sascha Jung

ALLERHEILIGEN
Hochfest
1. November 2025

Freut euch alle im Herrn am Fest aller Heiligen;
mit uns freuen sich die Engel und loben Gottes Sohn.

Der Apostel Paulus spricht in seinen Briefen die Christen als » Heilige« an und so gesehen meint das Fest Allerheiligen alle, die zu Christus gehören. Viele sind namentlich bekannt, verzeichnet im Heiligenkalender. Andere sind unbekannt, haben auf ihre, oft bescheidene Weise, den Glauben gelebt und bezeugt. Durch die Geschichte hindurch waren und sind sie wie Leuchttürme, die Orientierung spenden und Licht. Das Fest Allerheiligen kann uns tröstlich daran erinnern, dass die Kirche vielfältig und weit ist. Unzählige Menschen vor uns, mit uns und nach uns tragen die frohe Botschaft des Evangeliums in die Welt hinaus. Mit dankbarem Herzen denke ich an die Heiligen meines Lebens, die mich den Glauben gelehrt haben und mir durch ihr Leben gezeigt haben, was es heißt, Christus zu lieben und ihm nachzufolgen. In der Feier der Eucharistie sagen wir Dank, der Friedhofsbesuch führt an die Gräber derer, die mit uns verbunden sind.

Kyrie-Rufe

Herr Jesus Christus, durch die Heiligen sprichst du zu uns und stärkst uns in unseren Fragen und Nöten.
Herr, erbarme dich.
Du schenkst uns deine Liebe, damit wir sie weitertragen wie Licht in der Dunkelheit.
Christus, erbarme dich.
Du bist uns nahe und begleitest uns in guten und schweren Tagen.
Herr, erbarme dich.

GLORIA (siehe Seite 516f.)

TAGESGEBET

Allmächtiger, ewiger Gott, du schenkst uns die Freude, am heutigen Fest die Verdienste aller deiner Heiligen zu feiern. Erfülle auf die Bitten so vieler Fürsprecher unsere Hoffnung und schenke uns dein Erbarmen. Darum bitten wir durch Jesus Christus.

ERSTE LESUNG Offb 7,2–4.9–14

Lesung aus der Offenbarung des Johannes.

Ich, Johannes, sah vom Aufgang der Sonne her einen anderen Engel emporsteigen; er hatte das Siegel des lebendigen Gottes und rief den vier Engeln, denen die Macht gegeben war, dem Land und dem Meer Schaden zuzufügen, mit lauter Stimme zu und sprach: Fügt dem Land, dem Meer und den Bäumen keinen Schaden zu, bis wir den Knechten unseres Gottes das Siegel auf die Stirn gedrückt haben!

Und ich erfuhr die Zahl derer, die mit dem Siegel gekennzeichnet waren. Es waren hundertvierundvierzigtausend aus allen Stämmen der Söhne Israels, die das Siegel trugen:

Danach sah ich und siehe, eine große Schar aus allen Nationen und Stämmen, Völkern und Sprachen; niemand konnte sie zählen. Sie standen vor dem Thron und vor dem Lamm, gekleidet in weiße Gewänder, und trugen Palmzweige in den Händen. Sie riefen mit lauter Stimme und sprachen: Die Rettung kommt von unserem Gott, der auf dem Thron sitzt, und von dem Lamm.

Und alle Engel standen rings um den Thron, um die Ältesten und die vier Lebewesen. Sie warfen sich vor dem Thron auf ihr Angesicht nieder, beteten Gott an und sprachen:

Amen, Lob und Herrlichkeit, Weisheit und Dank, Ehre und Macht und Stärke unserem Gott in alle Ewigkeit. Amen.

Da nahm einer der Ältesten das Wort und sagte zu mir: Wer sind diese, die weiße Gewänder tragen, und woher sind sie gekommen? Ich erwiderte ihm: Mein Herr, du weißt das. Und er sagte zu mir: Dies sind jene, die aus der großen Bedrängnis kommen; sie haben ihre Gewänder gewaschen und im Blut des Lammes weiß gemacht.

Wort des lebendigen Gottes.

IMPULS Man kann die gewaltigen Worte und Bilder aus der Offenbarung des Johannes im historischen Kontext interpretieren und einordnen und man kann sie hineinsprechen lassen in das eigene Leben. Ich kann mich fragen, welches Bild mich in besonderer Weise berührt und anspricht. In der Begegnung und Begleitung von Menschen, die arm, ungerecht behandelt, verfolgt und ihrer Ehre beraubt wurden, ist es ein wahrer Trost, sie mit weißen Gewändern in der Nähe Gottes zu sehen. Ihre Leiden werden dadurch nicht gemindert, aber sie führen nicht in Verzweiflung und Sinnlosigkeit, sondern zu Gott, der sie um sich sammelt. Inmitten einer Welt, die in Kriegen und Chaos zu versinken droht, gibt es Rettung. Sie kommt von Gott, dessen Thron aufgerichtet ist, der Licht und Orientierung gibt in den Dunkelheiten der Welt.

ANTWORTPSALM

Ps 24 (23),1–2.3–4.5–6 (Kv: vgl. 6)

Kv Aus allen Völkern hast du sie erwählt,
die dein Angesicht suchen, o HERR. – Kv

Dem HERRN gehört die Erde und was sie erfüllt, *
der Erdkreis und seine Bewohner.
Denn er hat ihn auf Meere gegründet, *
ihn über Strömen befestigt. – (Kv)

Wer darf hinaufziehn zum Berg des HERRN, *
wer darf stehn an seiner heiligen Stätte?
Der unschuldige Hände hat und ein reines Herz, /
der seine Seele nicht an Nichtiges hängt *
und keinen trügerischen Eid geschworen hat. – (Kv)

Er wird Segen empfangen vom HERRN *
und Gerechtigkeit vom Gott seines Heils.
Das ist das Geschlecht, das nach ihm fragt, *
die dein Angesicht suchen, Jakob. – Kv

ZWEITE LESUNG 1 Joh 3,1–3

Lesung aus dem ersten Johannesbrief.

Schwestern und Brüder! Seht, welche Liebe uns der Vater geschenkt hat: Wir heißen Kinder Gottes und wir sind es.
Deshalb erkennt die Welt uns nicht, weil sie ihn nicht erkannt hat.
Geliebte, jetzt sind wir Kinder Gottes. Doch ist noch nicht offenbar geworden, was wir sein werden. Wir wissen, dass wir ihm ähnlich sein werden, wenn er offenbar wird; denn wir werden ihn sehen, wie er ist. Jeder, der diese Hoffnung auf ihn setzt, heiligt sich, so wie er heilig ist.

Wort des lebendigen Gottes.

IMPULS Wie die Bodenplatte als das Fundament eines Hauses wirkt der Satz aus dem 1. Johannesbrief:
»Wir heißen Kinder Gottes und wir sind es«. Wie immer unser Lebens- und Glaubenshaus eingerichtet und gestaltet ist, wir stehen auf festem Grund. Gott liebt uns, unverbrüchlich und bedingungslos. Es liegt an mir, ob ich diese Liebe annehme, mich hineinziehen lasse in ihre Dynamik. Kampflos wird das niemals sein und gerade die Heiligen, deren Fest wir heute feiern, geben in ihren Lebensgeschichten davon Zeugnis.
Als Geliebter Gottes darf ich mich selbst annehmen und lieben, mich versöhnen mit den Verwundungen meines Lebens und diese Liebe weiterschenken an die Menschen, die zu mir gehören und die Vielen, die mir begegnen. Als geliebtes Kind Gottes brauche ich nicht zu konkurrieren und siegen. Ich darf sein, der ich bin. Gott-sei-Dank.

Ruf vor dem Evangelium Mt 11,28

Halleluja. Halleluja.
(So spricht der Herr:)
Kommt alle zu mir,
die ihr mühselig und beladen seid!
Ich will euch erquicken.
Halleluja.

Evangelium Mt 5,1–12a

+ Aus dem heiligen Evangelium nach Matthäus.

In jener Zeit, als Jesus die vielen Menschen sah, die ihm folgten, stieg er auf den Berg. Er setzte sich und seine Jünger traten zu ihm. Und er öffnete seinen Mund, er lehrte sie und sprach:
Selig, die arm sind vor Gott; denn ihnen gehört das Himmelreich.
Selig die Trauernden; denn sie werden getröstet werden.
Selig die Sanftmütigen; denn sie werden das Land erben.
Selig, die hungern und dürsten nach der Gerechtigkeit; denn sie werden gesättigt werden.
Selig die Barmherzigen; denn sie werden Erbarmen finden.
Selig, die rein sind im Herzen; denn sie werden Gott schauen.
Selig, die Frieden stiften; denn sie werden Kinder Gottes genannt werden.
Selig, die verfolgt werden um der Gerechtigkeit willen; denn ihnen gehört das Himmelreich.
Selig seid ihr, wenn man euch schmäht und verfolgt und alles Böse über euch redet um meinetwillen.
Freut euch und jubelt: Denn euer Lohn wird groß sein im Himmel.

Evangelium unseres Herrn Jesus Christus.

IMPULS Ungezählt sind die Menschen, die arm, trauernd, sanftmütig, sehnsüchtig nach Frieden sind. Zu allen Zeiten und auch heute, wo die Macht des Stärkeren oft mehr zählt und der Frieden

mit Waffengewalt erzwungen werden soll. Wie oft werden die leisen und mahnenden Stimmen überhört, totgeschwiegen oder lächerlich gemacht. Ihnen leiht Jesus in den Seligpreisungen am Beginn der Bergpredigt seine Stimme. Klar, eindeutig und unmissverständlich bestärkt Er seine Zuhörer. Die Seligpreisungen sind keine Vertröstung, sie sind Ermutigung zu einem Leben aus dem Willen Gottes.
Ganz unterschiedlich spiegeln sich im Leben der Heiligen die Seligpreisungen wieder. Ihr Leben und Sterben kann uns ermutigen zu einem alternativen Leben.
Jeden Tag neu – und in kleinen Schritten.

CREDO (siehe Seite 520ff.)

FÜRBITTEN

Voll Vertrauen kommen wir, Gott, zu Dir und tragen unsere Bitten vor dich:

– Wir bitten dich um den Geist der Versöhnung und des Friedens für alle Menschen die in Kriege verstrickt sind und keine Auswege mehr finden.

– Hilf den Opfern von Krieg und Katastrophen, dass nicht Verzweiflung, sondern Hoffnung ihr Leben bestimmt.

– Lass uns dankbar auf die Menschen schauen, die unser Leben aus dem Geist des Evangeliums geprägt haben.

– Stärke all jene, die sich selbst nicht lieben können und auch keine Liebe schenken können.

– Schenke uns die Kraft und den Mut, durchlässig zu werden für deinen heiligen Willen.

– Sei allen Menschen nahe, in besonderer Weise unseren Kindern und Jugendlichen, dass sie gute Vorbilder und Begleiter in ihrem Leben finden.

Guter und treuer Gott, dir sei Lob und Dank. Heute an dem Fest deiner Heiligen und jeden Tag neu. Amen.

Gabengebet

Herr, unser Gott, nimm die Gaben entgegen, die wir am heutigen Fest darbringen. Wir glauben, daß deine Heiligen bei dir leben und daß Leid und Tod sie nicht mehr berühren. Erhöre ihr Gebet und laß uns erfahren, daß sie uns nahe bleiben und für uns eintreten. Darum bitten wir durch Christus, unseren Herrn.

Präfation

Vom Tag

In Wahrheit ist es würdig und recht, dir, allmächtiger Vater, zu danken und dich mit der ganzen Schöpfung zu rühmen. Denn heute schauen wir deine heilige Stadt, unsere Heimat, das himmlische Jerusalem. Dort loben dich auf ewig die verherrlichten Glieder der Kirche, unsere Brüder und Schwestern, die schon zur Vollendung gelangt sind. Dorthin pilgern auch wir im Glauben, ermutigt durch ihre Fürsprache und ihr Beispiel, und gehen freudig dem Ziel der Verheißung entgegen. Darum preisen wir dich in der Gemeinschaft deiner Heiligen und singen mit den Chören der Engel das Lob deiner Herrlichkeit.

Einladung zum Vaterunser

Gemeinsam mit den Heiligen, die uns vorausgegangen sind und unseren Glauben begründet und gestärkt haben, beten wir das Gebet, das Jesus selbst uns gelehrt hat: Vater unser im Himmel …

Einladung zum Friedensgebet

Wie schwer es sein kann, Frieden zu schließen und zu halten, erfahren wir täglich im eigenen Leben. Wahrer und dauerhafter Frieden ist Geschenk, um das wir sehnsüchtig bitten: Herr Jesus Christus …

Kommunionvers

Mt 5,8–10

Selig, die ein reines Herz haben; denn sie werden Gott schauen. Selig, die Frieden stiften; denn sie werden Söhne Gottes genannt werden. Selig, die um der Gerechtigkeit willen verfolgt werden; denn ihnen gehört das Himmelreich.

Schlussgebet

Gott, du allein bist heilig, dich ehren wir, wenn wir der Heiligen gedenken. Stärke durch dein Sakrament in uns das Leben der Gnade und führe uns auf dem Weg der Pilgerschaft zum ewigen Gastmahl, wo du selbst die Vollendung der Heiligen bist. Darum bitten wir durch Christus, unseren Herrn.

Schlusssegen

Von allen Heiligen

Der gütige Gott, der die Heiligen zur Vollendung geführt hat, segne euch und bewahre euch vor allem Unheil.
Das Vorbild der Heiligen lehre euch, und ihre Fürsprache helfe euch, Gott und den Menschen zu dienen.
Am heutigen Festtag gedenkt die Kirche in Freude aller Heiligen; Gott führe euch nach diesem Leben zur ewigen Gemeinschaft mit ihnen.
Das gewähre euch der dreieinige Gott, der Vater und der Sohn ✝ und der Heilige Geist.

Ihr Freunde Gottes allzugleich,
verherrlicht hoch im Himmelreich,
erfleht am Throne allezeit,
uns Gnade und Barmherzigkeit!
Helft uns in diesem Erdental,
dass wir durch Gottes Gnad und Wahl
zum Himmel kommen allzumal.

GL 542,1

ALLERSEELEN
2. November 2025

Wie Jesus gestorben und auferstanden ist,
so wird Gott auch die in Jesus Entschlafenen
mit ihm vereinen.
Denn wie in Adam alle sterben,
so werden in Christus einst alle lebendig gemacht.
1 Thess 4,14; 1Kor 15,22

Oder:

Herr, gib ihnen die ewige Ruhe,
und das ewige Licht leuchte ihnen.
Vgl. 5 Esra 2,34–35 (apokr.)

Oder:

Gott, der Jesus von den Toten auferweckt hat,
wird auch unseren sterblichen Leib lebendig machen
durch seinen Geist, der in uns wohnt.
Vgl. Röm 8,11

Der Gräberbesuch bei den verstorbenen Angehörigen gehört seit Kindertagen zu meinen tiefen Erfahrungen. Konkret, wie Kinder fragen, interessierte es mich immer wieder, wo meine Vorfahren jetzt sind. Leben sie irgendwo anders oder ist die Grabstätte ein Symbol, dass alles aus und vorbei ist. Später als Seelsorger stellte sich die Frage differenzierter: Wie gestalten wir, wie gestalte ich die Beziehung zu den Menschen, die zu mir gehören und mir im Tod vorausgegangen sind? Der Gang zum Friedhof, an die letzte Ruhestätte, kann da zu einem Weg der Klärung, Versöhnung und Heilung werden. Im Herzen darf ich all das dankbar benennen, was ich von dem Verstorbenen empfangen habe und ich darf benennen, was noch offen und ungelöst geblieben ist. Im Gebet können wir Gott bitten, dass er Versöhnung schenkt und inneren Frieden. Der Friedhofsbesuch am Fest Allerseelen erinnert daran, dass alles

Leben nicht im Tod endet und dass die Liebe stärker ist und Grenzen überwindet. Es ist gut, dass wir die alten Bräuche bewahren und pflegen.

Kyrie-Rufe

Herr Jesus Christus, du bist die Seele deiner Kirche.
Herr, erbarme dich.
Du bist der wahre Hirt und Bischof unserer Seelen.
Christus, erbarme dich.
Du schenkst Erfahrungen, bei denen unterschiedliche Menschen ein Herz und eine Seele werden.
Herr, erbarme dich.

Tagesgebet

Formular I

Allmächtiger Gott, wir glauben und bekennen, dass du deinen Sohn als Ersten von den Toten auferweckt hast. Stärke unsere Hoffnung, dass du auch unsere Brüder und Schwestern auferwecken wirst zum ewigen Leben. Darum bitten wir durch ihn, Jesus Christus.

Oder: Formular II

Herr, unser Gott, du bist das Licht der Glaubenden und das Leben der Heiligen. Du hast uns durch den Tod und die Auferstehung deines Sohnes erlöst. Sei deinen Dienern und Dienerinnen gnädig, die das Geheimnis unserer Auferstehung gläubig bekannt haben und laß sie auf ewig deine Herrlichkeit schauen. Darum bitten wir durch Jesus Christus.

Oder: Formular III

Allmächtiger Gott, du hast deinen Sohn als Sieger über den Tod zu deiner Rechten erhöht. Gib deinen verstorbenen Dienern und Dienerinnen Anteil an seinem Sieg über die Vergänglichkeit, damit sie dich, ihren Schöpfer und Erlöser, schauen von Angesicht zu Angesicht. Darum bitten wir durch Jesus Christus.

ERSTE LESUNG Ijob 19,1.23–27a

Lesung aus dem Buch Íjob.

Würden meine Worte doch geschrieben, würden sie doch in ein Buch eingeritzt, mit eisernem Griffel und mit Blei, für immer gehauen in den Fels. Doch ich, ich weiß: Mein Erlöser lebt, als Letzter erhebt er sich über dem Staub. Ohne meine Haut, die so zerfetzte, und ohne mein Fleisch werde ich Gott schauen. Ihn selber werde ich dann für mich schauen; meine Augen werden ihn sehen, nicht mehr fremd.

Wort des lebendigen Gottes.

IMPULS Das letzte Wort ist ein gutes und heilendes Wort. Seit über 2000 Jahren wird es Menschen zugesprochen, die in ihrem Leben Not und Leid durchstehen müssen, Krankheit, äußere und innere Nöte. »Ich weiß, dass mein Erlöser lebt«, so lautet es.
Trotz schweren Schicksalsschlägen bewahrt Ijob seinen Glauben an Gott. Er hält an ihm fest, erträgt den Spott seiner Umwelt und bleibt im Vertrauen. Er richtet seinen Blick durch alles Elend hindurch auf Gott. So findet er den Ausweg aus der Spirale von Verzweiflung und Resignation. In dieser Haltung stärkt er in sich das, was die heutige Psychologie Resilienz (innere Kraftquelle) nennt. Am Fest Allerseelen denken wir an die Menschen in unserem Leben, die uns vorangegangen sind und oftmals schweres Leid getragen haben. Wir danken ihnen und bitten darum, dass sie jetzt ewiges und geheiltes Leben bei Gott erfahren dürfen. Und wir denken an unser eigenes Leben und bitten um die Kraft, angesichts von Nöten und Krisen den Glauben und die Gottesbeziehung nicht zu verlieren.

ANTWORTPSALM Ps 42 (41),2–3.5bcd; Ps 43 (42),3–4 (Kv: 42 [41], 3a)

Kv Meine Seele dürstet nach Gott,
nach dem lebendigen Gott. – Kv

Wie der Hirsch lechzt nach frischem Wasser, *
so lechzt meine Seele, Gott, nach dir.
Meine Seele dürstet nach Gott, /

nach dem lebendigen Gott. *
Wann darf ich kommen
und erscheinen vor Gottes Angesicht? – (Kv)

Ich will in einer Schar einherziehn. *
Ich will in ihr zum Hause Gottes schreiten,
im Schall von Jubel und Dank *
in festlich wogender Menge. – (Kv)

Sende dein Licht und deine Wahrheit;
sie sollen mich leiten; *
sie sollen mich bringen zu deinem heiligen Berg
und zu deinen Wohnungen.
So will ich kommen zu Gottes Altar, /
zum Gott meiner Freude und meines Jubels. *
Ich will dir danken zur Leier, Gott, du mein Gott. – Kv

ZWEITE LESUNG Röm 14,7–9.10c–12

Lesung aus dem Brief des Apostels Paulus an die Gemeinde in Rom.

Schwestern und Brüder! Keiner von uns lebt sich selber und keiner stirbt sich selber: Leben wir, so leben wir dem Herrn, sterben wir, so sterben wir dem Herrn. Ob wir leben oder ob wir sterben, wir gehören dem Herrn. Denn Christus ist gestorben und lebendig geworden, um Herr zu sein über Tote und Lebende.
Wir werden alle vor dem Richterstuhl Gottes stehen. Denn es steht geschrieben: So wahr ich lebe, spricht der Herr, vor mir wird jedes Knie sich beugen und jede Zunge wird Gott preisen.
Also wird jeder von uns vor Gott Rechenschaft über sich selbst ablegen.

Wort des lebendigen Gottes.

IMPULS Man kann den Brief des Apostels Paulus an die Gemeinde in Rom als Ermahnung und Heilmittel gegen Egoismen lesen, die es wahrscheinlich im Gemeindeleben gab. Auf dem Hintergrund unserer derzeitigen Situation wirkt er fast wie ein Brandbrief. In vielen gesellschaftlichen – und kirchlichen – Kreisen breiten sich Haltungen aus, die das eigene Ego in den Mittelpunkt stellen. Dass »jeder seines eigenen Glückes Schmied sei«, wird zwar als Sprichwort zitiert, stellt sich jedoch beim genauen Hinsehen als Ideologie heraus. Wir Menschen brauchen einander und wir brauchen die Beziehung zu Gott, unserem Schöpfer und Ursprung. Dies gilt – so schreibt Paulus – im Leben und im Tod. Das Fest Allerseelen erinnert daran. Dankbar dürfen wir wahrnehmen, dass wir eingebunden sind ein Netz von Menschen, die vor uns lebten und mit uns auf dem Weg sind.

Ruf vor dem Evangelium — Mt 25,34

Lob dir, Christus, König und Erlöser!
Oder: Halleluja. – Kv

(So spricht der Herr:)
Kommt her, ihr, die ihr von meinem Vater gesegnet seid,
empfangt das Reich als Erbe,
das seit der Erschaffung der Welt für euch bestimmt ist!
Lob dir, Christus, König und Erlöser!

Evangelium — Joh 5,24–29

+ Aus dem heiligen Evangelium nach Johannes.

In jener Zeit sprach Jesus zu den Juden: Amen, amen, ich sage euch: Wer mein Wort hört und dem glaubt, der mich gesandt hat, hat das ewige Leben; er kommt nicht ins Gericht, sondern ist aus dem Tod ins Leben hinübergegangen.
Amen, amen, ich sage euch: Die Stunde kommt und sie ist schon da, in der die Toten die Stimme des Sohnes Gottes hören werden; und alle, die sie hören, werden leben. Denn wie der Vater das Leben in sich hat, so hat er auch dem Sohn gegeben, das Leben in sich zu haben. Und er hat ihm Vollmacht gegeben, Gericht zu halten, weil er der Menschensohn ist.
Wundert euch nicht darüber! Die Stunde kommt, in der alle, die in den Gräbern sind, seine Stimme hören und herauskommen werden: Die das Gute getan haben, werden zum Leben

auferstehen, die das Böse getan haben, werden zum Gericht auferstehen.

Evangelium unseres Herrn Jesus Christus.

IMPULS Mein Handeln hat Konsequenzen. Nicht irgendwann bei einem fernen Gericht, sondern hier und jetzt. So der eindringliche Text des Evangeliums. Jeden Tag, jede Stunde, in jeder Situation stelle ich durch meine Haltung und mein Tun Weichen und entscheide mich, ob ich in lebensfeindlichen und letztlich tödlichen Strukturen verharre oder mich glaubend Gott und dem Leben anvertraue. Die Stimme, die mich anfragt, kommt auf mich zu und ist schon da. Vielleicht ist es die größte Herausforderung, unter den vielen Stimmen, die auf uns einwirken, die Stimme Gottes zu erkennen und im Herzen wirken zu lassen. Oft geschieht dies in Krisenzeiten, wenn wir spüren und erkennen, dass der Weg, auf dem wir sind, nicht zum Ziel führt. Die Verheißung, die uns gegeben ist, steht klar am Anfang des Evangeliums, das am Fest Allerseelen zentral ist: Wer hört und glaubt hat bereits das ewige Leben, er ist aus der Dynamik des Todes ins Leben eingetreten.

CREDO (siehe Seite 520ff.)

FÜRBITTEN

Zu Gott, auf dessen Liebe wir im Leben und im Tod vertrauen dürfen, tragen wir unsere Bitten:

– Wir beten für alle, die einen Menschen verloren haben und in Schmerz und Trauer sind.

V: Gott unser Vater. A: Wir bitten dich, erhöre uns.

– Wir beten für die verwaisten Eltern, die den Verlust eines Kindes erleben mussten.

– Wir beten für die Opfer von Kriegen und Katastrophen, für alle die, durch Gewalt und Terror umkamen.

– Wir beten für unsere Vorfahren und alle, die uns im Leben und Glauben mit ihrer Fürsorge und Liebe begleitet haben.

– Wir beten für die Menschen, mit denen wir noch nicht im Frieden sind.

– Wir beten um die Zuversicht, dass die Liebe stärker ist als der Tod.

Gott, unser liebender Vater, Dir vertrauen wir uns an. Im Leben und im Tod sind wir in deiner Hand. Stärke uns, dass wir deine Stimme in unserem Leben nicht überhören und immer wieder den Weg zu Dir finden. Dir sei Lob und Dank, heute am Fest Allerseelen und alle Tage. Amen.

GABENGEBET

Formular I

Herr, unser Gott, schau gütig auf unsere Gaben. Nimm deine Diener und Dienerinnen auf in die Herrlichkeit deines Sohnes, mit dem auch wir durch das große Sakrament der Liebe verbunden sind. Darum bitten wir durch ihn, Christus, unseren Herrn.

Oder: Formular II

Allmächtiger und barmherziger Gott, du hast deine Diener und Dienerinnen durch das Wasser der Taufe geheiligt. Reinige sie im Blute Christi von ihren Sünden und führe sie voll Erbarmen zur letzten Vollendung. Darum bitten wir durch Christus, unseren Herrn.

Oder: Formular III

Herr, unser Gott, nimm die Gabe an, die wir darbringen für deine Diener und Dienerinnen und für alle, die in Christus entschlafen sind. Befreie durch dieses einzigartige Opfer unsere Verstorbenen aus den Fesseln des Todes und schenke ihnen das unvergängliche Leben. Darum bitten wir durch Christus, unseren Herrn.

PRÄFATION

Verstorbene I

In Wahrheit ist es würdig und recht, dir, Herr, heiliger Vater, allmächtiger, ewiger Gott, immer und überall zu danken durch unseren Herrn Jesus Christus. In ihm erstrahlt uns die Hoffnung, daß wir zur Seligkeit auferstehn. Bedrückt uns auch das Los des sicheren Todes, so tröstet uns doch die Verheißung der künftigen Unsterblichkeit. Denn deinen Gläubigen, o Herr, wird das Leben gewandelt, nicht genommen. Und wenn die Herberge der irdischen Pilgerschaft zerfällt, ist uns im Himmel eine ewige Wohnung bereitet. Darum singen wir mit den Engeln und Erzengeln, den Thronen und Mächten und mit all den Scharen des himmlischen Heeres den Hochgesang von deiner göttlichen Herrlichkeit.

Oder: Verstorbene II

Wir danken dir, Vater im Himmel, und rühmen dich durch unseren Herrn Jesus Christus. Denn er ist der Eine, der den Tod auf sich nahm für uns alle, damit wir im Tode nicht untergehn. Er ist der Eine, der für uns alle gestorben ist, damit wir bei dir in Ewigkeit leben. Durch ihn preisen dich deine Erlösten und singen mit den Chören der Engel das Lob deiner Herrlichkeit.

Oder: Verstorbene III

In Wahrheit ist es würdig und recht, dir, allmächtiger Vater, zu danken durch unseren Herrn Jesus Christus. Denn er ist das Heil der Welt, das Leben der Menschen, die Auferstehung der Toten. Durch ihn rühmen dich Himmel und Erde, Engel und Menschen und singen wie aus einem Munde das Lob deiner Herrlichkeit.

Oder: Verstorbene IV

In Wahrheit ist es würdig und recht, dir, Herr, heiliger Vater, allmächtiger, ewiger Gott, immer und überall zu danken. Denn in deinen Händen ruht unser Leben: Nach deinem Willen werden wir geboren und durch deine Führung geleitet. Nach deiner Verfügung empfangen wir den Sold der Sünde und kehren zurück zur Erde, von der wir genommen sind. Doch du hast uns erlöst durch das Kreuz deines Sohnes, darum erweckt uns einst dein Befehl zur Herrlichkeit der Auferstehung mit Christus. Durch ihn preisen wir jetzt und in Ewigkeit dein Erbarmen und singen mit den Chören der Engel das Lob deiner Herrlichkeit.

Oder: Verstorbene V

In Wahrheit ist es würdig und recht, dir, Herr, heiliger Vater, allmächtiger, ewiger Gott, immer und überall zu danken. Durch die Sünde kam der Tod in die Welt, und niemand kann ihm entrinnen. Doch deine Liebe hat die Macht des Todes gebrochen und uns gerettet durch den Sieg unseres Herrn Jesus Christus, der uns aus der Vergänglichkeit hinüberführt in das ewige Leben. Durch ihn rühmen dich Himmel und Erde. Engel und Menschen und singen wie aus einem Munde das Lob deiner Herrlichkeit.

Einladung zum Vaterunser

Das Gebet Jesu verbindet uns mit allen Menschen, die weltweit und zu allen Zeiten ihre Bitten und Sehnsüchte zu Gott getragen haben. Gemeinsam mit ihnen beten wir: Vater unser im Himmel …

Einladung zum Friedensgebet

Wahrer und gerechter Friede ist Gnade und Geschenk. Darum bitten wir immer wieder und heute in der Erinnerung an die Menschen, die vor uns gelebt und in ihrem Leben um den Frieden gerungen haben. Und so bitten wir: Herr Jesus Christus …

Kommunionvers

Formular I Joh 11,25–26

So spricht der Herr: Ich bin die Auferstehung und das Leben; wer an mich glaubt, wird leben, auch wenn er stirbt, und jeder, der lebt und an mich glaubt, wird in Ewigkeit nicht sterben.

Oder: Formular II Vgl. 5Esra 2,35.34 (apokr.)

Das ewige Licht leuchte ihnen, o Herr, bei deinen Heiligen in Ewigkeit; denn du bist unser Vater. Herr, gib ihnen die ewige Ruhe, und das ewige Licht leuchte ihnen; denn du bist unser Vater.

Oder: Formular III Phil 3,20–21

Wir erwarten den Retter, den Herrn Jesus Christus, der unseren armseligen Leib verwandeln wird in die Gestalt seines verherrlichten Leibes.

SCHLUSSGEBET

Formular I

Barmherziger Gott, wir haben das Gedächtnis des Todes und der Auferstehung Christi gefeiert für unsere Brüder und Schwestern. Führe sie vom Tod zum Leben, aus dem Dunkel zum Licht, aus der Bedrängnis in deinen Frieden. Darum bitten wir durch Christus, unseren Herrn.

Oder: Formular II

Herr, unser Gott, wir haben das Mahl deines Sohnes gefeiert, der sich für uns geopfert hat und in Herrlichkeit auferstanden ist. Erhöre unser Gebet für deine Diener und Dienerinnen. Läutere sie durch das österliche Geheimnis Christi und laß sie auferstehen zur ewigen Freude. Darum bitten wir durch Christus, unseren Herrn.

Oder: Formular III

Barmherziger Gott, wir haben das Opfer dargebracht, das du in Gnaden annimmst. Erbarme dich unserer Verstorbenen. Du hast sie in der Taufe als deine Kinder angenommen; schenke ihnen in der Freude des Himmels das verheißene Erbe. Darum bitten wir durch Christus, unseren Herrn.

SCHLUSSSEGEN

Für Verstorbene

Die Gnade seines Segens schenke euch der Gott allen Trostes, der uns aus Liebe erschaffen und uns in Christus die Hoffnung auf die selige Auferstehung geschenkt hat.

Den Lebenden gewähre er die Verzeihung der Sünden, die Verstorbenen führe er in sein Licht und seinen Frieden.

Der Lebenden und der Toten erbarme sich Christus, der wahrhaft aus dem Grabe erstanden ist.

Das gewähre euch der dreieinige Gott, der Vater und der Sohn † und der Heilige Geist.

Dass Liebe ins Jenseits hinüberreichen kann, dass ein beiderseitiges Geben und Nehmen möglich ist, in dem wir einander über die Grenze des Todes hinweg zugetan bleiben, ist eine Grundüberzeugung der Christenheit durch alle Jahrhunderte hindurch gewesen und bleibt eine tröstliche Erfahrung auch heute.
Wer empfände nicht das Bedürfnis, seinen ins Jenseits vorangegangenen Lieben ein Zeichen der Güte, der Dankbarkeit oder auch der Bitte um Vergebung zukommen zu lassen?

Papst Benedikt XVI., Enzyklika »Spe Salvi«, 30. Nov.2007

WEIHETAG DER LATERANBASILIKA
9. November 2025

Ich sah die heilige Stadt, das neue Jerusalem,
von Gott her aus dem Himmel herabkommen.
Sie war bereit wie eine Braut,
die sich für ihren Mann geschmückt hat.
Offb 21,2

Der Weihetag der Lateranbasilika lässt die Sehnsucht in uns wachsen nach der Kirche als einem weiten, bergenden Raum, in dem alle Menschen Schutz und Heimat finden. Die Texte des Tages sprechen davon. Das neue Jerusalem kommt auf uns zu; es wird uns geschenkt – von Gott geschenkt. Gerade in einer Zeit, in der wir mit unseren eigenen Bemühungen an Grenzen und Mauern stoßen, wird uns vom Himmel her eröffnet, was wir aus eigener Kraft nicht schaffen. Als »Mutter und Haupt aller Kirchen der Stadt und des Erdkreises« geht von der Basilika eine weltweite Botschaft aus, die Antwort ist auf die Hoffnung nach Gemeinschaft und Frieden.

KYRIE-RUFE

Herr Jesus Christus, es ist dein heiliger Wille, dass die Kirche zu einem Zeichen der Hoffnung für alle Menschen wird.
Herr, erbarme dich.
Du schenkst uns, was wir aus eigenen Kräften nicht vermögen
Christus, erbarme dich.
Du rufst uns in die Nachfolge und in deine Nähe.
Herr, erbarme dich.

GLORIA (siehe Seite 516f.)

TAGESGEBET

Erhabener Gott, du erbaust dir aus lebendigen und erlesenen Steinen ein ewiges Haus. Mache die Kirche reich an Früchten des Geistes, den du ihr geschenkt hast, und laß alle Gläubigen in der Gnade wachsen, bis das Volk, das dir gehört, im himmlischen Jerusalem vollendet wird. Darum bitten wir durch Jesus Christus.

Oder:

Allmächtiger Gott, du hast gewollt, daß dein Volk Kirche heiße, denn wir sind das Haus, in dem deine Herrlichkeit wohnt. Gib, daß die Gläubigen, die sich in deinem Namen versammeln, dich ehren, dich lieben und dir gehorchen, damit sie unter deiner Führung das ewige Erbe erlangen. Darum bitten wir durch Jesus Christus.

ERSTE LESUNG

Ez 47,1–2.8–9.12

Lesung aus dem Buch Ezéchiel.

Der Mann, der mich begleitete, führte mich zum Eingang des Tempels und siehe, Wasser strömte unter der Tempelschwelle hervor nach Osten hin; denn die vordere Seite des Tempels schaute nach Osten. Das Wasser floss unterhalb der rechten Seite des Tempels herab, südlich vom Altar.
Dann führte er mich durch das Nordtor hinaus und ließ mich außen herum zum äußeren Osttor gehen. Und siehe, das Wasser rieselte an der Südseite hervor.
Er sagte zu mir: Dieses Wasser fließt hinaus in den östlichen Bezirk, es strömt in die Áraba hinab und mündet in das Meer, in das Meer mit dem salzigen Wasser. So wird das salzige Wasser gesund. Wohin der Fluss gelangt, da werden alle Lebewesen, alles, was sich regt, leben können und sehr viele Fische wird es geben. Weil dieses Wasser dort hinkommt, werden sie gesund; wohin der Fluss kommt, dort bleibt alles am Leben. An beiden Ufern des Flusses wachsen alle Arten von Obstbäumen.
Ihr Laub wird nicht welken und sie werden nie ohne Frucht sein. Jeden Monat tragen sie frische Früchte; denn ihre Wasser kommen aus dem Heiligtum. Die Früchte werden als Speise und die Blätter als Heilmittel dienen.

Wort des lebendigen Gottes.

IMPULS Die Vision des Propheten Ezechiel weckt Sehnsucht. Die Sehnsucht nach einem Leben in Frieden, in fruchtbarem Land. In einem weiten Ausblick schaut der Prophet in eine Zukunft, die jenseits der Schreckensbilder des zerstörten Tempels in der Zeit der babylonischen Gefangenschaft liegt. Die Bilder jener Zeit ähneln denen, die wir in diesen Tagen erleben. Zerstörungen durch Terror und Krieg, Krankenhäuser und Gotteshäuser, die als rauchende Trümmer klagend und mahnend in den Himmel ragen. Der Lesungstext formuliert eine Hoffnung. Vertreibung, Zerstörung und Tod sind nicht das letzte Wort. Aus dem wiedererrichteten Haus Gottes quillt neues Leben hervor, ergiesst sich in alle Richtungen. Die Wüste wird zum fruchtbaren Land und Lebensraum für die Menschen. Allein diese Hoffnung kann Kraft und Stärke geben zum Einsatz für Frieden, Gerechtigkeit und Solidarität, damals und heute.

ANTWORTPSALM

Ps 46 (45),2–3.5–6.8–9 (Kv: vgl. 5)

Kv Des Stromes Wasser erfreuen die Gottesstadt,
des Höchsten heilige Wohnung. – Kv

Gott ist uns Zuflucht und Stärke, *
als mächtig erfahren, als Helfer in allen Nöten.
Darum fürchten wir uns nicht, wenn die Erde auch wankt, *
wenn Berge stürzen in die Tiefe des Meeres. – (Kv)

Eines Stromes Arme erfreuen die Gottesstadt, *
des Höchsten heilige Wohnung.
Gott ist in ihrer Mitte, sie wird nicht wanken. *
Gott hilft ihr, wenn der Morgen anbricht. – (Kv)

Mit uns ist der HERR der Heerscharen, *
der Gott Jakobs ist unsre Burg.
Kommt und schaut die Taten des HERRN, *
der Schauder erregt auf der Erde. – Kv

Zweite Lesung

1 Kor 3,9c–11.16–17

Lesung aus dem ersten Brief des Apostels Paulus an die Gemeinde in Korínth.

Schwestern und Brüder! Ihr seid Gottes Bau.
Der Gnade Gottes entsprechend, die mir geschenkt wurde, habe ich wie ein weiser Baumeister den Grund gelegt; ein anderer baut darauf weiter. Aber jeder soll darauf achten, wie er weiterbaut.
Denn einen anderen Grund kann niemand legen als den, der gelegt ist: Jesus Christus.
Wisst ihr nicht, dass ihr Gottes Tempel seid und der Geist Gottes in euch wohnt? Wer den Tempel Gottes zerstört, den wird Gott zerstören. Denn Gottes Tempel ist heilig und der seid ihr.

Wort des lebendigen Gottes.

IMPULS Christus selbst legt den Grund, auf dem unser Lebenshaus errichtet ist. Er selbst will in uns Wohnung nehmen. Menschen, die durch belastete Biographien oder psychische Erkrankungen leiden, fragen sich, ob es etwas gibt in ihrer Seele, das heil und unangetastet ist. Paulus gibt eine Antwort, die aufatmen lässt. In jedem Menschen gibt es einen heiligen Raum, in dem Gott selbst wohnen will. Dass wir Tempel Gottes sind, gibt uns eine unzerstörbare Würde. Wer diese angreift und missachtet, erhebt sich gegen Gott. Gottesliebe und Menschenliebe sind nicht trennbar. Der Tempel Gottes ist heilig und in uns ist dieser Tempel von Gott selbst errichtet.

Ruf vor dem Evangelium

Vgl. 2 Chr 7,16

Halleluja. Halleluja.
(So spricht Gott, der Herr:)
Ich habe dieses Haus erwählt und geheiligt,
damit mein Name hier sei auf ewig.
Halleluja.

EVANGELIUM

Joh 2,13–22

+ Aus dem heiligen Evangelium nach Johannes.

Das Paschafest der Juden war nahe und Jesus zog nach Jerusalem hinauf. Im Tempel fand er die Verkäufer von Rindern, Schafen und Tauben und die Geldwechsler, die dort saßen.
Er machte eine Geißel aus Stricken und trieb sie alle aus dem Tempel hinaus samt den Schafen und Rindern; das Geld der Wechsler schüttete er aus, ihre Tische stieß er um und zu den Taubenhändlern sagte er: Schafft das hier weg, macht das Haus meines Vaters nicht zu einer Markthalle! Seine Jünger erinnerten sich, dass geschrieben steht: Der Eifer für dein Haus wird mich verzehren.
Da ergriffen die Juden das Wort und sagten zu ihm: Welches Zeichen lässt du uns sehen, dass du dies tun darfst?
Jesus antwortete ihnen: Reißt diesen Tempel nieder und in drei Tagen werde ich ihn wieder aufrichten.
Da sagten die Juden: Sechsundvierzig Jahre wurde an diesem Tempel gebaut und du willst ihn in drei Tagen wieder aufrichten?
Er aber meinte den Tempel seines Leibes.
Als er von den Toten auferweckt war, erinnerten sich seine Jünger, dass er dies gesagt hatte, und sie glaubten der Schrift und dem Wort, das Jesus gesprochen hatte.

Evangelium unseres Herrn Jesus Christus.

IMPULS Jesus empfindet Zorn, heiligen Zorn. Seine Wut richtet sich gegen die Händler und Geldwechsler, die das Haus seines Vaters zu einer Markthalle machen. Nicht weil sie ihrem Geschäft nachgehen, sondern weil sie mit ihrem Treiben den Blick auf die Mitte des Tempels – auf Gott selbst – trüben und verstellen. Das Innerste wird veräußerlicht.
Eine Übertragung auf unsere Situation fällt nicht schwer. Wie oft wird mit der Sehnsucht der Menschen nach Liebe und Heimat, nach Wertschätzung und Geborgenheit ein Geschäft gemacht.

Menschen werden manipuliert und ausgenutzt, um Geschäfte daraus zu machen. In subtiler Weise erscheinen religiöse Symbole und Sprache in Werbesprüchen. Gottes Tempel in uns wird zur Markthalle. Jesus will die Wohnstatt Gottes in uns befreien von allem, was uns voneinander und von Gott trennt. Mit heiligem Eifer kämpft er für uns – wenn wir es zulassen. Daran erinnert das Fest, das wir feiern am heutigen Tag. Der Gedanke, dass Jesus selbst für uns streitet ist befreiend. Dass er es nicht nur mit liebevollen und mahnenden Worten tut, sondern mit Eifer und Zorn, kann auch die eigene Kraft stärken.

CREDO (siehe Seite 520ff.)

FÜRBITTEN

Herr Jesus Christus, du willst in uns deine Wohnstatt nehmen. Zu dir bringen wir unsere Bitten und Anliegen:

– Stärke in uns die Hoffnung und das Vertrauen, dass die Kirche durch alle Krisen hindurch Schutz und Heimat für alle Menschen ist.

V: Christus höre uns. A: Christus erhöre uns.

– Öffne unsere Herzen für dein Wirken. Bewahre uns davor, das Geheimnis deiner Gegenwart zu veräußerlichen. Schenke uns Zeiten der Stille und der Begegnung mit dir.

– Für alle Menschen, die Opfer geworden sind von Kriegen und Gewalt. Zeige ihnen Wege und Auswege, damit die Hoffnung in den Herzen nicht stirbt.

– Für Kinder und Jugendliche, die sich nach einem sinnvollen Leben in Liebe und Wertschätzung sehnen. Lass sie Menschen begegnen, die ihnen den Weg zu dir glaubwürdig zeigen.

Herr Jesus Christus, du lebst und wirkst in uns. Bleibe uns nahe und höre unsere Bitten, heute und an allen Tagen unseres Lebens. Amen.

Gabengebet

Herr und Gott, nimm unsere Gaben an, schenke uns durch deine Sakramente Kraft und Zuversicht und erhöre alle, die an deiner heiligen Stätte zu dir beten. Darum bitten wir durch Christus, unseren Herrn.

Präfation

Jahrgedächtnis einer Kirchweihe

In Wahrheit ist es würdig und recht, dir, Vater im Himmel, zu danken und deine Größe zu rühmen. In jedem Haus des Gebetes wohnst du als Spender der Gnade, als Geber alles Guten: Denn du erbaust uns zum Tempel des Heiligen Geistes, dessen Glanz im Leben der Gläubigen aufstrahlt. Im sichtbaren Bau erkennen wir das Bild deiner Kirche, die du zur Braut deines Sohnes erwählt hast. Du heiligst sie Tag für Tag, bis du sie, unsere Mutter, in die Herrlichkeit aufnimmst mit der unzählbaren Schar ihrer Kinder. Darum preisen wir dich in deiner Kirche und vereinen uns mit allen Engeln und Heiligen zum Hochgesang von deiner göttlichen Herrlichkeit.

Einladung zum Vaterunser

In der Verbundenheit mit der Kirche in der ganzen Welt beten wir gemeinsam und voll Vertrauen das Gebet, das Jesus selbst uns gelehrt hat: Vater unser im Himmel …

Einladung zum Friedensgebet

Aus eigener Kraft vermögen wir keinen stabilen und gerechten Frieden zu schaffen. In der Hoffnung auf die Kraft Gottes, die Jesus Christus der Welt schenkt, beten wir voll Vertrauen: Herr Jesus Christus …

Kommunionvers

1 Petr 2,5

Lasst euch als lebendige Steine zu einem geistigen Haus aufbauen, zu einer heiligen Priesterschaft.

Schlussgebet

Allmächtiger Gott, du hast uns in der Kirche auf Erden ein Abbild des himmlischen Jerusalem geschenkt. Mache uns durch diese heilige Kommunion zum Tempel deiner Gnade und laß uns dorthin gelangen, wo deine Herrlichkeit thront. Darum bitten wir durch Christus, unseren Herrn.

Schlusssegen

Am Kirchweihfest

Den Reichtum seines Segens schenke euch der Herr des Himmels und der Erde, der uns versammelt hat zum Weihefest der Lateranbasilika.

Er hat Christus zum Eckstein seiner Kirche gemacht; er füge euch darin ein als lebendige Steine.

Der Heilige Geist wohne in euren Herzen und mache sie zum Tempel Gottes, damit ihr einst wohnen dürft im himmlischen Jerusalem.

Das gewähre euch der dreieinige Gott, der Vater und der Sohn † und der Heilige Geist.

Missionar ist jeder, der dort, wo er ist, als
Werkzeug der Liebe Gottes lebt.
Es ist jeder, der alles tut, damit Jesus
durch sein Zeugnis sein Gebet, seine Fürbitte
sichtbar wird. Das ist apostolischer Eifer,
der – das sollten wir uns immer vor Augen halten –
niemals durch Zwang wirkt, sondern allein durch
Anziehung. Man wird nicht Christ, weil man von
Jemandem gezwungen wird, sondern weil man
von der Liebe berührt wird.

Papst Franziskus, Generalaudienz zu Theresia von Lisieux, Juni 2023

33. SONNTAG IM JAHRESKREIS
16. November 2025

So spricht der Herr:
Ich sinne Gedanken des Friedens und nicht des Unheils.
Wenn ihr mich anruft, so werde ich euch erhören
und euch aus der Gefangenschaft
von allen Orten zusammenführen.
Jer 29,11.12.14

Im November 1964 stand das Zweite Vatikanische Konzil während seiner dritten Sitzungsperiode Spitz auf Knopf. Die Konzilsväter, die inzwischen gewillt waren, das Konzil zu einem Aufbruch der Kirche in die Moderne werden zu lassen, spürten zunehmend den Widerstand der Bewahrer, die meinten, die Kirche des Heiligen Geistes vor dem Zeitgeist der Gegenwart schützen zu müssen. Doch als Papst Paul VI. höchst selbst in das Verfahren eingriff, löste dies die sogenannte Novemberkrise des Konzils aus. Am 14. November 1964 verfügte Papst Paul VI. die Hinzufügung einer Fußnote in der Kirchenkonstitution, auf deren Form und Inhalt das Konzil keinen Einfluss nehmen durfte. Mit dieser Nota wurde der Primat gegenüber der Kollegialität der Bischöfe deutlich gestärkt. Der 19. November 1964 wurde schließlich zum schwarzen Donnerstag des Konzils. Da wurde nicht nur die Abstimmung über die Erklärung über die Religionsfreiheit auf das kommende Jahr vertagt, es wurde ebenso bekannt, dass auf Intervention des Papstes In das Schema uber die Ökumene 19 Änderungen eingefügt worden sind. Auch wenn sich diese drei Vorgänge im Nachgang als positiv für das Konzil erwiesen, so sorgten sie doch für Bestürzung: Denn sie wurden rein autoritativ von oberster Stelle verfügt, ohne dass das Konzil daran beteiligt wurde. Das kränkte die Bischöfe, die sich in ihrer Verantwortung als Konzilsväter für die ganze Weltkirche in Anbetracht der vielfältigen Herausforderungen sahen. Und sie bestärkte nach außen die Sicht auf die römische Kurie, die sich nur in ihrer Autorität zu halten wusste und den Reformen Einhalt gebieten wollte.

In Kirchenkreisen wird gerne die lateinische Sentenz »Ecclesia semper reformanda« (zu Deutsch »die Kirche muss beständig reformiert werden«) zitiert, wenngleich eine Bereitschaft dazu nur schwerlich auszumachen ist. In einer Zeit, die nur noch geprägt zu sein scheint von Strukturdebatten und Gemeindefusionen, von Kirchenskandalen und Kirchenaustritten, braucht es eine Erneuerung der Kirche. Das ist nötig auf verschiedenen Ebenen: sowohl in ihrem Selbstverständnis als »Sakrament, Zeichen und Werkzeug« für die Verbindung von Gott und Mensch, so die Kirchenkonstitution gleich zu Beginn des Textes (vgl. LG 1), als auch in ihrem pastoralen Bemühen, den Menschen auf der Suche nach dem Sinn des Lebens ein verlässlicher Begleiter zu sein. Die gegenwärtigen Herausforderungen, die sich uns als Kirche in der Welt stellen, sind ein deutlicher Wink des Heiligen Geistes, damit wir nur ja nicht den Bezug zur Welt und zum Leben der Menschen verlieren. Die Texte an diesem Sonntag sind hierfür Zuspruch und Ermutigung zugleich.

Kyrie-Rufe

Herr Jesus, du Haupt deiner Kirche.
Kyrie, eleison.
Dein Geist bewahrte das Gute und drängt zugleich zum Aufbruch.
Christe, eleison.
Herr Jesus, in deinen Händen liegt unsere Zukunft.
Kyrie, eleison.

Gloria (siehe Seite 516f.)

Tagesgebet

Gott, du Urheber alles Guten, du bist unser Herr. Laß uns begreifen, daß wir frei werden, wenn wir uns deinem Willen unterwerfen, und daß wir die vollkommene Freude finden, wenn wir in deinem Dienst treu bleiben. Darum bitten wir durch Jesus Christus.

ERSTE LESUNG Mal 3,19–20b

Lesung aus dem Buch Maleachi.

Seht, der Tag kommt, er brennt wie ein Ofen: Da werden alle Überheblichen und alle Frevler zu Spreu und der Tag, der kommt, wird sie verbrennen, spricht der HERR der Heerscharen. Weder Wurzel noch Zweig wird ihnen dann bleiben.
Für euch aber, die ihr meinen Namen fürchtet, wird die Sonne der Gerechtigkeit aufgehen und ihre Flügel bringen Heilung.

Wort des lebendigen Gottes.

IMPULS In vielen Ratgebern finden sich wertvolle Hinweise, um wieder Ordnung in das Leben zu bringen. Da geht es ums »Aufräumen«, damit unnötiger Ballast entfernt und Offenheit für Neues geschaffen wird. Was für Kellerräume und Küchenschubladen gilt, hat auch eine Bedeutung für unser Leben. »Noch trägt uns böser Tage schwere Last« singen wir in einem Kirchenlied. Wenn in der Lesung aus dem Buch Maleachi das »Feuer« entfacht wird, dann ist dies ein Bild für eine reinigende und durchaus auch heilende Läuterung. Wie das Metall im Feuer von Dreck und Staub gereinigt und für die Verarbeitung veredelt wird, so dürfen auch wir uns immer wieder dem Prozess einer Erneuerung unterziehen.

ANTWORTPSALM Ps 98 (97),5–6.7–8.9 (Kv: vgl. 9a)

Kv Der HERR wird kommen, um die Erde zu richten. – Kv

Spielt dem HERRN auf der Leier, *
auf der Leier zu lautem Gesang!
Mit Trompeten und lautem Widderhorn *
jauchzt vor dem HERRN, dem König! – Kv

Es brause das Meer und seine Fülle, *
der Erdkreis und seine Bewohner.
In die Hände klatschen sollen die Ströme, *
die Berge sollen jubeln im Chor. – Kv

Jubeln sollen alle vor dem HERRN, denn er kommt, *
um die Erde zu richten.
Er richtet den Erdkreis in Gerechtigkeit, *
die Völker so, wie es recht ist. – Kv

ZWEITE LESUNG 2 Thess 3,7–12

Lesung aus dem zweiten Brief des Apostels Paulus an die Gemeinde in Thessalonich.

Schwestern und Brüder! Ihr selbst wisst, wie man uns nachahmen soll. Wir haben bei euch kein unordentliches Leben geführt und bei niemandem unser Brot umsonst gegessen; wir haben uns gemüht und geplagt, Tag und Nacht haben wir gearbeitet, um keinem von euch zur Last zu fallen.
Nicht als hätten wir keinen Anspruch auf Unterhalt; wir wollten euch aber ein Beispiel geben, damit ihr uns nachahmen könnt.
Denn als wir bei euch waren, haben wir euch geboten: Wer nicht arbeiten will, soll auch nicht essen.
Wir hören aber, dass einige von euch ein unordentliches Leben führen und alles Mögliche treiben, nur nicht arbeiten.
Diesen gebieten wir und wir ermahnen sie in Jesus Christus, dem Herrn, in Ruhe ihrer Arbeit nachzugehen und ihr eigenes Brot zu essen.

Wort des lebendigen Gottes.

IMPULS Die Lesung zeigt, dass es durchaus Mühen macht und Mühen kostet, wenn man sich mit dem Erreichten niemals zufriedengibt, sondern im Leben weiterkommen möchte. Paulus war mit Stillstand niemals zufrieden. Rast- und ruhelos war er für das Evangelium im Einsatz. Die größte Mühe war es jedoch, das Wort des Lebens immer aktuell in den Kontext seiner Zuhörerinnen und Zuhörer übertragen zu können. Zugleich wollte er die Gemeinden, in denen er wirkte und zu denen er reiste, in Bewegung halten – einer Bewegung auf den kommenden Christus hin.

Zu dieser Bewegung sollen auch wir uns eingeladen fühlen. Vieles hat sich in der Kirche und in der Welt in den letzten Jahren ereignet, sodass ganz oft von dem »Ende der Volkskirche« gesprochen wird. Wir haben daher eine große Aufgabe vor uns: Im Leben der Menschen die Frage nach Gott wachzuhalten. Ja, vieles von dem, was Volkskirche und Glaubenspraxis ausmachte, ist weggebrochen. Und wir machen uns nichts vor: Auch weiterhin gilt, dass kein Stein auf dem anderen stehen bleibt – es wird sich einiges verändern, müssen wir von liebgewonnen Dingen Abschied nehmen, was uns schmerzen wird. Aber in allem haben wir doch die Chance, den Wandel gestalten zu können. Wir müssen heute etwas wagen, damit es nicht schon morgen zu spät ist.

Ruf vor dem Evangelium — Lk 21,28

Halleluja. Halleluja.
Richtet euch auf und erhebt euer Haupt;
denn eure Erlösung ist nahe.
Halleluja.

Evangelium — Lk 21,5–19

+ Aus dem heiligen Evangelium nach Lukas.

In jener Zeit, als einige darüber sprachen, dass der Tempel mit schön bearbeiteten Steinen und Weihegeschenken geschmückt sei, sagte Jesus: Es werden Tage kommen, an denen von allem, was ihr hier seht, kein Stein auf dem andern bleibt, der nicht niedergerissen wird.
Sie fragten ihn: Meister, wann wird das geschehen und was ist das Zeichen, dass dies geschehen soll?
Er antwortete: Gebt Acht, dass man euch nicht irreführt!
Denn viele werden unter meinem Namen auftreten und sagen: Ich bin es! und: Die Zeit ist da. – Lauft ihnen nicht nach!
Wenn ihr von Kriegen und Unruhen hört, lasst euch nicht erschrecken! Denn das muss als Erstes geschehen; aber das Ende kommt noch nicht sofort.

Dann sagte er zu ihnen: Volk wird sich gegen Volk und Reich gegen Reich erheben.
Es wird gewaltige Erdbeben und an vielen Orten Seuchen und Hungersnöte geben; schreckliche Dinge werden geschehen und am Himmel wird man gewaltige Zeichen sehen.
Aber bevor das alles geschieht, wird man Hand an euch legen und euch verfolgen. Man wird euch den Synagogen und den Gefängnissen ausliefern, vor Könige und Statthalter bringen um meines Namens willen.
Dann werdet ihr Zeugnis ablegen können.
Nehmt euch also zu Herzen, nicht schon im Voraus für eure Verteidigung zu sorgen; denn ich werde euch die Worte und die Weisheit eingeben, sodass alle eure Gegner nicht dagegen ankommen und nichts dagegen sagen können.
Sogar eure Eltern und Geschwister, eure Verwandten und Freunde werden euch ausliefern und manche von euch wird man töten.
Und ihr werdet um meines Namens willen von allen gehasst werden.
Und doch wird euch kein Haar gekrümmt werden.
Wenn ihr standhaft bleibt, werdet ihr das Leben gewinnen.

Evangelium unseres Herrn Jesus Christus.

IMPULS Dieses Wort aus dem Evangelium, das Jesus als Mahnung an seine Jünger spricht, lässt sich deuten im Kontext aller Umbrüche und Aufbrüche, die wir als Kirche aktuell erleben. Den Blick auf den Tempel gerichtet, sagt Jesus: »Es werden Tage kommen, an denen von allem, was ihr hier seht, kein Stein auf dem anderen bleibt, der nicht niedergerissen wird« (vgl. Lk 21,6). Aus den Erkenntnissen der Bibelwissenschaft wissen wir natürlich, dass Jesus hier eine Prophezeiung ausspricht, die zur Zeit der schriftlichen Niederlegung des Lukasevangeliums bereits Realität ist: Der Tempel von Jerusalem steht nicht mehr, er wurde von den Römern geplündert und bis auf seine Grundmauern zerstört. Es kann also sein, dass man Jesus dieses geschichtliche Ereignis als Ankündigung nachträglich in den Mund gelegt hat. Es ist anzunehmen, dass Jesus mit seinen Jüngern in einiger Entfernung zum Tempel stand und die ganze Szenerie in Augenschein genommen hat. Dieser Abstand tat gut: Jetzt sah man erst die Schönheit des Tempels, wohl wissend, dass rund um den Kult und dem emsigen Tempeltreiben durchaus auch Unschönes geschieht. Erst wenige Verse zuvor berichtet Lukas, wie Jesus die Händler aus dem Tempel treibt und voller Erregung spricht: »Mein Haus soll ein Haus des Gebetes sein. Ihr aber habt daraus eine Räuberhöhle gemacht« (vgl. Lk 19,46). Das schöne Äußere des Tempelkults hat bis zu diesem Zeitpunkt die hässliche Seite des Tempeltreibens überdecken können. Jetzt sagt Jesus ungeschminkt die Wahrheit und zieht so den Hass der Leute auf sich. Klar, dass er sich bei so vielen offenen Worten auch die Frage nach der Vollmacht stellen und sich rechtfertigen muss. Er tut es – und er bereitet seine Jünger auf Veränderungen vor, die kommen werden. Er ahnt, dass seine Jünger mit Verlustängsten darauf reagieren werden, dass es innerhalb der Jüngergemeinschaft zu Uneinigkeit und zu Streit kommen wird. Daher mahnt er: »Wenn ihr standhaft bleibt, werdet ihr das Leben gewinnen« (vgl. Lk 21,19).

CREDO (siehe Seite 520ff.)

FÜRBITTEN

Im Gebet wenden wir uns in den Anliegen von Kirche und Welt an den barmherzigen Gott:

V: Barmherziger Gott. A: Wir bitten dich, erhöre uns.

– Für alle Mitarbeiter der Kirche in unseren Bistümern und Gemeinden: um Glaubwürdigkeit und Barmherzigkeit.

– Für alle, die sich von dir abgewandt haben, und für alle, die an anderen schuldig geworden sind: um die Gnade eines Neuanfangs.

– Für alle, die unter Hass, Feindschaft und Streit zu leiden haben: um Versöhnung und Frieden.

– Für die Eltern, Lehrer und Erzieher, die junge Menschen auf dem Weg ins Leben begleiten: um die Gaben des Heiligen Geistes.

– Für unsere Verstorbenen: um die Erfüllung ihrer Hoffnung auf das ewige Leben.

Barmherziger Gott, du kennst unsere Anliegen, Sorgen und Nöte und kommst uns mit deiner Gnade und Barmherzigkeit entgegen. Dafür sind wir dir dankbar und loben und preisen dich jetzt und in Ewigkeit. Amen.

Gabengebet

Herr, unser Gott, die Gabe, die wir darbringen, schenke uns die Kraft, dir treu zu dienen, und führe uns zur ewigen Gemeinschaft mit dir. Darum bitten wir durch Christus, unseren Herrn.

Präfation

Sonntage II

In Wahrheit ist es würdig und recht, dir, allmächtiger Vater, zu danken und das Werk deiner Gnade zu rühmen durch unseren Herrn Jesus Christus. Denn aus Erbarmen mit uns sündigen Menschen ist er Mensch geworden aus Maria, der Jungfrau. Durch sein Leiden am Kreuz hat er uns vom ewigen Tod befreit und durch seine Auferstehung uns das unvergängliche Leben erworben. Darum preisen dich deine Erlösten und singen mit den Chören der Engel das Lob deiner Herrlichkeit.

Einladung zum Vaterunser

Gott steht zu uns in aller Veränderung und in allen Umbrüchen dieser Zeit. Sein Ja zu uns hat dauerhaft Gütigkeit. So beten wir zu ihm: Vater unser im Himmel …

Einladung zum Friedensgebet

Jesus ist in die Welt gekommen, um zusammenzuführen, zu einen und zu heilen. So bitten wir ihn: Herr Jesus Christus …

Kommunionvers

Ps 73 (72),28

Gott nahe zu sein ist mein Glück. Ich setze mein Vertrauen auf Gott, den Herrn.

Oder:

Mk 11,23–24

So spricht der Herr: Amen, ich sage euch: Betet und bittet, um was ihr wollt, glaubt nur, daß ihr es schon erhalten habt, dann wird es euch zuteil.

Schlussgebet

Barmherziger Gott, wir haben den Auftrag deines Sohnes erfüllt und sein Gedächtnis begangen. Die heilige Gabe, die wir in dieser Feier empfangen haben, helfe uns, daß wir in der Liebe zu dir und unseren Brüdern Christus nachfolgen, der mit dir lebt und herrscht in alle Ewigkeit.

Schlusssegen

Im Jahreskreis III

Der allmächtige Gott gewähre euch Segen und Heil; er offenbare euch die Wege seiner Weisheit.
Er stärke euren Glauben durch sein Wort und schenke euch die Gnade, nach seinen Geboten zu leben, damit in allem sein Wille geschehe.
Er lenke eure Schritte auf den Weg des Friedens; er mache euch beharrlich im Guten und vollende euch in der Liebe.
Das gewähre euch der allmächtige Gott, der Vater und der Sohn ✝ und der Heilige Geist.

Mit Standhaftigkeit ist kein Abschotten gemeint. Standhaftigkeit, das ist doch das Gewahrwerden einer Situation, der man sich tatkräftig stellen muss, in der man – ohne seine eigenen Prinzipien zu verraten oder leichtfertig aufzugeben – für eine Sache einsteht und ungeachtet eigener Interessen und Absichten zum Gemeinwohl beiträgt. Den Blick für das Ganze haben und dem Wesentlichen auf den Zahn fühlen, diesem soll man sich standhaft widmen. Dazu braucht es Mut und Entschlossenheit im Zuhören, im Urteilen und im Finden von Entscheidungen. Denn wer fragt, der kriegt Antworten, auch solche, die man lieber nicht hören will. Aber genau dazu ist es Zeit. Denn nur im Hören auf das Volk Gottes hören wir auch, was das Gebot der Stunde sein könnte, was die »Zeichen der Zeit« deuten, um es mit dem Bild des Evangeliums zu sagen.

Die Kirche ist kein statisches System, sondern sie ist vielmehr ein dynamisches Prinzip. Sie schafft Bewegung und dient dem Wandel, wo doch gerade die Wandlung den Mittelpunkt ihres Tuns und Seins bildet. Haben wir also den Mut, der weit verbreiteten Krise der Hoffnungslosigkeit in der Kirche entgegenzutreten. Erschließen wir uns neue Wege, um uns selbst und anderen Menschen zu helfen, die Spuren Gottes in ihrem Leben zu entdecken und das Glück, das man selbst in Gott gefunden hat, auch ihnen mitzuteilen, damit auch sie das Leben gewinnen (vgl. Lk 21,19).

Sascha Jung

CHRISTKÖNIGSSONNTAG

Hochfest

23. November 2025

Würdig ist das Lamm, das geschlachtet ist,
Macht zu empfangen,
Reichtum und Weisheit, Kraft und Ehre.
Ihm sei die Herrlichkeit und die Herrschermacht in Ewigkeit.
Offb 5,12; 1,6

In seinem Roman »Der vierte König« erzählt der deutsche Schriftsteller Edzard Schaper (1908–1984) die gleichnamige Legende vom vierten König mit dem Namen Coredan, der sich wie die heiligen drei Könige aufmacht, um dem neugeborenen Gottessohn zu huldigen. Doch der Weg dieses Königs verläuft nicht so geradlinig, wie bei den drei Kollegen aus dem Morgenland: Er wird auf seiner Reise immer wieder aufgehalten und muss seine kostbaren Gaben, die für jenen neugeborenen König bestimmt sind, anderweitig einsetzen. Seine Gaben verwandelt er dabei in sieben Werke der Barmherzigkeit, um Menschen in schwierigen Lebenssituationen helfen zu können, in welche hinein der Stern ihn immer wieder geführt hatte. Am Ende hat er nichts mehr in seinen Händen. Als Coredan nach drei Jahrzehnten der Suche es aufgegeben hat, den König und Gottessohn zu finden, kommt er nach Jerusalem und erblickt den Gekreuzigten auf dem Berg Golgota. In ihm findet er schließlich den, den er sein ganzes Leben lang gesucht hat.
Die Legende vom vierten König. Eine Passionserfahrung. Sie bringt zusammen, was wir heute miteinander feiern: den Christkönigssonntag, der uns in die Begegnung mit dem gekreuzigten Herrn und König führt. Die Legende ermutigt uns, in den Spuren Jesu zu bleiben, die uns einen weiten Weg führen: von Bethlehem bis hinauf nach Jerusalem. In der Spannweite der Krippe von Bethlehem und des Kreuzes auf Golgota liegt unser ganzes Christsein, nur in ihr kann erkannt werden, was für ein Königskind Jesus Christus ist.

Kyrie-Rufe

Herrscher der Welt: Christus-König.
Kyrie, eleison.
Richter der Welt: Heiland und Erlöser.
Christe, eleison.
Hoffnung der Welt: Friedensfürst und Gottessohn.
Kyrie, eleison.

Gloria (siehe Seite 516f.)

Tagesgebet

Allmächtiger, ewiger Gott, du hast deinem geliebten Sohn alle Gewalt gegeben im Himmel und auf Erden und ihn zum Haupt der neuen Schöpfung gemacht. Befreie alle Geschöpfe von der Macht des Bösen, damit sie allein dir dienen und dich in Ewigkeit rühmen. Darum bitten wir durch Jesus Christus.

Erste Lesung 2 Sam 5,1–3

Lesung aus dem zweiten Buch Samuel.

In jenen Tagen kamen alle Stämme Israels zu David nach Hebron und sagten: Wir sind doch dein Fleisch und Bein.
Schon früher, als noch Saul unser König war, bist du es gewesen, der Israel hinaus und wieder nach Hause geführt hat. Der HERR hat zu dir gesagt: Du sollst der Hirt meines Volkes Israel sein, du sollst Israels Fürst werden.
Alle Ältesten Israels kamen zum König nach Hebron; der König David schloss mit ihnen in Hebron einen Vertrag vor dem HERRN und sie salbten David zum König von Israel.

Wort des lebendigen Gottes.

IMPULS Eine neue Art von Königsherrschaft kam dort in Bethlehem zur Welt, mit der alle Erfahrung von Königtum gewandelt wird. Mit Jesus und seiner Genealogie aus dem Haus und Geschlechte Davids fängt etwas grundsätzlich Neues an – ja, selbst

Gott ist nicht mehr der alte. Er regiert nicht, wie man es sich bis dahin vorgestellt hat, mit einem Zepter von oben herab und unnahbar. Er ist plötzlich ganz dicht an den Menschen, lebt mitten unter uns. Das ist riskant und lebensgefährlich: Er bricht den Stock des Treibers (vgl. Jes 9,4), indem er sich vor Pilatus den Rohrstock in die gefesselten Hände stecken lässt (vgl. Mt 27,29). Den Soldatenmantel macht er zunichte, indem er ihn sich zum Spott umhängen lässt (vgl. Lk 23,11) und mit seinem eigenen Blut tränkt. Das Joch zerbricht er, indem er das Kreuz auf seine Schultern nimmt. Die Vorstellungen eines gottgleichen Königs werden allesamt mit einem Schlag auf den Kopf gestellt: die Vorstellungen Israels nach einer Königsgestalt, wie sie in David vollendet erschien, ebenso wie die aller weltlichen Herrscher in künftigen Zeiten. Der Weg in die Niedrigkeit ist Gottes Weg zur Herrschaft!

ANTWORTPSALM — Ps 122 (121),1–3.4–5 (Kv: 1b)

Kv Zum Haus des HERRN wollen wir gehen. – Kv

Ich freute mich, als man mir sagte: *
»Zum Haus des HERRN wollen wir gehen.«
Schon stehen unsere Füße in deinen Toren, Jerusalem: /
Jerusalem, als Stadt erbaut, *
die fest in sich gefügt ist. – Kv

Dorthin zogen die Stämme hinauf, die Stämme des HERRN, /
wie es Gebot ist für Israel, *
den Namen des HERRN zu preisen.
Denn dort standen Throne für das Gericht, *
die Throne des Hauses David. – Kv

ZWEITE LESUNG — Kol 1,12–20

Lesung aus dem Brief des Apostels Paulus an die Gemeinde in Kolossä.

Schwestern und Brüder!
Dankt dem Vater mit Freude! Er hat euch fähig gemacht, Anteil zu haben am Los der Heiligen, die im Licht sind.

Er hat uns der Macht der Finsternis entrissen und aufgenommen in das Reich seines geliebten Sohnes.
Durch ihn haben wir die Erlösung, die Vergebung der Sünden.
Er ist Bild des unsichtbaren Gottes, der Erstgeborene der ganzen Schöpfung.
Denn in ihm wurde alles erschaffen im Himmel und auf Erden, das Sichtbare und das Unsichtbare, Throne und Herrschaften, Mächte und Gewalten; alles ist durch ihn und auf ihn hin erschaffen.
Er ist vor aller Schöpfung und in ihm hat alles Bestand.
Er ist das Haupt, der Leib aber ist die Kirche. Er ist der Ursprung, der Erstgeborene der Toten; so hat er in allem den Vorrang.
Denn Gott wollte mit seiner ganzen Fülle in ihm wohnen, um durch ihn alles auf ihn hin zu versöhnen. Alles im Himmel und auf Erden wollte er zu Christus führen, der Frieden gestiftet hat am Kreuz durch sein Blut.

Wort des lebendigen Gottes.

IMPULS Mit dem Kreuz als Königsthron wird sichtbar, dass die übliche Herrschaft nicht etwa nur in einem neuen Gewand erscheint oder die alten Herrscher nur durch einen neuen oder vergleichsweise besseren ersetzt werden. Es wird nicht lediglich ein Herrschaftswechsel inszeniert – die bisherige Herrschaftsstruktur wird durchkreuzt! Mit ihr ist es aus, seit der Erniedrigte der Erhöhte ist. Auf diesen Herrschaftswechsel singt Paulus ein Loblied, den Dankhymnus auf unsere Erlösung durch den gekreuzigten Herrn und Erlöser. Die wahre Macht eines Königs offenbart sich in der Fähigkeit, Anteil zu nehmen, Mitleid zu erweisen und Liebe zu schenken. Die uneingeschränkte Gewalt soll sich in Liebe und Erbarmen erweisen, nicht im Anordnen und Verknechten.

Ruf vor dem Evangelium

Mk 11,9.10

Halleluja. Halleluja.
Gesegnet sei, der kommt im Namen des Herrn!
Gesegnet sei das Reich unseres Vaters David, das nun kommt.
Halleluja.

Evangelium

Lk 23,35b–43

+ Aus dem heiligen Evangelium nach Lukas.

In jener Zeit verlachten die führenden Männer Jesus und sagten: Andere hat er gerettet, nun soll er sich selbst retten, wenn er der Christus Gottes ist, der Erwählte.
Auch die Soldaten verspotteten ihn; sie traten vor ihn hin, reichten ihm Essig und sagten: Wenn du der König der Juden bist, dann rette dich selbst!
Über ihm war eine Aufschrift angebracht: Das ist der König der Juden.
Einer der Verbrecher, die neben ihm hingen, verhöhnte ihn: Bist du denn nicht der Christus? Dann rette dich selbst und auch uns!
Der andere aber wies ihn zurecht und sagte: Nicht einmal du fürchtest Gott? Dich hat doch das gleiche Urteil getroffen.
Uns geschieht recht, wir erhalten den Lohn für unsere Taten; dieser aber hat nichts Unrechtes getan.
Dann sagte er: Jesus, denk an mich, wenn du in dein Reich kommst!
Jesus antwortete ihm: Amen, ich sage dir: Heute noch wirst du mit mir im Paradies sein.

Evangelium unseres Herrn Jesus Christus.

IMPULS Das Lukasevangelium platziert inmitten seiner Passionserzählung eine eindrückliche Szene, die an die Legende des vierten Königs erinnert: Einer der beiden, die man mit Jesus gekreuzigt hatte, spricht in dieser dunkelsten Stunde seines Lebens ein Wort des Glaubens. Mit Blick auf den Gekreuzigten erkennt dieser – anders als sein Leidensgenosse – im sterbenden Jesus den Urheber und Vollender des Glaubens. Er bindet alle Kraft der Hoffnung an ein Bild, in dem viele Fäden der biblischen Verheißung zusammenlaufen: »Jesus, denk an mich, wenn du in dein Reich kommst!« (Lk 23,42). Und das Wort Jesu auf diese Bitte hin offenbart den Christuskönig in der tiefsten Weise seiner Herrschaft: in seiner Barmherzigkeit!

CREDO (siehe Seite 520ff.)

FÜRBITTEN

Lasst uns zu Jesus Christus beten, unserem Herrn und König, der alle Macht hat im Himmel und auf Erden:

V: Christus, unser König. A: Wir bitten dich, erhöre uns.

– Für die Völker und Staaten unserer Erde und für diejenigen, die über sie herrschen und sie regieren: um Entscheidungen des Friedens, der Gerechtigkeit und der Freiheit.

– Für die christlichen Kirchen und Gemeinschaften: um die Überwindung aller Spaltungen und um Einheit im Glauben.

– Für die Menschen, die durch die Medien die öffentliche Meinung bestimmen und beeinflussen: um Orientierung an den Geboten Gottes, um Wahrheit und Ehrlichkeit.

– Für die Kranken und Notleidenden auf unserer Erde: um hilfreiche Menschen, die sich ihrer annehmen.

– Für unsere Verstorbenen, die in ihrem irdischen Leben an dich als ihren Herrn und Erlöser geglaubt haben: um die Erfüllung ihrer Hoffnung auf das ewige Leben.

Allmächtiger Gott, deinem Sohn Jesus Christus hast du alle Macht und Gewalt gegeben im Himmel und auf der Erde. Er ist unser Herr und König. Dir gilt unsere Ehre, unser Dank und Lobpreis jetzt und in Ewigkeit. Amen.

Gabengebet

Herr, unser Gott, wir bringen das Opfer deines Sohnes dar, das die Menschheit mit dir versöhnt. Er, der für uns gestorben ist, schenke allen Völkern Einheit und Frieden, der mit dir lebt und herrscht in alle Ewigkeit.

Präfation

In Wahrheit ist es würdig und recht, dir, Herr, heiliger Vater, immer und überall zu danken. Du hast deinen eingeborenen Sohn, unseren Herrn Jesus Christus, mit dem Öl der Freude gesalbt zum ewigen Priester und zum König der ganzen Schöpfung. Als makelloses Lamm und friedenstiftendes Opfer hat er sich dargebracht auf dem Altar des Kreuzes, um das Werk der Erlösung zu vollziehen. Wenn einst die ganze Schöpfung seiner Herrschaft unterworfen ist, wird er dir, seinem Vater, das ewige, alles umfassende Reich übergeben: das Reich der Wahrheit und des Lebens, das Reich der Heiligkeit und der Gnade, das Reich der Gerechtigkeit, der Liebe und des Friedens. Durch ihn rühmen dich Himmel und Erde, Engel und Menschen und singen das Lob deiner Herrlichkeit.

Einladung zum Vaterunser

Mit den Worten unseren Herrn und Königs Jesus Christus beten wir zu Gott, unserem barmherzigen Vater: Vater unser im Himmel …

Einladung zum Friedensgebet

Herr Jesus, Christus-König und Friedensfürst, schau nicht auf unsere Sünden, sondern auf den Glauben deiner Kirche und schenke ihr nach deinem Willen Einheit, Barmherzigkeit und Frieden: Herr Jesus Christus …

Kommunionvers Ps 29,10–11

Der Herr thront als König in Ewigkeit. Der Herr segne sein Volk mit Frieden.

Schlussgebet

Allmächtiger Gott, du hast uns berufen, Christus, dem König der ganzen Schöpfung, zu dienen. Stärke uns durch diese Speise, die uns Unsterblichkeit verheißt, damit wir Anteil erhalten an seiner Herrschaft und am ewigen Leben. Darum bitten wir durch ihn, Christus, unseren Herrn.

Schlusssegen

Im Jahreskreis I

Der Herr segne euch und behüte euch; der Herr lasse sein Angesicht über euch leuchten und sei euch gnädig; er wende euch sein Antlitz zu und schenke euch seinen Frieden. .
Das gewähre euch der dreieinige Gott, der Vater und der Sohn ✝ und der Heilige Geist.

Die Aussagen über das Königtum Jesu Christi stehen in den Evangelien (vor allem bei Lukas) in der Kindheitsgeschichte und in den Leidensgeschichten. Hier ist vor allem der Evangelist Johannes hervorzuheben, der in seinem Evangelium von Anfang an stringent die Geschichte einer »Erhöhung« erzählt, die zu ihrem Höhepunkt in dem Moment findet, wo Jesus als der Christus-König auf dem Holz des Kreuzes über die Erde erhöht wird. Und gerade in diesem Moment scheinen die großen Worte des Engels bei der Verkündigung an Maria vom Kreuz Lügen gestraft zu werden. Der Messias, der König der Juden: Aus diesen hohen Titeln sind Spottworte geworden. Die beiden Verbrecher rechts und links sind der verkörperte Hohn auf den Anspruch Jesu. Einer von ihnen aber hat Vertrauen und schenkt dem gekreuzigten Herrn seinen Glauben: »Jesus, denk an mich, wenn du in dein Reich kommst!« (vgl. Lk 23,42). In genau dieser Haltung haben die Beter in Israel seit Jahrhunderten zu Gott gerufen. Jesus nimmt das Glaubensbekenntnis des reuigen Verbrechers an und antwortet ihm als König, der Macht hat.

In der Kraft dieser Liebe und des Erbarmens, in der demütigen Haltung des Gottkönigs, sollte die Kirche ihr Marketing aufstellen. Die Kirche braucht heutzutage unbedingt eine marktorientierte Pastoral – nicht, um Glaubenswahrheiten unbedacht über Bord zu werfen oder um sich so irgendeinem Zeitgeist zu unterwerfen, der in Konkurrenz zum Heiligen Geist stünde! Vielmehr muss die Kirche in ihrer Pastoral die Menschen dort abholen, wo sie stehen, und mitnehmen auf den Weg des Heils, der zum erhöhten und am Kreuz verherrlichten Jesus Christus führt. Denn jeder Christ hat durch die Taufe Königswürde empfangen, in der Salbung mit dem Chrisam sogar in der Firmung bestätigt und bekräftigt. Der Heilige Geist wirkt in allen einzelnen Gliedern des Volkes Gottes, wodurch der Glaubenssinn des gläubigen Volkes gestiftet ist. Alle Frauen und Männer in der Kirche sind Königinnen und Könige, und sie sind »Kunden« einer Institution, die ihnen gemäß ihrer Bestimmung eine pastorale Fürsorge geben muss. Diese sollte auf sie abzielen und nicht an ihnen vorbeigehen. Umso mehr ist zu hoffen auf eine Erneuerung der Kirche, damit die Kirche wieder zu einer einladenden Institution wird, in der der Kunde auch wirklich König ist.

Sascha Jung

Verzeichnis der Präfationen

Feste und Hochfeste der Heiligen

Sonntage im Jahreskreis

Verschiedene Feiern

Präfationen der Hochgebete

Verzeichnis der Schlusssegen

Verzeichnis der Schrifttexte

Stichwortregister der Meditationen

Quellennachweis

Die *Ständige Kommission für die Herausgabe der gemeinsamen liturgischen Bücher* im deutschen Sprachgebiet erteilte für die aus diesen Büchern entnommenen Texte die Abdruckerlaubnis. Die darin enthaltenen biblischen Texte sind Bestandteil der von den Bischofskonferenzen des deutschen Sprachgebietes approbieren revidierten Einheitsübersetzung der Heiligen Schrift (2016). © 2024 staeko.net

Das *Deutsche Liturgische Institut* erteilte für den aus »Fünf Hochgebete« entnommenen Text die Abdruckerlaubnis. © 2024 Liturgische Institute liturgie.de

Der *Verein zur Förderung des Deutschen Liturgischen Instituts e.V. (VzF)* erteilte für die aus »Wort-Gottes-Feier. Werkbuch für die Sonn- und Festtage« entnommenen Texte die Abdruckerlaubnis. © 2024 VzF liturgie.de

Seite 226: O. H. Pesch, Neues Glaubensbuch Freiburg 1973, zit. nach: J. Feige/ R. Spennhoff (Hg), Wege entdecken, Neukirchen-Vluyn/ Stuttgart 2000, S. 114 | **Seite 245f./258:** Joop Roeland, wie die worte das fliegen lernten, Salzburg-Wien 2006, S. 82 | **Seite 278:** Huub Oosterhuis, Ich steh vor dir. Meditationen, Gebete und Lieder. Verlag Herder Freiburg 2004, Seite 74 | **Seite 236:** H. Oosterhuis, Menschen vor Tag und Tau. Wege der Nachfolge, Wien u.a. 1978, S. 83, zitiert nach: E. Garhammer, Der Prediger und Katechet. Liturgisches ABC, München 2. Auflage 1984, S. 63, Verlag Herder Freiburg | **Seite 418/428/437/446/455:** © Pierre Stutz www.pierrestutz.ch | **Seite 669:** Aus: Schalom Ben-Chorin, Als Gott schwieg. Ein jüdisches Credo (Topos Taschenbücher, Band 191) © für die deutsche Übersetzung: Matthias-Grünewald-Verlag, Mainz 1989 | **Seite 690:** Meister Eckehart, Predigt 28 in: Meister Eckehart, Deutsche Predigten und Traktate, Carl Hanser Verlag München 1963

Benutzungshinweise

Kyrie–Rufe

Den einzelnen Nennungen der Kyrie–Litanei folgt der Ruf *Herr, erbarme dich* (Kyrie, eleison) bzw. entsprechend *Christus, erbarme dich* (Christe, eleison), der von der Gemeinde wiederholt wird. Diese Rufe können anhand der Vorschläge aus dem GL bzw. KG gesungen werden. Gelegentlich wird auch eine musikalische Alternative als Kyrie–Litanei angegeben.